KB177761

해상 실크로드 사전

해상 실크로드 사전

초판 1쇄 발행/2014년 11월 28일
초판 3쇄 발행/2017년 7월 16일

편저자/정수일
펴낸이/강일우
펴낸곳/(주)창비
등록/1986년 8월 5일 제85호
주소/10881 경기도 파주시 회동길 184
전화/031-955-3333
팩시밀리/영업 031-955-3399 편집 031-955-3400
홈페이지/www.changbi.com
전자우편/human@changbi.com

* 이 책은 경상북도 보조금 지원사업에 의하여 제작되었습니다.

THE CYCLOPEDIA OF
SEA SILK ROAD

해상
실크로드
사전

事典

정수일 편저

서문

이 책은 지난해(2013) 출간된 『실크로드 사전(事典)』의 자매편이다. 시차를 얼마 두지 않고 굳이 이 책을 엮어내는 데는 두 가지 이유가 있다. 하나는, 학문적 정립을 위해서다. 근자에 실크로드에 관해 담론이 자자하지만, 이해와 시각은 천차만별이다. 실크로드 전반이 그러하거니와, 특히 해상 실크로드에 관해서는 명칭으로부터 정의, 내용에 이르기까지 실로 각국각설이다. 심지어 바닷길이 문명교류 통로인 실크로드와 무관하다는 주장까지 나오고 있다. 이러한 논란과 주장대로라면 실크로드와 그에 바탕한 문명교류 연구는 앞으로 더 나아갈 수 없다. 이 사전은 나름대로 그러한 논란과 주장을 극복하고 연구를 바로잡는 데 일조가 될 학문적 자양을 제공하고자 한다.

다른 하나는, 숙명적으로 해양국일 수밖에 없는 우리 해양국민에게 바다에 관한 필수 지식과 바른 안목을 심어주기 위해서다. 바다는 무진장한 보고이며, 미래의 활로다. "바다를 지배하는 자 세계를 지배한다"라는 명제가 새로이 부상하면서, 바다를 끼고 있는 해양국들은 물론, 내륙국들마저도 사활을 걸고 무한 바다경쟁에 뛰어들고 있다. 우리가 이 경쟁에서 살아남으려면 바다를 제대로 알아야 한다. 앎을 떠난 삶이란 공허일 뿐이다. 이 사전은 그러한 앎을 전수(傳授)하려고 한다.

이 책은 그 구성에서 3합(合)의 결정체다. 『실크로드 사전』에서 해상 실크로드와 관련된 내용을 골라 정리한 것이 첫 합이고, 흥미있는 바다의 기본지식을 여러모로 보탠 것이 둘째 합이며, 범지구적인 해로의 주요 거점(항구)들을 간명하게 서술한 것이 셋째 합이다. 1합은 한국문명교류연구소 소장 정수일(鄭守一)이, 2합은 한국해양과학기술원 김웅서(金雄西) 박사, 최영호(崔榮鎬) 박사, 김윤배(金允培) 박사가, 3합은 한국문명교류연구소 강윤봉(姜鈗鳳) 상임이사가 각각 집필을 맡았다. 최종적인 검토와 정리는 정수일이 했다. 이 책의 출간은 언필칭 3합의 결실이다. 각이한 분야의 연구자들이 해상 실크로드라는 하나의 과녁에 초점을 맞춰 3합을 이루어낸 것은 실로 소중한 경험이다.

이 책은 이러한 3합에서 특징이 이미 예정되었다. 그것은 한마디로, 해상 실크로드의 학문적 정립이라는 대의를 따르면서 바다를 알고 활용하는 데서 필요한 기본지식과 정보를 제공하는 실용성까지를 두루 갖추고 있다는 점이다. 이러한 특징을 관철하기 위하여 표제어에 대한 해설에서 단순한 단어의 언어적 풀이를 하는 데 그치지 않고, 여러가지 사항에 관해 기본개념을 터득할 수 있도록 서술하였다. 더불어 직관성을 높이기 위해 162장의 현장 사진자료를 실었다. 이러한 점들이 이 책에 '사전(辭典)'이 아닌 '사전(事典)'이란 이름을 붙이게 된 이유다. 예정대로 그 특징이 십분 구현되었다고 말할 수는 없지만, 그러한 시도만은 분명하며, 총 621개의 표제어를 엮어냈다.

필자들의 역부족에다가 초야(草野)를 일궈내는 일이라서 부족함이 적잖다는 것을 자인하면서, 나타난 모자람에 대한 독자 여러분의 가차 없는 질정을 기대한다. 그러면서도 일말의 자부를 느끼고 있다. 과문으로는 지금까지 해상 실크로드와 관련된 사전을 펴낸 나라는 일본이 유일하다. 일본에 이어 우리가 두번째인 셈이다. 그간 일본이 펴낸 두 권의 책에 비하면, 이 책은 분량 면에서 앞설 뿐만 아니라, 전술한 특징에 의한 차별성도 뚜렷하다.

이 책은 경상북도가 야심차게 진행하고 있는 '코리아 실크로드 프로젝트 사업'의 일환으로, 그 지원하에 집필과 출간이 이루어졌다. 경상북도 김관용 지사님을 비롯한 프로젝트 추진본부 여러분의 깊은 관심과 배려에 다함없는 경의를 표하는 바이다. 그리고 3합에 적극 동참해 옥고로 이 책을 빛낸 필자 여러분께 진심으

로 감사를 드린다. 끝으로, 여건이 불비하고 시간이 촉박한 가운데서도 훌륭하게
책을 만들어낸 창비의 강일우 대표이사님과 편집진 여러분의 노고에 따뜻한 위
로와 사의를 전하고자 한다.

2014년 단풍가절에
정수일 씀

일러두기

1. 본 사전은 『실크로드 사전』(창비 2013)에서 해상 실크로드와 관련된 표제어를 발췌하여 축약 정리하고, 이에 더해 바다와 관련한 기본 정보와 범지구적 해로의 주요 거점에 관한 표제어를 선정하여 새로이 집필한 것이다.

2. 사전의 항목은 가나다 순으로 수록하였으며, 표제어는 한글·외국어(한자 포함)·연대(인물의 경우 생몰연도) 등으로 표기하였다. 찾아보기는 인명·지명·사항 세 부분으로 나누었으며, 특히 표제어는 다른 항목들과 달리 볼드체로 적어 찾아보기 쉽도록 하였다.

3. 외래어의 표기는 국립국어원의 표기원칙을 기준으로 삼았다. 단 공식 표준안이 없는 언어권(아랍어 등)의 경우는 통용되는 예를 비교하여 현지음에 가까운 표기를 취하였다. 중국의 지명의 경우 현재 지명은 현지음으로 옛 지명은 우리말 한자음으로 표기하였고, 항목에 따라 병용하기도 하였다.

4. 외래 고유명사는 대부분 로마자 혹은 한자를 괄호 안에 병기하였고, 어느 나라 말의 음사인지 밝혀 독자들의 이해를 돕도록 하였다.

5. 연대(年代)는 주로 서양력을 사용하였으며, 간혹 이슬람력을 쓰기도 하였다. 중국이나 일본 연호를 쓰는 경우에도 괄호 안에 서양력을 병기하였다.

ㄱ

가라향 伽羅香, 伽藍香

'가라'는 산스크리트어로 '검다'라는 뜻인데, 중국인들이 검은 침향목(沈香木)을 즐긴 데서 유래하였다고 한다. 인도 북부지방에서 동방으로 전해진 가라향은 침향 가운데서 최상의 것으로 친다. 9세기 아랍의 지리학자 이븐 쿠르다지바(Ibn Khurdādhibah)는 저서 『제도로(諸道路) 및 제왕국지(諸王國志)』에서 특히 점성(占城, 참파, 현 베트남)산 가라향이 최상의 것이라고 하였다.

가자 Ghaza

이집트와 팔레스타인이 만나는 지중해변의 고대도시 가자는 실크로드의 오아시스로와 해로가 교차하는 곳으로 향료를 비롯한 많은 물자들이 거래되었고, 상인뿐 아니라 종교인·이민자·여행가들도 빈번하게 만나 교류하였다.

가자에서 출토된 초기 청동기시대의 유물을 통해 기원전 3000년경 가나안(Canaan)과 이집트 간에 진행된 교류상을 엿볼 수 있다. 기원전 15세기에는 이집트의 투트모스 3세(Thutmose Ⅲ)가 군사원정을 단행해 이 지역을 공략하였다. 이집트의 가자 통치는 350여 년간 지속되다가 팔레스타인에 지배권이 넘어갔다. 이후 가자는 거듭 외침을 당해 기원전 1000년경에는 유대왕국, 기원전 730년에는 아시리아(Assyria), 그리고 이어서 페르시아의 아케메네스(Achaemenes)조의 지배를 받았다. 기원전 332년에는 동정(東征)하는 알렉산드로스에게 5개월 만에 함락되었고, 이를 계기로 헬레니즘문화의 영향을 받게 되었다.

마케도니아 분열 후에는 이집트의 프톨레마이오스조와 지중해 동안에서 이란까지 지배한 셀레우코스조가 번갈아 이곳을 차지한 데 이어 1세기에는 로마의 유대왕 헤롯의 치하에 들어갔다. 그리하여 가자는 그리스·로마·

유대·이집트·페르시아·나바트 등 여러 나라 사람들이 혼거하는 국제도시가 되었다. 이후 5세기에 동로마제국에 예속되면서 많은 주민들이 기독교로 개종했으며, 7세기 우마이야조 아랍제국의 판도에 속하면서부터는 아랍화와 이슬람화가 추진되었다. 87년간의 십자군 점령기가 끝난 뒤에는 다시 이집트계 아이유브(Ayyūb)조와 맘루크조에 귀속되었다.

각배(뿔잔) 角杯, Rhyton(그리스어), Cornucopia(라틴어)

원래 짐승의 뿔로 만든 각배는 스키타이를 비롯한 유목민족들이 쓰던 술잔이었다. 그것을 그리스인들이 신화로 승화시킴으로써 로마에 전승됨은 물론, 헬레니즘 문화의 특징적인 공예품으로 선호되었다. 그리스신화에서 뿔은 풍요를 상징하기 때문에 각배는 행복을 가져다주는 '풍요의 잔'으로 숭상되었던 것이다. 이러한 상징성 때문에 헬레니즘문화의 영향을 받은 사람들은 각배를 받아들여 모양새뿐만 아니라 장식도 다양하고 섬세하게 꾸몄다. 그 대표적인 일례를 헬레니즘의 산실인 니사(Nisa, 현 투르크메니스탄) 유적에서 찾아볼 수 있다. 해상 실크로드를 통한 헬레니즘의 동전(東傳) 선상에서 한반도의 가야나 신라도 각배를 적극 수용해 여러가지 형태와 크기의 토기로 변용(變容)해 사용하였다. 그러

한 변용은 한국 국보 275호인 '기마인물형 토기'(가야, 5세기)에서 뚜렷이 나타나고 있다. 또 『삼국유사(三國遺事)』에는 각배가 이미 신라 탈해왕(脫解王) 때 사용되고 있었음을 전해주는 한 토막 기사가 있다. "하루는 탈해가 동악(東岳)에 올라갔다가 돌아오는 길에 심부름꾼더러 마실 물을 구해 오라고 하였다. 심부름꾼이 물을 길어 오다가 도중에서 먼저 마시고 나서 탈해에게 주려고 하자 각배(角杯)가 입에 달라붙어 떨어지지 않았다. 탈해가 나무랐더니 심부름꾼이 맹세하기를, 다음에는 가까운 곳이든 먼 곳이든 감히 먼저 마시지 않겠다고 하였다. 그때서야 각배가 입에서 떨어졌다." 비록 전설 같은 이야기이지만 각배가 벌써 신라 초기부터 널리 사용되고 있었음을 시사한다. 탈해왕 신화에서는 각배가 술을 따라 마시는 잔이 아니라 물을 담아 마시는 잔으로 용도가 달라졌다. 이것은 일종의 잔이라는 공유성(共有性)에 바탕을 두고 있는 문화접변(文化接變, acculturation) 현상이다.

감자 馬鈴薯

라틴아메리카에서 동서양으로 전파된 농작물인 감자는 가지과에 속하는 쌍떡잎 근채류(根菜類) 식물로 라틴아메리카의 페루와 칠레를 포함한 중앙 안데스 지역이 원산지이며 온대지방에서 자란다. 원래는 야생종이었으나, 페

루와 볼리비아 국경에 있는 티티카카(Titicaca) 호반에서 재배되기 시작하였다. 가장 원시적인 것은 2배체(倍體) 재배종인데, 나중에 4배체가 출현하면서 수확량이 크게 늘어났다. 3배체나 5배체 같은 내한성(耐寒性)이 강한 감자는 4,000m 고지에서도 재배가 가능하다. 감자를 비롯한 고지성(高地性) 채근류 작물은 유목민들의 생활 안정에 크게 기여했으며, 잉카시대에는 냉동건조법이 도입되어 감자의 전분을 오래 보존할 수 있었다. 감자는 쉽게 부패해 고고학적 유물을 발견하기는 어렵지만 고대 안데스 문명에서 인간의 중요한 식량이었음은 분명하다.

감진 鑑眞, 688?~769년

일본 율종(律宗)의 개조(開祖)가 된 중국 당대(唐代)의 승려로서 10대의 어린 나이에 양저우(揚州) 대운사(大雲寺)에서 출가해 40대에 일가견을 이룬 고승이다. 일본 견당(遣唐) 유학승 요에이(榮叡)와 후쇼(普照)의 초청으로 다섯 차례나 도해(渡海)를 시도한 끝에 실명한 채 가까스로 753년 일본 규슈(九州)의 아키메야노우라(秋妻屋浦, 현 보노쓰쵸아키메坊津町秋目)에 도착하였다. 759년 나라(奈良)에 도쇼다이지(唐招提寺)를 건립하고, 일본 율종(律宗)의 개조가 되었다. 쇼무상황(聖武上皇)과 고묘황태후(光明皇太后)를 불교로 개종시켰다.

감합무역 勘合貿易

도항증명서(渡航證明書)인 감합(勘合)을 지닌 선박들로 이뤄지는 무역으로, 일본 무로마치(室町)시대에는 명나라 조정이 발급하는 감합을 소지한 선박에만 일본과 명나라 간의 무역이 허용되었다. 1404~1547년에 총 17회 84척의 감합선이 이러한 무역에 종사하였다. 명나라는 조선이나 류큐(琉球), 안남(安南, 현 베트남), 섬라(暹羅, 현 타이) 등 주변국에도 감합을 발급하였다.

갤리선(船) galley

중세 유럽에서 사용하던 군용선으로 돛대 1개와 삼각돛(三角帆)으로 운항하는데, 적재량은 50~200톤이다. 일반 운송용으로는 비용이 많이 들기 때문에 향료 같은 가벼우면서도 고가인 물품을 수송하는 데 주로 사용되었다. 근대까지도 지중해를 주름잡았으

중세 유럽인들이 군용으로 사용한 갤리선

나, 강력한 군용선인 북방선이 지중해에 투입되면서부터 갤리선은 열세에 몰렸다. 프랑스 지중해 함대는 18세기까지도 이 갤리선을 주력선으로 삼았다. 갤리선을 개량한 것이 바로 갤리언(galleon)이다.

거석기념물 巨石紀念物, megalithic monument

선사시대에 무언가를 기리거나 상징하기 위해 큰 돌(거석, megaliths)로 지어 만든 구조물로서 태양 신앙이나 자연 숭배, 분묘와 관련이 있는 것으로 알려져 있다. 분포지역은 매우 넓어서 유럽의 서부와 북부, 지중해 연안, 한국을 비롯한 아시아, 태평양상의 곳곳에서 발견된다. 유럽의 경우, 기원전 3000년 후반부터 기원전 1400년경까지의 것들이 서지중해의 여러 섬, 이베리아 반도, 프랑스, 영국, 북유럽에 걸쳐 분포되어 있다.

거석기념물의 문화계통에 관해서는 이론(異論)이 분분할 뿐, 아직 정설은 없다. 19세기 말 영국의 '맨체스터 학파'는 이른바 '양석문화분포설'(陽石文化分布說, theory of the migration of heliolithic culture, E. Smith설)을 제시하면서 거석기념물의 문화를 태양과 거석을 숭상하는 남방의 '양석복합문화계통(陽石複合文化系統)'이라고 주장하였다. 그러나 그간 거석기념물이 남방뿐 아니라, 유라시아 북부지대에서

까지 발견되면서 이 설은 설득력을 잃었다.

거석기념물의 분포지역을 살펴보면, 이 문화계통은 사실상 여러 문명권을 아우르는 범세계적인 문명권임을 알 수 있다. 하지만 자생(自生)에 의한 것인지, 아니면 교류에 의한 것인지는 여전히 논란거리다. 유물의 시대적 배경과 기능 등을 감안해 그 용도와 의의를 종합하면, 첫째로 고대인들의 분묘나 묘의 표지 같은 묘장법(墓葬法)의 일종이고, 둘째는 태양숭배나 악마로부터의 보호 등 원시적 종교의식의 대상이며, 셋째는 위력이나 권위의 상징이라고 할 수 있다.

거석기념물은 지역에 따라 제작편년이나 형태를 조금씩 달리하지만, 크게 6가지 형태로 유형화할 수 있다. ① 멘히르(menhir): 자연석이나 가공한 긴 기둥 모양의 돌을 지상에 수직으로 세운 거석으로, 일명 '독석(獨石, monolith)', 혹은 '수석(竪石)'이라고도 한다. ② 트릴리톤(trilithon): 두 개의 돌기둥 위에 한 개의 평석(平石)을 가로 얹은 형태의 거석유물로, 원시적 신앙이나 권위의 상징인 듯하다. ③ 돌멘(dolmen, 지석묘): 여러개의 돌을 세운 위에 평석을 뚜껑돌로 얹은 형태로서, 탁자 모양처럼 생긴 것이 많다. 돌멘은 좁은 의미의 거석기념물을 뜻할 만큼 거석기념물 중에서 가장 많고 또 분포지도 넓은데, 일종의 분묘라는 것

이 학계의 중론이다. 한국은 세계에서 돌멘을 가장 많이(4만여 개) 보유한 나라다. ④ 코리도툼(corridor-tomb): 돌멘 앞에 거석으로 출입하는 이도(羨道)를 구축하고 봉토(封土)를 쌓은 분묘로, 일명 이도분(羨道墳)이라고도 한다. ⑤ 알리뉴망(alignement): 기둥 모양의 돌을 여러 줄 배열한 거석으로, 일명 '열석(列石)'이라고도 하는데, 무덤과 함께 있는 경우가 많다. ⑥ 크롬렉(cromlech): 여러개의 돌을 원형으로 둘러세운 거석구조물로서, 일명 '환석(環石, stone circle)'이라고도 한다. 보통 한 줄로 배열하나 이중, 삼중으로 배열한 것도 있다. 대개가 태양숭배와 관련된 종교적 구조물이다.

거석문화 巨石文化, megalithic culture
선사시대의 거석기념물을 수반하는 여러 문화를 통칭한다. 거석기념물은 나름의 용도와 기능을 갖고 있기 때문에 석기류와 금속기류를 비롯한 여러 가지 유품을 수반해 복합적인 거석문화를 이룬다. 거석문화는 대체로 신석기시대에 나타나 청동기시대를 거쳐 철기시대 초기까지 이어진 다시대(多時代) 문화다. 드물게는 최근에 동남아시아의 일부 도서지방에 잔존해, 이른바 '살아 있는 거석문화'로 불린다. 원래 거석기념물에서 비롯된 거석문화는 유럽의 대서양 연안지대에서 발견된 거석분묘(巨石墳墓)와 관련된 문화

를 일컬었으나, 지금은 유럽뿐만 아니라 기타 지역에서 발견되는 거석유물과 관련된 문화를 통칭한다. 다만 고대의 성곽이나 신전·궁전·비석과 같은 고차원의 석조유물은 비록 거석유물이기는 하나 거석문화재에 포함시키지 않는다.

겔더말슨(Geldermalsen)호 해저유적
네덜란드 동인도회사에 소속된 상선 겔더말슨호가 1752년 중국 난징(南京)을 떠나 남중국해를 항해하다가 불의의 조난을 당해 침몰하였다. 이 침몰선은 수장(水藏) 233년 만인 1985년 5월 싱가포르의 침몰선 발굴 전문회사인 사르베지 회사의 마이케르 하차 선장에 의해 우연히 발견되었다. 발견자는 1986년 4월 28일부터 5일간 암스테르담 힐튼 호텔에서 발굴유품을 경매에 붙였는데, 유품 중에는 도자기류와 144인분 식기세트, 125개의 금괴가 포함되었다. 유품들을 통해 상당히 큰 상선이라는 것과, 18세기 중국과 네덜란드 간에 진행된 교역의 일단을 짐작할 수 있다.

견성술 牽星術
해상 실크로드의 천문도항술(天文導航術)로서, 천상에 있는 별자리나 그 자리와 해면 간의 각도에 의해 항해 중인 선박의 위치와 항해 방향을 결정하는 방법이다. 일명 천문항해술(天文航海

術)이라고도 한다. 중국은 일찍이 진한(秦漢)시대에 이미 항해자들이 북두칠성을 보고 항해 방향을 식별했으며, 북송(北宋)시대에 이르러서는 지남침(指南針)이 발견되자 별자리와 고도의 관측을 도항의 보조수단으로 이용하였다. 명(明)대 초 정화(鄭和) 선단이 '하서양(下西洋)'하면서 그린 「정화항해도(鄭和航海圖)」에 첨부된 「과양견성도(過洋牽星圖)」는 견성술에 의한 항해도로서 현대의 경위도 측정법과 비교해도 큰 차이가 없을 만큼 정확하게 선박의 항해 위치를 기록하고 있다.

『경덕진(징더전)도록(景德鎭陶錄)』

청나라의 남포(藍浦)가 중국 징더전요(景德鎭窯)의 연혁과 제품, 제조방법 등에 관하여 정리한 6권의 책을 제자 정정주(鄭廷柱)가 증보하여 총 10권으로 1815년에 간행하였다. 흑백판화가 함께 곁들여 있다. 유럽의 박물관에는 이와 유사한 중국의 요업, 양잠, 직물, 차 제조공정 등을 그린 채색 해설도가 몇 점 남아 있는데, 교역대상국인 유럽시장에 중국의 특산품을 강조하기 위해서 그려졌을 것으로 추측된다. 징더전은 중국 제1의 요업도시로, 부근에 도토(陶土)가 많아 한(漢)대부터 도자기를 굽기 시작하였고 남조(南朝)의 진(陳) 때부터는 본격적으로 생산하였다. 송대의 경덕(景德) 연간에 징더전요가 공품(貢品)으로 유명해져 동서양에 도

자기를 수출하였다. 명대의 선덕(宣德) 연간에는 어요(御窯)가 건조되면서 도자기 생산이 더욱 활성화되었다.

경도 經度, longitude

지구상에서 동서 방향의 위치를 나타내기 위한 지리 좌표로, 도($°$), 분($'$), 초($''$)로 표시한다. 지구 둘레를 북극과 남극의 양극점을 통과하는 세로선으로 총 $360°$로 나눈다. 그리고 영국 런던에 위치한 그리니치 천문대를 통과하는 본초자오선을 기준으로 하여 동쪽의 $180°$까지를 동경, 서쪽의 $180°$까지를 서경이라고 한다. 그리니치 천문대는 경도 $0°$이며, 같은 경도 상에 있는 지점은 남북극을 연결하는 선상에 놓이게 된다. 경도 $1°$ 사이 거리는 적도에서 가장 멀어 약 113.3km이고, 위도가 높아질수록 짧아져서 양극점에서는 0km이다. 지구는 자전하므로, 회전각도와 경과시간은 비례한다. 즉 24시간에 $360°$ 회전하기 때문에 경도 $15°$는 1시간, $15'$은 1분, $15''$는 1초 차이가 나서, 어떤 지점에서의 시간과 본초자오선의 시간 차이로 그 지점의 경도를 알 수 있다. 항해 중인 배는 그리니치 시간에 맞춘 해상시계(chronometer) 시간과 천문관측으로 측정한 현지 시간을 비교해서 경도를 알 수 있다. 지금은 인공위성을 이용한 위성항법장치(GPS: Global Positioning System)가 있어 선박의 위치를 정확히 알 수 있다.

그러나 이런 장치가 없던 시절에는 경도나 위도를 관측하는 것이 항해에 매우 중요하였다. 항해자들은 천체고도를 측정할 수 있는 사분의(quadrant)나 아스트롤라베(astrolabe) 등의 기구를 가지고 해나 별의 위치를 관측하여 위도를 쉽게 알 수 있었다. 그러나 경도 관측은 어려웠다. 해상시계가 발명된 이후 이를 이용한 경도 측정방법은 항해에 유용하게 사용되고 있다.

계절풍 季節風, monsoon

계절에 따라 방향이 바뀌는 바람으로, 지구상의 특정 지역에서 대륙과 해양의 온도 차이로 인해 일어난다. 대체로 여름에는 해양에서 대륙으로, 겨울에는 대륙에서 해양으로 풍향이 바뀐다. 인간이 항해에 도입한 최초의 기술은 풍향에 따르는 풍력(風力)의 이용이다. 그런데 풍향은 계절에 따라 항상 변하기 때문에, 계절풍의 변화를 파악하고 이용하는 것은 범선(帆船) 항해시대의 가장 기본적인 항해기술이었다. 인간이 풍향과 계절의 관계를 알아내고, 일종의 기술로 항해에 도입한 것은 조선술이 얼마간 발달하고 항해 경험도 어느 정도 축적된 기원 전후의 일이다.

중국의 경우, 한대에 이미 봄바람은 동풍(東風), 여름바람은 온풍(溫風), 가을바람은 양풍(洋風), 겨울바람은 맹풍(猛風)으로, 또 풍향에 따라 바람을 상풍(象風)·명서풍(明庶風)·청명풍(淸明風) 등 8풍(風)으로 분류하는 등 바람과 풍향 및 계절에 관한 지식을 터득하고 있었다. 서양의 경우, 최초로 인도양의 계절풍을 이용한 사람은 기원전 1세기 프톨레마이오스조 말기의 히팔루스(Hippalus)다. 그는 아랍 상인들로부터 여름철에 인도양에서 부는 서남계절풍에 관한 비밀을 알아낸 후, 이것을 이용해 아라비아해 북단에서 마트라(Matrah) 해안을 지나 인더스강 하구까지 직행하는 데 성공하였다. 이 해로는 이 구간의 최초 심해로(深海路, 혹은 직항로直航路)로 종전의 연해로(沿海路, 혹은 우회로迂廻路)보다 항해 시간이 크게 단축되었다. 이것은 항해사에서의 일대 혁명이었다. 훗날 서양인들은 첫 이용자의 이름을 따서 이 계절풍을 '히팔루스풍'이라고 명명하였다. 당시 그리스 선박은 일반적으로 7월에 이집트에서 출항해 서남계절풍이 가장 강하게 부는 8월에 인도양을 횡단, 약 40일 만에 남인도의 무지리스(Mouziris)항에 도착하였다. 거기서 약 3개월간 정박했다가 12월이나 이듬해 1월에 다시 북동계절풍을 타고 회항하곤 하였다.

계절에 따른 풍력의 변화를 파악하는 것은 항해에서 아주 중요한 일이다. 인도양이나 중국 남해상의 계절풍은 다 같이 여름철과 가을철(5~9월)에는 서남풍이, 겨울철과 봄철(10~4월)에는 북동풍이 불지만, 강약의 차이가 있다. 인도양에서는 여름철의 서남풍이 겨울철의 북동풍보다 강하나 중국 남해에서는 이와 정반대다. 그리고 계절풍의 전환기에는 종종 기상이변이 일어난다. 예컨대 중국 남해상에서 서남풍이 북동풍으로 바뀔 때는 자주 태풍이 일어난다. 당(唐)대에 이르러서는 지리학의 발달과 더불어 풍향이나 풍력에 관한 연구도 심화되었다. 당나라 사람들은 풍력을 강도에 따라 다음과 같이 8등급으로 세분화하였다. ① 동엽(動葉, 잎 움직임) ② 명조(鳴條, 가지 울림) ③ 요지(搖枝, 가지 흔들림) ④ 타엽(墮葉, 잎 떨어짐) ⑤ 절소지(折小枝, 작은 가지 꺾임) ⑥ 절대지(折大枝, 큰 가지 꺾임) ⑦ 절목비사석(折木飛沙石, 나무 꺾이고 모래·돌 날림) ⑧ 발대수급근(拔大樹及根, 큰 나무가 뿌리째 뽑힘). 이러한 풍력 분급법(分級法)은 근세 영국의 풍력 등급화보다 천년쯤이나 앞선 것이다.

고대 동방기독교의 인도 전파

인도의 기독교 전파 역사는 초대교회의 전도시기, 네스토리우스파의 전도시기, 16세기 초 이후 서방 가톨릭교회의 선교시기, 18세기 초부터 시작된 프로테스탄트파의 선교시기의 4단계로 구분된다. 이 4단계 가운데 첫째와 둘째 단계는 인도에 고대 동방기독교가 전파된 시기이고, 셋째와 넷째 단계는 인도에 중세와 근세 서방기독교가 전

인도 동남부 첸나이에 있는 산토메 성당

파된 시기다. 고대 동방기독교의 전파와 관련된 첫째 단계인 초대교회의 전도에는 1세기 사도 도마의 전도와 2~3세기 이집트 알렉산드리아 교회의 전도 및 3~4세기 페르시아 이민선교(移民宣敎)의 세 가지 전도 내용이 포함된다.

인도에서 기독교는 사도 도마의 전도에서 시작되었는데, 그에 관해서는 서북부지역에서의 전도와 서해안 지대에서의 전도, 그리고 서남부 크랑가노르(Cranganore) 지방에서의 전도 등 세 가지 전설이 전해오고 있다. 도마의 최초 전도지로 알려진 마라발 교회의 일과(日課)기도서에는 성 도마의 제식문(祭式文)이 그대로 실려 있으며, 마일라푸르(Mylapur)의 산토메 성당 부근 고분에서 1521년 백골(白骨)과 철제 화살촉, 점토제 병이 발굴된 데 이어 또 1543년에는 인도왕이 산토메 성당 건립을 위해 대지를 희사했다는 내용이 적힌 동제 창이 출토되었다. 1849년에는 프랑스의 레이노(M. Raynaud)에 의해 도마의 전도 전설 속에 나오는

곤다포러스왕의 초상이 새겨진 주화(鑄貨)가 발견되어, 그 실재성을 시사해주고 있다. 아울러 1세기 70년대에 씌어진 『에리트라해(海) 안내기』(*The Periplus of the Erythraean Sea*)의 기술에 의하면, 당시 로마와 인도 간에는 계절풍을 이용한 항해와 문물교류가 진행되고 있었다. 이러한 상황으로 볼 때 도마 일행이 해로를 따라 인도 서해안 일대에 도착해 전도하였을 개연성이 높다 하겠다.

고래 鯨, whale

고래 종류는 70여 종이 있으며, 크게 이빨고래와 수염고래로 나뉜다. 이빨고래는 8과 34속 66종이 있으며, 대부분의 돌고래가 이에 속한다. 이빨고래는 수염고래에 비해 몸집이 작으며, 이빨이 잘 발달해 있다. 향유고래는 체장이 18m나 되고 체중이 30톤이 넘는 가장 큰 이빨고래이다. 허먼 멜빌(Herman Melville)의 소설 『백경』(*Moby Dick*)에 등장하는 향유고래는 검은 멜라닌(melanin) 색소를 만들지 못하는 백변종(白變種, albino)이라 하얀색이다. 돌고래 중에는 갠지스강 돌고래, 아마존강 돌고래, 양쯔강 돌고래처럼 민물에 사는 것도 있다. 수염고래는 3과 5속 10종이 있으며, 이빨 대신 입천장에 각질 섬유로 된 머리빗 모양의 수염이 있다. 수염고래는 바닷물과 함께 입안으로 들어온 동물플랑크톤이나 작은 물고기를 수염으로 걸러먹는다. 흰긴수염고래(대왕고래)는 체장이 30m가 넘으며, 체중도 150톤 이상 나가는 지구상에서 가장 큰 동물이다. 원래 육상에서 생활하던 고래는 수중생활에 적응하기 위해 수백만 년 동안 진화하였다. 물의 저항을 줄이기 위해 몸은 유선형으로 변하고, 뒷다리는 퇴화하고, 앞다리는 지느러미로 변하였다. 고래는 육상 포유동물처럼 체온을 일정하게 유지하고 허파호흡을 하며, 젖을 먹여 새끼를 기른다. 해수에 체온을 빼앗기지 않도록 피부는 두껍고, 단열효과가 큰 피하지방층이 발달하였다. 해수 표면에서 공기호흡을 하기 편하게 콧구멍은 머리 위쪽에 자리잡았다. 고래가 물을 뿜는 듯이 보이는 것은 호흡할 때 콧구멍에 고여 있던 물이 분출되거나 내쉬는 더운 숨이 주변의 찬 공기와 만나 입김처럼 보이기 때문이다. 고래 기름은 식품, 양초, 인쇄용 잉크, 비누, 화장품, 윤활유 등에 쓰인다. 향유고래의 용연향(龍涎香)은 향료의 원료로 이용되고, 내장은 각종 의약품을 만드는 데 쓰인다. 이러한 용도로 고래를 남획하는 바람에 이제는 많은 종이 멸종 위기에 처하여 보호를 받고 있다.

고베 神戸

일본 효고현(兵庫縣)에 위치한 항구도시로 일본의 주요한 국제무역항 중 하나이다. 세토나이카이(瀨戸內海)의 동쪽 끝에 있는 오사카만에 위치하여 예부터 교토와 오사카의 외항 및 경유지로 이용되었으며, '효고진(兵庫津)'으로도 불렸다. 7세기 이후 견수사(遣隋使) 및 견당사(遣唐使)를 이곳에서 파견하였으며, 헤이안(平安)시대 말기에는 송나라와 무역을 하기 위해 교가시마(経ヶ島)라는 인공섬을 만들고 오와다노토마리(大輪田泊)라는 이름으로 부르기도 하였다. 1858년 미일수호통상조약에 의해 개항되면서 외국인 거류지와 항구가 새로 조성되었고, 1879년부터는 고베(神戸)항으로 이름이 굳어졌다. 이후 청일전쟁과 제1차 세계대전을 거치면서 홍콩과 상하이, 싱가포르에 견줄 만한 규모로 성장하다가 1990년대 초에 이르러서는 동양 최대 항구로 부상하였다. 항구뿐만 아니라 조선, 철강, 기계를 중심으로 하는 공업도 함께 발달하여 한신(阪神)공업지대의 중추역할을 맡는 중공업도시로 성장하였다. 제2차 세계대전 당시 연합군의 폭격으로 도시와 항만, 공업시설이 크게 파괴되었지만, 전후 고도 경제성장기에 바다를 매립하여 대단위 인공섬 포트아일랜드(Port Island)를 조성함으로써 항만과 주택, 상공업용지로 정비·복구하는 데 성공하였다. 그러나 1995년 1월 효고현에서 발생한 지진으로 큰 피해를 입은데다, 상하이, 홍콩, 가오슝(高雄), 부산 등 아시아의 대표적인 항구들이 비약적으로 발전

한 결과, 국제무역항으로서의 지위가 상대적으로 낮아졌다. 그러나 2006년 2월 일본에서 세번째 시립공항인 고베공항을 개항하는 등, 일본을 대표하는 항만도시로 계속 발전하고 있다. 면적: 552.26km², 인구: 약 150만 명(2014년)

고베(神戸) 해양박물관

1987년 고베 개항 120년을 기념하여 고베시에 설립되었다. 고베항의 역사와 세계 항구에 관한 자료를 전시, 상영하고 있다. 건물의 외양은 흰색 철구조물로 범선의 돛과 파도를 형상화하였다. 고베는 1868년에 외국인 전용으로 개항하면서 일본 최초로 현대적 도시 계획에 의해 개발된 곳이다. 또한 철도 터널, 국산 증기 기관차, 수족관,

고베 해양박물관

커피숍 등이 일본에서 첫 선을 보인 곳이기도 하다.

고상영(高商英)의 호이안 표류기

1687년 제주도 아전과 백성 24명이 배로 추자도(楸子島) 부근에서 표류하다가 안남국(安南國, 현 베트남) 회안(會安, 호이안Hội An)군 명덕부(明德府)에 표착하였다. 베트남 중부지역에 자리한 호이안은 중세(17~18세기) 당시 이 나라 최대의 국제무역항이었다. 일행은 부근의 무인도에 약 1년반 동안 유폐되어 생활하다가 베트남 측의 협조하에 마련된 중국 배편으로 1688년 8월 7일 호이안을 떠나 중국 닝보(寧波)를 거쳐 12월 16일 제주도 대정현(大靜縣)에 돌아왔다. 일행 중 살아남은 고상영이 역관(譯官) 이제담(李齊聃)에게 표류 전말을 구술해 기록으로 남겼다. 그 기록을 정동유(鄭東愈, 1744~1808)가 자신의 문집 『주영편(晝永編)』(1805)에 수록해 지금까지 전해지고 있다. 표류기에는 호이안

고상영 일행이 표착한 호이안의 내원교(來遠橋, 일명 일본교, 1592년 축조)

과 그 주변 지역에 관한 귀중한 기록이 담겨 있다. 땅이 기름지고, 누에는 1년에 5번이나 치며, 벼는 3모작을 한다는 등 이곳의 풍요로움을 소개할 뿐만 아니라 집채만 한 코끼리를 비롯하여 물소·원숭이·공작새·파초(바나나)·빈랑(檳榔)·야자 등 신기한 동식물과 풍물을 생동감 있게 기술하고 있다.

이에 앞서 호이안에 처음 간 한국인은 조완벽(趙完璧)으로 알려지는데, 그는 진주(晋州)의 사인(士人) 출신으로 정유재란(丁酉再亂, 1597) 때 약관의 나이에 왜군에 사로잡혀 일본 교토로 끌려갔다. 문자를 아는데다 성실하여 국제무역에 종사하는 어떤 일본인에게 고용되어, 1604년부터 매해 3번 이상 교역차 3만 7천 리나 떨어진 안남을 왕래하였다. 교역 때문이었다면 당시 최대 국제무역항인 호이안을 왕래했음이 분명하다. 지금도 호이안에는 길이 약 10m쯤 되는 호형(弧形)의 일본교라고 하는 '내원교(來遠橋)'(1592년 축조)가 그대로 남아 있다. 다리 바깥쪽은 일본인 거리, 안쪽은 화교와 베트남인들의 거리였다고 한다.

고슈인센 御朱印船

일본은 에도(江胡)시대에 지독한 쇄국정책을 펼쳐서 일부 선박에만 무역을 허용하였다. 고슈인센은 16세기 말에서 17세기 초에 걸쳐 도요토미 히데요시(豊臣秀吉)나 도쿠가와 이에야스(德

川家康)의 허가증인 '고슈인(御朱印)'을 얻어 동남아시아 지역과 무역을 하던 일본 선박을 말한다.

고아 Goa

아라비아해에 면한 인도 서남부의 한 주. 기원전 3세기 마우리아 왕조에 의해 인도 땅이 되었고, 이후 델리의 술탄(Sultan) 왕조에 의해 이슬람이 정착되었다. 1499년에 포르투갈의 항해가인 바스쿠 다 가마가 인도항로를 발견한 후, 알부케르크(Afonso de Albuquerque the Great)가 이끄는 포르투갈 선단이 1510년 다시 고아에 도착하여 극동무역의 거점을 마련하였다. 고아는 포르투갈령 인도의 수도로, 1575~1600년에 향료무역을 통해 최대의 번성기를 누렸다. 17세기에 이르러 영국과 네덜란드 등이 고아를 차지

하기 위해 각축을 벌였으나 약 450년간 포르투갈의 식민지로 있다가 1961년 인도에 합병되었다. 포르투갈의 영향으로 기독교 관련 건축물이 많이 있으며, 오랫동안 중국 도자기가 이 항구를 통해 유럽으로 수출되었기 때문에 17, 18세기의 중국 청화백자, 백자, 채화 파편이 종종 발견된다. 면적: 3,702km², 인구: 약 150만 명(2011년)

고추(red pepper)의 전파

고추는 가지과에 속하는 식물로 열대지방에서는 다년생이나 온대지방에서는 일년생이다. 원산지는 라틴아메리카로 남미의 페루에서는 2,000여 년 전부터 재배하기 시작하였다. 1493년 콜럼버스 일행이 고추를 후추의 일종으로 잘못 알고 스페인에 반입하여 유럽 각지에 퍼졌으며, 마침내 포르투갈인들

아시아 최대 성당인 성 캐서린 성당 외관

에 의해 16세기 이후 인도와 동남아시아에 전해졌다. 한반도에서는 16세기 말엽에 중부지방에서 고추가 재배되고 있었다는 기록이 보이는데, 그 전입 경로에 관해서는 ① 포르투갈이나 네덜란드의 무역선에 의해 한반도 남해안 지역에 유입되었다는 설 ② 일본 도요토미 히데요시(豊臣秀吉)의 조선 침략을 계기로 전해졌다는 설 ③ 중국 명나라 말엽의 한·중교류를 통해 들어왔다는 세 가지 설이 있다. 중국에 고추가 들어온 시기가 1620~1644년(17세기) 사이라는 사실을 감안할 때 세번째 설은 가능성이 낮다고 하겠다.

곤륜선 崑崙船

중국 당대에 동남아시아 여러 나라의 대형 선박을 일괄해서 '곤륜선'이라고 불렀다. 특히 당대의 남방무역 중심지인 광저우(廣州)에 이러한 선박들이 많이 드나들었고, 이를 통해 중국인들은 여러가지 동남아시아 특산물을 얻을 수 있었다.

공작미 孔雀尾

귀한 새인 공작(孔雀, Pavo muticus)의 꽁지 장식품이다. 공작의 주원산지는 인도이지만, 말레이시아·미얀마·자바·중국 남부 등지에서도 서식하고 있다. 공작미는 여러가지 색조가 잘 어울린 아름다움 때문에 여러가지 상징적인 장식으로 애용되어왔다. 신라시대에는 대(帶, 띠)에 꽂았으나 고려와 조선시대에 와서는 무관들이 융복(戎服, 철릭이나 주립朱笠으로 된 옛날의 군복)을 입을 때 호수(虎鬚, 흰 빛깔의 새 털)로 주립(朱笠)을 장식하였다. 또한 별감(別監)이나 안롱(鞍籠)·겸내취(兼內吹)·거덜 등도 능행(陵行)할 때 초립(草笠)에 꽂았는데, 이것을 방우(傍羽)·수우(秀羽), 혹은 공작미라고 하였다. 특히 조선시대에는 공작의 꽁지깃과 남빛의 새털을 한데 섞어서 전립(戰笠)을 장식했는데, 이것을 영우(靈羽)·전우(轉羽)·적우(翟羽), 혹은 공작미라고 했으며, 동·서·남·북·중의 방색(方色)에 따라 청·황·적·흑·백의 5색 새털을 쓰기도 하였다. 장식용 공작미는 고가의 장식품이기 때문에 수입이나 사용을 제한하는 경우가 있었다. 예컨대『삼국사기』「잡지(雜志)」에 따르면, 흥덕왕 때에 법령을 내려 진골녀(眞骨女)의 목수건을 털로 짜거나 계(罽, 융단)로 수놓을 때 공작미의 사용을 금하였고, 육두품녀(六頭品女)와 오두품녀(五頭品女)의 대(帶)도 공작미로 끈을 만드는 것을 금하였다.

공해 公海, high sea 또는 open sea

해양은 법적으로 공해, 영해, 내수로 나뉜다. 유엔해양법 정의를 따르면 공해는 배타적 경제수역(EEZ: Exclusive Economic Zone), 영해(territorial sea), 내수 또는 군도국의 군도수역에 포함되지 않는 해양의 모든 부분이다. 공해는 국제법상 어느 나라에도 속하지 않고 연안국이나 내륙국에 관계없이 모든 국가에 개방되어 있는 바다이다. 따라서 공해는 어느 나라 국민이나 자유롭게 이용할 수 있는데, 이를 공해 사용의 자유라 한다. 공해 사용의 자유는 항해, 어로, 해저 케이블이나 파이프 설치, 인공 도서 및 기타 시설의 설치, 군사 활동, 상공 비행, 과학조사 등을 자유롭게 할 수 있도록 인정한다는 것이다. 공해상에서 자유롭게 활동을 한다고 해서 무질서한 것은 아니다. 공해를 항해하는 선박은 기국(배에 게양한 국기가 나타내는 국가)의 배타적 관할권에 따르고, 선박 자체의 움직임, 선박에 승선한 사람과 물건에 대해서는 기국의 법령에 따르며, 재판권이 미친다. 한편 공해상에서 선박 충돌 및 사고의 형사재판권은 그 선박의 기국 또는 사고 책임자의 본국에 속한다. 영어로 공해를 high sea라 하는 것은 육지에 가까운 연안보다 먼 외해 쪽이 바람이 강해 파도가 높기 때문이다. 공해와 달리 영해는 연안국의 해안에 인접한 바다로 연안국의 주권이 미치는 곳이다. 1982년 해양법 협약이 채택되면서 연안국의 영해 범위는 해안의 저조선으로로부터 12해리로 정해졌다. 1해리는 위도 1분의 평균거리로, 1,852m이다. 내수는 한 국가의 영토 내에 있는 내수면을 말하며, 해안의 저조선(低潮線)과 고조선(高潮線) 사이의 수역은 내수로 취급된다.

곳 串, cape

해안선 가운데 단단한 암석이 바다 쪽으로 돌출한 곳을 말하며, 갑(岬)이라고도 한다. 해안선을 이루는 지형 가운데 약한 암석층으로 된 곳은 파도에 침식되어 안쪽으로 파이고, 단단한 암석으로 된 곳은 돌출하게 된다. 곳은 산 등성이가 물에 잠긴 후 파도의 침식으로 만들어지는 경우가 대부분이다. 한편, 미국 매사추세츠주의 코드곶(Cape Cod)처럼 파도나 해류에 의해 모래가 퇴적되어 생기는 사취(砂嘴)가 바다 쪽으로 돌출해서 만들어지는 경우도 있다. 곳은 바다 쪽으로 돌출해 있어 항해의 안전에 위험 요소가 될 수 있다. 따라서 곳에는 등대나 기타 항해 안전시설이 설치되기도 한다. 세계적으로 유명한 곳은 아시아대륙의 가장 서쪽 끝인 터키의 바바곶(Cape Baba), 아시아대륙의 최북단인 러시아의 첼류스킨곶(Cape Chelyuskin), 대서양과 인도양의 경계에 자리잡은 남아프리카공화국의 희망봉(Cape of Good Hope), 유럽대륙의 남단인 그리스의 마타판곶(Cape Matapan), 유럽대륙의 가장 북쪽 끝인 노르웨이의 노르드킨곶(Cape Nordkinn), 유럽대륙의 가장 서쪽 끝인 포르투갈의 로카곶(Cabo da Roca), 미국 우주센터가 있는 플로리다주의 커내버럴곶(Cape Canaveral) 등이 있다. 우리나라에서는 경상북도 포항의 호미곶이 유명하다.

과테말라시티 Guatemala City
과테말라의 수도. 나라이름과 구별하여 과테말라시티라고 한다. 고대 마야의 도시인 카미날후유(Kaminaljuyú)가 있던 곳에 위치하고 있다. 카미날후유에는 기원전 1200~1000년경에 원주민이 정착하기 시작하였고, 기원전후 1세기경에는 제사를 위한 신전과 제단이 다수 세워졌다. 신전 밑에서 발견된 묘에서는 각종 토기와 비취장식품 등이 출토되었다. 과테말라시티는 5세기경에 멕시코 중앙고원을 중심으로 번영한 테오티우아칸(Teotihuacán) 문화의 영향을 받아서 고도의 문화와 부를 누렸으나, 7세기 말 테오티우아

과테말라시티의 자연사박물관 정문과 국조(國鳥) 케찰(Quetzal)

칸문화가 쇠퇴하면서 활력을 잃었다. 10세기경에 카리브족(Caribs)의 침입이 잦아지자 사람들은 도시를 버리고 내륙으로 이동하였다. 16세기경부터 스페인의 식민지가 되었다. 1773년에 스페인의 과테말라 총독령(Capitanía General de Guatemala)의 수도인 안티과(Antigua)가 지진으로 파괴되자 새로이 과테말라시티를 건설하여 총독령 수도로 삼았다. 1821년에 과테말라가 스페인으로부터 독립하고 1823년에 과테말라, 코스타리카, 온두라스, 니카라과, 엘살바도르 5개국이 중앙아메리카연방(República Federal de Centro América)을 결성하면서는 그 수도가 되었다. 그러나 1840년에 중앙아메리카연방이 해체되면서 과테말라시티는 1839년에 건국된 과테말라공화국의 수도가 되었다. 팬아메리칸하이웨이(Pan-American Highway)가 통과하는 교통의 요충지로, 현재의 시가지는 20세기 초에 발생한 지진 이후 재건되었다. 천연염료인 인디고와 카카오가 주요 수출품이다. 면적: 692km², 인구: 약 110만 명(2011년)

광저우 廣州, Guangzhou, Canton
중국 광둥성(廣東省)의 성도(省都)이자 화난(華南)지방 최대의 무역도시. 주강(珠江) 삼각주 북부에 시강(西江)과 베이강(北江), 둥강(東江) 세 강이 합류하는 곳에 위치하여 고대부터 중국 남방

옛 항구인 황포(黃埔) 터

의 상업과 무역의 중심지였고, 외국과의 관문 역할을 하였다. 원래 이곳에는 남월족(南越族)이 살고 있었는데, 진시황이 중국을 통일하고 기원전 214년에 남해군 번우현(番禺縣)을 설치하였고, 이것이 오늘날 광저우의 시초다. 중국 남해무역의 중심지로 당(唐)대에는 아랍과 직접 교역을 하면서 페르시아인, 무슬림, 유대인 등 외방인이 거주하는 중국 최대의 국제무역항이 되었다. 8세기 초 신라의 혜초(慧超)도 광저우를 거쳐 인도로 구법여행을 떠났으며, 14세기에는 이븐 바투타도 광저우를 방문하였다. 한편, 명·청조에 들어오면서 조정은 해구(海寇) 등에 대한 방어책으로 해금(海禁)정책을 취하였는데, 광저우만은 대외교역이 허용되는 항구로 남았다. 그러나 청 말에 이르러 서양 열강들의 압력으로 홍콩과 상하이 등 여러 항구들이 개항되면서 광저우의 독점적 지위도 막을 내렸다. 광저우는 아열대에 속한 곳으로 1년 내내 꽃이 핀다. 그리하여 '화성(花城)', 즉 '꽃의 도시'라고 불리기도 한다. 면적: 7,434km², 인구: 약 1,400만 명(2013년)

괴혈병 壞血病, scurvy

화학물질명이 아스코르브산(ascorbic acid)인 비타민 C가 부족하여 생기는 질병이다. 성인의 경우, 신선한 야채나 과일을 섭취하지 못하면 생긴다. 과거 오랜 시간 대양을 항해하는 배 안에서는 신선한 야채와 과일을 먹을 수 없어 선원이나 해적들에게 자주 발병하였다. 오늘날에는 비타민 C를 충분히 섭취하므로 거의 볼 수 없는 질병이 되었다. 괴혈병의 초기 증상으로 몸이 으스스하며 무기력증이 나타나다가 피부에 반점이 생긴다. 그러다가 잇몸이 약해지며 점막에서 출혈이 시작된다. 점점 심해지면 내출혈이 일어나 손발에 푸른 반점이 생기며, 정맥혈전이 생겨 정맥이 부풀어 오르고 심한 통증을 느끼게 된다. 입안에서도 출혈이 일어나 잇몸이 상하고 이가 빠지며, 황달 증세를 보이고 급기야 고열로 사망하게까지 된다. 대부분의 동물은 체내에서 비타민 C를 합성하지만, 인간과 영장류, 조류의 일부, 어류 등은 비타민 C를 만드는 효소(L-gulonolactone oxidase)가 부족하여 반드시 음식으로 섭취하여야 한다. 비타민 C는 식물에 많이 들어 있으며, 특히 고추나 토마토·오렌지·레몬·라임·자몽·자두 등에 많이 들어 있다. 이집트인들은 이미 기원전 1550년에 괴혈병에 관한 기록을 남겼으며, 그리스의 의학자 히포크라테스(Hippocrates, 기원전 460?~기원전 377?)도 괴혈병에 대해 언급한 바 있다. 그러나 괴혈병이 병의 심각성으로 인해 사회문제가 된 것은 대항해시대에 들어와서다. 15세기 말 이후로는 장기간의 항해생활을 하는 선원에게서 많이 발견되는 직업병으로 인식될 정도였다. 1,955명의 군인과 선원을 태운 영국의 엠마 존슨 제독의 함대가 아메리카 식민지 원정을 마치고 귀환했을 때는 634명만 남았는데, 사망자의 반 이상인 997명이 모두 괴혈병으로 죽었다. 괴혈병의 원인이 밝혀진 것은 그후 250여 년이 지난 1753년이었다. 1740년대 스코틀랜드 해군함대에 소속된 군의관 제임스 린드(James Lind)는 선원들과는 달리 선장들의 경우 괴혈병에 걸리는 일이 드문 사실에서 음식과의 연관성을 추정하였다. 또한 섬에 정박해 있을 때 죽어가던 병사에게 섬 원주민이 레몬즙을 짜서 먹이자 살아난 것을 보고 그는 자신의 추정이 틀리지 않았다는 확신을 얻게 되었다. 그후 그는 식단분석을 포함하여 오랜 연구를 한 끝에 오렌지·라임·레몬 등에 함유되어 있는 비타민 C를 섭취하게 하면 괴혈병이 예방되고 치료될 수 있음을 알아냈다.

구나발마 求那跋摩, Gunavarman, 367~431년

일찍이 불교가 성행하던 계빈(罽賓, 현 카슈미르)에서 출생한 구나발마가 30세가 되었을 때 계빈 왕이 후사 없이 타계하자, 사람들이 종실인 그에게 계위할 것을 간곡히 권유하였다. 그러나 그는 끝까지 사양하고 어디엔가 은적(隱跡)해 있다가 얼마 후 홀연히 사자국(獅子國, 현 스리랑카)에서 배를 타고 사파국(闍婆國, 현 수마트라나 자바)에 이르렀다. 송 원가(元嘉) 원년(424)에 해로로 광저우(廣州)를 거쳐 원가 8년(432)에 수도 건강(建康, 현 난징南京)에 도착하였다. 그후 기원사(祇洹寺) 등지에서 역경(譯經)에 전념해 다수의 역서를 남겼다.

구나발타라 求那跋陀羅, Gunabhadra, 394~468년

중천축(中天竺, 중인도) 출신의 불승으로 사자국(獅子國, 현 스리랑카)에서 배를 타고 해로로 송 원가(元嘉) 12년(435) 광저우(廣州)에 도착하였다. 송 문제(文帝)는 그를 수도 건강(建康, 현 난징南京)으로 청하였다. 기원사(祇洹寺)에 머물면서 역경(譯經)을 하며 설법했는데, 수강생이 7백명이 넘었다고 한다. 훗날 형주(荊州)에 10년간 체류하면서 100여 권의 불경을 번역하였다. 75세에 건강에서 입적하였다.

구라나타 拘羅那陀, Kulanātha, 拘那羅陀, Gunaratha, 波羅末陀, Paramārtha, 親依, 眞諦, 499~569년

서천축(西天竺, 서인도) 출신인 구라나타는 구마라습(鳩摩羅什)·현장(玄奘)과 함께 중국 3대 역경가(譯經家)의 한 사람으로 꼽힌다. 법명은 진체(眞諦, Paramārtha)다. 그는 양무제(梁武帝) 대동(大同) 12년(546)에 해로로 중국에 들어왔다. 그러나 정세가 불안해 자리를 잡지 못하고 남방 여러 곳을 두루 전전하다가 광저우(廣州)에 정착하였다. 구라나타는 547~569년에『섭대승론(攝大乘論)』『유식론(唯識論)』『구사론(俱舍論)』등 64부 278권의 경전을 한역하였다. 그의 역경을 통해 무착(無着), 세친파(世親派)의 대승론이 중국에 알려졌다. 그때부터 비로소 대승

섭론종(大乘攝論宗, 후일의 법상종法相宗)과 소승구사종(小乘俱舍宗)이 개창되었다.

구로시오 해류 黑潮, Kuroshio current

구로시오 해류는 세계 최대의 해류인 멕시코 만류 다음으로 큰 표층 해류로, 태평양 서쪽에 위치한 필리핀 루손섬 근처에서 북적도 해류가 북동쪽으로 방향을 틀어 일본의 동부 해안까지 흐르면서 형성된 난류이다. 유럽의 지리학자들은 이미 1600년대부터 구로시오 해류의 존재를 알고 있었으며, 제임스 쿡(James Cook) 선장이 이끄는 탐험대 또한 구로시오 해류가 있음을 알고 있었다. 구로시오 해류는 보통 2~8km/h의 유속이며, 폭은 100~300km, 두께 600m에 전장이 6,000km 이상인 대해류이다. 구로시오라는 이름은 바다의 색깔과 관련된다. 황해는 양쯔강에서 흘러나오는 풍부한 영양염으로 인해 식물플랑크톤이 매우 풍부하지만, 구로시오 해류 지역은 식물플랑크톤이 상대적으로 매우 적다. 식물플랑크톤과 같은 부유물질은 햇빛을 반사하기 때문에 깊은 물속까지 빛이 도달하기 어렵다. 구로시오 해류는 식물플랑크톤이 매우 적어 햇빛은 깊은 물속까지 도달할 수 있으며, 이에 따라 빛에너지의 흡수율이 가장 적은 파랑색 빛이 깊은 곳까지 도달하여 구로시오 해류에서 바다 색깔은 짙은 파랑색

을 띠게 된다. 즉, 구로시오(黑潮)라는 이름은 이 해류가 주변의 바다에 비해 짙은 푸른색을 띠기 때문에 붙여졌다.

구로시오 해류와 청자

일본의 중세 유적지에서 출토되는 중국의 청자나 청화백자 등을 실은 배의 '대일본'항로에는 ① 중국 산둥반도 북단의 옌타이~한반도~규슈 북부~세토나이카이~오사카만으로, 견수사, 견당사 배가 다닌 최초 항로 ② 중국 양쯔강 하구 닝보~산둥반도 남쪽(서해)~현해탄~기타규슈 항로 ③ 규슈-오키나와~중국연해 지역의 세 항로가 있었다. 그리고 오키나와의 섬들에서 14~15세기의 룽취안요 청자가 발견되면서 오키나와를 경유해서 시코쿠 서남단에서 구로시오 해류를 타고 오사카만의 사카이 항이나 가마쿠라 막부가 있던 자이모쿠자 해안에 이르는 항로도 최근 조사에서 밝혀졌다. 이 모든 해로는 구로시오 해류와 관계가 있다.

국립등대박물관

대한민국 경상북도 포항시 남구에 위치. 1982년 호미곶등대가 경상북도 지방문화재 제39호로 지정되면서 이곳에 항로표지 자료 등을 모아 1985년 호미곶등대박물관으로 개관하였다. 이후 항로표지 시설 및 장비 유물 등을 모아 문화체험의 장으로 확대하고, 유물 보전 및 역사에 대한 연구를 계속하기 위해 박물관 시설을 확충하는 사업을 추진하여 2002년 국립등대박물관으로 재개관하였다.

국립해양문화재연구소

수중문화유산의 발굴과 보존을 담당하는 유일한 대한민국 국가기관으로, 대한민국 최초의 수중문화재 발굴인 1975년 신안해저유적 발굴조사를 계기로 신안과 가까운 전남 목포에 설립되었다. 국립해양문화재연구소는 목재문화재를 비롯한 수중문화재의 과학적 보전과 분석, 침몰선과 전통선박의 복원, 고선박의 조선기술과 항해기술 연구, 해양고고학적 유적지와 유물 조사, 섬문화 연구, 전통 고기잡이 연구 등 다양한 연구활동을 수행한다. 발굴 수중문화재는 14세기 중국 원나라에서 만들어진 무역선으로 중국 닝보(寧波)에서 일본 하카타(博多)로 가던 중 신안 앞바다에서 침몰한 무역선인 신안선, 12세기 고려시대 선박인 태안선, 13~14세기 무렵에 중국 남부에서 제작되어 진도해역에서 침몰한 통나무배인 진도선 등이 있다. 복원 선박은 고려시대 청자운반선인 온누비호, 조선시대 세곡운반선인 조운선(漕運船), 멸치잡이 전통어선인 가거도배 등이 있다. 전통기술과 과학기술로 복원 및 수리된 수중문화재는 수중고고학, 미술사, 기술사, 생활문화사 연구에 폭넓게 활용 가능하다.

국립해양문화재연구소는 이러한 연구활동 외에도 해양역사박물관인 해양유물전시관 운영을 통해 해양문화 콘텐츠를 개발하고 해양문화를 확산하기 위한 다양한 전시회와 교육 및 문화행사를 개최하고 있다

국립해양박물관

대한민국 부산광역시 영도구에 위치. 국립해양박물관은 2012년 기존의 선박박물관, 해양자연사박물관, 해양생물박물관을 통합하여 종합해양박물관으로 개관하였다. 조선통신사선을 축소 복원한 모형, 항해용 지구의(地球儀) 등 해양역사와 해양문화에 관련된 장비와 용품, 도서, 사진 등이 전시되어 있다.

규조토 硅藻土, diatomite 또는 diatomaceous earth

규조토는 바다나 호수에 살던 단세포 조류인 규조류(硅藻類, diatom)가 죽어 바닥에 쌓인 규조 연니(diatomaceous ooze)가 광물화하여 육상의 퇴적층에서 나타나는 것이다. 규조류는 바다에 가장 흔한 식물플랑크톤으로 규산질로 된 껍데기가 있다. 뚜껑 있는 상자처럼 껍데기는 위, 아래 모두 2개이며, 번식할 때는 이 껍데기가 떨어져 각각의 껍데기 안쪽에 새로운 껍데기가 만들어져 새로운 개체가 된다. 규조토는 규조류가 주를 이루지만 그밖에 방산

충(radiolarian)이나 해면동물의 골격, 그리고 점토나 유기물 등도 포함되어 있다. 규조토는 80~90%가 규산(SiO_2)으로 되어 있으며, 백색 또는 회백색을 띤다. 규조토는 열을 잘 전달하지 않고, 수분을 흡수 저장하는 능력이 뛰어나며, 유리에 홈을 낼 정도로 경도가 높아서 도자기나 내화벽돌 원료, 연마재, 여과재, 보온재, 단열재, 흡수재, 다이너마이트 흡착제 등으로 사용된다. 우리나라에서는 신생대 제3기 지층이 분포된 경상북도 포항과 경주 등지에서 산출된다.

그랑콩글루에도(島) 해저유적

수중고고학적 발굴에 의해 프랑스 근해에서는 해저 도시와 침몰선, 항만 유적 등 100여 개소의 해저유적이 확인되었다. 프랑스는 일찍부터 국가적으로 수중문화재 보호책을 세우고 수중탐사기술을 적극 개발하는 등 수중고고학 연구에서 선도적 역할을 함으로써 수중탐사라는 새로운 분야에서 괄목할 만한 성과를 거두었다. 그랑콩글루에(Grand Congloue)섬의 해저유적 탐사가 그 일례다. 1952년 해양탐험가 자크 이브 쿠스토(Jacques-Yves Cousteau)가 마르세유항 밖에 있는 그랑콩글루에섬의 수심 40m 해저에서 침몰선 한 척을 탐지하였다. 그는 침몰선에 적재된 토기가 칸바니아 토기와 같은 종류라는 점에서 이 선박을 기원

전 2세기경에 침몰한 것으로 추정하였다. 고고학자들은 모선을 타고 6천 와트의 수중 조명등을 켜놓고 텔레비전 카메라로 해저조사 실황을 확인하면서 잠수부들의 활동을 일일이 지휘하였다. 발굴조사 사업은 이러한 선진기술 수단을 이용해 5년간이나 지속되었다. 그 결과 침몰선의 길이는 30m, 폭은 10m, 적재량은 350톤이며, 7천 개의 토기 항아리를 적재하였다는 세세한 실태를 파악할 수 있었다. 한편 쿠스토는 발굴과정에서 수중고고학에 이용되는 기자재의 성능과 용법 등에 관한 과학적인 기록을 남김으로써 수중고고학의 발전에도 상당한 기여를 하였다.

그리스의 고대 세계지도

기원전 7세기에 아낙시만드로스(Anaximandros)가 바다와 하천이 그려진 최초의 세계지도를, 이어 헤카타이오스(Hekataios)도 세계지도를 만들었다고 그리스의 역사가 헤로도토스의 『역사』에 기록되어 있다. 그리고 헤로도토스는 기원전 5세기경 이집트와 페르시아, 스키티아(Scythia, 스키타이) 등을 직접 여행하면서 그 위치를 상세하게 기록하였다.

금강지 金剛智, 법명 跋日羅菩提, Vajradodhi, 669~741년
남천축의 마뢰야국(摩賴耶國) 출신인

금강지는 10세에 출가해 나란타사(寺)에서 10여 년간의 수행을 마치고 사자국(獅子國, 현 스리랑카)과 실리불서국(室利佛逝國, 현 인도네시아 수마트라)을 경유해 당 개원(開元) 7년(719)에 광저우(廣州)에 도착하였다. 이어서 바로 장안에 초빙되어 자은사(慈恩寺)와 천복사(薦福寺)에서 밀교(密敎)의 단장(壇場)을 세우는 등 밀교 전도에 전념하였다. 723년부터는 장안의 자성사(資聖寺)와 천복사에서 밀교 경전 25부 31권을 한역하였다. 중국 밀교 창시자로 불리는 그는 741년 뤄양(洛陽)에서 병으로 입적하였다. 신라 승려 혜초(慧超)는 719년 광저우에서 금강지를 만나 사사하고, 그의 권유에 따라 도축(渡竺)하였다. 그후 혜초는 당나라에 돌아와 천복사에서 733년부터 8년간 금강지와 함께 밀교 경전을 연구하였다.

『기독교풍토기(基督敎風土記)』 *The Christian Topography*, Cosmas 저, 550년경

『기독교풍토기』는 이집트 알렉산드리아 출신의 기독교 수도사이자 상인이었던 코스마스(Cosmas)가 청년시절 인도양 해상교역이 활발해지기 시작하던 시기에 인도와 실론(현 스리랑카) 등지에서 교역에 종사하면서 인근 여러 곳을 주유한 일들을 기록한 현장 견문록이다. 이 책은 6세기경 동서간의 해상교역 상황뿐만 아니라, 이 지역에 기독교가 처음으로 전해진 사실

을 생동감 있게 전해준다. 또한 저자는 실론이 동서 해상항로의 기착지이자 해상교역의 중심지·집산지·중계지로서 동서교역에서 핵심적 역할을 하였다고 강조하고 있다. 당시 인도·페르시아·에티오피아 등지에서 많은 선박들이 이곳으로 내항하였고, 또 이곳으로부터 많은 선박들이 각지로 출항하였다고 한다. 제니스타(중국?) 같은 먼 나라로부터도 비단·침향(沈香)·정향(丁香)·백단(白檀) 등 여러가지 상품들이 일단 이곳에 모였다가 다시 후추의 산지인 마레(말라바르Malabar) 등 인도의 몇몇 교역지로 운반되어 문물교환이 이루어지곤 하였다. 이러한 상품들은 인도뿐만 아니라 사향·해리향(海狸香)·감송향(甘松香)의 산지인 신드·페르시아·아투리(홍해 서안의 즈라)까지도 운반되었다. 이처럼 실론은 중계교역과 더불어 자체의 물산을 동·서방 여러 곳에 수출하기도 하였다. 이와같이 이 책은 당시 실론을 중심으로 진행된 교역에 관한 기록의 일부로 6세기를 전후한 시기의 동서간의 해상교역상을 입증하는 데 가치있는 문헌적 전거로 인정받고 있다.

기압 氣壓, atomospheric pressure

단위 면적에서 공기의 무게 때문에 생기는 지구대기의 압력을 말하며, 흔히 대기압이라 한다. 장소에 따라 공기가 많으면 대기압이 높고, 공기가 적으면 대기압이 낮다. 일반적으로 고도가 높아질수록 그 위에 있는 공기덩어리의 무게가 적어지므로, 기압은 낮아진다. 평균적으로 해수면 높이에서 면적 $1cm^2$ 위에 놓인 공기덩어리의 무게는 1.033kg이다. 이 대기압을 1기압이라 하며 단위는 atm을 사용한다. 즉, 1atm은 $1.033kg/cm^2$이다. 기압은 수은기압계를 주로 사용하여 측정하며 단위는 밀리바(mb)를 사용한다. 1기압은 수은주를 높이 760mm까지 밀어올릴 수 있는 압력으로 760mmHg와 같은 값이다. 한편, 압력을 나타내는 단위는 다양하여 1기압(atm)은 1013.25Pa(파스칼)과 같으며, 1013.25mb(밀리바) 또는 hPa(헥토파스칼), 14.696psi(프사이) 등으로도 표시한다. 기압은 장소뿐만 아니라, 시간에 따라서도 변해 기상에 큰 영향을 미친다. 주변보다 기압이 높은 곳을 고기압, 반대로 주변보다 기압이 낮은 곳을 저기압이라 한다. 고기압이 있는 곳에서는 고기압 중심에서 주변으로 바람이 불어나간다. 반대로 저기압은 주변보다 기압이 낮아 주변으로부터 바람이 불어 들어오며, 저기압 중심에서 상승한 후 밖으로 불어 나간다. 이때 지구 자전에 의해 소용돌이가 생기게 되는데, 규모가 커지면 지역에 따라 태풍, 사이클론, 허리케인 등으로 발달한다. 이러한 폭풍은 항해에 위험하므로 항해 중에는 선박의 안전을 위해 기압 변화에 신경을 써야 한다.

김해 金海

오늘날의 낙동강 하류 김해(金海) 일원에 자리했던 금관가야(金官加耶)는 변한(弁韓)의 12개 소국 중 구야국(狗耶國)이 성장하여 이룬 나라로서 전기 가야의 중심세력이었으며 가야연맹체의 맹주였다. 특히 금관가야는 철의 주요 생산지인 동시에 우수한 철기 제작 능력을 가진 철기문화의 중심지였다. 『삼국유사』의 기록에 따르면, 시조 수로왕(首露王)이 서기 42년에 금관가야국을 세운 후 532년 구형왕(仇衡王)이 신라에 투항할 때까지 10대 왕 491년간 존속하였다. 가야의 건국에는 망산도(望山島) 유주암(維舟巖)을 통해 상륙한 황후 허황옥(許黃玉)과 수로왕에 관한 아름다운 전설이 깃들어 있으며, 왕릉을 비롯한 관련 유물들이 남아 있다.

대성동유적을 비롯한 여러 유적에서 발견된 신석기시대의 대형 지석묘(支石墓, 고인돌)와 청동기시대의 암각화와 옹관(甕棺) 등 고대유물들은 이 나라 역사의 유구성을 말해주고 있다. 사람들은 논과 밭 농사로 오곡을 재배해 식량을 해결하고, 누에고치를 쳐 옷감을 마련하기도 하였다. 예안리 마을에서 출토된 인골에서 보다시피, 이곳 가야사람들에게는 편두(偏頭)와 문신 같은 특이한 생활습성도 있었다. 그리고 그들에게는 수수께끼로 남아 있는 고유한 글과 기호가 있었다. 여러 점의 토기에서 이러한 글과 기호가 발견되었는데,

일부 언어학자들의 연구에 의하면 남인도에서 지금까지 쓰이고 있는 타밀어와의 상관성이 엿보인다고 한다.

가야인들에게는 바다 지향성이 뚜렷하였다. 죽으면 시체의 머리는 꼭 바다쪽을 향하도록 하였다. 일찍부터 해양문화를 터득하고 해상교역을 진행하였다. 창녕 비봉리유적에서는 한반도에서 가장 오래된 통나무배가 발견되었는데, 그 연도는 자그만치 7,700년 전으로 거슬러올라간다. 일본 배보다 2,000년 이상 앞선다. 해상교역을 통해 로만글라스와 동남아시아 유리구슬이 들어왔으며, 여러 유적에서 중국의 화폐 오수전(五銖錢)과 일본의 야요이(彌生) 토기 유물이 출토되고 있다. 그런가 하면 주변국은 물론, 멀리 낙랑 같은 곳에 철제품을 수출하였으며, 부드러운 가야토기는 일본의 스에키(須惠器) 토기에 영향을 끼치기도 하였다.

글과 기호가 새겨진 가야토기

나가사키 長崎

일본 규슈(九州) 북서부에 있는 나가사키현의 항구도시. 일본 최초로 유럽과 교역을 시작한 곳이다. 나가사키에는 에도(江戸)막부가 공인한 해외상관이 있던 인공섬 데지마(出島)와 중국인 거류지 도진야시키(唐人屋敷) 등의 유적유물이 남아 있다. 처음 일본에 온 유럽인은 포르투갈인으로, 1543년에 왕직(王直)이라는 중국 밀무역자의 선박이 규슈의 다네가시마(種子島)에 표착하였을 때 함께 타고 있었다. 당시 이 섬의 영주는 이 포르투갈인이 갖고 있던 철포(鐵砲, 화승총)를 구입하였는데, 이 철포는 곧 일본 전역에 알려졌다. 이것이 계기가 되어 포르투갈과 스페인은 일본과 무역을 하기 시작하였다. 당시 일본에서는 포르투갈과 스페인 사람들을 남만인(南蠻人), 그들의 선박을 남만선(南蠻船), 그들과의 무역을 남만무역(南蠻貿易)이라고 불렀다. 한편, 에도막부를 연 도쿠가와 이에야스(德川家康)는 1600년에 분고(豊後)에 표착한 네덜란드 선박의 영국인 항해사 윌리엄 애덤스(William Adams)와 네덜란드인 얀 요스텐(Jan Joosten)을 외교와 해외무역의 고문으로 등용하였다. 막부는 그들을 종용해 1609년과 1613년에 각각 네덜란드, 영국과 무역을 시작하였다. 일본은 이들을 남만인(포르투갈과 스페인인)과 구별하여 홍모인(紅毛人)이라고 불렀는데, 이들은 교역과 함께 기독교 포교를 자행한 포르투갈이나 스페인과는 달리 무역에만 종사했기 때문에 기독교를 경계한 일본으로서는 그들에게 상대적으로 호감을 갖게 되었다. 그러나 무역이 활발해지고 상공업이 발달하면서 무역에 종사하는 지방 영주들의 경제력과 군사력이 커지는 것을 우려하게 된 에도막부는 무역의 이익을 막부만이 취할 수 있도록 무역을 엄격히 통제하는 쇄국정책(鎖國政策)을 펴기 시작하였다. 우선, 1616년에 유럽 선박들의 기항지를 나가사키와 히라도(平戸)로 제한하였고, 이어 1624년에는 선교 활동과 관련이 있는 스페인 선박의 내항을 금지하였다. 포르투갈 선박도 같은 이유로 내항을 전면 금지하였다. 에도막부는 일본으로 들어오는 외국 선박뿐 아니라 해외로 나가는 일본의 선박과 사람들에 대해서도 통제를 가하기 시작하였다. 막부의 허가를 받지 않은 일본 상선의 해외 도항을 금지하였을 뿐만 아니라 일본인의 해외 도항과 재외 일본인의 귀국을 전면 금하였다. 그리고 1634년에 나가사키항에 데지마라는 인공섬을 만들어 히라도에 있던 네덜란드 상관을 그곳으로 옮겨 내국인과의 접촉을 원천적으로 봉쇄하였고, 1689년에는 도진야시키라는 중국인 집단 거류지를 설치하여 중국인까지도 나가사키 거주를 제한하였다.

나가사키의 오우라천주당

그러나 1858년에 미일수호통상조약이 체결되면서 가나가와(神奈川, 지금의 요코하마), 니가타(新潟), 효고(兵庫)가 함께 개항되자 교역항으로서의 나가사키의 지위는 크게 추락하였다. 그러나 원양어업 등 수산업의 기지로 여전히 중요한 역할을 해왔다. 나가사키는 기독교가 처음 전래된 곳이어서 기독교 관련 유적유물이 많이 남아 있다. 그중 일본에서 가장 오래된 목조 성당인 오우라천주당(大浦天主堂)과 26성인(聖人)의 순교지가 유명하다. 면적: 406.35km², 인구: 약 45만 명(2009년)

『나가사키(長崎) 네덜란드 상관(商館)』
山脇悌二郎 저, 1980년
네덜란드 동인도회사가 나가사키와 진행한 교역내용을 주로 기술한 책으로서 일본의 수출품과 네덜란드 선박을 통한 일본의 수입품, 그리고 당시 이러한 교역이 진행된 사회적 배경 등도 언급하고 있다.

나소 Nassau
바하마(Bahamas)의 수도. 바하마 제도 북부의 뉴프로비던스(New Providence)섬 북안에 위치하고 있다. 나소는 천연적인 양항(良港)으로 세계 최대의 유람선이 접안할 수 있다. 1492년 제1차 대서양횡단 항해 때 콜럼버스가 이 뉴프로비던스섬에 들른 바가 있다. 17세기경에 이곳은 카리브해 해적들의 소

카리브해 해적들의 소굴이었던 나소의 해적 박물관

굴로 유명해졌다. 당시 나소는 '신대륙'에서 금과 은을 싣고 인근의 플로리다 해협을 통과해 귀국하는 스페인 배들을 공격하는 데 적지였기 때문에 영국과 프랑스의 해적들이 대거 활동하였다. 한때 나소에서 활동하던 해적들이 '사략선(私掠船)공화국(Privateers Republic)'을 세울 정도였다. 18세기에 들어 스페인과 영국이 이곳의 통치권을 둘러싸고 각축을 벌였다. 그러다가 1783년에 영국이 미국독립전쟁에서 패하면서 미국의 연합국인 프랑스, 스페인, 네덜란드 등과 일련의 조약(Peace of Paris, 흔히 베르사유조약이라고 함)을 맺고 해외 식민지를 재조정하였다. 이때 바하마 제도가 영국의 식민지로 확정되자 당시 미국에 살던 영국인들이 노예를 이끌고 바하마로 이주하여 나소의 인구가 크게 늘어났다. 이주민들은 노예를 수입하여 농장(plantation)을 개척하였으나 1807년 노예제도가 폐지되면서 대다수의 영국인들이 바하마를 떠나서 현재는 주민의 90% 이상이 흑인이다. 1920년 미국에서 금주법이 시행되자 미국과 가까운 나소가 밀주양조업의 중심지가 되어 잠시 경제적 부를 누렸으나, 1933년 금주법이 폐지되면서 어려움을 겪었다. 그러나 제2차 세계대전 이후 관광을 중심으로 경제가 회복되기 시작하였고, 지금은 겨울철 휴양도시로 유명하다. 면적: $207km^2$, 인구: 약 25만 명(2010년)

나스카 문화 Nazca culture
페루 남부 해안지대의 나스카강(江)

유역에서 기원전 200년부터 기원후 600년 사이에 개화한 고전기(古典期) 문화로서 카와치 유적이 중심이다. 나스카 문화인들은 농경을 위주로 하면서 수렵과 어업에도 종사했으며, 사회적 계급분화가 뚜렷했으나 노예제도는 없었다. 대표적인 문화양상으로는 채문토기(彩文土器)와 지상화(地上畵)를 들 수 있다. 고도의 제작기술과 섬세한 솜씨로 상징적 모티브를 활용해 제작한 채문토기는 쌍주구호(雙注口壺) 접시와 주발, 상형호(象形壺) 등 다양한 종류가 있는데, 표면에 고추·옥수수·감자·사슴·쥐·개구리·물고기 등 생활과 관련된 다양한 동식물의 무늬가 10여 종의 안료로 그려져 있다. 그밖에 다채로운 직물과 가죽신, 깃털 장식품도 함께 발견되었다. 각종 기하학 무늬와 거대한 동물들이 그려진 지상화('나스카 지상화'항 참고)는 당시 어떻게 그렇게 크고 다양한 문양과 색채를 구사할 수 있었으며 그린 목적은 무엇이었는지 그 수수께끼가 아직까지도 풀리지 않고 있다. 그밖에 흙과 풀, 자갈을 섞어 빚은 아도베(adobe, 영어 '어도비') 벽돌로 지은 신전과 피라미드, 공공건물들도 유적으로 발굴되었으며, 후기(550~650)에 개발된 나스카강을 이용한 지하수로의 흔적도 남아 있다.

나스카 지상화 Líneas de Nazca

땅 위에 그려진 지구상에서 가장 큰 그림으로, 세계 7대 불가사의의 하나다. 페루 남부해안에서 약 50km의 내륙 지점에 자리한 해발 500m의 건조한 평원지대에 그려진 이 지상화가 차지하는 면적은 (서울 면적 605km² 절반이 넘는) 무려 360km²에 달한다. 2년간의 강우량이 고작 1.27cm에 불과한, 지구상에서 가장 건조한 곳으로 알려진 나스카 평원의 자갈땅을 깊이 10~20cm, 너비 20~30cm 정도로 파서 그린 이 지상화군은 길이 30~285m의 각기 다른 그림 30여 점으로 구성되어 있다. 700여 리(里)에 이르는 직선과 삼각형·사다리꼴·지그재그형·나선형 등의 기하학적 도형을 사용하여 범고래·원숭이·거미·개·인간 등의 다양한 모티브를 그려넣었으며, 가장 큰 동물무늬는 축구장 3배의 크기이고 가장 긴 직선의 길이는 10km에 이른다. 1939년에 미국의 역사학자 코속(P. Kosok)에 의해 발견되었으며, 많은 학자들 특히 독일 태생의 고고학자이자

나스카 지상화 중 벌새 그림

해발 500m의 평원지대에 그려진 페루 남부해안의 나스카 지상화

수학자인 마리아 라이헤(M. Reiche)는 평생을 나스카 지상화의 연구와 보존에 바쳐 이것이 기원전 190년에서 기원후 600년 사이에 그려졌음을 밝혀냈다. 1994년에는 유네스코 세계문화유산에 등재되었다. '우주인의 메시지'라든가, '신에게 바치는 제물' '인디오 부족의 문장(紋章)' '천문달력'이라는 등 여러가지 해석이 분분하지만 정설은 아직 없다. 라이헤도 처음에는 천체 운행과의 관계설을 내놓았으나 후에 부정하였다.

나오 nao
5세기 이베리아 반도에서 유행하던 범선으로 보통 카라크(carrack, caraque)이라고 하는데, '나오'는 주로 스페인에서 선박을 가리켜 사용하던 범칭이

다. 주 돛대는 보통 3개 정도이지만 더 많은 경우도 있으며, 선미는 높고 배 안은 깊고 넓다. 15세기에서 16세기까지 쓰였는데, 1500년대 초에는 배에 대포를 장착해서 포문을 통해 포탄을 발사하기도 하였다고 한다. 17~18세기 문헌에는 갤리언선(船) 같은 선박들도 '나오'라고 명명하는 경우가 흔하였다.

나침반 羅針盤, 羅針儀, 針盤, compass
자침(磁針)이 남북을 가리키는 특성을 이용해 제작한 지리적 방향지시 계기이자 항해 천문의기(天文儀器)다. 나침반에는 자석의 지극성(指極性)을 이용해 방위를 결정하는 자기나침반과 자석의 고속 회전운동을 이용하는 회전 나침반(gyro-compass) 두 종류가 있다. 자석의 지극성을 최초로 발견하고 그

것을 선박의 항해에 이용한 사람은 중국인으로, 그 시점은 확실치 않으나 전국시대 말엽에 자석과 그 지극성이 차츰 알려지기 시작하였다. 기원전 7세기 전반에 저술된『관자(管子)』에 처음으로 '자석'에 관한 언급이 있고, 후반에 여불위(呂不韋)가 지은『여씨춘추(呂氏春秋)』「계추기정통편(季秋紀精通篇)」에는 '자석소철(慈石召鐵)'이라 하여 어린애가 자모(慈母)를 따르듯, 쇳조각을 끌어당기는 돌을 '자석(慈石)'이라 한다는 내용이 나온다.

자석의 이용에 관한 언급은 기원전 1세기 말의『논형(論衡)』「시응편(是應篇)」에 '남쪽을 가리키는 국자'라는 뜻의 '사남지작(司南之杓)'이라는 기구가 소개된 것이 처음이다. 이것은 자석의 지남성(指南性, 남쪽을 가리키는 성질)에 관한 최초의 발견이다. 이 '사남지작'이 육조(六朝)시대에 자침(磁針), 즉 지남침으로 바뀐다. 자석의 지남성이 발견됨에 따라 송대의 지남차(指南車)와 지남어(指南魚)처럼 방향을 판별하는 데 사용되는 자석이 나타나기 시작하였다. 북송의 과학자 심괄(沈括, 1031~1095)은 저서『몽계필담(夢溪筆談)』(권24)「잡지(雜誌)」조에서 지남침의 사용방법을 기록하고 있다. 즉 지남침을 심지(등초燈草)에 꿰어 물 위에 띄우는 수부법(水浮法), 지남침을 손톱 위에 올려놓는 지갑선정법(指甲旋定法), 지남침을 주발의 가장자리에 놓는

완순선정법(碗脣旋定法), 실오리로 지남침 중간을 매어 무풍지대에 매달아 놓는 누선법(縷旋法) 등 네 가지 방법이다. 심괄은 이 책에서 지남침이 보이는 편각(偏角) 현상을 처음으로 소개하는데, 유럽에서 이러한 편각에 관해 알게 된 것은 그로부터 약 400년 후인 15세기에 들어서서다. 중국인들은 지남침을 발견했을 뿐만 아니라, 11세기 말엽에는 세계 최초로 선박의 항해에 도입하기도 하였다. 고려에 출사한 서긍(徐兢)은 선화(宣和) 5년(1123)에 저술한『선화봉사고려도경(宣和奉使高麗圖經)』(권34)에서 흐린 날에는 '지남부침(指南浮針)'으로 남북을 헤아린다고 기술하고 있다. 이러한 수부법에 쓰이는 자침을 수침반(水鍼盤, 혹은 수침水針), 오늘날처럼 자침을 핀으로 고정한 것을 한침반(旱鍼盤, 혹은 한침旱針)이라고 하며, 두 가지를 통틀어 '침반(針盤)' 혹은 '나반(羅盤)'이라고 한다. 중국의 나반은 8간(干), 12지(支), 4괘(卦)의 24방위로 구성되어 있어 32방위인 아랍이나 유럽의 그것과는 다르다. 그리고 매 방위는 다시 정침(正針)과 봉침(縫針)의 두 부분으로 나뉘기 때문에 실제로는 48방위인 셈이다. 따라서 매 방위의 방위각은 7도 30분이 된다.

나침반의 교류

중국의 나침반이 서방으로 전해지면

서 우선적으로 그것을 항해 천문의기로 수용한 사람들은 당시 남중국해를 주름잡던 아랍 항해가들이었다. 남송 때는 많은 아랍 선박들이 광저우(廣州)를 비롯한 중국 동남해안 일대에 왕래했으며, 그곳에는 또한 많은 아랍-무슬림들이 이른바 번객(蕃客, 외래 거주민)으로 상주하고 있었다. 그들에 의해 중국의 지남침이나 나침반이 아랍 항해가들에게 소개되고, 또 그들을 통해 아랍 및 이슬람세계에 전해졌다. 1280년대에 이르면 아랍세계에서는 나침반이 '뱃사람들의 벗'으로까지 불릴 정도로 필수품이 되었다. 13세기 초 아랍의 저명한 지리학자 아불 피다(Abu'l Fidà)는 자신의 지리학 저서에서 중국의 나침반을 구체적으로 소개하고 있다. 이처럼 아랍인들은 중국보다 80년 내지 한 세기 후에 지남침과 나침반을 알고 수용해 이용했던 것이다. 1281년 바일락 키브자키(Bailak Kibdjaki)는 『상인보감(商人寶鑑)』(*Merchant's Treasure*)에서 이집트의 알렉산드리아에서 인도양으로 항해하는 뱃사람들이 수부자침(水浮磁針)을 능숙하게 다루며, 수미(首尾)가 남북을 가리키는 자침지남어(磁針指南魚)도 사용하고 있다고 밝혔다. 라틴어 문헌기록상으로는 아랍에 전해진 시기와 거의 같은 시기인 12세기 말엽에 중국의 나침반이 아랍인들을 통해 유럽에 전해진 것으로 되어 있다. 유럽의 최초 전수국인

이탈리아는 중국식 나침반을 한침반(旱鍼盤, 혹은 한침旱針)으로 개량해 14세기 초부터 사용하기 시작하였다. 한침반은 핀의 뾰족한 끝으로 자침의 한 가운데를 받쳐서 자침이 수평으로 회전하도록 한 일종의 나침반인데, 수부법(水浮法)에 쓰이는 중국의 수침반(水鍼盤, 혹은 水針)보다 사용하기 편리하다. 중국의 나침반이 유럽에 전해진 후, 그것을 개량한 한침반이 다시 아시아로 역류(逆流)하였다. 15세기 말이나 16세기 초에 포르투갈과 네덜란드의 동방무역선에 의해 일본에 전해진 한침반이 다시 중국으로 유입된 것이다.

난학 蘭學

일본 에도(江戶)시대 중기 이후 네덜란드어를 통해 일본에 전수된 서구의 근대 학문을 가리키는 말로, '난학'의 '난(蘭)' 자는 네덜란드를 지칭하는 '화란(和蘭)'에서 파생하였다. 이에 앞서 포르투갈이나 스페인에 의해 남만국(南蠻國), 즉 동남아시아를 거쳐 전래된 학문을 '남만학' 혹은 '만학(蠻學)'이라고 불렀다. 실증적이며 비판적인 정신을 함양하는 난학은 나가사키(長崎) 일원에서 흥기해 히라가 겐나이(平賀源内)나 시바 고칸(司馬江漢) 같은 우수한 난학자들을 배출하였다. 막부(幕府)시대에는 난학을 실학(實學)으로 장려하면서 이에 반대하는 자들을 탄압하기까지 하였다. 막부 말엽에

는 서세동점의 물결 속에서 영어·독일어·프랑스어에 의한 학문연구가 불가피해지면서, 그러한 학문연구 일반을 '양학(洋學)'이라고 통칭하고 난학은 거기에 흡수되었다.

날짜변경선 International Date Line

경도의 기준이 되는 영국 그리니치천문대를 지나는 본초자오선의 정반대쪽, 즉 경도 180도를 따라 북극과 남극을 잇는 가상의 선을 말한다. 이 선은 날짜를 변경하기 위해 편의상 만들어 놓은 경계선으로 날짜선 또는 일부변경선(日附變更線)이라고도 한다. 그리니치천문대 동쪽으로 경도 15도를 지나면 1시간 빨라지고, 서쪽으로 15도를 가면 1시간 늦어지므로, 그리니치천문대를 출발하여 지구를 동쪽과 서쪽으로 한 바퀴 돌아 제자리로 오면 같은 장소에서 하루 차이가 나는 문제점을 해결하기 위해 만든 것이다. 날짜변경선을 기준으로 서쪽에서 동쪽으로 넘어갈 때는 날짜를 하루 늦추고, 동쪽에서 서쪽으로 넘어갈 때는 하루를 더하게 된다. 날짜변경선은 같은 시간대에 속한 지역에서 날짜가 달라 혼란이 생기는 것을 방지하기 위해 사람이 사는 육지나 섬 주변은 동일지역으로 묶은 곳이 있어, 전체적으로 보면, 직선으로 되어 있지는 않으며 좀더 복잡하다. 이 선은 북반구에서는 미국 알래스카와 알류샨 열도를 지나 러시아의 캄

차카 반도에 이르기까지 지형에 따라 구불구불하며 남반구에서는 뉴질랜드 동쪽으로 휘어져 있다. 한편, 경제적·정치적인 이유로 날짜변경선을 변경하는 경우도 있다. 키리바시는 동서에 걸친 제도로 이루어진 국가인데 날짜변경선이 중앙을 가로지르기 때문에 섬의 절반은 변경선 서쪽에, 나머지 절반은 동쪽에 있어 시간대를 통일하기 위해 1995년에 날짜변경선을 동쪽으로 옮겼다. 남태평양의 사모아는 주요 무역국인 호주와 뉴질랜드 등과 시간대를 맞추기 위해 2011년 말부터 서쪽 시간대로 변경해 사용하고 있다.

남만무역 南蠻貿易

16~17세기에 일본과 남만인들 사이에 이루어진 무역이다. '남만인'은 동남아시아를 통해 일본에 들어온 포르투갈인이나 스페인인으로, 남만무역은 곧 일본과 이들 포르투갈 및 스페인 간의 무역을 지칭하며, 1540년대부터 약 1세기 동안 지속되었다. 포르투갈인들은 1543년 일본의 다네가시마(種子島)에 표착한 이래 인도의 고아 → 말라카 → 마카오 → 일본으로 이어지는 정기항로를 운영하면서, 일본에서 은·유황·부채 등을 가져가고, 중국이나 인도차이나산 생사·견직물·금·사향·무기 등을 일본에 가져왔다. 이런 일본과 포르투갈 간의 무역은 1636년 통항이 금지될 때까지 이어졌다. 한편 스페인

인들은 1591년 도요토미 히데요시(豊臣秀吉)가 필리핀에 입공(入貢)을 촉구한 것을 계기로 히라도(平戶)와 사쓰마(薩摩) 등지에 왕래하면서, 중국의 생사나 유럽의 모직물 등을 일본에 가져오고, 일본으로부터는 은이나 밀가루, 공예품 등을 반출하였다. 이러한 교역은 1623년 통항이 금지될 때까지 계속되었다.

남만선 南蠻船
중국과 일본의 남만선 개념은 다르다. 중국은 남방에서 오는 선박을 일괄해서 '남만선'이라고 칭했지만, 일본에서는 포르투갈이나 스페인 등 유럽에서 오는 선박에만 이 명칭을 사용했다.

남만인 南蠻人
예전에 중화중심주의에 젖은 중국이 주변 동서남북의 이른바 미개민족에 대해 '동이서융남만북적(東夷西戎南蠻北狄)'이라는 비칭(卑稱)을 사용하면서 '남만'은 남방의 '미개민족'을 일컫게 되었다. 이에 비해 일본은 1540년대 이후 동남아시아를 통해 내항한 포르투갈인과 스페인인들을 '남만인'이라 칭하면서 그들의 선박을 '남만선', 그들이 믿는 가톨릭교회를 '남만사(南蠻寺)'라고 불렀다.

『남방초목상(南方草木狀)』 嵇含 저, 3세기 말
교류의 문헌적 전거로서의 학술서(식물). 중국 진(晉)나라 혜제(惠帝) 때(290~306) 대신을 역임한 저자 혜함(嵇含)이 찬술한 남방식물의 전래에 관한 책이다. 원본은 소실되어 전해지지 않으나, 여러 사료에 부분적으로 인용되고 있어 그 내용을 대충 짐작할 수 있다. 저자는 "광둥(廣東)과 광시(廣西) 및 월남(越南) 북부 일대에서 중원(中原) 왕조에 진공(進貢)한 진기한 식물과 그 제품을 사람들에게 소개"하기 위하여 이 책을 썼다고 밝히고 있다. 예를 들어 대진(大秦, 로마)의 지갑화(指甲花, 봉선화鳳仙花)는 호인(胡人, 서역인)들이 남중국해 주변지역에 이식한 꽃이며, 야실명화(耶悉茗花, 재스민 jasmine, 범어梵語로 mallikā)도 호인들이 서국(西國)에서 남해 지방에 이식한 화종(花種)이라고 하는 등 동서간의 식물교류 사례들을 제시하였다.

남해 南海
'남해'라는 명칭은 일찍이 중국 선진(先秦) 시대의 사적에 처음 나타나는데, 그때는 막연하게 중국대륙 밖의 모든 해역을 지칭하였으나, 서한(西漢) 이후에는 동해(東海)의 방위가 따로 정해지자 대체로 오늘날의 남해 즉 남중국 육지에 면해 있는 바다 일원에 대한 범칭으로 압축되었다. 그러나 이후의 중국

사적에 등장하는 남해는 오늘날의 남해나 동남아시아 일대의 해역, 혹은 자바나 호주 일원을 아우르는 해역 등 다양한 개념으로 사용되어왔다.

『남해기귀내법전(南海寄歸內法傳)』 전4권, 義淨 저, 683~689년

당(唐)대 고승 의정(義淨, 635~713)이 쓴 구법순례기다. 당대의 시류를 따라 부처의 진리를 구하러 해로로 도축(渡竺, 671년 11월~695년 여름, '의정'항 참고)했다가 다시 해로로 귀국하는 길에 불서국(佛逝國, 현 인도네시아 수마트라 팔렘방 일대) 현지에서 이 책을 저술하였다. 의정의 대표작의 하나인 이 책에는 인도와 동남아시아의 불교·역사·지리·풍습·의학 등이 생생하게 기술되어 있다. 특히 도축 당시 인도에서 유행하던 불교학의 기풍과 율종(律宗)의 일상의식(日常儀式)을 소상히 소개하고, 불교학에 관한 자신의 기본인식도 밝히고 있다.

남해로 南海路, The Southern Sea Road

제2차 세계대전 후 실크로드의 개념이 확대되면서 동서 교역과 교류가 활발하게 진행된 남방해로는 '남해로(南海路)'라고 불리고, 실크로드의 3대 간선의 하나로 편입되었다. 그 서단(西端)은 로마, 동단(東端)은 중국의 동남해안으로 설정되고 지중해·홍해·아라비아해·인도양·서태평양(중국 남해) 등의 해역이 포괄되었으며, 동서의 길이는 약 1만 5,000km(약 3만 8000리)에 달한다. 그렇지만 이 '남해로'는 유라시아와 아프리카, 즉 구대륙의 동서를 관통하는 바닷길에 불과하다. 사실상 15세기부터는 이 남해로가 동서로 각각 태평양과 대서양으로 연장되어 '신대륙', 즉 아메리카대륙에까지 이어져, 이제 이 바닷길은 구대륙의 울타리를 벗어나 신·구대륙의 여러 해역을 망라하는 명실상부한 환지구적(環地球的) 통로의 위상을 가지게 되었다. 따라서 실크로드 3대 간선의 하나인 이 남방 바닷길의 공식 명칭은 범지구적인 해로에 걸맞은 '해상 실크로드'(Sea Silk Road) 혹은 약칭 '해로'(Sea Road)로 바뀌어야 할 것이다.

남해무역 南海貿易

기원전 2~3세기부터 기원후 17세기까지 진행된 중국과 동남아시아 및 남아시아 간의 해상무역으로, 그 시발은 기원전 진시황이 남해군(南海郡)을 설치해 남해와 해상교역을 시작한 때부터다. 남해무역을 통해 중국은 5세기경까지는 금·은·견직물 등을 수출하고, 보석이나 공예품을 수입하였다. 7세기 당(唐) 초에 이르러 중국인들은 남해상의 무역활동을 스리랑카 동쪽에서 점차 페르시아만까지 확대하였다. 8세기 아랍인들이 남해에 진출하면서 스리랑카는 남해 항로의 주요 기착지로서 동서무역의 중심지가 되었으며, 아랍 상인들은 중국의 광저우항까지 진출하였다. 10세기 송대에 접어들어서는 항저우(杭州)·취안저우(泉州)·명주(明州)·양저우(揚州) 등 국제무역항이 개항하면서 남해로를 통한 도자기무역이 활발하게 이루어졌다. 원대의 남해무역은 아프리카 동안까지 확대되었다. 15~16세기 새로운 항해시대의 개막과 더불어 서세동점이 시작되면서 향료를 비롯한 각종 산물의 교역 등 남해무역은 전례 없는 성황을 이루었다. 16~17세기에 이르러서는 은을 비롯한 '신대륙'의 특산물이 구대륙에 유입되면서 남해무역은 더욱 활기를 띠게 되었다.

남해선 南海船

당대에 동남아시아 나라들의 선박을 통틀어 '남해선'이라 일컬었다. 당대의 사서 『국사보(國史補)』에 의하면, 많은 남해선들이 매해 안남(安南, 현 베트남의 하노이 부근)과 광저우(廣州)에 드나들었다고 한다. '곤륜선(崑崙船)'과 같은 의미로 쓰였다.

남해(南海) 유리로(琉璃路)

고대 이집트의 유리가 동양으로 전파된 것은 육로(초원로와 오아시스로)를 통해서만이 아니라, 남해로를 따라서도 이루어졌음이 여러 유적과 유물을 통해 입증된다. 7세기 말에 저술된 『예문유취(藝文類聚)』(권84)에는 유리 산지로 황지(黃支, 남인도)·사조(斯調)·대진(大秦, 로마)·일남(日南, 혹은 부남扶南) 등 여러 곳을 지목하고 있다. 기원 전후 이집트는 로마의 속지였기 때문에 로마유리(로만글라스 Roman glass)는 곧 주산지인 이집트의 유리를 가리킨다고 할 수 있다. 1980년 중국 장쑤성(江蘇省) 감천(甘泉) 2호 후한묘(묘주는 기원후 67년에 사망한 광릉왕廣陵王 유형劉荊으로 추정됨)에서 줄무늬가 섞인 투명한 유리항아리 조각 3편과 1970년 난징(南京) 샹산(象山)의 동진(東晋) 토호 왕씨(王氏) 7호 묘에서 직통형 백색 유리잔(두께 0.5~0.7cm) 2개가 발굴되었는데, 모두 이집트산 유리로 판명되었다. 황지·사조·일남은 모두 유리 제조국이 아니라 이집트 유리의 수입국이거나 동쪽으로 전래되는 과정에서 경유한 나라였다. 이러한 나라들에서 출토된 이집트 유리제품의 발굴지들을 연결하면 이른바 '남해 유리로'의 윤곽이 드러난다. 즉 주산지인 이집트의 알렉산드리아에서 아라비아해를 따라 남(南)아랍의 까나(Qana, 현 비르 알리 서남 3.5km 지점)에 이른 후 인도양에 접어들어 남인도 동안의 아리카만타(현 퐁디셰리pondichery 남쪽 3km 지점)를 거쳐 말레이 반도의 유프(유불호柔弗)강에서 북상해 캄보디아의 용천(龍川) 지방을 지나 중국의 동남해안 지대까지 이어지는 바닷길이다.

『**남해지(南海志)**』陳大震·呂桂孫 공저, 1304년

원제국의 건국자들은 경제적으로 유목 국가의 숙명이라 할 중상주의(重商主義)를 추구해 상업에 대한 욕구가 컸으며, 문화적으로는 개방주의를 표방해 교류와 수용에 적극적이었는데, 『남해지』는 건국자들의 이러한 이념을 반영해 저술되었다. 본래 원대(元代) 광주로(廣州路)의 지서(志書)로서 20권이었으나 소실되고, 현재 남은 것은 권6에서 권10까지 5권뿐이다. 다행히 『영락대전(永樂大典)』(권 11905~11907)의 「광주부지(廣州府志)」에 일부 내용이 실려 있어 개략적인 내용을 알 수 있다. 잔본의 내용으로 추정하면 이 책은 크게 두 가지 내용, 즉 원대 광저우 사회의 생활 전반과 광저우를 기점으로 한 남해의 교통과 번국(蕃國, 외국)들의 사정으로 구성되어 있다. 교류사와 관련된 후자에 관한 기술에는 여러가지 중요한 사료들이 소개되었다. 또한 열거된 번국 수만 143개국이나 되며, 동남아시아의 지명도 거의 1백 개에 달한다. 주목을 끄는 것은 동양과 서양에 대한 구체적 개념을 제시한 점이다.

동양과 서양은 광저우(廣州)~칼리만탄(Kalimantan)도(島) 서안~순다(Sunda) 해협을 경계선으로 하여 가르는데, 동양을 다시 세분하여 칼리만탄도(현 보르네오) 북부부터 필리핀 제도에 이르는 해역을 '소동양(小東洋)', 서쪽으로 순다 해협부터 자바와 칼리만탄도 동남부를 지나 술라웨시(Sulawesi)도와 티모르(Timor)·말루쿠(Maluku) 제도까지의 해역을 '대동양(大東洋)'이라 하였다. 서양은 자바 서쪽으로부터 수마트라와 말라카 해협에 이르는 해역을 '소서양(小西洋)', 말라카 해협 서쪽의 인도양을 '대서양(大西洋)'이라 하였다. 또 '대서양' 연안의 나라들로 기시(記施, Kish)·활리부사(闊里扶思, Hormuz)·백달(白達, Baghdad)·필시(弼施, Basrah)·길자니(吉慈尼, Ghazni), 아라비아 반도의 물발(勿拔, Merbart)·옹만(瓮蠻, Oman)·아단(啞靼, Aden)·묵가(默茄, Mecca), 아프리카의 물사리(勿斯離, Misr, 이집트)·마가리(麻加里, Mogredaksa), 유럽의 다필사(茶弼沙, Diabulsa) 등을 열거하고 있다. 내용의 포괄성이나 정확성이 돋보이는 이 책은 송대(宋代)의 『영외대답(嶺外代答)』과 『제번지(諸蕃志)』를 이은 남해 통교와 해외 여러 나라에 관한 중요한 책이라고 할 수 있다.

너울 swell

항해중 바람이 약하지만 비교적 고르고 완만한 물결이 연속적으로 이는 경우가 있다. 바람이 약해지거나 그치면 파도는 완만해지고 규칙적으로 변해 가는데, 이런 비교적 규칙적인 파도를 너울이라고 한다. 저기압 혹은 태풍에 의해 일어난 파도가 발생해역에서 다른 해역으로 전달되면서 나타난다. 흔히 파도는 파장(파도의 마루와 마루 사이의 거리)이 길수록 혹은 파주기(한 점을 지나는 마루와 다음 마루 사이의 소요시간)가 길수록 파랑에너지의 전달속도도 빨라진다. 파주기가 10초인 파도는 1시간에 56km까지 이동할 수 있다. 너울성 파도가 일면 때로 배가 심하게 출렁거려 선상생활에 익숙한 선원들도 극심한 배멀미에 시달리게 된다.

네덜란드 동인도회사 Vereenigde Oostindische Compagnie(VOC), 1602~1799년

1602년 네덜란드가 동방무역회사들 사이의 과도한 경쟁을 막기 위해 세운 회사다. 세계 최초의 주식회사격인 네덜란드 동인도회사는 동인도에 대한 네덜란드의 식민지경영과 무역독점을 목적으로 설립되었다. 당시 네덜란드 정부는 동인도회사에 특허장을 발급했는데, 이 특허는 동인도뿐만 아니라 아프리카 남단 희망봉 동편에서 라틴아메리카 남단 마젤란 해협 서편에 이르는 전해역에 걸쳐 각종 조약 체결은 물론 자위적인 전쟁 수행, 요새의 구축, 화폐의 주조 등 제반 권리를 포함하였다. 이것은 독립국가의 국가권력에 비견되는 대단한 권한으로, 동인도

회사는 바타비아(현 자카르타)를 근거지로 자바와 말루쿠 제도 등 향료의 주요 산지들을 지배하였다. 또한 일본의 은과 구리, 중국의 비단과 도자기, 인도의 면, 인도네시아의 향료에 대한 무역권을 독점함으로써 막대한 이윤을 챙겼다.

네덜란드 동인도회사(VOC)의 기록

헤이그의 네덜란드 국립중앙고문서관에 소장된 네덜란드 동인도회사(VOC, Vereenigde Oostindische Compagnie)의 기록(記錄)이다. 17~18세기 네덜란드의 극동 도자기 무역에 관한 내용으로 당시 동서 도자기 교류를 이해하는 데 귀중한 사료다. 네덜란드 동인도회사의 본부가 있었던 인도네시아 자카르타의 국립문서관에도 네덜란드 국립중앙고문서관보다 더 많은 네덜란드 동인도회사에 관한 문서가 보관되어 있다.

네덜란드의 동방무역

포르투갈에 이어 동방 식민지화 경략에 나선 나라는 후발 주자 네덜란드였다. 네덜란드는 1581년에 연방제공화국을 세워 국력을 더욱 강화한데다가, 진취적인 신교도(新敎徒) 상인들이 해외 진출에 적극적이었다. 16세기 말엽부터는 네덜란드 상인들이 개별적으로 인도에 진출해 무역활동을 벌이기 시작했으며, 1595년에는 하우트만

(Cornelis de Houtman)이 4척의 상선을 이끌고 1년 만에 자바에 도착해 향료 등 특산물을 다량 매입해 큰 이득을 얻었다. 이에 고무된 네덜란드는 1595~1601년 65척의 선박을 수마트라와 향료제도(香料諸島, Spicy Islands, 현 말루쿠 제도) 등 동남아지역에 파견해 공격적인 무역활동을 전개했으며, 이를 기반으로 1602년에는 영국 동인도회사보다 총자본금 규모가 10배(54만 파운드)나 되는 동인도회사를 설립하였다. 회사는 아프리카 남단의 희망봉 동쪽 지역의 무역을 21년간 독점할 권리를 얻었으며, 설립 후 3년 동안 38척의 선박을 인도양에 파견해 동방무역에 대한 의욕을 과시하였다. 네덜란드인들은 인도의 마드라스(현 첸나이) 북부의 풀리카트(Pulicat)를 시작으로 구자라트와 벵골, 코로만델(Coromandel) 해안에 상관(商館)을 설치해 후추를 비롯한 인도의 물산을 교역할 뿐 아니라 그곳들을 동남아시아지역 진출의 교두보로 삼았다. 강력한 해군력에 힘입어 1605년에 향료제도의 암보이나(Amboina)를 장악한 데 이어 1614년에는 수마트라 및 아체 왕국과 연합해 동방 해상교역의 요지 말라카를 공격하고 인도 서해안의 고아를 봉쇄하였다. 또한 포르투갈을 제압하기 위해 포르투갈의 인도양 활동거점인 콜롬보(1655)와 인도의 코친(1659)을 연이어 점령하였다. 그 결과 17세기 중엽에 이르러 네덜란드는 포르투갈을 대체하는 명실상부한 동방무역의 패권자로 부상하였다.

네덜란드의 중국 경략 시도

동방무역의 패권을 장악한 네덜란드는 시야를 확대해 중국 경략에 나섰다. 명나라 사람들은 모발이 붉다고 하여 네덜란드인을 '홍모번(紅毛番)' 혹은 '홍모이(紅毛夷)'라고 불렀다. 일찍이 네덜란드는 1597년에 자바의 바타비아(현 자카르타)에 상관을 설치하고 이를 거점으로 중국 및 일본과 교역을 시도하였다. 1601년에 반 네크(J. van Neck)가 인솔하는 상선이 중국 남해에 나타나 광저우(廣州)에서 통상을 꾀하려고 했으나, 1개월 체류만 허용되고 통상 요구는 거절당하였다. 이듬해 동인도회사를 설립한 네덜란드는 대중(對中) 진출을 방해하는 포르투갈에 일격을 가하기 위해 1603년 호경오(濠鏡澳, 현 마카오)를 향해 진격했으나 실패했고, 1604년 7월에는 바르비크(Wybrand van Warwick)가 이끄는 무장상선이 명조의 주둔군 철수를 틈타 팽호도(澎湖島)에 상륙, 푸젠(福建) 세감(稅監)에게 '십만금(十萬金)'의 뇌물을 주어 대륙과의 통상을 모의했으나 명조(明朝)의 불허로 3개월 만에 섬에서 철수하였다. 이어 1605년에는 마텔리프(Cornelis Matelief de Jonge)가 7척의 함선을 이끌고, 동인도 주재 네덜란드 총독 오라녜(Willem van Oranje)가 중국 황제에게 보내는 친서를 갖고 와서 통상을 강요했으나 역시 거절당하였다. 급기야 무력침공이라는 강수로 전환한 네덜란드는 1622년 레에르츤(Cornelis Reyerszoon)이 15척의 전함을 이끌고 마카오로 진격했으나 마카오의 포르투갈인들에 의해 격퇴되었고, 다시 키벤로엔트(Kibenloent)의 인솔하에 북상해 팽호도를 재점령하고 성보를 구축하는 등 상주를 시도하였다. 그러면서 샤먼(廈門) 등 연해 일대에 자주 출몰해 노략질을 일삼다가 이듬해 7월 명군의 해상진출에 견디지 못하고 팽호도에서 또다시 철수하였다. 이들은 1624년 타이완 남부의 섬 곤신(鯤身)을 점령하고 성을 구축해 요새화하였다. 이에 불만을 품은 명조가 1659년에 정성공(鄭成功) 휘하의 2만 병력을 파견해 쌍방간에 무력충돌이 지속되다가 1662년 2월 15개 항의 정전조약을 체결하였다. 조약에 따라 네덜란드는 강점 38년 만에 타이완에서 물러나고 말았다. 1656년 네덜란드는 다시 고예르(Peter de Goyer)와 케그세르(Jacob de Kegzer)를 베이징에 사절로 파견하였고, 청조는 8년에 한번 조공을 허용하였다. 1683년 청조가 해금을 풀고 1685년에는 공식적으로 해외무역을 개방한다고 선포하자, 이를 계기로 네덜란드의 대(對)중국 교역 및 교류는 활기를 띠게 되었다.

『네덜란드 풍설서(風說書)』

일본 막부(幕府)는 네덜란드인들로부터 해외 정보를 얻기 위해 네덜란드 선박이 나가사키항에 들어올 때마다 막부 당국에 이른바 '네덜란드 풍설서'라는 보고서를 제출하도록 하였다. 1602년 동인도회사를 발족한 네덜란드는 인도네시아의 바타비아를 거점으로 해 각지에 회사의 지사 격인 상관(商館)을 설치하였다. 일본은 처음에는 히라도(平戶)에 상관을 설치했다가 1641년에 나가사키로 이전하였다. 그후부터 네덜란드는 라이벌 관계의 포르투갈이나 스페인 관련 정보 이외의 해외 정보 전반에 관한 보고를 담은 이 풍설서를 막부에 제출하기 시작하였다. 내용은 주로 유럽이나 인도, 중국에 관한 것이었지만, 형식적이고 간략한 경우가 대부분이었다. 아편전쟁을 계기로 구미 열강에 위협을 느낀 막부는, 좀더 상세한 정보를 담는 '별단풍설서(別段風說書)'의 제출을 강요하였다. 그러나 이후 개항과 더불어 막부가 직접 해외 정보를 수집하기 시작하면서 200여 년간 이어오던 풍설서 제출 관행은 1859년에 끝났다.

네미(Nemi)호 침몰선 유적

15세기 로마교황청 콜론나(O. Colonna) 추기경이 남긴 기록에 의해 1세기경에 로마 동남부 25km 지점에 있는 네미호(湖)에 전장 77m의 로마 선박 2척이 침몰했다는 사실이 처음으로 세상에 알려졌다. 이때부터 일련의 침몰선 조사 작업이 시작되었다. 1446년 건축가 L. B. 알베르티는 침몰선의 소재를 알아내고 해안으로 예인하려고 했으나 실패하고 조상(彫像) 몇점만을 건졌다. 1535년 잠수부 마로키는 간단한 목제 헬멧을 쓰고 잠수해 간신히 한 척을 조사했는데, 갑판에 쌓여 있는 연와(煉瓦)들과 몇개의 정석(碇石, 닻돌)을 발견하고 배의 길이가 약 70m임을 알아냈다. 1827년에는 기사(技師) 안네시오 프시니코가 8인승 잠수상자를 만들어 잠수한 후 침몰선 위의 수면에 평저선(平底船)을 띄워 로프를 걸어 끌어올리려다 실패했다. 그 과정에서 선박을 장식한 대리석 파편과 금속성 기둥·못·모자이크 등 유물을 수집하고, 「티브리우스 제선(帝船)에 관한 고고학적 및 수력학적(水力學的) 연구」라는 조사 보고서를 1839년에 발표하였다. 1895년 로마의 고미술상 에리세스 볼키는 잠수부를 고용해 선내의 청동제 사자상, 이리 두부(頭部), 다수의 모자이크 조각들을 뜯어내려고 했으나 정부의 중지 명령으로 중단하였다. 그무렵 에미리오 구르리아 교수가 조사 및 보존을 위해 호수의 물을 빼낸 후 인양하자고 정부에 제안했으나 끝내 받아들여지지 않았다. 1928년 무솔리니 정권하에서 구르리아 교수 제안의 실효성이 인정되어 4년 동안 호수의 배수작업이 이뤄졌다. 호수 수위를 3m까지 낮추자 각각 234×66피트, 239×78피트 크기의 거대한 침몰선 2척의 모습이 드러났다. 조사결과 침몰선은 항해용이 아니라, 정박된 상태에서 모종의 특수한 용도로 쓰인 것으로 추정되었다. 선박의 장식은 상당히 화려하고 갑판에는 모자이크 대리석 박판이 깔려 있으며 상부에는 청동이나 대리석 입주(立柱, 기둥)가 있고, 욕실이나 창문이 달린 선실도 있었다. 일부 학자들은 이를 칼리굴라(가이우스 카이사르) 황제(재위 37~41)의 전용 누선(樓船, 다락이 있는 배)으로 추정하였다. 이탈리아인들이 '부상궁정(浮上宮庭)'이라고 자랑하던 이 선박은 제2차 세계대전 중 퇴각하던 나치스 친위대 SS의 한 소령의 명령으로 무참히 파괴되었다고 한다.

네아르코스(Nearchos)의 해로 탐험

기원전 327년에 인도 서북부까지 동정(東征)했다가 철회를 결정한 알렉산드로스는 기원전 325년 부장(副將) 네아르코스에게 인더스강 하류에서 페르시아만을 지나 이라크의 바빌론까지 해로로 회군(回軍)하도록 명하였다. 명에 따라 회군한 네아르코스는 페르시아만과 인더스강 하구를 잇는 해로를 직접 확인하였다. 스킬락스('스킬락스의 인도 서해 탐험'항 참고)와 네아르코스의 파견은 주로 해로의 탐색을 목적으로 한 것으로서 기원전 시기 해로

서단(西段, 홍해~인더스강)의 개척과 이용 가능성을 확인했다는 데 큰 의미가 있다.

노예무역 奴隷貿易, slave trade

근세 유럽 식민주의자들이 이윤 추구를 위해 아프리카의 흑인을 노예로 사들여 아메리카 대륙의 농장주나 무역상에게 팔아넘긴 반인륜적 무역이다. 이른바 중세의 대항해시대의 개막과 '신대륙'의 발견을 계기로, 아메리카 대륙에서는 사탕수수와 담배 등의 대농장 재배가 성행하고 은광을 비롯한 광산 개발 붐이 일자, 현지의 인디언만으로는 급증하는 노동력 수요를 채울 수 없었다. 처음에는 포르투갈과 스페인이 아프리카 서부해안의 흑인들을 노예로 포획해 아메리카 대륙으로 끌고갔다. 뒤이어 네덜란드와 영국 등도 아프리카로부터 흑인 노예를 대(對)아메리카 무역에 투입해 큰 이윤을 챙겼다. 특히 영국은 이러한 고이윤 무역을 활성화하기 위해 영국—아프리카—서인도제도를 연결하는 이른바 삼각무역(三角貿易) 체제를 구축하였다. 예컨대 노예를 사들이는 데 필요한 총·화약·술 등을 싣고 아프리카에 가서 노예와 맞바꾼 다음, 노예들을 서인도제도에 팔아 그 대가로 그곳의 특산물을 싣고 귀국하는 것이다. 노예무역이 성행한 300년 동안 약 1,500만 명의 아프리카 흑인 노예들이 아메리카로 강제 이송되었다. 그들은 그곳에서 인간 이하의 천대를 받으며 오로지 서구 식민주의자들을 위해 비참한 노예노동을 강요당하였다. 이후 유럽에서 자본주의와 민주주의가 싹트고 발전하면서 노예무역 반대운동이 일기 시작하자, 영국은 1807년에 노예무역을 금지하였으며, 노예제도 역시 서인도제도에서는 1838년에, 미국에서는 1863년에 링컨 대통령의 노예해방선언으로 폐지되었다.

노예매매로 악명 높았던 다카르의 고크레섬

노트 knot

배의 속력을 나타내는 단위로 노트(knot)를 사용하는데, 1노트는 1시간에 1해리만큼 나아간 빠르기를 말한다. 지구상의 어느 위치에서든 위도 1도 간의 거리는 일정하기 때문에 위도 1분의 거리를 1해리라고 정하고, 1시간에 1해리 움직이는 속도를 1노트라고 정하였다. 예전에는 일정한 간격으로 매듭지어진 줄과 모래시계를 이용해 배의 속도를 계산하였다. 모래시계의 모래가 다 흘러내렸을 때 바다에 풀어진 매듭의 수를 세어 속도를 계산하였다. 노트라는 단위는 천조각을 묶어 만든 매듭을 의미하는 노트(knot)에서 유래하였다.

노회 蘆薈, aloe

백합과(百合科, Liliaceae)에 속하는 다년생 초목의 잎에서 흘러내리는 액즙을 건조하여 덩어리 모양으로 만들어 쓰는 향료나 약재로, 해열과 통변(通便), 구충(驅蟲) 등에 효과가 있다. 원산지는 아프리카의 소말리아인데, 소코트라(Socotra)섬에서 나는 노회가 품질이 가장 좋다. 전한(前漢) 때 장건(張騫)의 서역 사행 후 페르시아인들에 의해 중국에 전해졌다.

누선 樓船, 층배, houseboat

다락(층)이 있는 범선(帆船)으로, 형태가 매우 다양하다. 중국의 경우, 누선

한나라 누선(취안저우 교통사박물관)

은 춘추전국시대부터 건조하기 시작하였다. 누선은 일반적으로 규모가 커서 민용선(民用船)으로 쓰이기도 하지만, 주로 군용선(軍用船)으로 활용되는 경우가 많았다. 중국 한대에는 낭추(艆艏, 2층)·비려(飛廬, 3층)·작실(爵室, 4층) 등 여러가지 형태의 누선이 있었다. 삼국시대 동남해 연안에 위치한 오(吳)나라는 약 5,000척의 각종 선박을 보유했는데, 그중 가장 큰 누선은 2,000명까지 승선할 수 있었다. 수(隋)대 영안(永安, 현 쓰촨성四川省 펑제현奉節縣)에서 건조한 대형 전함(戰艦)인 오아(五牙)는 5층 누선으로 높이가 무려 100여 척에 달하며, 군사 800명까지를 수용할 수 있었다.

누선법 縷旋法

중국 송(宋)대에 등장한 일종의 지남침 사용법으로서, 실오라기로 지남침

중간을 매어 무풍지대에 매달아놓고 방향을 판별하는 방법이다.

니가타항 新潟港

메이지(明治) 개항까지는 니가타진(津)으로 불렸다. 1671년 에도(江戸)막부는 전국의 집산물을 오사카로 운송하기 위해 일본 북부에서 동해 연안을 따라서 시모노세키 해협을 통과해 오사카에 이르는 서쪽 우회(西廻) 항로와 동북지방에서 태평양 연안을 따라 오사카에 이르는 동쪽 우회(東廻) 항로를 정비하였다. 이때 니가타항이 서쪽 우회 항로의 지정항구가 되어 발전의 계기를 맞이하였다. 니가타항은 1858년 체결된 미일수호통상조약에 의해 개항되었는데, 동해 연안에 면해 있어서 러시아와의 주요 교역항 역할을 하였다. 전후 재일교포의 북송도 이곳에서 이루어졌다.

닝보 寧波

중국 저장성 북부 융강(甬江)과 위야오강(餘姚江)의 합류 지점 가까이에 있는 무역항이다. 당대에는 은주(鄞州) 혹은 명주(明州), 송대에는 경원부(慶元府), 명·청대에는 영파부(寧波府)로 불렸다. 서구인들 중에서는 포르투갈인들이 1522년에 가장 먼저 이곳에 와서 통상을 시작했으며, 영국은 아편전쟁을 계기로 이곳을 점령하였다. 그러다가 1842년 난징(南京) 조약에 의해 국제항이 되었다. 1978년 8월 닝보의 동문구(東門口)에서 1300년경(송말 원초)의 것으로 추정되는 조선소 터와 침몰선 일부가 발견되었다. 닝보에는 고려시대 사신이 머물던 사관(使館)과 조선시대 여행문학의 백미인『표해록(漂海錄)』(1488)의 저자 최부(崔溥)가 대운하를 따라 북상하면서 지나간 상서교(尙書橋) 등 우리 선현들의 발자취가 남겨진 유적 유물이 여러 점 있다.

명주(明州, 현 닝보)의 '고려사관유지(高麗使館遺址)'

ㄷ

다르에스살람 Dar es Salaam

탄자니아(Tanzania)의 옛 수도. 19세기 중엽에 잔지바르(Zanzibar)의 술탄 마지드 사이드(Majid bin Said)가 탕가니카(Tanganyika) 지역에 항구를 개척하여 다르에스살람이라고 하였다. 다르에스살람은 아랍어로 '평화의 항구(the abode of peace)'라는 뜻이다. 당시 잔지바르는 오만에서 온 아랍인들이 노예무역에 종사하면서 부를 쌓고 있었다. 다르에스살람은 제1차 세계대전 이후 독일령에서 영국령으로 바뀌면서 영국령 탕가니카의 수도가 되었고, 동아프리카 연안의 식민지 무역 중심지로 번영하였다. 지금도 다르에스살람은 탄자니아에서 생산되는 농산물과 광산물 대부분을 수출하는 주요한 항구 역할을 하고 있다. 제2차 세계대전이 끝나고 탕가니카와 잔지바르가 각각 영국에서 독립한 후, 1964년에 두 나라가 합병하여 탄자니아를 세우고 수도를 다르에스살람으로 정하였다. 탄자니아는 1974년에 수도를 도도마(Dodoma)로 이전하였으나 대부분의 정부청사는 다르에스살람에 남아 있어서 여전히 정치와 경제, 교통의 중심지가 되고 있다. 탄자니아 국립박물관에는 탄자니아의 올두바이(Olduvai) 계곡에서 발견된 인류 진화의 첫 단계에 속하는

진잔트로푸스 보이세이(최고 인골, 400~500만 년 전. 탄자니아 국립박물관)

진잔트로푸스 보이세이(Zinjanthropus boisei, 400~500만 년 전) 두개골이 전시되어 있다. 면적: 1,590.5km², 인구: 약 440만 명(2012년)

다우선(船) dhow

고대 인도양에서 항해하던 선박으로, 삼각돛을 단 목조선 일반에 대한 범칭이다. 일찍이 5천년 전부터 다우선은 인도양에서 부는 계절풍을 타고 메소포타미아의 우르(Ur)와 인도의 모헨조다로(Mohenjo-Daro) 사이를 항해하면서 교역에 사용되었다.

다카르 Dakar

세네갈의 수도. 아프리카 대륙의 서쪽 끝 베르데곶(Cape Verde)에 자리한 대서양 연안의 항구로, 유럽과 서아프

다카르의 독립광장 인근의 아프리카 독립탑

리카 및 라틴아메리카를 이어주는 교통의 요충지 역할을 하고 있다. 1857년 프랑스는 베르데곶과 고레(Gorée) 섬에 사는 프랑스 상인들을 보호한다는 명목으로 베르데곶에 요새를 건설하였는데, 이것이 다카르의 모체다. 철로를 부설하는 등 도시화가 전개되어 1887년에는 프랑스의 자치도시가 되었다. 1902년에 이르러서는 산루이 대신 프랑스령 서아프리카연방의 수도가 되었다. 도시는 '아프리카의 파리'로 일신해갔다. 제2차 세계대전 때에는 잠시 미군에 의해 통치되기도 하였다. 1959~1960년에는 세네갈이 말리(Mali)와 연방을 형성하면서 연방의 수도가 되었지만, 1960년 프랑스령 서아프리카가 7개의 독립국으로 분할되면서 다카르는 세네갈 왕국의 수도가 되어 오늘에 이르고 있다. 다카르는 세계 최대의 땅콩 수출항이기도 하다. 면적: 547km², 인구: 약 240만 명(2011년)

다 크루스 Gaspar da Cruz, ?~1570년

포르투갈의 천주교 선교사로서 1548년 부주교(副主敎) 바머더스를 단장으로 하는 도미니크회 선교단(총 12명)의 일원으로 리스본을 떠나 인도 고아에 도착하였다. 인도 서해안 일대에 이어 말레이 반도 말라카와 캄보디아에서 선교활동을 벌였으며, 1556년 겨울 중국 광저우(廣州)에 도착해 몇주간 머문 후 동남해 연안 일대를 몇달간 역방

(歷訪)하였다. 광저우를 떠나 해로로 페르시아만의 호르무즈에 들러 얼마간 체류하다가 1569년에 귀향한 후 이듬해 2월 5일에 흑사병으로 사망하였다. 사망 후 15일 만에 그가 저술한 『중국지(中國志)』가 고향에서 포르투갈어로 출간되었다. 중국에 몇달밖에 머물지 않았지만 이 책에는 중국에 관한 방대한 양의 지식이 담겨 있다.

단향 檀香, 학명 Santalum album

태우면 향내를 내는 향나무에 대한 범칭이다. 일명 '단향목(檀香木)'이라고도 하며, 불서(佛書)에서는 '전단(栴檀)' 혹은 '진단(眞檀)'이라고 한다. 단향은 크게 백단(白檀)·황단(黃檀)·자단(紫檀) 3종류로 나뉘며, 약 8종의 수종(樹種)이 있다. 조여괄(趙汝适)의 『제번지(諸蕃志)』 「단향조」에 따르면, 단향은 사파(闍婆, 자바)의 타강(打綱, 현 사마랑Samarang)과 저물(底勿, 현 티모르Timor), 그리고 삼불제(三佛齊, 현 수마트라)에서 산출되며, 그 형태는 중국의 여지(荔支, 또는 荔枝, 박과에 속하는 1년생 만초蔓草)와 유사하다. 가지를 잘라 음지에서 말리면 향기가 나는데, 황색의 것을 황단, 자색의 것을 자단, 가볍고 연한 것을 사단(沙檀)이라고 한다. 이시진(李時珍)의 『본초강목(本草綱目)』(권34)에도 단향은 중국의 광둥(廣東)·윈난(雲南) 일대와 점성(占城, 현 베트남)·진랍(眞臘, 현 캄보디아)·조와(爪哇, 현 자바)·섬라(暹羅, 현 타이)·삼불제·회회(回回, 아랍) 등의 지방에서 산출된다고 기록되어 있다. 또한 단향의 일종인 자단이 신라에 유입된 사실을 사적에서 찾아볼 수 있다. 『삼국사기』 「잡지(雜志)」 '거기(車騎)'조에는 진골(眞骨)은 거재(車材, 수레의 재료)에 자단과 침향을 쓸 수 없다는 기사를 비롯해 진골에서 육두품(六頭品)·육두품녀(女)·오두품·오두품녀·사두품·사두품녀·백성·백성녀에 이르는 계층은 자단과 침향을 안교(鞍橋, 다리 모양의 말안장)에 쓰지 못하도록 하는 금령(禁令) 기사가 있으며, 같은 책 '옥사(屋舍)'조에는 육두품에게 침상을 자단으로 꾸밀 수 없도록 금지하는 내용의 기사도 있다.

달마 達磨, 菩提達磨, Bodhidharma, ?~528년?

남천축(南天竺, 남인도)의 향지국(香至國) 왕자로서 해로를 통해 중국의 광저우(廣州)에 온 후 북위(北魏) 때 뤄양(洛陽)으로 가 선불교(禪佛敎)를 펼치려 했으나 여의치 않자 쑹산(嵩山) 소림사(少林寺)에 들어가 동굴에서 9년 동안 면벽좌선(面壁坐禪)하고 나서 참선(參禪)을 중시하는 선종(禪宗)을 창시하였다. 오늘날 한국을 비롯한 여러 나라에서 성행하고 있는 참선은 이 선종에서 비롯하였다.

담배 교류

가지과(科)에 속하는 담배의 원산지에 관해서는 유럽설, 아프리카설, 중국설 등 여러 설이 있는데, 지금은 러시아와 미국 및 일본에서의 전문연구 결과 야생종의 교잡에 의해 안데스 산맥의 동쪽 기슭, 해발 1,500m의 볼리비아로부터 아르헨티나 최북단에 이르는 지역이 담배의 기원이라는 남아메리카설이 중론으로 통한다. 담배에는 야생종 외에 루스티카 타바코(Rustica tabaco)라는 재배종이 있는데, 그 원산지는 안데스 산맥의 서쪽, 해발 3,000m의 볼리비아와 페루 지역이다. 재배종은 조생(早生)으로서 향기나 맛은 야생종만 못하지만 니코틴 함량이 높아 러시아나 인도, 중국의 일부 지역에서 계속 재배한다. 담배는 야생종이나 재배종 모두 그 원산지는 남아메리카인 셈이다.

담배의 종류는 야생종 64종, 재배종 2종, '꽃담배'라고 하는 관상용 원예종(園藝種) 1종, 도합 67종이나 된다. 담배는 지금으로부터 3,000~4,000년 전에 원산지인 남아메리카에서 종교의례나 질병 치료, 그리고 각성제, 피로 회복제로 이용되기 시작한 이래 지금은 기호용·의례용·의약용, 피로와 공복(空腹) 억제용, 교역용·화폐용(화폐 대용)·관상용·화학물질 채취용·연구용 등 다양한 용도에 쓰이고 있다.

담배는 15세기 말 '신대륙' 발견을 계기로 약 2세기 동안 원산지 '신대륙'(남아메리카)에서 구대륙(유라시아와 아프리카)으로 전파되었다. 특히 16세기 후반 스페인의 한 의학자가 담배의 의약적 효능을 발표하자 담배는 '만능약'으로 인식되어 신속하게 보급되었다. 포르투갈은 1500년경 브라질을 식민화하면서 브라질의 궐련(卷煙)을 수용했으며, 프랑스에서는 1559년 프랑

산토도밍고의 담배건조장

스 주재 포르투갈 대사 장 니코(Jean Nicot)가 프랑스 왕실의 프랑수아 2세와 그의 어머니 카트린에게 담배를 헌상하였다. 당시 카트린 황태후가 담배를 두통약으로 사용해 효험을 본 것을 계기로 알려지게 되었는데, 담배의 주성분인 니코틴은 바로 포르투갈 대사 장 니코의 이름에서 유래하였다고 한다. 프랑스에서는 16세기 후반에 파이프 흡연이 유행하다가 17세기 전반 루이 13세 때부터는 상류사회에서 흡연이 인기를 끌었다. 영국은 호킨스 제독이 1565년 플로리다 연안의 프랑스 식민지를 습격하고 돌아올 때 재배종 담배를 가져온 것이 그 효시다. 네덜란드는 1590년 영국에서 수입했고, 이탈리아는 1561년 담배 종자가 로마 교황에게 헌상되어 바티칸 정원에 심어 기르면서 알려지게 되었으며, 러시아는 17세기 초 영국인·터키인·독일인들에 의해 담배를 접할 수 있었다. 동양의 경우, 스페인인들이 태평양을 경유해 1575년경 필리핀에 담배를 보급했으며, 이어서 뉴기니와 오스트레일리아로 전파되었다. 인도에는 영국인들이 담배를 전파했으며, 자바는 1601년에 포르투갈인들과 네덜란드인들에 의해 담배를 받아들였다. 스리랑카에서는 1610년에 이미 담배가 재배되고 있었다. 일본은 포르투갈인들과 스페인인들에 의해 1590년 전후 규슈(九州)에 담배가 전해졌으며, 17세기 초 일본을

통해 담배가 한반도에 유입된 것으로 짐작된다. 중국의 경우는 자생설(주로 중국 학자들의 주장)이 있기는 하지만, 명대의 만력(萬曆) 연간(1573~1620)에 외국 담배가 유입되었다는 것이 정설에 가깝다.

담징 曇徵

고구려 고승 담징은 고구려 영양왕(嬰陽王) 21년(610) 백제를 거쳐 일본에 건너갔다. 오경(五經)에도 능통한 담징은 불법과 유교를 강론했고, 나라(奈良) 호류지(法隆寺) 금당(金堂)에 유명한 그림 '사불정토도(四佛淨土圖)'를 그려 기증했으며, 종이·먹·맷돌을 일본에 전하기도 하였다.

당과자 唐菓子

일본의 견당사(遣唐使)에 의해 일본에 유입된 당나라 과자로 조리법이나 모양이 당나라 과자와 유사하기는 하지만, 똑같지는 않다. 당나라의 과자가 일본에 건너와 조리방법이나 모양이 약간씩 변형되었다. 매지(梅枝, 바이지)·도지(桃枝, 도시)·단희(團喜, 단키)·계심(桂心, 게이신)·색병(索餅, 삭구베이)·대두병(大豆餅, 다이즈모치)·오마병(吳麻餅, 고마모치)·전병(煎餅, 센베) 등 그 종류도 매우 다양해졌다. 원래 일본의 식생활에서는 곡물을 가루로 내서 먹는 경우가 거의 없었는데, 견당사에 의해 당과자가 수입되면서

일본에도 분식문화(粉食文化)가 발달
하기 시작하였다.

당(唐)대 4대 국제무역항

아랍의 지리학자 이븐 쿠르다지바(Ibn
Khurdādhibah, 830~912)는 저서『제
도로(諸道路) 및 제왕국지(諸王國誌)』
(*Kitābu'l Masālik wa'l Mamālik*)에서 당
(唐)대 중국의 4대 국제무역항을 남에
서 북의 순으로 루낀(Luqin, 베트남 교
주交州)·칸푸(Khānfu, 광저우廣州)·칸
주(Khānju, 명주明州)·깐투(Qāntu, 양
저우揚州)라고 지적하면서, 이들 항구
간의 항해 일정과 항구들의 출하품을
구체적으로 기술하고 있다.

당(唐)의 대서방 교역

당조(唐朝)는 건국이념으로 농업·축
산업·수산업 같은 생업의 근본을 중
시하고 장사나 소비재의 생산 유통 같
은 '말단업(末端業)'을 억제하는 이른
바 '중본억말(重本抑末)'책을 추구하였
다. 그러나 후대(後代)에는 상업을 홀
시하거나 제한해온 기존의 전통 정책
을 지양하고 상업과 교역을 적극 장려
함으로써 국내 상업이나 대외교역이
전례없이 흥성하였다. 대외교역의 경
우, 당시의 국내외 정세를 감안해 육로
와 해로 교역에서 상이한 정책을 추구
하였다. 당시 서북방에는 강대한 돌궐
(突厥)과 토번(吐蕃)이 접경해 몇차례
전쟁을 일으키는 등 항시적 위협 요소

가 되었기에 서북방 교역에 대해서는
엄격한 감시와 제재를 가하지 않을 수
없었다. '당률(唐律)'에는 무단월경자
(無斷越境者)는 2년형, 외방인과 사(私)
교역으로 말 1필을 얻은 자는 2년반형,
15필을 얻은 자는 유배형, 그리고 개인
무기거래상은 교수형에 처한다고 엄
격히 규정하였다. 뿐만 아니라 '관시령
(關市令)'에 따르면 비단과 면포·진주·
금·은·철 같은 귀중품은 서북 변방 관
문을 통과할 수 없었다. 이에 반해 남해
교역은 특별한 제재 없이 적극 개방하
고 장려하였다. 남해상에는 직접적인
적대 세력이 존재하지 않는데다 여러
가지 진귀품이 생산되어 교역상 고수
익이 보장되었기 때문이다. 또한 도자
기같이 파손되기 쉬운 화물은 해로로
밖에 반출할 수 없는 등 여러 이유 때
문이었다. 따라서 당조는 내국인들의
해외교역을 권장하고 박고(舶賈, 해상
상인)들을 각방으로 우대하고 보호하
였다. 문종(文宗) 대화(大和) 8년(834)
에는 외래 교역자들의 자유왕래를 허
용하고 과중한 징세를 금하라는 칙령
까지 반포하였다. 그 결과 당대에는 동
남아시아 국가들과는 물론 남해의 제
해권을 장악하고 있는 아랍인들과의
해상교역도 유례없이 번영하였다.

이러한 해상교역은 안전한 해로(해
상 실크로드)를 통해서만 실현 가능
하였다.『신당서(新唐書)』「지리지(地
理志)」에 수록된 가탐(賈耽, 730~805)

의 이른바 '광저우통해이도(廣州通海夷道)'에는 광저우로부터 페르시아만의 서안, 그리고 멀리 아프리카 동안까지의 해로 노정이 구체적으로 기술되어 있다. 그 노정은 광저우 → 수마트라 → 실론(현 스리랑카) → 페르시아만의 오랄국(烏剌國, Obollah) → 아프리카 동안의 삼란국(三蘭國, 다룻 살람, Dāru'd Salām)까지 이어지는 왕복 해로다. 이 노정의 항해 소요시간은 총 133일이고, 경유지(국가나 지역)는 무려 33곳이나 되며, 모두 심해(深海) 항로다.('해로'항 참고) 9~10세기에 접어들면서 파도에 강한 용골선(龍骨船)의 건조 등 조선술이 발달하고, 나침반이 이용됨에 따라 항해가 한결 안전하고 신속해졌다. 아울러 중국의 도자기와 수마트라·자바·말루쿠의 각종 향료가 다량으로 아랍을 경유해 유럽에 수출되었다. 그리하여 이때의 남해로를 일명 '도자기의 길' 또는 '향료의 길'이라고 불렀다. 10세기 이후에 접어들면서 실크로드 전체에서 해로가 차지하는 비중은 크게 높아졌다.

당밀조례 糖蜜條例, Molasses Act, 1733년
18세기 영국령 식민지보다 프랑스령 식민지가 더 많은 당밀과 설탕을 아메리카 대륙에 수출해 이익을 올리게 되자, 영국령 서인도제도의 당밀 농장주들은 불만을 나타내면서 종주국 영국에 압력을 가하였다. 이에 1733년 영국 의회는 외국산 럼주(酒)·당밀·설탕에 높은 관세를 부과하는 당밀조례를 반포하였다. 이 조치는 북아메리카 식민지를 경영하는 무역업자들의 반발을 불러일으켜, 소기의 효과를 얻지 못하였다.

닻 anchor
바다에서 배를 정박시키기 위해 줄을 매어 바다 밑바닥에 가라앉히는 갈고리가 달린 도구이다. 초기에는 무거운 돌에 줄을 매달아 돌의 무게만으로 배를 지탱하였다. 중국에는 세 종류의 닻이 있었다. 쇠닻을 묘(錨), 줄에 돌을 묶은 돌닻을 정(碇, 矴), 나무와 돌을 함께 묶은 나무돌닻을 정(椗)이라 하였다. 닻은 사용목적상 무게가 충분하고 해저에 잘 박힐 수 있는 구조로 되어 있어야 한다. 닻은 그 모양에 따라 십자모양의 스톡앵커(stock anchor)와 산자(山字)모양의 스톡리스 앵커(stockless anchor) 등으로 나뉜다. 닻은 단순히 배의 정박용으로만 사용하는 것이 아니라 급속도로 달리는 배의 속도를 줄이거나, 배를 회전시킬 때 임기응변으로 닻을 내리기도 한다. 또한 수심이 깊은 바다에서 풍랑을 만났을 때 배의 전복을 막기 위해 닻을 사용하기도 한다.

대륙붕 大陸棚, continental shelf
대륙 주변부의 수심 약 200m까지의 경

사가 완만한 해저지형을 말한다. 대륙붕을 지나면 완만하던 경사가 조금 가파른 대륙사면으로 바뀐다. 대륙붕 발달 정도는 지역에 따라 차이가 많다. 우리나라 주변 대륙붕 면적은 약 68만km²로 국토 면적의 약 3배에 달한다. 경사가 심한 동해안에서는 영일만 인근 폭 20km 대륙붕을 제외하면 10km 이내로 대륙붕 폭이 좁지만, 황해는 전체가 대륙붕으로 이루어졌다. 동중국해나 북극해에서는 대륙붕이 1,000km 이상 발달하기도 하였고, 남북아메리카의 태평양 연안에는 대륙붕이 발달하지 않았다. 세계적으로 대륙붕의 평균 폭은 약 70km이며, 전체 해양 면적의 약 8%를 차지한다. 대륙붕 해역에는 수산자원과 광물자원, 에너지자원이 풍부하다. 대륙붕 해역은 수심이 얕아 태양광선이 잘 투과되고, 육지에서 많은 영양염이 유입되며, 파도나 해류에 의해 해수의 수직 혼합이 잘 일어나므로 식물플랑크톤에 의한 광합성이 활발한 곳이다. 그러므로 동물플랑크톤이 풍부하며, 이를 먹는 어류가 많아 좋은 어장이 된다. 세계의 주요 어장이 대륙붕 해역에 형성되는 것이 바로 이러한 이유에서다. 또한 대륙붕에는 금·철·주석·티타늄·지르콘과 같은 광물자원과 석유·천연가스·석탄과 같은 에너지자원이 부존되어 있다.

대륙붕은 정치적으로도 중요하다. 각국이 경쟁적으로 대륙붕에서 자원을 개발하면서 해양자원과 해양영토를 둘러싼 국가간 갈등이 발생하기도 한다. 대륙붕의 경제적 가치가 높아지자 1997년 유엔해양법협약을 근거로 대륙붕 한계에 대한 과학적·기술적 판단을 하는 대륙붕한계위원회(Commission on the Limits of the Continental Shelf)가 설립되었다. 대륙붕 한계를 연장하고자 하는 국가는 관련서류를 제출하여 이 위원회의 심의를 거쳐야 한다

대모 玳瑁, 瑇瑁

원래 대모는 바다거북과에 속하는 거북의 일종이지만 등 껍데기(귀갑龜甲)도 대모 또는 대모갑(玳瑁甲)이라고 한다. 대모는 값진 기호품 또는 장식품으로서 해상 실크로드 상에서 교역되었다.

대범선무역 大帆船貿易

해상 실크로드를 통한 무역. 대범선무역이란 16세기 이후 태평양을 통해 신·구대륙 간에 대형 범선으로써 이루어진 무역을 말한다. 대항해시대의 도래와 더불어 범지구적 문명교류 통로가 개척된 16세기 이후, 중국을 비롯한 동방과 멕시코와 페루를 비롯한 '신세계(아메리카 대륙)' 사이에 대형 범선에 의한 해상무역이 태평양을 횡단해 진행되었다. 16세기 멕시코와 페루 등 중남미 지역뿐 아니라 동방에도 진출해 필리핀 제도까지 강점(1571)함으로써 유럽 최초의 광대한 식민제국을 건

설한 스페인은 필리핀의 마닐라항을 중간기착지와 중계무역지로 삼아 중국과 무역을 진행했는데, 그 운송수단이 대형 범선이었다. 스페인 상인들은 주로 페루산 백은(白銀, 16세기 말 전 세계 산출량의 60% 이상)을 배에 싣고 필리핀에 기착해 그곳에 반입된 중국산 견직물이나 도자기와 교역한다든가, 혹은 중국 동남해안의 장저우(漳州)·취안저우(泉州)·광저우(廣州) 등지에 가서 직접 교역을 하기도 하였다.

대서양 大西洋, Atlantic Ocean

태평양에 이어 두번째로 큰 바다로, 서쪽은 남북아메리카, 북쪽은 그린란드와 북극해, 동쪽은 유럽과 아프리카, 그리고 남쪽은 남빙양(남극해)과 맞닿아 있다. 동경 20도에서 인도양과 나뉘며, 남아메리카 대륙과 남극대륙 사이의 드레이크 해협을 통해 태평양과 연결된다. 한자 이름 '대서양'은 유럽 서쪽에 있는 큰 바다라는 의미이고, 영어 이름은 그리스 신화에 나오는 '아틀라스'에서 유래하였다. 표면적은 부속해를 포함하지 않으면 8,244만km^{2}이고, 포함하면 1억 646만km^{2}이다. 부속해를 포함한 대서양의 평균 수심은 약 3,300m이며, 가장 깊은 곳은 푸에르토리코 해구(海溝)로 수심이 8,380m이다. 대서양 연안에는 대륙붕이 발달하였고, 중앙부에는 남북 방향으로 길게 대서양 중앙해령(海嶺)이 해저에서 1,800~2,000m의 높이로 솟아 있다. 해저화산 활동이 활발한 곳에는 화산섬이 형성되기도 하였다. 해저에는 수심이 3,000m 이상인 해구가 있으며, 인근에서 해저지진이 발생하기도 한다. 멕시코 만류는 대서양의 중요한 해류로 멕시코만에서 시작하여 북아메리카 대륙 동해안을 따라 북상하다가 대서양을 가로질러 유럽 쪽으로 흐른다. 따뜻한 멕시코 만류로 유럽은 위도에 비해 날씨가 온화하다. 북극해에서 그린란드 동해안을 따라 남하하는 동그린란드 해류는 봄에 빙산을 운반하여 타이타닉 사고에서 보듯이 대서양 항로의 안전을 위협한다. 바이킹들은 11세기 목선으로 아이슬란드, 그린란드, 북아메리카 북동해안 등 북대서양을 항해하였다. 한편, 1492~93년에는 콜럼버스가 대서양을 횡단하였으며, 이후 많은 유럽인들이 대서양에서 장거리 항해를 하였다. 대서양에서는 해양과학탐사도 활발하였다. 1842년 미국 해군장교 모리(Mathew F. Maury)는 대서양을 탐사하여 해류도를 만들었고, 영국의 톰슨경(Sir Charles W. Thomson)은 1872~1876년 챌린저호 탐사를 통해 대서양에 남북으로 길게 뻗은 해저산맥이 있음을 발견하였다.

대항해시대 大航海時代

지금까지 통념으로는 중세 대항해시대를 서구의 신흥세력들에 의한 이른바 '지리상의 발견'이나 '신항로의 개척' 시대로 정의하는데, 이것은 서구문명 중심주의에서 비롯된 발상이다. 왜냐하면 이 시대는 서구가 아닌 동양에 의해 발단되었으며, 이른바 '지리상의 발견'이나 '신항로의 개척'은 다름아닌 해상 실크로드의 환지구적(環地球的) 확대이며 그 전개 시기이기 때문이다. 이렇게 동서양을 아우르는 범지구적 항해시대는 15세기 초에서 17세기 중엽까지로 잡을 수 있다. 이 시대를 대항해시대로 규정지을 수 있는 굵직한 항해사(航海事)로는 정화(鄭和)의 7차에 걸친 '하서양(下西洋)'을 비롯해, 엔히크를 필두로 한 포르투갈인들의 아프리카 서해안 항해, 바스쿠 다 가마의 인도양 해로 개척, 콜럼버스의 대서양 횡단, 마젤란과 엘카노의 세계일주, 아메리고 베스푸치의 남미대륙 항해, 포르투갈과 스페인의 라틴아메리카 식민화를 위한 해상 활동, 네덜란드와 영국의 해양 패권 경쟁 등을 들 수 있다. 이 시대에는 대범선무역(大帆船貿易)에 의해 동서간에 도자기와 향료, 농산물과 광물 등 문물교류가 활발하게 진행되었다.

대항해시대의 해로 15~17세기

15세기에 접어들면서 동양이나 서양에서는 해로에 대한 새로운 관심이 생겨났다. 중국에서 몽골의 외족 통치를 전복하고 출현한 명조(明朝,

1368~1644)는 건국 초기 왕조의 기반을 다지고, 특히 당시 동남해 연안에서 창궐한 왜구(倭寇)의 소요를 제압하기 위해 쇄국적인 해금(海禁) 정책을 실시하였다. 그 결과 해외무역이 쇠퇴하고 전통적인 대외조공 관계가 약화되면서 '천조상국(天朝上國)'을 표방한 명조의 국제적 위상이 추락하기 시작하였다. 이러한 추락상을 감지한 성조(成祖)는 등극(1402)하자마자 동남아시아 각국에 사신을 파견하고 푸젠(福建)·저장(浙江)·광둥(廣東) 등 연해지역에 시박제거사(市舶提擧司)를 설치하는 등 조치를 강구하면서 해금을 완화하고 해외 진출을 권장하였다. 그 결과 정화(鄭和)의 7차에 걸친 '하서양(下西洋)'(1405년 10월~1433년 7월)과 같은 파천황(破天荒)적인 해상진출이 이루어지게 되었다.

한편 서방에서는 14세기에 시작된 르네상스를 계기로 근대적인 경제문화의 맹아가 싹트면서 물산, 특히 동방물산에 대한 수요가 급증하였다. 이즈음에 서양인들은 십자군 동정(東征)과 몽골제국 시대에 서구인들(여행가·선교사·상인들)이 남긴 동방 관련 기록을 통해 물산이 풍족한 동방의 실상을 알게 되었다. 이것은 동방진출에 대한 그들의 호기심을 자극하였다. 그러나 당시 동서교통은 육로든 해로든 모두가 아랍인과 신흥 투르크인들에 의해 저지당하였다. 그리하여 그들은 동방진출의 새로운 항해로를 모색하는 데 진력하였고, 급기야 '지리상의 발견'에 따른 새 항로가 개척되었다. 정화의 '하서양'과 더불어 이러한 '지리상의 발견'에 의해 개척·이용된 항로는 새로운 번영기를 맞은 당대(當代) 해로의 전개상황을 여실히 보여준다. 중국 명대의 흠차총병태감(欽差總兵太監, 세칭 삼보三寶 혹은 三保) 정화(鄭和, 1371~1435)는 28년 동안 모두 7차에 걸쳐 중국에서 동아프리카 연안에 이르는 해로를 왕복하면서 30여 개국을 역방하였다.

이른바 이 7차례 '하서양(下西洋)' 중에서 가장 멀리까지 항해한 제7차(1431~1433, 참가 인원 총 2만 7,550명)의 왕복 항정을 『정화항해도(鄭和航海圖)』와 축윤명(祝允明)의 『전문기·하서양(前聞記下西洋)』의 기술에 근거해 살펴보면 다음과 같다. 즉, 용만(龍灣, 난징南京 소재, 1430년 윤12월 6일 출항) — (12월 10일) 서산(徐山) — (12월 20일) 부자문(附子門) — (12월 21일) 유가항(劉家港) — (1431년 2월 26일) 장락항(長樂港) — (11월 12일) 복두산(福斗山) — (12월 9일) 오호문(五虎門) — (12월 24일) 점성(占城, 참파Champa, 현 베트남 중부) — (1432년 2월 6일) 조와(爪蛙, 자바Java) — (6월 27일) 구항(舊港, 현 팔렘방Palembang) — (7월 8일) 만랄가(滿刺加, 말라카Malacca) — (8월 18일) 소문답랄(蘇門答剌, 수마트라Sumatra, Samudra) — (11월 6일) 석란산(錫蘭山, 실론Ceylon, 현 스리랑카) — (11월 18일) 고리국(古里國, 캘리컷Calicut, 인도 서남해안) — (12월 26일) 홀로모사(忽魯謨斯, 호르무즈Hormuz) — (1433년 2월 18일 호르무즈에서 회항) — (3월 11일) 고리국 — (4월 6일) 소문

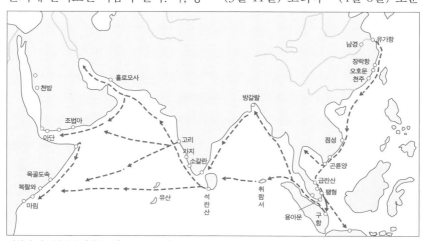

정화의 제7차 '하서양' 항로도(1431~1433년)

답랄―(4월 20일) 만랄가―(5월 10일) 곤륜양(崑崙洋, 인도차이나 반도 남단)―(5월 23일) 적감(赤坎)―(5월 26일) 점성―(6월 3일) 외라산(外羅山)―(6월 14일) 기두양(崎頭洋)―(6월 15일) 완설서(碗碟嶼)―(6월 21일) 태창(太倉, 양쯔강揚子江 하구)―(7월 6일) 난징으로 이어지는 바닷길이다. 이 항로에서 보면 난징에서 호르무즈까지 가는 데 2년(1430년 12월 6일~1432년 12월 26일)이 걸리고, 회항에는 약 5개월(1433년 2월 18일~7월 6일)이 소요되었다. 한편 규모가 방대한 정화 휘하의 선단(船團)은 대종(大艐)과 소종(小艐) 두 편대로 나뉘어 행동하였다. 대종은 전체 선단이고, 소종은 대종에서 분견(分遣)되는 분선대(分船隊)다. 대종은 주요 간선에서 항해하다가 특정한 항구에 도착하면 거기서 소종, 즉 분선대를 각지에 파견한다. 분선대는 활동을 마친 후 다시 분견지(分遣地)에 돌아와서 여러 분선대와 합류, 대종을 이루어 회항한다. 전술한 제7차 '하서양' 경우에는 대종이 고리(古里, 인도 서남해안의 현 캘리컷Calicut)까지 항해하는데, 도중 여러 곳에 파견된 소종이 동남아시아·서아시아·동아프리카의 각지에서 활동하다가 다시 고리를 비롯한 분견지에 집결한 후 대종 선단을 이루어 회항길에 올랐다.

정화의 '하서양'은 15세기 말 콜럼버스나 바스쿠 다 가마의 항해보다 시간적으로 반세기나 앞섰을 뿐만 아니라, 선단의 규모나 선박의 구조 면에서 그들과 비교가 되지 않을 정도로 월등하였다. 제1·3·4·7차 출항시 매 선단의 승선 인원은 2만 7천여 명이나 되고, 매 출동 선박은 대소 선박 200여 척이었다. 선박 중에서 가장 큰 것이 '보선(寶船)'인데, 매번 20~30척의 보선이 참가하였다. 보선의 길이는 44장 4척(현 41장 4척, 약138m)이고, 너비는 18장(현 16장 8척, 약 56m)이며, 적재량은 약 1,500톤으로 1천 명이 승선할 수 있었다. 9주(柱)의 돛대에 12장의 대형 돛을 단 대범선이었다. 이에 비해 1492년에 대서양을 횡단한 콜럼버스의 선단은 고작 3척의 경범선(輕帆船)에 선원이 90명에 불과했으며, 기함(旗艦)의 적재량은 250톤이었다. 1498년 인도 항해에 나선 바스쿠 다 가마의 선단도 4척의 소범선에 승선인원 160명이었으며, 25m도 채 안되는 전장(全長)에 기함의 적재량은 120톤에 불과하였다. 정화보다 약 100년 후에 환지구(環地球) 항해를 단행한 마젤란 선단의 경우에도 5척의 소범선에 265명이 승선하였다. 적재량을 보면 5척 중 2척은 각각 130톤, 2척은 90톤, 1척은 60톤이었다.

유럽에서 15~16세기는 이른바 '지리상의 발견'이라고도 하는 '대항해시대'다. 이 시대에 유럽 항해가들에 의해 인도항로가 열리고, 대서양 횡단로의 개척과 더불어 아메리카 대륙(이른바 '신대륙')이 '발견'되었으며, 사상 초유의 환지구적 항해도 실현되었다. 그리하여 해로는 종전의 구대륙, 즉 유라시아와 아프리카를 동서로 연결하던 한정된 해로로부터 '신대륙', 즉 아메리카 대륙까지를 망라하는 환지구적인 해로로 확대되었다. 따라서 해로는 새로운 번영기에 진입하였다. 유럽에서의 대항해시대는 포르투갈의 항해 왕자 엔히크(Henrique, Henry the Navigator, 1394~1460)가 아프리카 서해안에서 진행한 항로 탐험으로 그 막이 올랐다. 여러 항해 장비와 항해 기술자들로 이루어진 엔히크 탐험대는 아프리카의 서해안을 남하해 인도에 이르는 새로운 항로를 개척하는 과정에서 포르투 산투(Porto Santo, 1418)도와 마데이라(Madeira) 제도(1420), 아조레스(Azores) 제도(1431), 베르데 곶(Cape Verde) 제도(1456) 등을 발견하고 사금(沙金)과 노예 등을 약탈해 본국으로 운반하였다. 엔히크가 사망한 뒤 얼마후 탐험대는 시에라 리온(Sierra Leone)을 지나(1462) 적도를 넘었다(1471). 그후 탐험은 일시 중단되었다가 역시 포르투갈의 항해가인 디아스(Bartholomeu Diaz, 1450?~1500)에 의해 재개되었다. 그가 이끄는 3척의 범선이 1488년에 드디어 아프리카의 최남단에 도착하였다. 그는 심한 폭풍우 끝에 발견하였기 때문에 이곳을 '폭풍의 곶'(Cape of Storms)이라고 명명하였는데, 디아스의 보고를 들은 국왕은 '희망봉(喜望峰)'(Cape of Good Hope)이라고 개명하였다. 이러한 선인들의 탐험 성과를 기반으로 포르투갈의 항해가인 바스쿠 다 가마(Vasco da Gama, 1469~1524)는 국왕의 명을 받고 1497년 7월에 4척의 범선을 이끌고 이미 개척한 항로를 따라 아프리카 서해안을 남하하였다. 그는 적도의 무풍지대를 피해 육지에서 멀리 떨어진 심해를 항해해 희망봉을 우회한 후 아프리카의 동해안을 따라 북상하였다. 1498년 4월에 케냐의 말린디(Malindi)에 도착해 아랍 항해가 이븐 마지드(Ibn Mājid)의 안내하에 그해 5월 20일, 출항 10개월 만에 드디어 인도 서해안에 있는 캘리컷에 종착하였다. 이로써 그는 유럽에서 아프리카 남단을 돌아 인도로 직행하는 이른바 '인도항로'의 개척자가 되었다. 그는 60배의 이익을 남긴 후추와 육계(肉桂) 등 향료를 싣고 다음해에 리스본으로 귀향하였다. 그가 새로운 항로에서 보낸 시간은 2년이 넘었으며(그중 해상에서 약 300일간), 항해 중 3분의 1 이상의 선원을 잃었다. 다 가마에 의한 '인도항로'의 개척은 서세동점(西勢東漸)의 효시였다. 그후 다 가마는 두 차례(1502~1503, 1524)나 다시 인도를 찾았다.

포르투갈 항해가들이 한창 '인도항

로'를 개척하고 있을 때, 이탈리아 항해가 콜럼버스는 대서양을 횡단해 '신대륙'(아메리카)을 '발견'함으로써 유럽의 대항해시대를 빛나게 장식하였으며, 그 결과 해로의 서단(西端)은 지중해에서 대서양으로 확대·연장되었다. 이탈리아 제노바 출신의 콜럼버스는 1476년 포르투갈에 이주하였다. 지구가 둥글다는 설을 믿고 대서양으로 서항(西航)하면 인도나 중국에 도착할 것이라고 생각한 그는 포르투갈 국왕에게 서항을 건의했으나 거절당하였다. 1485년에 스페인으로 이주한 콜럼버스의 서항 계획은 이사벨 여왕(Isabel I, 1451~1504)과 페르난도 2세(Fernando II, 1452~1516)의 지지를 얻었다. 이에 고무된 그는 1492년 8월 3일 3척의 범선에 약 90명의 선원을 태우고 스페인의 서남항 팔로스(Palos)를 출항하였다. 같은 해 10월 12일 바하마 군도(Bahama Islands)의 어느 한 섬에 도착하였는데, 그는 이 섬을 '산 살바도르(San Salvador, '성스러운 구세주'라는 뜻)'라 이름지었다. 이어서 쿠바(Cuba)와 아이티(Haiti) 등의 섬에도 들렀다. 그후에도 그는 세 차례(1493, 1498, 1502)에 걸쳐 같은 항로를 따라 자메이카(Jamaica)·푸에르토리코(Puerto Rico) 등의 제도(諸島)와 중미·남미의 연해 일대를 항해하였다. 당시 콜럼버스는 금은보화나 향료 대신 모기만 있는 곳을 발견했다고 해서 '모

기제독'(Admiral of Mosquitoes)이란 별명이 붙었는데, 자신이 도착한 곳이 실제로 인도의 어느 지방이라고 착각하여 향료와 황금을 찾았으나 허사였다. 그는 그곳을 '인도 땅'이라고 믿었기 때문에 현지인들을 '인디언'으로, 바하마 등의 여러 섬을 '서인도제도'라고 지칭하였다. 콜럼버스의 대서양 횡단은 인도로 가는 항로탐험을 크게 자극하였다. 영국에 이주한 베네치아 출신의 캐벗(John Cabot, 1450~1498?)은 1496년에 헨리 7세의 후원을 받아 대서양을 건너 지금의 캐나다 동해안에 이르렀다. 그에 이어 이탈리아 피렌체(Firenze) 출신의 아메리고 베스푸치(Amerigo Vespucci, 1454?~1512)는 1499~1504년 기간에 세 번이나 콜럼버스가 '발견'한 중남미 일원을 탐험한 끝에 이곳이 유럽인에게는 미지의 '신세계'(the New World)라는 견해를 발표하였다. 그 결과 유럽인들은 이 신대륙을 이른바 최초의 '발견자'인 콜럼버스는 무시하고 아메리고의 이름을 따라 '아메리카'(America)라고 명명하게 되었다.

독일의 지리학자 발트제뮐러(Martin Waldseemüller)는 1507년에 간행한 세계지도에서 유럽과 아시아 사이에 기다란 육지를 하나 그려넣고는 이를 '아메리카'라고 명기하였다. 1517년에 스페인으로 이주한 포르투갈의 항해가 마젤란은 스페인 왕의 명령에 따라

1519년 8월 10일 5척의 범선과 약 270명의 선원을 인솔하고 세비야(Sevilla)를 출항하였다. 그는 그간의 탐험기록을 검토해본 결과 남미의 남단을 돌아 인도로 가는 항로가 있을 것이라고 추단하였다. 그는 대서양을 횡단해 남미의 브라질 연안을 따라 남하해 남미의 남단과 푸에고섬(Tierra del Fuego) 사이의 해협(후일 마젤란 해협the Strait of Magellan이라 명명)을 지나 태평양에 진입하였다. 난항에 난항을 거듭한 끝에 이 해협을 통과해 태평양에 들어서니 바다는 의외로 평온하고 넓었다. 그는 이 평온한 데서 영감을 얻어 이 바다를 '태평양(太平洋)'(the Pacific Ocean)이라 이름지었다. 그는 현 인도네시아 동부 태평양 상에 있는 말루쿠 제도(Maluku Islands)를 목표로 삼고 계속 서행하다가 1521년 3월 우연히 필리핀에 도착하였는데, 토착민과의 싸움에서 40명을 잃고 자신도 전사하였다. 잔존 인원은 엘카노(Sebastián de Elcano)의 지휘하에 2척의 배에 나누어 타고 말루쿠 제도의 티도레(Tidore)에 이르렀다. 여기서 향료를 실은 배 한 척은 태평양으로 동항(東航)하다가 포르투갈인들에게 나포되었지만 엘카노가 이끈 다른 한 척(빅토리아호)은 서항해 인도양을 횡단, 아프리카 남단의 희망봉을 거쳐 1522년에 마침내 스페인으로 회항하였다. 결국 마젤란은 도중에서 낙오하였지만, 그가 발족한

선단은 대서양 → 태평양 → 인도양 → 대서양으로 이어지는 사상 초유의 환지구적 항해를 실현하였다.

이같이 15~16세기의 이른바 '대항해시대'를 거치면서 해로는 구세계와 '신세계'를 망라하는 환지구적 바닷길로 확대·연장되었다. 이 길을 따라 서세(西勢)의 동점(東漸)과 서점(西漸)이 동시에 진행되었다. 1510년 인도의 고아(Goa)에 대한 포르투갈의 강점을 시발로 18세기 말에 이르기까지 포르투갈에 이어 스페인과 네덜란드, 그뒤로는 영국과 프랑스 등 서방국가들의 식민지 개척과 경영은 다만 동방뿐 아니라, 새로 '발견'된 '신대륙'에 대해서도 마찬가지였다. 특히 스페인은 멕시코를 비롯한 중·남미 나라들을 식민지로 만들고, 그 경영을 위해 대서양 횡단해로를 적극 이용하였다. 이렇게 근대에 와서 식민지화라는 서세의 물결을 타고 전개된 환지구적 해로는 동서 간에 새로운 교역과 교류 관계를 형성하는 데서 가교적 역할을 수행하였다. 이 시기의 해로는 주로 해외 식민지 구축과 해외교역에 국운을 걸고 경쟁을 벌이던 서방제국과 그 상대역인 동방 및 '신대륙' 간을 연결하는 바닷길이었다. 여기서 특기할 것은 그 일환으로 동방과 '신대륙' 간의 새로운 항로가 개척된 사실이다.('대범선무역'항 참고) 이 시기 중국과 중남미 간에 태평양을 횡단해 대범선무역이 진행된 이

항로를 '태평양 비단길', 혹은 '백은의 길'이라고도 한다. 이 '태평양 비단길'을 통해 중국의 견직물이 중남미로 대량 수출되었다. 이상과 같은 해로의 전개 과정을 통관하면 기원전 8세기부터 기원후 7세기까지의 약 1,500년간은 해로의 개척기라고 볼 수 있다.

데 라다(Martin de Rada)의 푸젠(福建) 사행(使行)

근세 서방의 첫 중국 사행(使行). 16세기 대항해시대의 개막에 주도적 역할을 해온 스페인은 1571년에 강점한 필리핀을 동방진출의 전초기지로 삼아 호시탐탐 중국과 접촉할 기회를 노리고 있었다. 1575년 3월 푸젠 파총(把總) 왕망고(王望高)가 함선을 이끌고 광둥(廣東)의 해적 임풍(林風)을 추적해 필리핀의 루손섬에 상륙하였다. 당시 필리핀 주재 스페인 총독인 데 라베자레스가 왕망고를 후대하면서 해적 임풍의 죄를 물어 엄단할 것을 약속하자 왕망고는 스페인 사절의 푸젠 방문에 동의하였다. 넉 달 후 총독은 마닐라 교구 주교인 데 라다(Martin de Rada)를 수석, 마린(Jeronimo Marin)을 차석으로 하고 장교 2명을 수행원으로 한 사절단을 푸젠에 파견하였다. 사절단의 사명은 포교활동의 수락과 개항, 정보수집 등이었다. 사절단은 푸젠의 샤먼(廈門)에 상륙한 후 퉁안(同安)과 취안저우(泉州)를 지나 수부(首府)인

푸저우(福州)에 이르렀다. 푸젠 순무(巡撫) 유요회(劉堯誨)는 만력(萬曆) 황제에게 사절단의 중국 방문 사실을 알린 뒤 황제의 하사품을 전달하였다. 그해 10월 사절단은 100여 권의 중국서적을 지니고 중국 배편으로 필리핀에 돌아갔다. 데 라다는 출사에서 돌아온 후 『대명중국사정기(大明中國事情記)』라는 견문록을 저술하였다. 데 라다의 중국 사행은 비록 지방 관부로 출사한 것에 불과하지만, 중국 황제의 인가하에 이루어진 것이어서 근세 서방의 첫 대중(對中) 견사(遺使)라고 볼 수 있다.

데지마 出島

일본은 에도(江戶)시대인 1634~1636년 약 2년간 나가사키(長崎) 시내를 관류하는 나카시마천(中島川) 하류에 부채꼴 모양의 인공섬인 데지마(出島, 3,969평 남짓한 작은 섬)를 개발하였다. 그리고 기독교의 확산을 막기 위해 이 섬에 포르투갈인들을 격리·거주시켰다. 1639년에 포르투갈인들의 내항을 금지하는 등 쇄국정책이 실시되자 1641년 이곳에 네덜란드 동인도회사 소속 일본 상관(商館)을 이전하였다. 1857년 일본과 네덜란드 사이에 이른바 추가(追加)조약이 체결되어 쇄국적인 무역제도가 폐지될 때까지 200여 년간 데지마는 일본-네덜란드 무역기지로 활용되었고, 일본이 서구를 이해하고 서구 문물을 받아들이는 창구 역

할도 하였다.

델프트(Delft) 도기(陶器)

델프트는 네덜란드의 도자기 생산 중심지로, 16세기 말부터 중국의 염부(染付) 풍(風)의 도기를 대량으로 생산해 유럽 각지에 수출하였다. 코발트 연유(鉛釉)를 입힌 델프트 도기의 모양이나 문양은 중국의 염부 병을 닮았으나, 그릇에 화초·인물·풍경 따위를 많이 그려넣는 것이 특징이다.

도마(Thomas)의 전도활동

예수의 12사도의 한 사람인 도마(토마스)는 인도 남부 지역에 가서 초기 기독교(혹은 초대교회)의 전도에 생을 바친 것으로 전해진다. 그러나 여러가지 전설 같은 이야기가 뒤섞여서 사실 여부에 의문이 제기되어왔는데, 인도에 전도를 한 것은 사실일 가능성이 높다. 3세기 주교 도로테우스(Dorotheus)는 "사도 도마가 팔라비인·메디아인·페르시아인·루만인·박트리아인·마기인들에게 복음을 전한 후 인도의 카라미나(Caramina)에서 순교하였다."고 했고, 5세기 말의 성 히에로니무스(Hieronymus)는 "하느님 아들의 보호 아래 도마는 인도에 머물렀다."라고 언급한 바 있으며, 13세기 시리아 교회사가(敎會史家) 바르 헤브라에우스(Bar Hebraeus)는 "주의 승천 2년 후 사도 도마가 동방, 즉 인도와 그 밖의 지역으로 복음을 전하기 위해 찾아갔다."고 기술하였다. 18세기 『동방문헌(東方文獻)』의 편집자인 앗세마누스(Joseph Simonius Assemanus)도 "도

성 도마산 위에 있는 산토메 성당과 성 도마상

마는 인도 최초의 전도자로서 야곱파의 시리아 교회가 옛날부터 그를 추모해왔다."고 언급하였다. 도마의 최초 전도지로 전해지는 남인도 서해안 마라발(Marahbal) 교회의 일과(日課) 기도서에는 "성 도마를 통해 우상숭배가 잘못이라는 것이 인도 사람들에게 알려졌고…… 성 도마로 인해 하늘 왕국이 저절로 날개를 펴서 중국까지 가게 되었다."라는 성 도마의 제식문(祭式文)이 남아 있는가 하면, 남인도 사람들의 찬송가에는 "인도 사람, 중국 사람…… 모든 사람들이 도마를 추모해 그 이름을 높이어……"라는 구절이 오늘날까지 전해오고 있다.

이와 같은 문헌기록이나 전언과 함께 도마가 인도에서 전도한 사실을 실증해주는 몇가지 유물도 있다. 현 인도 남부 첸나이주 마일라푸르의 산토메 성당 부근 고분에서 1521년 백골(白骨)과 철제 화살촉, 점토로 된 병이 발굴된 데 이어, 1543년에 인도의 한 왕이 도마 교회 건립을 위해 대지를 희사했다는 내용이 적힌 동제 창이 출토되었다. 1547년에 산토메 성당 부근의 성 도마산에서 중앙에 십자가가 조각되고 그 위에 비둘기 모양이 그려져 있는 석비(石碑)가 발견되었는데, 좌우에는 팔라비(Pahlavi)어로 "메시아와 높으신 신과 성령을 믿는 사람은 십자가에 달리신 구주의 은혜로 죄의 용서를 받을 것이다."라는 글귀가 씌어 있다. 이

팔라비어는 3~9세기에 이란과 인도 남부 지역에서 사용된 페르시아 고어다. 5~6세기 이단으로 몰려 이란에 첫 전도기지와 교단을 꾸린 네스토리우스파 신봉자들이 인도 남부에 이주하면서, 이 석비를 세우고 자신들이 사용하던 언어인 팔라비어로 비문을 썼을 개연성이 높다. 도마의 이름을 딴 이러한 교회당과 산에서 기독교 신앙과 전도를 상징하는 유물이 출토되었다는 것은 그곳이 도마의 전도활동과 관계가 있다는 것을 시사한다.

도모가시마(友ヶ島) 해저 유물

일본 도모가시마 북방 아가장(場)이라고 하는 해저에서 1961년부터 가끔씩 스에키(須惠器)·하지키(土師器)·청자(靑磁)·수호(水壺) 등 유물이 그물에 걸려 올라오곤 하였다. 그중 가장 많은 것은 중국 명(明)대의 청자완(靑磁碗)으로 대체로 대·소 2종인데, 표면에 국화(菊花)문이 새겨져 있는 것도 있고, 없는 것도 있다. '복수(福壽)'라는 글자가 새겨진 꽃병과 기타 도자기 완(碗)이나 발(鉢) 같은 유물이 수심 80m의 해저에서 발견되었다. 그중 약 170점이 현재 와카야마시(和歌山市) 아와시마 신사(淡島神社)에 수장(收藏)되어 있다. 명대에 도자기를 적재한 일본행 상선의 침몰 유물로 추정된다.

『도이지략(島夷志略)』 → '왕대연'항 참고

도자기 교류

도자기는 일찍이 고대 오리엔트 문명기에 이미 출현해 이집트계의 알칼리유도(釉陶)와 메소포타미아계의 연유도(鉛釉陶)로 2대 계통을 형성하였지만 소재와 가공기술의 개발이 미흡해 중국 도자기처럼 계속 발전하지 못하였다. 비록 로마시대에 와서 메소포타미아계의 연유도를 계승하여 이른바 '로마계 연유도', 즉 로만글라스를 제작하고, 이슬람시대에 와서 다시 그것을 '이슬람 도기'로 전승하였으나, 간신히 명맥만 이어갔을 뿐 큰 전진을 보지 못하였다. 서아시아 일원에서 병존해온 이 두 계통간의 교류나 상호 영향 관계에 관해서는 구체적으로 규명된 바는 없으나, 이집트와 메소포타미아에서 각각 상대방의 도자기 유물이 발견된 점으로 보아 상호 교류는 있었다고 추정된다.

동양에서는 도자기의 제작기술이나 제품의 질과 양, 특히 대외수출 면에서 중국이 독보적인 존재였다. 은(殷)대의 고온 회도(灰陶)를 시발로 해 3,000년간 부단한 갱신을 거듭하면서 독자적으로 발달해온 중국 도자기는 명실상부한 세계적 명품으로서 8세기 중엽부터 주로 해로를 통해 세계 도자기 교역을 석권하였다. 그러나 그것은 독선적이고 폐쇄적인 과정이 아니라, 교류를 통해 스스로 더욱 풍부하고 충실하게 만들어가는 과정이었다. 기원후 2

물고기 문양 페르시아 도자기(테헤란 유리도자기 박물관)

세기경에 중국인들이 느닷없이 전통적인 회도와는 다르게 서방 로마의 연유도(鉛釉陶)와 유사한 녹유도(綠釉陶 혹은 갈유도褐釉陶)를 만들어낸 것은 당시 로마와 한(漢)이 교류하기 시작한 데서 비롯되었을 것이다. 그리고 후일 당삼채나 원대의 청화백자(靑花白磁)와 오채(五彩)도 서역의 도자기 제작기법에서 영향을 받은 흔적이 역력하다. 이것은 중세 도자기 교류의 한 예다.

지금까지 세계 도처에서 발굴·수집된 도자기 유물 가운데 중국 도자기 유물이 절대적으로 많고 상태도 선명한 바 그 분포상을 통해 중국 도자기 교류의 실상을 파악할 수 있다. 중국 도자기 유물은 동은 일본에서부터 서는 아프리카 동남해안에 이르기까지 광범위하게 분포되어 있다. 필리핀의 루손섬에서는 묘장품(墓葬品)으로 9세기의 웨저우요(越州窯) 청자를 비롯해

16~17세기까지 성행했던 백자·청백자·염부(染付)·적회(赤繪) 등 각종 유물이 출토되었으며, 술루(Sulu)와 세부(Cebu), 민다나오(Mindanao) 등 기타 도서들에서도 유사한 유물들이 발견되었다. 그 이남인 브루나이와 인도네시아 각지에서도 중국 도자기 유물이 다수 출토되었다. 말라카 해협을 지나 인도에서는 동남부의 고도(古都) 마드라스(현 첸나이) 남방에 위치한 아리카메두에서 북송의 룽취안요(龍川窯) 청자가 출토된 것을 비롯해 여러 곳에서 중국산 도자기 유물이 발견되었다. 스리랑카에서는 데데이가마와 야프후바 등지에서 10~13세기의 중국 도자기 유물이 나왔다. 더 서행하면 페르시아만의 호르무즈와 시라프 등지에서도 당·송대의 청자와 원대의 염부 조각이 출토되었고, 이란 내륙부에서는 아프가니스탄과 인접한 니샤푸르에서 중국 도자기 유물이 다량 발굴되었다. 아라비아 반도 남안과 이라크·시리아·레바논을 비롯한 서아시아 및 지중해 동안의 여러 곳에서도 예외없이 각종 중국 도자기 유물이 출토되었다. 중국 도자기는 아프리카 동안의 소말리아·케냐·탄자니아에서는 물론, 심지어 아프리카 동남단의 섬 마다가스카르에서도 송·원대의 도자기가 묘 속에서 부장품으로 나왔다.

한편, 유럽은 15세기부터 동방경략(東方經略)을 단행하는 과정에서 당시로 세계적인 진품으로 인기를 누리던 중국 도자기에 큰 관심을 가지고 다량 수입함은 물론 점차 자체의 제작소를 세워 한편으로는 중국 도자기를 모방하면서도 다른 한편으로는 서양적 요소들을 가미한 융합적인 도자기를 생산하기에 이르렀다. 유럽에 전해진 중국 도자기의 현존 유물 중 가장 오래된 것은 독일 카이젤박물관에 소장된 명나라의 청자완(靑瓷碗)으로, 그릇에 카젤버그(Cazelbog) 백작(15세기 전반)의 휘장 도안이 새겨져 있다. 영국 옥스퍼드 대학에도 16세기 초 워햄(William Warham) 주교가 기증한 명나라 홍치연호(弘治年號)가 새겨진 이른바 '워햄 컵'(Warham Cup) 청자완 한 점이 소장되어 있다. 당시 보통 자기 한 점의 값어치는 7명의 노예와 맞먹었으니, 자기는 고가의 귀중품이었다. 17세기에 접어들면서 포르투갈에 이어 네덜란드와 영국이 속속 동방무역에 진출함으로써 '무역도자기(貿易陶瓷器, 일명 양기洋器)'의 수출은 급증하였다. 1602년부터 1682년까지 80년 동안 네덜란드 동인도회사가 수입한 각종 중국산 도자기는 무려 1,600만 점이 넘으며, 17세기 중엽부터는 유럽의 대동방 수입품 중에서 도자기가 대종을 차지하였다. 수입자들은 종종 중국 현지의 제작소에서 도자기 그릇에 본인이나 가문의 휘장을 새겨넣기도 하였다. 1722년에 영국이 수입한 40만 점의 자기 대다수는 이러한 휘장이 새겨진 식기류나 다구(茶具)였다.

중국 도자기에 대한 수요가 계속 늘어나는 상황에서 도자기 제조법을 알아낸 서구인들은 16세기 말엽부터 자국 내에 중국 도자기를 모방한 제작소를 세워 도자기를 자체적으로 생산하기 시작하였다. 최초의 제작소는 이탈리아 베네치아에 세워졌는데, 여기서는 연질(軟質)의 채색 자기를 만들어 냈다. 이어 네덜란드·프랑스·독일 등 여러 나라에서 같은 종류의 제작소가 출현하였다. 프랑스는 중국 징더전 일대에서 활약하는 자국 신부 당트르콜(François-Xavier d'Entrecolles)의 도움을 받아 자기 제작에 성공하였다. 이 신부가 1717년에 보내온 징더전의 고령토(高嶺土) 표본에 근거해 1765년부터 자토(瓷土)의 조사 및 개발에 착수했고, 1768년에 이르러 자토의 지층을 발견함으로써 경질(硬質) 자기 제작소를 건립하고 자기를 본격적으로 제조하기 시작하였다. 영국에서도 1750년에 연질자기를 만들어낸 데 이어 1768년에 경질자기를 제작하는 데 성공하였다. 유럽인들은 자국 내에 제작소를 세워 중국 도자기의 모방 도자기를 자체 제작했지만 중국 현지에 대리점을 설치해 주문 구매하기도 하였다. 영국(1715)·프랑스(1728)·네덜란드(1729)·덴마크(1731)·스웨덴(1732)은 각각 중국 광저우(廣州)에 대리점을 개설해 징더전 자기를 비롯한 중국 도자기를 주문·구입하는 한편, 필요한 기형이나 양식의 모본(模本, 모델)을 보내 제작을 의뢰하기도 하였다. 따라서 유럽에 수출하는 이른바 '무역도자기'는 소성법이나 기형·문양 등에서 유럽 공예기법의 영향을 받지 않을 수 없었다. 소성법에서 중국 전통 도자기와는 달리 활석(滑石)을 이용하며, 기형에서는 식기류나 다구(茶具)·커피기구 등 서구인들의 기호에 맞는 물품이 제작되고, 문양에서는 서구의 신화나 종교 풍습 및 갑주(甲胄) 문양과 인물상 따위가 등장하였다. 이것은 도자기 교역을 통해 일궈낸 동서문명의 융합상을 여실히 보여주는 대표적 사례라 할 수 있다.

도자기의 길 Ceramic Road

동서교류사에서는 8세기 중엽에 이르러 두 가지 중요한 변화가 일어났다. 하나는 중국 도자기가 대량 수출되기 시작함에 따라 도자기가 동서교류품의 대종(大宗)으로 부상한 것이고, 다른 하나는 오아시스로(육로)에 비해 해상 실크로드(해로)의 이용이 더욱 활발해진 것이다. 중세에 접어들면서 오아시스로 연변에서 일어난 일련의 정세 변화로 인해 육로를 통한 교류가 난관에 봉착한 반면에, 신흥 아랍-이슬람세력의 해상진출을 계기로 해로가 미증유의 활기를 띠게 되었다. 또 이즈음에 조선술과 항해술이 진일보하여 해로의 역할이 한층 커졌다. 이러한 두 가지 변화의 상호 역학 작용으로 해상 실크로드에 '도자기의 길'이라는 별칭이 생기게 되었다.

　도자기가 교역품의 대종으로 급부상함으로써 그 운반을 위한 해로의 기능과 이용도는 전례없이 높아졌다. 도자기의 경우 해운(海運)이 육운(陸運)에 비해 안전할 뿐만 아니라, 더 많은 양을 운반할 수 있었기 때문이다. 나아가 해로의 역할 증대로 도자기의 교류 규모는 더욱 확대되었다. '도자기의 길'이야말로 중세 동서교류의 주요한 통로였다. 항로 자체는 당(唐)대의 해로와 크게 다를 바 없었다. 그리고 도자기 무역의 주로(主路)이기는 했지만 '도자기의 길'이 유일한 길은 아니었다. 육로를 통해서도 제한적이기는 하지만 도자기가 대상들에 의해 서역으로 반출되었던 것이다.

도항술 導航術

해상에서의 안전한 운행이 이루어지도록 배를 인도·안내하는 기술을 말한다. 도항술은 등대와 여러가지 표식물에 의해 개척되어왔다. 일찍이 8세기에 이집트의 알렉산드리아항에는 처음으로 도항등대(導航燈臺)가 등장해 야간 항해를 안내하였다. 뒤이어 페르시아만의 몇군데 항구에 등대가 설치되었으며, 오늘날에 이르기까지 등대는 항

해의 필수물이다. 등대와 더불어 지형지물에 따르는 각종 표식물도 선박의 안전 운행에 도입되었다. 중국에서는 명나라 때부터 이른바 '도항표망(導航標望)', 즉 바라보면서 항행할 수 있는 표식물로 쓰이도록 강안이나 해안가에 점등(點燈)을 하든가, 아니면 천조각을 높이 매달아놓는다든가 하였다. 특히 산이나 평야처럼 자연 표식물이 없는 곳에 이러한 '표망'을 많이 설치하였다. 그밖에 '입표지천(入標指淺)', 즉 여울이나 얕은 물목에 배를 정박시켜 놓든가, 깃발을 꽂아 위험을 알리면서 안전 항해를 유도하기도 하였다.

독목주 獨木舟, 마상이, 馬尙船, canoe

동서양을 막론하고 통나무를 파서 만든 작은 배를 말하는데, 이것은 인류 최초의 배로서 선박의 조형(祖型)이라 할 수 있다. 한적(漢籍) 『산해경(山海經)』이나 고문자(古文字)를 고증하여 해석하는 석문(釋文) 등 고전 기록에 의하면, 중국 최초의 배는 세계 다른 지역과 마찬가지로 통나무배, 즉 독목주였다. 하(夏)대(기원전 21~16세기)의 용감한 배몰이꾼에 관해 기록한 『좌전(左傳)』이나 『죽서기년(竹書紀年)』의 제왕(帝王)의 항해 기사 등에 의하면, 하대(夏代) 사람들은 이미 해상에 진출해 활동하고 있었는데, 그들이 이용한 배는 다름아닌 독목주였다. 인도의 경우, 기원전 3천년경의 모헨조다로(Mohenjo-

중국 고대의 통나무배

Daro) 유적에서 독목주라고 추정되는 배가 새겨진 장방형 인장(印章)이 출토되었다. 배의 형태는 수미(首尾)가 돌출되고 돛은 없으며, 고물에서 사람이 키를 잡는다.

동물의 해상운수(海上運輸)

기원전 4세기 알렉산드로스의 인도 원정대가 인도군의 코끼리 부대에 저지당했다는 유명한 이야기에서도 알 수 있듯이, 고대 인도는 전통적으로 코끼리를 중요한 전력(戰力)으로 동원하곤 하였다. 그러나 중세에 들어와 북방으로부터 기동력이 강한 유목 기마민족들의 거듭되는 내침을 받게 되자, 이에 대응할 전마(戰馬)가 절실해 홍해 주변의 여러 나라들로부터 바다를 통해 말을 수입하기 시작하였다. 15세기 초 중국 정화(鄭和)의 '하서양(下西洋)'때 기린이나 타조가 배에 실려와 헌상되었고, 일본도 에도(江戶)시대에 코끼리와 낙타가 배로 운반되어 왔으며, 스페인은 대서양을 건너온 기마부대의 전력으로 라틴아메리카를 손쉽게 공략할 수 있었다.

『동방견문록(東方見聞錄)』 Marco Polo 저, 1298년

이탈리아 베네치아의 상인 가문 출신인 마르코 폴로(Marco Polo, 1254~1324)는, 동방교역을 목적으로 나섰다가 우연히 원(元) 세조 쿠빌라이 칸의 교황청 파견 특사가 되어 복명(復命)차원으로 돌아가는 부친과 숙부를 따라 1271년 여름, 17세의 나이에 고향 베네치아를 떠난다. 근 4년간의 고행 끝에 1275년 5월 원 제국의 상도(上都)에 도착하였다. 마르코는 원조(元朝) 칸의 배려하에 16년간 중국에 체류하다가 1291년 칸의 특명을 받고 중국을 떠나 역시 4년간의 천신만고 끝에 고향을 떠난 지 24년 만인 1295년에 마침내 귀향하였다. 마르코의 여행은 중국 체재 16년과 육·해로의 왕복여정 8년을 합쳐 총 24년간의 기나긴 세월이었다. 귀향한 다음해인 1296년에 발발한 베네치아와 제노바의 해전에서 마르코 폴로는 제노바군에 체포되었다. 그가 감방에서 동방여행에 관해 구술한 것을 요수(僚囚, 함께 갇힌 수인)인 이야기 작가 루스티치아노(Rusticiano)가 필록(筆錄)하였다가 1298년에 책으로 엮어 간행한 것이 『동방견문록』이다.

『동방견문록』은 서문과 본문으로 크게 두 부분으로 구성되어 있는데, 서문은 마르코 폴로 일행 3명이 두 차례에 걸쳐 동방으로 여행한 과정을 개괄적으로 서술하고 있다. 본문은 크게 네가지 내용을 포함하고 있는데, 첫부분은 마르코 폴로 일행이 소아르메니아에서 원제국의 상도에 이르는 도중의 견문을, 둘째 부분은 몽골의 칸과 궁정·도성·치적 등과 마르코 폴로의 중국 각지 여행담을, 셋째 부분은 일본과 남해 제국, 인도와 인도양 제도, 그리고 마르코 폴로 일행의 귀로 여정을, 마지막 넷째 부분은 몽골 여러 부족들간의 전쟁과 아시아 대륙 북부 지역의 개황을 각각 다루고 있다. 이 여행기는 200여 나라·지역·도시 등에 관해 언급하고 있는데, 중요한 곳에 관해서는 그곳의 기후·물산·상업·문화·종교·풍속·정치사건 등을 일일이 상술하고 있다.

이 책은 본래 중세 프랑스어·이탈리아어 혼성어로 씌었으며, 적지 않은 방언도 섞여 있었다. 원본은 소실되었으나 널리 전해진 필사본은 약 140종에 이른다. 그중 스페인 톨레도 교회 도서관에 소장된 젤라다(Zelada) 라틴어 필사본이 가장 오래된 필사본이고, 파리 국립도서관 소장의 필사본(B. N. fr. 1116)은 원문에 가장 가까운 필사본이며, 1477년 뉘른베르크에서 출간된 독일어 역본은 최초의 간본(刊本)이다. 1970년대 말까지 출판된 각종 언어의 간본은 무려 120여 종에 달하는데, 이러한 간본의 서명은 일정하지 않고 다양하다. 『세계의 기술』(*Description of the World*), 『베네치아인 마르코 폴로 각하의 동방 각국 기사(奇事)에 관한 서(書)』 『베네치아 시민 마르코 폴로의 생활』 『기서(奇書)』 『백만(百萬)』 등 여러가지 서명이 있으나, 보통 『마르코 폴로 여행기』라고 통칭한다. 일본어와 한국어로는 『동방견문록(東方見聞錄)』이라는 제목으로 번역·출판되었다. '세계 제1의 기서(奇書)'라고 불리는 이 책은 중세 유럽인들이 아시아와 중국을 이해하는 기본 안내서와 지침서 역할을 하였다.

『동방기행(東方紀行)』 Odoric 저, 1330년
이탈리아 출신의 프란체스코회 탁발수사 오도릭이 12년간(1318~1330) 서아시아·동남아시아·중국(6년간 체류)·중앙아시아·이란 등 아시아 지역 총 59곳(체류지와 경유지 44곳, 관련지 15곳)을 주유한 여행 기록이다. 저자 오도릭이 임종을 앞두고 혼미한 상태에서 구술한 것이어서, 다른 세계적 여행기에 비하면 분량이 적고 기술이 소략하며 내용에서 혼동과 착오가 발견된다. 그렇지만 여행기의 시대성과 사실성, 그리고 내용의 다방면성과 광

오도릭 초상

범위성으로 인해 세계 4대 여행기의 하나로 꼽힌다. 각 지역의 인문지리와 역사문화상을 총괄하면서 24가지의 풍습과 5가지 폐습을 사실적으로 묘사하고, 총 81종(식품 34종, 동물 28종, 농산물 17종, 식물 2종)의 물산을 소개하며, 14곳의 유적, 흥미 넘치는 진지한 기담과 기적 등 각각 8가지를 전하고 있다. 내용에서 특별히 주목되는 것은 종교 관련 기사다. '영혼의 구제'를 목적으로 떠난 여행인 탓에 특히 종교에 관한 내용이 많다. 비중있는 내용만 열아홉 군데나 된다. 기독교의 전파와 그 과정에서 일어난 종교적 갈등, 그리고 기독교적 입장에서 우상숭배로 여겨지는 현지 종교(이슬람교·조로아스터교·네스토리우스파·불교 등)의 기이한 상황을 주로 다루는데, 폐습까지도 있는 그대로 기술하며 견문(見聞)과 전문(傳聞)을 엄격히 구분하는 등 사실성이 돋보이며 낯선 동방에 관한 이해를 돕기 위해 곳곳에서 서양의 것과 비교·대조하는 방식을 취하였다. 이 여행기는 14세기 당시의 동·서양의 역사상을 여실히 비춰주는 시대의 거울이며 여행문학의 수작으로서 세계 4대 여행기의 하나라는 데 그 문명사적 의미가 있다.

동방무역 東方貿易, Levanthandel
중세 이탈리아 도시국가들이 지중해를 무대로 진행한 유럽과 아시아 간의 중계무역으로서 일명 레반트(Levant) 무역이라고 한다. '레반트'는 이탈리아어로 '해가 뜨는 곳', 즉 동방을 뜻하므로 '레반트 무역'은 동방과의 무역을 말한다. 사실 유럽과 아시아 간의 중계무역은 일찍부터 행해져왔다. 고대 지중해 연안의 페니키아인이나 아랍인들이 이미 이러한 무역을 시작했으며, 로마는 기원을 전후한 시기에 멀리 중국을 비롯한 동방 나라들과 이른바 '동방 원거리무역'을 진행하였다. 로마제국이 멸망하고 유럽에 중세의 암흑기가 도래하면서 이러한 동방무역은 일시 자취를 감췄다. 그러다가 중세 이탈리아 도시국가들이 주도하는 새로운 동방무역이 재생하였다. 특히 베네치아는 십자군전쟁을 계기로 제노바나 피사 등 경쟁 상대들을 제압하고 동방무역을 거의 독점하였다. 베네치아는 1년에 두 번씩 무역선단을 지중해의 핵심 무역거점인 이집트의 알렉산드리아에 보내 무역하면서 거액의 이익을 챙겼다. 그러나 오스만제국의 동방무역 개입, 영국을 비롯한 신흥 유럽 국가들의 동방무역 투입, 포르투갈 항해자 바스쿠 다 가마에 의한 인도항로 개척 등 제반 요인으로 인해 이탈리아의 동방무역은 사양길에 접어들었다.

『동서양고(東西洋考)』 전12권, 張燮 저, 1616년
『민서(閩書)』(권18)「영구지(英舊志)」

에 의하면, 저자 장섭(張燮, 자는 소화紹和, 1574~1640)은 중국 푸젠(福建) 장저우부(漳州府) 룽치현(龍溪縣, 현 룽하이현龍海縣)의 한 지방관료 가문 출신으로, 1594년 과거에 합격했지만 부패한 명조(明朝)의 패정(悖政)에 불만을 품고 벼슬을 마다하고 전국의 명산대천을 방랑하면서 당대의 명류(名流)들과 교제하며 문장력을 과시하였다. 장섭은 장저우부와 해징현(海澄縣) 관헌들의 요청에 따라 『동서양고』를 찬술하였다. 명 말에 이르러 해금(海禁)이 풀리고 해외무역이 활기를 띠기 시작하자, 푸젠 남부 연해에 위치한 장저우부의 관헌들은 이 기회를 이용해 전래의 해외교역을 회복·확대하려고 하였다. 해외정보가 필요했던 그들은 장섭에게 해외교역과 해외국가들에 관한 소개서를 찬술하게 하였다. 이 책은 '서양열국고(西洋列國考)' 4권 15개국, '동양열국고(東洋列國考)' 1권 7개국, 기타 '향세고(餉稅考)'와 '세당고(稅瑁考)' '주사고(舟師考)' 각 1권, '예문고(藝文考)' 2권, '일사고(逸事考)' 1권으로 구성되었다. 열국고 편을 보면 무엇보다 서방 국가(4권 15개국)에 관한 소개가 두드러진다. 저자는 집필 원칙으로 '중금약고 광채구실(重今略古 廣採求實)', 즉 '지금 것을 중시하고 옛것은 약술하며, 폭넓게 사실을 추구한다'를 내세우고, 그 원칙에 맞추어 당대의 많은 자료들을 새롭게 수집해 활용하였

다. 예컨대 16세기 말엽에 시작된 서방 식민주의자들의 동남아시아 경략과 화교들의 동남아시아 진출의 여러 측면을 사실적으로 다룬다. 그밖에 장저우(漳州) 지역의 해외무역 상황과 당시의 원양항해 기술, 특히 동서양 침로(針路)에 관해서 상세히 기술하고 있다. 이 책은 중세 말엽의 동서양 무역과 동·서방 국가들의 사정을 연구하는 데 중요한 문헌의 하나로 공인되고 있다

『동인도항해기(東印度航海記)』

Memorable Description of the East Indian Voyage 1618~1625, Willem Ysbrantsz Bontekoe 저, 1646년, 1929년 런던 출간

포르투갈과 네덜란드를 비롯한 신흥 유럽 국가들에서 속속 설립된 '동인도회사'는 동방식민지 경략의 총본산이었다. 이 책의 저자 본테코(W. Y. Bontekoe)는 네덜란드 '동인도회사'에 소속된 선박의 선장으로서, 선단을 이끌고 1618년 네덜란드의 중부 항구 텍셀(Texel)을 출항해 아프리카 남단의 희망봉을 에돌아 인도양에 진입한 후 연해에 면한 여러 나라와 지역을 역방하고 나서 중국 동남해안에 이른다. 다시 7년간의 항해 끝에 그는 1625년 11월 네덜란드의 제일란트(Zeeland)에 귀항하였다. 이 여정을 일기체로 쓴 것이 바로 『동인도항해기』다. 이 책은 1646년 네덜란드의 호른(Hoorn)에서 처음 출간된 후 몇년 지나지 않아 네덜

란드 각 도시에서 10여 종의 간본이 나왔다. 17~18세기에 여러차례 재간되고 여러 나라 말로 번역·출간되었다. 17세기의 해상교통에 관한 산 증언으로 평가되며, 동방경략을 둘러싸고 벌어진 서방국가들간의 갈등에 관한 내용도 담겨 있다. 책 내용의 3분의 1은 중국 관련 기사로, 특히 본테코는 1622년 5월부터 1624년 2월에 걸쳐 네덜란드인들이 중국 연해 일대에서 자행한 해적 행위와 인도네시아 국민들의 반(反)네덜란드 항전에 관해서도 사실적으로 기술하고 있다. 그밖에 네덜란드인들의 해상생활과 선단의 항해상황에 관한 정보도 들어 있다.

동인도회사 東印度會社, East India Company

유럽 신흥 국가들이 자행한 동방 경략의 총본산이자 독점무역회사이다. '동인도(東印度)'란 중세 말에서 근세 초에 이르기까지 유럽인들이 동방세계에 대해 쓴 범칭으로, 인도양이나 서태평양 상의 모든 지역을 포괄한다. 영국과 네덜란드를 비롯한 서구 신흥 국가들은 '동인도' 지역에 대한 경제적 독점권과 정치적 지배권을 확보하기 위해 동인도회사를 속속 설립하였다. 각국 동인도회사의 존속 시기는, 영국이 1600~1858년, 네덜란드가 1602~1799년, 프랑스가 1604~1769년, 덴마크가 1729~1801년, 스웨덴이 1731~1813년

이다. 각국 동인도회사는 동인도의 특산물인 각종 향료와 커피·설탕·면포 등의 무역독점권을 장악하기 위해 치열한 각축을 벌였다. 그중 영국 동인도회사의 활동이 가장 두드러졌다. 1600년에 설립된 영국 동인도회사는 1757년 플라시 전투에서 먼저 인도에 진출한 프랑스를 제압하고 인도 무역을 독점하면서 인도를 정치적으로 식민지화하기 시작하였다. 영국 동인도회사는 당초 면직물을 중심으로 인도 무역을 석권하다가 1765년 무굴제국으로부터 벵골 지방의 조세징수권을 강제로 할양받아 이 지방을 지배하게 되었다. 이후 인도 병사들로부터 시작되어 전국적으로 확산된 '세포이 항쟁'(Sepoy Mutiny, 1857~1859)을 무력으로 진압한 영국은, 이를 계기로 동인도회사를 해체하고 인도정청(政廳)을 설치해 인도에 대한 식민지 직접통치를 실시하였다.

돛 sail

바람을 받아 배를 움직이게 하는 돛은 고대 지중해 해역에서 주로 활동하던 갤리선에서 처음 사용되었다. 갤리선은 선체가 좁고 배의 측면에 설치된 노를 저어 나아가는 배로서 노를 주로 쓰고 돛을 보조로 쓰는 형태가 일반적이다. 돛의 종류는 크게 사각형 모양의 가로돛(square sail)과 삼각형 모양의 세로돛(lateen sail)으로 구분된다. 가로

돛은 배의 선수와 선미를 연결한 선에 대해서 수직으로 펼쳐지며, 뒤에서 불어오는 바람으로 추진함으로써 배를 앞으로만 나아가게 한다. 순풍에는 배가 빨리 전진하지만 역풍에는 배의 속도가 현저히 떨어지며, 배의 방향을 바꾸려면 바람의 방향이 바뀌기를 기다리는 수밖에 없다. 따라서 가로돛은 바다에서 운행 기간이 짧은 편이라서 연안 항해에 적합했다. 반면 세로돛은 돛의 양면을 사용하여 배를 앞으로 추진시킨다. 바람에 맞추어 돛의 면을 이용할 수 있기 때문에 세로돛은 역풍에도 배를 앞으로 나아가게 할 수 있었다. 삼각돛은 순풍을 기다릴 필요 없이 언제든지 바람의 방향에 따라 돛을 조정할 수 있기 때문에 항해 기간을 장기간으로 연장시켜줌으로써 항해 역사의 새 장을 열었다. 그러나 삼각돛은 사각돛에 비해 출력과 속력이 낮은 것이 단점이었다. 이후 삼각돛의 유연함과 사각돛의 출력을 동시에 취한 돛이 바로 복합돛으로, 대항해시대에 등장한 갤리언(Galleon)은 복합돛을 적용한 최초의 범선이다. 대항해시대인 15~17세기에는 항해의 범위가 넓어짐에 따라 배의 규모나 돛의 숫자가 다양해졌다. 15세기 전까지는 주 돛대(mast)와 돛이 하나인 배가 일반적이었으나, 15세기부터는 돛대와 돛의 수가 다양한 배가 점점 출현하였다. 돛대와 돛이 각각 3개인 배도 있었으며, 심지어 배가

큰 경우에는 돛대가 4개 돛이 8개인 배도 있었다. 당시 돛을 달고 바람을 이용하여 항해한 배를 통칭하여 범선이라고 했지만 실제로는 돛대의 수와 돛의 종류로 다양하게 구분되었다. 일례로 돛대가 3개 이상이고 가로돛을 사용한 배는 풀리그드 범선, 돛대가 2개이고 가로돛을 단 배는 브리그 범선, 3개 이상의 돛대를 갖고 맨 앞쪽은 가로돛, 뒤의 두 쪽은 세로돛을 단 배는 바크 범선, 돛대가 2개로 앞쪽은 가로돛, 뒤쪽은 세로돛을 단 배는 브리간틴 범선이라 불렸다. 이들은 18세기 후반 증기선이 등장하기 전까지 항해시대를 이끌었다.

두바이 Dubai

두바이의 수도. 두바이시(市)는 아랍에미리트연방(UAE)을 구성하는 7개 토후국 가운데 가장 큰 도시이다. 페르시아만의 작은 항구도시였던 두바이는 1969년부터 석유를 수출하면서 산업화되었는데, 인근국가들에 비해 석유매장량이 적은 점을 극복하기 위해 자유무역단지를 조성하는 등 국제중계무역항으로 발전하였다. 두바이 지역은 한때 페르시아 사산조의 통치권에 속하였으나 이슬람의 우마이야조 시대에 사산조의 치하에서 벗어나 이슬람권에 들어가게 되었다. 19세기 초에 바니 야스(Bani Yas) 부족이 두바이를 경영하였으나 영국이 프랑스와 독

세계에서 가장 높은 부르즈 할리파 빌딩

일, 러시아로부터 두바이를 보호한다는 구실로 두바이와 조약을 체결하고 통제하기 시작하였다. 1971년에 영국이 페르시아만에서 물러나면서 두바이는 아부다비(Abu Dhabi)를 포함한 6개의 토후국과 아랍에미리트연방을 세웠다. 1970년대 들어 두바이는 석유산업과 무역으로 계속 성장하였으며 1985년에는 이른바 '제벨 알리 자유구역(Jebel Ali Free Zone)'을 설치해 외국자본과 노동력을 끌어들였다. 1990년에 발발한 걸프전쟁으로 외국기업들이 주변국의 불안정한 정치상황을 피해 두바이로 옮겨옴에 따라 두바이는 중흥기를 맞이하게 되었다. 대형 건설 프로젝트를 과감하게 펼쳐서 세계적

인 규모의 건물들이 속속 들어서고 있는데, 세계에서 가장 높은 빌딩인 부르즈 할리파(Burj Khalifa)는 한국의 건설회사가 시공사로 참여하였다. 면적: 4,114km², 인구: 약 210만 명 (2013년)

드라비다인 Dravidian

지중해계 인종에 속하는 인도 아대륙의 원주민으로서 인도·유럽계 언어와는 다른 드라비다어를 사용하는 민족을 말한다. 드라비다인들은 인더스강 유역에서 찬란한 인더스 문명을 창조하고 영위하다가 기원전 1500년경에 서북부에서 침입한 아리아인들에게 밀려 남방으로 이동한 후 남인도와 스리랑카 일원에서 북부 아리안 문명과는 다른 드라비다 문명을 꽃피워 인도 문명의 한 근간을 이루었다. 체질인류학적으로 드라비다인은 머리색과 눈동자가 검고 두상이 긴 지중해 인종에 속하고, 농경생활을 해왔으며, 여신과 소를 숭상하였다. 그리고 대표적 해양문화(양석문화陽石文化)의 하나인 거석(巨石)문화를 꽃피웠다. 4대 주요 방언을 아우르는 드라비다어를 사용하는 드라비다인들은 현재

기도하는 드라비다 여인들(남인도 탄자부르 사원)

인도 남부와 스리랑카 북부를 비롯해 말레이시아와 싱가포르·피지 등 인도양과 태평양 상의 여러 곳에서 수천만 명이 산재해 살고 있다.

드레이크 Sir Francis Drake, 1540?~1596년
영국 엘리자베스 1세 시대에 이름을 날린 해적(海賊)으로, 1570~1577년에 서인도 지역에서 해적활동을 시작하였다. 장기간 해적활동을 하면서 쌓은 항해 경험을 바탕으로 1577~1580년에 영국인으로는 처음으로 세계 주항(周航)을 단행하였다. 이어 1585년에는 서인도의 스페인 식민지를 무력으로 공략하는 데 앞장섰고, 1588년에 부제독(副提督)으로 영국 함대를 이끌고 스페인의 무적함대를 격파하는 주역이 되었다. 그는 해적 출신으로서는 파격적으로 기사 작위를 받은데다 부제독으로까지 승격되어 일국의 해외정책을 좌지우지하였는데 이는 역사의 아이러니가 아닐 수 없다. 미국 샌프란시스코 교외에는 그의 이름을 딴 '드레이크만(灣)'이 있다.

등대 燈臺, lighthouse
항로표지물의 일종인 등대는 항해하는 선박의 위치나 항로를 인식할 수 있게 하는 인공적 건축물이다. 선박이 바다에서 육지로 근접할 때 육안으로 판별이 곤란할 경우 암초나 섬, 해상인공물 등에 부딪혀 좌초하거나 변침(變針)할 위험이 있다. 특히 야간의 경우는 항로나 위치 식별이 어려워 이러한 위험이 배가된다. 이때 등대에서 비춰주는 밝은 불빛은 선박의 안전한 항해를 보장하는 중요한 표시이다. 등대를 설치할 수 없는 암초 주변 등 위험한 구역에는 선박을 고정시키고 등명기를 설치하여 등대의 구실을 하게 하는데, 이러한 선박을 등선(燈船)이라고 한다. 최초의 등대는 기원전 280년경 알렉산드리아 파로스 섬에 세워진 등대로 알려졌는데, 높이가 약 120m에 이르는 고대 역사상 가장 높은 등대이다. 파로스 등대는 오늘날 흔히 볼 수 있는 둥글고 가는 탑의 형태가 아니라 등대 내부에 300개가 넘는 방이 있는 대형 건축물의 형태를 띠고 있어 성곽의 기능을 함께 했던 것으로 추정되고 있다. 기원후 페니키아인과 로마인들이 흑해에서 영국에 이르는 지중해와 대서양의 해안을 따라 여러 곳에 등대를 세웠다. 로마제국이 멸망한 이후에는 해상무역이나 여행이 거의 사라져 버렸기 때문에 등대가 더이상 세워지지 않았다. 그후 12세기에 이르러 한자동맹 등 무역이 부활하여 스칸디나비아 해안과 독일 해안을 따라 등대가 세워지기 시작했으며 16세기 말엽까지 유럽 해안 주변에 세워진 등대 수가 약 30여 개에 이르렀다. 근대적인 등대의 역사는 18세기 초로 거슬러올라간다. 초기에는 등대의 망루를 나무로 만들

었으나, 목재 망루는 거센 폭풍에 무너져 휩쓸려버리는 경우가 많았다. 1759년 영국에서 지반이 불안정한 에디스톤록스 모래사장에 최초로 벽돌 등대가 세워졌다. 벽돌은 20세기 들어 콘크리트와 강철에 밀려날 때까지 등대 건축의 주재료로 사용되었다. 최근의 등대는 이전부터 사용해온 견고한 기둥 대신 라디오 방송탑 같은 강철 골조를 이용해서 건조된다. 등대의 불빛을 내는 연료는 19세기까지 나무·양초·기름 등이 주로 사용되었다. 그러나 이런 연료는 연소과정에서 발생하는 연기로 인해 외부의 바람이나 물로부터 불을 보호하기 위해 장치한 유리창이 검게 그을리는 단점이 있었다. 18세기 후반 물고기·식물·광물 등에서 추출한 기름으로 연기가 나지 않는 무연 기름등을 발명한 것은 혁명적인 발전이었다. 19세기 무렵에는 프리즘 렌즈와 반사경을 이용해서 기름등의 약한 불빛을 한 점으로 모아 강한 빛을 내게 했는데, 이때부터 램프를 회전시켜야 할 필요가 생겨 지금의 회전등이 등장하였다. 20세기 초에는 등유, 아세틸렌 가스 등을 거쳐 전기를 사용하는 등이 개발되었다. 날씨가 나빠 등대의 불빛이 잘 보이지 않을 경우에는 대신 소리를 이용해서 신호를 전달했다. 소리 신호로는 수세기 동안 대포나 종이 이용되었고, 좀더 최근에는 사이렌이나 경적을 이용하고 있다. 그러나 소리가 미칠 수 있는 범위는 기상 상태에 따라 크게 다르므로, 대다수의 등대에는 라디오 비컨과 함께 레이더 비컨을 설치해 배의 레이더를 증폭하거나 항해자가 식별할 수 있는 고유한 신호를 발사한다. 지금도 등대는 항해에 큰 도움을 주고 있지만, 20세기 후반 들어 레이더·로랜 등 다양한 항해설비들이 개발됨에 따라 그 역할이 크게 줄어들었다. 한편, 남아 있는 등대들은 대부분이 완전히 자동화되어 등대지기나 등대 기술자의 인건비로 지출되는 비용이 크게 절감되었다. 컴퓨터화된 오늘날의 등대는 자체로 날씨를 분석하여 필요에 따라 안개경보 경적을 비롯한 여러 가지 장치를 가동하며, 육지로 기상 정보를 보내기도 한다.

디아스 Bartholomeu Diaz, 1450년경~1500년

포르투갈의 해양 탐험가. 디아스는 유럽의 대항해시대를 연 포르투갈의 엔히크(Henrique) 탐험대에 소속된 범선 3척을 이끌고 1488년 아프리카 최남단에 도착하였다. 그는 심한 폭풍우 끝에 발견했다고 하여 이곳을 '폭풍의 곳'(Cape of Storms)이라고 명명하였다. 그의 보고를 들은 국왕이 앞으로 자주 오갈 곳의 이름으로 흉하다며 '희망봉'(Cape of Good Hope)이라는 듣기 좋은 이름으로 바꾸라고 명하였고, 이후 오늘날까지 쓰이고 있다.

ㄹ

라고스 Lagos

라고스섬을 중심으로 발달한 항만도시. 나이지리아의 최대 도시로 1991년에 수도를 아부자(Abuja)로 이전하기 전까지 나이지리아의 수도였다. 나이지리아의 고대사에 대해서는 알려진 것이 거의 없었으나, 20세기 초에 나이지리아 중부의 작은 마을 노크(Nok) 근처에서 두상(頭狀)이 두드러진 점토상을 비롯하여 철제도구·돌도끼·돌장신구 등 유물이 다수 발굴되었다. 이 노크문화는 기원전 500년경부터 기원후 200년경까지 계속된 것으로 추정되는데, 나이지리아의 부족 중에 이 점토상과 유사한 머리형을 지닌 사람들이 있어서 그들의 고대 선조들에 의해 이 문화가 형성되었을 것이라고 여겨진다. 850년경부터는 부족국가들이 형성되었고, 11세기 초에는 소왕국들이 연합한 큰 규모의 국가가 나타났다. 15세기에 포르투갈이 처음으로 라고스 해안에 상륙하여 당시 이곳을 통치하던 베닌(Benin)왕국과 외교사절을 교환하기도 하였다. 이후 많은 유럽인들이 진출하였는데, 특히 영국은 노예무역회사를 설립하여 1862년에는 노예무역 기지인 라고스를 직할 식민지로 만들고 서아프리카 노예무역의 중심지로 삼았다. 제2차 세계대전이 끝나고 아프리카 대륙에 민족주의운동이 일어나자 영국은 1960년에 나이지리아를 영연방국으로 독립시켰다. 라고스의 심한 인구과잉과 교통난으로 고심하던 나이지리아 정부는 1991년에 수도를 중부 사바나 지대의 아부자로 이전하였다. 면적: 999.6km^2, 인구: 약 2,100만 명(2012년)

라바트 Rabat

대서양으로 흘러들어가는 부레그레그(Bou Regreg)강 좌안에 위치한 현 모로코 왕국의 수도로 '전원도시'라는 별명을 지닐 정도로 아름다운 도시다. 실제로는 행정수도이고, 경제수도는 서

남쪽으로 90km 떨어져 있는 해안도시 카사블랑카다.

라바트는 고대 로마의 식민도시로 건설되었다. '라바트'라는 이름은 10세기에 베르베르계의 제나타족(族)이 부레그레그강 동안에 살라(Sala)라는 도시를 건설하고, 서안에 요새를 짓고는 거기에 '라바트'('주둔'이라는 뜻)라는 이름을 붙인 데서 시작되었다. 이어 12세기에 베르베르(Berbers)인들이 이곳에 자신들의 최대 왕조인 무와히드(Muwahhid)조의 성터를 닦고, '리바트 알 파트흐(Ribat al-Fath, '승리의 진영')라고 공식 명명하였다. 성 안에는 궁전을 비롯해 마디나(이슬람 시장 거리)와 밀라(유대인 거리)를 배치하였다.

16세기에 이르러 스페인에서 기독교인들의 레콩키스타운동(국토회복운동)이 승리함에 따라, 과거 정복자이던 무슬림이 난민이 되어 스페인에서 라바트로 많이 몰려왔으며, 이를 계기로 라바트는 상업과 무역의 중심지로 발전하였다. 프랑스의 보호령이 된 1912년에는 페스(Fez) 대신 수도가 되면서 근대화의 길을 걷기 시작하였다. 그 결과, 도시는 구시가(마디나)와 신시가로 나뉘어 각기 다른 시대상을 증언하는 유적 유물을 남겨놓고 있다. 그러한 유적 유물로는 고대의 출토품을 전시한 고고학박물관(1943년 건립), 주로 전통적 생활상을 보여주는 우다이아스(Udaias)박물관, 전형적인 무어 양식으로 지어진 미완의 12세기 하산(Hassan)탑(높이 44m) 등이 있다. 강을 사이에 두고 마주한 살라에서는 로마시대의 유물을 찾아보게 된다. 모로코의 전통적 건축기술과 조각을 잘 조

라바트의 옛 항구 터

화시킨 무함마드 5세의 영묘는 한 시대의 걸작으로 길이 남을 만하다. 면적: 117km², 인구: 약 100만 명(2012년)이다.

라에티 수몰도시(水沒都市)

1908년에 러시아 고고학자들이 카스피해 북동부 지역의 라에티에서 고대에 번영했다가 수몰된 교역 도시 유적을 발견하였다. 중앙아시아의 전통적 점토로 제작된 주거지와 도기, 그리고 유리장식품과 주물(鑄物) 등 유물이 발굴되었다. 중앙아시아와 교역을 하던 이탈리아 상인이 14세기의 지도에 표기한 '라에티'일 가능성이 있다.

라타키아 Latakia

시리아의 수도 다마스쿠스에서 북서쪽으로 약 385km 떨어져 있는 라타키아는 동쪽으로 지중해에 면해 있어, 고대 페니키아 시대부터 '바다로 나가는 창문' 역할을 해온 시리아의 최대 항구다. 아랍어로는 라디끼야(Al-Ladhiqiyah)라고 하며, 비잔틴·십자군시대에는 라오디케아(Laodicea)라고 하였는데, 라타키아라는 이름은 알렉산드로스의 동방원정 후 제국의 동편을 할당받은 셀레우코스 1세가 그의 어머니의 이름에서 따왔다고 전한다. 이곳은 지중해세력과 내륙세력 간의 교역 및 전쟁이 끊이지 않았다. 14세기에 이곳을 방문한 이븐 바투타는 이 엄청나게 큰 도시에 거대한 모스크들과 함께 이집트와 레반트 지역에서 가장 큰 파루스 수도원이 있어 수많은 수도사와 기독교인들이 모인다고 기록했다. 또한 많은 로마(비잔틴)인들이 거주하며, 특히 여성들은 최고의 금박실이 섞인 면으로 된 천을 만드는 라타키아 방적술에 능하다고 하였다. 바투타는 이슬람국가에 거주하는 딤미(Dhimmi)들의 복식 특징도 밝혔다. '딤미'는 아랍어로 '피보호민'이라는 뜻인데, 이슬람국가 내에서 인두세를 내고 거주하는 기독교·유대교도들을 말한다. 이곳 사람들은 방탕한 행동에 대해서 관대하며, 파루스 수도원에서는 무슬림들을 환대했다고 한다. 이러한 기록들은 당시 이 도시의 생기 넘치는 개방성과 함께, 무슬림들과 기독교인들의 공존과 호혜가 이루어졌음을 시사한다.

『랑야대취편(琅邪代醉編)』 張鼎思 저

이 책 권23 「지남차(指南車)」 조에는 침반(鍼盤), 즉 나침반의 기능과 용도에 관한 설명이 있다.

랑주뱅 Paul Langevin, 1872~1946년

수중음파측정기를 발명한 프랑스의 물리학자로서 1909년 콜레주드프랑스(프랑스 학원) 교수를 역임한 바 있는 랑주뱅은, 선박의 밑바닥에서 발사한 음이 해저나 해저에 있는 물체에 부딪친 뒤 반사(反射)해 돌아오는 소요 시간을 측정하여 수심을 탐지하는 이른바 '랑주뱅식 음향측심기(音響測深機)'를 1923년에 완성하였다. 이것은 해저조사에서 일대 혁명이었다. 수중음파 측정 분야에서 후발주자인 영국은 이러한 기기를 아스딕(ASDIC, 잠수함탐지 연구위원회의 연구기관 약칭)으로, 미국은 소나(SONA, 음향에 의한 항법과 거리 측정법의 약칭)로 각각 명명하였다.

런던 국립해사박물관(國立海事博物館)

포르투갈이나 스페인보다 뒤늦게 해외 식민지 경략에 나선 영국은 1588년 스페인의 무적함대(無敵艦隊, 아르마다Armada)를 격파한 이후에야 대서양·태평양·인도양에 진출해 해상권을 노리기 시작했으며, 빅토리아 왕조 때에 비로소 세계적 해상왕국으로 부상하였다. 런던 템스 강안 그리니치에 자리한 '런던 해사박물관'에는 영국의 해군과 해운 역사에 관한 자료들이 전시되어 있다.

레알 알토(Real Alto) 유적

라틴아메리카 에콰도르 남부 해안의 과야스(Guayas)주(州) 산타 엘레나(Santa Elena) 반도 남부 해안에서 내륙으로 2km 들어간 베르데 강안에 위치한 유적으로서 발디비아(Valdivia) 문화에 속한다. 기원전 3500년경에 시작된 이 문화는 6~7기(기원전 2800~2600년경)가 전성기인데, 당시의 대표적인 유적으로는 주거지로 둘러싸인 장방형 광장 유구(遺構, 300×400m)를 들 수 있으며, 주거지 건물 등 2동은 제사용 구조물로 보인다. 출토된 유물로는 발디비아식 토기('발디비아 문화' 항 참고)가 특징적이며, 이외에도 옥수수와 식용 칸나(난초) 등 재배식물이 출토되기도 하였다. 토기 표면에 면섬유가 부착되어 있는 점으로 미루어 당시 이미 직물기술이 존재했음을 추측할 수 있다.

레판토 해전(海戰) Battle of Lepanto, 1571년

유럽 신성동맹과 오스만제국 간에 그리스 서해안의 코린트만(灣) 레판토 앞바다에서 지중해의 제해권을 놓고 벌인 해전이다. 동지중해를 장악하고 있던 오스만제국 해군이 키프로스섬을 점령하고 서진할 기미를 보이자, 교황 비오 5세와 스페인의 펠리페 2세, 베네치아, 제노바가 신성동맹을 맺어 이를 저지하려고 하였다. 돈 후안 데 아우스트리아가 이끄는 208척의 신성동맹 함대와 알리 파샤가 지휘하는 230척 오스만 함대 간에 대해전이 벌어졌는데, 결과는 오스만군의 패배로 끝났다.

로도스 Rhodos

에게해(海) 남동쪽 해상 로도스섬의 북동쪽 끝에 있는 도시로서 기원전 407년 로도스 도시국가의 수도로 건설되었다. 로도스섬은 일찍 그리스의 식민지가 되었으나, 헬레니즘시대에는 지중해 무역의 중요한 거점 역할을 하였다. 기원전 2세기부터는 소아시아의 페르가몬과 함께 동서교역과 학예(學藝)의 중심지로 부상하였다.

로마의 동방 원거리무역

헬레니즘 시대에 전개된 서방의 대동방교역을 확대·연장한 것이 바로 로마의 동방 원거리무역이다. 로마는 기원전 3세기 중엽 이탈리아를 통일한 후 지중해에 진출해 헬레니즘 세계를 차례로 정복하고 강력한 제정(帝政)을 수립해 기원전 29년부터 약 200년간 이른바 '로마의 평화'(Pax Romana)를 누리면서 남해로를 통한 동방 원거리교역에 큰 관심을 두었다. 1세기를 전후한 로마의 전성기에는 그 판도가 서쪽은 오늘의 영국과 스페인에서 동은 유프라테스강까지, 북쪽은 라인강과 드네프르강에서 남은 북아프리카에 이르기까지, 지중해를 중심으로 한 광활한 지역을 아우르고 있었다. 지중해를 '내륙호'라 부르고 '모든 길은 로마로' 통하는 번영기에 접어들면서 생활이 안정되고 여유가 생기자 동방산 희귀 사치품에 대한 수요가 급증하였다.

그 수요를 충족시킬 유일한 방도는 동방 원거리교역이었으며, 그 담당자는 이른바 '로마 상인'들이었다. 로마 상인에는 로마제국 치하의 그리스나 이집트·시리아·유대·아랍(아라비아 반도) 상인들이 포함된다.

로마 상인들의 동방 원거리교역 대상은 주로 인도와 중국의 특산물이었다. 우선 그들은 1세기 중엽부터 인도양의 계절풍을 이용해 인도 서해안의 바리가자(Barygaza)항(港)이나 인더스강 하류로 직항해 교역을 하였다. 서기 70년경에 동방 해상교역에 종사한 그리스 출신 상인이 쓴 것으로 전해오는 『에리트라해 안내기』(*The Periplus of the Erythraean Sea*)에는 당시 홍해와 페르시아만, 인도양을 무대로 한 로마 상인들의 교역활동에 관한 상세한 기술이 담겨 있다. 이에 따르면, 로마 상인들은 인더스강 하류에 있는 바르바리콘항에 꽃무늬직물·황옥(黃玉)·유리그릇·은기(銀器)·주화(鑄貨)·포도주 등을 싣고 가서는 인도와 그 주변의 특산물인 안식향(安息香)과 유향(乳香)을 비롯한 각종 향료·레아노석(石)·약품·염료, 그리고 중국산 모피나 면직물·생사 같은 물품들과 교역하였다. 인도 서해안의 바리가자항에 싣고 가는 것은 포도주·구리·석(錫)·산호·의상·향유(香油)원료·미정제(未精製)유리석·계관석(鷄冠石)·로마금화·은화·향유, 그리고 왕을 위해 음악을 연주하는 소년과 후궁들이었다. 그리고 가져오는 물품은 향료·상아·마노(瑪瑙)·호(縞, 흰깁)·목면·비단천·생사·후추 같은 것이었으며, 역시 인도 서해안의 무지리스(Muziris)항에서 실어오는 것은 후추와 육계(肉桂)였다. 당시 인도는 로마 상인들의 동방교역을 위한 아시아 물산의 집산지였다. 인도 각지의 68곳(그중 57곳은 남부)에서 1~4세기 사이에 유통된 로마 화폐가 다수 발견된 사실은 로마 상인들의 대(對)인도 교역이 얼마나 활발했는가를 실증해준다.

로마 상인들의 대중국 교역은 직접교역과 간접교역의 두 가지 형태로 진행되었다. 직접교역은 일남(日南, 현 베트남)과 선국(撣國, 현 미얀마) 경로를 통한 교역이고, 간접교역은 인도 경로를 통한 중계교역이다. 현 베트남 남부의 옥애오(Oc-Éo) 유적에서 로마제 염주(念珠)와 로마 황제의 금박휘장이 중국 한대의 동경(銅鏡)과 함께 출토된 사실('옥애오 도시 유적'항 참고)은 로마 상인들이 일남에서 한인(漢人)들과 직접 교역하였음을 시사해준다. 그리고 후한시대에는 로마 상인들이 현 미얀마의 이라와디(Irrawadi)강 하구에 도착한 후 강을 따라 상류에 있는 선국까지 가서 동북부에 있는 중국의 융창군(永昌郡) 상인들과 직접 교역을 하기도 하였다. 이러한 직접교역과는 달리 대부분의 교역은 인도 서해안의 항

옥애오 유적에서 출토된 로마산 염주와 구슬 목걸이

구들에서 계주식(繼走式)으로 간접적으로 진행되었다. 즉 중국 상인들이 오아시스 육로를 통해 비단을 비롯한 중국 특산물을 타슈쿠르간(Tashkurghan)이나 발흐(Balkh)를 거쳐 일단 인도 서북부의 상업도시 달차시라까지 운반하면, 거기서부터 인더스강을 따라 하구에 있는 바르바리콘이나 아니면 타르(Thar) 사막 이동의 육로로 바리가자까지 운반되었다. 그 두 곳에서 로마 상인들은 특산물들을 넘겨받아 로마로 운반해가곤 하였다.

이러한 교역형태를 통해 로마 상인들이 중국에서 가져간 물품은 대종인 견직물을 제외하고도 피혁·철·육계·대황(大黃) 등이며, 그들이 중국에 가져온 물품은 유리제품·모직물·아마포, 홍해산 진주, 지중해와 홍해산 산호, 발트해산 호박(琥珀)·상아·서각(犀角)·대모(玳瑁), 각종 보석, 석면(石綿)·향유(香油)·약품 등이었다. 로마 상인들이 중국에 가져온 물품 중에는 로마제국 영내 산품이 아닌 것은 물론

항해 도중 교역용으로 구입한 물품도 들어 있었다.

로마 상인들이 동방 원거리교역에 종사한 것은 로마 제품의 수출보다는 주로 수익성 높은 동방 특산물의 수입에 목적이 있었다. 그 결과 수입이 수출을 크게 초과하고, 이에 따라 다량의 로마 화폐가 동방 각지로 유출되었다. 기원후 70년대에는 매해 인도와 세레스(중국), 아라비아 반도로부터의 수입 총액은 무려 1억 세스테르티우스(sestertius, 2,500만 데나리우스)나 되었다. 기원전 31년부터 기원후 192년까지 223년간 로마가 동방교역에 쏟은 금액은 1930년대의 영국 파운드로 환산하면 무려 1억 파운드에 달한다. 이러한 입초(入超)와 다량의 화폐 및 금은의 동방 유출은 로마제국의 쇠퇴를 가져온 하나의 요인이 되었다.

로빈슨 크루소 Robinson Crusoe

로빈슨 크루소는 영국의 작가 다니엘 디포가 쓴 장편소설(1719)로서, 원제는 『요크의 선원 로빈슨 크루소의 생애와 이상하고 놀라운 모험』(*The Life and Strange Surprising Adventures of Robinson Crusoe of York*)이다. 이 소설은 주인공 로빈슨 크루소가 노예무역선을 타고 기니아로 가던 도중 서인도에 좌초한 후 홀로 무인도에 들어가 자신만의 왕국을 건설하여 생활하다 28년 만에 다시 고국 영국으로 돌아오기까

지의 과정을 담고 있다. 바다 저 너머에 있는 지역까지 자국 영토로 편입하던 당시 영국의 해상력은 중산층의 영국 시민들로 하여금 바다에 대한 상상력과 모험심을 갖게 하였다. 유럽인들의 바다 너머 세계에 대한 열망과 동경으로 이 소설은 발간되자마자 선풍적인 인기를 끌었다. 유럽인들은 로빈슨의 삶을 통해 자신들의 욕구와 꿈을 실현하고, 그들 사회와 문명을 새로운 시각으로 볼 수 있게 되었다.

중산층 가정에서 자란 로빈슨 크루소는 부모의 반대를 무릅쓰고 상인이 되어 모험에 나선다. 해적의 공격으로 노예가 되기도 했지만 포기하지 않고 계속 선원 생활을 한다. 그러다가 난파를 당하여 무인도에 표류하게 되었으며, 혼자 살아남은 그는 무인도 생활을 신에게 회개하는 기회로 삼고 기도와 노동, 규칙적인 생활을 통해 무인도를 자신의 왕국으로 만들어간다. 무인도 생활 24년째 식인종의 공격에서 구출한 한 야만인에게 프라이데이라는 이름을 지어주고 하인으로 삼아 함께 생활한다. 우연히 선상 반란으로 무인도에까지 흘러들어온 영국 배의 선장을 도와 반란을 일으킨 무리들을 진압하고 나서 그 배를 타고 고국인 영국으로 돌아오게 된다.

작가 디포는 인간을 압도하는 자연적인 힘에 맞서 생존하기 위해 크루소가 치열하게 투쟁하고, 미지의 상황에

직면해 힘겹게 헤쳐가는 과정마다 일관된 물음을 던진다. 즉 고난과 역경이 교차되는 지점에 자리하는 신의 섭리에 대한 의문이다. 결국 난파와 고립, 귀환으로 이어지는 크루소의 삶은 신이 인간을 무조건 포용하지도 않지만 인간을 완전히 버리지도 않는다는 사실을 깨닫게 하였다.

하지만 크루소가 겪은 무인도에서의 고립된 싸움은 생존을 위한 싸움이었지만 그 혼자만의 외로운 싸움은 아니었다. 그는 맨손으로 무인도에 온 것도 아니었다. 그에게는 이미 문명사회에서 학습한 경험이 있고 문명사회가 만들어준 도구가 있었다. 낯선 외부를 끊임없이 경계하며 방어적인 싸움을 한 것처럼 보였지만, 크루소의 내면에는 유럽사회에서 교육받아온 축적된 근대문명을 지키려는 기억과의 싸움이 공존했다. 그의 모험적인 행동도 개인주의적 성향으로만 볼 수 없다. 그의 고립은 단순한 항해 과정에서의 고립이 아니라 노예무역선을 타고 가다 조난당한 결과였을 뿐이다. 이런 비판적 관점에서 볼 때 크루소의 생존을 위한 싸움은 정복과 탐욕, 새로운 곳에서의 지배력을 잃지 않으려는 필사적인 노력이었다. 작가 제임스 조이스는 주인공 크루소를 영국적인 성격의 미덕과 악덕이 골고루 반영된 존재라고 평가했고, 『소설의 탄생』의 저자 이언 와트(I. Watt)는 그를 앵글로색슨계의 정신

이 고스란히 투영된 존재로 보았다. 특히 자기 동료를 하느님의 이름으로 살해하고, 구출한 야만인 프라이데이에게 준(準)백인의 지위를 부여하면서도 하인으로 삼는 크루소의 이중적 태도에는 유럽문명의 일상적 폭력과 정복적 사유를 극복하지 못한 작가의 삶도 그대로 반영되어 있다.

루안다 Luanda

옛 이름은 상파울루 데 루안다(São Paulo de Luanda)로 앙골라(Angola)의 수도. 앙골라뿐 아니라 서아프리카에서 가장 큰 도시이다. 포르투갈의 탐험가 파울로 디아스 데 노바이스(Paulo Dias de Novais)가 1576년에 브라질로 보내는 노예의 수출항구로 건설하였다. 초기에는 노예무역에만 치중하는 바람에 농업이나 광업 등 다른 산업분야는 크게 발달하지 못하였다. 그러나 1910년대에 들어와 목화와 커피 등 식민지형 농업이 도입되고 또 다이아몬드가 발견됨에 따라 루안다는 앙골라의 중요한 무역항으로 급부상하였다. 주요 수출품은 커피와 목화·다이아몬드·철·소금 등이며, 1955년에는 근처에서 석유가 발견되어 루안다만(灣)에 정유공장이 들어섰다. 내륙 농업지대로 통하는 철도도 부설되어 있다. 주민은 대부분 아프리카계의 오빔분두(Ovimbundu)족·킴분두(Kimbundu)족·바콩고(Bakongo)족이다. 면적:

113km², 인구: 약 520만 명(2011년)

루카모호(號) 침몰선

1765년 캐나다 동부 브레턴 해협에서 침몰한 프랑스 선박으로서 1971년 해저에서 인양될 때 발견된 금화 1매가 뉴욕 경매시장에서 1,000달러에 팔렸다. 그후 네덜란드의 한 제도공(製圖工)이 침몰 현장에서 금화 500매와 은화 4,000매를 건져올렸다. 이 배는 프랑스 루이 15세 때 프랑스령인 퀘벡에 사는 이주민들에게 보내는 금·은화를 싣고 가다가 침몰하였다.

룬데(Runde)도(島) 해협 유적

1973년 여름 여가를 즐기던 2명의 스웨덴 사람과 한 명의 노르웨이 잠수부는 노르웨이 서해안에 있는 룬데(Runde)도(島) 해협 해저에서 우연히 침몰선을 발견하였다. 그 다음해 그 지역을 조사하여 배 안에서 500kg의 금·은을 수거하였다. 금·은화가 종종 어망에 걸린 적이 있어 이곳은 '룬데의 보고(寶庫)'라는 소문이 있었다. 사실 이 배는 18세기 초 바타비아 총독과 현지 사원들의 급료와 향료 구입비 30만 굴덴(gulden은 중세 네덜란드어로 금을 뜻한다. 1굴덴은 100센트)을 싣고 출항한 후 해적의 내습을 피해 북해로 우회하다가 룬데도 해협에서 침몰한 네덜란드 동인도회사 소속 아케렌담(Akerendam)호(號)였다. 그후로 금·은화가 어망에 걸리기도 하고 일부 수집되기도 했지만, 아직 모두 회수하지는 못한 상태다.

류큐 琉球

중국 대륙에서는 예부터 타이완(臺灣)을 류큐(琉球)라고 불러오다가, 명나라 태조(太祖) 때 와서는 오늘날처럼 오키나와를 류큐라고 부르기 시작하였다. 타이완을 '소류큐', 오키나와를 '대류큐'라고도 하였는데, 이것은 당시 타이완보다 오키나와가 해상교역에서 우위를 차지하고 있었다는 사실을 반영한다. 교역의 요로에 자리한 오키나와는 일본문화와 중국문화의 교차 지점에 있었기 때문에 일찍이 문화적 융합이 이루어졌다.

리마 Lima

페루의 수도. '왕의 도시'라는 뜻을 지닌 리마는 남미 태평양 연안의 중심도시이자 남미의 중요한 관문 중 하나다. 리마는 안데스 산맥에서 발원해 태평양으로 서류(西流)하는 리막(Rimac)강 하구의 저위도 지대에 자리하고 있지만 태평양 연안을 따라 북상하는 한류, 즉 페루 해류(훔볼트 해류Humboldt current)의 영향으로 기온은 비교적 낮아 일년 내내 서늘한 편이다. 그러나 '차라'라는 해안 사막지대에 있어서 강수량은 연평균 30mm밖에 안 된다. 그래서 리마는 세계에서 비가 가장 적

황금관(좌)과 황금장(우)(황금박물관)

게 내리는 수도로 알려져 있다. 5월에 이른바 '잉카의 눈물'이라고 하는 아주 적은 양의 안개비가 내린다. 리마는 크게 식민지시대에 건설한 구시가지와 현대식 신시가지 두 지역으로 나뉜다. 잉카제국을 무력으로 강점한 스페인 정복자 피사로(Francisco Pizarro)는 1535년 수도를 쿠스코(Cuzco)에서 이곳으로 옮기면서 스페인의 이베리아 양식에 따라 중앙광장(아르마스 광장)을 중심으로 도시의 기틀을 마련하였다. 그리고 이곳에 스페인 국왕을 대신해 통치권을 행사하는 페루 부왕령(副王領)을 설치함으로써 남미 각국이 독립할 때까지 리마는 남미에 대한 스페인의 식민통치의 본산이었으며 남미에서 가장 큰 도시였다. 광장 북쪽의 대통령부를 중심으로 주변에 시 청사

와 대성당 등을 배치하였다. 아르마스 광장의 이러한 역사·문화적 가치가 인정되어 1988년 유네스코 세계문화유산에 등재되었다. 시내에는 리마의 유구한 역사문화를 증언하는 역사박물관과 토기박물관, 종교재판박물관, 황금박물관 등이 있다. 수도 리마에는 전국 인구의 약 30%가 살고 있는데, 다른 남미 나라에 비해 인구 중 백인이 소수라는 특징이 있다. 원주민인 인디오가 45%, 원주민과 백인의 피가 섞인 메스티조가 35%로 원주민 계통이 총 80%를 차지하고 백인은 15%에 불과하다. 면적: 2,672.3km², 인구: 약 760만 명(2007년)

리스본 Lisbon

해상 실크로드의 요항(要港)이자 '대

항해시대'의 개막지 리스본은 현 포르투갈의 수도다. 포르투갈어로는 리스보아(Lisboa)라고 하는데, 그 어원은 페니키아인들이 페니키아어로 '양항(良港)'이라는 뜻으로 붙인 이름이라고 한다. 대서양으로 흘러가는 테주(Tejo, 타호Tajo)강 하구에서 12㎞ 떨어진 우안(右岸)에 자리한 7개의 언덕 위에 세워진 아름다운 도시로서 연중 기후도 온화한 편이다. 일찍이 그리스와 페니키아의 식민지로 알려진 뒤, 기원전 3세기에는 로마, 기원후 5세기에는 서고트족의 영역에 속해 있다가 8세기부터는 약 400년간 이슬람 치하에 있었다. 1147년 알폰소 1세가 십자군의 원조하에 리스본을 공략한 이래, 점차 이슬람 세력권에서 벗어나 기독교 세력권으로 편입되어갔다. 13세기 중엽에 리스본은 코임브라(Coimbra)를 대신하여 포르투갈의 수도가 되었다. 1415년 포르투갈은 리스본을 거점으로 북아프리카 모로코의 세우타(사브타)를 공격해 대항해시대의 개막을 선포하였고, 1498년에 바스쿠 다 가마가 인도항로를 개척하면서 포르투갈은 해양왕국으로 부상하였는데, 리스본은 동양과의 교역에서 중심지 역할을 하였다. 인도의 향료와 페르시아의 양탄자, 아라비아의 말, 중국과 일본의 비단과 도자기, 그리고 아프리카의 노예들이 이곳에서 거래되었다. 16세기 중엽에는 인구가 10만 명을 넘는 등, 리스본은 유럽에서 가장 큰 상업 도시 중의 하나가 되어 큰 부(富)를 누렸다. 그러나 16세기 말 포르투갈의 세바스티앙(Sebastián)왕이 북아프리카 원정 중에 전사하여 왕위계승의 공백기가 생기자 스페인 왕가는 포르투갈을 병합

알칸타라 전망대에서 내려다본 리스본시 전경

해버렸다. 포르투갈은 1640년에 프랑스와 영국과 동맹을 맺어 60년간의 스페인 통치에서 벗어났지만, 새로이 등장한 네덜란드와 영국의 힘에 밀려 한때 세계 최대의 규모를 자랑하던 식민지가 점차 줄어들었다. 테주강의 대서양 임해구에 7개의 구릉을 따라 형성된 리스본은 행정기관과 사업망이 모여 있는 중앙부와 본래 페니키아인과 로마인들이 살던 구시가지인 동부, 근세에 와서 개발된 신시가지인 서부의 세 구역으로 나뉜다. 시내에는 주로 '대항해시대' 이후의 포르투갈 활동사를 보여주는 군사박물관(일명 대포박물관), 해양박물관, 고고학박물관, 수도원과 성당, 그리고 '항해왕자' 엔히크의 사후 500주년을 기념해 1960년에 세운 '발견의 기념비'(높이 52m)와, 요새와 등대로 쓰인 테주강 하구의 '벨렘탑' 등 유적 유물이 있다. 면적: 83.8km², 인구: 약 55만 명(2011년)

리아스식 해안 rias coast

육지가 침강하거나 해수면이 상승하여 육지 일부가 바다 속에 잠겨 만들어진 해안을 일컫는 말이다. 이러한 해안은 일반적으로 해안선이 복잡한 굴곡으로 이루어지는 특징이 있다. 리아스(rias)는 스페인 북서부에 위치한 갈라시아(Galacia) 지방의 말로 강을 의미하는 리오(rio)에서 유래하였다고 하는데, 이 지방의 굴곡이 심한 해안

을 가리킨다. 그러나 지금은 이와 유사한 형태의 해안을 통칭하는 용어가 되었다. 독일 지리학자 리히트호펜(F. V. Richthofen)에 따르면 원래 리아스식 해안은 물에 잠겨 만들어진 하구(estuary) 형태의 해안을 의미하였지만, 지금은 후빙기에 빙하가 녹아 해수면이 상승하여 만들어진 침수해안까지 포함하는 넓은 의미로 사용된다. 육지가 물속에 잠기기 전에 침식으로 인해 골짜기가 많았다면 굴곡이 아주 복잡한 해안선이 만들어진다. 산의 정상부는 섬이 되며, 골짜기는 만, 산등성이는 바다 쪽으로 돌출한 곳이 된다. 리아스식 해안은 만이 육지로 깊이 들어와 있어 파도가 높지 않아 수산·양식업에는 좋은 환경이지만, 배후지(背後地)가 좁아 항만이 발달하기에는 적합하지 않다. 우리나라 남해안과 서해안, 일본 혼슈의 북동부 센다이시와 미야기현 해안, 미국 동부의 내러갠섯(Narragansett)만, 체사피크(Chesapeake)만, 델라웨어(Delaware)만, 오스트레일리아 시드니의 조지스강 하구는 대표적인 리아스식 해안이다. 특히 빙하에 의해 침식되어 만들어진 해안은 피오르(fjord)라고 한다.

리우데자네이루 Rio de Janeiro

1960년까지 브라질의 수도였으며, 세계 3대 미항 중의 하나로 2012년 유네스코 세계문화유산으로 등재되었다.

'리(현지발음은 '히')우 데 자네이루'는 포르투갈어로 '1월의 강(江)'이라는 뜻인데, 그 유래가 흥미롭다. 1502년 1월 구아나바라(Guanabara)만을 발견한 포르투갈의 탐험가 카브랄(P. A. Cabral)은 만을 강으로 착각하고 포르투갈어로 강이라는 뜻의 '리우'와 1월이라는 말의 '자네이루'를 합성하여 이곳을 '리우 데 자네이루'라고 불렀다. 오명(誤名)으로라도 알려지자 이곳은 곧 열강들의 각축장으로 변하였다. 16세기 중엽 프랑스는 귀중한 염료의 재료인 이곳 특산 '브라질나무(파우 브라질)'를 얻기 위해 불시에 침공했다가 1567년 1월 20일 터줏대감 포르투갈에 격퇴당하였다. 이날은 바로 가톨릭의 성 세바스티안 기념일이자 포르투갈 왕 돈 세바스티앙의 생일이어서, 아예 이곳 이름을 '산 세바스티안 드 리우 데 자네이루'로 바꿨다. 이때부터 성 세바스티안이 리우데자네이루의 수호성인이 되었으며 1월 20일이 정식 공휴일로 제정되었다. 기름진 땅에서 생산되는 풍성한 농산물에다가 주변의 미나스 제라이스(Minas Gerais)주에서 채굴되는 금과 다이아몬드 등 광물이 수출되기 시작한 17세기 말엽에 이르러 리우데자네이루의 중요성은 급상승하였다. 드디어 1763년에는 총독부가 살바드로에서 이곳으로 옮겨왔다. 그러다가 1822년 브라질이 포르투갈에서 독립한 후 1960년 다시 브라질리아로 천도할 때까지 근 200년간이나 공식 수도였다. 여기서 해마다 세계적인 광기 축제인 카니발이 열리고 있다. 카니발을 열광의 도가

해발 710m의 코르코바오 언덕에 세워진 높이 38m의 예수상

니 속에 몰아넣는 삼바춤의 고향이 바로 여기다. 시내에는 브라질의 최대 박물관인 국립박물관을 비롯해 국립역사박물관, 식물 8,000종을 갈무리한 식물원, 그리고 코르코바오 언덕에 우뚝 솟은 그리스도상 등 볼거리가 수두룩하다. 면적: 1,260km², 인구 약 6,300만 명(2010년)

리프데(Liefde)호(號)

1598년 네덜란드 로테르담 마젤란해협회사에 소속된 5척의 선단이 동방무역을 위해 마스강 하구를 출발, 남미의 마젤란 해협을 향해 대서양을 남하하였다. 선단이 1599년 마젤란 해협을 지나 태평양에 들어서서 페루 연해에 이르렀을 때는 이미 심한 폭풍우에 제독을 잃고 많은 병사자들이 생겼으며, 결국 선단은 뿔뿔이 흩어지고 말았다. 한 척은 전진을 포기하고 귀국했으며, 다른 한 척은 현 인도네시아령 말루쿠 군도 부근을 지나다가 포르투갈인들에게 붙잡혀 전원이 피살되었다. 나머지 2척 중 하와이 방면으로 항해하던 호브호는 소식이 두절되었다. 마지막 한 척인 리프데호는 부제독이 산타마리아섬에서 피살되자, 선장 야콥(Jacob)이 대신 남은 이들을 이끌고 하와이를 거쳐 1600년 일본 분고(豊後)의 우스키(臼杵)만 북안 사시우(佐志生, 현 우스키시) 해안에 표착하였다. 생존자는 24~25명이었는데, 도착 다음날 3명은

사망했으며 제 발로 걸을 수 있는 사람은 겨우 6명뿐이었다. 무기와 적재 화물을 압수당한 채 회항하다가 우라가(浦賀)에 이르러서 다시 폭풍우를 만나 승선이 더이상 불가능하다고 판단해 배를 아예 해체하고 말았다. 고물을 장식했던 105cm 높이의 에라스무스(D. Erasmus)의 목상이 시모쓰케(下野)국의 류코인(龍江院, 현 사노시佐野市)에 보내졌는데, 류코인에서는 이 상을 중국 전설 속에 나오는 배를 고안했다고 하는 황제의 신화 카데키(貨狄, 일명 화적관음貨狄觀音 또는 화적존자貨狄尊者)의 상으로 믿어 제사를 지냈다고 한다. 지금은 중요문화재로 보존되고 있다. 로테르담에서 출생한 에라스무스(1466~1536)는 르네상스 시기 네덜란드의 대표적인 인문주의 학자로서 프로테스탄트 운동을 주도하였다. 한편 도쿠가와 이에야스(德川家康)는 일본에 표착한 리프데호 선원들을 후대를 하였으며, 이들 가운데 두 사람을 외교고문으로 기용해 조선기술과 서구에 관한 지식을 습득하고, 그 답례로 그들에게 영지를 내리고 거주를 허용하였다.

린스호텐 Jan Huyghen van Linschoten, 1563~1611년

네덜란드의 탐험가이자 역사가. 1583년에 인도의 고아 대주교 비서관으로 임명되어 아프리카 남단 희망봉을 에

돌아 마다가스카르(Madagascar)와 모잠비크(Mozambique) 등지를 거쳐 포르투갈령 고아까지 항해하였으며, 1594년에는 네덜란드 항해가인 빌렘 바렌츠(Willem Barents)와 함께 북극해를 탐험하였다. 6년간 고아에 머물면서 인도뿐 아니라 다른 동양지역에도 관심을 갖고 다양한 정보를 수집하였다.

그가 네덜란드에 돌아와서 저술한 『포르투갈인 동방항해기』(1595), 『동인도수로기집(東印度水路記集)』(1596)은 네덜란드와 영국의 인도 및 동인도로의 무역항로 개척과 진출에 많은 도움을 주었다. 『동인도수로기집』부도(附圖)에는 한국을 섬으로 오인해 코레아섬(Liha de Corea)으로 표기하고 있다.

□

마닐라 Manila

필리핀의 수도. 루손섬 남서부의 마닐라만 동안(東岸)에 위치한 항만도시로 '동방의 진주'로 불렸다. 마닐라라는 말은 '관목(灌木)이 있는 곳'이라는 뜻의 '마이닐라(Maynila)'에서 유래하였다고 한다. 1571년 4월 스페인의 초대 필리핀총독 레가스피(Miguel López de Legazpi)는 세부(Cebu)를 대신할 식민지 지배거점을 확보하기 위해 함대를 이끌고 마닐라항에 입항하였다. 그는 주변의 추장 3명과 우호관계를 맺고 파시그(Pasig)강 좌안 하구에 스페인인의 거주지역을 확보하였다. 그러고는 이 거주지역을 '마닐라'라고 부르면서 둘레 약 4.4km의 성곽도시 인트라무로스(Intramuros) 건설에 착수하였다. 그 안에 총독부를 비롯한 공공기관과 스페인인들의 주택, 요새를 배치하였다. 필리핀인과 중국인을 비롯한 아시아계

마닐라의 남항구

국민들은 그 성곽 바깥에 주거지를 할애하였다. 이 인트라무로스는 스페인 식민지배의 근거지가 되었다. 이때부터 스페인인과 포르투갈인들은 마닐라를 중간기착지로 하여 중국의 비단을 중남미에 수출하고, 중남미의 백은(白銀)을 아시아와 유럽에 수출하였다. 이처럼 신·구대륙간에 '태평양 비단길', '백은의 길'이 트임으로써 이른바 '대범선(大帆船)무역'이 시작되었다. 더불어 마닐라는 극동에서의 가톨릭 권력의 중추가 되었다. 1834년 마닐라항이 개항된 뒤에는 점차 국제무역이 흥성해지고 도시도 확장되어 19세기 말에는 인구가 22만 명에 달하는 대도시로 성장하였다. 그러나 1898년 미국-스페인 전쟁에서 스페인이 패하자 미국의 지배하에 들어가고, 제2차 세계대전 기간에는 일본에 점령되어 도시의 80%가 파괴되기도 하였다. 독립 후 1948년 북쪽에 인접한 케손으로 수도를 옮겼다. 그러나 1975년 11월 마닐라와 케손 등 수도권 4개 시와 인접지역을 통합한 대(大)마닐라 시(Metropolitan Manila)가 출범하면서 마닐라가 다시 수도로 되었다. 마닐라항은 파시그강 하구를 사이에 두고 북항과 남항으로 나뉘는데, 북항은 내항선이, 남항은 외항선이 이용한다. 면적: 38.55km², 인구: 약 170만 명(2010년)

마닐라 국립박물관

필리핀의 수도 마닐라(Manila)에 위치. 박물관에는 마린두케(Marine duque)섬 해저에서 찾아낸 침몰선 유물, 마닐라를 비롯한 해상 실크로드 상에서 발견된 각종 도자기, 동남아시아의 목조선과 정크선, 스페인의 갤리언선 등이 전시되어 있다. 마린두케섬 침몰선은 유물 도굴이 계기가 되어 탐사가 이루어졌는데, 주변해역에서 침몰선이 계속 발견되고 있다. 박물관은 이들 침몰선의 연구와 전시뿐 아니라 수중고고학의 학술연구센터 역할도 하고 있다.

마디아(Mahdia)의 침몰선 유적

1907년 북아프리카 튀니지 동부 마디아(고대 페니키아의 아리프타시) 앞바다 수심 40m 해저에서 한 잠수부가 대포 모양의 유물을 발견하였다. 이후 잠수탐사가 진행되어 많은 암포라(amphora)와 청동제 유물 파편이 발견되어 당시 프랑스령 튀니지의 해군 사령관 장 베프 해군대장에게 보고되었다. 베므가 잠수부들을 동원해 다시 해저탐사를 진행한 결과, 대포로 보인 유물은 이오니아식 대리석 원주(圓柱)로 밝혀졌다.

마라톤 청년상

1925년 에게해의 마라톤 앞바다 해저에서 높이 130cm의 '마라톤 청년상

(靑年像)'(일설에는 헤르메스상이라고
함)이 어망에 걸려 발견되었다. 이것
은 그리스에서 이탈리아로 항진하다
가 침몰한 선박에 적재된 것으로 기원
전 4세기경 그리스 조각가 프락시텔레
스의 작품으로 추정되며, 실제 사람 크
기보다는 조금 작다. 현재 아테네 국립
박물관에 전시되어 있다.

말레이시아 말라카 해양박물관이 소장하고 있는 마
르코 폴로 초상

마르코니 Guglielmo Marconi,
1874~1937년
이탈리아 볼로냐 출신으로 1895년에
독일의 물리학자 헤르츠(H. Hertz)가
확인한 전자파를 응용하여 무선전신
을 발명하고, 1897년에는 런던에 마르
코니 무선전신사를 설립해 도버 해협
에서 영국과 프랑스 사이의 무선통신
에 성공하였다. 뒤이어 1901년에는 영
국과 캐나다 간 대서양 횡단 무선통신
에도 성공함으로써 선박의 대양 항해
에 유용하게 쓰였다. 이러한 공로로 마
르코니는 1909년에 노벨 물리학상을
수상하였다.

마르코 폴로 Marco Polo, 1254~1324년
중세 이탈리아의 동방 여행가. 이탈리
아 베네치아의 상인가문 출신으로 부
친 니콜로 폴로와 숙부 마테오 폴로
('폴로'는 '까마귀'라는 타르마치어에
서 유래)를 따라 1271년 17세 때 고향
베네치아를 떠났다. 그들은 약 4년간
의 동행(東行) 끝에 1275년 5월 원(元)

제국의 상도(上都)에 도착해 칸의 배려
속에 16년간 중국에 체류하다가 1291
년 귀향하였다. 마르코 폴로의 여행은
그가 중국에 머무른 16년, 육·해로를
통한 왕복여정 8년을 합쳐 총 24년의
긴 여정이었다.

마르코 폴로의 여행 노정과 행적은 다
음과 같다.

1271년 베네치아 출발 → 아크레
(Acre, 현 이스라엘 서북 해안, 하이파
북쪽) → 라이아스(Laias, 소아시아 반
도 동남 해안) → 로마(교황 그레고리
우스 10세 알현) → 라이아스 → 세바
스타(Sevasta, 현 터키의 시바스Sivas)
→ 일 칸국 수도 타브리즈(Tabriz) →
페르시아만 오르무스(Ormus, 현 호
르무즈Hormuz) → 케르만(Kerman,
현 이란의 케르만샤Kermānsha) → 호
라산(Khorasan) 지방의 네이샤부르
(Neyshabur) → 발흐(Balkh, 현 아프가
니스탄 북부) → 발라샨(Balashan, 현
아프가니스탄 동북부의 와칸Wakhan)
→ 파미르 고원 → 카슈가르(Kashgar,

현 신장위구르 카스喀什) → 야르칸
(Yarcan, 현 신장 사처莎車) → 호탄
(Khotan, 현 신장 허텐和田) → 펨(Pem,
현 신장 위텐于田, 허텐 동쪽 100마일)
→ 차르찬(Charchan, 현 신장 키에모
且末 일대) → 로프(Lop, 현 신장 뤄창
若羌 일대) → 탕구트(Tangut) 지역(옛
서하西夏 지역, 현 닝샤寧夏와 간쑤성
甘肅城 일부 지역 포함) → 사주(沙州,
현 간쑤성 둔황敦煌 서부) → 숙주(肅
州, Suchu, 현 간쑤성 주취안酒泉) → 감
주(甘州, Canpchu, 현 간쑤성 장예張
掖) → 양주(涼州, Erginul, 현 간쑤성 우
웨이武威) → 영하(寧夏, Egrigaia, 옛 서
하의 수도, 현 인촨銀川) → 천덕(天德,
Tenduc, 현 네이멍구 후얼호트 동쪽 바
이타白塔구, 옹구트족의 중심) → 선
덕주(宣德州, Sindachu, 현 허베이河北
선화宣化 일대) → 찰한뇌이(察罕腦爾,
Chagannor, 현 허베이 구위안沽源 북
부) → 상도(上都, Chandu, 개평부開平
府, 현 네이멍구 둬룬多倫 서북부) 도착.

상도에서 쿠빌라이를 알현한 후 마
르코 폴로 일행은 대도(大都, 현 베이
징)로 이주하였다. 마르코 폴로가 자술
한 바에 의하면 그는 총명하고 신중한
사람으로서 페르시아어를 알고, 중국
어와 몽골어, 그리고 말타기와 활쏘기
에도 능숙하였던 듯하다. 쿠빌라이의
총애를 받은 마르코 폴로는 여러 차례
원조(元朝)의 특사로 각지에 파견되었
다. 또한 그는 칸의 명을 받고 3년간 양

저우(揚州)를 다스렸다고 하는데, 구체
적인 증빙자료는 발견되지 않는다. 이
에 관해 프랑스의 동양학자 펠리오는
염세(鹽稅) 관련 역원(役員)으로 양저
우에서 3년간 근무했을 개연성이 있다
고 해석하였다. 마르코 폴로는 20세부
터 36세까지 청년기와 장년기의 초기
를 중국에서 보냈는데, 이 기간에 그는
칸의 명에 따라 중국 서남행과 동남행
을 단행하였다.

우선 마르코 폴로의 서남행(약 반년
간) 노정을 보면 다음과 같다.

캄발루크(Cambaluc, 대도大都,
Taidu) → 영정하(永定河) 도하 → 탁주
(涿州, Tonju, 현 허베이 줘셴涿縣) →
태원부(太原府, Taianfu) → 평양부(平
陽府, Pianfu, 현 산시山西, 린펀臨汾) →
태진(太津, Thaigin, 혹은 산시 서남부
의 허진河津) → 황허 도하 → 개창부
(開昌府, Cachanfu, 현 산시陝西 통저우
同州) → 경조부(京兆府, Kenjanfu, 현
시안西安) → 관중(關中, Cuncun) 지구
→ 아극팔리만자(阿克八里蠻子, Acbalec
Manzi, 한중부漢中府) → 성도부(成
都府, Sindafu) → 토번(吐蕃, 티베트
Tibet) → 건도(建都, Caindu, 현 쓰촨四
川, 시창西昌 일대) → 금사강(金沙江)
도하 → 합랄장성(哈剌章省, Carajan,
현 윈난성 雲南省)의 압적(押赤, Yachi,
현 윈난 쿤밍昆明) → 합랄장성(哈剌章
城, 현 윈난성)의 다리(大理) → 찰이단
단(札爾丹丹, Zardandan, 현 진츠푸金齒

府의 융창永昌) → 면국(緬國, Mien, 현 미얀마)의 면국성(緬國城, 현 미얀마의 파간Pagan) → 아니(阿泥, Aniu, 현 윈난 위안강元江 동남부) → 독랄만(禿刺蠻, Toloman, 현 윈난 자오퉁昭通부터 쓰촨성 쿵롄筇連까지 일대) → 성도(成都) → 탁주(涿州) 도착.

다음으로, 마르코 폴로의 동남행 노정을 살펴보면 다음과 같다.

탁주 → 해진부(海津府, Cachanfu, 현 톈진天津 일대) → 창주(滄州, Changlu, 현 허베이) → 경주(景州, Chiangli, 현 허베이 징현景縣 일대) → 태정부(泰定府, Tandinfu, 현 지난濟南) → 청주마두(淸州碼頭, Sinjumatu, 현 린칭臨淸) → 임성(任城, Linjin, 현 산둥山東 지닝濟寧) → 비주(邳州, Piju, 현 장쑤江蘇 비현邳縣 남부) → 초주(楚州, Siju, 현 장쑤 화이안淮安) 경계 → Caramoran 강(현 황허) 남안의 회안주(淮安州, Coiganju) → 보응(寶應, Paukin) → 고우(高郵, Cayu) → 태주(泰州, Tiju) → 양주(揚州, Yanju) → 진주(眞州, Sinju, 현 장쑤 이정儀征) → 과주(瓜州, Caiju) → 진강부(鎭江府, Chinghianfu) → 상주(常州, Canju) → 쑤저우(蘇州, Suju) → 오강주(吳江州, Vuju) → 오정(烏程, Vughin, 현 저장浙江 우싱吳興) → 항저우성(杭州城) → 동려(桐廬, Tanpiuju, 현 저장) → 무주(婺州 Vuju, 현 저장 진화金華) → 구주(衢州, Ghiuju, 현 저장 취셴衢縣) → 상산(常山, Chanshan) →

신주(信州, Cuju, 현 장시江西 상라오上饒) → 푸젠(福建, Choncha) 지구의 건녕부(建寧府, Kenlinfu) → 후관(侯官, Unken, 일설은 우계尤溪) → 복주(福州, Fuju) → 자동성(刺桐城, Zaituen, 현 취안저우泉州) → 정주(汀州, Tiunju, 일설은 장저우漳州나 더화德化).

마르코 폴로는 이상의 두 차례에 걸친 여행에서 수십 개의 도성을 직접 답사해 그가 직접 보고 들은 것을 구술하였다. 그 내용은 대부분이 사실에 의거하였지만 일부는 전해들은 것이어서 잘못되거나 과장된 것도 있다. 타향에서 20여 년이라는 긴 세월을 보낸 마르코 폴로와 그의 부친, 숙부는 고향을 그리워하여 몇번 원조(元朝)에 귀국을 요청하였다. 그러나 번번이 거절당하다가 당시 원조와 친속(親屬) 관계에 있는 일 칸국의 칸 아르군(Arghun)의 비(妃) 볼가나(Bolgana)의 사망으로 귀국의 기회를 얻게 된다. 아르군은 중신(重臣) 올라타이(Oulatai)·아푸스카(Apousca)·코자(Coja) 등 3명의 특사를 원조에 파견해 청혼했는데, 쿠빌라이는 이 청혼을 흔쾌히 승낙하고 코카친(Kokachin) 공주를 출가시키기로 하였다. 오아시스 육로로 서행하던 3명의 특사와 공주는 타타르족 간의 내란이 발생해 길이 차단되자 8개월 만에 되돌아왔다. 이들은 해로를 이용하기로 하고, 해로의 사정에 밝은 폴로 일행이 동행하게 해줄 것을 칸에게 제의

하였다. 칸은 귀향을 갈망하는 폴로 일행에게 해로를 통해 공주를 호송하여 귀국하게 했다. 폴로 일행은 1291년 1월경에 취안저우(泉州)를 출항해 귀로에 올랐다. 폴로 일행의 귀로 노정은 다음과 같다.

취안저우 출발 → 해남도(海南島, Keinan) → 참파(Champa, 즉 점파占婆, 현 베트남 중부) → 이도(二島), 콘두르(Condur, 현 베트남 동남 해안의 Condore도)와 손두르(Sondur, Condur도 서쪽의 형제도兄弟島Two Brothers) → 로칵(Locac, 현 타이 남부의 롭부리Lopburi 일대) → 펜탄(Pentan, 현 싱가포르 해협 남쪽의 한 섬이거나 인도네시아의 빈탄Bintan도) → 소(小)자바(Little Java, 현 수마트라) → 네쿠베란(Necuveran, 현 인도의 니코바르Nicobar도)와 안가만(Angaman, 현 인도의 안다만Andaman제도) → 세일란(Seilan, 현 스리랑카) → 인도 동남부의 마아바르(Maábar, 현 마나르Mannar만 연안 일대) → 카일(Cail, 현 인도 동남단의 푸니 카얄Punnei Kayal) → 코일룸(Coilum, 현 인도 서남 해안의 퀼론Quilon) → 멜리바르(Melibar, 현 인도 말라바르Malabar 해안의 중심 지역인 망갈로르Mangalore 일대) → 고주라트(Gozurat, 현 인도 서북 해안의 Gugerat 일대)의 타나(Tana, 현 뭄바이Mumbai 북쪽)·캄바에트(Cambaet, 현 캄베이Cambay만 일대)·세메나트(Semenat, 현 솜나트Somnath) → 케스마코란(Kesmacoran, 현 파키스탄의 카라치Karachi로부터 이란의 마크란Makran 해안 일대까지) → 오르무스(Ormus, 현 페르시아만 입구의 호르무즈Hormuz) → 케르마(Kerma) → 야스디(Yasdi, 현 야즈드Yazd) → 이스파한(Isfahan) → 카스빈(Casvin, 현 카즈빈Kazvin) → 일 칸국 수도 타우리스(Tauris, 현 타브리즈Tabriz) → 그루지안(Georgian 지역, 현 그루지야Georgia) → 파이푸르트(Paipurth, 현 터키의 바이부르트Bayburt) → 흑해 동남 해안의 트레비존드(Trebizond, 현 트라브존Trabzon) → 콘스탄티노플 → (해로, 1295) 베네치아 귀향.

마르코 폴로가 귀향한 다음해인 1296년에 베네치아와 제노바 사이에 이른바 '코르출라 해전'이 발발하였다. 이 전투에 참전한 마르코 폴로는 베네치아군이 패전하면서 포로가 되었다. 그가 감옥에서 동방 여행담을 구술한 것을 같이 수감되었던 이야기 작가 루스티치아노(Rusticiano)가 대필하였는데, 그것이 1298년에 책으로 엮여 나왔다. 그러자 일시에 마르코 폴로의 명성이 높아졌으며, 그해 여름 그는 석방되었다.

이 여행기의 원고는 본래 중세 프랑스·이탈리어 혼성어, 즉 프랑코-이탈리아어(Franco-Italian)로 씌어졌으며, 적잖은 방언도 곳곳에 등장하였다. 후에 필사를 거듭하는 과정에서 라틴어와 이탈리아어의 여러 방언, 그리고 기타 유럽 언어들로 번역되었다. 원본은 소실되어 전해지지 않지만, 유행된 필사본은 약 140종에 달한다. 그중 스페인 톨레도 교회 도서관에 소장된 젤라다(Zelada) 라틴어 필사본이 가장 오래된 것이고, 파리 국립도서관 소장의 B. N. fr. 1116 필사본이 원문에 가장 가까우며, 1477년 뉘른베르크에서 출간된 독일어 역본은 최초의 간본(刊本)이다. 1970년대 말까지 출판된 각종 언어의 간본은 120여 종이나 되며, 이러한 간본의 서명(書名)도 일정하지 않고 다양하다. 『세계의 기술』(*Description of the World*), 『베네치아인 마르코 폴로 각하의 동방 각국 기사(奇事)에 관한 서(書)』『베네치아 시민(市民) 마르코 폴로의 생활』『기서(奇書)』『백만(百萬)』 등 여러가지 서명이 있으나, 보통 『마르코 폴로의 여행기』라고 한다. 중국어로는 『마가파라행기(馬可波羅行記)』로, 일본어와 한국어로는 『동방견문록(東方見聞錄)』이라는 제목으로 번역·출간되었다.

이 여행기의 내용은 서문과 본문의 두 부문으로 대별되는데, 본문은 4가지 내용으로 구성되어 있다. 서문에는 마르코 폴로 일행 3명의 2차에 걸친 동방 여행 과정, 본문의 제1부는 마르코 폴로 일행이 소아르메니아로부터 원조의 상도(上都)까지 오는 과정, 제2부는 몽골 대한(大汗, 대칸)과 도성(都城)·궁전·치적을 비롯해 마르코 폴로가 겪은 중국 각지 여행담, 제3부는 일본과 남해 여러 나라, 인도와 인도양 제도, 폴로 일행의 귀로 여정, 제4부는 몽골 여러 부족간의 전쟁과 아시아 북부 지역의 개황을 각각 기술하고 있다. 이 책은 대략 200여 개국과 지역·도시에 관해 언급하고 있는데, 주요한 지방에 관해서는 그곳의 기후·물산·상업·문화·종교·풍속·정치사건 등을 상술하고 있다.

마르코 폴로의 여행기는 유럽에서 즉각적으로 큰 반향을 불러일으켰다. 일부에서는 여행기의 사실성을 의심하기도 했으며, 심지어는 '이단사설(異端邪說)'이라고 하면서 그 '허위성'을 자백하라는 압력까지 가하였다. 하지만 시간이 지나면서 진실성이 입증되었으며, 중세 유럽인들이 아시아와 중국을 이해하는 주요한 전거와 안내서로 인정하기에 이르렀다. 1375년에 제작된 '카탈란(Catalan) 대지도'를 비롯한 중세 유럽의 세계지도, 특히 아시아 지도는 모두가 이 여행기를 참고하거나 근거로 하여 제작되었다. 뿐만 아니라 이 여행기는 15세기 이후 전개된 콜럼버스와 바스쿠 다 가마 등 유럽의 항해자들의 탐험 활동을 고무하는 데 큰 자극을 주기도 하였다.

마르코 폴로 일가와 물질문명 교류 폴로 일가는 대대로 이탈리아의 베네치아에서 상업에 종사해온 상인들이었다. 조부와 부친 니콜로는 물론이거니와 백부 안토레오와 숙부 마테오도 모두 전업(專業) 상인들이었다. 백부 안토레오는 콘스탄티노플로 이주해 장사를 하다가 신흥 몽골인들과의 동방교역을 위해 흑해를 건너 크리미아 반도 남안의 솔다이아에 상관(商館)을 개설하였다. 형 안토레오의 부름을 받고 1255년경 콘스탄티노플에 온 니콜로와 마테오는 보석을 비롯한 여러가지 교역품을 챙겨 1260년에 볼가강 중류에 위치한 킵차크 칸국(일명 금장한국金帳汗國)의 수도 사라이에 이르러 칸 베르케(제4대 베르케 칸)의 환대를 받았다. 그들이 가지고 간 보석을 모두 칸에게 헌상하자, 칸은 대단히 만족해하면서 오히려 그 값의 2배 가량의 물건을 하사하였다.

그들이 이곳에 1년여 동안 체류하는 사이에 베르케 칸과 일 칸국 홀라구 칸 사이에 전쟁이 발발해 돈강으로부터 캅카스에 이르는 일대가 전화에 휩싸여 솔다이아에서 베네치아로 가는 귀로가 막혀버렸다. 그리하여 폴로 형제는 그곳을 떠나 킵차크 칸국의 동쪽 끝 우카카를 경유, 17일간 대사막을 돌파한 후 차가타이 칸국 치하의 부하라(Bukhara)에 당도하였다. 여기서 진로를 정하지 못하고 머물러 있다가 우연히 일 칸국 홀라구 칸이 몽골제국 대칸 쿠빌라이에게 보내는 사신을 만나게

되었는데, 사신은 대칸이 미지의 라틴인을 만나보고 싶어 하니 빈객(賓客)으로 대우를 받게 될 것이라며 자기와 동행하면 안전도 보장할 수 있다고 하였다. 폴로 형제는 사신을 따라 부하라를 출발해 오트라르와 이리·하미·간쑤 지방을 경유해 1년 만에 도론노르 부근에 있는 상도 개평부(開平府)에 도착하였다.

쿠빌라이는 폴로 형제를 즉시 접견하고 빈객으로 예우하였다. 그는 기독교국가를 통치하는 황제들의 정치 형태에서부터 품행에 이르기까지, 그리고 교황이나 교회를 비롯하여 라틴인들의 풍속 등을 상세히 캐물었다. 몽골어와 터키어에 능통한 이들이 물으면 묻는 대로 거침없이 대답하자, 대칸은 중신 코가탈(Cogatal)과 함께 두 형제를 교황 클레멘트 4세(Clement Ⅳ)에게 사절로 파견해 친서를 보내기로 하였다. 대칸은 터키어로 쓴 이 서한에서 기독교 교리에 밝고 우상 숭배자들을 설득할 수 있으며 수사학·논리학·문법학·수학·기하학·천문학·음악 등 7예(七藝)에 통달한 현인 100여 명을 보내달라고 교황에게 요청하였다. 그리고 사절들에게는 예루살렘의 예수의 무덤으로 추정되는 곳에 켜져 있는 램프에서 약간의 성유(聖油)를 가져오도록 명하였다.

사절 일행 3명은 1266년 상도를 떠났는데 얼마 못 가서 중신 코가탈은 병

이 나 중도 탈락하였다. 폴로 형제는 3년간의 여정 끝에 1269년 초, 소아시아 동남쪽 항구도시 라이아스에 도착하였다. 그리고 그해 4월에 목적지인 아크레(Acre, 현 팔레스타인의 한 항구)에 이르렀는데, 여기서 교황 클레멘트 4세가 이미 선종(善終)했다는 소식을 접하였다. 그들은 당시 교황의 특사로 이집트 왕국 전역을 관장하고 있던 테오발도 비스콘티(후일의 교황 그레고리우스 10세)를 만나 파견된 사명 등을 설명하였다. 폴로 형제는 새 교황이 선정될 때까지 기다리라는 비스콘티의 요청에, 고향에 다녀오고자 아크레를 떠나 네그로폰트(Negropont)에 이른 후 배편으로 베네치아에 귀향하였다.

폴로 형제는 베네치아에 2년간 체류하면서 새 교황의 선출을 기다렸으나 아무런 소식이 없자 다시 몽골로 돌아가기로 결심하였다. 마르코 폴로를 포함한 일행 3인은 베네치아를 떠나 아크레에 이르러 전술한 교황 특사 테오발도를 만나 그로부터 교황의 유고(有故)로 사명을 수행할 수 없게 되었다는 쿠빌라이에게 보내는 증명서한을 받았다. 그리고 예루살렘에 가서 성유를 구하여 아크레에 돌아왔다. 대칸이 성유를 구해 오라고 명한 것은 기독교도(네스토리우스파)인 그의 모후(母后)인 장성태후(莊聖太后, 소르카그타니)가 원했기 때문이라고 한다. 일행이 아크레를 출발해 라이아스에 이르렀을

때, 마침 특사 테오발도가 새 교황으로 선출(1271년 9월 1일)되었다. 일행은 새 교황이 특파한 사신을 만나 로마에 가서 테오발도를 알현하였다. 교황은 대칸에게 보내는 친서와 함께 대칸이 요청한 100명의 현인 대신 2명의 유능한 사제를 동행하게 하였다. 일행 5명은 1275년 5월에 성도에 도착하였다.

상인 출신으로서 동방교역을 목적으로 하여 떠난 폴로 형제는 대칸의 신임을 바탕으로 로마 교황에게 특사로 파견되는 등 사명을 수행하고는 1291년 중국을 떠나 해로로 1295년 고향 베네치아로 귀향하였다. 이러한 폴로 형제의 활동은 상인 신분으로 외교사절의 사명을 수행한 전형적인 경우다.

마르쿠스 아우렐리우스 안토니누스
Marcus Aurelius Antoninus

로마제국 전성기의 마지막 황제(재위 161~180)로서 『후한서(後漢書)』에는 한에 사신을 파견한 대진국(大秦國, 로마제국)의 '안돈왕(安敦王)'으로 나온다. 이 책의 기록에 의하면, 사신은 166년 환제(桓帝, 재위 146~167) 때 해로로 일남(日南, 현 베트남) 요외(徼外)를 걸쳐 육로로 뤄양(洛陽)에 도착하였다. 사신은 한나라 황제에게 상아·서각(犀角)·대모(玳瑁) 등을 헌상했는데, 이 사신이 로마제국의 공식 사신인지 아니면 상인인지는 불분명하다. 그러나 이것은 로마와 한 간에 해상 실크로드

를 통한 교류와 교역이 기원 초부터 이미 진행되고 있었음을 실증하고 있다.

마르타반(Martaban) 호(壺)

남중국이나 베트남에서 생산되는 어깨에 귀가 4개나 6개 달린 항아리의 총칭이다. 이 이름은 말레이 반도 서쪽에 자리하고 있는 미얀마의 마르타반만(灣)에서 유래한 것으로 보인다. 인도양을 항해하는 선박들은 여기에서 좋은 식수를 공급받았으며, 이곳을 통해 이런 도자기가 교역되곤 하였다. 큰 것은 물 항아리로, 작은 것은 곡물이나 차, 사탕, 소금 절임 등 식품을 담는 그릇으로 사용되었다. 터키에서는 지금도 중국 청자를 '마르타바' 또는 '마르타바니'라고 부른다.

마아바르 Maábar, 馬八亞, 馬八兒, 馬八

동남 인도의 코로만델(Coromandel) 해안에 위치한 해안도시 마하발리푸람(Mahābalipuram)의 옛 이름으로서 이 도시는 타밀나두주(州)의 주도인 첸나이(Chennai) 남방 60km 지점에 있다. '마아바르'는 아랍어로 '도강처(渡江處)'나 '도해처(渡海處)'라는 뜻을 가지고 있다. 1290년대에 이곳을 방문한 마르코 폴로는 그의 여행기『동방견문록』에서 마아바르는 당시 흔히 '대인도'(마아바르에서부터 케스마코란까지, 소인도는 참파에서 무티필리까지)로 불렸다고 기록하고 있다. 이

곳이 인도에서 가장 좋은 곳이고 세상에서 가장 부유한 지방이라는 뜻이다. 이곳의 특산물은 진주조개다. 해마다 4월에서 5월 중순까지 진주조개 조합의 상인들은 노동자를 고용하여 물속의 진주를 캔다. 이렇게 채취되는 조개는 전세계로 수출되고 이 과정에서 막대한 관세를 거둔 왕은 재화를 엄청나게 모았다. 이 재화로 왕은 매년 2,000마리가 넘는 말을 수입하지만 관리를 잘 못해서 연말에는 100마리도 살아남지 못하였다고 한다. 1320년대에 마아바르에 도착한 오도릭은 이곳을 '모바르(Mobar)'라고 불렀는데 이는 마아바르의 음이 와전된 것이다. 그의 여행기『동방기행』에 따르면 이 나라는 대단히 넓고, 많은 도시와 마을이 있었다고 한다. 이 왕국에는 인도의 모든 주들이 숭배하는 거대한 금제 불상(佛像)을 모시는 순금 묘당이 있어 멀리서부터 순례자들이 찾아온다. 순례자들 중의 일부는 오체투지로 순례를 행하며 향로를 들고 오면서 궤배(跪拜)하는 전 구간에 향을 피운다. 묘당의 인근에는 인공 못이 있어 순례자들이 이곳에 금은 보석을 던지는데, 이 보석들은 묘당 공사 때에 쓰인다고 한다.

『한서漢書』「지리지」에 의하면, 전한 무제 때(재위 기원전 141~87) 한나라 상선이 인도 동남해안의 황지국(黃支國, 현 칸치푸람 Kanchipuram)까지 다녀왔다고 하는데, 마아바르는 바로 당시 황

지국의 도해처였을 것으로 보인다. 특기할 것은 일찍이 이 왕국과 고려 간에 왕래가 있었다는 사실이다. 고려 25대 충렬왕(忠烈王) 때 이 마팔국(馬八國, 마아바르) 왕자 패합리(孛哈里)가 침향(沈香)과 면포(綿布, 일명 서양포西洋布) 등의 공물을 보내왔다. 이에 앞서 충렬왕은 대신 채인규(蔡仁揆)의 딸을 원나라 승상(丞相) 상가(桑哥)에게 공녀(貢女)로 시집을 보냈는데, 상가가 피살되자 원의 신속국(臣屬國)인 이 마팔국 왕자에게 재가시켰다. 이러한 정략적 혼인관계로 인해 패합리가 처가인 고려에 공물을 보내온 것이다.

마오리인(人) Maori

현재 뉴질랜드의 원주민인 마오리인은 14세기경에 해양 종족의 거주지인 동부 폴리네시아에서 뉴질랜드로 이주해왔다. 그들의 이주로 남태평양의 폴리네시아 문화가 뉴질랜드에 전해졌다.

마젤란 Ferdinand Magellan, 1480~1521년

1480년 포르투갈 북부의 사브로사에서 태어나 1521년 4월 27일 필리핀의 막탄(Mactan) 섬에서 사망한 항해가. 1517년 스페인으로 이주한 그는 남미의 남단을 에돌아 인도로 가는 항로가 있을 것으로 추정하고 스페인 국왕 카를로스 1세의 승인을 얻어 1519년 8월 10일 약 270명의 선원과 함께 5척의

마젤란 초상

범선에 올라 세비야(Sevilla)항을 출발하였다. 대서양을 횡단해 브라질 연안을 따라 남행하여 1520년 겨울을 남미의 남단에서 보내고 이듬해 봄 그곳과 푸에고섬 사이의 험난한 해협(후일 마젤란 해협이라 명명)을 통과하자, 바다가 평온하고 드넓어 그 바다를 '태평양'(太平洋, Pacific Ocean)이라고 이름 지었다. 그는 현 인도네시아 동부 태평양 상에 있는 말루쿠 제도를 목표로 삼고 서행하다가 3개월 만에 괌에 도착하였다. 이때 배는 3척으로 줄었다. 계속 서행해 1521년 3월에 우연히 필리핀 세부(Cebu)에 당도하였다. 그러나 토착민과의 싸움에서 선원 40명을 잃고 자신도 전사하였다. 이후 배 한 척은 항진을 포기하고 되돌아가고 나머지 두 척은 엘카노(Sebastián de Elcano)의 지휘하에 말루쿠 제도의 티도레(Tidore)에 도착하였다. 여기서 한 척은 향료를 싣고 태평양으로 동항(東航)하다가 포르투갈인들에게 피랍되었다. 엘카노가 이끄는 다른 한 척(빅토리아호)은 서항해 인도양을 횡단, 아프리카 남단의 희망봉을 거쳐 1522년에 마

마젤란 선단의 기함 빅토리아호

침내 출항했던 세비야항으로 귀항하였다. 마젤란은 비록 중도에서 전사했지만, 그가 발족한 선단은 대서양 → 태평양 → 인도양 → 대서양으로 이어지는 사상 초유의 환지구적 항해를 실현하였다. 그 과정을 보면 이 항해는 마젤란 혼자의 공이 아니라 마젤란·엘카노의 세계 항해로 봐야 할 것이다. 마젤란·엘카노 선단의 세계 주유를 통해 지구가 둥글다는 것과 아메리카와 아시아 및 유럽은 서로가 연결되지 않은 별개의 대륙이라는 것이 확인되었다.

마카오 Macao

중국 광둥성 주강(珠江) 하구 서쪽 연안에 위치한 마카오는 1553년 포르투갈인들이 중국 관리들에게 뇌물을 주고 거주권을 얻은 이래 포르투갈이 아시아로 진출하는 거점이 되었다. 1841년 영국이 중국으로부터 홍콩을 얻기 전까지 유럽인들이 중국에 진출하는 유일한 창구였다. 중국에서는 아오먼(澳門) 혹은 하오징아오(濠鏡澳)라고 부르는데, 항해의 여신을 모신 아마묘

마카오의안토니오 성당 내에 있는 김대건 신부상(좌)

(阿媽廟)가 있다고 해 아마오(阿媽澳) 또는 마오(媽澳)라고도 한다. 여기서 '마카오'라는 이름이 나왔다. 1887년 청과 포르투갈 간에 체결한 조약에 의해 마카오는 포르투갈의 식민지가 되었다가, 1986년 베이징에서 체결된 반환 협정에 의해 1999년 12월 20일 중국이 마카오에 대한 주권을 회복하였다.

마팔국(馬八國) 왕자의 진공(進貢)

『고려사절요(高麗史節要)』 '충렬왕(忠烈王, 25대) 24년(1298, 충선왕忠宣王 즉위년) 6월' 조의 기록에 의하면, 지금의 인도 동남부의 코로만델(Coromandel) 해안에 위치했던 작은 나라 마팔국(馬八國, 馬八兒 마아바르 Maábar)의 왕자 패합리(孛哈里)가 사신을 보내 왕에게 은사모(銀絲帽)와 금수수박(金繡手箔), 침향(沈香) 5근 13냥, 토포(土布), 일명 면포棉布, 즉 서양포西洋布) 2필을 진헌하였다. 이에 앞

서 도첨의중찬(都僉議中贊) 채인규(蔡仁揆)의 딸을 원나라 승상(丞相) 상가(桑哥)에게 공녀(貢女)로 시집보냈는데, 상가가 피살되자 원나라의 신속국(臣屬國)인 이 마팔국의 왕자에게 재가시켰다. 진공 당시 왕자 패합리는 부왕과의 불화로 인해 원(元) 치하의 중국 취안저우(泉州)에 와 살았다.

마푸투 Maputo

모잠비크(Mozambique)의 수도. 인도양의 델라고아(Delagoa)만에 위치한 중계무역항으로, 약 900년경에 동아프리카 해안에서 일찍부터 교역활동을 벌인 아랍인들이 반투족(Bantus)이 살던 모잠비크 지역을 점령하여 교역항구로 사용하였다. 포르투갈 상인인 로렌수 마르케스(Lourenço Marques)에 의해 개척되어 1976년에 지금의 이름인 마푸투로 개칭되기 전까지 로렌수 마르케스로 불렸다. 이후 마푸투는 포르투갈의 인도항로에서 빼놓을 수 없는 주요한 중간기지로 등장하면서 17세기 말까지 크게 성장하였다. 15세기 말에 인도항로를 찾던 바스쿠 다가마(Vasco da Gama)도 이곳에 들렀다. 1787년 이곳에 에스피리토 산투(Espírito Santo) 성채가 구축되어 군사요지가 되었고, 1887년에 시(市)로 승격되었다. 1895년에는 철도로 남아프리카공화국의 트란스발(Transvaal)주(州)와 스와질란드 및 로디지아(현 짐바브웨)와 연결되고, 다시 아프리카 대륙횡단철도와도 이어져 명실상부한 교통요충지가 되었다. 마푸투는 노예와 상아뿐 아니라 남아프리카의 다이아몬드 광산 및 금광에서 채굴한 광물을 실어 나르기에 적합한 곳에 위치하고 있어서 이 지역의 소유권을 둘러싸고 포르투갈·네덜란드·영국 등이 경쟁을

1787년에 축조된 에스피리토 산투 성채

벌였지만, 최종적으로 포르투갈의 속지가 되었다. 1907년에는 모잠비크시 대신 포루투갈령 동아프리카의 수도가 되었고, 모잠비크의 정청(政廳)이 설치되어 영내의 정치와 행정의 중심도시가 되었다. 1960년대부터 모잠비크해방전선(FRELIMO)을 비롯한 독립운동 단체가 지속적인 독립운동을 전개한 결과, 모잠비크는 1975년에 포르투갈로부터 독립하였고 마푸투는 그 수도가 되었다. 포르투갈어가 공용어이며, 스와힐리어도 사용되고 있다. 면적: 346km², 인구: 약 180만 명(2007년)

만테뇨(Manteño) 문화
라틴아메리카 에콰도르의 북쪽 해안에 자리한 만테뇨에서 번성한 통합기(統合期, 700~1532)의 문화로서 여성 토우(土偶)에 비해 남성 토우가 많은 것이 특징인데, 대부분 흑색을 띠고 있다. 만테뇨인들은 '도끼 화폐'라고 불리는 도끼 모양의 청동제 화폐를 사용했으며, 주변 문화와 적극적인 교류 및 교역을 하였다.

말라모코 해저도시 Malamocco
지중해 해안은 융기(隆起)보다 침하(沈下)가 심하며, 알려진 몇 해저도시는 대체로 지진이나 화산활동에 의해 침하한 것이다. 말라모코는 이탈리아 포강(江) 부근 베네치아만 해저도시로서 현재 수몰 위기에 처해 있는 베네치

아의 전신이라는 뜻에서 '구(舊)베네치아'라고도 불린다.

말라바르 Malabar, 無離拔
말라바르는 오늘날의 인도 서남해안의 케랄라(Kerala)주 일원으로, 1290년대 이곳을 방문한 뒤 쓴 마르코 폴로의 『동방견문록』에는 멜리바르(Melibar)로 나와 있다. 마르코 폴로는 이곳은 거대 왕국으로 왕과 주민이 같은 언어를 사용하고 누구에게도 조공을 바치지 않으며, 해안에는 해적이 창궐하지만 주민들이 용감히 방비한다고 소개하였다. 또한 이 지역에서는 후추와 생강 등 각종 진귀품이 많이 생산되며, 구리·피륙·향료 등의 무역이 활발하여 멀리 만지(남중국)나 아덴·알렉산드리아와도 교역을 한다고 하였다. 한편 1320년대에 이곳을 방문한 오도릭은 『동방기행』에서 이곳을 미니바르(Minibar) 제국으로 소개하면서 다음과 같은 기록을 남겼다. 즉 "미니바르는 세계에서 유일한 후추의 생산지이며, 후추 숲을 둘러보는 데 18일이 걸린다. 숲속에 '프란드리나'와 '킨길린'이라는 두 도시가 있는데, 플란드리나시 주민 중에서 유대인들과 기독교인들은 자주 다투고, 언제나 기독교인이 유대인들을 압도한다. 후추는 담쟁이 덩굴과 같아서 큰 나무 곁에 심으면 포도송이 같은 열매를 맺는다. 열매를 수확하면 신선한 후추는 당과류를 만들

며, 나머지는 햇볕에 말린 후 항아리에 저장한다.” 오도릭보다 조금 뒤에 이 일대를 순방한 아랍의 대여행가 이븐 바투타는 그의 여행기에서 이곳을 '물라이바르'(Mulaibar)라고 부르며, 후추의 산지임을 강조하고 있다. 그외에도 생강·야자·필발·빈랑·토란 같은 토산물이 많이 생산되는데, 그래도 가장 유명한 것은 역시 후추라고 하였다.

말라카 선착장

『말라유 왕통기(王統記)』

17세기 초 말레이의 한 귀족이 편찬한 무슬림들의 해상교역에 관한 책이다. 말라유(Malayu)는 7세기경 인도네시아 수마트라섬 동안(東岸)에 있던 나라로, '무율라'라고도 하였다. 중국 문헌에서는 '말라유(末羅瑜)' 또는 '마라유(摩羅瑜)' 등으로 기록되어 있으며, 11세기 후반에는 담비국(詹卑國)으로서 송(宋)나라에 조공하였다. 수마트라의 힌두 문화는 나중에 이슬람 문화권에 흡수되었다.

말라카 Malacca

한적(漢籍)에는 만랄가(滿剌加)·만랄(滿剌)·마육갑(麻六甲)·마랄갑(麻剌甲)·마육갑(馬六甲)·문노고(文魯古) 등 여러가지 이름으로 나온다. 말레이 반도 서해안의 말라카 해협에 면해 있는 항구도시로서, 현 말레이시아 연방 말라카주의 주도(州都)다. 14세기 후반 마자파히트(Majapahit) 왕국의 판

도에 들어가면서 세상에 알려진 이래, 15세기 초 중국 명나라의 정화(鄭和) 선단이 이곳을 다녀와 조공관계를 맺었고, 포르투갈이 1511년에 점령한 데 이어 서구 열강들의 각축전 끝에 1641년에는 네덜란드가, 1824년에는 영국이 점령해 해로를 통한 동방 진출의 거점으로 삼아왔다.

말라카 왕국 Malacca Dynasty

말레이 반도 서남단의 말라카 해협에 위치한 말라카를 수도로 하여 15세기에 번영을 누린 이슬람 국가다. 동서양 교역의 요로에 자리한 말라카 왕국은 교역으로 부를 축적해 강성해지면서 말라카 해협 건너의 인도네시아령 수마트라에도 여러 개의 교역 거점을 확보하고 있었다. 1511년 포르투갈에 점령되었다.

말라카(Malacca) 해협

말레이 반도와 인도네시아 수마트라섬 사이의 길이 800km, 폭 50~300km에 달하는 해협으로, 인도양과 서태평

양을 잇는 고리이며 동서양 해상항로의 병목이 되는 지점이다. 그만큼 해상 실크로드를 통한 교역과 교류에 중요한 해협이다. 옛날에는 거의 무풍지대인 이곳을 범선으로 지나려면 무려 40~50일이나 걸렸다. 해협의 양안에 암초가 많아 배가 조심스럽게 느릿느릿 항해할 수밖에 없어서 해적들이 활동하기 좋았다. 그래서 예로부터 이 해협에서 가장 큰 문제는 해적의 노략질을 피하는 일이었다. 지금도 이 해협에서의 해적 출몰은 커다란 국제문제가 되고 있다. 말라카 해협은 수에즈 운하가 개통된 이후에는 동북아시아와 유럽을 잇고, 인도양과 태평양을 연결하는 해상통로로 중요성이 더욱 커졌다. 매년 7만 5천여 척의 배가 통과하는 세계에서 가장 혼잡한 해협 가운데 하나이며, 최근에는 중동의 원유를 운반하는 대형 유조선 항행이 급증함에 따라 안전 문제가 발생하여 수로 준설과 아울러 대형선 규제 등의 조치도 취해지고 있다.

말레이(Malay) 반도

동남아시아의 타이와 말레이시아를 아우르고 있는 반도로서 지형은 코끼리의 코 모양으로 남북에 걸쳐 길게 뻗어 있다. 반도의 서남단에 있는 말라카 해협은 동서의 해상을 잇는 병목 지점이지만, 예로부터 해적이 창궐하는 해로이기 때문에 그 길을 피하기 위해 말레이 반도를 동서로 횡단하는 육로가 적어도 10개 이상 개통되었다. 이 길들의 연변에서 중국 자기를 포함해 적잖은 동서양 유물이 발견되었다. 반도의 남부에는 베놈산과 타한산같이 고도 2,000m 이상의 산들이 있어 좋은 피서처를 제공해주고 있다.

말루쿠 제도 Maluku Islands

인도네시아의 동부 술라웨시(Sulawesi)섬과 뉴기니섬 사이에 있는 유명한 향료제도다. 총 면적 87,310km²의 제도에는 암본(Ambon)·반다(Banda)·세람(Ceram)·부루(Buru)·오비(Obi)·술라(Sula) 등 여러 섬이 속해 있다. 중국 원대의 『도이지략(島夷志略)』에는 '문노고(文老古)'로, 『명사(明史)』에는 '미락거(美洛居)'로 음사되어 있다. 예로부터 이곳은 정향(丁香)과 육두구(肉荳蔻, nutmeg) 같은 향료가 많이 생산되는 곳으로서 대항해시대 이후 서구 열강들의 각축장이 되었다. 1511년 말라카를 무력으로 점령한 포르투갈은 계속 동진해 1522년에는 말루쿠 제도의 북방 인근의 테르나테(Ternate) 술탄으로부터 향료독점권과 성채축조권을 획득하여 점차 세력을 굳혀갔다. 한편 1599년 처음으로 말루쿠에 도착한 네덜란드인들은 향료무역권을 얻는 데 성공했다. 이어 1605년에는 네덜란드 동인도회사(VOC)가 암본에 축조된 포르투갈 요새를 점령하였고, 1621년에는 바다마저 강점하였다. 2년 뒤에는 VOC상관 습격을 모의하고 있다는 구실을 붙여 영국상관에 근무하는 영국인 10명과 일본인 9명, 포르투갈인 1명을 처형하였다. 이것이 이른바 '암본(암보이나) 사건'이다. 이 사건 이후 영국은 말루쿠 향료무역에서 손을 떼고 인도 무역에만 전념하였으며, 반면에 네덜란드는 향료무역뿐만 아니라, 정치적 지배권까지 확보하였다.

말린디 Malindi

인도양에 면해 있는 케냐 남동부의 항구도시. 산호초의 낮은 해안 단구(段丘)에 자리잡고 있는 말린디는 동아프리카 해안의 부족국들과 마찬가지로 일찍이 아랍인 무역상들에 의해 항구도시로 개발되었다. 말린디의 외교 관련 기록에 의하면, 1414년에 말린디의 사신이 새로 즉위한 벵골(Bengal)국의 술탄에게 기린 등을 선물하였고 이듬해에는 중국에도 사신을 보내 기린 한 마리를 선물하였는데, 정화(鄭和)가 그의 다섯번째 '하서양(下西洋)' 때 이들 사신들을 태우고 말린디에 도착하였다고 한다. 1498년에는 몸바사 상륙에 실패한 바스쿠 다 가마가 이곳에 도착하였다. 그는 이곳에서 추장의 환대를 받고 교역협정을 체결하였으며, 유능한 아랍 항해가 아흐마드 이븐 마지드(Ahmad Ibn Mājid)를 만나 그의 인도하에 인도양을 횡단해 인도 서해안

의 캘리컷에 도착함으로써 '인도항로'를 개척하였다. 다 가마는 그해 이곳에 성채도 구축하였다고 한다. 말린디에는 오늘날까지도 바스쿠 다 가마에 관한 여러가지 전설이 인구에 회자되고 있다. 바스쿠 다 가마 이후 포르투갈은 이곳을 '인도항로'의 전진기지로 삼았으나 1590년에 포르투갈이 근거지를 몸바사로 옮기면서 말린디는 쇠퇴하기 시작하였다. 그러다가 19세기 중엽에 인근 잔지바르의 술탄이 5천여 명의 노예가 일하는 대규모 농장을 운영하면서 다시 활기를 되찾았다. 말린디 경내에서 13~14세기의 중국산 도자기와 비단 유물이 발견되었는데, 이것은 15세기 초에 단행된 정화의 '하서양'

바스쿠 다 가마가 1498년에 상륙한 곳에 세워진 '가마탑'

에 따른 것일 것이다.

메디치(Medici)가

이탈리아 피렌체(Firenze)의 명문 가문으로 1397년부터 약 350여 년간 유럽 최고의 가문을 이어갔다. 13세기 말부터 무역을 통해 부를 축적하여 조반니 디 비치(Giovanni di bicci, 1390~1429) 시기에 메디치은행을 세우면서 금융 거부로 성장하였다. 그의 손자인 로렌초(Lorenzo, 1449~1492)는 강력한 군주로 군림하면서 르네상스의 든든한 후원자가 되었다. 당시 유럽의 향료 대부분을 메디치가에서 취급하였으며, 약을 '메디신'이라고 하는 것도 여기에서 유래하였다. 미켈란젤로를 양자로 받아들여 천재적인 예술가로 길러냈으며, 지동설을 주장하여 로마 교황청의 탄압을 받았던 갈릴레이 갈릴레오를 후원하기도 하였다. 근대 정치학의 아버지 니콜로 마키아벨리(Niccolo Machiavelli)는 『군주론』을 메디치 가문에 헌정하였다.

메르카토르(Gehrardus Mercator, 1512~1594)의 세계지도

네덜란드의 지리학자. 네덜란드의 소도시 뤼펠몬데에서 출생한 메르카토르는 루뱅 대학에서 지리학을 전공하였다. 그는 복심장형세계도(複心臟形世界圖, 1539)와 더불어 지구의(地球儀, 1541)·천구의(天球儀, 1551)를 만들었

다. 또한 1569년에는 이른바 '메르카토르의 투영법'으로 전통적인 프톨레마이오스의 지도제작법에서 탈피한 18폭의 대형 세계지도(132×198cm)를 제작하였다. 그후 다시 유럽의 지도를 첨가해 107폭의 『지도첩』(Atlas Sive Cosmographicae)을 만들었는데, 이 지도첩은 그가 사망한 지 1년 후 출간되었다. 이 책명으로 인해 '아틀라스'는 지도첩을 지칭하는 보통명사가 되었다.

메시나(Messina) 해협 침몰선

메시나 해협은 이탈리아의 칼라브리아 반도와 시칠리아섬 사이의 폭 3~15km의 해협으로 고대 해상교통의 요로였다. 한 어부가 1969년 이 해협에서 고대 그리스 예술품을 적재한 침몰선을 발견하였다. 그런데 발견하자마자 도굴을 당하였다. 유물 중에는 2구의 남자 청동상(기원전 5세기 제작)과 청동상 파편, 암포라(amphora), 명문(銘文)이 새겨진 도금석(鍍金錫) 등이 있었다. 칼라브리아 국립박물관은 때마침 키프로스 부근에서 조사작업을 벌이고 있던 미국 펜실베이니아 대학 박물관 조사단에게 의뢰하여 해저 조사에 착수했으나 식기류나 연, 낚싯줄감개 틀, 닻에 쓰는 청동 금구(金釦), 석괴(錫塊), 은괴(銀塊) 같은 것을 몇점 건졌을 뿐 별 성과를 거두지 못하였다.

메이플라워 서약 Mayflower Compact, 1620년

영국의 박해를 피해 네덜란드로 피신한 후 식민지 개척을 위해 메이플라워호를 타고 아메리카 대륙으로 건너간 102명의 청교도들(필그림 파더즈Pilgrim Fathers)이 1620년 11월 11일 매사추세츠주(州) 플리머스(Plymouth)에 상륙하기 직전 선상(船上)에서 맺은 서약이다. 원본은 분실되었지만 현존하는 필사본에 의하면 그 내용은 자주적인 식민정부를 수립하고, 다수결의 원칙에 의해 행정을 운영하며, 공정하고 평등한 법률을 제정하고 준수하겠다는 등의 서약이다. 이는 영국 국왕에 대한 충성을 바탕으로 하고 있다.

멕시코 만류 Gulf Stream

북아메리카 연안을 따라 북동쪽으로 흐르는 난류인 멕시코 만류는 세계에서 가장 대표적인 해류이다. 약 70km의 폭에 평균 2m/s(3.9 노트)의 속도를 갖는 멕시코 만류는 하루에 약 170km를 이동한다. 멕시코 만류를 따라 움직이는 물의 양은 가장 큰 강인 아마존강의 통상적인 흐름의 약 300배 정도인 초당 5,600만톤에 이르는 엄청난 양이다. 멕시코 만류는 16세기 초 스페인의 항해사이며 탐험가인 후안 폰세 데 레온(Juan Ponce de León)에 의해 최초로 알려졌다. 후에 과학자인 벤저민 프랭클린(Benjamin Franklin)과 미국 해군장교인 매슈 폰테인 모리(Matthew Fontaine Maury) 등에 의해 연구되었고, 1884년에는 미국 연안측지조사국에 의해 체계적인 조사가 이루어지기 시작했다. 벤저민 프랭클린은 북미와 유럽을 오가는 상선의 경우, 가장 빠른 배가 늘 먼저 돌아오는 것은 아니라는 사실에 주목하였다. 똑똑한 선장들은 북미에서 유럽으로 갈 때는 이 해류를 타서 속도를 높이고, 돌아올 때는 이 해류를 피해 배의 속도가 줄지 않도록 해서 느린 배로도 빠르게 왕래하고 있었다. 프랭클린은 1769년에 최초로 이 해류를 표기한 지도를 출판하였다. 근래의 집중적인 연구를 통해 멕시코 만류가 매우 복잡한 양상을 띠고 있다는 점이 밝혀지고 있다. 즉 단순히 일정한 방향으로 흐르는 해류가 아니라 방향이 수시로 변하기도 하고, 갑자기 사라졌다가 다시 나타나기도 하며, 혹은 주변부를 따라 갑자기 소용돌이 현상이 일어나는 등 매우 복잡한 해류체계로 구성되어 있음이 밝혀지고 있다.

멕시코시티 Mexico City

멕시코합중국의 수도. 도시의 전신은 1325년에 아스텍족(Aztecs)이 텍스코코(Texcoco)호의 섬에 건설한 테노치티틀란(Tenochtitlan)이다. 원래 북방에 살던 수렵인인 아스텍족은 남하해 멕시코 땅에 강대한 제국을 건설하면서 섬에 이 도시를 세웠다. 중앙광장에

'궁전의 도시' 멕스코시티에 있는 대신전 터

는 신권정치의 상징으로 대(大)피라미드를 세웠으며, 인구는 20만~30만 명에 달하였다. 1521년에 900명의 병력으로 이곳을 정복한 스페인의 코르테스(Hernán Cortés)는 도시를 파괴하고 텍스코코 호수를 메워 멕시코시티를 건설하였다. 멕시코시티는 인근의 사카테카스(Zacatecas) 지역에서 은광이 발견되어 식민지 기간 동안에 경제적인 풍요로움을 누리면서 화려한 교회와 건축물을 많이 지어 라틴아메리카 최대의 도시가 되었다. 19세기 초에 독일의 지리학자인 훔볼트(Alexander von Humboldt)는 멕시코시티를 '궁전의 도시'라고 묘사한 바 있다. 이 도시는 식민시대의 스페인 부왕령(副王領)의 수도였으며, 1821년 멕시코가 독립한 후에도 수도로 있다가 1970년에 연방직할지(Distrito Federal)가 되었다. 시내에는 아스텍 제국 시대의 대신전 유적을 비롯하여 식민시대의 대

성당(라틴아메리카 최대의 성당)과 궁전 등 유물이 많이 남아 있다. 면적: 1,513km², 인구: 약 890만 명(2012년)

멜라네시아(Melanesia)의 거석문화(巨石文化)

태평양 멜라네시아섬들에는 거석기념물이나 암각화, 동굴벽화가 많이 남아 있다. 거석기념물 가운데는 독석(獨石, 멘히르 menhir)과 열석(列石, 알리뉴망 alignement), 그리고 제사장(製祀場) 같은 거석유물이 여러 섬에 널려 있다. 고도(孤島)나, 큰 섬이지만 사람의 발길이 닿기 어려운 산간지대에 유물 대부분이 보존되어 있다. 주목할 만한 것은 피지 제도의 암각채색 인물상의 얼굴이 그곳에서 멀리 떨어진 이스터섬의 마케마케신(神)의 얼굴과 매우 유사하다는 것이다. 이를 통해 이 섬들간에 교류가 있었음을 추측할 수 있다.

태평양 멜라네시아섬의 암각화

명조의 대서방무역

명(明)조는 건국 이후 대내외 정세로 인해 무역 등 대외활동을 전개하는 데 여러가지 한계에 부딪혔다. 북방에는 중원에서 축출된 몽골이 여전히 위협적인 존재로 남아 있었고, 중앙아시

아 일원에서 출현한 강력한 티무르제국(1370~1507)은 명조의 서역 진출을 저지하였고, 서아시아에서는 오스만제국(1299~1922)이 동서간의 교류를 가로막고 있었다. 이러한 사정은 명조가 실크로드 육로(오아시스로)를 통해 서방과 교류하는 데 큰 방해가 되었다. 뿐만 아니라 동남 해안 일대에서 창궐한 해적 및 왜구(倭寇)들의 끊임없는 노략질과 소요는 명조의 남해 진출도 크게 위축시켰다. 게다가 16세기 말엽부터는 포르투갈을 비롯한 서방 국가들이 앞다투어 중국 동남 해안 일대에 침입해 통상 압력을 가하고 무력 도발까지도 서슴지 않았다. 이렇게 내우외환이 겹친 가운데 명조는 초기의 성조(成祖) 영락(永樂) 연간(1402~1424)을 제외하고는 일관되게 해금(海禁)과 폐쇄적인 쇄국정책을 시행하지 않을 수 없었다. 전통적인 관방교역인 조공(朝貢) 무역마저도 3~5년마다 '1조1공(一朝一貢)'하도록 하며 조공품이나 조공사 인원도 대폭 축소하는 등 제한하게 되었다. 그리고 대외무역의 창구인 취안저우(泉州)·명주(明州)·광저우(廣州) 등지에 시박사(市舶司)를 개설했지만 곧 폐쇄하고, 백성들의 출항(出港)이나 외국인들과의 교역을 엄금하였다. 심지어 외국 조공사의 위작(僞作)을 막는다는 이유로 조공국에 신분확인증을 발급해서 입조(入朝)시 신분을 대조·확인하는 이른바 '감합제도(勘合制度)'까지 실시하여 외래자들을 엄격히 단속하였다. 이러한 해금정책과 쇄국정책은 청초까지 지속되어 해외무역 등 중국의 대외활동을 매우 위축시켰다.

이러한 전반적인 해금과 위축 속에서도 명초에 있었던 정화(鄭和)의 7차 '하서양(下西洋)'(1405~1433) 단행은 한때나마 명조의 대외활동을 크게 진작시켰다. ('정화의 7차 하서양'항 참고) 삼보(三寶, 三保) 태감(太監) 정화(1371~1433)는 명초 성조 영락 3년(1405)부터 선종(宣宗) 선덕(宣德) 8년(1433)까지 28년간 7차에 걸쳐 대선단을 이끌고 '하서양'을 단행하였다. 성조의 명을 받고 행한 정화의 '하서양'의 동기에 관해서는 여러가지 설이 있다. 종합해보면, 정치적으로는 국권을 회복한 한인(漢人)의 '천조상국'(天朝上國, 천하 으뜸 조정이라는 뜻)을 만방에 과시하고, 경제적으로는 관방교역을 통해 남해지역의 보화(寶貨)를 취득하려는 데 목적이 있었다고 할 수 있다.

비록 해금과 쇄국의 족쇄에 묶여 명대의 전반적인 해외무역은 부진을 면치 못하고 위축되었지만, 완전 중단된 것은 아니고 관 위주의 대외무역은 계속되었다. 명대 전반(前半)의 대외무역(주로 관제무역)은 대체로 쌍방무역으로 그 품목은 전대와 크게 다르지 않았다. 그러나 후반에 이르러 서구 식민 세력들이 주로 해로를 통해 침투하면서부터는 그 양상이 크게 달라졌다. 그들은 중국으로부터 다량의 도자기·견직물·칠기·차·공예품·사향·수은·주사(朱砂)·장뇌(樟腦)·설탕·황동·복령(茯苓) 등을 수입해갔다. 중국이 수입한 것은 모직물이나 진귀품 몇가지에 불과하고, 그밖에 그들의 중계무역을 통해 서남아시아와 동남아시아산 후추·단향(檀香)·상아 등 특산물을 들여왔다.

모가디슈 Mogadishu

동아프리카 소말리아의 수도. 모가디슈는 아랍어로 '왕(Shah)의 소재지(Maq'ad Shah)'에서 유래하였다. 동아프리카 해안은 9세기경 무슬림이 들어오기 훨씬 이전부터 아라비아와 페르시아, 그리고 멀리 중국과도 접촉이 있었다. 그리스와 로마인들은 이 지역을 아자니아(Azania)라고, 아랍은 잔즈(Zanj)라고 불렀는데,『에리트라해 안내기』에 의하면 이미 1세기 이전에 모가디슈 지역의 소말리족들은 인도양을 따라 다른 곳과 무역으로 통하였다고 한다. 모가디슈는 그곳에 들어온 무슬림들과 활발한 상거래를 벌였으며, 1871년에 잔지바르 술탄의 통치하에 들어갔다. 19세기 후반에 들어서면서 서유럽 각국은 아프리카를 분할해서 식민지화하기 시작하였다. 그 결과 프랑스는 지부티(Djibouti) 지역을, 영국은 아덴만 근처의 아프리카 북쪽 해안 일대를, 그리고 이탈리아는 모가디슈를 포함한 남부지역을 각각 통치하였다. 모가디슈는 이탈리아령 소말릴란드의 수도였다가 1960년에 독립하면서 소말리아의 수도가 되었다. 면적: 1,657km², 인구: 약 290만 명(2011년)

모스 부호(符號) Morse code

미국의 모스(Samuel F. B. Morse 1791~1872)가 고안한 점(·)과 선(-)의 조합으로 구성된 메시지 전달 기호이다. 이것을 약간 수정한 것이 국제 모스 부호이며, A에서 Z까지의 알파벳, 0에서 9까지의 숫자, 이밖에 구두점 등이 모두 부호화되어 사용된다. 모스 부호는 국제적으로 다음과 같은 규칙을 따르도록 정해져 있다. 선은 점의 3배 길이로 하고, 알파벳 하나를 만드는 선과 점 사이에는 점 1개의 간격을 두고, 알파벳과 알파벳 사이의 간격은 3개의 점 간격을 두며, 단어와 단어 사이에는 점 7개의 간격을 둔다는 것 등이다. 우리나라의 경우 글자와 글자 사이에는 점 5개의 간격을 둔다. 모스 부호는 통신사가 전신기의 키를 눌러서 전류의 단속 시간 또는 전압의 고저 등을 변화시켜 전송하게 된다. 선박에서는 신호등을 이용하여 모스 부호를 보내 통신하기도 하였다. 선박의 경우 위험한 상황에 처해 구조 신호를 보낼 때 SOS를 모스 부호로 보내곤 하였다. SOS는 모스 부호로 점 3개, 선 3개, 점 3개(······---

···)로 손쉽게 보낼 수 있어 구조 신호로 사용된다. 그러나 최근에는 위성통신 등이 발달하여 모스 부호를 이용하는 경우는 거의 없다.

모스는 1791년 4월 27일 미국 매사추세츠주 찰스타운에서 태어난 화가이자 발명가이다. 화가로 명성을 날리던 그는 1832년 유럽에서 미국으로 돌아오던 배에서 전자기학을 잘 아는 잭슨(Charles T. Jackson)이라는 사람을 만나 전신기를 만들어보기로 결심하였다. 모스는 뉴욕대학교 화학교수인 게일(Leonard Gale)의 도움으로 1838년 독자적인 알파벳 기호와 전신기를 만들었다. 처음에는 점의 갯수로 숫자를 보내 메시지를 전달하는 방법을 사용했으나 불편하였다. 그후 동료인 베일(Alfred Vail)이 점에다 선을 더하여 통신하는 방법을 고안하였다. 이것이 현재 사용하는 모스 부호의 모태가 되었다. 우리나라에서는 1885년 9월 28일 서울(한성漢城)과 인천 사이에 전선이 개통되어 전신 업무가 시작되었다.

모체 문화 Moche culture, 기원 전후~기원후 700년

라틴아메리카 페루 북부 해안의 모체 계곡에서 번영한 지방 발전기(라틴아메리카 고대사회의 시대분류)의 문화로 모체강 하류 남북 600km의 넓은 지역에 걸쳐 태양의 신전이나 달의 신전을 비롯한 유적이 분포되어 있다. 페루의 고고학자 오이레(R. L. Hoyle)는 유적에서 출토된 등형(鐙形) 토기의 형태로 이 문화를 1~5기로 나누기도 한다.

모카 Mocha

홍해 입구, 아라비아 반도의 남단에 위치한, '모카 커피'로 이름이 널리 알려진 국제 교역항이다. 17세기 네덜란드 동인도회사가 여기에 상관을 설치해 한때 홍해의 해상권을 장악하였다.

목란피주 木蘭皮舟

중국에서 아랍의 선박을 부르던 명칭이다. '목란피'는 아랍어 'Maghreb'의 음사로서 당시 '마그레브'는 주로 북아프리카 모로코를 지칭하였다. 따라서 목란피주는 모로코를 위시한 서(西)아랍인들이 사용하는 선박을 말한다. 수천 명이 승선할 수 있는 대형 범선으로 알려졌다.

목판선 木板船

나무판을 짜서 만든 배로서 독목주(獨木舟)에 이어 출현한 초기의 배 형태다. 중국 상대(商代, 기원전 16~11세기) 때의 갑골문(甲骨文, 기원전 1300~1100) 중에 배를 뜻하는 '주(舟)'자에 그림 등 여러가지 형태가 추가되어 있는 점으로 미루어 당시에 이미 통나무를 파서 만든 독목주가 아니라 나무판을 짜서 만든 배, 즉 목판선이 발달한 것으로 짐작된다. 목판선은 독목주에 비해 안정성과 항침성(抗沈性)이 월등하기 때문에 조선술에서는 획기적인 진전이라고 말할 수 있다. 인도의 경우 기원전 2세기의 한 암각화에 큰 목판선이 하나 등장하는데, 선체는 줄로 묶어 조립했고 고물은 물고기 모양이며 거기에 한 사람이 앉아 노를 젓고 있다.

몬로비아 Monrovia

서아프리카 라이베리아의 수도. 라이베리아(Liberia)는 '자유의 땅'이라는 뜻으로, 1822년에 미국식민협회(ACS: American Colonization Society)가 해방된 미국 노예들이 자급자족할 수 있는 식민지를 건설하기 위해 찾아낸 곳이다. 19세기 중반까지 해방노예 400여 만 명이 이곳으로 이주하였다. 1847년에 미국계 라이베리아 정착인들이 중심이 되어 아프리카 최초의 공화국인 라이베리아공화국을 세우고 수도를 세인트폴강 하구에 위치한 몬로비아로 정하였다. 몬로비아는 당시의 미국 대통령 제임스 먼로(James Monroe)를 기념하여 지어진 이름이다. 그러나 전체 인구의 3%에 불과한 아프리코 라이베리안(미국 이주민)들이 모든 특권을 갖고 원주민 부족들을 착취함으로써 부족간의 내전이 이어지고 학살이 거듭되었다. 인구: 약 97만 명(2008년)

몬순 monsoon

몬순은 계절풍(季節風)이라는 뜻으로 원래 아랍어 단어 'mausim'(계절)에서 유래하였다. 몬순이란 약 반년을 주기로 겨울에는 대륙에서 해양으로, 여름에는 이와 반대인 해양에서 대륙으로 부는 바람을 말한다. 세계에서 전형적으로, 그리고 대규모로 몬순이 나타나는 곳은 인도부터 인도차이나와 중국·일본열도에 이르는 지역으로 이 지역을 '몬순아시아'(Monsoon Asia)라고 한다. 이 지역은 여름에 비가 많이 오고 기온이 높아 논벼가 대표적인 작물이 되었으며 삼림도 울창하다. 세계 인구의 약 절반이 이 지역에 살고 있다.

몬테비데오 Montevideo

우루과이의 수도. 우루과이의 공식명칭은 '우루과이동방공화국(Republica Oriental del Urguay)'이다. 우루과이강의 동쪽에 자리한 곳이라고 하여 이러한 이름이 붙여졌는데, 강을 경계로 서쪽은 아르헨티나다. 우루과이는 과라니어로 '구루새(철갑새)가 사는 강'이라는 뜻이다. 수도 몬테비데오라는 명칭은 1520년 이곳을 지나가던 포르투갈 항해가 마젤란이 나지막한 언덕을 보고 '몬템 비데오', 즉 '우리는 산을 보았네'라고 한 말에서 유래하였다고 한다. 1726년 아르헨티나의 부에노스아이레스 주지사가 이곳에 포르투갈인이 진출하는 것을 막으려 도시를 짓고 '몬테비데오'라고 명명하였는데, 같은해에 스페인은 이곳에 수비대

주둔지를 두고 도시를 세웠다. 1776년에는 아르헨티나 연안 및 포클랜드 제도 등을 관리하기 위한 스페인 해군기지가 여기에 들어섰다. 그러나 양항(良港)을 비롯해 여러가지 유리한 지리적 조건을 겸비함으로써 경쟁력을 갖춘 국제무역항으로 일약 발돋움하였다. 마침내 스페인 식민당국은 우루과이를 아르헨티나에서 분리시켜 독립시키고(1828) 농·축산품의 수출항으로 만들었다. 19세기 후반부터는 이탈리아를 비롯한 유럽 여러 나라에서 이민이 속속 들어오면서 몬테비데오는 변화한 국제 상업도시로 변모하였다. 시내에는 이러한 변화상을 반영한 전문 박물관과 미술관이 여럿 있다. 면적: 209km², 인구: 약 130만 명(2011년)

몰약의 교류

유향과 함께 몰약도 서방에서는 주요한 분향료로 사용해왔다. 몰약(沒藥, 학명 Commiphora abyssinica)은 감람과에 속하는 관목으로 잎은 겹잎이고, 꽃잎은 넷이며, 열매는 핵과(核果)이며 원산지는 아랍과 소말리아를 비롯한 아프리카 일대다. 줄기에서 나오는 즙을 말린 적황색 덩어리는 특이한 향기와 쓴맛이 있어 방향제나 방부제로 사용하였다. 또한 구강소독제·건위제(健胃劑)·통경제(通經劑)·과다분비 억제제 등 의약으로도 유용하였다. 히브리어로는 '모르'(mor), 아랍어로는 '무르'(murr), 그리스어로는 '미르라'(myrrha)라고 하는데, 이는 모두 고대 아카드어 '무루'(murru)에서 파생하였으며 '몰약'은 그중 그리스어 '미라'의 한음역(漢音譯)이다. 유향은 처음부터 고대 메소포타미아나 이집트, 그리스나 로마에서 향료로 각광받았다. 이에 비해 몰약은 주로 의약으로 쓰이면서 향고(香膏)나 향유(香油)의 주원료로 이용되었다. 고대 이집트나 그리스·로마에서 유행한 향고나 향유는 근대 유럽 화장료(化粧料)의 원류가 되었다. 이렇게 서아시아 일원에서 성행하던 유향과 몰약이 실크로드를 따라 서쪽은 그리스와 로마에, 동쪽은 페르시아와 인도에 각각 전파되었다. 인도에서는 아랍산 유향이나 몰약이 유입되기 전에 이미 이른바 '군즈루'라고 하는 '위(僞)유향'과 '구구르'라고 하는 '위몰약'이 대용(代用)되고 있었다.

몸바사 Mombasa

몸바사는 인구 150만 명을 헤아리는 케냐의 제2대 도시다. 옛 이름은 '싸우는 섬'이라는 뜻의 '므브타'다. 이름이 뜻하다시피 몸바사의 역사는 외세를 물리치는 투쟁으로 점철된 역사다. 비록 면적이 13km²밖에 안 되는 자그마한 섬이지만, 땅이 기름지고 해산물이나 사이잘삼(Sisal hemp, 로프) 같은 경제작물이 넉넉한데다가 섬을 뒤덮고 있는 아라부코(Arabuko) 숲은 섬

몸바사시의 상징인 상아조형물

을 선호의 대상으로 만들기에 충분했다. 그런만큼 지키기도 어려웠는데, 도처에 그런 흔적이 남아 있다. 3년간 (1593~1596) 지어져 400여 년 동안 버텨온 지저스 성채(Fort Jesus)가 그 일례라 할 수 있다.

몸바사의 중심거리에 있는 커다란 상아 두 대씩을 엮은 대형 조형물 터스크스(Tusks) 두 기가 오가는 사람들의 눈길을 끈다. 이 도시의 상징물로 높이가 10m나 된다. 평화와 결백을 상징하는 상아는 마치 몸바사 사람들의 심지(心地)를 반영하고 있는 듯하다. 이곳에는 다양한 종교(이슬람교 60%, 기독교 30%, 기타 힌두교 10%)와 문화가 있으나 잘 어우러져 하등의 분쟁이나 갈등이 없다고 만나는 사람마다 자랑한다. 아프리카에서는 흔치 않는 일이다. 그리고 거리를 거닐다보면, 건물의

구조나 색조의 다양성에 놀라지 않을 수 없다. 한 채도 꼭 같은 집이 없다고 말해도 과언이 아닌바, 건축만큼은 앞섰다고 할 수 있다.

예부터 몸바사는 동아프리카 해상교통의 요로였다. 인근 도서들과의 교통은 물론, 내륙의 나이로비나 남아프리카의 여러 연안도시들, 그리고 더 멀리 중국과도 해상교역이 빈번하였다. 지저스 박물관에 전시된 다양한 중국 도자기와 아랍 도자기가 이를 증명해주고 있다.

『**몽계필담(夢溪筆談)**』 沈括 저, 1056년
중국 송대의 과학자이며 정치가인 심괄(沈括, 1031~1095)은 이 책 권14 「잡기(雜記)」에서 지남침의 사용법을 구체적으로 설명하고 있다. 그는 지남침을 심지(燈草)에 꿰어 물 위에 띄우는

수부법(水浮法), 지남침을 손톱 위에 올려놓는 지갑선정법(指甲旋定法), 지남침을 주발의 가장자리에 놓는 완순선정법(碗脣旋定法), 실오리로 지남침의 중간을 매어 무풍지에서 매달아놓는 누선법(縷旋法)의 4가지 방법을 소개하고 있다. 그러면서 자침(磁針)은 남향을 가리키지만 늘 약간 동쪽으로 기울어지기 때문에 완전한 정남(正南)을 가리키지는 않는다는 지남침의 편각(偏角) 현상을 사상 처음으로 밝혔다. 유럽에서 이러한 편각을 알게 된 것은 그로부터 400년 후인 15세기의 일이다. 심괄은 천문대를 주관하는 태사령(太史令)에 봉직하였으며, 왕안석(王安石)의 개혁 신법(新法)을 지지하였다.

묘박 錨泊
선박이 바다에서 자체의 닻에 의존하여 정박하는 것을 말한다. 묘박법에는 해면이 넓은 장소에서 사용하는 단묘박과 해면이 협소한 곳에서 사용하는 쌍묘박 등이 있다.

『무비지(武備志)』의 해도(海圖)
15세기 전반에 행한 정화(鄭和)의 '7차 하서양'에 관한 여러 기록물들이 있어 정화의 거대한 항해를 여러모로 밝혀준다. 그런 기록물들 중 하나가 바로 명대에 모원의(茅元儀)가 쓴 『무비지』인데, 이 책 권240에 저자 미상의 '정

화항해도(鄭和航海圖)'가 실려 있다. 보통 이 항해도를 '『무비지』의 해도'라고 한다.

무역도자 貿易陶瓷
중국 송대는 도자기 제조의 전성기로서 질 좋은 도자기들이 많이 생산되어 주로 해로를 통해 세계 각처에 대대적으로 수출되었다. 그 대표적 도자기는 북송 때 룽취안요(龍泉窯)의 용천청자와 징더전요(景德鎭窯)의 영청(影靑, 청백자)과 남송 때 푸젠성 더화요(德化窯)의 청백자와 건요(建窯)의 천목(天目, 흑유자黑釉瓷), 취안저우요(泉州窯)의 황유철회(黃釉鐵繪), 광둥성 차오저우요(潮州窯)의 백자와 청백자, 장시성(江西省) 징더전요의 백자와 청백자, 지저우요(吉州窯)의 천목과 백유철회(白釉鐵繪) 및 녹회(綠繪) 등이다. 이러한 유명 도자기가 동남아시아와 서아시아를 비롯한 세계 각지에 다량 수출되었으며, 이 수출 도자기를 '무역도자기' 혹은 '수출도자기'라고 한다.

무역선 貿易船
무역선은 나라간의 교역 상품을 실어 나르는 상선을 뜻한다. 해상무역 활동이 가장 활발했던 시기는 유럽에서 중상주의 사상이 성행했던 16~18세기이다. 인도항로가 개척된 후 네덜란드, 영국, 프랑스 등이 동양에 대한 무역독점권을 부여받아 인도에 동인도회사

를 세우면서 무역거래는 급속히 증가하였다. 당초 동방무역은 신항로 '인도항로'를 개척한 포르투갈이 선점하였으나 얼마 못 가서 동인도회사를 앞세운 네덜란드가 대신하였다. 네덜란드는 자바섬을 근거지로 동남아시아의 향신료 무역을 독점하였고 일본과도 교역을 시작하였다. 1653년 대만을 거쳐 일본으로 가던 중 풍랑을 만나 제주도에 표류한 하멜은 네덜란드 국적 동인도 무역선인 '스페르베르(Sperwer)호'의 선원이었다.

동인도회사의 무역선들은 대형 상선 형태로 건조되었는데 네덜란드 동인도회사의 배는 당시 군함보다 더 컸으며, 실제 군함으로도 사용되었다. 상선의 형태가 비교적 가늘고 긴 형태로 변한 것은 동인도 무역선간의 경쟁이 심해진 19세기 중반의 쾌속 범선의 발달과 관련되어 있다. 그후 1883년 동인도회사의 무역독점이 끝나자 그동안 이 회사에 선박을 공급하던 선주들이 제각기 무역에 착수하면서 교역물을 실어 나르는 데 더 효율적인 배를 건조하였으며, 동인도회사의 쾌속 범선 형태가 더욱 다양해졌다. 오늘날은 전세계적인 물동량의 증가로 유조선, 양곡수송선, 컨테이너선, 자동차 운반선 등 화물의 성격에 맞는 상선들이 이용되고 있으며, 규모의 경제원리로 대형화되고 있다.

무역풍 貿易風, trade winds

무역풍은 대략 북위 15도와 남위 15도 사이에 중심을 두고 연중 거의 일정하게 적도 방향으로 부는 바람이다. 북반구에서는 북동무역풍이, 남반구에서는 남동무역풍이 적도 방향으로 강하게 분다. 무역풍은 아열대 해상에서 불기 때문에 고온다습하며, 무역풍이 부는 섬이나 산지의 동쪽 사면에서는 상승기류에 의한 지형성 강우가 발생하여 우량이 매우 많다. 무역풍과 달리 편서풍은 대략 북위 45도와 남위 45도에 중심을 두고 북반구에서는 남서풍이, 남반구에서는 북서풍이 분다. 북반구에 위치한 유럽의 선원들이 신세계로 떠날 때는 약간 남쪽으로 이동하여 북동무역풍을 이용하였으며, 다시 집으로 돌아올 때는 좀더 북쪽으로 항로를 잡아 남서풍의 편서풍을 이용하였다. 무역풍(trade wind)은 지속적으로 부는 바람이라는 의미로 붙여진 이름인데, 옛날 영어에서 'trade'는 '지속적'으로 혹은 '일정하게'라는 의미가 있었다.

무적함대 無敵艦隊, Spanish Armada

무적함대의 사전적 의미는 맞서 겨룰 만한 상대가 없는 최강의 함대를 뜻한다. 그런데 역사 속에서의 무적함대는 스페인 해군을 지칭한다. 16~17세기 대항해시대에 식민지 개척에 혁혁한 공을 세운 스페인 해군의 전력은 막강

하였으며, 이를 반영하여 당시 스페인 해군은 무적함대(원래 명칭은 Spanish Armada 혹은 Invincible Armada)로 불리었다. 1571년 필리페 2세 때 오스만의 주력 함대와의 레판토 해전에서 크게 승리한 후 스페인 해군은 무적함대, 즉 '아르마다(Armada)'로 지칭되기 시작했다고 보는 설이 일반적이다. '아르마다'는 스페인 국왕 필리페 2세가 영국을 침공하기 위해 출동시킨 대규모 선단을 지칭하기도 하는데, 출항 초에는 스페인 왕립 해군 전함 22척과 상선을 개조한 108척, 총 130여 척으로 구성되었다. 스페인이 영국과 전쟁을 벌이게 된 직접적인 동기는 신대륙에서 금은보화 등 재화를 실어 나르는 스페인 배를 영국 해적이 중간에서 노략질하는 데 대해 분노하던 차에 해적인 드레이크에게 영국의 엘리자베스 여왕이 기사 작위를 수여한 일이었다. 드레이크가 부제독으로 이끈 영국함대는 전함 80여 척으로 당시 스페인 함대에 비해 크게 열세였으나 바람과 해상의 조류를 잘 활용하고, 또 폭풍우 등 기상의 도움으로 해전을 승리로 이끌었다. 반면에 스페인은 130여 척의 전함 중 50여 척만이 고국으로 귀환할 정도로 크게 패한 전투로 기록되었다. 이때부터 스페인 해군은 역사의 뒤안으로 사라지고 영국의 해군이 호전적이면서도 최강의 전력으로 해양무대에 등장하게 되었다.

무정선 無釘船

중세 아라비아해와 인도양 항해를 제패했던 아랍-무슬림들이 사용하던 선박이다. 무정선은 말 그대로 못을 박지 않고 야자수 섬유 따위로 판을 여럿 묶어서 만든다. 14세기 아라비아해와 인도양을 항해한 아랍 대여행가 이븐 바투타는 그의 여행기에서 인도의 해저에는 암석이 많기 때문에 철못을 박으면 배가 산산조각 나기가 일쑤이므로 배는 야자섬유로 묶어서 만든다고 소개한 바 있다.

무행 無行, 7세기 중엽

중국 당나라 때 형주(荊州) 강릉(江陵) 출신의 무행은 승려 지홍(智弘)과 함께 광저우(廣州)를 떠나 남해로를 통해 한달 만에 실리불서(室利佛逝, 현 수마트라 팔렘방Palembang 일대)에 도착해 왕의 후대를 받았다. 왕의 배(王船)를 타고 서항 15일 만에 말라유(末羅瑜, 현 수마트라의 잠비Jambi 지방)를 지나고, 다시 15일 만에 갈다국(羯荼國, 현 말레이 반도 서안의 케다Kedah주)에 도착하였다. 여기로부터 30일간 서쪽으로 항해하여 인도 동남해안의 나가발단나(那伽鉢亶那, Nagapattana, 현 인도 동남해안의 네가파탐Negapatam)에 이른 후, 해로로 사자주(獅子州, 사자국獅子國, 현 스리랑카)에 가서 불아(佛牙, 불사리의 일종)를 친견하였다. 그러고 나서 동북행으로 항해하여 동천축국의 가리계라국(訶利鷄羅國, 현 하리켈라Harikela, 혹은 동인도의 오리사Orisa주 연안)에 당도한 후, 거기서 다시 나란다에 가서 불경을 연찬하였다. 그후 당시 그곳에 체류 중이던 의정(義淨)의 전송을 받으며 북행해 오아시스로를 통하여 귀국하였다. 의정의 『대당서역구법고승전(大唐西域求法高僧傳)』에 무행의 행적에 관한 상세한 기술이 있다.

문명이동론 文明移動論

종래 문명의 기원에 관해서는 두 가지 설이 있었다. 일설은 문명이 한 곳에서 발생한 후 다른 지역으로 이동하였다는 문명단원설(文明單元說, 일명 文明一元說, theory of simple origin of civilization)이고, 다른 하나는 여러 문명이 제각기 발생(공시 혹은 선후 다발)한 후 나름대로 발달해왔다는 문명복원설(文明複元說, 일명 文明多元說, theory of plural origin of civilization)이다. 문명단원설은 기본적으로 문명의 일방적인 이동에 이론적 근거를 두고 있다. 19세기 말부터 20세기 초까지 영국에서 대두된 이른바 '맨체스터학파'(Manchester School)가 대표적인 문명단원이동론자들이다. 그 학파에 속하는 스미스(E. Smith)는 저서 『고대 이집트인』(*The Ancient Egyptians*)에서, 페리(W. J. Perry)는 저서 『문명의 성장』(*The Growth of Civilization*)에서 각각

문명단원론에 입각한 문화연속설(文化連續說 theory of culture sequence, 일명 文化接觸說, theory of culture contact)을 주장하였다. 그들의 주장에 의하면, 문명의 유일한 발상지는 이집트로서, 거기로부터 문명이 세계 각지로 계속해서 이동·확산되었다는 것이다. 이 이론의 핵심은 문명의 이동이기 때문에 보통 문명이동론(설)이라고 한다.

문명단원이동론에 따르면, 문명은 3대 간선을 따라 세계 각지로 이동·확산되었다는 것이다. 그 3대 간선은 다음과 같다. ① 문명이동 남선(南線): 이 선은 이집트—시리아—홍해—남아라비아 반도—인도—인도네시아—중남미로 이어지는 길이다. 이 남선 지대의 대표적 문화는 태양과 석물(石物)을 숭배하는 양석복합문화(陽石複合文化, Heliolithic Culture)이다. ② 문명이동 중간선(中間線): 이 선은 이집트—메소포타미아—이란 북부—중앙아시아 사막지대—알타이 산맥—고비 사막—중국으로 연결되는 길이다. 이 중간선을 둘러싼 지대의 특징적 문화는 채도(彩陶)문화다. ③ 문명이동 북선(北線): 이 선은 이집트—중앙아시아(러시아 남부)—시베리아—북미로 뻗은 길이다. 이 북선의 고유문화는 즐문토기(櫛文土器)문화이다.

이 이론에 따르면 3대 간선을 따라 펼쳐진 지구상의 모든 문명의 발원지는 오로지 이집트뿐이며, 문명은 서에

서 동으로 이동한 것이 된다. 이 3대 간선은 문명교류의 통로인 실크로드의 3대 간선, 즉 해로(Sea Road)·오아시스로(Oasis Road)·초원로(Steppe Road)와 그 노정이 대체로 일치한다. 이 문명이동설은 일찍이 '한자 서래설'이나 '중국문명 바빌로니아 기원설'(일명 바크족 이주설), '채도 서래설' 등에 이용되어 그 '이론적 전거'인 양 오도되었다. 그러나 20세기 초, 특히 제2차 세계대전 이후 문명의 복원설(複元說)이 밝혀지고 나서 문명의 개별성(고유성)이 강조됨에 따라 이 이론은 입지를 잃어가고 있다. 물론 문명은 끊임없이 이동하지만, 그것은 결코 일방적인 하향(下向)이동이 아니라 상호이동, 즉 교류이다. 때로는 후진문명에 대한 선진문명의 이동이 일방적 이동으로 비추

어지기도 하지만, 그것은 어디까지나 상대적이고 일시적인 기복(起伏) 현상일 따름이다. 시간이 흐르면 후진문명이 오히려 선진문명을 추월해 역이동(逆移動)이 일어날 수도 있음을 많은 역사적 사실이 실증해주고 있다.

뭄바이 Mumbai

인도 마하라슈트라주의 주도(州都). 6세기부터 힌두 왕조의 치하에 들어갔으며, 16세기 포르투갈이 들어오기 전까지는 뭄바이섬 남단에 위치한 작은 어촌에 지나지 않았다. 1534년에 이곳을 지배하던 토후(土侯)인 구자라트(Gujarat) 술탄이 포르투갈에 뭄바이를 넘겨주었고, 포르투갈 국왕은 누이동생 캐서린의 결혼지참금으로 1662년에 영국의 찰스 2세에게 양도하였

1911년 영국 왕 조지 5세 부부를 영접하기 위해 세운 '인도의 문'

다. 캐서린과 결혼한 찰스 2세는 당시 인도에서 적절한 입지의 항구를 찾고 있던 영국 동인도회사에 10파운드의 금을 받기로 하고 임대하였다. 18세기 영국 동인도회사는 7개의 섬으로 구성된 뭄바이섬 주변을 매립하고 항만과 도시를 건설하여 인도 경영을 본격화하였다. 1869년에는 수에즈 운하가 개통되어 유럽에서 가장 가까운 뭄바이항의 중요성이 더욱 높아졌다. 인도 전국으로 연결되는 철도가 완성되면서 인도 서해안의 경제 중심지로서 발전하였고, 인도 무역의 절반 가까이가 뭄바이항을 통해 이루어지고 있다. 도시 이름은 원래 '봄베이'였는데 1995년 이 지역을 수호하는 뭄바 여신의 이름을 딴 '뭄바이'로 바뀌었다. 뭄바이는 인도 독립운동의 책원지(策源地)이기도 하다. 여기서 1885년 최초의 인도국민회의가 열렸고 1942년에는 간디가 민족해방운동을 주창하였다. 1947년 독립 후 봄베이주 주도가 되었으나 언어문제가 악화되어 1960년 마하라슈트라와 구자라트의 2개 주로 나뉘었다. 면적: 603km^2, 인구: 1200만 명(2011년)

미케네 문명 Mycenaean civilization
미케네 문명은 기원전 2000년경 북부 산지에서 남하한 아카이아인들이 펠로폰네소스 반도에 구축한 고대 그리스의 해양문명이다. 그들은 기원전 1600년경부터 크레타 문명을 받아들이면서 활발한 해상활동을 전개해오다가 기원전 1500년경부터는 지중해 동부의 해상권과 교역권을 모두 장악하였다. 그러나 기원전 1200년경부터 그리스 본토에 도리아인들이 남하하기 시작하면서 기원전 1100년경에 이르러서는 미케네를 비롯한 여러 도시들이 연이어 파괴되고 마침내 미케네 문명은 종말을 고하였다. 미케네인들은 성벽을 공고히 쌓고, 크레타를 정복하는 등 싸움을 좋아하는 성격이 강하며, 그리스 고유의 장중한 성격을 이어나갔다. 건축양식과 내부장식에서는 크레타 문명의 영향을 많이 받았다.

미케네인들의 교역활동
에게 문명(Aegean civilization)의 창조에 큰 기여를 한 미케네인들은 기원전 15~12세기 사이에 에게해를 지배하고 히타이트(Hittite)와 페니키아·이집트 등 나라들과 교역을 하였다. 고대 이집트나 메소포타미아, 그리고 페니키아인들이나 미케네인들이 진행한 교역은 교류사의 여명기에 있었던 교역활동으로 근거리와 소교역권 내에 국한된 원시적 교역이었다.

미크로네시아(Micronesia)의 거석문화 유적 13~15세기
태평양 상의 미크로네시아 여러 섬에는 많은 석조 구조물과 석주, 석

조 인면상 등 거석문화 유물이 남아
있다. 최대의 석조 구조물은 폰페이
(Pohnpei, 일명 포나페Ponape)섬의 난
마돌(톨, Nan Madol)에 있는 대형 석
벽이다. 총 면적이 약 340m²에 달하는
92개의 인공섬(해면에서 1~2m 높이
에 축조)에 흑갈색 현무암으로 사각형
또는 직사각형으로 쌓은 석조 위벽(圍
壁)이다.

태평양의 폰페이섬의 난 마돌에 있는 석벽

ㅂ

바다안개(해무) *海霧*, sea fog

바다에 끼는 안개의 총칭이다. 해무는 해상에서 일어나는 악(惡)기상들 가운데서 가장 빈번히 발생하는 현상 중 하나다. 바다안개는 따뜻한 해면의 공기가 찬 해면으로 이동할 때 혹은 차고 습한 공기가 상대적으로 따뜻한 해상으로 이동할 때 발생한다. 안개가 발생하면 가시거리가 1km 미만으로 짧아진다. 그래서 해상에서 짙은 안개가 발생하면 다른 선박이나 빙산과 충돌하거나, 암초에 좌초하는 사고가 일어나 경제적 손실 및 인명피해를 초래한다. 1912년 4월, 뱃머리가 빙산과 충돌해 침몰한 타이타닉호는 대서양의 뉴펀들랜드의 찬 해면에 따뜻한 공기가 이동해오면서 발생한 바다안개로 둘러싸여 있었다.

바다에서의 제의(祭儀)

인간이 자연을 지배할 수 있다고 생각한 역사는 길지 않다. 우주의 탄생 기원과 인간 유전자의 비밀이 밝혀지고 있는 현대에도 지진, 쓰나미 같은 대재난은 자연에 대한 인류의 오래된 경외심과 두려움을 재확인시켜준다. 고대로부터 바다로 나서는 선원들의 운명은 과학적 항해술보다는 바다의 신에게 달려 있다고 믿어져왔다. 그리하여 동서양을 막론하고 바다를 섬기지 않은 적이 없었다. 우리 고전 『심청전』을 통해서도 볼 수 있듯이, 바다 제의의 한 형태인 인신공양은 바다에 대한 극도의 공포와 숭배를 표하는 희생제의였다. 제의를 받는 바다신은 무시무시한 괴물의 형상으로 나타나기도 하지만, 고대 그리스로마 신화에서처럼 인간적인 모습을 띠기도 하며, 실제 인간이 신격화된 경우도 있다. 중국에서 숭앙되는 항해의 수호신인 마조(媽組)가 그러한 경우다. 960년경 송나라에서 태어난 마조는 여성으로 어릴 때부터 영특하고 현명하였으며 사람들의 병을 낫게 하거나 항해 중의 난파선을 구하는 등의 기적을 많이 행해 항해자의 수호신으로 신격화되었다.

바다에서의 생환은 육지에서의 생환보다 훨씬 더 강렬한 경험이다. 예기치 않은 경험 이후 절실한 것은 사회에 재통합되고 보편적 본성으로 복귀하는 것이다. 혼란과 위험을 겪은 의식이 파괴되는 것을 막는 제의는 축제의 형태를 띠게 된다. 험난한 바다에서 무사히 생환하면 육지에서는 집단적 형태의 제의가 펼쳐지고, 권력자는 이런 제의를 통해 세속적 힘을 과시한다. 엄숙하면서도 강렬하며 규칙 없는 집단적 축제가 행해지는 가운데 극한의 바다에서 살아 돌아온 존재는 자신이 겪은 무시무시한 공포의 시간을 잊게 된다. 그는 자신의 생존 경험을 제의 속 놀이와 축제에 혼합시킴으로써 로제 카이와(Roger Caillois)가 말한 것처럼 '사회적 불규칙'으로 만들어버린다. 지금도 적도를 넘나드는 선상에서는 기이한 형태의 적도제가 펼쳐지고, 심해유인잠수정을 타고 수천 미터 심해를 연구하는 해양과학자들 사이에서도 이와 유사한 축제 형태의 제의가 이루어지고 있다. 적도제가 옛날 무풍지대에서 생환한 바닷사람들을 위한 환대의 제의라면, 심해과학자들의 현대판 놀이는 심연의 바닷속에서 현실 사회로 귀환한 것을 축하하는 현대판 제의라 볼 수 있다.

바다의 신 Poseidon, Neptune

바다의 신 포세이돈은 올림푸스의 12신 중 하나로 제우스 다음가는 유력한 신이다. 로마 이름으로는 넵투누스(Neptunus)로 불리는 포세이돈은 바다에서 호수, 강, 조그만 샘에 이르는 모든 물을 지배하여 물의 신이라고도 불린다. 포세이돈은 시간의 신 크로노스와 풍요의 여신 레아 사이에서 태어났으나, 아들에 의해 쫓겨날 것이라는 우라노스의 저주를 믿은 아버지 크로노스가 태어나자마자 삼켜버렸다. 크로노스는 레아가 낳은 다섯 아들을 모두 삼켜버렸는데, 여섯째 아들 제우스만 유일하게 가이아의 도움으로 살아남았다. 훗날 자신의 내력을 알게 된 제우스가 크로노스에게 구토제를 먹여 다섯형제를 토해내게 했다. 포세이돈은 형 하데스와 함께 자신의 생명을 구해준 제우스가 올림푸스 제일의 신이 되는 데 도움을 준다. 삼형제는 동등한 권한을 행사하여 각자의 지배영역을 제비뽑기로 정하였으며 그 결과 하늘은 제우스, 바다는 포세이돈, 지하세계는 하데스가 다스리게 되었다. 제우스는 삼형제가 가질 최고의 무기를 대장장이 신 헤파이스토스에게 만들게 하여 각자에게 나누어주었는데, 제우스는 벼락, 하데스는 투구, 포세이돈은 삼지창을 갖게 되었다. 삼지창의 세 가지는 각각 구름, 비, 바람을 상징한다. 그는 이 삼지창을 이용하여 바위를 부수기도 하고 바람과 폭풍우를 불러내거나 땅과 해안을 들어올려 해일, 지진, 화산폭발을 일으키기도 한다. '대지를 뒤흔드는 자'라는 별칭이 포세이돈이라는 이름에 담기게 되며, 이로 인해 포세이돈은 바다의 신이면서 지진의 신이라고도 알려져 있다. 또한 황금 갈기를 가진 흰 말이 이끄는 수레를 타고 바다 위를 내달리는 모습은 파도가 밀어닥치는 모습을 떠올리게 한다. 영국의 화가 월터 크레인(Walter Crane)의 '넵투누스의 말'은 거칠게 달려오는 백마를 거대하게 밀려드는 파도의 흰 포말로 표현하고 그 뒤에 두 팔을 벌려 백마들을 몰고 있는 바다의 신을 그리고 있다. 이처럼 포세이돈이 관장하는 영역의 변화무쌍한 특징으로 인해 포세이돈을 변덕, 격정, 분노, 난폭함 등의 성격을 가진 신으로 인식되었다.

바레인 Baḥrain

현재의 바레인왕국은 섬나라이지만 역사적으로 바레인은 아라비아 반도 동쪽 해변 일부를 포함한 걸프만 해로상의 요지였다. 바레인에는 기원전 4000년경부터 페르시아·인더스 지방과 해양을 통해 교역한 흔적이 유물로 남아 있다. 기원전 2000년경에 수메르 설형문자로 쓰인 서사시 『길가메시』에 진주(眞珠)의 섬으로 알려진 이 지역의 딜문(Dilmun) 문화가 기록되었을 정도로 유구하다. 특히 이곳에서는 진주 조개잡이가 매우 성행하여 1331년경 바레인에 도착한 이븐 바투타는 4~5월에 진주를 거래하기 위해 몰려든 상인들의 모습을 자세히 묘사하였다. 그는 또한 바레인섬이 아름다운 대도시로 물과 수목이 풍부하다고 칭송했지만, 날씨가 무덥고 간혹 집을 뒤덮을 정도로 모래가 사방에 널려 있다고 하였다. 그에 따르면, 원래 바레인과 오만 사이에 육로가 있었으나, 당시 모래바람으로 길이 사라져 해로를 통해서만 접근이 가능했다고 전한다.

바루카차 Bharukaccha

인도의 서남 해안에 위치한 고대 항구 도시로서 기원전 8세기경부터 바빌론과 해상교역을 진행했는데, 그 주역은 드라비다인(Dravidian)들이었다.

바사(Vasa)호(號)

스웨덴 왕 구스타브 아돌프 2세가 30년 전쟁에 대비하여 스웨덴과 네덜란드의 직인들을 동원하여 1625년부터 건조한 군함이다. 이 함선은 3개의 돛대(주 돛대 높이 180피트)에 전장 230피트, 고물 높이 60피트의 대선박일 뿐만 아니라, 700여 종의 조각으로 장식한 화려한 선박이기도 하였다. 하지만 1628년 8월 10일 처녀 항해에 나서자마자 침몰을 당하는 불운으로, 50명이 사망하고 5,000만 달러의 재화가 수장되었다. 1961년 샐비지(salvage, 해난구조) 작업으로 선체가 건져올려져 지금은 스톡홀름의 바사 박물관에 보존되어 있다. 이 선박 유물은 17세기 조선술 연구에 유익한 자료를 제공해준다.

바스라(Basrah) 도시 유적

바스라는 이라크 유프라테스강 하구에 위치한 고대 도시로서 옛 터는 현 도시의 서남방 18km 지점에 있는 주바이르촌(村) 부근이다. 원래는 이슬람시대 초기 아랍인들이 정복사업을 위한 군사기지(misr)로 이슬람력 14년(635~636, 이슬람력 16년이나 17년이란 설도 있음)에 건설하였다. 유프라테스강 하류에 위치한 바스라는 페르시아만과 통하고, 또 동쪽으로 20km 남짓 떨어진 샤트알아랍강과도 운하로 연결되어 인근 유목민들과 교역이 활발하게 이루어졌기 때문에 군사기지에서 점차 상업 교역도시로 변모하였다. 이러한 과정에서 아랍인·이란인·유대인들이 대거 모여들어 인구가 늘어났다. 건설 초기 수백 명에 불과하던 인구가 656년 이슬람 내전('낙타 전쟁'이라 부름) 때는 5,000명으로, 8세기 초에는 무려 20만 명으로 급증하였다. 이러한 발전 추세와 더불어 종교·사상·학문 면에서도 출중한 인재들이 다수 배출되어 당시 북방의 쿠파와 쌍벽을 이루는 이슬람세계의 2대 문화 중심지의 하나로 떠올랐다. 바스라는 아랍어 문법학과 아랍 신학파의 하나인 무타질라파(派)의 발생지이며, 신비주의(수피즘) 대가 바스리(Hasan al-Basri)와 시인 아부 누와스(Abū Nuwās)를 비롯해 많은 학자들과 문인들도 배출하였다.

바스라는 페르시아만에 임한 항구도시로 인도와 동남아시아·아프리카·중국 상선들의 출입이 끊이지 않았다. 인도와 동남아시아 및 중국으로부터는 각종 향료와 비단이, 아프리카로부터는 상아·황금·노예 등이 수입되어 명실상부한 국제 교역도시로서 번영을 누렸다. 전성기인 8세기경에는 "이라크는 세계의 눈이고, 바스라는 이라크의 눈이며, 미르바트는 바스라의 눈"이라는 말이 생길 정도로 바스라의 번영상과 중요성이 인구에 회자되었다. 미르바트는 바스라 시내에 있는 대형 시장인데, 문자 그대로 세계 각국 화물의 집산지였다.

그러나 9세기에 접어들면서 빈발한 내란과 외침(外侵), 그리고 종파간의 갈등으로 인해 점차 쇠잔하기 시작했으며, 건물들도 적지 않게 파손되었다. 더욱이 1258년에는 몽골의 서정군에 의해 무참하게 파괴되어 현존 유물로는 알리 마스지드와 하산 바스리, 주바이르 등 몇몇 명인들의 묘당만이 남아 있다. 14세기 전반에 이곳을 방문한 여행가 이븐 바투타는 도시가 이미 볼품없이 황폐화되었다고 개탄하였다. 1534년에 오스만제국의 지배하에 들어갈 때까지만 해도 제국의 한 변방도시로서 거의 도외시되다가 17세기 전반에 포르투갈·영국·네덜란드 등 유럽 국가들의 상선이 페르시아만으로 몰려들면서 이곳에 상관(商館)을 설치한 것을 계기로 점차 현대 항구도시로 변모하였다. 바스라의 대추야자는 세계적 명품으로 수출의 주종을 이루어왔다.

바스쿠 다 가마 Vasco da Gama, 1469~1524년

포르투갈 남부 항구도시 시네스(Sines)에서 태어난 항해가이자 장교인 다 가마는 국왕의 명을 받아 1497년 대포로 무장한 120톤급의 범선 4척(승선인원 160명)을 이끌고 리스본을 떠나 아프리카 서해안으로 남하하였다. 그는 적도의 무풍지대를 피해 육지에서 멀

바스쿠 다 가마의 캘리컷 상륙 기념비(1498)

리 떨어진 심해를 항해했으며, 아프리카 남단인 희망봉을 우회한 다음 동해안을 따라 북상해 1498년 4월에 케냐의 말린디(Malindi)에 도착하였다. 그곳에서 아랍 항해가 이븐 마지드(Ibn Mājid)의 안내에 따라 그해 5월 20일, 출항 10개월 만에 인도 서해안의 캘리컷(Calicut)에 종착하였다. 이것이 이른바 바스쿠 다 가마에 의한 '인도항로'의 개척이다. 그는 나중에 60배의 이익을 남긴 후추와 육계(肉桂) 등 향료를 싣고 이듬해에 리스본으로 귀향하였다. 그가 총 4만 2천km의 이 새로운 항로에서 보낸 시간은 2년이 넘으며(그중 해상에서만 약 300일), 항해 중 3분의 1 이상의 선원을 잃었다. 그후 다 가마는 두 차례(1502~1503, 1524)나 더 인도를 방문하였는데, 1524년 다시 찾은 인도 코친에서 병을 얻어 사망하였다. 이 항로의 개척은 서방의 동방식민지화 경략의 서막이고 서세동점(西勢東漸)의 효시(嚆矢)다.

바이킹 Viking

중세에 활동한 항해술과 교역에 능한 노르만족. 바이킹이라는 말은 고대 노르웨이어 비카(Vika)에서 생겨났고, '도망가다'라는 뜻을 지니고 있다. 원래는 스칸디나비아 사람들 중 상업 행위를 위해 고향을 떠났던 사람들을 지칭하였다. 바이킹의 가장 큰 힘은 위험을 무릅쓰고 도전하는 기질에 있다. 극

심한 겨울 추위에 목숨을 걸고 먼 바다를 항해하여 풍부한 어장과 활발한 상업활동이 가능한 미지의 세계를 개척하였다. 그들은 선박제작술이 뛰어나 거친 바다에서도 항해할 수 있는 배를 만들어 새로운 항로를 찾아서 활발한 교역활동을 벌였다. 특히, 바이킹은 장기간 보관이 가능하고 휴대하기도 편한 말린 대구(Cod)를 주식으로 하였기 때문에 오랫동안 항해할 수 있었다. 이들은 자신들의 항해용 주식인 대구를 팔기도 하였다. 이후 바이킹은 대서양을 횡단하는 무역선을 자주 약탈하면서 해적과 동일시되기 시작하였다. 항해술과 교역에 능한 바이킹은 8~11세기에 바다와 강을 이용해 유럽 각지를 누비면서 현지 문명과 융합함으로써 중세 유럽의 교통과 교역 발전에 크게 기여하였다.

바이킹 박물관 Viking Ship Museum

노르웨이 오슬로에 있는 이 박물관에는 8세기부터 300년간 유럽에서 북미로 가는 북해의 해로를 따라 항해한 세 척의 바이킹 무장선단의 선박이 전시되어 있다. 전시된 첫번째 배는 1867년 오슬로만 동쪽 해안 근처에서 발견된 선수 선미가 없는 길이 20m의 투네라는 배인데, 9세기경에 만들어진 것으로 추정된다. 두번째 배는 1880년 오슬로 부근의 언덕 모양으로 생긴 옛 무덤에서 발견되었는데, 9세기 바이킹들은 바다와 접한 곳에 산을 쌓아 그 속에 배를 묻고 말이나 개를 순장하는 경우가 있었다. 전체 배 길이는 21.58m, 폭이 5.4m이며, 배의 한가운데 있는 묘에서 남성 인골이 발견되었다. 그밖에 피혁제품, 낚시바늘, 청동제 마구 등이 출토되었다. 이 배는 전적으로 바람을 따라 항행하는 사각돛 배로 32명의 조타수가 탑승해 1일 150마일(1항해마일=1,852m)을 항진할 수 있는 원양 항해용 선박이다. 세번째 배는 1903년 오슬로 하구에서 좀 올라간 곳에 있는 둘레 150m의 해저 분구에서 발견되었다. 이 세 척의 선박을 통해 바이킹들이 달성한 조선술과 항해술 및 해양문화를 알 수 있다. 더욱이 중요한 사실은 이들 선박이 콜럼버스보다 몇세기 앞서 북부 대서양을 횡단해 '신대륙'을 알아냈다는 사실이다. 이것은 아메리카 대륙으로 이어지는 환지구적 해로가 이미 개통되어 있었다는 확실한 증거다.

바타비아 Batavia

현 인도네시아 수도 자카르타의 옛 이름이다. 원래 포르투갈이 말루쿠 향료군도에서 향료를 매입하는 기지로 출발했으나, 네덜란드와 영국이 가세하면서 바타비아를 장악하기 위한 쟁탈전이 벌어졌다. 이 전쟁에서 네덜란드가 최종 승리해 1619년부터 이곳을 장악하였다. 네덜란드 동인도회사(VOC)는 바타비아에 상관을 설치하고, 이곳을 동양무역의 거점으로 이용하였다.

바타비아(Batavia)호(號)

1972년 서(西)오스트레일리아 해양박물관의 한 고고학자가 오스트레일리아 서해안의 하우트먼 애브롤호스(Houtman Abrolhos)섬 부근 해저에서 1629년에 침몰된 네덜란드 동인도회사 소속 바타비아호를 발견하였다. 적재된 유물로는 청동제 함포, 총기류, 1575년에 주조된 화폐, 각종 항아리 등이 있다. 특히 주목되는 것은 137개의 석재(石材)인데, 나중에 바타비아의 네덜란드 동인도회사에 성문을 만들려고 네덜란드에 특별 주문 제작한 것으로 밝혀졌다. 그밖에 시드니만이나 빅토리아해 연안에는 많은 침몰선이 있는 것으로 알려지고 있다.

바하리 박물관 Museum Bahari

인도네시아의 수도 자카르타에 위치한 해양박물관. 자카르타 해안의 구시가지 고타에 남아 있는 17~18세기의

바하리 (해양)박물관 외관

네덜란드 양식 건물 중 하나인 네덜란드 동인도회사 창고를 개조한 것이다. 초기 바타비아(Batavia) 지역의 흑백사진을 포함하여 각종 배 모형과 다양한 해양 유물이 전시되어 있다.

바하마 제도(Bahamas) 해저 유적

평범한 선원에서 출발하여 독학으로 해저 탐사법을 익히면서 선장이 된 미국의 윌리엄 힛브스는 서인도제도를 항해하던 중에 17세기경에 보물을 적재한 스페인 선박이 다수 침몰되었다는 소문을 들었다. 그는 해저탐사의 후원자를 얻기 위해 영국에 가서 국왕 찰스 2세를 알현하고 해군의 프리기트함 로즈 오브 알덴지호를 탐사 작업에 투입해도 좋다는 허락을 얻어냈다. 1683년 쿠바의 북방 바하마(Bahama) 제도에서 탐사작업을 진행하였지만 침몰선을 발견하지 못하자 작업선은 영국으로 회항하였다. 그후 힛브스는 새로운 후원자를 통해 200톤급 선박 2척을 빌려 바하마 제도로 다시 향하였다. 다행히 산호에 희미하게 비친 검은 침몰선을 발견하였고, 몇주간의 어려운 작업 끝에 금·은제 봉 27톤, 시가로 3만 파운드의 유물을 왕실에 헌상하였다. 그 공으로 힛브스는 기사(騎士) 작위를 받았다. 그는 1만 6,000파운드의 지분만 가지고 미국에 귀향해 1692년 매사추세츠주(州)의 지사로 임명되었으나 운이 따르지 않아 지사직을 그만두고

영국 런던에 돌아가서 1695년 44세의 나이로 사망하였다.

박주 舶主

당대(唐代) 중국 남방에서 페르시아인 (아랍인 포함)들을 부르던 말이다. 외국 선박 중에서 페르시아 선박이 가장 많고, 또한 인도양을 항해하는 중국 선박에 유능한 페르시아인들을 선장으로 기용한 데서 유래하였다.

발디비아 문화 Valdivia culture

에콰도르 남부의 과야스(Guayas) 해안 지대를 중심으로 발달한 남미에서 가장 오래된 토기문화를 일컫는다. 제작연대가 보통 기원전 3500~1500년이지만, 기원전 4000년대에 속한 것도 있다. 주거와 제사를 목적으로 지어진 것으로 보이는 대형 공공건물 등을 포함하여 유구(遺構) 몇점이 발견되었다. 어로(漁撈)와 농경을 동시에 행하였던 복합사회로 수렵활동도 이루어졌으며, 최근에는 옥수수를 재배한 증거도 나오고 있다. 밑이 둥근 사발이나 외반발(外反鉢) 등의 토기가 발견되는데, 토기의 겉면에는 기하학무늬가 그려졌다. 아주 세련된 토기 형태로, 외부 기원설이 제기되고 있다. 한 연구자는 토기 형태라든가 장식이 일본, 특히 기타규슈(北九州)의 죠몬토기(繩文土器)에 기원을 두고 있다는 이른바 '죠몬인표류설(繩文人漂流説)'을 주장하기도 한다. 주목되는 것은 초기의 석우(石偶)와 후기의 토우(土偶)인데, 그중 키 10cm 정도의 머리칼이 수북한 임신부상이 특히 주목된다. 이런 여성상은 구석기시대 말엽에 초원로를 통해 동서로 널리 전파된 비너스상(여성 나체상)을 연상시킨다.

발보아 Vasco Núñez de Balboa, 1475~1519년

스페인의 탐험가이자 식민지 통치자로서 1512년에 파나마의 다리엔 총독에 부임하였다. 발보아는 1513년 파나마지협(地峽)을 횡단해 유럽인으로서는 처음으로 산미겔만(灣)에서 태평양을 보았다고 전한다. 그리하여 흔히 그를 유럽인 최초의 태평양 발견자라고 한다. 하지만 당시 눈앞에 펼쳐진 이 넓은 바다가 태평양이라는 사실은 알지 못했다. 몇년 후인 1519~1522년에 마젤란이 세계일주를 하면서 풍파가 심한 남미 마젤란 해협을 벗어나 서항하다 만난 바다가 매우 평온해서 그 바다 이름을 '태평양'이라고 붙인 것이다.

발일라보리 跋日羅菩提, Vajrabodhi, 일명 金剛智 → '금강지'항 참고.

발해 渤海

한국 역사상 가장 넓은 영역을 통치하였던 국가인 발해는, 그 영역이 중국 동북 3성과 연해주 남부, 한반도 북부 일대를 포괄하고 있었다. 고구려를 계승한 국가로서, 정치적·군사적 거점 지역에 5경(京)을 설치해 국가 통치의 효율성을 높였다. 5경의 위치에 관해서는 여러 설이 있으나 중경(中京)은 허룽(和龍), 상경(上京)은 닝안(寧安), 동경(東京)은 훈춘(琿春), 서경(西京)은 린장(臨江), 남경(南京)은 함경남도 북청(北靑)으로 보고 있다.

해동성국(海東盛國) 발해가 주변세계와 통하는 주요 국제 간선로는 영주도(營州道)·조공도(朝貢道)·거란도(契丹道)·신라도(新羅道)·일본도(日本道) 등 5도가 있었다. 영주도는 상경에서 영주까지 연결된 도로로 당나라의 장안까지 이어지는 주요 도로다. 조공도는 압록강과 바닷길을 통해 중국 산둥의 덩저우(登州)까지 나아가는 길이다. 거란도는 상경에서 현 지린(吉林) 일대에 위치했던 부여부(夫餘部)를 통해 거란의 수도와 연결된 후 북방 초원로와 통하는 국제도로다. 신라도는 동경과 남경을 거쳐 신라와 교류하는 길이며, 일본도는 동경을 통해 바다로 진출하여 일본으로 건너가는 길이다.

발해는 이 사통팔달한 교통망을 통해 주변세계와 호흡을 함께하고 있었다. 발해의 옛 터에서는 발해와 주변국가들은 물론, 멀리 중앙아시아와도 교류했음을 입증하는 유물이 여러점 발견되었다. 극동 러시아의 옛 발해 터였던 노보고르데예프카성(城) 밖 취락지

발해의 옛 성터 노보고르데예프카에서 출토된 소그드 은화(좌: 앞면, 우: 뒷면)

에서 발견된 8세기의 소그드 은화는 당시 발해가 북방과 모피 교역하던 거란로를 통해 중앙아시아의 사마르칸트 지역과 교역하고 있었음을 말해준다. 발해의 동경이던 훈춘(용원부龍原府)에서는 십자가를 목에 걸고 있는 삼존불상(三尊佛像)이 발견되었는데, 이는 발해 불교와 고대 동방기독교인 네스토리우스파(경교景敎)의 기묘한 융합 양상을 시사해준다.

배의 크기 단위

배의 크기를 나타나는 단위로 현재는 톤(ton)을 가장 널리 사용하고 있다. 배의 크기는 다양한 방법으로 정의된다. 유조선이나 화물선은 화물을 얼마나 많이 실을 수 있는지가 중요하므로 화물 적재량으로 배의 크기를 나타낸다. 또는 배 안에 막혀 있는 모든 공간의 부피를 기준으로 하거나 화물을 싣지 않고 속도가 빨라야 하는 선박들은 배 전체의 무게를 기준으로 삼는 등 다양한 단위가 존재한다. 그리스인들은 갖추고 있는 노의 수를 기준으로 배의 크기를 나타내기도 하였다. 배

의 크기는 지역과 시대에 따라, 선박의 주요 화물이 무엇이냐에 따라 달라졌다. 영국이나 프랑스와 같은 국가에서는 포도주가 주요 화물이었으므로 포도주 통을 가리키는 톤이 사용되었으며, 포도주 외에 해상으로 널리 운송된 곡물의 단위인 라스트(last)도 사용되었다. 이외에 라틴유럽에서는 칸타라(cantara), 베네치아에서는 milliaria, ster, 나폴리에서는 carra가 사용되었다. 또 1590년에 배의 크기를 처음으로 법률로 규정한 스페인은 포도주 통과 관련된 토넬라다(tonelada)를 단위로 표시하도록 하였다. 반면에 동양에서는 주로 쌀이 선박에 의해 운송되므로 배의 크기는 쌀의 양과 무관하지 않았다. 대표적인 단위는 요(料)와 석(石)이다. 중국에서는 쌀 100석을 실을 수 있는 배를 백료선(百料船)이라 하였다. 한국에서는 고려시대 이래 조운선의 크기를 쌀의 석으로 구분하였다.

배의 탄생

이동에는 수단이 필요하며, 강과 바다에서 이동하기 위해 배가 발명되었다. 배의 최초 형태는 이집트 나일강 하류에서 파피루스라는 풀을 엮어 만든 갈대배라 할 수 있다. 갈대배 다음으로 동물의 가죽으로 만든 여러개의 부대 위에 널빤지를 얹은 뗏목의 형태가 등장하였다. 이외에도 인도나 고대 유럽에서는 항아리나 독을 묶어 뗏목을 만들기도 하였다. 뗏목이 거센 물살과 풍랑에도 견딜 수 있으려면 나무나 떼를 엮는 끈이 견고해야 함은 물론, 나무간의 마찰도 이겨낼 수 있어야 하였다.

그러다가 이동 거리가 멀고 연안이 아닌 탁 트인 바다로 나아가야 하거나 바다를 횡단해야 할 경우가 생기면 금세 물을 잔뜩 먹는 뗏목으로는 곤란하였다. 뗏목은 어느 정도 시간이 지나면 햇볕에 말려서 물을 빼야 한다. 뗏목 다음으로 출현한 배는 원시적 선박의 형태인 카누이다. 카누는 노를 저어 움직이는 소형 선박으로 자작나무와 같은 나무의 껍질로 만든 보트나 통나무 속을 파낸 형태가 있었다. 그러나 갈대로 엮어 만든 카누는 가볍고 육지로 쉽게 끌어올릴 수 있는 장점은 있으나 이 역시 뗏목처럼 물이 스며드는 문제를 안고 있었다. 통나무의 속을 파낸 카누는 뗏목이나 갈대카누보다는 낫지만 안정성이 문제였다. 강도와 안정성이 모두 부족한 통나무 카누의 단점을 보완해 나타난 배는 현의 한쪽에 기울기를 잡아주는 받침대를 설치한 통나무배다. 그후 돛대와 돛을 갖춘 변형된 목선이 탄생했으며, 많은 돛을 단 장거리 항해용 범선이 선을 보였다. 이들 모두는 동력을 인간의 힘이나 풍력과 같은 자연으로부터 얻는 배였다. 그러나 그후 동력원 자체를 달리하는 증기선, 가스터빈선, 원자력선이 출현하여 오늘에 이르고 있는데, 그 선체의 모습은 서로 다르다.

배좀벌레조개 shipworm

목질 구조물에 구멍을 파고 들어가 사
는 해산 이매패강 배좀벌레과 조개다.
학명은 Teredo navalis(=japonica)이다.
다른 조개와 달리 겉모습이 벌레를 닮
아 배좀벌레조개라는 이름이 붙었다.
나무로 된 수중 구조물이나 나무로 만
든 선박에 구멍을 뚫어 안전을 위협하
기도 하는 오손생물(fouling organism)
이다. 몸은 연한 붉은 빛을 띠고 벌레
처럼 가늘고 길며, 다 자라면 몸길이가
30cm 이상 되기도 한다. 몸의 앞쪽 끝
에는 작은 조개껍데기가 2장 있다. 껍
데기는 갈색이 도는 흰빛을 띠며 크기
는 최대 약 2cm이다. 껍데기 앞부분은
줄처럼 거칠어 목재를 갉아 구멍을 뚫
을 때 사용하며, 석회질을 분비하여 구
멍 안쪽에 석회질 벌레집을 만든다. 구
멍은 길이가 60cm 이상 되기도 하고,
직경은 1cm 정도 된다. 갉아낸 목질은
먹이로 한다. 아가미에는 질소고정박
테리아가 기생하는데 이들은 배좀벌
레조개가 목재의 셀룰로스 성분을 소
화하는 데 도움이 되는 효소를 만든
다. 배좀벌레조개는 목질 이외에 물속
에 떠있는 미세조류를 걸러먹기도 한
다. 배좀벌레조개는 온대나 열대 바다
에서 살며, 염분 농도에 크게 구애되
지 않아 바닷물의 염분이 낮은 내만이
나 강 하구 근처에도 산다. 한편, 온도

에 대한 적응력도 뛰어나 1~30℃ 범위
에서 생존 가능하지만, 보통은 성장과
번식이 가능한 11~25℃를 선호한다.
배좀벌레조개는 물에 떠서 생활하는
부유성 유생시기에 새로운 서식장소
를 찾는다. 알에서 부화한 벨리저유생
은 표류하는 나무토막이나 침몰한 목
선, 목재 수중구조물 등을 만나면 목질
에서 나오는 물질을 감지하고 표면에
붙어 구멍을 뚫기 시작한다. 구멍을 만
들면 평생을 구멍 안에서 생활한다. 18
세기 영국해군은 배좀벌레조개의 피
해를 막기 위해 선체의 흘수선(吃水線,
water line) 아래를 구리로 씌우기도 하
였다. 해상 실크로드를 오가던 범선도
목선이었으므로 배좀벌레조개에 의한
피해가 있었을 것이다.

백단 白檀, Santalum album

향나무의 일종. 산스크리트어로 찬다나
(chandana)라고 하는 백단은 향나무의
일종으로 그 원산지에 관해서는 인도
의 마이소르주(州)라는 설과 말레이시
아나 자바 동부의 여러 섬이라는 두 가
지 설이 있다. 중국과 일본에서는 전단
(栴檀, 단향목)이라고 하는데, 독사(毒
蛇)의 독을 제거하는 등 해독 작용을
하며, 다른 나무에 기생(寄生)하는 기
생식물이다.

백은(白銀)의 길

태평양을 통한 해상 실크로드. 16세기

말부터 주로 라틴아메리카의 페루에서 생산되는 백은(당시 세계 백은 생산량의 60%)이 필리핀 마닐라를 기착지(寄着地)로 한 태평양 해상 실크로드를 통해 아시아와 유럽에 수입되었다. 이 길을 '백은의 길'이라고 한다. 이 길은 곧 태평양의 해상 실크로드이다.

번박 蕃舶

당(唐)·송(宋)대 중국을 왕래한 외국 상선에 대한 범칭이다. 당·송대에 대외교역이 활발하게 전개되면서 많은 외국 선박들이 중국에 내항하였다. 당 대종(代宗) 대력(大曆) 4년(769) 광저우에 교역하러 온 선박은 4,000여 척에 달했는데, 그중에는 바라문박(婆羅門舶)·파사박(波斯舶)·곤륜박(崑崙舶) 등 여러 나라의 선박이 포함되어 있었다. 큰 선박의 경우 길이가 20장(약 61m)이나 되며 600~700명이 승선할 수 있다. 일부 선박들은 중국 배와 달리 해수로 부식되지 않게 건조하는 데 철못을 사용하지 않았다.

번방 蕃坊

중국 당·송(唐·宋)대의 외방인 거주지를 일괄해 이르는 말이다. 당·송대 중국과 서방 국가 간의 교류가 전례없이 활발하게 전개되자, 그에 편승해 페르시아인과 아랍인을 비롯한 외방인들이 중국 동남 해안 일대에 대거 이주해 정착하였다. 이렇게 중국에 입국한 이

방인들의 거주지를 번방이라고 불렀다. 번방은 주로 외국 상선인 번박(蕃舶)을 통해 중국에 들어온 번객(蕃客, 외방인)들이 집중 거주하는 구역이다. 이러한 번방은 주로 광저우(廣州)나 취안저우(泉州) 등 동남 해안 일대의 항구도시와 홍주(洪州, 현 난창南昌)나 양저우(揚州) 같은 해안 항구에서 장안이나 뤄양(洛陽)으로 통하는 교통로에 위치한 도시들에 설치되었다.

번방의 행정은 일반적으로 번객들의 자치원칙에 준해 운영되었으며, 중국 당국으로부터 임명된 번장(蕃長)이 총괄하였다. 번방의 주요 기능은 상업 업무와 일상 형사업무 및 종교 활동을 처리·관리하는 것이다. 번장은 번방 내의 선박을 관리하고, 번방에 부과된 관세를 정부에 납부하며, 금운품(禁運品)을 단속하며, 종교활동을 관장해야 한다. 번객들의 형사소송은 본국의 법규에 준해 처리한다. 무슬림들의 번방인 경우에는 중국 황제가 무슬림 중에서 법관(qādī) 한 명을 임명하여 번장 역할을 하도록 하였다. 이렇게 당 중엽에 공식적인 행정조직으로서 발족된 번방은 송·원대에 이르러 전성기를 맞았다. 송조의 대외무역 장려 정책에 힘입어 대식상인을 비롯한 번객들이 대거 번방에 이주함으로써, 번방의 규모가 전례없이 커지고 그 역할이 증대되었다. 북송(北宋, 960~1127) 말엽에 이미 '5대 번객(五代蕃客)' '토생번객(土

生蕃客)'이 생겨날 정도로 번객들은 이미 삶의 뿌리를 내리고 점차 중국화되었다.

범선 帆船, 돛배, sailing ship

돛을 달아 풍력(風力)으로 항진하는 배를 말한다. 중국의 경우『시경(詩經)』'상송(商頌)'편에 의하면, 상대(商代)에 이르러 범선이 출현했는데 추진(推進)과 조정(調整) 계통이 장착되어서 군사와 교역에 이용하기 시작하였다. 그 결과 상나라는 세력을 해외에까지 뻗을 수 있었다. 상대의 범선을 한걸음 더 발전시킨 주(周)대에는 해상활동이 더욱 활발하게 전개되어, '주목(舟牧)'이라는 선박관리관을 선임하고 사상 초유의 선박검사제도까지 도입하였다. 인도의 경우, 기원후 굽타(Gupta)시대(기원후 4~6세기)에 축조된 아잔타(Ajanta) 석굴의 벽화에 비교적 발달된 범선 모양의 배가 그려져 있다. 이물(배의 앞부분)과 고물(뒷부분)이 다 같이 높고, 전체 앞부분에 사각돛 3개와 삼각형 돛 1개가 있으며, 뒷부분 좌우에 노가 한 개씩 달려 있다. 그리고 이물에 닻 구멍이 있고 고물에 널판이 각각 한 장씩 튀어나와 있으며, 돛대에는 도르래가 부착되어 있다.

법현 法顯, 342?~423년?

중국의 첫 도축승(渡竺僧)인 법현은 동진(東晉) 때 산서평양(山西平陽, 현 린펀臨汾) 출신으로서 3세에 출가하여 사미(沙彌)가 된 후 20세에 비구의 대계(大戒)를 받았다. 당시는 불교가 흥하여 신도나 불승들이 많이 늘어났지만, 신앙생활에 필요한 율장(律藏, Vinaya-pitaka)이 부족해 제대로 수행을 못하는 형편이었다. 이를 절감한 법현은 율장을 구하고자 험하고 긴 도축(渡竺) 길에 올랐다. 동진 융안(隆安) 3년(후진 홍시後秦弘始 원년, 399) 3월 중순, 이순(耳順)에 가까운 나이에 혜경(慧景)·도정(道整)·혜달(慧達)·혜의(慧意)와 함께 장안(長安)을 출발하였다. 399년에 장안을 떠나 오아시스로로 인도에 갔다가 14년 만인 413년에 해로로 귀국하였다. 그 해로의 항로는 다음과 같다.

사자국(獅子國, 현 스리랑카)의 왕성(王城, 현 아누라다푸라Anuradhapura의 아바야기리Abhayagiri) → 섬(니코바르Nicobar제도) → 야파제(耶婆提) → 중국 동진 청주(靑州) 장광군계(長廣郡界) 노산(牢山, 현 산둥山東 라오산崂山현 동부) 남안 → 팽성(彭城, 현 장쑤江蘇 쉬저우徐州) → 진(晉)나라 수도 건강(建康, 현 난징南京) 도착이다.

귀국 후 법현은 건강에서 불타발타라(佛馱跋陀羅) 선사와 함께 역경에 착수하여 불교계율 5대부의 하나인『마가승기율(摩訶僧祇律)』(일명『대중률大衆律』) 40권을 비롯하여『승기율비구계본(僧祇律比丘戒本)』『승기니계본

(僧祇泥戒本)』『대반니원경(大般泥洹經)』『잡장경(雜藏經)』등 불전을 번역하였다. 법현은 건강에 4~5년간 체재하다가 만년에 형주(荊州)에 옮겨가 423년경 80여 세의 고령으로 귀적(歸寂)하였다.

한편, 법현은 귀국 3년 뒤인 416년에 자신의 도축구법순례기인 『불국기(佛國記)』를 저술하였다. 이 책은 일명 『법현전(法顯傳)』, 혹은 『역유천축기전(歷遊天竺記傳)』『불유천축기(佛游天竺記)』『법현행기(法顯行記)』라고도 불린다. 약 1만 자의 세련된 문장으로 엮어낸 이 순례기는 중국과 중앙아시아·남아시아·동남아시아 지역 30여 개국의 자연환경·지리·교통·문화·물산·종교·풍습·명승유적·중국과의 관계 등 각 방면의 실상을 기술하여, 5세기의 아시아 역사와 동서교류사를 연구하는 데 매우 중요한 자료로 평가된다. 인도의 저명한 역사학자 알리는 "만

일 법현과 현장(玄奘)·마환(馬歡)의 저서가 없었더라면 인도사를 엮어낸다는 것은 전혀 불가능한 일이었을 것이다."라며 이 순례기가 갖는 중요성을 지적하였다. 19세기 30년대부터 영어와 프랑스어를 비롯한 여러 외국어로 번역·출간되었다.

베네치아(베니스) Venezia

아드리아해의 '여왕'이라 불리는 베네치아는 이탈리아 반도의 동쪽 아드리아해에 자리한 국제무역항이자 문화도시이며, 118개의 작은 도시가 모여 이루어진 모자이크 도시다. 약 400개의 다리가 주요 교통로인 물 위의 도시로서 3개의 제방으로 아드리아해와 격리되어 있다. 근래에 바다의 수위가 높아지면서 수몰될 위험성이 제기되고 있다. 이 도시는 중세, 특히 십자군전쟁 이후 유럽과 동방을 잇는 해상의 요로로 경제는 물론 문화적으로도 크게

종탑에서 내려다본 베네치아시 전경

번성하였다. 다른 이탈리아 도시들과는 달리 베네치아는 건축양식이나 생활 모습에서 동방적인 분위기가 물씬 풍기는 도시다. 예로부터 산마르코 광장은 교역의 중심지이며, 산마르코 성당은 모자이크 벽화로 유명하다. 이렇게 번영하던 베네치아는 15세기 대항해시대가 도래하면서 해상교역의 중심이 포르투갈의 리스본으로 옮겨지자 점차 쇠하였다.

베라크루스(Veracruz) 해저 유적

1976년 멕시코만과 마주한 베라크루스 해협 부근의 강 하구에서 한 어부가 금목걸이·금제 막대기·보석류 등 50여 점을 발견·수습하였다. 멕시코 고고학자들의 견해에 의하면, 이 유물은 고대 아스텍 제국의 전설에 나오는 한 왕이 소유하고 있던 재화의 일부일 것이라고 한다. 그러나 유물을 조사한 베라크루스 대학 인류역사학연구소 소장 메드린은 이 재보(財寶)가 위 전설에 나오는 것인지 확인할 수 없으나, 대략 700년 전인 1300년경에 만든 제품일 것이라고 추정하였다. 이 유물을 최초로 발견한 어부는 금제품의 일부를 귀금속상에게 밀매해 문화재보호법 위반죄로 투옥되기도 했다고 한다.

베이루트 Beirūt

레바논의 수도 베이루트는 역사의 여명기부터 해양민족인 페니키아인들이 살면서 개척한 동지중해의 중요한 교역거점이었다. 이곳에는 기원전 3000년 이전부터 마을이 조성되었으며, 기원전 1200년부터 페니키아인들이 활동해 온 흔적이 남아 있다. 베이루트가 주목을 받게 된 것은 1세기 초 로마의 아우구스투스황제가 이곳을 지중해 유수의 양항(良港)으로 보고 식민도시로 만든 때부터이다. 3세기에 이르러서는 '베리토스'란 이름으로 불리면서 신전과 열주(列柱)거리, 극장 등이 건설되기 시작하였으며, 가장 오래된 로마법학교가 세워져 로마는 물론, 아랍과 아르메니아, 그리스의 우수한 법학자들이 모여들어 문화의 중심지가 되었다고 문헌은 전하고 있다.

그러나 551년 이후 몇차례의 지진으로 인해 도시는 심하게 파괴되었다. 8세기 이슬람시대에 와서 사원과 목욕탕 등 시설물이 새로이 건설되었다. 1326년 이곳에 도착한 아랍의 대여행가 이븐 바투타는 "작지만 시가는 아름답고 대사원이 제법 화려하다. 이곳에서 나는 과실이 이집트로 실려 간다."고 기록하고 있다. 베이루트의 근대화에 따른 획기적인 변모는 19세기 중엽에 일어났다. 지배자인 오스만제국이 쇠약해가는 틈을 타서 영국과 프랑스, 러시아들이 이 항만도시를 중동진출을 위한 기항지(寄港地)로 삼았다. 열강들의 각축전 속에 프랑스의 보호령이 된 베이루트는 자유무역도시로 중동의 금융중심지가 되었으며, 1970년대까지는 중동에서 가장 서구화된 근대도시로 발전하였다. 그리하여 '중동의 파리'로까지 불리었다.

베이루트는 선사시대부터 페니키아와 로마, 비잔틴을 거쳐 이슬람시대에 이르기까지 장구한 역사시대에 창조된 문화유산을 다수 보유하고 있을 뿐만 아니라, 남북 수십킬로 반경 내에 안자르(Anjar), 비블로스(Byblos), 트리폴리(Tripoli), 시돈(Sidon), 티레(Tyre) 등 유적지와 함께 해양문화 유적군을 형성하고 있다. 이 유적군에서는 다양한 형태의 유물을 접할 수가 있다. 북쪽으로 약 40km 떨어진 비블로스항 역시 고대 페니키아의 주요 항으로 지중해 교역의 중심지였다. 영어에서 종이를 뜻하는 페이퍼(paper)는 베이루트에서 수출되는 파피루스(papyrus)에서, 바이블(bible, 성경)은 베이루트의 북쪽 도시인 비블로스(Byblos)에서 유래하였다고 한다.

베트남 역사박물관

베트남의 수도 하노이에 위치. 다양한 베트남(안남) 청화백자 유물이 많이 진열되어 있다. 특히 1997년 호이안(Hội An) 앞바다의 침몰선에서 인양된 유물은 베트남 청화백자의 전성기인 15세기의 것들로, 그 규모와 양이 대단하다. 베트남은 14세기경 청화백자를 생산하기 시작하였는데 1368년 중국에 들어선 명(明)조가 해금(海禁)정책으로 자국의 해상무역을 막는 틈을 타서 베트남 청화백자의 해외수출이 급증하였고, 베트남은 동아시아와 서아시아를 연결하는 중계무역지로 발전하였다.

벽유리 璧琉璃, 吠琉璃

벽유리는 산스크리트어 '바이두랴'(vaidūrya)의 음사로 보석인 청금석(lapis lazuli)이나 벽새(碧璽, 녹주석, beryl)다. 서한 때 황문역(黃門譯)이 해로로 남해 여러 나라에 가서 구입하여 귀국한 바 있다. 중앙아시아 여러 나라들이 해로를 통해 판매하였다.

보로부두르 사원 Candi Borobudur

세계문화유산의 하나인 보로부두르는 산스크리트어로 '산 위의 절'이라는 뜻이다. 이 보로부두르 사원은 중부 자바의 고도 족자카르타(Djogjakarta)에서 북서쪽으로 42km 지점에 위치하고 있는 세계 최대의 불교 건축물이다. 건물은 기단 위에 정방형으로 5층을, 그 위에 또 원형으로 3층을 짓고 꼭대기에는 큰 종 모양의 탑을 얹은 총 9층짜리 건물로 높이는 31.5m에 달한다. 3층 위에는 탑과 더불어 구멍이 뚫린 72개의 스투파(화장묘)가 있는데, 스투파 속에는 등신불상이 정좌하고 있다. 쌓아올린 돌덩어리가 100만 개나 되며, 회랑을 따라 시계바늘 방향으로 부

세계 최대의 불교 건축물이라고 하는 자바 보로부두르 사원 전경

조를 보면서 6층까지 오르는 길의 길이는 5km나 된다. 위에서 조감하면 마치 만다라 모양으로 비치며, 호수에 떠 있는 연꽃을 상징한다. 돌아다니다 보면, 예배 드리는 사원이라기보다는 깨달음을 얻는 교육의 장이라는 느낌이 든다. 회랑을 따라 올라가는 행위 자체가 해탈에 이르는 길이라는 상징적 의미를 가지고 있다. 회랑 벽면에는 석가의 생애와 가르침이 부조로 형상화되어 있다.

이 사원은 8세기 중엽 중부 자바에서 번성한 사일렌드라 왕조(Sailendra dynasty) 때 지은 건물로 추정된다. 캄보디아의 앙코르와트보다 300년이나 앞서 지은 건물로 완공하는 데 50년이 걸렸다고 한다. 9세기 중엽 산자야 힌두교 왕조가 들어서면서 방치되었으며, 1006년 인근 므라피 화산 폭발로 생긴 화산재 속에 묻히고 말았다. 1814년에 영국인이 발견했으며, 네덜란드가 1907~1911년에 복구작업을 하였다. 그후 1973년부터 10년간 아시아 유적으로는 처음으로 대규모의 복구사업이 유네스코의 주도로 진행되었다. 사원은 도굴 등으로 인해 심하게 파괴되었다. 속설에는 스투파 속에 손을 넣어 부처 발등에 손이 닿으면 소원이 성취된다고 한다.

보선 寶船

명대의 대항해가 정화(鄭和)의 7차 '하서양(下西洋)'시 출항한 최대의 범선이 바로 보선(寶船, 일명 대박大舶)인데, 매번 20~30척의 보선이 참가하였다. 보선의 길이는 44장 4척(약 138m), 너비는 18장(약 56m), 적재량은 약 1,500톤으로 승선 인원은 최고 1,000명에 달하였다. 보선은 9주의 돛대에 12장의 대형 돛을 단 범선이다. 이러한 보선은 난징(南京)을 비롯한 여러 지방의 보선소(寶船所)에서 특별 건조되었다. 태조 홍무(太祖洪武) 연간에 지은 난징 보선소는 부지 면적만도 13만m²에 달했으며, 10여 개의 전문 작업장이 있었다. 유적에서 확인된 바와 같이, 이곳에는 길이 200~240m, 너비 27~35m의 선거(船渠, 독)가 여러 개 있었다. 이러한 선거는 최대한 길이 160m, 너비 66m의 대박까지 건조할 수 있는 규모다. 이 유적에서는 그밖에도 길이 11.07m의 대형 키가 출토되었다. 명대의 보선은 전대의 어떠한 선박보다도 규모가 크고 설비나 기술이 완벽하여 조선사(造船史)상 최대의 범선이라고 할 수 있다.

복원된 정화 선단의 보선(난징 박물관)

보스턴 차 사건 Boston Tea Party, 1773년
차 독점권에 항의하는 보스턴 시민들의 동인도회사 습격사건이다. 1773년 영국 수상 노스가 미주 상인들의 차 밀무역을 금지시키고 동인도회사에 차 독점권을 부여하는 관세법을 반포하자 보스턴의 반(反)영국 단체인 '자유의 아들' 성원들이 그해 12월 회사 선박 2척을 기습해 차를 바다에 던졌다. 이에 영국 정부는 군대를 주둔시키고 손해배상을 요구했으나 시민들과 매사추세츠 하원은 이를 거부하였다. 이것이 미국 독립전쟁의 도화선이 되었다.

보스포루스(Bosporus) 왕국
기원전 5세기 크리미아 반도에 있던 그리스계 식민왕국이다. 흑해를 중심으로 그리스와 스키타이 간의 중계무역에 종사하였다.

복원력 復元力, restoring force
평형상태를 이루고 있는 물체에 밖에서 힘이 가해져 평형이 깨어졌을 때, 다시 평형상태로 돌아가려는 힘을 복원력이라고 한다. 배의 경우 외부 힘에 의해 배가 어떤 방향으로 기울어지려고 할 때 그 힘에 맞서 기울어지지 않으려는 힘이나, 기울어지게 하는 원인을 제거하였을 때 원래 위치로 돌아가려는 힘을 말한다. 물에 떠 있는 배는 수직 아래 방향으로는 중력을, 수직 위 방향으로는 부력을 받는다. 평형상태에서는 두 힘의 크기가 같고 같은 작용선 상에 있다. 그러나 외부 힘에 의해 배가 기울어졌을 경우 두 힘은 더이상 같은 작용선에 있지 않으며, 두 힘으로 인해 짝힘이 생긴다. 배의 무게중심이 경심(傾心)보다 아래에 있을 때, 이 짝힘은 배가 더 이상 기울지 않도록 하는 복원력으로 작용한다. 경심은 물에 떠 있는 물체가 기울었다가 다시 제자리로 돌아올 때 회전 중심을 말한다. 사람이나 짐을 실은 배는 물에 떠 있는 상태에서 파도나 바람 등 외부의 힘이나 짐의 배치 등에 의하여 한쪽으로 기울어진다. 만약 기울어지는 경사각이 클 경우 뒤집혀 침몰하는 사고가 일어난다. 배는 안전을 위해 전복을 방지해야 하므로, 복원력은 배의 안전을 판단하는 중요한 기준이 된다. 복원력이 작으면 배가 전복될 위험이 있다. 한편, 복원력이 너무 크면 배가 좌우로 빨리 움직여 선적한 화물의 균형이 깨질 위험이 있고, 선체나 기관이 손상을 입을 수 있으며, 배에 승선한 사람들이 쉽게 멀미를 한다. 그러므로 선박은 적절한 크기의 복원력을 가지고 있어야 한다.

봉합선 縫合船, 線縫船

못을 쓰지 않고 끈으로만 나무판을 묶어 만든 배를 말한다.('자세'항 참고) 일명 선봉선이라고 하는 봉합선에 관한 한적(漢籍)의 최초 기록은 4세기 혜함(嵆含)의 『남방초목상(南方草木狀)』에 보인다. 이 책에는 일종의 야자나무 상록 관목인 "광랑(桄榔)나무는 병려(栟櫚, 종려나무)처럼 단단한데, 그 껍질로 밧줄을 꼬아 물속에 넣으면 부드러워진다. 호인(胡人, 서역인)들은 그것으로 나무를 묶어 배를 만든다."고 적고 있다. 끈으로는 야자나무 섬유나 인도산 밤나무 껍질을 사용한다. 인도산 밤나무 껍질은 소금기 있는 바닷물에도 썩지 않고 오래 견딘다고 한다.

부남 扶南, Funan, 1~7세기 중엽

인도차이나의 크메르인들이 메콩강 하류에 세운 해양국으로, 수도 비야다푸라(Vyadapura, 현 바프놈Ba Phnom)의 외항인 옥애오 유적에서 발굴된 각종 유물('옥애오 도시 유적'항 참고)과 중국 오(吳)나라의 사신 강태(康泰)와 주응(朱應) 등의 방문기록에서 아 나라의 역사와 문화에 관한 얼마간의 지식을 얻을 수 있다. 부남이라는 말은 '산(山)'이라는 뜻의 크메르어 '프놈'(phnôm)의 음사로 추측된다. 건국 시조는 여왕(女王) 유엽(柳葉)이며, 3세기 초에는 타이와 말레이 반도까지 세력을 확장하였다. 인도계 출신 왕들의 통치하에서 인도문화의 영향을 많이 받았다. 옥애오 유물에서 알 수 있듯이 부남은 말레이 반도와 인도·중국, 그리고 멀리 로마와도 활발한 교역을 하였다. 종교는 힌두교와 불교를 믿었다. 6세기 초 북방의 진랍국(眞臘國, 현 캄보디아)의 압박을 이기지 못해 남쪽의 나라바라나가라(Naravaranagara, 나불나성那弗那城)로 천도했으며, 네 번의 왕조 교체를 거쳐 7세기 중엽에 멸망하였다.

부력 浮力, buoyancy

어떤 물체를 액체 속에 넣으면 중력 반대방향으로 밀어올리려는 힘이 작용하는데 이 힘을 부력이라 한다. 즉 부력은 뜨는 힘을 말한다. 기원전 3세기경 그리스의 아르키메데스는 왕으로부터 왕관이 순금인지 아닌지 확인해달라는 부탁을 받고 고민하다가 우연히 욕조에 들어갔을 때 물이 넘치는 것을 보고 부력의 원리를 발견했다는 일화가 있다. 물속에 잠긴 물체는 그 잠긴 부피에 해당하는 물의 무게만큼 가벼워진다는 아르키메데스의 부력 원리를 이해하면, 무거운 쇠로 만든 배가 어떻게 물에 뜨는지 알 수 있다. 물속에 잠긴 물체의 밀도가 그 부피만큼의 물의 밀도보다 작으면 위쪽으로 힘을 받게 되는데 이를 양성부력이라 한다. 양성부력이 있으면 배가 물에 뜰 수 있다. 한편, 물체의 밀도가 같은 부피의 물 밀도보다 크면 아래로 가라앉게 되는데 이를 음성부력이라 한다. 또 물체의 밀도가 같은 부피의 물 밀도와 같으면 중성부력이 되어 뜨거나 가라앉지 않고 물속에 물체가 같은 위치에 머무르게 된다. 잠수함은 이런 부력을 이용해 잠항(潛航)하거나 물 위로 부상할 수 있다. 떠 있는 배에는 부력중심이 있다. 부력중심은 배가 밀어낸 부분에 물이 있다고 가정했을 때 그 무게중심을 말한다. 부력중심은 배가 기울었을 때 제자리로 돌아가려는 복원력을 결정하는 데 중요한 요소가 된다.

부에노스아이레스 Buenosaires

아르헨티나의 수도. 부에노스아이레스는 명명에서 설계와 시공에 이르기까지 모두가 외래 간섭자들에 의해 진행되었다. 이 도시건설에 착수한 페드로 데 멘도사(Pedro de Mendoza)와 함께 이 도시를 관류하는 라플라타(La Plata)강 지역에 상륙한 산초 델 캄포(Sancho del Campo)가 대초원을 휩싼 신선한 공기에 감격해서 "이 땅은 어찌 이리도 공기가 좋을고!" 하고 내뱉은 한마디 말 'buenos aires(부에노스아이레스, 좋은 공기)'에서 그 이름이 유래하였다고 한다. 이것 말고도 성모 부엔 아이레(buen aire)에서 유래하였다는 일설도 있다. 원래 부에노스아이레스는 400여 년 전 서구식민주의자들이 제멋대로 얼개를 짜놓은 도시로 숱한 우여곡절을 겪으면서 변모해왔다. 첫 정복자 멘도사는 1536년 강가의 둑 위에 첫 기지를 꾸리고 도시를 지어나갔다. 도시가 모양새를 갖추어나가자 외국인들이 눈독을 들여 한때는 영국인과 미국인들의 손에 넘어가 농장과 대저택지로 개발되기도 하였다. 부에노스아이레스가 오늘과 같은 도시 구조를 갖추게 된 것은 제2차 정복자인 후안 데 가라이(Juan de Garay)시대의 설계에 의해서이다. 총 44개 블록(1블록=100m×100m)으로 구성된 도시 구획로를 보면 0번은 정복자의 저택, 1번은 광장, 2번은 대성당, 5번은 의회(카빌로)와 감옥 등의 순으로 배치하고 있다. 0번 정복자의 저택은 오늘의 대통령 궁전이고, 1번 광장은 오늘의 유명한 '5월 광장(Plaza de Mayo)'이며, 2번 대성당과 5번 의회는 그대로이다. '5월 광장'은 스페인의 식민정책에 불만을 품고 자치를 요구해 일어난 아르헨티나 태생의 스페인인 크리오요(criollo)들이 1810년 5월 25일 독립을 선언한 날을 기념하기 위해 조성한 광장으로, 시의 기점인 동시에 상징이기도 하다. 이 광장이 세계적으로 유명해진 것은 군사정권 때(1976~1983년) 실종된 자식을 찾아달라고 외치는 하얀 머리수건을 두른 '5월광장 어머니회' 회원들이 매주 목요일에 모여 집단데모를 해온 곳이기 때문이다. 이 도시에는 수많은 박물관과 성당, 극장과 더불어 100년의 역사(役事)를 거친 세계에서 가장 넓은 '7월 9일 거리'(폭 140m)가 있다. 면적: 203km², 인구: 약 290만 명(2010년)

북극성 北極星, Polaris

현재 작은곰자리 꼬리 부분에 위치한 알파(α)별을 가리키며, 우리 눈에 보이는 별 가운데 가장 북극에 가까이 있어 북극성이라고 한다. 북극성은 적위(赤緯) 89도 2분에 위치하여 천구(天球) 북극으로부터 약 1도 떨어져 있으며,

폭 140m로 세계에서 가장 넓은 '7월 9일 거리'와 오벨리스크

천구 북극을 중심으로 일주운동을 하지만 움직임이 워낙 작아서 정지해 있는 것처럼 보인다. 그러나 지구의 세차운동 때문에 북극성의 위치는 조금씩 달라지고 있으며, 약 1,000년 후에는 세페우스 자리에 있는 알라이(Alrai)라고 불리는 감마별이 현재의 북극성을 대신할 것이다. 지금으로부터 약 500~1,500년 전에는 작은곰자리의 머리에 있는 베타별 코카브가 북극성이었다. 항해기술이 발달하지 않았던 때는 야간에 하늘의 별 위치를 보고 천문항해를 하였다. 지구자전 때문에 북반구에서는 하늘의 별들이 북극성을 중심으로 시계 반대방향으로 하루에 한 바퀴 회전하며, 북극성은 그 중심에서 거의 움직임이 없다. 그래서 선원들은 옛날부터 항해 중에 북극성을 북쪽 방향을 알아내는 나침반으로 활용하였으며, 북극성의 고도를 측정하여 현재 있는 곳의 위도를 알아내었다. 그러나 북극성은 그다지 밝게 빛나지 않으므로 북두칠성과 카시오페아 자리를 이용해서 찾는다. 한편, 남반구에서 남극에 가장 가까운 별은 팔분의자리의 시그마별인데 어두워 그 대신 남십자성을 항해할 때 길잡이로 삼았다.

부용수청화백자 芙蓉手青華白磁

16세기 후반부터 17세기 중반 사이에 주로 중국 경덕진(景德鎭)에서 양산되어 일본이나 유럽에 다량 수출된 백자로 부용(芙蓉, 연꽃)이 주요 무늬여서 이런 이름이 붙여졌다.

불공 不空, 不空金剛, 智藏, Amoghavajra → '아목거발절라' 항 참고.

불교 전파

기원전 6세기에 오늘날의 인도 동북부 일원에서 발생한 불교는 그 내재적 고유성으로 인해 시·공간적으로 각기 다른 양상을 보이면서 인도 밖의 광범위한 지역으로 전파·확산되었다.

기원전 3세기 실론에 대한 포교를 기점으로 전개된 불교의 전파는 기원후 9세기에 이르러 서아시아를 제외한 대부분의 아시아 지역을 망라하게 되어 명실상부한 범아시아적 종교로 부상하였다. 이 1천여 년에 걸친 불교의 전파과정은 포교 내용과 지역성, 그리고 포교의 상승성(上昇性)을 고려해 크게 4기로 나눠 고찰할 수 있다. 제1기는 전파의 초기단계로서, 기원전 3세기 아소카왕이 3대륙에 포교단을 파견해 전파를 시작한 단계다. 제2기는 기원전 1세기 무렵부터 불교가 서역 지방을 거쳐 동북아시아 일대로 확산된 시기다. 제3기는 기원후 7~8세기경 불교의 동남아시아 전파기이며, 제4기는 9세기 이후 티베트와 네팔 등 히말라야 오지로의 전파다.

불교 전파의 요인 불교가 범아시아적인 종교로 급속하게 전파된 것은 우연이 아니다. 그것은 불교 자체의 종교적 교리와 수용자들이 처한 역사적 환경에서 비롯된 주·객관적 요인에 의한 필연적 귀결이었다. 주관적 요인으로는 불교가 갈무리하고 있는 보편타당한 교리다. 극심한 계급·신분적 차별을 강요하는 브라만교의 질곡과 구각(舊殼)을 깨고 나타난 불교는 만민평등사상을 제시하면서 하층민을 포함한 모든 중생이 중도(中道)를 따르면 누구나 구원을 받으며 열반(涅槃)에 이를 수 있다고 주장한다. 뿐만 아니라 해탈(解脫)을 위한 팔정도(八正道)와 자비·사랑·탐욕 절제 등 일상의 생활덕목도 아울러 제시하고 있다. 이러한 교리사상은 만민, 특히 서민들의 마음을 잡기에 충분하였다.

주관적 요인과 더불어 불교의 전파를 수용하게 된 객관적 요인은 당시에 나타난 종교적 공백이었다. 이러한 공백은 특히 유교문명권에서 극명하게 나타났다. 중국을 비롯한 유교문명권 내의 나라들에서는 현실정치나 윤리도덕의 치법(治法)에만 치중하는 유교나 유학이 안고 있는 한계를 분명히 느끼고 있었다. 유교만으로는 복잡다단한 현실의 삼라만상을 제대로 설명하고 다스릴 수 없음은 물론, 미래(내세)에 대한 비전도 제시할 수가 없었다. 이를테면, 종교·사상적 공백이 생겨 그것을 채워줄 새로운 종교와 사상의 출현은 역사발전에서 필연적일 수밖에 없

었다. 1세기 이후의 아시아 지역은 대체로 이러한 절박한 시대적 요청에 직면해 있었다. 바로 이러한 때에 업보(業報)와 윤회(輪廻) 사상을 바탕으로 한 불교가 인간과 사회의 제반 문제에 대한 나름대로의 해석과 궁극적 해결책을 제시함으로써 시대적 요청에 부응하게 되었던 것이다.

그밖에 불교에 대한 외압(外壓)과 흡수 내지는 변질로부터 자구책을 찾아야 하는 주·객관적 요인도 불교의 전파에 영향을 주었다. 4세기 초에 세워진 굽타 왕조(320~520?)는 복고적인 브라만 보호정책을 추구함으로써 불교에 타격을 가하였다. 이를 계기로 힌두교는 불교를 압도하기 시작했으며, 급기야 불교는 힌두교에 흡수되어갔다. 이른바 불교의 힌두화이다. 이와 더불어 7세기경에 흥기한 밀교(密敎)도 결국 불교의 변질을 자초했으며, 또한 이즈음에 발생한 이슬람의 동점은 불교에 커다란 외압으로 작용하였다. 이러한 흡수와 변질, 외압으로 인해 불교는 9세기경부터 발상지인 인도에서 점차 사양 일로를 걷기 시작하여 13세기 초에는 인도 땅에서 거의 자취를 감추게 되었다. 그렇지만 인도 내에서의 불교의 쇠퇴와 몰락이 결코 보편종교로서의 불교의 쇠퇴나 종말을 의미하지는 않았다. 오히려 이러한 상황은 역동적으로 그 생존을 위해 새로운 지역으로 전파되거나 이미 전파된 지역에

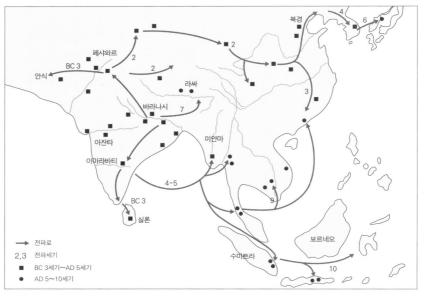

불교 전파도

서 교학연구나 교세확장을 촉진하는 요인으로 작동하였다.

불교 전파의 특징 장기간에 걸쳐 광범위한 지역에서 진행된 불교의 전파는 기독교나 이슬람교 같은 보편종교의 전파와 비교해 그 과정이나 결과에서 일련의 특징을 보였다. 첫째로, 당초부터 분파권적(分派圈的)으로 전파가 진행되었다는 것이다. 불교 전파의 단초를 연 기원전 3세기의 동남아시아 전파는 시종 상좌부(上座部)불교(Theravāda, 혹은 소승불교)이고, 이에 반해 기원 1세기를 전후해 서역과 동아시아 일대에 전파되기 시작한 불교는 대승불교(Mahāyāna)였다. 이러한 전파 초기 단계에서의 분파권적 전파로 인해 오늘날까지도 불교권은 크게 남방불교권과 북방불교권으로 나뉜다. 다음 특징은 강한 변용성(變容性)이다. 발원지인 인도에서도 융화성(融化性)을 보였을 뿐만 아니라, 전파과정에서도 상당한 변용성을 나타냈다. 불교는 인도문화를 대동하고 전파되어 전파지, 특히 후진 지역 전파지의 사회·문화에 커다란 영향을 끼치면서 그 사회의 변용을 야기하는 한편, 불교 자체도 전파지의 사회·문화에 영합하고 순응하면서 스스로 변화하는 변용성과 융통성을 발휘하였다. 이는 외래종교인 불교가 쉽게 이방에 정착하고 생명력을 유지하게 되는 하나의 요인이었다. 불교는 신속하게 민간신앙에까지 파고들어가는 과정에서 종합적인 불교문화를 창출해 거의 토착화된 양상을 보여준 것이다. 불교 전파의 마지막 특징은 전도방식이 평화적이라는 점이다. 불살생(不殺生)을 하나의 종교적 계율과 덕목으로 삼는 불교로서는 원래 살상이나 전쟁에 의한 전파는 금물이었다. 불교 전파사에는 전파나 수호를 위한 '성전(聖戰)' 같은 무력행위는 찾아볼 수 없다. 전파는 대부분 전법승(傳法僧)들의 전경(傳經)이나 역경(譯經), 건사(建寺) 등 설법적인 방법으로 진행되었다. 이러한 평화적인 전도방식으로 인해 불교는 쉽사리 위정자들의 보호를 받을 수 있었다.

불랑기 佛狼機
명(明)대 중국인들이 사용한 포르투갈의 국명이다. '불랑기'는 중세 아랍인들이 아랍어로 유럽인을 '이프란즈'(al-Ifranj)라고 칭한 데서 유래한 말인데, 아랍인들의 '이프란즈'라는 말은 중세 초 유럽을 석권한 '프랑크인'(Franks)이라는 말의 와전음(訛傳音)이다. 포르투갈인들이 중국에 들여온 서양 화포(火砲)를 이르는 말이라는 설도 있다.

불름 拂菻 혹은 불림 拂壇, 拂懍, 拂臨, 蒲林, 拂林, 普嵐, 伏廬尼
불름 혹은 불림은 동로마제국(비잔틴제국)을 지칭한다는 것이 중론이다. 여

러가지 한역명은 모두 로마(Roma)에 대해 와전된 음사(音寫)다. 『구당서(舊唐書)』에는 '불림국은 대진(大秦)의 이름이다'라고 나오는데 로마제국이 콘스탄티노플에 천도하기 이전 한적에는 대진으로 나오지 불림으로 나오지는 않는다. 그밖에 한적에는 대불림(大佛臨)과 소불림(小佛臨)이라는 말이 나오는데, 전자는 대체로 동로마제국을, 후자는 시리아를 지칭한다.

브레턴(Breton) 해협 유적
1724년 프랑스의 브레스트(Brest)항을 출발한 캐나다 주둔 프랑스군 공급선 시몬호가 대서양 횡단을 거의 마칠 무렵 브레턴 해협에서 갑자기 허리케인의 기습을 받아 침몰하였다. 1967년 네덜란드계의 제도사(製圖士) 알레크 스톰과 잠수부 토리오가 이 침몰선에서 금화 1,000매와 은화 1만 2,000매를 건져내었다.

브리간틴(Brigantine)선(船)
2개의 돛대를 가진 배로서, 앞 돛대로는 가로돛을 펼치고, 뒷 돛대로는 세로돛을 펼치며 항해한다.

『비글(Beagle)호 항해기』 Charles Robert Darwin(1809~82년) 저, 1839년
찰스 다윈이 1831년 해군 측량선 비글호에 박물학자로 승선하여 5년간 항해한 후 남긴 항해기. 비글호는 영국

을 출발하여 남아메리카 해안과 갈라파고스 제도, 오스트레일리아, 대서양, 태평양, 인도양 일대를 일주하였다. 다윈은 이 항해에서 남아메리카 대륙의 다양한 화석과 현생동물, 갈라파고스 제도의 동식물 등을 관찰하면서 생물진화론에 관한 창의적 시각을 갖게 되었으며, 이를 바탕으로 하여 후일 명저 『종의 기원』(*The Origin of Species by Means of Natural Selection*)을 발표하게 되었다.

비자야나가르(Vijayanagar) 왕국
1336~1649년

남인도의 퉁가바드라 강변에 자리한 비자야나가르(드라비다어로 '승리의 도읍'이라는 뜻)를 수도로 해 건설된 힌두왕국이다. 보석과 향료로 유명한 이 나라는 4왕조에 걸쳐 페르시아와 중국, 아프리카와 포르투갈 등 여러나라와 활발한 해상교역을 진행하였다. 그러다가 북방의 강력한 이슬람왕조에 의해 멸망되었다.

비취모 翡翠毛
진귀한 새인 비취의 털을 말한다. 비취조의 주산지는 진랍국(眞臘國, 현 캄보디아)으로 깊은 산속 못에 둥지를 틀고 자웅 한쌍씩 서식한다. 털은 취색(翠色, 창색蒼色, 남색과 파란색의 중간빛)으로 진귀하므로 꼬아서 사치품을 만드는 데 쓰인다. 비취조의 털은 중국이나 신라에서도 매우 귀하게 쓰였으며, 사용에 제한이 있었다.

비테로호(號) 침몰선
1614년 네덜란드 동인도회사 소속의 비테로호 무역선이 중국 명나라 말엽의 염부(染付) 자기를 가득 실은 채 대서양의 세인트헬레나섬에서 정박해 있는데, 2척의 포르투갈선이 나타나 양측 간에 해전이 벌어졌다. 전투 끝에 비테로호가 침몰하였는데, 350여 년이 지난 1972년 해저탐사를 하던 벨기에의 수중고고학 팀에 의해 발견되었다. 인양한 결과 염부 자기는 산산조각이 났고, 청동제 대포에서는 많은 기포(氣泡)가 드러났는데, 조잡하게 주조한 대포에서 새어나온 화기가 화약고에 붙어 배가 폭발한 것으로 추측되었다. 발견된 여러가지 염부 용기는 명 말 염부 자기의 편년을 밝히는 데 단서가 되었다.

빌렘 바렌츠 Willem Barents, 1550~1597년
네덜란드의 항해가로 북해를 통해 아시아로 가는 북동항로를 찾기 위해 세 번의 항해를 시도하였으며, 그 과정에서 정확한 항로와 기상정보 등에 관한 자료를 기록으로 남겼다. 1596년의 세 번째 항해 도중 노바야젬랴섬 부근에서 배가 빙하에 걸려 더이상 항진하지 못하고 그곳에서 겨울을 보낸 후 이듬해 바다의 얼음이 풀리면서 가까스로 탈출하였으나 일주일 후 사망하였다. 그로부터 275년이 지난 1871년에 바렌츠 일행이 겨울을 보낸 장소가 확인되었다. 바렌츠해(海)는 그의 이름을 따서 명명된 것이다.

ㅅ

사남지작 司南之杓

자석의 지극성(指極性)을 이용하여 만든 최초의 방향지시 기구다. 기원전 1세기 말에 저술된 『논형(論衡)』 「시응편(是應篇)」에는 자석의 지극성을 이용하여 만든 기구인 '사남지작(司南之杓)', 즉 '남쪽을 가리키는 국자'에 관해 기술하면서 "땅에 던지면 손잡이가 남쪽을 가리킨다"라는 대목이 나온다. 이 사남지작은 자철광(磁鐵鑛)을 국자 모양으로 잘라서 만든 것인데, 긴 손잡이 쪽이 자석 역할을 하여 남쪽을 가리킨다. 이는 자석의 지남성(指南性)에 대한 최초의 발견이라 할 수 있다.

사남지작

사략선 私掠船, privateer

국가로부터 적국 선박에 대한 나포 면허나 위임장(Letters of Marque)을 받아서 합법적으로 타국의 선박을 공격할 수 있는 민간 선박. 대항해시대가 열리면서 유럽 국가들은 해군력을 증강시키는 방법으로 사략선을 이용하였는데, 역사적으로 보면 사략선과 해적들의 행동에는 큰 차이가 없다. 1588년 영국 해군을 이끌고 스페인 무적함대를 격퇴한 프랜시스 드레이크(Francis Drake, 1540?~1596)는 사실 남아메리카 해안에서 스페인 배를 약탈하던 사략선 선장으로, 그가 1579년 1,200만 파운드의 보물을 실은 스페인의 카카푸에고(Cacafuego)호를 약탈한 사건은 역사상 가장 성공한 해적행위로 꼽힌다. 1856년 파리 선언을 통해 스페인을 제외한 유럽 국가들은 모두 사략선을 폐기하였고, 1907년 제2차 헤이그 만국 평화회의에서는 사략선을 폐기하는 것을 국제법상의 한 조항으로 확정하였다.

사비에르 Francisco de Xavier, 方濟各, 1506~1552년

최초로 중국을 방문한 스페인 출신의 예수회 선교사. 젊어서 파리대학에 유학하면서 선교에 뜻을 두고 이그나티우스 데 로욜라(Ignatius de Loyola)와 함께 1540년 예수회를 창립하였다. 동방 선교에 나선 사비에르는 1541년 4월 7일 리스본을 떠나 이듬해 5월 6일 인도 고아에 도착하였다. 이어 스리랑카와 말라카, 싱가포르 등지를 방문하면서 포르투갈 상인들과 중국인들에게서 중국에 관한 정보를 수집하였다. 1549년 가고시마를 거쳐 일본에 상륙한 뒤 그는 히라도·야마구치·사카이 등지에서 포교활동을 하다 상경했으나 천황이나 쇼군의 접견은 받지 못하고, 지방의 몇몇 다이묘의 보호만을 받았다. 2년간의 일본 체류 기간에 그는 중국인들과 교류하는 과정에서 중국에 관한 오해가 깊어졌다. 그는 일본인들은 중국으로부터 불교와 유교를 받아들였기 때문에 중국인만 개종시키면 일본인은 자연히 중국에서 받아들인 '사설(邪說)' 따위는 포기할 것이라고 확신하고 먼저 중국에서 포교할 것을 결심하였다. 그는 인도 고아에 돌아간 후 1552년 4월 14일 수사(修士) 페레이라(Alvares Pereira)와 시종 2명과 함께 '성십자호(聖十字號)'에 승선, 고아를 떠나 8월에 중국 광저우(廣州)에서 30마일 떨어진 상촨섬(上川島)에 도착하였다.

명(明) 나라의 해금(海禁) 정책 때문에 대륙에 상륙할 수 없어 상촨섬에 체류하던 그는 내로라하는 중국 상인들과 연락을 하면서 재상륙을 시도하였다. 한 중국 상인에게 스페인 은화 200매를 주고 광저우 진입을 약속받았으나 변심한 상인이 나타나지 않아 결국 상륙에 실패하였다. 그는 인도에 되돌아가서 방법을 강구할 것인가를 놓고 고심하던 중 12월 20일 밤, 외딴 섬의 한 천막 속에서 객사하였다. 그의 시체는 상촨섬에 매장되었다가 이듬해에 말라카로, 1554년에 다시 고아로 이장되었다. 그는 사후 가톨릭 성자(聖者)로 시성(諡聖)되고, 상촨섬은 천주교의 성지로 되었다. 명·청대에는 그곳에 기념비와 기념 성당이 있었다.

사이클론 cyclone

남태평양 해역에서 발생하는 태풍을 일컫는다. 열대성 저기압 가운데서 중심 최대 풍속이 초속 17m 이상의 폭풍우를 동반하는 것을 태풍이라고 하는데, 지구상에서 연간 평균 80개가 발생한다. 태풍은 발생 해역에 따라 부르는 이름이 다르다. 인도양·아라비아해·벵골만·호주 부근 남태평양 해역에서 발생하는 태풍을 '사이클론'이라고 부른다. ('태풍'항 참고)

사일렌드라 왕조 Sailendra dynasty

8세기 중엽에 인도네시아 자바섬에 세워진 해양 불교 왕조다. 산스크리트어로 '산(山)의 왕'이라는 뜻의 사일렌드라 왕조는 8세기 후반에 보로부두르 불교 대사원을 건설할 정도로 불심이 돈독하고 부강한 나라로서, 850년 경 당시 수마트라의 팔렘방을 중심으로 한 해양왕국 스리비자야(Srivijaya)와 합병함으로써 남중국해를 지배하는 명실상부한 해양강국으로 부상하였다. 16세기 이후 이슬람세력의 동진과 더불어 네덜란드를 비롯한 서구세력이 밀려들자 국력이 쇠잔해져 식민화되었다.

사카이 堺

일본 동부의 주요 내륙항. 16세기에 자치적인 자유도시를 형성하여 국제적인 항만도시로 크게 번영하였다. 명, 포르투갈, 스페인 등과의 활발한 무역활동을 주도했을 뿐만 아니라, 일본 고유의 다도(茶道)를 완성하는 등 문화도 진흥하였다. 그러나 그후 도쿠가와 막부가 쇄국정책을 폄으로써 국내 항구로 전락하여 세력이 크게 꺾인 반면에 나가사키와 오사카 등 항구가 그 역할을 대신하게 되었다. 사카이 시에는 열쇠구멍 형태를 한 세계 최대의 다이센(大山) 고분(古墳)이 있는데, 닌토쿠(仁德) 천황의 무덤으로 여겨진다.

산살바도르 San Salvador

엘살바도르의 수도로 고대 마야문명의 남계(南界)에서 마야문명을 찬란히 꽃피운 유서 깊은 곳이다. 태평양 연안지대의 여러 호수와 강·하천을 낀 기름진 땅에서 선주민들은 각지의 선진문화를 받아들여 나름의 독특한 문명을 창조하였다. 스페인 식민주의자들이 침입하기 이전부터 이곳은 중앙아메리카에서 인구밀도가 가장 높은 곳으로 경제적·문화적 활동이 활발히 전개되고 있었다. 1831~1838년에는 중

산안드레스 유적(제형 피라미드)

앙아메리카연방의 수도였으며, 지금은 중앙아메리카 상설사무국의 소재지이기도 하다. 쾌적한 기후에다 근교에 일로팡고(Ilopango)호를 비롯한 호수와 화산들이 많아 관광지로서도 이름나 있다.

해발 660m의 산간분지에 자리한 '신성한 구세주'라는 뜻의 산살바도르는 1525년에 스페인 식민주의자들에 의해 건설되었으나 1554년에 일어난 큰 지진으로 파괴되자 지금의 자리로 도심을 옮겼다. 그리하여 초기 식민시대의 구시가지 면모는 사라지고 말았다. 현재의 시가는 1919년 지진 이후 1934년부터 건설한 현대적 계획도시다. 태평양 연안에 위치한 리베르타드(Libertad)는 산살바도르의 외항으로서 수도 일원의 교통과 교역을 담당하고 있다. 1980년에 발발해 12년 동안이나 계속된 내전으로 이 나라의 경제는 극도로 피폐해졌으며, 빈부 격차의 심화와 치안 불안 등 여러가지 사회문제가 야기되었다.

시내에는 성프란체스코대성당과 로사이로교회 등 식민시대의 유적 유물이 남아 있으며, 국립인류학박물관은 엘살바도르에서 피어난 마야 문명의 이모저모를 잘 보여주고 있다. 특히 서쪽 약 40km 지점에 자리한 마야 문명 고전기의 호야 데 세렌(Joya de Cerén) 유적(유네스코 등재)과 거기서 5km 떨어져 있는 산 안드레스(San Andrés,

근 100년간 발굴이 진행)유적은 마야 문명의 보고라고 말할 수 있다.

산살바도르섬 San Salvador Island

카리브해의 바하마 제도 중앙부에 있는 작은 섬. 와틀링섬(Watling Island)이라고도 하는데, 원주민은 '과나하니'(Guanahani)라고 부른다. 1492년에 콜럼버스가 약 70일간(8월 3일~10월 12일)의 제1차 '대서양 횡단' 항해 끝에 처음으로 이 섬에 도착하여 산살바도르(San Salvador, 구세주·구원자)라고 명명하였다. 산살바도르에 관한 기록은 유네스코 세계기록유산인 『파쿠하슨의 일지』(Farquharson's Journal)에 남아 있는데, 스코틀랜드 출신의 파쿠하슨은 산살바도르 동쪽의 프로스펙트 면화농장(Prospect Hill Plantation)의 경영주로 1831년 1월 1일부터 1832년 12월 31일까지 농장에서 일어난 일들을 생생하게 기록하였다. 이 일지는 영국 식민지의 면화농장에서 일하는 노예들의 일상생활을 들여다볼 수 있는 귀중한 자료이다. 면적: 163km², 인구: 약 930명(2010년)

콜럼버스의 1차 상륙지점인 롱베이와 기념십자가

산타마리아(Santa Maria)호(號)

스페인의 산탄데르에서 건조된 150톤급 카라크(carrack)선으로, 콜럼버스가 태평양 횡단에 이용한 배이며, 선주는 후안 데 라 코사다. 콜럼버스는 선주에게서 이 배를 빌려 타고 출항하였다. 3대의 돛대(주 돛대의 높이는 90피트)에, 돛은 사각돛을 비롯해 모두 다섯 장이다.

세계 최대 커피 수출항 산투스항

산투스 Santos

브라질 상파울루주(州)의 대서양에 면한 항구도시. 상파울루(São Paulo)의 외항(外港)으로, 브라질 제일의 자유무역항이면서 세계 최대의 커피수출항이다. 16세기 중엽에 포르투갈의 귀족 브라스 쿠바스(Brás Cubas)가 브라질 내륙을 개척하기 위한 거점으로 항만과 성당 등을 건설하였고, 18세기에 상파울루까지 연결하는 도로가 부설되어 산투스는 브라질 식민지의 무역항으로 성장하였다. 19세기 들어 산투스 인근 내륙지역에서 커피가 대대적으로 경작되면서 산미가 적고 부드러운 맛이 특징인 산투스 커피가 산투스항을 통해 유럽과 미국으로 다량 수출되었다. 항만 연안에는 1922년에 지은 옛 커피거래소를 개조한 커피박물관이 있다. 1층에서는 브라질산 각종 커피를 시음하고, 2층에서는 커피 생산에 관한 지식을 전수받을 수 있다. 커피 세계의 '거인' '군주'로 군림한 브라질은 20세기 초에 벌써 세계 커피의 40~50%를 생산하였으며, 지금은 연간 생산량이 약 280만톤(2008)으로 생산과 수출에서 단연 세계 1위를 차지하고, 소비에서는 미국 다음으로 2위를 차지한다. 한 가지 놀라운 사실은 브라질 커피의 70%가 일본인이 경영하는 커피농장에서 나온다는 것이다. 동양인의 구미에 맞는 이구아커피가 바로 일본인들이 경영하는 농장에서 가공한 것이다. 면적: 280,674km², 인구: 43만 명(2013년)

산티아고 Santiago

칠레의 수도. 안데스 산맥의 서쪽 기슭에서 태평양을 면해 자리하고 있는 산티아고는 식민시대를 겪은 여느 라틴아메리카 나라들의 수도와 도시구도가 유사하다. 도시 중심부에 있는 '아르마스'라는 광장을 에워싸고 '모네다궁전'(Palacio de la Moneda)으로 불리는 대통령 궁전과 대성당(Cathedral), '레알 아우디엔시아 궁전'(Palacio Real Audiencia, 현 국립역사박물관), 시청

산티아고의 아르마스 광장에 있는 대통령 궁전

사, 우체국 등 식민시대의 건물이 배치되어 있다. 눈길을 끄는 것은 광장의 한 모퉁이에 세워진 아옌데(Allende Gossens)의 동상이다. '남미병'을 고치려고 한 평생을 바친 그의 동상에는 "나는 칠레가 가야 할 길, 칠레의 미래를 확신한다"라는 글귀가 새겨져 있다. 산티아고에는 남미 각국의 유명한 회화와 조각 3,000여 점을 보유하고 있는 남미 최고(最古)의 국립미술관(Museo Nacional de Bellas Artes)이 있다. 면적: 641.4km², 인구: 약 540만 명(2012년)

산호 珊瑚, coral

열대성 바다에서 나는 산호는 아름다운 빛깔에 모양이 기기묘묘하여 유럽에서는 신석기시대부터 가공해서 장신구로 사용해왔다. 지중해가 원산지로 알려진 산호는 로마시대에는 벽사

진경(辟邪進慶)의 주술로 여겨져 어린이들의 목에 걸어주는 풍습이 있었다. 지중해의 산호는 일찍부터 실크로드를 타고 동방 각지에 유입되었다. 일본에서는 이렇게 들어온 산호를 '호도산호(胡渡珊瑚)'라고 부른다. 이시진(李時珍)은 『본초강목(本草綱目)』에서 산호에 지혈 효능이 있다고 기술하여, 약으로도 쓸 수 있다고 전한다.

산호세(San Jose)호

미국 플로리다 반도 부근의 해저에는 스페인 침몰선이 적지 않다. 그중 1733년에 침몰된 산호세호의 유물을 찾기 위해서 잠수부 톰 구르는 5년의 노력 끝에 1974년 1월 동료들과 함께 10만 달러 상당의 금은보화를 찾아냈는데, 발견 장소가 주(州) 관할의 3해리 이내 영해라는 이유로 주 당국은 25%의 소유권을 주장하였다. 분개한 구르는

동행 취재를 위한 텔레비전 카메라맨과 함께 보트를 타고 심해에 나가 "나는 어떠한 법률도 위반한 것이 없는데 주 당국은 나의 몫까지 빼앗으려고 하니 차라리 바다에 되돌려줄 수밖에 없다."고 하면서 건져낸 금은보화를 삽으로 퍼서 바닷속에 도로 던졌다. 주 당국은 잠수부를 고용해 찾아내려고 하였으나 바다가 거칠어지는 바람에 끝내 찾아내지 못했다고 한다.

삼각무역 triangular trade
일반적으로 세 나라나 지역 사이에 이루어지는 무역을 일컫는데, 특수하게는 노예무역을 뜻하기도 한다.

오늘날 삼각무역이라고 하면 다국적 무역의 일종으로 두 나라 또는 두 지역간의 무역이 한쪽에 치우쳐서 무역수지의 불균형이 장기간 지속될 때 제3국을 개입시켜 불균형을 시정하는 무역방식을 의미한다. 그러나 역사 속에서의 삼각무역은 대항해시대 이후 영국과 유럽에 막대한 흑자를 가져다준 유럽-아프리카-아메리카 3개 지역 간의 무역을 말한다. 이 3개 지역을 잇는 삼각무역을 가능케 한 데는 노예무역이 중요한 역할을 하였다. 따라서 이 지역들간의 삼각무역을 노예 삼각무역이라 부르기도 한다.

노예 삼각무역은 유럽의 공산품을 아프리카에 팔고, 아프리카에서 산 노예를 아메리카나 서인도제도에 팔아 그 돈으로 다시 아메리카의 농작물을 사서 유럽으로 싣고 돌아오는 무역방식이다. 구체적으로 보면 유럽에서 출항한 선박이 섬유제품·럼주·무기 등을 싣고 서아프리카로 가서 아프리카의 노예와 교환한 다음, 노예를 싣고 남적도 해류를 이용해 서인도제도나 브라질로 항해하여 그곳에서 노예와 설탕을 교환한 후, 멕시코 만류와 북대서양 해류를 타고 다시 본국으로 돌아오는 무역과정이다. 17세기부터 18세기에 걸쳐 영국을 비롯한 유럽에서는 차문화가 확산됨에 따라 설탕의 수요가 급증하였는데, 그로 인해 설탕을 생산하는 서인도제도나 브라질 북동부 등에서 집약적인 노동력이 절실히 필요하였기 때문에 이에 노예무역이 성행하게 된 것이다. 이 무역항로를 통해 노예 중 일부는 미국 남부의 목화재배지에 노동력으로 투입되었으며, 그들의 노역에 의해 수확된 목화는 영국 섬유공장으로 수출되어 산업혁명의 기반이 되기도 하였다. 16세기 말부터 19세기 초까지 진행된 삼각무역의 결과로 영국과 유럽은 막대한 부를 축적하게 되었는데, 그 모든 것은 아프리카의 노예노동력을 착취한 데서 비롯된 것이다.

삼각주 三角洲, delta
하천의 상류나 중류에서는 물의 흐름이 빨라 퇴적물이 가라앉지 못하나 하류에 다다르면 흐름이 느려져 물속에 떠 있던 토사가 바닥으로 가라앉게 된다. 특히 강이 바다로 흘러들어가는 하구에서는 유속이 갑자기 느려져 강물이 운반해온 부유토사가 가라앉아 쌓인다. 이렇게 만들어진 평평한 지형은 흔히 삼각형 모양을 닮아서 삼각주라 한다. 규모가 큰 강이 바다로 흘러드는 곳에는 대규모 삼각주가 만들어지며 끝부분에 여러 갈래로 수로가 만들어져 새의 발을 닮은 복잡한 지형을 나타낸다. 영어로는 델타(delta)라고 하는데 그리스 문자 델타(Δ)와 비슷하게 보여서 붙여진 이름으로, 기원전 5세기경 그리스 역사가 헤로도토스(Herodotos)가 나일 삼각주를 '델타'라고 부른 데서 시작되었다고 한다. 삼각주는 주변에 물이 풍부하고, 강물이 토사와 영양물질을 계속 공급하여 땅이 기름지기 때문에 인간이 정착하여 농경생활을 하기에 적합한 땅이다. 또한 바다로 진출하기에도 편하고, 강을 통해 이동하기가 좋은 장점도 있다. 그래서 이집트의 나일강, 이라크의 티그리스강과 유프라테스강, 인도의 인더스강, 미국 미시시피강, 브라질 아마존강, 네덜란드와 독일의 라인강, 베트남 메콩강, 인도의 갠지스강 등 큰 강의 하구에 삼각주가 잘 발달하였고, 우리나라의 낙동강 하구도 바로 그러한 예 중의 하나다.

삼각파도 三角波濤, triangle waves

바다에서 너울과 마찬가지로 공포를 주는 대상으로 삼각파도가 있다. 삼각파도는 진행방향이 다른 둘 이상의 파도가 부딪쳐서 생기며, 보통 고기압을 동반한 전선이 통과할 때 나타난다. 대륙성 고기압이 발달하여 한랭전선이 다가올 때 전선이 통과하기 전까지는, 예컨대 남서풍이 불면 파도가 남서방향에서 오지만, 전선이 빠른 속도로 통과하면서 풍향이 바뀌어 북서풍이 불면 기존의 남서방향에서 오는 파도와 함께 북서방향에서 오는 파도를 만나게 된다. 항해 중에 삼각파도를 만나면 뱃머리를 어느 쪽으로 향해야 할지 모르게 된다. 하나의 파도만 타면 다른 파도가 배의 측면에 부딪쳐 배가 전복되거나 심하게 파손된다. 태풍에 의한 매우 높은 파도와 비슷하여 위험하므로 항해자는 경험상 삼각파도가 주로 발생하는 지역과 계절에는 항해를 회피하여 해상교통이 두절되는 경우가 빈번하다.

삼불제 三佛齊 → '스리비자야'항 참고

상아 象牙

코끼리의 위턱에 있는 송곳니가 어금니 모양으로 길게 자란 것을 상아라고 하는데, 예로부터 귀중한 장식품이자 교역품으로 전세계인이 귀하게 여겨왔다. 중국에서는 기원전 11세기의 청동기 문양에 상아가 보이며, 상아 세공품이 은대의 유적 은허(殷墟)에서 출토되기도 했다. 역대의 남해 교역품에는 상아가 빠지지 않았으며, 유럽이나 인도·중국 등의 나라들에서는 오늘날까지도 상아 세공품이 큰 인기를 모으고 있다.

『상인보감(商人寶鑑)』 *Merchants' Treasure*, Bailak al-Qibjaqi 저, 1281년

킵자키가 1281년에 해상 실크로드 상의 통상에 관해 쓴 책으로, 인도양에서 진행되는 무역 상황뿐 아니라 항해술에 관해서도 소개하고 있다. 지향기기(指向機器)로 사용되는 자침에 관한 기술에서, 그는 이집트의 알렉산드리아에서 인도양으로 항해하는 선원들은 수부자침(水浮磁針)을 능숙하게 다루며, 수미(首尾)가 남북을 가리키는 자침지남어(磁針指南魚)도 사용한다고 하였다.

'개척의 집' 외관(위)
끌려가는 노예들('개척의 집' 전시 그림, 아래)

상파울루 São Paulo

브라질 상파울루주의 주도(州都). 16세기 중엽에 브라질 해안의 산투스를 개척한 포르투갈은 상파울루에 내륙과 연결되는 거점도시를 세웠으나 원주민의 공격 등으로 인해 오래 정착하지 못하였다. 그러나 이후 이곳을 찾은 예수회 신부들이 기후가 해안보다 선선하다는 것을 알고 예수회학교를 설립하는 등 학교 중심의 마을로 꾸려나갔다. 마을이 세워진 날이 사도 바울의 개종일과 같아서 마을 이름이 상파울루로 정하여졌다. 상파울루는 포르투갈의 식민시기에는 큰 주목을 받지 못하였다. 토양이 당시의 환금작물인 사탕수수 재배에 적합하지 않았고, 부존자원이 있는 것도 아니어서 산투스항을 통해 내륙으로 들어가는 탐험대가 들르는 정도의 마을에 불과하였다. 그러나 1822년에 브라질이 포르투갈로부터 독립하고 상파울루주의 주도가 되면서 발전하기 시작하였다. 특히 19세기에 들어와 유럽과 북아메리카의 커피 시장이 번성하면서 토양과 기후가 커피 경작에 적합한 상파울루가 중요한 커피 재배지로 부상하였다.

커피의 재배와 생산에 필요한 노동력이 유입되면서 인구가 급속히 늘어났다. 1895년에 13만 명이었던 상파울루의 인구가 불과 5년 만에 24만 명으로 급증하였다. 초기에는 노예노동력을 많이 이용하였으나 노예제도가 폐지되면서는 유럽의 이민자들이 많이 늘어났다. 그리하여 지금의 상파울루 중심가인 파울리스타(Paulista)대로에 유럽에서 온 커피 농장주들의 주거지가 형성되었다. 20세기 들어와서 상파울루는 상대적으로 시장이 축소된 커피를 대신하여 자동차 산업을 키움으로써 도시가 더 확대되어 수도인 리우데자네이루보다 더 큰, 브라질 최대의 도시가 되었다. 리베르다드 구역이 있는 '동양인 거리'의 주역은 40여 개 점포를 운영하고 있는 일본인들이다. 이민 70주년을 기념해 1978년에 세운 '브라질 일본이민 사료관'도 눈에 띈다. 일본은 동양의 그 어느 나라보다도 일찍감치 남미에 진출해 터전을 닦아놓았다. 또 도시의 북쪽에 한 농가를 개조해 만든 이른바 '개척의 집'이라는 자그마한 박물관도 있는데, '개척'이라는 명목으로 끌려온 흑인노예들의 참상을 그림으로 보여주고 있다. 사실 라틴아메리카의 식민지 개척에는 아프리카 흑인들의 피와 땀이 고여 있다. 면적: 1522,9km², 인구: 약 1,100만 명 (2011년)

샌프란시스코 San Francisco

미국 캘리포니아주 태평양 연안의 항구도시. 샌프란시스코 지역은 1542년에 스페인의 항해가 후안 카브리요 (Juan Rodríguez Cabrillo)가 유럽인으로서는 처음 도착한 곳인데, 당시 스페인은 이 지역에 큰 관심이 없었다. 그러나 영국과 프랑스, 러시아의 어선들이 바다표범이나 물개 등의 모피를 얻기 위해 샌프란시스코 인근 해역에 나타나자 위기를 느낀 스페인은 1769년에 캘리포니아 탐험대를 조직하여 이곳에 파견하였다. 당시 개척지의 이름은 그곳에 도착한 날에 해당하는 성자의 이름을 따서 짓는 것이 관행이었으나, 샌프란시스코는 당시 금문교 근처에 흐드러지게 피어나는 허브(Herb, 박하풀)에서 따서 예르바 부에나(Yerba Buena, 박하 약초라는 뜻의 스페인어)라고 하였다고 한다. 이후 미국이 점령하고 나서 샌프란시스코로 개명되었다. 1821년에 멕시코가 독립하면서 멕시코령이 되었지만 여전히 모피를 거래하는 작은 항구에 불과하였다. 그러다가 1848년에 캘리포니아의 골드러시가 시작되면서 폭발적으로 성장하였다. 골드러시를 통해 축적된 부로 도시의 편의시설이 갖추어졌고 금융을 비롯한 각종 산업이 탄생했으며, 더욱이 대륙횡단철도와 파나마운하가 개통되면서 태평양 연안의 제일 항구로 변신하였다. 다양한 나라에서 온 이민

길이 2789m 높이 227m의 금문교

자들로 인해 다중 언어가 사용되고 있으며, 중국에서 건너온 철도노동자들이 만든 차이나타운은 뉴욕에 이어 미국에서 두번째로 큰 타운이다. 면적: 600.6km², 인구: 약 83만 명(2013년)

생강 生薑, 학명 Zingiber officinale
향료·식용·약으로 쓰이는 교역품으로서 원산지는 동인도의 힌두스탄 지역으로 알려져 있다. 중국은 자국의 남방이 생강의 원산지라고 주장하는데, 2,500년 전부터 쓰촨성(四川省) 일원에서 생강을 재배해왔다고 한다. 생강의 원산지가 인도나 말레이시아 등 고온다습한 동남아시아 지역이라는 설도 있다. 한국에서는 고려시대 이전부터 재배되었다. 중세의 페르시아와 아랍의 약전(藥典)에는 중국산 생강을 중요한 약용식물의 하나로 취급하고 있으며, 중세부터 중국산 생강이 페르시아·아랍·비잔틴·라틴아메리카 등 광범위한 지역으로 팔려나갔다. 19세기 중엽까지도 중국산 생강은 오아시스로를 통해 아시아 각국으로 수출되었다.

생물오손 生物汚損, biofouling
생물오손이란 선박, 해양구조물, 발전소 열교환기 등 인공물의 표면이나 유용생물의 표면에 부착생물이 달라붙어 피해를 주는 것을 말하며, 이런 부착생물을 오손생물이라 한다. 오손생물(biofouling organisms)은 우리가 흔히 보는 따개비나 해조류 이외에도 아주 다양하다. 해양환경에서 생물오손이 일어나는 과정은 일반적으로 4단계로 나뉜다. 처음에는 유기물이 표면에 반데르발스 힘(Van der Waals force)에 의해 달라붙는다. 그러면 24시간 이내에 1차 이주종(移住種)인 박테리아나 저서규조류와 같은 미생물이 달라붙어 아주 얇은 생물막(biofilm)을 형성한다. 미생물이 현미경적 크기이므로 이 단계에서는 사람의 육안으로 분간하기 힘들다. 생물막이 형성되면 1주일 이내에 2차 이주종인 대형 해조류의 포자(胞子)나 원생동물이 달라붙고, 2~3주가 지나면 3차 이주종인 우렁쉥이·따개비·해파리 폴립·홍합과 같은 조개류, 이끼동물 등 대형 부착생물이 달라붙게 된다. 생물오손은 해운물류에 경제적으로 큰 손실을 초래한다. 선체에 오손생물이 달라붙으면 선박이 무거워질 뿐만 아니라 물과의 마찰 저항이 커져 속도가 줄어들고 연료가 많이 들게 된다. 한편, 양식장의 그물이나 발전소의 냉각수 관을 막고, 수중구조물에 달라붙어 부식을 초래하는 등 피해를 유발하기도 한다. 따라서 생물오손을 막기 위한 방오도료(防汚塗料, antifouling paint)가 개발되었다. 방오도료는 부착생물이 달라붙지 못하도록 하는 페인트로 생물을 죽이는 화학물질이 첨가되어 있다. 가장 흔히 쓰이는 물질은 TBT(Tributyltin)였으나, 환경호르몬의 피해가 알려진 후로는 친환경적인 대체물질이 개발되고 있다. 해상 실크로드를 오가던 선박들도 부착생물로 인해 배의 속도가 느려지는 등 피해가 있었을 것이다

서복 동도설 徐福東渡說

『사기(史記)』의 「진시황본기(秦始皇本紀)」와 「회남형산열전(淮南衡山列傳)」, 『삼국지(三國志)』 「오주전(吳主傳)」, 『염철론(鹽鐵論)』 「산부족(散不足)」 조, 『후한서(後漢書)』 「동이열전(東夷列傳)」 등, 서복(徐福, 일명 서불徐市)의 동도(東渡) 및 도한(渡韓)에 관한 4종 원전 중의 8종 기사 내용을 종합해보면 다음과 같다.

기원전 219년 동해(東海) 상의 '삼신산 전설(三神山傳說)'을 믿은 진시황의 명을 받고 제(齊)나라 출신의 방사(方士) 서복은 불로장생의 선약(仙藥)을 구하기 위해 동남동녀(童男童女) 수천 명(일설에는 3,000명)과 함께, 오곡(五穀)과 연노(連弩)를 싣고 백공(百工)을 데리고 바다로 나갔다. 당초 서복 일행이 선약을 구하기 위해 택한 행선지는 가기에 멀지 않은(거인불원去人不遠) 발해 한가운데 있는 봉래산(蓬萊山)과 방장산(方丈山), 영주산(瀛洲山)의 삼신산이었다. 그러나 선약을 구할 수 없게 된 서복 일행은 죽음이 두려워서 감히 돌아가지 못하고 떠돌다가 정착한 곳이 회계(會稽) 바다 밖에 있는 단주(澶洲)이거나 '평탄한 들과 넓은 못(평원광택平原廣澤)'이 있는 그 어느 곳이다. 그밖에 이 문헌들에는 진시황의 혹독한 정치 때문에 많은 진인(秦人)들이 화를 피해 외류(外流)했다는 사실도 전하고 있다.

서복 일행의 한반도 도래와 관련해서는 이상의 문헌 말고도 한반도 내에 남아 있는 몇가지 유적과 유물, 그리고 전설이 전해오고 있다. 우선 유적과 유물로는 제주도 서귀포 정방폭포(正房瀑布)의 마애각(磨崖刻), 제주도 금당포(金塘浦)의 조천석(朝天石) 마애각, 경상남도 남해군(南海郡) 금산(錦山)의 암각(岩刻)과 남해도 서리곶의 마애각, 경상남도 거제도 갈곶의 마애각, 경상남도 통영군(統營郡) 소매물도의 마애

각 등 5점의 마애각과 1점의 암각, 총 6점이 있다. 서복의 도한(渡韓)에 관한 전설은 주로 제주도를 비롯한 한반도 남해안 일대에서 유행하고 있는데, 그 내용은 지명 유래나 선약 구득(求得) 신화 등을 주제로 전개된다. 전설 중에는 구전(口傳)이 있는가 하면 문자화된 작품으로 전해지는 것도 있다. 뿐만 아니라 현재적 의미도 함께 지닌 서복 전설은 오늘날까지도 갖가지 재현(再現) 행사를 통해 면면히 전승되고 있다. 이러한 전승은 역설적으로 서복 도한설의 사실성이나 역사성을 더 짙게 시사해준다.

한편 일본도 나름대로 서복의 도일설(渡日說)을 기정사실처럼 주장하고 있다. 봉래(蓬萊)가 곧 일본이라는 '봉래 일본설'과 10세기 중엽 중국 후주(後周)의 승석(僧釋) 의초(義楚)가 지은 『의초육첩(義楚六帖)』에 인용된 유학승 홍순(弘順)의 '서복 후지산(富士山) 체재설'(직조기술을 전파하여 '직물의 신'으로 숭앙됨) 등 학술적 주장이나 문헌기록 외에 전국 20여 곳에 남아 있는 비문 위주의 유물과 전설이 근거로 제시되고 있다. 북의 아오모리현(青森縣)에서 남의 가고시마현(鹿兒島縣)에 이르기까지 전해지고 있는 비문 유물로는 와카야마현(和歌山縣) 신구시(新宮市)의 서복의 묘와 사가현(佐賀縣) 긴류신사(金立神社, 벼농사를 전파하여 '의약의 신'으로 숭앙됨)가 있

제주도 서귀포 정방폭포 바위 절벽에 새겨진 '서불과차(徐市過此)' 마애각문

다. 그리고 전설로는 기슈(紀州) 구마노(熊野)에서 전승되고 있는 서복의 오곡 농경과 제지 및 포경술(捕鯨術) 전파 전설, 단고반도(丹後半島)의 교토부(京都府) 이네정(伊根町) 니이자키(新井崎)에서 전해지는 서복의 포경술 전파 전설과, 그곳에서 나는 쑥을 서복이 구해갔다는 영초(靈草)에 비정하고 있는 설 등을 들 수 있다.

서양포 西洋布

일명 '번포(蕃布)'라고도 하는 인도산 직물이다. 인도 방면에서 생산되는 천으로서, 중국 송·원 시대에 인도양을 '서양(西洋)'이라 칭한 데서 유래한 것으로 추측된다. 고려 충렬왕(忠烈王) 때 인도 동해안에 위치한 마팔국(馬八國)에서 보내온 예물 중 '토포(土布)'라는 것이 있는데, '서양포'이거나 그 일종일 것으로 추측된다.

『서유견문(西遊見聞)』 俞吉濬 저, 1895년

한국 최초의 일본 유학생(1881년 도

일)이자 미국 유학생(1883년 도미)이기도 한 개화운동가 유길준(1856~1914)은 1885년 미국에서 돌아오는 길에 유럽 각국을 순방하면서 보고 느낀 점들을 기록하였다. 그는 귀국한 후 투옥되는 등 우여곡절을 겪은 끝에 국한문(國漢文) 혼용체로 된 이 여행기를 엮어 10년 만에 출간하였다. 총 20편으로 된 이 여행기 내용은 크게 여행기록과 서양문물에 대한 소개, 그리고 개화사상의 전개 등 세 부분으로 구성되어 있다. 내용의 대부분은 세계지리와 서양문물의 소개지만, 그 행간에 개화사상이 관류하고 있어 개화사상의 '교본(教本)'이라는 평가를 받고 있다. 유길준은 서양의 것을 너무 긍정하는 편향이 없지 않지만, 개화를 하는 데서 외국문화를 자국의 실정에 맞게 수용하고 소화해 자국의 우수한 문화를 계승·발전시켜나가야 하며 정치제도는 자유롭게 선택해야 한다고 주장하였다. 그는 국가평등주의를 특별히 강조하면서 '나라 위에 나라가 없고 나라 아래 나라가 없기' 때문에 약소국의 군주라도 강대국의 군주와 동등하게 예우해야 하며, 강대국에서 파견한 사신이 약소국의 국왕과 대등한 행동을 하는 것은 잘못된 행위라고 비판하였다.

서인도제도 西印度諸島, West Indies
남·북아메리카 대륙 사이에 있는 크고 작은 많은 섬들로 이루어진 호상열도(弧狀列島)다. 1492년 콜럼버스는 제1차 대서양횡단 항해를 할 때 무조건 서항(西航)하기만 하면 인도에 다다를 것이라 믿고 산살바도르섬에 상륙하였다. 그는 이곳이 인도의 일부인 줄로 착각하고 '서인도'라는 이름을 붙였다. 서인도제도의 면적은 약 24만km^{2}이며, 인구는 약 3,000만 명이다. 모두 1만 2,000개 섬 가운데 유인도(有人島)는 고작 180여 개뿐이다. 종족 구성은 혼혈인이 85%나 되며 기타 백인과 아시아인이 15%다. 콜럼버스 이래로 16세기 중반까지 스페인이 서인도제도를 장악했으나, 그후부터는 영국·네덜란드·프랑스 3국이 이곳을 차지하기 위한 각축을 벌였다. 영국은 1672년에 왕립 아프리카 회사를 통해 영국—아프리카—서인도제도를 연결하는 이른바 '삼각무역'을 하면서 식민정책을 통하여 많은 이익을 취했다.

선거 船渠, dock
중국의 삼국시대에 동남해 연안에 위치한 오(吳)국은 손권(孫權)의 집권을 계기로 대규모 선박 건조와 항해 사업을 펼쳤다. 주목할 만한 사실은 사상 최초로 차오호(巢湖)에 강을 막아 선거(船渠)를 축조한 것이다. 손권은 건안(建安, 현 푸젠福建 젠어우建甌)에 조선소를 세우고 전문적으로 선박을 관리하는 전선교위(典船校尉)라는 관직까지 신설하였다.

선미타 船尾舵, 고물키

전진 방향을 비롯해 배의 활동을 원활하게 조종할 수 있는 기구로서 배의 후미에 설치되어 있다. 한(漢)대에 처음으로 선미타를 도입한 것은 한대 조선술의 하나의 특출한 진보라고 할 만하다. 창사(長沙) 203호 한묘(漢墓)에서 출토된 목선 모형 유물에는 선미타가 오롯이 설치되어 있다. 뒤늦은 6~7세기의 인도 선박 모형 유물에서는 선미노(船尾櫓, 고물노)는 보이나 선미타는 아직 없다. 서구에서는 12세기 말(1180) 벨기에의 한 석각(石刻)에 노를 하나 달아서 방향을 조절하는 그림이 새겨져 있다.

선박평형수 船舶平衡水, Ballast Water

선박은 화물을 실었을 때 물에 가라앉는 배의 무게를 예상해 이를 견딜 수 있는 부력을 갖도록 건조된다. 하지만, 화물을 싣지 않는 경우에는 배가 가벼워져 배가 수면 위로 올라오게 되면 배는 균형을 잡기 어려워지며, 때로 전복할 수도 있다. 또한 배가 낮게 가라앉으면 선미의 프로펠러가 때로 수면 위로 떠올라 프로펠러에 의한 배의 추진력이 떨어진다. 이러한 이유로 화물을 적재하지 않을 때도 배를 적당한 깊이로 가라앉히기 위해 바닷물을 배 안에 저장하는 방법을 찾게 되었다. 이러한 바닷물을 선박평형수 또는 밸러스트수(Ballast water)라고 부르며, 선박평

형수를 담는 공간을 '밸러스트 탱크'라고 부른다. 배가 화물을 실었을 경우에는 밸러스트 탱크를 비운 채 항해하며, 화물을 싣지 않았을 때는 밸러스트 탱크에 바닷물을 채워 배의 균형을 유지한다. 밸러스트 탱크가 만들어지기 이전에는 밸러스트 탱크 대신 모래주머니나 자갈을 깔아 배의 균형을 유지하였다. 밸러스트(ballast)라는 단어 또한 '까는 자갈(모래주머니)'이라는 용어에서 유래하였다. 그런데, 선박평형수는 유해한 해양생물을 운반하는 역할을 할 수 있다. 목적지 항구에서 밸러스트 탱크를 채우기 위해 바닷물을 주입할 때 각종 해양생물체도 함께 유입되기 때문이다. 하역항에서 바닷물을 배출할 때 외래종도 함께 하역항에 버려져 토종 해양생태계를 교란시키게 된다. 최근에는 밸러스트 탱크에서 해양생물을 사멸시키는 장치를 의무적으로 부착하도록 규정하고 있다.

선상가옥 船上家屋

선상가옥은 수상가옥의 일종으로 배 위에다 집을 짓거나, 강이나 호수바닥 깊이 기둥을 박고 그 위에다 건축을 하는 가옥형태이다. 선상생활을 하는 사람들은 강에서 잡은 고기를 내다파는 집단생활의 형태를 취하고 있다. 선상가옥은 비가 많이 오는 동남아시아 지역이나 습한 열대지역에서 흔히 볼 수 있다. 대표적인 지역은 캄보디아의 톤

레샵(Tonle Sap)호로, 이 호수는 바이칼호 다음으로 큰, 동양 최대의 호수이다. 이러한 지역에 선상가옥이 많은 이유는 비가 많이 와 땅이 질어 걸어다니기가 힘들기도 할 뿐 아니라, 강들을 이은 운하가 발달해 배를 타고 이동하는 것이 더 수월하기 때문이기도 하다. 최근에는 선상가옥이 외견상 불결하고 화재 등 안전상 문제가 있어 관련국에서는 선상가옥에서 생활하는 사람들에게 아파트 등을 제공하여 뭍으로 나오도록 유도하고 있다. 하지만 물에서의 생활이 익숙한, 물이 삶의 터전인 사람들은 좀처럼 뭍으로 이주하려 하지 않는다.

선상반란 船上反亂

반란이란 사회나 국가의 질서를 어지럽히거나 지배자, 권력자에게 저항하는 집단적 행동을 의미한다. 반란의 영어식 표현은 rebellion으로, 이는 라틴어 bell에서 유래하였다고 한다. 라틴어에는 Mars와 Bell이라는 전쟁을 의미하는 두 단어가 있는데, 이 두 단어는 로마인들이 숭앙하던 전쟁의 신 Mars와 그의 아내인 전쟁의 여신 Bellona의 이름에서 유래하였다. 선상반란은 배 안에서의 위계질서나 명령에 불복종하는 일종의 하극상적인 집단적 폭동이다. 선상이라 도망갈 수 없으므로 반란의 결과는 죽이거나 죽음을 당하는 이분법적 선택만이 있을 뿐이다.

역사적으로 실재했던 유명한 선상반란 사건은 1905년 러시아의 전함 포템킨의 선상반란 사건, 여러차례 영화나 소설의 소재가 되었던 1789년에 있었던 영국 해군함대인 바운티(Bounty)호 반란을 들 수 있다. 포템킨 사건은 전함의 수병과 포병들이 함상에서 내란을 일으킨 사건이다. 장교들의 학대와 열악한 근무조건에 불만을 갖고 있던 차에 썩은 고기를 식량으로 사용한 사실이 알려지면서 수병들의 항거가 시작되었다. 수병을 없애버리라는 장교의 명령을 받은 포병들은 이를 거부하고 수병과 힘을 합쳐 함상에서 반란을 일으켰다. 전함을 완전히 장악한 반란군이 항구에 도착하자 이를 환영한 시민에 대해 러시아 차르 정부가 폭격을 자행하였고, 선상반란 사건은 이후 러시아혁명의 도화선이 되었다.

바운티호 사건은 선원들에게 매우 가혹하고 잔인했던 해군선장의 횡포에 반항하여 일어난 사건이다. 비인간적인 처우와 압제로부터 벗어나고자 했던 선원은 고향으로 돌아가지 못할 것을 알면서도 남태평양 타이티 앞 바다에서 해상반란을 일으켰다. 부함장 등 반란을 일으킨 선원들은 배를 차지한 다음, 선장 등을 구명정에 태워 보냈는데 선장은 수천 마일을 항해하여 티모르에 도착하여 본국으로 돌아갔다. 영국은 1791년 판도라호를 타히티로 보내 반란을 일으킨 선원들을 잡아들여 처벌하였다. 바운티호의 반란을 일으킨 선원의 후손들은 아직도 핏케언 제도에 살고 있다. 이 사건이 계기가 되어 영국은 이후 해군장교와 선원들 사이의 존중에 기초한 새로운 규약을 제정하는 등 선원들의 인권 보호에 관심을 기울이기 시작하였다.

선상생활

선상생활은 배라는 한정된 공간에서 공동작업과 집단생활을 한다는 특징을 갖는다. 이러한 특징으로 생활과 노동의 구분이 모호해지며, 바다라는 고립된 공간에서 장기간 생활함으로써 삶이 단조로워지고 가족이나 친지와 같이 지내지 못해 스트레스와 갈등의 정도가 높아지는 경향이 있다. 또한 장기간 운항 중인 선상에서는 진동, 소음 등으로 인해 정신적·신체적으로 무력해질 뿐만 아니라, 선내에서 움직이려면 육지에서보다 더 많은 근육과 에너지를 써야 하기 때문에 신체적 스트레스의 강도 또한 높다. 오랜 선상생활에서 가장 위험한 것은 전염병으로, 좁은 공간에서 전염이 급속도로 이루어질 수 있다. 따라서 선상생활의 건강 위험 요인과 심리적 스트레스, 인간관계의 갈등 등에 대한 많은 연구들이 진행되고 있다.

선장의 지위

선장은 선박 내에서 최고 지휘권자이다. 선원과 직원, 승객, 도선사를 포함한 모든 승선 인원은 선장의 지휘에 따라야 하며 선장은 이들에 대해 궁극적인 책임을 진다. 모든 법규를 준수할 책임과 함께 선내의 규율과 질서를 유지하는 데 필요한 징계권까지 가지고 있다. 그래서 때로 선장은 막강한 권한으로 뱃사람들을 착취하는 악마와 같은 존재로 묘사되기도 한다. 선장의 지위는 주로 선주 또는 선원과의 관계에 의해 결정된다. 18세기 초까지 선장은 공동선주로서, 화물감독, 선박관리 및 운항권 등은 물론이고, 화물의 매입과 매각 등에까지 막강한 권한을 행사하였다. 그러나 차차 해운 전문인이 등장하면서 선장의 지위는 선박의 운항만을 책임지는 선주의 고용인으로 변화하였다.

『선화봉사고려도경(宣和奉使高麗圖經)』

중국 북송 선화(宣和) 5년(1123, 고려 인왕仁王 원년)에 고려 출사(高麗出使)를 수행한 서긍(徐兢)의 견문록. 일행은 변경(汴京, 현 카이펑開封)에서 출발해 고려 도성 개경(開京, 현 개성開城)에 이르기까지의 항로를 해도(海道) 1부터 6까지로 분단(分段)하여 일지 형식으로 상세히 기술하고 있다. 1123년 3월 14일 변경을 떠나 6월 13일 개경에 도착했으므로 총 여정은 약 90일간이며, 5월 16일 명주(明州, 현 닝보寧波)에서 출발하여 6월 12일 예성항(禮

서긍 일행이 고려 사행시 타고간 송나라 신주(神舟)

成港)에 도착했으니 순수 항해일정만은 26일간이었다. 귀국노정은 출정 항로와 대체로 일치하였으나 소요 시간은 44일간(7월 13일~8월 27일)이었다. 서긍은 이 저서에서 밤에는 별을 보고 항해하고, 흐린 날이면 지남부침(指南浮針)으로 남북을 헤아려 뱃길을 찾았다고 기술하고 있다. 이를 통하여 당시는 주로 천문기상에 의지해 항진하다가도 날씨가 흐려지면 방향을 판별하기 위해 지남침을 사용하였다는 사실을 알 수 있는데, 그 사용법은 지남침을 등초(燈草, 심지)에 꿰어 물 위에 띄우는 수부법(水浮法)이었다.

설탕 砂糖
주로 사탕수수의 액을 정제해 만든 단맛이 나는 조미료. 사탕수수의 원산지인 인도(원산지가 뉴기니라는 일설도 있음)에서 처음 만들어졌다는 것이 중론인데, 정확한 연대는 미상이지만 대체로 기원전 4세기에 인도에서 설탕이 만들어지기 시작한 것으로 짐작된

다. 기원전 4세기 말엽 알렉산드로스가 이끄는 동방원정대의 한 장교가 인더스강을 따라 내려가다가 '벌의 도움 없이 꿀을 만들어내는 풀'을 발견했다고 그의 회고록에 쓰고 있다. 당시는 물론 그 이후에도 상당 기간 인간들은 감미료(甘味料)라고 하면 꿀밖에 알지 못했다. 이 장교가 발견한 그 '풀'은 십중팔구 사탕수수였을 것이다. 중세 이전까지 로마를 비롯한 유럽인들은 인도에서 약재로만 설탕을 수입하였다. 중세에 들어와 설탕은 인도에서 아랍 지역에 전파되었으며, 700년경에는 북아프리카의 무어인들에 의해 스페인에 전해졌다. 그뒤 약 200년간 스페인은 유럽에서 유일한 설탕 공급국 역할을 하였다. 900~1100년 시기에는 국제무역항으로 급부상한 베네치아가 유럽 설탕 무역의 중심지가 되었다. 15세기 말경 콜럼버스의 '신대륙' 발견을 계기로 서인도제도와 남미 여러 곳에 사탕수수가 재배되기 시작했으며, 16세기 초에는 산토도밍고에 라틴아메리카에서는 처음으로 설탕공장이 세워졌다. 라틴아메리카는 이후로 최대 설탕 생산지로 부상하였다. 유럽은 19세기 초에 중부에 자리한 프로이센의 슐레지엔 지방에 세계에서 처음으로 사탕무를 원료로 하는 설탕공장이 세워졌으며, 이즈음 미국에서도 사탕수수를 원료로 하는 설탕 공장이 나타났고 사탕무 상업도 개발되었다. 한국의 경우,

삼국시대나 통일신라시대에 설탕이 이미 있었던 것으로 추측되지만 관련 기록이 없어서 단언할 수는 없다. 고려 때의 문헌기록에 의하면 설탕은 후추와 더불어 송나라에서 약재로 유입되었다고 한다. 설탕은 약재나 조미료뿐만 아니라 탈수제(脫水劑)나 식품 보존제로도 사용되었다.

성좌도항법 星座導航法

북극성(北極星)을 비롯한 별들의 자리(성좌星座)에 준해 항해 방향이나 위치를 정하는 일종의 천문(天文)도항법이다. 나침반이 도입되기 전에 항해 방향이나 위치를 정하는 일은 주로 성좌를 비롯한 천문학 지식에 의존하였으며, 따라서 천문학 지식은 일종의 항해기술이기도 하였다. 중국에서는 기원전 2세기 한(漢)대부터 이 성좌도항법이 도입되었다. 마왕퇴(馬王堆)의 3호 한묘(漢墓)에서 출토된 백서(帛書) 중에는 『오성점(五星占)』이라는 천문학 서적이 있는데, 진시황(秦始皇) 원년(기원전 246)부터 한문제(漢文帝) 3년(기원전 177)까지 79년간의 목성(木星)·토성(土星)·금성(金星)의 위치가 명기되어 있다. 책 속에 제시되는 금성의 회합주기(會合週期) 584.4일은 현대에 측정한 583.92일보다 0.48일이 더 많고, 토성의 회합주기 377일은 현대의 것보다 1.09일 적을 뿐으로, 당시 천문측정의 정확성을 알 수 있다. 지금은 대부분이 소실되었지만, 전한(前漢)시대에 항해에 필요한 천문관측 서적만 해도 136권이나 되었다고 한다. 장쑤(江蘇) 이정(儀征) 석비촌(石碑村)에서 후한(後漢) 때 천문도항에 사용된 규표(圭表)가 발견되기도 하였다.

세계표준시 世界標準時

경도 0도인 그리니치 자오선의 평균시를 세계시(UT: Universal Time) 또는 GMT(Greenwich Mean Time)로 부른다. 세계 각국에서는 해시계가 가리키는 대로 태양이 하늘의 가장 높은 곳에 떠 있을 때를 정오로 보아 시계를 맞추었지만, 그럴 경우 한 나라 안에서도 지역에 따라 시간이 달라지게 된다. 범선에서 증기선으로 선박기술이 발달해 항해기간이 급격히 단축되면서 각 나라와 국민 사이의 상호 의존도가 높아짐에 따라 표준시를 제정해야 한다는 목소리가 높아졌다. 이러한 표준화 문제를 제기한 사람은 스코틀랜드에서 캐나다로 이민온 측량기사 샌드포드 플레밍(Sandford Fleming)이었다. 플레밍의 노력에 힘입어 1884년 11월 워싱턴 DC에서 개최된 국제회의에서 그리니치 표준시를 기준으로 삼아 전 세계를 24시간대로 나누는데 합의하였다. 그리니치가 지정된 것은 시계를 태양의 움직임과 일치시킬 수 있는 세계 최고수준의 천문대가 영국 그리니치 왕립 천문대이며, 영국은 세계에서 가장 넓은 제국을 지배하고 있어 이미 전 세계 선박의 72%가 그리니치를 기준으로 하는 시계를 사용하기 때문이었다. 한국의 표준시는 세계표준시에 비하여 9시간 빠르다.

세비야 Sevilla

스페인 안달루시아 지방의 중심지. 유구한 역사를 지닌 세비야는 과달키비르(Guadalquivir) 강안에 위치한 내륙항이지만, 국제항으로서의 기능을 수행해왔다. 대항해시대에 세계일주자인 마젤란이나 남미대륙 '발견자'인 베스푸치가 바로 여기서 출항의 닻을 올린 이래 '신대륙'으로의 출발지로, 식민지 무역의 독점지로 크게 번성하였다. 19세기 초 전 시민이 나폴레옹의 침공에 결사항전함으로써 '영웅도시'라는 영예를 얻기도 하였다. 오늘날은 스페인 남부 안달루시아 자치주 주도로 안달루시아 지방의 정치·경제·문화의 중심지 역할을 하고 있으며, 남부 스페인의 대표적 관광지로서도 인기가 높다.

세비야의 기원에 관해서는 몇가지 전설이 있으나, 도시건설은 이베리아 반도가 로마의 지배하에 들어가면서 시작되었다. 기원전 1세기 이래 히스팔리스(Hispalis)라는 이름으로 로마의 자치도시였다가 5세기에 서(西)고트 왕국의 수도가 되었다. 8세기 이슬람 세력의 침입을 받아 약 300년간 그 치하에 있다가 11세기 초반에 주변의 여러 소국(타이파, Taifa)들을 통합해 세비야왕국(1023~93)을 세워 13세기에 이르러서는 전성기를 맞이하였다. 그러다가 13세기 중엽에 일어난 레콩키스타운동(스페인인의 국토 회복운동)에 의해 왕국은 기독교 세력하에 들어갔다. 그러나 세비야의 중요성은 떨어지지 않았다. 1503년 가톨릭 국왕 이사

'신대륙' 출발지인 세비야시를 관류하는 과달키비르강

벨 여왕은 이곳에 국제교역을 담당하는 통상원(通商院)을 세워 식민지무역을 독점관리하도록 하였으며 '신대륙'의 금은화를 세비야 조폐국에서 주조하도록 하였다. 1717년 통상원이 카디스로 이전될 때까지 세비야의 번영은 계속되었다.

이 수백 년 동안 지속된 번영기에 수많은 휘황찬란한 문화유산들이 창조되었다. 이러한 문화유산들이 공통적으로 지니는 특징은 이슬람문화유산을 파괴하고 그 폐허 위에 세운 것이 아니라, 그것을 개조하고 보완하며 계승하는 차원에서 새로운 유산들을 일궈냈다는 사실이다. 유럽에서 세번째로 큰 세비야 대성당(15세기)과 히랄다(Giralda)탑(98m), 과달키비르강가의 '황금의 탑'(13세기), 알카사르(Alcázar)왕궁(14세기) 등은 그 전형적인 유산들이다.

세인트헬레나 Saint Helena

대서양 중남부의 해상에 있는 작은 섬으로서 대항해시대인 1502년에 포르투갈인들이 발견했으나 1652년에 영국 동인도회사에 넘어갔다. 이 섬은 화산도로 온천이 있으며, 선박들의 경유지로 대항해시대에는 중간보급항 역할을 하였다. 이 섬과 관련해 다음과 같은 여러가지 일화가 전해온다. 첫째 1614년 이 섬에서 네덜란드 동인도회사 소속 비테로호(號)가 포르투갈 배와 일전을 벌이다가 침몰하였다. 그러나 다행히 배에 적재된 중국산 부용수염부(芙蓉手染付)는 인양되었다. 둘째, 1815년 나폴레옹이 이 섬에 유배되어 왔다. 마침 1816년 한반도 서해안 탐사를 마치고 2년 후에 귀국길에 오른 영국 선장 바실 홀(Basil Hall)은 이 섬에 유배 중이던 나폴레옹(홀의 부친과 파리 군사학교 동창)을 방문한다. 바실 홀은 그가 본 조선에 대하여 "역사는 유구한 나라인데 한번도 남을 침략해본 적이 없는 평화로운 나라"라고 소개한다. 듣고 있던 나폴레옹은 "이 세상에 남의 나라를 쳐들어가보지 않은 민족도 있단 말인가? 내가 다시 천하를 통일한 다음에는 꼭 그 조선이라는 나라를 찾아가보리라." 하고 화답한다. 나폴레옹은 이 섬에서 유배 중 사망했으니, 조선에 가보고 싶은 것이 그의 마지막 희망이었을지도 모른다.

소목 蘇木, 蘇枋木, 赤木, 紅紫, 학명 Caesalpinia sappan

열대지방에서 나는 식물로 보통 키는 5~9m 정도이며, 한방에서는 행혈(行血)·지혈·진통·소종(消腫) 등의 치료약재로 쓰인다. 적황색 목재 부분은 홍색 염료, 뿌리는 황색 염료의 좋은 재료다. 따라서 약재용으로든 염료용으로든 예로부터 동서교역품 항목에 자주 오르내렸다.

소비라 Sovira

인도의 서남 해안부에 위치한 고대 항구도시로서 일명 수파라카(Supparaka)라고도 한다. 기원전 8세기경부터 바빌론과의 해상교역의 중심지 역할을 해왔으며, 그 주역은 드라비다인(Dravidian)이었다.

소코트라(Socotra)도(島)

아라비아 반도 서남단 아덴만(灣) 입구의 동편에 있는 작은 섬으로, 고대 인도인들이 해상교역을 시작할 때부터 '행복의 섬'이라고 부르면서 향료를 비롯한 여러가지 물산을 교역하던 곳이다. 중세에는 해적들의 소굴로서 고가 물품들이 거래되었으며, 1886년 이후에는 영국의 보호령이 되었다. 인도양의 해상교역을 연구할 때 간과할 수 없는 요지(要地)다.

소합향 蘇合香

소합향은 관목의 수지(樹脂)에서 채취하는 향료로 반유동성 액체인데, 황백색 또는 황갈색을 띠고 반투명하며 맛은 맵다. 끈끈하고 질기며 불에 태우면 강한 향기를 발산하여, 분향료(焚香料)로 사용된다. 뿐만 아니라 소합향은 정신을 맑게 하고 혈액순환을 촉진하며 중풍이나 관상동맥 등 질병 치료에도 효험이 있는 약재다. 원산지에 관해서는 여러가지 이설이 있다. 기원 초에 저술된 『박물지(博物志)』에는 시리아에서 가장 좋은 소합향이 나온다고 하고, 『에리트라해 안내기』에는 아라비아 반도의 서남부에 있는 카네에서 채취한다고 기술하고 있다. 그런가 하면 중국 『후한서(後漢書)』와 『태평어람(太平御覽)』에는 대진국(大秦國), 즉 로마 제국에서 산출된다고 나온다.

송대의 서방교역

송대(북송 960~1127, 남송 1127~1279)는 비록 국력이나 판도 면에서는 당대(唐代)에 미치지 못하고 천도(遷都) 등 여러가지 국난을 겪었지만, 해상무역을 통한 대(對)서방 교역은 당대보다 훨씬 더 활발하였다. 원래 후한(後漢) 이래 중국의 경제 중심은 북방의 중원(中原) 지역(황허 유역)에서 점차 양쯔강을 중심으로 한 남방으로 옮겨오다가 송대, 특히 남송시대에 와서는 이러한 중심 이동이 멈춰 상대적으로 남방이 더욱더 번영하기 시작하였다. 한편, 송대 초기에는 동북과 서북 지방이 각각 요(遼)와 서하(西夏)에 의해 점거되었고, 후일 북방지역마저 금(金)에게 할양됨으로써 육로를 통한 대(對)서역 통교나 교역은 큰 장애에 부딪히게 되었다. 이러한 상황은 경제 중심의 남방 이전과 해로를 통한 대외 활동을 자극하는 또 하나의 요인이 되었다. 경제 중심의 남방 이전과 대외무역의 활성화로 인해 남송시대에는 경제 전반에 걸쳐 상당한 발전을 이루었다. 특히 수공업 상품경제가 대대적으로 발달했는데, 다양화와 분업화를 통해 상품의 질이 크게 개선되었으며, 대외무역을 위한 상품의 원천도 풍부해졌다. 인구 면에서도 남방이 북방을 초월하기 시작해 10만 호 이상의 도시가 40여 개로 늘어났다. 임안(臨安, 현 항저우杭州)과 같은 도시는 인구가 120여만 명에 달하였다. 경제발전과 더불어 조선술과 항해술도 크게 발달해 원거리 해상교역도 실현 가능하게 되었다. 특히 나침반의 도입은 항해의 안전과 신속성에 획기적인 전기가 되었다.

이러한 대내외적 환경에 편승해 송조는 시박사(市舶司)를 통한 해외무역을 적극 권장하였다. 971년 반미(潘美)가 광저우를 공략하고 남한(南漢)을 멸하자 조정은 곧 그를 광저우 시박사로 임명해 종래의 시박사 업무를 재개하였고, 이듬해에는 명주(明州)와 항저우(杭州)에도 시박사를 신설하였다. 이어 취안저우(泉州, 1087)·미저우(密州, 현 산둥 주청諸城, 1088)·수저우(秀州, 현 저장 자싱嘉興, 1113)·원저우(溫州, 1132)·장인(江陰, 1145)·간푸(澉浦, 항저우 북안, 1246)에도 시박사를 신설함으로써 총 9개소(당대에는 1개소)의 시박사가 가동되었다. 시박사를 통한 수입은 송대의 중요한 재정수입원의 하나로 매해 증가했는데, 영종(英宗) 치평(治平) 기간(1064~1067)에 시박사에서 올린 수입은 매해 63만

관(貫, 1관은 엽전 천개를 꿴 꾸러미) 정도였지만, 남송 고종(高宗) 치세 때(1127~1162)에는 무려 200만 관으로 급증하였다. 송대의 주요 수출품은 비단과 도자기였는데, 요업(窯業)의 발달(중국 도요陶窯 유적 170개 현 중 송대 도요지가 130개 현으로 75%를 차지함)로 인해 도자기가 점차 수출의 주종을 이루게 되었다. 도자기는 해로를 통해서 유럽 여러 나라에 다량 수출되었는데, 이러한 교역로를 일명 '도자기의 길'이라고 칭하였다. 금은이나 민전(緡錢, 꿰미에 꿴 돈)·연석(鉛錫) 등의 경우 초기에는 수출이 허용되었으나, 후기에는 금지되었다. 수입품의 대부분은 '향약(香藥)'이라 불리는 향신료인데, 향료가 의약으로 쓰인다고 해 '향약'이라 불렀다. 수입되는 20여 종의 향약은 주산지가 아랍, 인도, 말레이반도 등지였지만 이를 판매하는 무역상은 주로 대식인(大食人, 아랍인)들이었다. 북송대 향약의 연간 수입량은 약 40만 관으로서 전국 세입(稅入)의 2% 정도였으나, 남송대에 와서는 5~10%로 급증하였다. 이렇게 향료가 대송무역의 주종을 이루었기 때문에, 당시 그 통로인 해로를 일명 '향료의 길'이라고 칭하기도 하였다.

송선 宋船

송대에는 조선술이 전례없이 발달하였다. 북송(北宋) 진종(眞宗, 998~1022

재위) 때 전국의 관영 조선소에서만 매해 2,900여 척의 조운선(漕運船)을 건조하였으며, 신종(神宗) 때 건조한 '신주(神舟)'는 길이 약 40장에 너비 7장 5척으로 적재량은 1,100~1,700톤이나 되었다. 송선은 규모가 크고 형태가 다양하며 견고하였다. 이러한 송선의 조선술이 갖는 특징은 다음과 같다. ① 첨저형(尖底型, V형)이다. 이러한 형태의 선박은 부딪치는 항력(抗力)을 줄이고 항속을 높이며 파도를 헤쳐 가르기 쉽다. ② 중판(重板) 구조다. 선피(船皮)는 목판을 2중 3중으로 덧붙여 만들고 접합 부분의 틈은 동유석회(桐油石灰)로 땜질하여 선체가 견고할 뿐만 아니라, 침수도 막을 수 있다. ③ 수밀격벽(水密隔壁) 장치의 보편적인 채용이다. 취안저우만(泉州灣)에서 출토된 송선을 보면 수밀격벽에 의해 만들어진 수밀격 구획이 보통 10개 이상이다. ④ 상하 이동의 정부타(正副舵, 키)가 장착되었다. 이러한 키를 장착함으로써 수심이 얕을 때는 키를 올려 키의 파

복원한 송선(닝보 박물관 소장)

손을 피하고 키로 인한 항력을 줄이며, 수심이 깊을 때는 키를 내려 고물에서 일어나는 난류(亂流)나 소용돌이의 영향을 줄일 수 있다. 그밖에 상하이동의 평형타(平衡舵)도 장착해 배의 항진을 조정하였다. 유럽에서는 18세기에 이르러서야 이러한 평형타를 이용하였다. ⑤ 여러개의 돛대와 돛을 사용하였다. 송선의 경우 보통 3~4개의 돛대를 사용하였는데, 주 돛대의 높이는 10장(약 30m)이나 되며 돛대를 자유로이 눕혔다 세웠다 하였다. 돛은 풍향에 따라 각기 다른 것을 사용하는데, 정풍(正風)일 때는 포범(布颿)을, 편풍(偏風)일 때는 이봉(利篷)을, 무풍(無風)일 때는 야호범(野狐颿)을 각각 달았다. 그밖에 배 양쪽에 피수판(披水板)을 설치해 역풍(逆風)에도 항진할 수 있게 하였다. 유럽의 선박은 13세기가 되도록 높이가 약 20m의 돛대 하나만을 달고 다니다가 15세기에 와서 2~3개로 늘렸으며, 16세기에야 비로소 중국으로부터 피수판 설치 방법을 배워갔다. 마르코 폴로의 기술에 따르면 아랍의 선박도 당시는 높이 약 25m의 돛대 하나뿐이었으며, 돛대는 입도(立倒) 장치가 없이 고정해놓았기 때문에, 일단 폭풍을 만나기만 하면 돛대를 끊어버릴 수밖에 없었다고 한다. ⑥ 흘수(吃水)의 조절이다. 송선은 흘수선(吃水線)의 표시로 선체 양쪽에 큰 대나무 전대(纏帶)를 달아 매놓고 흘수 상태를 헤아렸

다. 중세 아랍 선박들은 왕왕 흘수 조절이 미흡하다보니 적재량이 과중해 침몰사고를 일으키곤 하였다. ⑦ 전대(前代)의 전승이지만, 선박건조에서 선거(船渠, 독)와 활강법(滑降法)을 보편적으로 도입하였다.

수마트라 Sumatra, 三佛齊

인도네시아의 대(大)순다 열도 서단에 위치한 세계 제6위의 큰 섬(면적 43만 4천km²)이다. 해상 실크로드 상의 요충지인 수마트라는 일찍부터 인도문화의 영향을 받아오다가 7세기 후반부터는 팔렘방을 중심으로 일어선 불교국가 스리비자야(Srivijaya) 왕국의 지배를 받았다. 동서 해로의 병목인 말라카 해협을 장악한 수마트라는 주변 국가들뿐만 아니라 멀리 중국과도 통상을 하였다. 그리하여 중국 송대에는 '삼불제(三佛齊)'라는 이름으로 여러 사적에 소개되었다. 삼불제는 11세기까지 전성기를 구가하다가 점차 쇠퇴해 14세기 후반에 이르러서는 자바의 마자파히트(Majapahit) 왕조에 멸망하였다. 16세기 서세동점의 선봉에 선 포르투갈이 제일 먼저 이 섬에 진출한 데이어, 열강들의 각축 속에 네덜란드가 1871년 수마트라 조약으로 이 섬을 식민지화하였다.

수밀격벽술 水密隔壁術

1960년대 말, 중국 루가오(如皋)에서 출토된 당대의 목선(木船, 길이 17.23m, 너비 2.58m, 적재량 20톤, 내하선內河船) 유물에서 보다시피, 당대에 처음으로 충돌이나 좌초 등에 의해 선박의 외부가 파괴되어 침수할 경우에 일부에만 그치게 하려고 선박의 내부를 여러 부분으로 갈라 막는 수밀격벽술을 도입해 선박의 안전성을 획기적으로 향상시켰다. 이 선진적인 조선술을 유럽은 17세기에 와서야 받아들였다.

수부법 水浮法

중국 송대에 이용한 일종의 지남침 사용법으로 항해를 할 때 지남침을 등초(燈草, 심지)에 꿰어 물 위에 띄워놓고 방향을 판별하는 방법이다.

수세 水勢

항해를 할 때 조수의 세기나 해수의 깊이를 이르는 말이다. 중국의 경우, 남아 있는 기록에 의하면 삼국시대부터 이미 조수에 관한 연구가 상당히 축적된 것으로 보인다. 오(吳)국의 엄준(嚴峻)은 『조수론(潮水論)』(소실됨)에서 조수의 변화에 관해 논급하였다. 당 대종(代宗) 연간(762~779)에 두숙몽(竇叔蒙)이 저술한 『해도지(海濤志)』는 조수 현상에 관한 전문연구서로, 조수의 성인(成因)과 만·간조 순환의 규칙 등을 상세히 밝히고 있다. 이 책에서는 1회 조수 소요시간을 12시간 25분 4.02초로, 그리고 2회 조수의 순환지연 시간을 50분 28.04초로 계산하였다. 이 수치는 현대와 거의 차이가 없을 정도로 정확하다. 그는 조수의 고저계산표(高低計算表)까지 작성하였는데, 이것은 영국의 『런던교(橋) 만조시간표』(1213)보다 450년 앞선 것이다. 수심측량은 항해의 안전이나 선박의 위치 선정에 필수불가결한 기술이다. 중국 송(宋)대에는 긴 줄 끝에 분동(分銅)을 매달아 드리워서 수심을 측정하였다. 분동 밑바닥에 묻은 흙이나 모래를 보고 수심이나 해저 상황 및 항해 위치를 판단하였다. 명(明)대에는 긴 줄 끝에 주로 연추(鉛錘)를 매달고 연추 밑바닥에는 쇠기름을 발라 해저가 흙인지 모래인지, 또는 암석인지를 판명하였으며, 수심 단위로 탁(托)을 사용하였는데 1탁은 양팔을 벌린 길이다.

수심측정

연안의 얕은 지형 및 수중암초 등 지형은 선박의 항해 안전에 심각한 위협을 주는 요소이므로, 바다의 깊이에 대한 정보는 매우 중요하다. 흔히 바다에서는 소리를 이용해서 수심을 측정한다. 물속에서 1초에 약 1,500m의 일정한 속도로 나아가는 소리가 어떤 물체에 부딪히면 반사하는데, 이런 성질을 이용해 수심을 측정한다. 특히 수심측정에는 주위로 흩어지지 않고 한 방향으로 나아가는 성질을 가진 초음파(주파수 약 20~200kHz)가 사용된다. 만일 특정 위치에서 초음파의 왕복시간이 2초라면 소리는 1초에 1,500m를 진행하므로 총 진행거리는 3,000m가 되며, 수심은 총 진행거리의 절반인 1,500m가 된다. 이러한 초음파가 수심측정에 사용되기 전까지는 연추(鉛錘)를 내려 물의 깊이와 함께 바다 질 상태를 알아냈다. 납추가 달린 줄이 내려간 길이로 수심을 측정하고, 줄을 올렸을 때 연추의 밑부분 구멍에 묻은 진흙이나 모래로 닻을 내릴 만한 상태인지를 판단하였다.

수에즈 운하 Suez Canal

지중해와 홍해, 인도양을 연결하는 수에즈 운하는 유라시아의 해상 실크로드를 연결하고 거리를 단축하는 데서 매우 중요한 의미를 갖는다. 항로를 단축하기 위해 수에즈 지협(地峽)에 운하를 파서 항행하려는 시도는 오래 전부터 있었다. 기원전 1380년경 나일강과 홍해를 잇는 운하가 개굴(開掘)된 후 운하는 천재와 전쟁 등으로 인해 매몰되었지만, 로마시대에 항행이 재개되었다. 그러나 아직은 수에즈 지협을 항행하는 운하는 아니어서 불편이 많았다. 대항해시대에 접어든 16세기에 지중해 연안에서 베네치아 상인들은 수에즈 지협에 운하를 파 포르투갈이나 스페인의 해상패권에 대응하려고 했으며, 17~18세기에는 프랑스의 루이 14세와 독일 황제 라이프니츠는 수에즈 운하를 만들어 네덜란드나 영국의 아시아 무역을 제지하려고 하였다. 그러나 아직은 토목기술의 부족으로 성사될 수가 없었다. 이집트에 진출한 나폴레옹도 영국의 인도 무역에 타격을 안기기 위해 운하개설을 위한 조사를 했으나 지중해와 홍해의 수심차가 10m나 된다고 하여 개설 계획을 포기하고 말았다. 이런 상황에서 1846년 프랑스의 시몬주의자(공상적 사회주의자)들의 주도로 프랑스와 영국·오스트리아의 지식인들이 참여한 이른바 '수에즈운하연구협회'가 결성되고 국제적 기업에 의한 운하 개설 계획이 세워졌다. 영국은 자국 이익에 배치된다는 구실하에 이 계획을 반대하였다.

1854년 이집트의 아미르(통치자, 수장)가 된 무함마드 사이드 파샤(Sa'id Pasha)는 프랑스인 페르디낭 마리 드 레셉스에게 운하개설 특허권과 수에즈 지협 조차권(租借權)을 양도했으며, 1856년 이집트의 종주국인 오스만 투르크도 이를 승인하였다. 레셉스는 2억 프랑(800만 파운드)의 자본금으로 1858년에 '만국수에즈해양운하회사'(Compagnie Universelle du Canal Maritime de Suez)를 이집트 법인으로 설립하였다. 자본금 중 20만 7천 주는 프랑스가, 17만 7천 주는 이집트 아미르가 소유하게 되었다. 공사는 1859년 4월에 시작해 10년 만인 1869년 11월 17일에 마쳤다. 이 총 길이 162.5km 운하의 개통으로 런던과

싱가포르 간의 항로는 케이프타운 경유의 2만 4,500km에서 1만 5,025km로 줄어들고, 런던과 뭄바이 간은 2만 1,400km에서 1만 1,472km로 단축되었다. 1964년의 확장공사를 거쳐 수심은 원래의 7.9m에서 14.5m로, 수면의 폭은 60~100m에서 160~200m로 확장되었다. 통과 소요시간은 15시간으로 단축되었다. 영국은 1875년에 이집트 주를 매입하고 1914년에는 이집트를 보호국으로 만들었다. 따라서 수에즈 운하의 실질적 소유권은 프랑스와 영국이 차지하게 되었다. 그러나 1956년 7월 이집트 대통령 나세르가 운하의 국유화를 선포함으로써 운하의 소유권은 이집트로 넘어갔다.

수은 水銀, mercury

원산지가 페르시아나 대식(大食, 아랍)으로 알려진 수은은 무거운 액체 금속으로 의약·안료·도금·연금술 등에 귀하게 쓰여 일찍부터 각광받는 교역품이었다. 기원전 1500년의 이집트 분묘에서 발견되었으며, 서역 제국과 중국, 한반도와 중국 간에 자주 거래되었다.

수중고고학 水中考古學

지반의 침하나 수위(水位)의 상승으로 인해 바다나 호수, 작은 못이나 강 등의 물 밑에 매몰된 유적이나 침몰선을 대상으로 하는 고고학을 말한다. 바다의 경우는 해중(海中)고고학, 해저(海

底)고고학이라고도 한다. 해저고고학이란 말은 1952년 파리에서 출간된 필립 디오레의『해저의 고고학적 산책』에 처음으로 등장한다. 1960년대에는 수중고고학 연구가 심화되고, 침몰선고고학·지중해고고학·해양고고학·심해고고학·해사(海事)고고학·해운고고학 등으로 연구분야가 세분화되었다. 수중고고학의 장점은 침몰선의 경우 교역품이나 생활용구 등이 일괄적으로 대량 매몰되기 때문에 조선기술·항해술·교역로·일상생활상에 이르기까지 해양문화의 모든 것을 파악할 수 있다는 것이다.

수침반 水鍼盤

중국 송대에 수부법(水浮法, 지남침을 심지에 꿰어 물 위에 띄우는 방법)에 쓰이는 나침반을 수침반, 혹은 수침(水針)이라고 하였다.

『순풍상송(順風相送)』『지남정법(指南正法)』 저자 미상

이 두 책의 저자는 미상이고, 저작연대는『순풍상송』은 16세기 후반이고『지남정법』은 18세기 초엽으로 짐작된다. 두 책은 원래 영국 옥스퍼드 대학 보들리(Bodleian) 도서관에 소장되어 있던 것을 중국 사학자 향달(向達)이 필사하여 교주(校注)를 첨가하고, 또 합본하여『양종해도침경(兩種海道針經)』이라는 제목으로 1961년 중화서국(中華書局)에서 출간하였다. 두 책의 내용을 종합하면 대체로 세 부분으로 나눌 수 있다. 첫째는 일월출몰(日月出沒)이나 풍운(風雲) 변화, 조수 간만, 우레·번개·별 등에 대한 기상관측 방법과 나침반의 방위 결정 등에 관한 내용이다. 둘째는 산형수세(山形水勢)나 암초 같은 자연 지세와 항행 연도(沿道) 각지의 상황 등에 관한 것이다. 그리고 셋째는 각지의 왕복항로와 항행 방향, 정박 가능성 등에 관한 기록이다. 둘째와 셋째 부분의 내용이 가장 많다. 책에 언급된 나라와 지역은 중국의 동남해 연안 일대와 일본 서부·류큐(琉球)·필리핀·솔로몬 제도·칼리만탄·월남·캄보디아·타이·말레이 반도·자바·수마트라·스리랑카·인도·이란·아랍·홍해 입구의 아덴만 등으로 상당히 광범위하다. 이와같이 두 책은 16~18세기의 해상교통에 관한 기술을 담고 있어, 당시의 항해사와 동서교류의 모습을 연구하는 데 중요한 사료적 가치가 있다.

스리랑카 Sri Lanka

동남아시아 해상 실크로드 상의 요충지이며 '인도양의 진주'라고 하는 스리랑카는 인도 아대륙 남동쪽 북위 5~10도 사이의 적도 부근에 자리한 면적 65,610km²의 섬나라다. 열대 계절풍 기후에 속해 연평균 기온이 27~28도나 된다. 나라의 중앙부에서 남부로 감에 따라 높이 1,000~2,500m의 산

스리랑카 중부 담불라의 대형 황금좌불상

괴(山塊)가 형성되어 있으며, 산 중턱은 대체로 차밭이고 해안부는 평야로 농경이 발달하였으며 부존자원도 풍부하다. 이 나라에서 가장 오래된 사서(史書) 『마하완사』에 의하면 기원전 6세기경 인도 벵골의 왕자 비자야(Vijaya, 북인도의 아리안족)가 이곳에 와서 선주민을 정복하고 신할리(Sinhalese) 왕조를 세웠다. 기원전 247년에는 인도 마우리아 왕조의 제3대 왕 아소카가 아들과 여동생을 보내 불교를 전하였다. 왕의 환영 속에 신할리인들은 거족적으로 바라문교(婆羅門教, 힌두교)를 버리고 불교로 개종하였다. 이후 불교가 성하여 독자적인 남방 상좌부(上座部) 불교(소승小乘)가 출현해 동남아시아 불교의 모태가 되었다. 기원후 2세기경에는 남인도의 타밀인들이 쳐들어와 주로 북부지역에 정주

하였는데, 오늘날 문제가 되고 있는 타밀 관련 사안들은 여기서 생겨난 것이다. 그후 5~16세기에 신할리 왕국과 타밀 왕국 사이에는 전쟁과 분쟁이 끊이지 않았다. 동방 진출의 길목에 있는 스리랑카에 대한 서구 열강들의 침입은 16세기에 시작되어 무려 443년간이나 지속되었다. 포르투갈이 153년간(1505~1658), 네덜란드가 138년간(1658~1796), 영국이 152년간(1796~1948)을 잇달아 식민통치하였다.

조선시대의 실학자 이수광(李睟光)은 『지봉유설(芝峯類說)』(1614) 「제국부(諸國部)」 '외국(外國)'조에서 스리랑카를 '석란산(錫蘭山)'이라고 부르면서, 다음과 같이 기술하였다. "석란산은 큰 바다 속에 있다. 임금은 불교를 숭상하며 코끼리와 소를 소중히 여긴다. 우유를 마시지만 그 고기는 먹지

않는다. 소를 죽인 자는 죄벌이 사형에 해당한다. 나라는 부유하고 땅은 넓으며 인구가 조밀하기로는 조와(爪哇, 현 자바)에 버금간다. 서민은 상체는 벗고 하체에는 수건을 두른다. 구슬을 캐는 늪이 있어서 여러나라 상인들이 앞을 다투어 와서 사간다. 적인도(赤印度)라는 섬이 있는데 사람들은 모두 굴속에서 살며 남녀 모두 나체여서 야수와 같다. 그들은 낟알을 먹지 않고 물고기와 조개, 파초 열매, 파라밀(波羅蜜)을 먹는다. 알아보니 파라밀은 남해 가운데서 생산되는데 모양이 동과(東瓜, 冬瓜)와 같다.” 역시 조선조 말엽의 실학자 최한기(崔漢綺)도 백과전서인 『지구전요(地球典要)』(1857) 권3 「오인도(五印度)」 ‘석란(錫蘭)’조에서 이 나라의 위치·지세·기후·경관·물산 등 인문지리와 함께 포르투갈·네덜란드·영국의 침입 사실에 관해서도 정확히 기술하고 있다.

스리비자야 Srivijaya

인도네시아의 수마트라섬 동부에서 7~8세기 팔렘방을 수도로 번영했던 해양대국이다. 중국 당대에는 ‘실리불서(室利佛逝)’로, 송대에는 ‘삼불제(三佛齊)’로 불렸던 이곳은 아랍·인도·중국 등 해로 연안국들과 중계무역을 하였는데, 해상교통의 기착지로서 큰 역할을 하였다. 불교도 상당히 성행하였다. 중국의 고승 의정(義淨)은 도축구법하

면서 이곳에 오래 체류한 바 있다.

스에쓰구 헤이조 末次平藏, ~1630년

일본의 고슈인센(御朱印船) 무역업자다. ‘고슈인센’이란 일본 에도(江戸)시대에 실행된 쇄국정책의 일환으로서 ‘고슈인(御朱印)’이라는 허가증을 얻어 동남아시아 지역과 교역을 하던 선박을 지칭한다. 스에쓰구는 고슈인센의 무역업자 겸 나가사키(長崎)의 대관(大官)으로서 고슈인을 얻어 루손(현 필리핀)·샴(현 타이)·타이완·교지(交趾, 현 베트남) 등에 고슈인센을 보내곤 하였다. 1628년 그의 고슈인센 선장이 타이완의 제일란디아(Zeelandia)성(城)을 습격해 네덜란드 총독을 인질로 잡아 귀국하자 스에쓰구는 네덜란드인들의 일본 무역을 금지할 것을 건의하여 관철시켰다. 그러나 그의 사후 네덜란드의 일본 무역은 재개되었다.

스콜 Squall

별안간 부는 사납고 거센 바람이라는 뜻의 스콜은 갑자기 불기 시작하여 몇 분 동안 계속된 후 갑자기 멈추는 바람을 말한다. 돌풍과는 지속시간이 길다는 점에서 구별된다. 검은 비구름이나 강수를 동반하는 경우를 뇌우(雷雨) 스콜, 강수를 동반하지 않는 경우를 흰 스콜이라 부르기도 한다. 스콜은 한랭전선 지역이나 적도 무풍대에서 발생하기 쉽다. 증발량이 많은 적도 근처의 열

대지방은 한낮에 강한 일사로 인해 불규칙한 대류가 활발하기 때문에 스콜이 빈번히 발생한다. 한국에서 내리는 한여름의 소나기도 일종의 스콜이다.

스쿠너(Schooner)선(船)

2대의 돛대에 세로돛을 가진 배로서 돛대가 3개인 것도 있으며, 최다 7개까지 있다. 18세기 아메리카 북동부 해안지대에서 그 구도가 완성되었다. 세로돛만 있기 때문에 돛 조정이 쉬우며, 바람을 맞받아 나가는 성능도 좋다. 풍향이 복잡하고 변화가 많은 연안이나 섬 사이를 항해하는 데 편리하다.

스킬락스(Scylax)의 인도 서해 탐험

고대 페르시아 아케메네스조의 카리안다(Caryanda) 출신 장군으로, 기원전 510년경에 다리우스 1세(Darius I, 재위 기원전 521~486)로부터 인더스강 하구에서 홍해에 이르는 바닷길을 탐험하라는 명을 받고 바로 서진하여 29개월 만에 아르시노에(Arsinoe, 현 수에즈 부근)에 도착함으로써 탐험을 성공적으로 마쳤다. 그리고 『인도여행기』를 썼다고 하나 전해지지는 않는다. 탐험 결과 고대 이집트 제26왕조의 네코왕이 건설했으나 한때 폐용되었던 나일강과 홍해 간의 운하를 다시 개축하게 되었다. 이 사실은 헤로도토스의 『역사』에 기록되어 있다.

스패니시 메인호(침몰선)

1971년 8월 미국 플로리다 반도 동남부에 있는 바하마 제도의 해수욕장으로부터 16km 떨어진 해저에서 한 잠수부가 약 900매의 금·은·동화를 건져냈다. 이것은 1628년 네덜란드의 유명한 해적 피트 하인(Piet Hein)의 습격을 받고 침몰한 스페인 범선 스패니시 메인호에 적재되어 있던 유물이다. 17세기에 활동한 해적들은 보통 탈취한 재보를 일시 해저 깊숙이 숨겨두었다가 후에 꺼내갔다고 한다.

스피나(Spina) 해저 도시 유적

스피나는 이탈리아 포(Po)강 부근 베네치아만의 해저도시다. 항공 관찰을 통해 해안가의 얕은 해저에서 생육하는 식물의 색깔 농도에 따라 해저도시 유적을 확인·식별하였다. 이탈리아 고고학자 네레오 알피에리는 1956년에 현지 조사를 진행한 결과, 스피나는 포강의 델타에 유입되는 물과 진흙에 의해 매몰되었다는 사실을 밝혀냈다.

시돈 Sidon

현 레바논의 수도 베이루트에서 남쪽으로 약 40km 지점에 있는 지중해 동안의 해양도시다. 기원전 11세기부터 페니키아인들이 지중해로 진출하는 주요 항구로서 알려지기 시작하였다. 아케메네스조 페르시아 시대 이후에는 시종 중요한 군항으로 기능하였다.

지중해 해양도시 시돈의 대형 사라이(대상 숙소)

특기할 것은 근해에서 채취하는 조개에서 자색(紫色) 염료가 추출된다는 사실이다. 옛날부터 자색 염료는 그 희귀성과 아름다움으로 인해 중요시되었던 교역품이다.

시라프 Sirāf
페르시아만 북안에 자리한 이 항구도시는 압바스조 이슬람제국 시대에 아랍-무슬림들이 인도양 무역을 석권하면서 전성기를 맞았던 국제무역항으로, 인도나 중국에서 오는 상선들이 페르시아만의 북안에 자리한 바스라에 이르려면 반드시 거쳐야 하는 항구였다. 1960년대 영국 옥스퍼드 대학 조사팀에 의해 시라프 부근의 해안에서 중국 룽취안요(龍泉窯) 청자 파편들이 다량 발견되었다.

시바리스(Sybaris) 해저도시 유적
1962년 이탈리아의 아드리아해와 이오니아해 경계에 있는 오트란토만에서 고고학자들이 해저도시를 발견하였다. 학자들은 이 해저도시가 그리스인들이 건설한 도시 시바리스일 가능성이 크다고 보았는데, 조사는 아직 미진하다.

시박 市舶
당대(唐代) 중국 연해 각 항에 도착한 외국 상선들을 이르는 말이다. 이들 외국 상선들을 일괄하여 시박(市舶), 혹은 호시박(互市舶)이라 불렀다. 시박에는 남해박(南海舶)·곤륜박(昆崙舶)·바라문박(婆羅門舶, 인도 선박)·사자국박(獅子國舶, 스리랑카 선박)·파사박(波斯舶, 페르시아 선박) 등이 있었다.

시박제거사 市舶提擧司, 약칭 시박사
1402년에 등극한 명(明)대 성조(成祖)가 건국 초기 쇄국적인 해금(海禁) 정책으로 인해 위축된 해외교역을 진작시키기 위해 푸젠(福建)·저장(浙江)·광둥(廣東) 등 연해지역에 설치한 해외교역 전담기관이다.

『신견록(身見錄)』 樊守義 저, 18세기 전반

중국 산시(山西) 핑양(平陽) 출신의 저자 번수의(樊守義, 1682~1753)는 천주교 신자로서 1707년 로마 교황청에 출사하는 이탈리아 선교사 프로바나(J. A. Provana)를 수행하여 유럽행 길에 올랐다. 번수의는 마카오를 떠나 남양군도와 남미의 브라질을 경유, 포르투갈에 이른 후 왕에게 예물을 바쳤다. 이어 1709년 로마에 도착하여 교황을 알현하고 이탈리아에 9년간 체류하였다. 그곳에서 예수회에 가입한 후 포르투갈을 거쳐 1720년에 광저우(廣州)에 돌아왔다. 귀국 후 그는 유럽 여행 과정에서 보고 들은 것을 엮어 『신견록(身見錄)』을 저술하였다. 약 5,000자(字)에 달하는 이 저서는 여행 노정과 각지의 도시·건축·종교·문화·풍토·지리·물산 등을 기술하고 있는데, 바타비아(Batavia, 현 자카르타) 같은 일부 도시에 관해서는 상당히 구체적으로 서술하고 있다. 이 책은 중국인이 쓴 첫 유럽여행기로서 사료적 가치가 높지만 정식으로 간행되지는 않았다. 중국학자 방호(方豪)가 로마 국립도서관에 소장된 초본을 발견하여 전문을 1974년에 출간된 그의 저서 『중서교통사(中西交通史)』에 수록하였다.

신기루

실제로는 아무것도 없는 상태이지만 빛의 굴절 때문에 마치 어떤 물체가 있는 것처럼 보이는 현상을 말한다. 비록 보이는 곳에는 물체가 없지만 다른 곳에는 반드시 실물이 존재한다는 점에서 환상과는 다르다. 기온이 다르면 공기의 밀도도 다르게 나타나는데, 빛이 움직이면서 밀도가 다른 공기를 만나면 굴절이 일어난다. 빛의 굴절로 아주 먼 곳에 있는 물체가 공기의 거울현상에 의해 투영되어 보이게 된다. 사막에서 많이 보이지만 북극해를 항해하는 선박들도 자주 신기루를 경험한다. 찬 지표면 위로 더운 공기가 지나갈 때 신기루 현상이 자주 목격된다. 해상에 떠 있는 작은 유빙이 거대한 빙산으로 보이기도 하고 때로는 화려한 궁전의 모습도 목격되는 등 항해자들에게 신기루는 신비함을 안겨준다.

신안(新安) 해저유적

1975년 한국 목포(木浦) 신안 앞바다에서 한 어민이 우연히 6개의 청자(靑磁)를 발견하였다. 이것이 계기가 되어 한국문화재위원회에서 수중고고학 조사를 진행한 결과 14세기(중국 원대)의 룽취안요(龍泉窯) 청자와 징더전(景德鎭) 백자(白磁)를 비롯한 자기류 2만 점이 발견되었다. 목제 선박이지만

신안 침몰선에서 인양된 각종 도자기

선체나 하적 유물들의 보존상태가 비교적 양호하여 1990년 목포 해안유물 보존처리소(2006년 국립해양문화재연구소로 개칭)를 세워 목선을 원상복구하고 유물들을 전시하고 있다. 적재 도자기는 주로 일본 분포(文保) 2년(1318)에 제작한 것이며, 선체의 목판에 1323년이라는 연대와 도호쿠지(東福寺)라는 글자가 명기된 점 등을 감안해 이 배는 원래 도호쿠지의 재건 자금을 마련하기 위해 중국 닝보(寧波)에서 출발해 일본으로 항해하던 도중에 침몰한 상선으로 추정된다.

실크로드(Silk Road)의 개념

실크로드란 한마디로 인류문명의 교류가 진행된 통로를 말한다. 실크로드라는 말은 130여 년 전인 근세에 와서 출현했는데, 이 명칭을 처음 쓴 사람은 독일의 지리학자 리히트호펜(Richthofen, 1833~1905)이다. 그는 1869~1872년에 중국 각지를 답사하고 『중국』(China)이라는 책 5권을 찬술하였다(1877~1912년 출간). 그는

이 책 제1권의 후반부에 동서교류사를 개괄하면서, 중국에서 중앙아시아를 경유해 시르다리야(Syr Darya, 시르강)와 아무다리야(Amu Darya, 아무강) 두 강 사이에 있는 트란스옥시아나(Transoxiana) 지역과 서북인도로 수출되는 주요 물품이 비단(silk)이라는 사실을 감안하여 이 교역로를 독일어로 '자이덴슈트라센'(Seiden strassen: Seiden=비단, strassen=길, 영어로 Silk Road)이라고 명명하였다. 그후 스웨덴의 허턴(S. Hutton, 1863~1952)과 영국의 스타인(A. Stein, 1862~1943) 등에 의해 중앙아시아 각지뿐 아니라 지중해 동안에 위치한 시리아에서도 중국의 견직 유물이 다량 발굴되었다. 이를 근거로 독일의 동양학자 알베르트 헤르만(Albert Herrmann)은 1910년에 이 실크로드를 시리아까지로 연장하였다. 이 실크로드는 주로 중앙아시아 일원에 점재(點在)한 여러 오아시스(oasis)를 연결하여 이루어진 길이므로 일명 '오아시스로'(Oasis Road)라고도 하였다.

제2차 세계대전 후 동양학자들은 오아시스로를 통한 동서교류 연구를 심화하여, 중국에서 중앙아시아와 서아시아를 지나 터키의 이스탄불과 로마까지 연결하여 장장 1만 2천km(직선거리 9,000km)에 달하는 이 길을 동서간의 문화통로와 교역로로 규정하였다. 뿐만 아니라 실크로드의 범위를

유라시아 대륙의 북방 초원지대를 지나는 초원로(草原路, Steppe Road, 스텝로)와, 지중해로부터 홍해(紅海)·아라비아 해·인도양을 지나 중국 남해에 이르는 남해로(南海路, Southern Sea Road)까지 포함시켰다. 그런데 이 실크로드의 3대 통로(간선) 중 남해로의 명명 유래는 역사적 사실과 어긋나는 점이 있는바 수정되어야 한다. 원래 '남해로'라는 이름은 이 길이 남방에 위치해 있고, 또 중국의 남해에까지 이르는 바닷길이라는 이유에서 그렇게 명명되었다. 그러나 15세기 이후 이른바 '남해로'라 불리는 이 해로가 중국 남해를 넘어서 태평양 건너 아메리카 대륙까지 연장되었다는 사실을 고려하면, 종래의 '남해로'라는 명칭은 적절치 못함을 알 수 있다. 따라서 이렇게 환지구적으로 연결된 이 바닷길은 범칭적(汎稱的)인 의미에서 '해로(海路)'로 개칭하는 것이 마땅할 것이다. 이러한 측면에서 볼 때, 실크로드 3개 간선의 정확한 명칭은 '초원로'와 '오아시스로' '해로'가 된다.

실크로드란 원래 중국 비단의 유럽 수출로에서 연유된 조어(造語)였으나, 그 개념이 확대된 결과 원래의 뜻과는 다르게 하나의 상징적인 아칭(雅稱)으로 변하였다. 사실상 초원로나 해로는 물론이거니와, 오아시스로도 그 길을 따라 비단이 교류품의 주종으로 오고간 것은 역사상 짧은 기간이었을 뿐, 여러가지 교역품이나 문물이 오랫동안 교류되었다. 역사가 말해주듯이 실크로드는 비단의 일방적인 대서방 수출로 인해 이름이 지어졌고, 또 비단이 로마제국(특히 말엽)에서 큰 인기를 모은 진귀품으로서, 그 진가를 기리기 위해서 그 명칭이 고수되어왔다는 점을 감안할 때, 이 명칭은 분명히 유럽중심주의 문명사관에서 비롯된 것이며 진정한 문명교류 차원에서 유래한 것이 아님을 알 수 있다. 그럼에도 불구하고 실크로드라는 이름이 시종 존속되어온 것은 바로 그 상징성 때문이다.

실크로드는 문명교류의 통로인 것만큼이나 노선과 교류 여하에 따르는 유한(有限)한 하나의 역사적 개념으로서, 분명히 그 시말(始末)이 있다. 그 시말은 광의적(廣義的) 시말과 협의적(狹義的) 시말로 갈라볼 수 있다. 광의적 시말은 실크로드가 선사시대에 개통되어 지금도 계속 기능하고 있다는 좀더 넓은 의미에서의 시말이다. 즉 지금으로부터 약 1만 년 전에 홍적세(洪積世)가 시작되면서 일어난 인류의 대이동에 의해 유라시아 대륙에 몇갈래의 길이 생겼는데, 이것이 실크로드의 시작이다.

광의적 시말에 비해 협의적 시말은 실크로드가 역사시대의 후반기에 개통되어 18세기경까지 기능하였다는 좀더 좁은 의미에서의 시말이다. 즉 기원전 8~7세기에 이르러서는 오아시스로나 초원로, 해로를 통한 교류의 흔적이 유물뿐만 아니라 문헌기록에 의해서도 입증되고 있으므로 이 시기를 실크로드의 본격적인 시작으로 간주할 수 있는 것이다. 이때부터 가동한 실크로드는 18세기에 이르게 되면 그중 초원로와 오아시스로는 거의 폐로(廢路)가 되어버렸다. 근대적인 교통수단이 발명·이용되고 근대적인 민족국가들의 출현으로 인해 자유이동이 제약됨으로써 이 두 통로의 이용이 사실상 불필요하거나 불가능하였기 때문이다.

실크로드의 개념 확대 실크로드 자체는 인류의 문명사와 더불어 장기간 기능해온 객관적 실재였지만, 인간의 지적 한계성 때문에 당초부터 그 실재가 온전히 인식되어온 것은 아니다. 그 실재에 대한 인지(認知)는 지금으로부터 불과 130여 년 전부터의 일이다. 그간 학계의 탐구에 의해 실크로드의 공간적인 포괄 범위와 그 기능에 대한 인식이 점진적으로 그 폭을 확대해왔다. 실크로드를 통해 전개된 교류의 실상이 점차 밝혀짐에 따라 실크로드의 개념이 그만큼 확대되지 않을 수 없었다. 역으로 이러한 개념 확대는 교류에 대한 시야를 또한 그만큼 넓혀주었다. 실크로드의 개념 확대는 실크로드라는 통로의 단선적인 연장뿐만 아니라, 복선적(複線的) 내지는 망상적(網狀的)인 확대까지를 말한다. 실크로드의 개념은 다음과 같은 몇단계를 거쳐 확대되어왔다.

첫째는 중국~인도로의 단계다. 이 단계는 1877년에 리히트호펜이 최초로 중국에서 중앙아시아를 경유해 트란스옥시아나와 서북 인도로 이어지는 길을 실크로드라고 명명함으로써 실크로드라는 개념이 형성되기 시작한 단계다. 둘째 단계는 중국~시리아로의 단계다. 1910년 헤르만이 첫 단계 기간에 탐험가들과 고고학자들이 중앙아시아와 서북 인도뿐 아니라 지중해 동안 시리아의 팔미라(Palmyra)에서 중국 비단(한금漢錦) 유물을 다량 발견한 사실을 감안해 이 비단 교역의 길을 시리아까지 연장하여 '실크로드'라고 재천명하였다. 이 두 단계에서 실크로드는 주로 사막에 점재한 오아시스를 연결하여 이루어진 길이므로 일명 '오아시스로'(Oasis Road)라고도 한다. 실크로드의 개념 확대 차원에서 보면 둘째 단계는 첫 단계에 비해 오아시스로의 단선적인 연장이라고 말할 수 있다. 실크로드 개념 확대의 셋째 단계는 3대 간선로(幹線路) 단계다. 제2차 세계대전 후 학계에서는 전(前) 단계의 연구성과를 토대로 하여 오아시스로의 동·서단(東·西端)을 각각 중국 동쪽의 한국 및 일본, 그리고 로마까지 연장했을 뿐만 아니라 실크로드의 포괄범위를 크게 확대하였다. 즉, 그 범위를 유라시아 대륙의 북방 초원지대를 지나는 초원로와 지중해에서 중국 남해에 이르는 남해로까지 포함하여 동서를 관통하는 이른바 '3대간선(三大幹線)'으로 개념을 확대하였다. 아직 연구가 미흡하지만, 여기에 유라시아의 남북을 관통하는 마역로(馬易路)·라마로·불타로·메소포타미아로·호박로(琥珀路)의 5개 지선(支線)까지 합치면, 실크로드는 문자 그대로 망상적(網狀的)인 교통로가 된다.

실크로드의 개념 확대 차원에서 보면 앞 두 단계의 단선적인 연장 개념에서 벗어나 복선적(複線的)이며 망상적인 개념으로 크게 확대된 것이다. 그러나 이렇게 실크로드의 개념이 크게 확대되어왔지만 아직은 아시아와 유럽 및 아프리카를 아우르는 이른바 구대륙(舊大陸)에 한정된 실크로드가 지금까지의 통념이다. 마지막 넷째 단계는 환지구로(環地球路) 단계다. 앞의 세 단계를 거쳐 실크로드의 개념은 부단히 확대되어왔지만, 그것은 아직 구대륙의 범위를 벗어나지 못하였다. 환언하면 문명교류의 통로인 실크로드가 지구의 한 부분인 이른바 신대륙(新大陸)—적절치 못한 표현이나 관용에 따라 그대로 사용—에까지는 연결되지 못함으로써 신대륙은 인류문명의 교류권에서 소외되어왔다. 그렇지만 15세기부터는 해로에 의한 문명교류의 통로가 구대륙에서 신대륙에까지 이어져 실크로드는 명실상부한 환지구적 통로로 자리매김하게 되었다. 이렇게 문명교류의 통로가 신대륙에까지

이어졌다고 보는 근거는 우선 신대륙으로의 해로 개척이다. 1492년 콜럼버스가 카리브해에 도착한 데 이어, 마젤란 일행이 1519~1522년 스페인 → 남미의 남단 → 필리핀 → 인도양 → 아프리카의 남단 → 스페인으로 이어지는 세계일주 항해를 단행함으로써 해로를 통해 신대륙에 이르는 바닷길이 트이게 되었다. 다음 근거는 신·구대륙 간의 교역이다. 16세기부터 스페인인과 포르투갈인들이 필리핀의 마닐라를 중간 기착지로 하여 중국의 비단을 중남미에 수출하고 중남미의 백은(白銀)을 아시아와 유럽에 반입하는 등 신·구대륙 간에는 교역이 진행되기 시작하였다. 이러한 교역을 통해 고구마·감자·옥수수·낙화생·담배·해바라기 등 신대륙 특유의 농작물이 아시아와 유럽의 각지에 유입·전파되었다. 이상과 같은 사실을 감안할 때 비록 해로의 단선적인 연장이기는 하지만 분명히 문명교류의 통로는 구대륙에서 신대륙으로 이어졌던 것이다. 따라서 실크로드의 개념은 종래의 구대륙 한계를 벗어나 전지구를 망라하는 환지구적인 통로로 확대되었다. 이상은 기존 실재로서의 실크로드에 대한 인간의 인식변화 과정이다.

실크로드의 역할 실크로드는 3대 간선과 5대 지선을 비롯한 교통망의 총체로서, 이 교통망을 통해 인류문명은 동서남북으로 종횡무진 교류되어왔다.

문명교류를 포함한 인류역사의 전개 과정에서 실크로드가 담당 수행한 역할은 실로 막중하였다. 그 역할은 첫째로 명실상부한 문명교류의 가교 역할을 수행한 것이다. 문명이란 교류를 통해 상보상조(相輔相助)하는 가운데 발달할 수 있으며, 또 그 생명력을 발휘하게 된다. 예로부터 많은 문명들이 동서남북간에 서로 교류가 되어, 그것이 한 문명의 발생요인이 되거나 발달 촉진제가 되기도 하였다는 것은 많은 역사적 사실에서 확인할 수 있다. 청동기의 동방 전파는 아시아 민족의 문명 전환을 촉진하였으며, 제지법의 서방 전파는 유럽의 개화를 이끌었다. 그런데 이러한 당위적인 문명교류가 현실화되려면 반드시 가교로서의 일정한 공간적 매체와 물리적 수단이 있어야 한다. 이러한 매체와 수단이 바로 실크로드다. 둘째로 그 역할은 세계사 전개의 중추적 역할을 수행한 것이다. 실크로드는 환지구적인 대동맥으로서, 이 길을 따라 중요한 세계사적 사변들이 전개되고, 수많은 민족들과 국가들의 흥망성쇠가 거듭되면서 인류역사는 전진해왔다. 고대 오리엔트 문명의 창조자들에서 그리스-로마제국, 페르시아제국에서 이슬람제국, 선진(先秦)시대의 중국부터 몽골제국, 석가시대의 인도에서 티무르제국의 출현에 이르기까지, 그리고 북방 유목민족들의 흥망에서부터 중앙아시아제국들의 출몰에

이르기까지, 이러한 모든 역사적 사변은 모두 실크로드를 따라 전개되고, 또 이 길에 의해 서로 연계되고 관련됨으로써 비로소 모든 변화와 발달이 가능하였던 것이다. 다리우스·알렉산드로스·한무제·당태종·이슬람 칼리파들·칭기즈칸·티무르 등 수많은 세계적 영웅호걸들이 이 길을 통해 다니며 역사의 지휘봉을 휘둘렀던 것이다. 이 길이 없었던들 세계사의 전개는 인류가 일찍이 경험한 그것과는 사뭇 다른 양상으로 나타났을 것이다. 셋째로 그 역할은 세계 주요 문명의 산파역을 감당한 것이다. 원래 문명의 탄생은 교통의 발달과 불가분의 관계에 있다. 교통의 불편은 문명의 후진을 초래하며, 교통의 발달 없이 문명의 창달이나 전파는 상상할 수 없는 것이다. 이러한 문명론의 원리가 바로 실크로드에서 그대로 실증되었다. 고대 오리엔트 문명을 비롯한 황허 문명·인더스 문명·그리스로마 문명·스키타이 문명·불교문명·페르시아 문명·이슬람 문명 등 동서고금의 중요한 문명은 모두가 이 실크로드를 둘러싼 지역에서 발아한 다음, 이 길을 타고 발전을 거듭하였다. 그 가장 뚜렷한 예가 바로 불교와 이슬람교가 이 길을 따라 동서남북으로 전파되어 세계적인 종교가 된 사실이다.

실크로드의 3대 간선과 5대 지선 지금까지 실크로드로 통칭해온 초원로와 오아시스로, 해로는 동서로 전개된 동서

문명교류의 주요 통로로서 실크로드
의 3대 간선(幹線)이다. 그런데 이 3대
간선은 문명교류 통로의 전체는 아니
고 그 간선일 따름이다. 사실 문명교류
상을 총체적으로 추적해보면 지리적
으로 유라시아와 아프리카 및 아메리
카를 동서로 이어주는 길은 이 3대 간
선을 제외하고도 수많은 샛길이 있을
뿐만 아니라, 유라시아의 남북을 관통
하는 교류통로도 여러개가 병존하여
왔다. 지금까지 학계에서는 실크로드
라는 범칭 하에 문명교류의 통로라고
하면 주로 동서로 횡단하는 3대 간선
로만을 염두에 두었을 뿐, 남북을 잇는
여러 길은 도외시하였다. 최근에 와서
이 남북교통이 문명교류에 미친 영향
이 밝혀짐에 따라 남북로에 대한 관심
이 모아지고 있다. 문명교류의 동서통
로를 간선이라고 하면, 이 남북통로는
지선(支線)이라고 지칭할 수 있을 것이
다. 이제는 인류 문명교류의 통로를 동
서횡단의 3대 간선에만 국한한 종래의
시각에서 탈피해 남북간의 여러 지선
을 포함해 동서남북으로 사통팔달(四
通八達)한 하나의 거대한 교통망으로
인식해야 할 것이다. 남북연결로는 간
선인 3대로에 비해 상대적으로 지선이
라 불리고 있지만, 문명교류나 교역에
서 중요한 일익을 담당하였으며, 그 노
선이 또한 복잡다기하다.

　고대에서 중세기에 이르기까지 유
라시아 대륙의 남북교통로는 대체로 5
대 지선이 있었다. 동서 3대 간선은 주
로 같은 위도(緯度) 상에 나타나는 지
형적인 특징을 반영하여 초원로(스텝
로), 오아시스로, 해로라고 명명하였
다. 그러나 남북 지선에 한해서는 지형
적인 공통성을 찾아볼 수 없으므로 주
로 교류나 교역의 내역상 특징을 살려
각 지선의 이름을 짓기로 한다. 실크로
드의 남북 5대 지선은 다음과 같다.

　① 마역로(馬易路): 남북로의 동단로
(東端路)로서 초원로의 동쪽 끝인 막북
(漠北)의 오르콘(Orkhon)강 유역에서
카라코룸을 지나 장안(長安, 현 시안西
安)이나 유주(幽州, 현 베이징)와 연결
되며, 여기에서 계속 화난(華南) 일대
로 뻗어 항저우(杭州)나 광저우(廣州)
에 닿아 해로와 접한다. 고대에 이 길
은 북방 유목민족과 한(漢)민족 간의
동아시아 쟁탈전을 위한 전쟁로(戰爭
路)였으며, 이 길을 따라 양대 민족간
에 군사적 및 사회경제적으로 큰 역할
을 한 말(馬)이 교역되고, 북방 기마유
목문화와 남방 농경문화가 교류되었
다. 또한 이 길을 따라 북방 기마유목
민족문화가 동북아시아 일원에 유입
되었다.

　② 라마로: 이 길의 북단(北端)은 중
가리아 분지로서 고창(高昌) 서북의 투
루판(토로번吐魯蕃)과 타림 분지 동편
에 있는 차클릭(Charklik, 뤄창若羌)을
지나 티베트의 라싸를 거쳐 히말라야
산록을 따라 북인도의 시킴(Sikkim, 錫

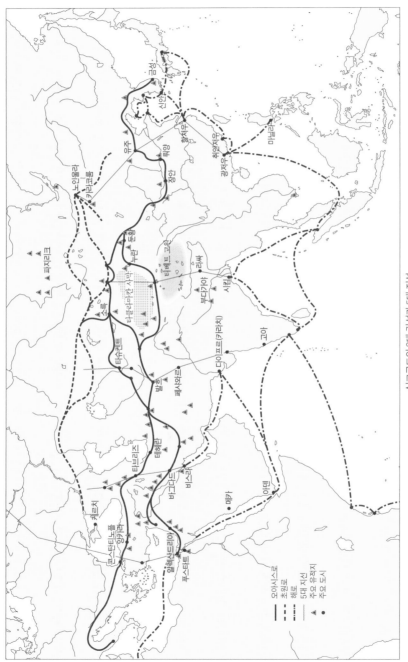

실크로드의 3대 간선과 5대 지선

金)에 이른 후 계속 남하해 인도 갠지스강 어구까지 이어진다. 이 길은 기원후 5세기부터 주로 토욕혼(吐谷渾)에 의해 이용되다가, 7~8세기에 와서는 토번(吐蕃, 티베트)이 중국 경내의 라마로 주변을 장악하게 되자 토번의 서역 원정로 역할을 하였다. 당과 토번 간에 화친관계가 유지되는 동안에는 당의 사신이나 구법승(求法僧)들이 첩경인 이 길을 따라 인도를 왕래하였다. 후세에 와서 중가리아 일원에서 통일국가로 출현한 타타르가 가끔 이 길을 따라 티베트와 중국 서북방에 대한 공략을 감행하기도 하였다. 특기할 것은 티베트에서 발생한 라마교가 바로 이 길을 따라 북상해 몽골에 널리 전파된 사실이다.

③ 불타로(佛陀路): 이 길은 중앙아시아의 카자흐스탄(Kazakhstan)에서 출발해 타슈켄트(Tashkent)와 사마르칸트(Samarkand)를 거쳐 동서남북의 십자로상에 위치한 아프가니스탄 북부의 발흐(Balkh)와 인도의 페샤와르(Peshawar, 간다라Gandhara)를 지난 후 인더스강 유역을 따라 중인도 서해안의 바루가자(Barugaza, 현 수라트Surat)까지 줄곧 남하하는 길이다. 예로부터 이 길은 동서남북 교통로의 중심 교차점에 자리하여 동서문명의 교류와 교역에서 중요한 역할을 하였다. 기원전 2000년경 아리아인들을 비롯해 후세의 알렉산드로스나 티무르(Timūr) 등

외래인들의 인도 침입은 모두 이 길을 통해 자행되었다. 특히 불교는 이 길을 따라 북상한 다음 중앙아시아를 거쳐 동북아시아에 전파되었으며, 법현(法顯)과 현장(玄奘) 같은 구법승들이 이 길로 천축(天竺, 인도)에 가서 수도·성불하였다.

④ 메소포타미아로: 흑해와 카스피해 중간지대에 있는 코카서스(Caucasus, 일명 캅카스Kavkaz)의 북부를 기점으로 하여 트빌리시(Tbilisi)와 타브리즈(Tabriz)를 경유해 티그리스강과 유프라테스강 유역을 따라 바그다드와 그 이남에 펼쳐진 메소포타미아를 관통한 후 페르시아만의 바스라(Basrah)까지 이르는 길이다. 일찍이 고대 메소포타미아 문명이 개화한 지대를 지나는 이 길은 수메르 문화·바빌론 문화·페르시아 문화·이슬람 문화 등 고대문화를 전파하는 데 크게 기여하였다.

⑤ 호박로(琥珀路): 이 길은 북유럽의 발트해에서 시작해 러시아의 모스크바와 키예프를 거쳐 유럽과 아시아 대륙의 접지(接地)인 터키의 콘스탄티노플(현 이스탄불)과 에페수스(Ephesus)를 지나 지중해 연안을 따라 이집트의 알렉산드리아까지 남하하는 길이다. 이 길에는 유럽의 라인강에서부터 헝가리아의 부다페스트를 지나 콘스탄티노플로 이어지는 지선과 발트해에서 부다페스트와 로마를 지나

알렉산드리아까지 연결되는 지선이 포함된다. 이 길은 일찍이 페니키아 시대부터 유럽산 호박(琥珀, amber)의 교역로였다.

이상과 같이 동서남북으로 거미줄처럼 뻗어간 교통망을 통해 동서문명은 종횡무진으로 교류되어왔다. 이 여러갈래의 간선과 지선으로 이루어진 교통망을 통틀어 실크로드라는 하나의 상징적인 아칭(雅稱)으로 부를 수 있을 것이다.

심해 深海, deep sea
일반적으로 깊은 바다를 뜻하며, 해양학에서는 수심 200m보다 깊은 바다를 말한다. 해저지형을 기준으로 보면 육지의 연장부인 대륙붕을 지나 경사가 급해지는 대륙사면부터 심해라 한다. 심해는 전 해양 표면적의 약 90%를 차지하며, 바닷물의 부피로는 전체 해양의 약 95% 정도 된다. 심해의 환경 특성은 표층과는 다르다. 표층에서 투과된 태양광은 바닷물에 흡수되어 수심이 깊어짐에 따라 점점 약해진다. 심해는 장소와 수심에 따라 빛의 세기(광도)가 약하거나 빛이 없는 암흑의 세계이다. 수심이 보통 1,000m가 넘는 심해에는 빛이 없기 때문에 광합성에 의존해 사는 식물은 살 수 없다. 따라서 심해에는 동물만 살 수 있으며, 열수분출공 주변 생태계처럼 예외적인 곳을 제외하고는 동물 숫자가 많지

않다. 한편, 수심이 깊어지면서 수온이 점차 낮아져 심해저에서는 거의 섭씨 0도에 가까울 정도로 차다. 수심이 10m 깊어짐에 따라 압력이 1기압씩 증가하여 심해에서는 엄청난 수압이 내리누른다. 바다 중에서 가장 깊은 마리아나 해구는 수심이 11,000m가 넘어, 이곳에서의 수압은 약 1,100기압이 된다. 이는 1cm^2 당 1,100㎏으로 내리누르는 힘과 같다. 심해는 이처럼 빛이 없고, 수온이 낮으며, 압력이 높아 생물이 살기에 적합한 환경은 아니다. 심해에서는 해류가 빠르지 않고, 장소와 시간에 따른 수온과 염분의 변화 폭이 크지 않다.

『17~18세기 네덜란드의 아시아 해운』
Dutch-Asiatic Shipping in the 17th and 18th Centuries 3권, J. R. Bruijn 등 편저, 1979년
비교적 최근에 헤이그의 해사출판사(海事出版社)에서 출간한 것이지만, 17~18세기의 해운(海運) 내용을 충실히 담아 편집하였기 때문에 문헌적 전거로 취급할 수 있다. 이 책은 1595년부터 1794년까지의 기간에 주로 암스테르담의 외항을 출항해 희망봉을 에돌아 인도네시아나 일본 나가사키(長崎)까지 이어지는 항해에 관한 기록이다. 제1권은 총론이고, 제2권은 거로(去路), 제3권은 귀로(歸路)다. 항해한 선박의 명칭, 지휘자, 출항과 귀항 날짜,

승무원 수, 항해과정, 그리고 선박의 침몰이나 폐선, 승무원 중 도망자, 항해 도중 해산(解産)한 승객 명단까지 세세히 기록되어 있다. 네덜란드 동인도회사 소속 침몰선을 발굴하는 기본 자료로 활용된다. 동향 항해에 관한 실제 기록이기 때문에 사료적 가치가 높다.

싱가포르 Singapore

동남아시아 말레이 반도 남단에 위치한 섬나라로서 싱가포르섬과 그 부속 도서들로 구성되어 있다. 면적은 616.3km²로, 사실상 하나의 도시국가다. 14세기 초까지는 '투마시크'(Tumasik)라는 이름으로 불리다가 수마트라섬의 해상왕국 스리비자야의 왕자가 항해 도중 싱가포르 쪽에서 어떤 짐승을 보고는 그 동물이 사자라고 생각해 산스크리트어로 '사자(獅子)의 도시'를 뜻하는 '싱가프라'라고 부른 데서 '싱가포르'라는 이름이 유래하였다고 한다. 1365년에 인도네시아 자바 왕국의 공격을 받아 폐허가 되었다가 조호르(Johor) 왕국의 지배하에 들어갔다. 1819년 영국인 래플스(T. S. Raffles)가 이 섬에 와서 조호르왕에게서 식민 개척에 대한 인가를 받았으며, 연이어 상관 설치와 자유항 개항 등의 이권을 따냈다. 개항 이래 싱가포르는 동남아시아 해로의 요충지로서 항해와 교역에서 중개적 역할을 수행하였다. 국립박물관에는 15~16세기의 중국 청자와 청화백자 등 많은 자기 유물이 소장되어 있다.

싱가포르 국립박물관

1887년 래플스 박물관으로 문을 연 후 1960년에 싱가포르 국립박물관으로 이름을 바꾸었다. 박물관에는 중국 청화백자, 오채(五彩)의 그릇 유물, 파편

배를 얹은 양식의 고층건물(싱가포르 마리나 베이)

등이 전시되어 있는데, 이는 싱가포르가 유럽과 동양 사이를 오가던 무역선들이 통과하던 국제적인 무역항구였음을 말해준다. 18세기 중엽 영국은 차(茶) 문화가 정착되면서 중국으로부터 더 많은 차를 수입하기 위해 그 중간 거점으로 동남아시아 여러 곳에 식민지를 개척하였다. 1832년 페낭·말라카·싱가포르를 이른바 '해협식민지'로 두고, 싱가포르 지사가 이를 총괄하도록 하였다. 1869년 수에즈 운하가 개통되면서 유럽과 아시아의 거리는 크게 단축되고, 증기선의 도입으로 무역은 비약적으로 발전하게 된다.

O

아덴 Aden

아라비아 반도의 서남단, 아라비아해와 홍해의 접점인 아덴만에 자리하고 있는 국제무역항이다. 화산의 화구(火口)에 지어진 항구도시로 서구 열강들이 일찍부터 관심을 가졌다. 1513~1538년 및 1547~1548년에 포르투갈이 점령한 바 있으며, 이후 오스만 투르크를 거쳐 술탄 라헤지가 통치하였다. 이 지역에 눈독을 들이던 영국은 1839년 아덴을 할양받아 인도 총독부의 관할하에 두었으며 1937년부터 독립 식민지로 운영해왔다. 1967년 아덴 사태 이후 예멘으로부터 독립하면서 남예멘의 수도가 되었다가 남북 예멘이 통일되자 수도의 지위를 잃었다. 아덴은 유럽과 아시아를 잇는 교통의 요충지로서 일찍부터 이곳은 유향(乳香)·몰약(沒藥)·계피(桂皮) 등 향신료의 집산지이자 중계 무역지였다. 수에즈 운하가 개통되면서 아덴의 중요성은 더욱더 부각되었다. 도시를 에워싼 해안 지대에서는 중국산 도자기들이 발견되고 있어, 이러한 무역입지를 증명해주고 있다.

아라비아해

인도양의 북서부 해양으로서 동쪽으로 인도 아대륙, 서쪽으로 동아프리카, 북쪽으로 아라비아 반도에 에워싸여 있다. 아덴만·페르시아만·오만만 등이 아라비아해 언저리에 있다. 수심이 가장 깊은 곳은 4,567m나 되며, 바닷물의 염분 농도가 높다. 겨울에는 북동 계절풍이, 여름에는 남서 계절풍이 불며 저기압이 발달하곤 한다.

아랍의 대중국 교역

중세 페르시아에 이어 수세기 동안 동방교역을 주도한 세력은 아랍인들이다. 적지 않은 항해술 관련 아랍 언어(예: bandar 부두)가 페르시아어에서 차용된 사실이 그것을 증명해주고 있다. 이른바 '사막의 아들'에서 일약 '바다의 아들'로 변신한 아랍인들은, 항해 나 해상교역에서 선행자인 페르시아인 들로부터 많은 것을 전수받으면서 함께 동방교역에 종사하였다.

중세 아랍인들이 동방교역에서 두드러진 역할을 한 것은 극동에 위치한 중국과의 육·해 행로를 통한 교역을 적극적으로 진행한 점이다. 특히 오아시스로를 통한 대당 교역은 양국간의 직접 교역이었다. 따라서 교역이 내용이나 규모 면에서 해로보다 훨씬 우세하였다. 한편 해로의 경우, 대부분의 아랍 상선은 페르시아만 동북연안의 시라프(Sirāf)나 남안의 소하르(Sohar, 오만)에서 출발한 후 인도 서해안과 말라카 해협을 지나 북상하여 중국 동남해안에 종착하였다. 당시 중국 연해 각 항에 도착한 외국 상선을 일괄하여 '시박(市舶)' 혹은 '호시선(互市船)'이라고 불렀는데, 그중에는 남해 박(南海舶)·곤륜박(崑崙舶)·바라문박(婆羅門舶)·사자국박(獅子國舶)·파사 박(波斯舶) 등이 있었다. 여기에서 파사(波斯, 페르시아)박은 페르시아와 아랍인들의 선박을 통칭한 것이다. 당대 중국 남방에서는 페르시아인(아랍인 포함)들을 '박주(舶主)'라고 불렀다. 그것은 외국 선박 중 페르시아 선박이 가장 많았고, 또한 인도양을 항해하는 중국 선박에 유능한 페르시아인들을 선장으로 기용하였기 때문이다. 아랍 지리학자 이븐 쿠르다지바(Ibn

Khurdādhibah, 820?~912)는 저서『제 도로 및 제왕국지』에서 아랍-무슬림 상인들은 해로로 페르시아만에서 중국 동남해안의 4대 무역항, 즉 루낀(베트남의 交州)·칸푸(廣州)·칸주(泉州)·간투(揚州)에 이르러 중국인들과 교역을 진행한다고 하면서 4대 항에서의 교역상을 소개하고 있다. 4대 무역항 중 광저우와 양저우에는 아랍상인이 가장 많이 왕래했을 뿐만 아니라 정착하기도 하였다. 전신공(田神功, ?~767, '안녹산의 난'을 평정하는 데 공을 세운 당대의 대장大將)이 양저우를 공략할 때, 아랍과 페르시아 상호(商胡) 사망자가 수천 명에 달하였다고 한다. 또 광저우에는 시박사(市舶使, 일명 압번 박사押蕃博士, 감박사監舶使)를 상주시켜 상호를 비롯한 외국 상인들의 대당 무역 업무를 관장하게 하였다. 대(對) 당 교역에 종사한 아랍 상인 술라이만 알 타지르(Sulaimān al-Tājir)의『중국과 인도 소식』(851)의 기록에 의하면, 외국 상선이 중국 항저우에 입항할 경우 중국 관리들은 적재화물을 6개월간 보관하였다가 계절풍을 이용한 선박들의 입항이 끝나면 30%의 관세를 징수한 뒤 화물을 물주에게 돌려준다고 하였다. 그중 진귀한 물품은 당국자들이 우선 싼값을 주고 구입해서 경사(京師)에 상납하곤 하였다.

이와같이 당대에는 아랍 상인들이 4 대 무역항을 비롯한 중국 동남해안 일대에 대거 진출하여 관방 및 비관방 교역을 진행하였다. 상호들이 가져오는 화물은 주로 아랍이나 페르시아 현지와 인도양 연안 각지에서 생산되는 각종 향료(유향乳香·소목蘇木·용뇌龍腦·후추·침향沈香 등)와 서각(犀角)·대모(玳瑁)·진주·산호·호박 등이고, 중국에서 가져가는 화물은 주로 비단·도자기·동·철·사향·대황(大黃)·종이·갈포(葛布) 등이었다. 아랍인들이 대당 교역에서 이용한 아랍 항구는 대부분이 페르시아만에 집중되어 있다. 가장 오래된 곳은 유프라테스강 하류에 있는 히라(Hira, 현 쿠파 부근,『후한서』등의 우라于羅)로서, 일찍이 한대(漢代)부터 대중국 교역항으로 이용된 것으로 보인다. 중세에 와서는 히라를 대신해 유프라테스강 하류의 오볼라(Obola, Obollah, 오랄烏剌), 고대의 아폴로고스(Apollogos)와 입해처의 바스라(Basrah, 말라末羅), 그리고 페르시아만 동북연안의 시라프(Sirāf)가 대중국 무역항으로 부상하였다. 그중 시라프는 교역화물의 집산지 역할을 하였다. 페르시아만 북단은 수심이 얕기 때문에 중국 선박과 같은 큰 배들은 접근하지 못하고 시라프까지 와서 정박한다. 그러면 오볼라나 바스라 등 북변이나 주변에 있는 항구들에서 작은 배로 화물을 시라프까지 운반하면 거기서 중국 선박에 옮겨 싣고 떠난다. 중국에서 온 물품들은 시라프에서 다시 작은 배로 각처에 배송된다.

그밖에 아라비아해에 면한 오만의 마준(Majun, 현 소하르Sohar)항은 대당 교역품의 집산지 역할을 하였으며, 예멘의 아덴(Aden)은 홍해(紅海)에서 진행되는 대당 교역의 통로로서 '중국으로 가는 문'으로까지 불렸다. 아랍 상인이자 여행가인 술라이만 알 타지르의 여행기『중국과 인도 소식』을 비롯해 아랍 여행가들과 역사·지리학자들이 남긴 기록에 근거해 아랍 선박의 중국 항로를 추적할 수 있다. 일반적으로 상업무역도시인 바스라에서 출발해 시라프와 바레인, 카타르를 지나 페르시아만의 호르무즈 해협을 빠져나오면, 항로는 두 갈래로 갈라진다. 그 하나는 술라이만이 언급한 항로인데, 오만 해안의 마준이나 무스카트(Muscat)에 이르러 식수 등 여행장비를 갖춘 후 인도양을 횡단, 인도 서남해안의 코친을 거쳐 사란디브(Sarandib, 실론, 현 스리랑카)에 이른다. 다른 하나는 호르무즈 해협을 빠져나온 뒤 페르시아 해안을 따라 동진, 까이스(Qays, 구 호르무즈)와 티즈(Tiz, 마크란 해협), 다이불(Daibul, 인더스강 하구 서안)을 지나 역시 인도양을 거쳐 실론(사란디브)에 당도한다. 실론에서 작은 선박은 실론 북단의 팔크(Palk) 해협을 지나 동북행으로 벵골만을 거쳐 현 미얀마의 서해안을 따라 남하, 말레이 반도 서해안의 케다(Kedah)에 도착한다. 한편 큰 선박은 실론의 남단에서 인도양을 횡단, 니코바르 제도를 지나 역시 케다에 이른다. 선박들은 이곳으로부터 말라카 해협과 수마트라, 자바를 지나 줄곧 북행한 후, 참파(현 베트남)를 경유해 광저우(廣州)를 비롯한 중국 동남해안의 한 항구에 종착한다. 술라이만에 의하면 시라프로부터 광저우까지의 항해에는 약 130일이 소요되었다고 한다.

아르고 Argo

아르고는 그리스 신화의 최고 모험담인, 50인의 영웅이 황금 양털을 찾아 원정에 나선 이야기에 나오는 배의 이름이다. 이 이름은 원래 아테네 여신의 지혜를 받아 배를 제작한 그리스 최고의 목수 아르고스에서 유래하였다. 이아손(Iason)이 이끄는 아르고 원정대의 모험은 황금 양털을 손에 쥐고 고국에 돌아오기까지의 항해 경험과 난관에 관한 이야기이다. 이아손이 찾으려 했던 황금 양은 그 기원이 포세이돈(Poseidon)으로까지 거슬러 올라간다. 포세이돈이 마케도니아의 공주 테오파네(Theophane)와 결합하기 위해 숫양과 암양의 모습으로 변장하였는데, 그후 테오파네가 황금 양털을 가진 숫양을 낳았다는 이야기가 그것이다. 이아손이 이끄는 아르고 원정대의 항해 목적지는 그 황금 양털을 보관하고 있는 흑해 너머의 콜키스(Colchis)라는

나라이다. 흑해는 죽음의 바다를 의미한 만큼 당시 그리스인들에게 두려움과 공포의 대상이었다. 이아손은 원정 과정에서 끊임없는 시련과 온갖 난관을 극복하지만, 그중에서도 가장 눈에 띄는 것은 쉼플레가데스(Symplégades)를 통과하는 장면이다. 쉼플레가데스는 흑해에 들어가기 전에 있는 두 개의 바위섬인데, 두 섬 사이를 통과하는 배가 있을 경우 두 개의 바위섬이 서로 달려들어 배를 무참하게 파산시켜버린다. 쉼플레가데스를 통과하면 항해에 성공할 것이라는 예언을 전해들은 일행은 공포의 해협을 피하지 않고 정면으로 맞서기로 한다. 이아손 원정대의 모험을 통해 당시 그리스 시대 사람들은 무엇을 말하고자 하였는가? 인간의 일생은 아르고선이 지나가는 바다와 같다. 풍랑과 좌초, 표류, 공격 등은 배를 띄운 이상 지나가야 하는 운명이다. 그것이 운명이라면 그리스인들은 피하기보다 오히려 그것에 적극 맞서고자 하였다. 풍랑과 격동의 바다가 무서워 처음부터 배를 띄우지 못한다면 이아손처럼 황금 양털을 손에 넣을 수 없다. 도전의 결과는 황금 양털의 획득으로, 욕구의 충족과 욕망의 해소이다. 그러나 이아손 모험담의 결말은 황금 양털로도 권력과 행복한 삶이 보장되지 않음을 보여준다.

교역소로 추정되는 유적(아라카메두)

아리카메두 Arikamedu

현 인도 동남단의 첸나이에서 남쪽으로 약 150km 떨어진 곳에 위치한 아리카메두에는 기원전 1세기에 동방 원거리무역에 종사하던 로마인들의 거류지가 있었다. 여기서 로마 상인들은 가지고 온 구리·유리·도기·포도주와 인도산 보석·진주·상아·귀갑(龜甲)·후추·목면을 교역하였다. 또한 여기에서 9~10세기경의 중국 월주(越州)청자와 송대의 룽취안(龍泉)청자 조각이 발견되었다. 이러한 사실은 아리카메두가 인도양 상의 교역 거점이었음을 말해준다.

아리타(有田) 도자미술관

일본 사가현(佐賀県) 아리타에 위치. 1954년 도자기창고를 개조하여 개관하였는데, 17세기부터 현재에 이르기까지의 아리타산 도자기 제품을 전시하고 있다. 아리타는 17세기 초 일본에서 최초로 자기를 구워낸 곳으로, 여기서 만들어진 자기는 일본 국내뿐 아니라 네덜란드 동인도회사를 통해 유럽으로 대량 수출되었다. 아리타의 도자기를 완성시킨 사람은 조선 도공 이삼평(李參平)으로 그는 도자기의 원조(도조陶祖)로 추앙받는다.

아메리고 베스푸치 Amerigo Vespucci, 1454~1512년

이탈리아 피렌체(Firenze) 출신의 항해가로서 1499~1504년 기간에 세 차례나 콜럼버스가 발견한 중남미 일원을 탐험한 그는, 이곳이 유럽인에게는 미지의 '신세계'(the New World)라는 견해를 발표하였다. 그후 독일의 지리학자 발트제뮐러(Martin Waldseemüller)

가 1507년에 간행한 세계지도에 유럽과 아시아 사이에 기다란 육지를 하나 그려넣고 아메리고의 이름을 따서 '아메리카'라고 명기하면서부터 오늘날까지 그 명칭을 그대로 사용하게 되었다.

아목거발절라 阿目佉跋折羅,

Amoghavajra, 일명 '不空', 705~774년

사자국 출신의 불승으로 14세때 금강지(金剛智, Vajrabodhi)를 사사하고, 720년에 스승을 따라 해로로 뤄양(洛陽)에 와 역경(譯經)을 도왔다. 스승이 입적한 후 유지대로 사자국에 가서 산스크리트어 경론(經論)과 진언(眞言) 등 비전(秘典)을 얻어 746년에 돌아와 밀교(密敎)의 완성을 위해 진력하였다. '안사의 난' 때는 장안(長安) 대흥선사(大興善寺)에 주석(駐錫)하면서 나라를 위해 호마단(護摩壇)을 세웠다. 765년에 대광지삼장(大廣智三藏) 칭호를 받았다. 774년 70세에 입적하였다. 경전 77부 120여 권을 역출(譯出)하였으며, 중국 밀종(密宗)의 제2대 조사(祖師)가 되었다.

아바나 Havana

쿠바 공화국의 수도. 카리브해 지역의 최대 도시이며 휴양지로도 유명하다. 멕시코만과 아바나만을 잇는 길이 1.6km의 좁은 해협에 면하여 최적의 항구 조건을 갖추고 있다. 쿠바는 1492년 콜럼버스가 그의 1차 항해 때 상륙한 곳으로, 스페인의 영토로 편입되었으며 아바나는 1553년에 쿠바 총독령의 수도가 되었다. 아바나가 '신대륙'에 대한 스페인의 식민지 경영의 중심지이자 중요한 중계무역항으로 떠오르자 프랑스와 영국, 네덜란드의 해적의 약탈이 심해지면서 많은 피해를 입게 되었다. 이에 스페인은 레알 푸에르사 요새(Castillo de la Real Fuerza)와 푼타 요새(Castillo de San Salvador de la Punta) 등 성채를 축조해 도시를 방어하였다. 영국이 1762년에 잠시 아바나를 점령하고 자유무역항으로 선포하지만, 이듬해 스페인과의 협정에 의해 쿠바를 반환하고 대신 플로리다를 차지하게 된다. 19세기에 접어들면서 사탕수수 재배기술이 도입되어 아바나는 쿠바의 근대적 설탕 제조업의

쿠바 아바나의 혁명기념탑(높이 139m)

중심지가 되었다. 한편, 1898년에 미국의 해군함정 메인(Maine)호가 아바나항에서 원인을 알 수 없는 폭발사고로 침몰하는 사건이 발생하자 미국과 스페인 간에 전쟁이 발발하였는데, 결국 미국의 승리로 끝났다. 1902년에는 쿠바공화국의 독립이 선포되고 아바나는 수도가 되었다. 1920년대에 미국에서 금주법이 시행되면서 미국인들의 아바나 방문이 늘어났다. 그리하여 아바나는 관광객을 위한 클럽과 카지노가 번창하는 리조트 도시로 크게 발전하였다. 1959년의 쿠바혁명 이후 이러한 위락시설은 대부분 폐쇄되었다. 아바나는 여전히 쿠바에서 가장 중요한 공업·유통·관광의 중심지로, 쿠바의 수출과 수입은 거의 아바나항을 통해 이루어진다. 아바나만에 면한 구시가지에 아직도 17~18세기의 스페인풍 건물 유적이 많이 남아 있다. 면적: 728.26km², 인구: 약 210만 명(2012년)

아비장 Abidjan

코트디부아르의 최대 도시로 1983년까지 수도였다. 기니만에 자리한 이 도시는 1920년대에 프랑스가 항만도시로 개발하기 전까지는 원주민이 사는 자그마한 어촌이었다. 15세기 후반부터 유럽 여러 나라들이 이곳에 몰려와 나름대로 '상아해안'이니 '황금해안'이니 '노예해안'이니 하는 이름을 붙였다. 그러다가 프랑스의 영향력이 강화되자 프랑스어로 '상아해안'(Cote d'Ivoire)이라는 이름이 고정되었다. 영어권에서는 아이보리 코스트(Ivory Coast)라고 불린다. 17세기부터 프랑스령 서아프리카를 식민화한 프랑스는 1903년에 아비장과 내륙을 연결하는 철도를 건설하고 1934년에 아비장을 프랑스령 코트디부아르의 수도로 정하고 50년대에 와서 항만 건설을 완공하였다. 아비장은 1960년에 독립한 코트디부아르의 공식수도가 되

아비장 항구 입항처

면서 근대화 도시로 급속하게 성장하였다. 1983년에 수도를 야무수크로(Yamoussoukro)로 이전하였으나 아비장은 여전히 국내의 행정과 경제의 중심지뿐만 아니라 서아프리카의 학술, 문화의 중심지 역할을 하고 있으며, 아프리카개발은행 본부가 있다. 면적: 2,119km², 인구: 약 450만 명(2012년)

아열대무풍대 horse latitude

적도지방에서 상승한 공기는 대기순환 과정에 남위 및 북위 25도~30도 사이에서 하강하면서 고기압대를 형성한다. 이 지역을 아열대고기압대 혹은 중위도고기압대라고 한다. 가라앉는 공기는 일반적으로 건조하다. 아열대고기압대 중심에서는 바람이 약할 뿐만 아니라 풍향이 일정치 않아서 이 지역을 아열대무풍대라고 부른다. 이 지역에서는 연중 하강기류가 형성되어 수분의 증발이 부족하기 때문에 구름을 보기 어려울 정도로 연중 날씨가 맑다. 이곳을 항해하는 선박들은 바람이 매우 약하기 때문에 거의 몇주씩이나 움직이지도 못할 때가 있다. 그래서 식수와 함께 가축들에게 줄 사료가 떨어져 죽은 말을 배 밖으로 던져야 하기도 했다. 따라서 선원들은 이 지역을 'horse latitude'라고 불렀다.

아이답 Aidab

홍해의 아프리카 대륙 쪽에 있는 항구로서 13~14세기 중국 도자기가 배에 실려 이곳에 와서 하역되어 나일강 상류의 카이로나 하류의 알렉산드리아로 운반되었다.

아일랜드 근해 유적

1588년 스페인의 이른바 '무적함대(無敵艦隊)'가 영국을 공격할 때 아일랜드 근해에서 스페인 전함 1척이 침몰하였다. 아일랜드 세인트앤드루스 대학의 코린 마틴 박사를 위시한 조사단은 여러가지 수중고고학적 방법을 이용해 침몰선의 실체를 확인하는 데 성공하였다. 1975년 영국 TV도 이 사실을 방영한 바 있다.

아카풀코 Acapulco

멕시코 태평양 해안의 국제무역항이다. 16세기 중엽부터 필리핀의 마닐라를 기착지(寄着地)로 한 태평양 횡단 범선무역에 의해 '태평양 비단길'(일명 '백은白銀의 길')이 개척되었다. 그 길의 하나가 바로 약 250년간 운영된 '마닐라~아카풀코 항로'다. 마닐라에서 태평양의 구로시오(黑潮)해류를 타고 베링 해협으로 북상한 다음, 해류를 이용해 북아메리카의 태평양 연안을 따라 남하해 이 아카풀코 항에 종착한다. 중국의 비단이나 도자기·칠기·상아 같은 교역품이 이 항구를 거쳐 라틴아메리카 여러 곳에 전해졌다.

아쿠아렁 aqualung

'수중폐(水中肺)'라는 뜻의 아쿠아렁은 다이버가 수중에서 외부의 지원 없이 자유자재로 움직이게 할 수 있는 호흡 매체가 부착된 잠수 장비를 말한다. 이런 장비는 1943년 프랑스의 해저팀 함대장 쿠스토(J. Y. Cousteau)가 발명하였다. 이 장비의 발명으로 인해 인간의 잠수활동이 현저히 확대되고, 항만 정비나 기뢰 처리작업이 크게 활기를 띠게 되었으며, 수중고고학도 큰 위력을 발휘하게 되었다. '아쿠아렁'은 원래 상품명이었으나, 흔히 통용되고 있다. 일반명사로는 '스쿠버'(SCUBA)라고 한다. 그것은 'self-contained underwater breathing apparatus'(자급기식 잠수기 自給氣式潛水器)의 약어다.

아크라 Accra

가나의 수도. 기니만에 면해 있는 서아프리카의 주요 항구이다. 15세기 말에 포르투갈이 처음 들어왔고, 가나의 해안이 황금해안으로 알려지면서 17세기에 영국과 네덜란드, 덴마크 등이 몰려들어와 요새를 쌓고 원주민과 교역을 시작하면서 해안에 도시가 생겨나게 되었다. 아크라도 그중의 하나다. 아크라의 어원에 관해서는 '검은 개미'라는 말에서 유래해 아크라 지역에 사는 사람들에 대한 지칭으로 되었다는 설과, 16세기 동방에서 온 선주민 '아칸'을 '은크란(nkran)'으로 불렀는데 그것이 유럽인들에 의해 '아크라'로 와전되었다는 두 가지 설이 있다. 영국은 17세기 덴마크가 이곳에 축조한 요새를 1850년에 매입해 식민화 근거지로 삼았으며, 1877년에는 영국령 황금해안의 수도로 정하였다. 1923년에 코코아와 철광물이 생산되는 내륙으로 이어지는 철도를 건설함으로써 내륙의 황금과 노예를 수출하는 주요 거점항구가 되었다. 그러나 수심이 얕고 내륙에서 멀리 떨어져 있는 아크라항은 대형선박의 접안이 불가능해 제2차 세계대전 후 은크루마 계획에 따라 1961년 동쪽 교외에 근대적인 외항(外港) 테마(Tema)항을 새로 건설하여 물류수송을 보장하고, 인근에 댐과 수력발전소를 건설해 공업단지를 형성하였다. 제2차 세계대전을 전후해 은크루마(Nkrumah)라는 걸출한 지도자

가나 독립운동 지도자 은크루마 동상

가 출현해 아크라는 범아프리카니즘에 바탕을 둔 아프리카 독립운동의 책원지가 되었으며, 1957년 독립한 가나의 수도가 된 아크라에서는 각종 범아프리카적인 국제회의가 개최되는 등 아프리카의 정치·학술·문화의 중심지 역할을 하였다. 면적: 173km², 인구: 약 230만 명(2013년)

아토차호(號) 침몰선

스페인 갤리선 누에스트라 세뇨라 데 아토차호(Nuestra Senora de Atocha)가 1622년 9월 6일 허리케인으로 침몰했다는 기록을 보고, 미국의 보물 수거꾼 멜 피셔는 무려 16년 동안 아토차호가 난파한 곳으로 알려진 멕시코만 일대를 탐색하였다. 그리고 마침내 1985년 플로리다주 키웨스트 부근에서 그 침몰선을 찾아냈다. 그는 16년간 배를 탐색하고 유물을 인양하는 데 총 1,500만 달러를 소비하였는데, 발견된 배에는 1598~1621년 발행된 스페인의 금화·은화 40톤, 콜롬비아산 에메랄드와 각종 금·은 세공품, 1,000개가 넘는 은괴가 실려 있었다. 보물의 가치는 당시 돈으로 4억 달러에 이르렀다. 이 배의 인양에는 플로리다주 정부도 참여하였다. 뒷날 피셔 측과 플로리다주 정부 간에 보물 소유권을 놓고 분쟁이 벌어졌으나 미국 연방대법원은 피셔의 손을 들어줬다. 당시 배에서 인양한 유물은 플로리다의 한 박물관에 소장되어 있다.

아편전쟁 阿片戰爭, Opium War, 1840~1842년

18세기에 시작된 영국·인도·중국 간의 삼각무역은 19세기에 들어와 심각한 문제를 야기하였다. 영국은 무역역조(貿易逆調)를 해결하기 위해 중국에 인도의 아편을 다량으로 반입하였다. 중국은 이로 인한 은의 대량 유출 때문에 재정파탄에 직면하게 되었을 뿐만 아니라 아편 중독자가 급증해 큰 사회문제가 되었다. 청나라 도광제(道光帝)는 1840년 아편 금지론자인 임칙서(林則徐)를 흠차대신(欽差大臣)으로 광둥에 파견하였다. 그는 영국 아편 상인들을 감금하고 아편 2만 상자를 몰수해 불태워버렸다. 이에 영국이 그해 8월 함대를 톈진(天津)으로 북진시켜 청을 위협하자 청조는 임칙서를 파면하고 정전협상에 응하였다. 영국의 무리한 요구로 협상은 실패로 돌아갔지만, 영국은 그 기세를 몰아 이듬해 양쯔강을 통해 난징(南京)까지 쳐들어와 청조를 위협하였다. 이에 청조는 영국의 일방적 요구에 항복해 다음해(1842)에 영국과 이른바 '난징조약'을 체결하였다. 이 조약과 뒤이은 추가 조약 후먼 조약(虎門條約)이 체결됨에 따라 청나라는 홍콩을 할양하고, 광저우와 상하이 등 몇개의 주요 항구를 개방하며 치외법권을 인정하는 등 굴욕적인 요구를 받아들였다. 이는 중국이 서구의 반(半)식민지로 전락하는 계기가 되었다.

악티움 해전 Battle of Actium, 기원전 31년

기원전 1세기 로마에서 삼두정치(三頭政治)가 무너진 뒤 동방 세력인 안토니우스(클레오파트라와 연합)와 서방 세력인 아우구스투스 간에 권력쟁탈을 위해 그리스의 북서부에 자리한 악티움 앞바다에서 대규모 해전을 벌였는데, 아우구스투스의 승전으로 끝났다. 패배한 안토니우스와 클레오파트라는 이집트로 도망가 이듬해에 죽었다.

안남청화백자 安南靑華白磁

1982년 인도네시아 항구도시 토반 해안에서 발견된 14세기 초의 침몰선에서 국화(菊花) 문양을 한 3개의 유사한 발(鉢, 바리때)이 발견되었는데, 그중 하나는 중국의 초기 청화백자이고, 다른 둘은 안남산 철회(鐵繪)백자와 청화백자다. 안남(현 베트남) 하노이 주변에서 몇개의 청화백자 가마가 발견되었으며, 여기서 15세기 후반부터는 중국 원나라풍의 문양을 한 높은 품질의 청화백자가 양산되었다. 이때는 중국 명조가 정화(鄭和)의 7차 '하서양(下西洋)'을 계기로 잠깐 문을 열었다가 다시 해금령(海禁令)을 강행함으로써 중국 도자기 수출이 거의 중지된 시기였다. 이 시기를 이용해 안남에서는 대체품으로 청화백자 같은 도자기를 양산해 인도네시아 등 외국에 수출했던 것이다. 청화백자 제작에 쓰이는 산화코발트가 안남에서는 생산되지 않고, 당시 중국도 페르시아산 코발트인 회청(回靑)을 사용한 점을 감안할 때, 청화백자 제작 위해 안남과 페르시아를 비롯한 서역간에는 해상교역이 있었을 것으로 추측된다.

안드라(Andhra) 왕국 기원전 3세기~기원후 3세기

고대 인도 서해안의 무역왕국이다. 인도 중부의 데칸 고원을 중심으로 흥기한 후 서해안 쪽으로 세력을 확장하였다. 그리하여 서해안의 여러 항구를 통한 중계무역과 로마제국과의 활발한 국제교역을 통해 많은 부를 축적하였다. 불교가 유행하고 공예미술도 발달하였다. 인도의 대표적 서정시인 『사타사이』와 인도 최초의 소설집인 『브라하트카라』가 이 안드라 왕국 시대의 작품들이다.

안식향 安息香

원산지에 관해 그동안 많은 논란이 있었다. 독일 출신의 미국동양학자 베르톨트 라우퍼(Berthold Laufer, 1874~1934)는 중국·티베트·이란·인도 각지의 언어·금석·미술·민속 등 여러 부문에 걸쳐 연구를 하였다. 박식하고 정확한 논증으로 정평이 난 그는 안식향의 원산지가 수마트라와 아라비아 반도라고 주장하였다. 13세기 중국 송나라 출신 조여괄(趙汝适)도 저서 『제번지(諸蕃志)』에서 안식향이 삼불제(三佛齊), 즉 수마트라에서 산출된다고 하였다. 그러나 이는 잘못 알았을 가능성이 높다. 중국 당나라 재상 두우(杜佑, 735~812)가 편찬한 『통전(通典)』의 기술에 의하면, 안식국(安息國)은 서융(西戎)에 있는 국가로 산출국명을 따서 '안식향'이라는 이름이 지어졌다고 하였다. 따라서 이 향료는 안식국에서 삼불제로 교역된 것이지 삼불제가 원산지는 아니다. 안식이라는 국명은 『사기(史記)』 권123 「대원전」에 나오는 페르시아의 옛 이름이므로, 안식향은 페르시아 고유의 향료임에 의심의 여지가 없다. 단성식(段成式)의 『서양잡조(西洋雜俎)』 권18에는 안식향(安息香, 학명 Styrax benzoin)이 페르시아에서 산출됨을 지적하면서 그 형태와 제조과정을 기술하고 있다. 그에 따르면 안식향나무는 파사(波斯, 페르시아)에서 자라는 나무로 파사국에서는 '벽사수(辟邪樹)'라고 부른다. 나무의 높이는 3장(丈)이고 껍질색은 황흑색(黃黑色)이며 잎사귀는 사각형이다. 내한성(耐寒性)이 있으며 2월에 누런 꽃이 피는데 열매는 없다. 나무껍질을 파면 수지(樹脂)가 나오는데 6~7월에 응결시키면 그것이 바로 향료, 즉 안식향이 된다. 불에 태우면 신명(神明)에 통하고 제악(諸惡)을 몰아낸다고 하여 '벽사수'라는 이름이 붙었다. 『당본초(唐本草)』에도 안식향은 서융에서 산출된다고 하였고, 『해약본초(海藥本草)』에도 안식향은 남해의 페르시아에서 나온다고 하였다. 이상의 내용을 종합해보면 안식향의 원산지는 삼불제(수마트라)나 아라비아 반도가 아니라 파사(페르시아)임이 분명하다.

안타나나리보 Antananarivo

아프리카 남동쪽 인도양에 있는 섬나라 마다가스카르의 수도. 해발고도 1,400m의 섬의 중앙 고원에 위치한 안타나나리보는 '1,000km의 거리'라는 뜻인데, 높은 고도를 상징적으로 표현한 것이라고 할 수 있다. 옛날에는 호바(Hova)족의 중심지였으나 17세기 초에 메리나(Merina)족이 이곳을 점령하여 안드리아나(Andriana)왕국(일명 메리나왕국)을 건설하고 유럽과 교역하면서 근대화 정책을 도입하였다. 그러나 1895년에 프랑스가 수도 안타

17세기 초반 안타나나리보에 세워진 안드리아나 왕국 궁전

나나리보를 점령하고 마다가스카르섬 전체를 식민지화하였다. 개신교를 믿는 마다가스카르는 가톨릭 국가인 프랑스의 지배를 쉽게 받아들이지 않고 저항운동을 벌였다. 제2차 세계대전이 끝나고 1957년에 프랑스 공동체 안의 '말라가시(Malagasy)공화국'으로 자치권을 얻었으며, 1960년에 완전히 독립하였다. 이후 몇차례의 정권교체를 경험하였으며 1975년에 나라 이름을 마다가스카르민주공화국으로 개칭하였다. 현재 안타나나리보는 마다가스카르 최대의 도시이며 정치와 경제, 문화의 중심지로, 공공기관과 연구소 등이 모여 있다. 동북쪽 220km 지점에 있는 무역항인 타마타브(Tamatave)와 철도 및 도로로 연결되어 지금도 무역항 기능을 수행하고 있다. 면적: 88km², 인구: 약 150만 명(2006년)

안티오키아 Antiochia

동명(同名)의 도시가 여러개 있는데, 가장 유명한 도시는 기원전 300년경 셀레우코스 1세가 오론테스 강변에 세우고 아버지의 이름을 따 안티오키아라 부르며 수도로 정한 곳으로, 현재 터키 남동부지역이다. 이 도시는 외항(外港) 피에리아(Pieria)에 자리한 셀레우키아(Seleucia)시(셀레우코스 1세가 세운 도시)를 통한 해외무역이나 지중해와 유프라테스강을 연결하는 통상의 거점으로서 번성하였다. 오리엔트

와 헬레니즘의 두 문명이 만나 문명의 융합이 이루어지던 접촉 지점으로, 마케도니아인·그리스인·유대인 등 여러 인종이 모여 살았다. 기원전 2세기에는 인구가 50만 명 정도였다고 하는데, 기원전 64년 폼페이우스가 시리아 왕국을 멸망시키면서 로마의 속주(屬州)가 되었다.

안티키테라(Antikythera)도(島) 침몰선 해저유적

1900년 그리스의 펠로폰네소스 반도의 남단 안티키테라도의 자그마한 만에서 잠수부가 우연히 침몰선을 발견하였다. 이 잠수부는 해저에서 대리석상과 청동상을 발견하고, 그 조각들을 건져내어 그리스 정부에 신고하였다. 그리스 정부는 해저고고학 조사를 시작하였는데, 이것은 사상 최초의 관방 해저조사다. 이듬해까지 계속된 조사·발굴에서 수집한 청동상의 파편을 접합하여 이른바 '안티키테라 청년상'(높이 194cm, 기원전 4~3세기 작품, 현재 아테네 국립고고학박물관에 전시)을 원상 복구하였다. 1953년 프랑스 고고학자들의 조사에 의하면 침몰선의 적재량은 약 300톤이며, 침몰시기는 기원전 80~65년으로 추정된다.

알렉산더 보트

지금까지도 인더스강 상류에서 쓰이고 있는 일종의 뗏목배로서 양가죽 주머

니에 공기를 넣어 그 부력(浮力)으로 움직이는 작은 배다. 알렉산드로스 원정 때 사용되었다고 해 붙여진 이름이다.

알렉산드리아 Alexandria

이집트의 나일강 델타 지대의 서북단에 위치한 지중해 해안도시 알렉산드리아는 예부터 동서양 해상교역의 중계지, 문물의 집산지로뿐만 아니라, 견직업을 비롯한 공상업도 상당히 발달하여 지중해 해상무역에 크게 기여하였다. 견직물은 인도나 이탈리아 등지로 수출되고, 고급 자수직물은 멀리 몽골 칸들에게까지 예물로 보내졌다. 유리제품과 도자기는 북아프리카나 이란, 심지어 중국에까지 수출되었다.

알렉산드리아는 기원전 4세기에 동정에 나선 알렉산드로스가 지은 도시로 알려지고 있다. 그는 동정 중 자신의 이름을 딴 도시를 70여 개(일설은 35~39개)나 건설하였다고 하는데, 그중 가장 유명한 것이 이집트의 알렉산드리아(아랍어로 알 이스칸다리아)다. 이 해안도시는 나일강 델타 지대의 서북단(북위 30.11도)에 위치하고 있다. 옛 터는 이집트인들이 세운 라케티트(콥트어로 라고티스)였으나 알렉산드로스는 그 인접지에 기원전 331년 자신의 이름을 따서 '알렉산드리아'라는 새 도시를 건설하였다. 그의 의도는 지중해 상에서 활동하는 상선들에게 편리한 기항지(寄港地)를 제공하는 제국의 주요한 항구를 만드는 데 있었다. 신도시의 설계는 디노크라테스(Deinocrates)라고 하는 사람이 맡았다. 대왕은 주변 약 50km 이내에 사는 사람들을 이곳에 이주시켜 '알렉산드리아인(人)'이라고 불렀다. 알렉산드로스가 이집트에 체재한 기간은 불과 5개월밖에 되지 않아 요새와 일부 민가의 건설만을 보고 이 도시를 떠났다. 기원전 323년 6월 그가 급서하자 유해를 이곳에 안장하였다.

예로부터 알렉산드리아는 동서양 해상교역의 중계지, 문물의 집산지였다. 7세기 아랍-이슬람군이 진주했을 때 항도의 인구는 유대교도들이 4~7만 명이고, 그리스인들은 성년 남자만 20만~60만 명이었다고 한다. 13세기에는 약 6만 5천 명이었는데, 14세기 초에 유행했던 역질(疫疾)로 인해 인구가 격감하였다가 1384년에는 5만~6만 명으로 회복되고 공상업도 다시 부흥하기 시작하였다. 알렉산드리아는 지정학적으로 중요한 교역항이어서 이집트 재정 수입의 큰 몫을 담당해왔다. 맘루크조 시대(1250~1517)에 매년 항구이용세 징수액만 금화 10만 디나르(금화 1디나르 무게는 약 4.25g)나 되었다. 알렉산드리아는 수공업이라든가 견직·모직·면직·마직 등 직물업도 매우 발달하여 중세에는 인도나 이탈리아 등지로 수출하였다. 특히 다룻 티라즈(Dāru'd Tirāz) 견직물 공장에서

알렉산드리아의 파로스 등대 터

생산하는 고급 자수직물은 이집트 궁정은 물론, 멀리 몽골 칸들에게까지 예물로 보내기도 하였으며, 매년 한 번씩 교체하는 성지 메카의 신전(흑석黑石) 장막인 키스와(Kiswah, 경전『코란』구절이 금실로 수놓아짐)로도 제공되었다. 15세기 초 이 도시 한 곳에서만 각종 직기 1만 4,000대가 가동되었다고 하니 직조업의 성황을 가히 짐작할 수 있다. 뿐만 아니라 유리제품과 도자기도 북아프리카나 이란, 심지어 중국에까지 수출하였다. 12세기 중엽에는 세계 28개 국가 혹은 지역의 통상대표가 상주하여 교역업무를 관장하였다고 한다. 그밖에 이곳은 향료와 산호, 노예시장으로도 유명하였다. 그러나 16세기에 이르면 유럽인들에 의한 인도 항로의 개척으로 인해 항구로서의 중

요성도 일시 약화되었고, 인구도 감소하여 18세기 말엽에는 겨우 6,000명에 불과하였다. 그러다가 19세기 초 알렉산드리아와 나일강을 연결하는 운하가 개통되면서 이 도시는 다시 번영하기 시작해 이집트의 제2 도시로 오늘에 이르고 있다.

알벤가(Albenga)항 침몰선

침몰선의 소재는 1925년 이탈리아의 알벤가항(港)에서 유물이 어망에 걸려드는 사건으로 알려지게 되었다. 침몰선에 대한 본격적인 조사는 1950년 리굴리아 연구소 고고학자들에 의해 이루어졌는데, 상당한 성과를 거두었다. 학자들은 728개나 되는 많은 암포라(amphora, 두 개의 손잡이가 달린 그리스 항아리)가 발견된 점으로 미루어

이 침몰선을 기원전 2~1세기 로마의 와인 운반선으로 추정하였다. 관련된 유물로는 철제 글라프(진흙 같은 것을 걸러내는 공구), 연제조타륜(鉛製操舵輪), 동물의 뿔을 형상화한 이물, 소나무·전나무·떡갈나무 등의 자재가 발견되었다. 그러나 발굴과정에서 연박(鉛箔)을 한 선체는 그만 부서지고 말았다. 알벤가항은 로마공화제 시대에 번성하였다가 제정시대에 들어와서는 육로가 많이 이용되면서 쇠퇴하였다.

알제 Algiers

알제는 알제리의 수도로 정치·경제·문화의 중심지이고 농산물의 집산지이며, 이 나라의 가장 큰 항구도시다. 북아프리카에서는 가장 유럽화(프랑스화)된 도시로 유럽문화와 아랍-아프리카문화의 접점지이며 융합지이다. 그뿐만 아니라, 북아프리카에서 수입되는 막대한 석탄의 저장지이고, 사하라 사막의 풍부한 석유와 천연가스

를 개발해 급속한 공업화와 대내외 교역도 활발히 이뤄지고 있다. 해안에는 1만~2만톤급 상선이 정박할 수 있는 현대적 설비도 갖춰져 지중해 무역의 중추로 부상하고 있다.

일찍이 알제는 이웃하고 있던 카르타고나 로마의 관심대상이었다. 카르타고시대에는 '이코심'(Icosim)으로, 로마시대에는 '이코시움'(Icosium)으로 불리면서 서부 지중해의 요충지로 간주되었다. 이슬람시대인 950년경부터는 아랍식 도시가 건설되기 시작하였다. 16세기 오스만 투르크에 지배당하면서 알제는 항구로 건설되어 알제리의 행정과 상업의 중심지로 발전하였으며 한때는 악명 높은 해적의 소굴이 된 적도 있었다. 알제라는 지명은 아랍어로 '작은 섬'이라는 뜻의 '알자자이르'(al-Jaza'ir)에서 유래하였다고 한다.

1830년 프랑스는 이곳을 무력으로 점령하고 1962년 알제리가 독립할 때

지중해에 면한 알제 항구

까지 132년간이나 혹독한 식민통치를 실시하면서, 알제를 주도(主都)로 삼았다. 제2차 세계대전 때는 연합군의 북아프리카 사령부가 이곳에 설치되기도 하였다. 그러나 알제리인들은 치열한 무장항전으로 독립을 쟁취하였다. 오늘의 알제는 아랍인과 투르크가 터를 잡은 구시가지와 프랑스가 지은 신시가지로 크게 나뉘어 있으며, 이곳을 중심으로 로마문화와 이슬람문화, 프랑스문화의 흔적이 널리 퍼져 있다. 놀라운 사실은 이곳에도 역사의 여명기에 이미 세계의 여타 지역과 마찬가지로 암각화나 돌멘(지석묘)이 있었다는 점이다.

암보이나(Amboina) 학살사건 1623년 1623년 향료제도(말루쿠 제도)의 암보이나(Amboina, 현 암본) 주재 네덜란드 총독(네덜란드는 이곳을 1605년에 점령함)이 동방 진출을 목적으로 이곳에 내항한 영국 상인 18명을 '불법침입'의 죄명으로 체포해 그중 9명을 처형하였다. 이것이 이른바 '암보이나 학살사건'이다. 이 사건 이후 영국은 향료제도 진출을 포기하고 인도 경략에만 전념하였다.

암본 Ambon 인도네시아 말루쿠(Maluku)주의 주도(州都). 좁고 긴 암본만 깊숙한 곳에 위치한 천혜의 양항이다. 암본은 세계에서 유일하게 정향(丁香)이 생산되는 곳이다. 원래 정향은 화장품이나 향료, 구충제, 전염병 예방제 등으로 쓰이다가 근래에 와서 주로 향신료로 사용되고 있다. 특히 햄이나 소스, 스프 등 여러가지 서양요리에서는 필수적인 조미료로 각광을 받고 있다. 그리하여 서구는 물론, 중국이나 아랍도 정향 무역에 큰 관심을 가지고 쟁탈전도 불사하고 있다. 16세기에 암본에서 정향을 처음 발견한 포르투갈은 생산을 독점하기 위해 직접 관할할 수 없는 지역의 정향 농장은 모두 폐쇄해버렸다. 이후 포르투갈을 몰아내고 암본을 차지한 네덜란드 역시 정향 무역을 독점하고 값을 올리기 위해 재배지를 축소하는 등 배타적인 조치를 취하였다. 1623년 암본 주재 네덜란드 총독이 이곳에 내항한 영국 상인 18명을 체포하여 그중 9명을 처형하였다. 이것이 이른바 '암보이나(현 암본) 사건'이다. 이 사건 이후 영국은 말루쿠 제도(향료제도) 진출을 포기하고 인도 경략에만 전념하였다. 섬 곳곳에 식민시대의 성채와

3대 항구 중 하나인 유스 수다르소(Yos Sudarso) 항구

건물유적이 남아 있다. 암본에는 네덜란드인의 집단 거주지가 형성되었고 말루쿠 제도를 통치하는 군사령부가 자리하였다. 그리하여 주민의 60%는 가톨릭교도이고 나머지는 무슬림이다. 오늘날까지도 이 두 종교인들간의 갈등은 사라지지 않고 있다. 면적: 377km², 인구: 약 31만 명(2012년)

암스테르담 Amsterdam

현 네덜란드의 수도로서 네덜란드의 서북부에 있는 암스텔강이 에이설호(湖)로 흘러들어가는 하구에 자리한 양항(良港)이다. 암스테르담은 13세기 해양무역의 거점으로 건설된 이래 14세기부터는 라인강의 무역중심지로, 17세기 이후는 동인도회사를 통한 아시아 무역의 거점으로, 현대에는 유럽 대륙의 도로·철도·항공·해운의 요지로서 줄곧 교역과 운명을 같이해왔다. 시내의 암스테르담 국립박물관과 로테르담의 프린스 헨드릭 해양박물관, 국립공문서관 등은 네덜란드와 세계의 해상 교통과 교역에 관한 귀중한 자료를 제공해주고 있다. 면적 637km²에 70개 섬이 500개의 다리로 연결된 암스테르담은, 여러 운하로 둘러싸인 부채꼴의 아름다운 도시다.

암포라 amphora

기원전 3세기부터 그리스를 비롯한 지중해 연안 각지에서 와인이나 올리브유, 곡물 등을 저장하거나 운반하기 위해 만든 토제 항아리다. 긴 몸체와 목 양측에 손잡이가 튀어나와 있는 것이 기본 형태다. 그리스 이래 기본 형태는 크게 변하지 않았지만, 손잡이라든가 어깨 너비 등에서 약간의 변화가 있었는데, 그것으로 제작지와 제작연대를 추정한다. 아직도 지중해 해저에는 한 배에 수백 개의 암포라를 실은 채 침몰된 배들이 많다고 한다.

얀 요스텐 Jan Joosten, 1556?~1623년

네덜란드 출신의 항해사로 영국인 항해장(윌리엄 애덤스, 일본명 미우라 안진三浦按針)과 함께 표류하다가 1600년 분고(豊後)에 도착하였다. 그는 에도(江戶)시대 도쿠가와 이에야스(德川家康)에게 기용되어 니혼바시(日本橋)에 거주하면서 일본 여인과 결혼도 하였다. 그가 살았던 곳을 야에쓰가시(八重洲河岸)라고 부른다. 얀 요스텐은 고슈인센(御朱印船)을 타고 샴(타이)과 교지(交趾, 현 베트남) 등 동남아시아를 왕래하면서 교역에 종사했으며, 막부와 주일 네덜란드 상관(商館) 간의 중개역을 맡기도 했다.

양곤 Yangon

미얀마의 옛 수도이자 최대의 무역도시. 북동쪽과 북서쪽에서 흘러드는 두 강의 합류점(하구에서 34km)에 자리한 양곤은 원래 불교의 성지 순례자들이 찾아오는 작은 어촌이었는데, 18세기에 몬족을 제압한 버마족이 '전쟁의 종결'이라는 뜻의 양곤이라는 이름으로 부르기 시작하였다. 19세기에 영국은 이곳을 정복하여 동남아시아 식민지 통치의 거점으로 삼으면서 항만과 도시를 건설하고 이름을 랑군(Rangoon)이라고 불렀다. 당시 만들어진 바둑판 모양의 시가지에는 붉은 벽돌로 지은 식민지시대의 낡은 건물들이 아직 남아 있다. 1824년과 52년 두 차례의 영국-버마 전쟁에서 승리한 영국은 랑군(양곤)을 영국령 버마의 중심도시로 재건함으로써 항만도시로서 양곤이 지니는 중요성이 더욱 커졌다. 20세기에 들어와서는 그러한 중요성이 계속 높아져 18세기 말 3만 명이

던 인구가 1931년에는 40만 명으로 급증하였다. 1948년 버마가 독립하자 양곤은 수도가 되었다. 계속되는 인구증가에 대비해 1958년에는 3개의 위성도시를 건설하였다. 1989년에는 영국식 이름 '랑군'을 버마식 이름인 '양곤'으로 바꾸고, 2005년 11월에는 수도를 밀림지대인 핀마나(Pyinmana)로 옮기고 네피도(Naypyidaw)로 이름을 바꿨다. 시의 북부 언덕에 높이 100m에 달하는 금색찬연한 쉐다곤(Shwedagon) 불탑이 우뚝 서 있다. 전설에 의하면 그 속에 불발(佛髮, 석가의 머리카락)과 전생 3불의 유품이 묻혀 있다고 한다. 그래서 옛적부터 이곳을 성지 다곤(Dagon)이라 불러왔다. 면적: 598.75km^2, 인구: 약 600만 명(2010년)

시의 상징인 높이 100m의 쉐다곤 파고다(불탑)

양석문화 陽石文化

고대 해양문화인 양석문화에 관한 논의는 근대적 문명담론의 하나인 문명이동론(文明移動論) 중 문명단원설(文明單元說, theory of simple origin of civilization)에서 거론된 문명담론이다. 19세기 말부터 20세기 초까지 영국에서 대두한 이른바 '맨체스터 학파'(Manchester School)의 대표적 인물인 에드윈 스미스(E. Smith)는 저서『조기(早期)문화의 이동』과『고대 이집트』에서, 페리(W. J. Perry)는 저서『문명의 성장』에서 각각 문명단원론을 주장하였다. 그들의 주장에 따르면 문명은 유일한 발상지인 이집트에서 3대 간선(문명이동 남선, 중간선, 북선)을 따라 세계 각지로 이동하고 확산되었는데, 그 중 문명이동 남선은 이집트 → 시리아 → 홍해 → 남(南)아라비아 반도 → 인도 → 인도네시아 → 중남미로 이어지는 길이다. 태양과 석물(石物, 거석기념물 포함)을 숭배하는 양석(陽石) 복합문화가 이 남선 지대의 대표적인 문화,

즉 해상 실크로드 문화(해양문화)다.

에게 문명 Aegean civilization

세계 최고(最古)의 해양문명인 동시에 유럽의 첫 문명이다. '에게'는 '많은 섬'이라는 뜻이다. 에게 문명은 크레타섬, 로도스섬, 키프로스섬, 그리스 본토의 동남부 여러 섬, 소아시아 서남부의 여러 섬 등 많은 섬들을 망라한 지역에서 기원전 3000년경부터 기원전 1200년경까지 번영했던 청동기문명이다. 이 문명은 이집트를 비롯한 오리엔트 문명의 영향을 받으며 해상무역을 발전시킴으로써 많은 물질문명을 창출하였다. 기원전 2000년경부터는 에게 문명의 총아(寵兒)인 크레타 문명이, 그 뒤를 이어서는 미케네 문명이 에게 문명을 주도하였다. 19세기 말부터 20세기 초까지 독일 고고학자 하인리히 슐리만(Heinrich Schliemann, 1822~1890)과 영국 고고학자 아서 에번스(Arthur John Evans, 1851~1941)가 진행한 일련의 발굴조사에 의해 이

태평양 이스트 섬에 있는 아후 비나트 거석 제단

문명의 면모가 드러나기 시작하였다.

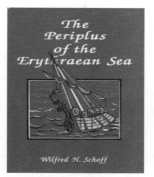

『에리트라해 안내기』 영문판 표지

『에리트라해 안내기』 *Periplus Maris Erythraei*(*The Periplus of the Erythraen Sea*), 70년경

서기 70년경에 이집트에 살며 남해 무역에 종사하던 그리스 상인의 저작이라고 전해오는 이 책은 당시 인도 계절풍을 이용해 홍해·페르시아만·인도양을 중심으로 전개되던 남해무역의 항로·항구·운송·교역품 등에 관해 기술하고 있다. 특히 그리스의 아테네에서 홍해를 지나 인도양을 횡단, 인도 서해안에 이르는 직항로를 통해 진행된 해상무역에 관해 소상히 전한다. 당시 인도 서해안에는 인더스강 하구의 바르바리콘(Barbaricon, 카라치의 옛 지명)항을 비롯해 바리가자(Barygaza)·무지리스(Muziris) 등 무역항들이 있어서 로마와의 교역에 이용되었다. 로마가 이러한 항구들을 통해 인도에 수출하는 물품은 유리기구·은제용기·화폐·황옥(黃玉)·산호·안식향(安息香)·유향(乳香)·직물·포도주·동·석(錫)·향유·의상 등이었으며, 이곳으로부터 수입하는 물품은 각종 향료·상아·마노·목면·생사·후추·육계, 그리고 중국산 견직물·모피·면포 등이었다. 이 책에는 다프로파네(현 스리랑카)로부터 현 미얀마의 페쿠(스완나품Suvarna Bhumi, 황금국黃金國)와 말레이 반도를 지나 데이나(진니秦尼), 즉 중국까지 이어지는 항로가 제시되어 있다. 이 안내서는 실크로드 해로와 해상교역에 관한 최초의 서방 기록으로, 기원 전후의 동서교류를 연구하는 데 대단히 중요한 문헌으로 평가받고 있다.

에우보이아(Euboea)도(島) 해저유적

1928년 그리스 에우보이아도의 아르테미시온 해협의 해저에서 청동상 포세이돈(높이 209cm)이 발견되자 아테네의 예술품 수집가 안토니스 페니키스가 잠수부를 시켜 이 유물을 해저에서 건져냈다. 포세이돈은 해신(海神)으로 그리스 신화 중 주신(主神)인 제우스의 형이며 기원전 5세기경에 3구의 청동상을 제작하였는데, 현존 2구 중 1구가 바로 이 포세이돈상이다. 본래 이 상은 코린토스의 이스토모스에 건립되었는데, 콘스탄티노플로 운반하던 도중에 침몰한 것이다. 현재 아테네국립박물관에 소장되어 있다.

장서 12,000권의 에페수스 켈수스 도서관(1세기)

에페수스(Ephesus) 도시 유적

현재 터키의 서해안, 카이스토로스강 하구에 위치한 그리스·로마시대의 항구도시다. 기원전 900년경에 이오니아인들의 식민도시가 된 뒤 로마시대에 이르러 번영하였다. 19세기 후반부터 이 고대 도시에 대한 발굴 작업이 시작되었는데, 대형극장, 각종 신전, 김나지움(gymnasium, 연무장演武場), 성마리아 교회, 넓은 가도, 아고라, 도서관 등 여러 유적과 더불어 다량의 유물이 출토되었다. 에페수스는 초기 기독교의 발전과 관련이 많은 도시다.

엔히크(Henrique) 탐험대

포르투갈의 항해 왕자 엔히크(Henry Henrique, 1394~1460)가 인도로 가는 항로를 개척하기 위해 조직한 탐험대다. 탐험대는 아프리카의 서해안을 따라가면서 항로를 개척하였다. 그 과정에서 포르투 산투(Porto Santo, 1418)와 마데이라 제도(Madeira Islands, 1420), 아조레스 제도(Azores Islands, 1431), 베르데곶 제도(Cape Verde Islands, 1456) 등을 발견하고 사금(砂金)과 노예 등을 약취하여 본국으로 운반하였다. 엔히크가 사망한 뒤 얼마 안 되어 탐험대는 시에라리온(Sierra Leone)을 지나 1471년 적도를 넘어섰다. 그러나 여러가지 사정으로 탐험 활동이 일시 중단되었다가, 역시 포르투갈의 항해가인 디아스(Bartholomeu Diaz)에 의해 재개되었다. 그는 3척의 범선을 이끌고 1488년에 마침내 아프리카의 최남단에 도착하였으며, 폭풍우 끝에 이곳을 발견하였다고 하여 '폭풍의 곶'

엔히크 사망 500주년을 기념해 테주강가에 세운 '발견의 기념비'(높이 52m)

(Cape of Storms)이라고 명명하였다. 그러나 디아스의 보고를 들은 국왕은 '희망봉(喜望峰)'(Cape of Good Hope)이라고 개명하였다. 엔히크 탐험대의 아프리카 서해안 탐험으로 유럽에서의 대항해시대가 개막되었다.

엘라포니소스(Elafonissos) 해저도시 유적

1967년 그리스의 모레아 반도(펠로폰네소스 반도) 남단 부근의 해저에서 고대도시 유적이 발견되었다. 1968년 케임브리지 대학 조사단은 기구(氣球)에 원거리 조작이 가능한 카메라를 탑재해 평면측도(平面測圖) 제작에 성공하였다. 그 결과 해안가의 얕은 해저에서 생육하는 식물 색깔이 고대의 건축물이나 가로(街路)·운하 등 유적에 따라 그 농도에 변화가 있음을 포착하였다. 이로써 해저에 미케네 시대의 가로·주택·석관(石棺)·청동제 발(鉢) 등

유적과 유물이 수장되어 있음을 발견하였다. 그리스 청동기시대에 가장 오래된 도시로 남방의 크레타와의 교역로에 위치해 있으면서 바티카(Vatika)만 주변의 기름진 땅에서 생산되는 농산물을 수출하는 무역항이기도 하였다. 엘라포니소스라는 지명은 그리스 지리학자 파우사니아스(Pausanias, 2세기)가 저서 『그리스 안내기』에서 명명한 것이고, 지금은 파블로페트리(Pavlopetri)라고 부른다.

엘바(Elba)도(島) 침몰선

나폴레옹의 유배지로 널리 알려진 이탈리아의 엘바섬 부근 해저에서 1967년에 1~2세기경의 로마 침몰선 한 척이 발견되었다. 1969년에 잠수부들의 탐사 끝에 수심 50m의 해저에서 도자기 조각, 대리석 조각, 구리 조각 등을 건져냈다. 침몰선의 선체는 확인만 하고 방치되었다.

여송 呂宋, Luzon

필리핀 제도 북부에 위치한 루손섬을 중국식으로 표기한 것으로, 필리핀의 옛 이름이기도 하다. 필리핀 제도 가운데서 가장 큰 섬(면적 104,688km^2)으로 필리핀 전체 면적의 35%를 차지하며, 수도 마닐라가 이 섬에 자리하고 있다. 송대부터 중국과 교역하기 시작했다. 14세기경에 이슬람이 유입되어 이슬람교도(무슬림)로 개종한 모로

족이 세력을 잡고 있었으나, 1571년 스페인 항해가 미겔 로페즈 데 레가즈피(Miguel López de Legazpi)가 마닐라에 식민지를 개척하면서 필리핀은 350년간 스페인의 극동기지로 이용되었다. 스페인은 스페인령 멕시코와 필리핀을 잇는 태평양횡단 항로를 확보함으로써 그동안 중국인에게 의존해왔던 필리핀 해상무역의 주도권을 장악하게 되었다.

염분 鹽分, salinity

바닷물에 녹아 있는 무기물질의 양을 말하며, 바닷물의 짠 정도를 나타낸다. 바닷물에는 다양한 물질이 녹아 있으나 그중 가장 많은 것은 염화나트륨($NaCl$)으로 전체 염분의 85% 이상을 차지한다. 바닷물에 포함된 염분의 양을 나타내는 단위로 예전에는 천분율을 나타내는 퍼밀(‰) 또는 1조분율인 ppt를 많이 사용하였으나, 최근에는 실용염분단위(psu: practical salinity unit)를 많이 사용한다. 바닷물 1,000g 중에는 평균적으로 35g의 염분이 들어 있으며, 이때 염분은 35psu가 된다. 과거 수백만 년 동안 바닷물 속에 녹아 있는 염분의 양은 거의 일정했으며, 녹아 있는 여러가지 염분의 상대적인 비율도 어느곳에서나 일정하다. 그러나 장소에 따라서는 변화가 있는데, 강물 유입이 많은 흑해와 발트해에서는 각각 약 18psu와 8psu밖에 안 되고, 반면 강물의 유입이 없고 강우량도 적으며 증발량이 많은 홍해에서는 40psu나 된다. 바닷물이 짠 것은 육지의 암석에 들어 있는 염분이 오랜 세월 동안 빗물에 녹아 바다로 흘러들어가고 해저 화산 분출 시 염분이 녹아들어갔기 때문이다. 염분은 여러가지 물리·화학적 방법으로 측정할 수 있다. 1800년대 말에는 염분에 따라 물의 밀도가 달라지는 물리적인 성질을 감안하여 비중계로 측정하였다. 1960년대까지는 주로 질산은($AgNO_3$)을 사용하여 염소(Cl)량을 알아내는 화학적인 측정방법으로 염분을 측정하였지만, 1960년대 이후에는 소금물이 전기가 더 잘 통하는 원리를 근거로 전기전도도를 이용하여 염분을 측정하였다. 최근에는 전기전도도, 수온이나 수심을 잴 수 있는 CTD(Conductivity, Temperature, Depth)라는 장비로 현장에서 측정한 자료를 바로 컴퓨터에 입력하여 실시간으로 염분을 분석할 수 있다. 또한 염분에 따라 빛의 굴절률이 달라지는 현상을 감안한 굴절계(refractometer)를 사용하여 간편하게 측정하기도 한다.

영국 근해 해저 침몰선

영국은 일찍부터 근해에서 침몰한 선박에 대한 조사·발굴 작업을 진행해 영국 수중고고학협회는 해저유물에 관한 많은 자료들을 수집할 수 있었다. 협회의 조사보고에 의하면 1875년까지 영국 근해에 침몰된 선박만 1,100척 이상이나 된다고 한다. 스코틀랜드와 아일랜드 해협에서 북해 사이의 해저에는 이른바 스페인의 '무적함대', 즉 '아르마다'(Armada)가 패전 중 도주하다가 침몰한 함선이 다수 있다.

영국의 동방무역

1588년에 스페인의 이른바 '무적함대(無敵艦隊)'의 진공을 격파한 영국은 이에 고무되어 동방 진출에 관심을 갖게 되었다. 그리하여 1600년에 '동인도회사'를 설립하고 1602년에 처음으로 랭커스터(J. Lancaster) 휘하의 상선을 동방에 파견해 말라카 해협에서 포르투갈 상선으로부터 900톤의 향료와 면직물을 탈취하였다. 1608년에는 호킨스(W. Hawkins)가 이끄는 선단이 인도 서해안에 도착해 인도와 접촉을 시도하다가 4년 후에 인도 술탄의 허락하에 서해안의 수라트(Surat)에 첫 상관(商館)을 개설하였다. 이를 거점으로 영국 상인들은 인도의 동서해안에 침투해 활동하다가 동진하여 향료제도(香料諸島) 쪽으로 진출하였다. 영국의 동진은 먼저 진출한 네덜란드와 이해 충돌을 야기해 급기야 1623년 암보이나(Amboina)에서 네덜란드 총독에게 영국 상인들이 처형당하는 이른바 '암보이나 학살사건'이 일어났다.('암보이나 학살사건'항 참고)

영국은 먼저 진출한 포르투갈이나 네덜란드와는 달리 인도를 중심으로 하는 대(對)중국 무역을 구상하였다. 중국으로 통하는 여러 통로 중에서 북미(北美)를 통과하는 서북 항로를 선택한 영국 상인들은 1576년에 이른바 '중국회사'를 조직하고 서북 항로 개척을 위한 탐험대를 파견하였으나 실패하였다. 엘리자베스 1세 때인 1596년에는 사신을 파견해 중국 황제에게 친서를 전달하고 통상을 논의하려고 하였으나, 사신이 탄 배가 도중에 조난당하는 바람에 뜻을 이루지 못하였다. 영국의 '동인도회사'는 국왕으로부터 원동(遠東) 무역에 대한 특허를 얻고 대중국 무역을 모색했으나 여의치 않았다. 그러자 네덜란드의 '동인도회사'와 합작해 대중국 무역을 꾀하면서 해상에서 중국 상선을 납치·약탈하기도 하였다. 그러나 합작은 잠시일 뿐 양국간에 무역권을 놓고 갈등이 생겨 한때 네덜란드는 영국을 동방 향로무역에서 제외하였다. 그후 1635년에 포르투갈과 체결한 수호(修好)조약에 의해 영국은 상선 '런던호'를 마카오에 파견해 비로소 대중국 무역의 길을 열었다. 한편 그해에 윌리엄 코틴(William Courteen)을 비롯하여 '동인도회사'에 소속되지 않은 상인들은 '코틴 상무단(商務團)'을 조직하고, 2년 후에는 웬델(John Wendell) 지휘 하에 함선을 광저우(廣州) 후면(虎門)에 파견하여 중국과 초유의 무장충돌을 일으켰다. 이 사건 후 중국 측이 영국 함선의 중국 영해 진입을 엄금하여 영국 상인들은 포르투갈의 비호하에 마카오에서만 중국인들과 은밀한 거래를 하였다. 청(淸)초에 샤먼(廈門)에 상관이 개설되었으나 5년 만에 폐쇄되었다.

영국 동인도회사 1600~1874년

영국의 아시아 무역과 인도 지배를 주도한 특권적 회사다. 영국에서 영향력 있는 상인들이 1600년 12월 31일 해상활동을 적극 권장하는 엘리자베스 여왕으로부터 15년간 인도 무역 독점권을 획득하였다. 125명의 주주가 자본금 7만 2,000파운드로 일종의 주식회사인 동인도회사를 설립하였다. 회사의 전반적 행정업무는 24명으로 구성된 런던의 중역회의가 관장하였다. 지역별로 무역을 관장하기 위해 1608년에 처음으로 인도 서북부의 항구도시 수라트에 상관을, 이어서 마드라스(현 첸나이)와 캘리컷·뭄바이에도 상관을 설치하였다. 영국과 동인도 간의 순수한 쌍무적 무역, 회사가 동양 상품을 재수출하는 형식으로 유럽에 판매하는 중개무역, 아시아 여러 나라의 항구들을 연결하면서 하는 연계무역 등 여러가지 형태로 무역을 진행해 막대한 이윤을 챙겼다. 제1차(1613~1616) 주식 총액이 42만 9,000파운드인 데 비해 제2차 주식 총액은 무려 4배에 가까운 162만 9,000파운드로 급증하였다.

특히 아편무역으로 거대한 이윤을 얻게 되었다. 영국은 1757년 프랑스와의 이권 쟁탈전인 플라시 전투에서 승리함으로써 순수 무역활동에서 식민지 지배경영으로 나아가는 계기가 마련되어 회사의 활동은 더욱더 활발해졌다. 그러나 동인도회사의 식민지 불평등 무역과 각국 회사들과의 경쟁, 전쟁으로 인한 인도 전통공업의 파탄, 그리고 1,000만 아사자가 발생한 1770년대의 대지진 등 주객관적 요인으로 18세기 중엽부터 사양길에 접어들었다. 설상가상으로 직원들의 부정부패로 인해 수입이 감소하였고, 1857년의 민족봉기를 비롯해 인도인들의 반(反)동인도회사 투쟁이 계속 일어났으며, 동인도회사의 공업자본 증대는 상대적으로 상업자본의 위축을 초래하였다. 결국 궁여지책으로 회사자본을 정부에 이양해 회생을 시도했으나 무위로 끝나 결국 1874년 1월 1일 동인도회사는 정식으로 해산되었다.

영산강 포구(榮山江 浦口) 회진포(會津浦)

예부터 영산강 하구를 포함한 한반도 서남해안은 서해(황해)와 남해, 동중국해가 만나는 해역이며, 남북 연해항로, 동서 서해횡단항로, 그리고 일본항로 등 여러 해로가 교차하는 동아시아 해양교통의 로터리이자 중추다. 이곳을 중간환절로 해서 중국과 한반도, 일본은 긴 쇠사슬 같은 하나의 '통교회로(通交回路)'로 연결되어 있다. 진나라의 방사(方士) 서불(徐市)은 기원전 3세기 초 대선단을 이끌고 산둥반도 남해안의 이근만(利根灣)을 출발해 보하이만(渤海灣)과 랴오둥반도 해안을 지나 한반도의 서해안을 따라 남하해 영산강 하구의 서남해안을 에돌아 제주도에까지 이르렀다. 이것은 한반도 서남해안로의 첫 이용 사례다.

영산강 유역은 유구한 역사 속에서 고유의 문화를 창조하였다. 구석기 유적에서는 6만 5천 년 전에 이미 사람들이 살기 시작했으며, 조개더미 유적에서는 1만 년 전 어업과 농경에 바탕한 신석기인들의 생활모습이 확인되었다. 특히 기원전 15~10세기에 시작된 청동기시대와 기원전 1세기 무렵부터 선을 보인 철기시대에 들어와서는 고인돌과 옹관으로 각각 대표되는 고유의 문화가 출현하면서 전라남도 서남

부 전역(13개 시·군)을 아우르는 이른바 '영산강문화권'이 형성되어 약 700년간 존속하였다. 이 문화권에 속한 서남해안로에서 국제적 해상교류와 교역을 선도한 대표적 포구로는 신문명 전래의 관문인 나주의 회진포(會津浦)와 왕인(王仁) 박사의 도일(渡日) 선창이며 중국 명주(明州, 현 닝보寧波)로 이어지는 '흑산도로'의 기점인 영암의 상대포(上臺浦), 그리고 '흑산도항로'의 분기점인 흑산도의 읍동마을을 들 수 있다.

이러한 포구들을 비롯해 영산강 유역에 산재한 여러 유적과 고분군, 패총에서 출토된 유물들에서 영산강문화의 특징을 간파할 수 있다. 그 특징은 패총과 고인돌, 옹관 등 유적 유물에서 나타나는 짙은 해양문화의 성격과 고분의 여러가지 형태에서 보다시피 시·공간적으로 다양한 문화요소들을 복합적으로 갈무리하고 있는 문화의 다

영산강 유역에서 출토된 각종 옹관(나주박물관)

영암군의 엄길리 지석묘군

양성, 그리고 묘제에서 백제와 일본의 형식을 수용해 나름의 대형옹관고분을 조영한 것 같은 창의적 융합성이다.

『영애승람(瀛涯勝覽)』 1권, 馬歡 저, 1416~1451년

저자 마환(馬歡)은 중국 저장성 회계(會稽, 현 사오싱현紹興縣) 출신의 무슬림이다. 그는 15세기 초반 대항해가 정화(鄭和)의 7차 '하서양(下西洋)' 중 4차(1413~1415)와 7차(1431~1433)의 항해에 참여하였다. 이 책은 그가 그 두 번의 항해에서 직접 방문해 보고 들은, 동남아시아와 서남아시아 22개국의 지리·풍속·물산·역사 등을 생생하

정화(鄭和)의 제4·7차 '하서양'에 수행한 마환(馬歡)의 항해 기록(1451년)

고도 정확하게 기술한 것이다.

예테보리(Göteborg) 박물관

스웨덴 예테보리에 위치. 18세기 스웨덴 동인도회사 건물을 박물관으로 임시 사용해오다가 1861년에 정식 개관하였다. 1905년 스웨덴 예테보리 앞바다에 침몰된 스웨덴 동인도회사 소속 배에서 인양한 중국 청화백자 접시나 화병 등의 유물이 전시되어 있다. 당시 유럽 귀족들이 동경의 대상으로 삼았던 중국도자기의 발견을 통해 스웨덴 동인도회사의 동양무역 실태를 엿볼 수 있다. 1731년 설립된 스웨덴 동인도회사는 다른 나라의 동인도회사에 비해 다소 늦게 출범하였으나, 중국 청동기, 청동거울, 도자기 등 왕실 수집품의 수준과 질은 아주 높다.

오르텔리우스(A. Ortelius)의 세계지도

지도 제작 및 출판업자. 벨기에 안트베르펜에서 출생한 오르텔리우스(Abraham Ortelius, 1527~1598)는 고미술상이던 아버지의 영향을 받아 영국·프랑스·독일·이탈리아 등 유럽 나라들을 여행하면서 지도를 수집하고 제작·출판하는 일에 종사하였다. 1561년 지도 제작에 착수해 1570년에는 여러가지 지도를 수집해 그 표현을 통일한 지도 『세계의 무대』를 출간하였다. 당시 이 책의 인기가 좋아 1612년까지 무려 41판을 재간하였다. 초판은 70장 53면이며,

지도 제작에 관련된 인물 83명의 명단
이 기입되어 있다. 그는 세계지도 이외
에 아시아·이집트·신대륙·태평양·동
인도제도 등의 지역에 대한 지도도 제
작하였다.

오스티아 안티카 고성(古城) Ostia Antica

지금까지 해상 실크로드를 유라시아 대
륙에 한정한 통념에 따르면 로마가 그
서단이라는 것이 일반적 견해다. 그러
나 이것은 오해다. 왜냐하면 로마는 지
중해 해안에서 멀리 떨어져서 해로와는
간접적으로 연결되어 있었기 때문이다.
실제로 로마의 첫 해안식민지로 로마의
문호와 상업중심지, 물자수입항과 저장
소, 그리고 해군기지 역할까지 담당함
으로써 로마의 번영에 크게 기여한 곳
은 로마에서 서남쪽으로 약 25km 떨어
진 테베레강 하구 충적평야에 자리했

던 고대 항구도시 오스티아 안티카다.
1907년부터 오늘날까지 100여 년 동안
1m의 진흙 속에 파묻혀 완전히 폐허가
되었던 이 도시의 유적이 발굴되면서
이를 여실히 증언하고 있다.

'오스티아'란 이름은 라틴어에서
'하구'를 뜻하는 '오스티움'(ostium)
에서 유래하였다. 지금까지 발굴된 가
장 오래된 유구(遺構)는 기원전 4세기
로까지 소급되지만, 사실은 그 이전부
터 관심대상지로 물망에 올랐다. 기원
전 7세기 제국의 제4대 왕으로 군림한
앙쿠스 마르키우스(Ancus Marcius)는
이곳을 둘러보고 나서 장차 로마제국
확장의 전초기지로 만들 것을 명령하
고 소금생산지로 꾸렸다고 한다. 선왕
의 유지에 따라 기원 전후 시기에 이곳
에는 서해안에서 가장 큰 항구가 만들
어졌으며, 별장과 창고, 극장, 목욕탕,
물자거래소 등 건물과 이집트와 그리

오스티아 안티카의 원형극장과 석주랑

스, 로마의 신전 및 미트라교와 그리스교의 교회 등이 세워졌다. 전성기인 2세기 초에는 인구가 10만 명으로 늘어났다. 공공건물은 벽화로 장식하고 바닥은 모자이크로 깔았으며 일반시민들도 3~5층의 벽돌집에서 살았다. 주택은 인술라(Insula)형(型)이라고 하는 집합주택 형식으로서 제정시대 도시주택의 전형을 창조하였다.

그러나 토사의 퇴적으로 항구가 제 기능을 하기 어렵게 되어 북쪽 20km 지점에 새로운 항구를 건설함과 동시에 3세기에 시작된 로마의 경제악화, 5세기 이민족의 침입, 거기에 질병의 유행 등 여러 요인으로 인해 오스티아는 점차 쇠잔해졌으며, 급기야 9세기에 이르러서는 영원히 역사의 뒤안길로 사라지고 말았다. 오늘도 고고학자들은 7만m²의 넓은 부지를 차지하고 있는 이 거창한 고대 유구를 크게 5대 구역으로 나눠 발굴작업을 진행하고 있다.

오채(五彩) 백자

백자(白磁)의 기면에 적·녹·황색의 상회구(上繪具)로 문양을 그리고 가마에 넣어서 저온으로 구워낸 화려한 자기를 말한다. 원대 말 중국 징더전(景德鎮)에서 구워내기 시작한 이래 해외로 다량 수출되었다.

오키노시마 沖ノ島

일본 후쿠오카(福岡)현 무나카타(宗像)시에 속한다. 1954년부터 세 차례에 걸친 학술조사가 시작되었는데 한반도와 일본의 문화교류를 반영한 유물이 다수 출토되어 '바다의 쇼소인(正倉院, 유물창고)'이라고 한다. 4~10세기 무렵의 많은 제사유적이 확인되었고 귀중한 봉헌품이 발견되었다. 왕릉급 유물이 8만 점이나 발굴되었고, 이중 6만 점이 국보로 지정되어 무나카타 대사(宗像大社) '신보관(新寶館)'에 보관되어 있다. 이곳에서 출토된 신라 유물은 쓰시마(對馬)섬에서 출토된 것보다 질적인 면에서 더 뛰어나다.

오피르 Ophir

산스크리트어로는 'Sauvira' 혹은 'Suppare'로, 고대 남인도를 지칭한다. 『구약성서』「열왕기 상(列王記上)」에 의하면 솔로몬(Solomon)왕(기원전 10세기)이 홍해 연안의 에지온 게베르(Ezion Geber)에서 선박을 건조하자, 히람(Hiram)왕이 바다에 익숙한 자신의 노복들과 솔로몬왕의 노복들을 오피르에 파견하였다. 그곳에서 황금 420달란트(talent, 약 16톤)를 가져왔는데, 항해에는 3년이나 소요되었다. 이를 통해 기원전 10세기경에 이미 남인도와 홍해 사이에는 해로가 개통되어 있었음을 알 수 있다.

옥애오(Oc-Éo) 도시 유적

기원후 1~6세기에 존재했던 부남국(扶南國)의 도시유적이다. 해로를 통한 로마-한(漢) 간의 2단(段)적 간접교역과 그 복합적인 발전상을 여실히 보여준다. 인도차이나 반도 메콩강 지류인 바싹강과 삽만 사이에 있는 충적평야 지대의 낮은 언덕에 위치하고 있다. 지금은 높이 226m의 바테산 남쪽 기슭에 해안으로부터 25km쯤 떨어져 있지만 본래는 부남의 도읍으로 추측되는 앙코르 보레이(Angkor-Borei)와 수로로 연결된 해안의 항구였다. 현존 유적의 너비는 1.5km, 깊이는 3km쯤으로 전체 면적은 450헥타르에 달하는데, 성채 같은 것은 없고 35개의 낮은 언덕에 산재해 있다. 이곳은 기원후 1~6세기 기간에 부남국의 치하에 있었으므로 부남 유적이라고 말할 수 있다. 부남(扶南)은 '산(山)'을 가리키는 고대 크메르어 'bnam'(브남, 현 프놈 Phnom)의 음사다.

이 유적은 1942년 금제품을 비롯한 일부 유물이 출토되면서 세상에 알려지기 시작하다가, 1944년 2~4월 프랑스 극동학원의 말레레(L. Malleret) 일행이 정식 발굴조사를 진행하였다. 이를 통해 다양한 유적과 유물이 확인되었는데, 특히 인도와 부남을 중계로해 로마와 한의 문물이 이곳에서 만나서로 교류된 사실을 증명해주는 유적과 유물들이 출토되어 매우 값진 것으로 평가받고 있다. 우선 건물유적으로는 길이 29~34cm, 폭 13~16cm, 두께 7~16cm의 기와로 지은 사원과 사체를 풍장(風葬)하는 이른바 '침묵의 탑'(다흐마Dakhma)의 잔해가 대표적이다. 또한 방주(方舟, 일명 항杭)의 기저부(基底部, 길이 1.41m, 절반이 지하에 매몰) 위에 지은 목조가옥 유적은 당시 부남인들이 목조가옥에서 살 때 국왕은 중각(重閣)에 기거하고 성은 목책(木柵)으로 지었다는 중국『남제서(南齊書)』권58「동남이전(東南夷傳)」기록과 일치한다. 출토된 불상으로는 청동 도금의 간다라식 좌불상과 남인도 아마라바티 사비입상(四臂立像, 비슈누Visnu상)이 있다. 이 아마라바티 양식의 불상은 타이(Pong Tuk)·수마트라·자바 등 동남아시아 각지에서 발견되는 전형적인 남인도 양식의 불상조각이다. 그밖에 중국 육조(六朝)풍의 불상으로 북위식(北魏式)의 청동도금 좌불과 남북조풍의 보살입상도 출토되었다. 이와 같은 다양한 형태의 불상 유물의 출토는 당시 부남 등지에서 이루어진 불교문화의 교류상 일반을 여실히 보여주고 있다.

이 유적에서는 귀고리·가락지·은목걸이·메달(medal)·상패(賞牌)·인장(印章) 등 무려 316점에 달하는 각종 장신구가 발견되었는데, 소재의 주종은 주석이다. 주석제품 중에는 인장·물고기·거북·불가사리, 그리고 조개 형태의 장신구가 있는데, 이것은 옥애오인과 바다의 관계를 시사해준다. 메달에는 인물·코끼리 등 동물의 장도 섞여 있으며, 손가락지에는 인도에서 2~5세기에 사용하던 브라흐미(Brāhmi) 문자의 인장이 찍혀 있는 것도 있다. 인도차이나 반도에서 주석은 중국 윈난(雲南)이나 타이, 말레이 반도에서만 채취되고, 월남 남부(扶南)나 캄보디아에는 없으므로 석재는 위의 산지에서 수입되었을 것이다. 석재 외에 주옥이나 금도 장신구의 소재로 사용되었다. 귀고리나 메달은 그것을 주조한 사암제 주형(砂岩製鑄型)이 같이 출토된 점으로 미루어 현지에서 제작된 것으로 보인다. 한 가지 흥미있는 것은 길이 2.5cm, 좌우 폭 1.5cm 정도의 장방형 연(鉛)제품이다. 게다가 물품에 부착되어 있는 이 유물의 겉과 안쪽에는 인도 브라흐미 문자나 화초(花草)·금강저(金剛杵)·조개 등 몇가지 문양이 새겨져 있다. 이러한 문자

가운데는 'dhanikam'(귀중품貴重品), 'apramadam'(주의注意) 등의 글자가 있다. 글자의 내용으로 보아 귀중한 화물에 붙이는 화물표로도 간주되고 일부에서는 호신부적(護身符籍)으로 보는 견해도 있다. 아무튼 브라흐미 언어를 아는 인도계 상인들이 사용한 것은 분명하다.

특히 이 옥애오 유적에서 로마와 한의 유물이 동시에 발견되었다는 사실은 매우 중요하다. 로마의 유물로는 손잡이가 달린 마가라형의 램프(lamp)와 두 황제의 이름과 초상이 새겨진 금화(혹은 금제장식품)가 각각 한 매씩 출토되었다. 금화 중 하나는 '안토니누스 피우스'(Antonius Pius, 재위 138~161) 황제 이름과 초상, 그리고 즉위 15년(152)이라는 글자가 새겨져 있다. 그리고 다른 하나는 희미하여 '안토니누스 피우스'인지 '마르쿠스 아우렐리우스'(Marcns Aurelius Antonius, 재위 161~180)제인지 분간

기원 전후의 고대 동·서 유물이 함께 출토된 옥애오 항구 유적지

할 수 없는 이름과 초상이 새겨졌다. 중국 사적에 한역명(漢譯名) '안돈(安敦)'으로 나오는 이 로마 황제들의 이름과 초상이 새겨진 금화가 로마의 통용 화폐인지, 아니면 화폐 형태의 장식품인지는 알 수 없다. 다만 멀리 이곳 극동 지방에서 발견되었다는 것은 로마의 동방 원거리무역의 일단을 증명해준다는 점에서 특기할 만한 일이다. 일찍이 인도에서 로마 화폐가 여러 곳에서 출토되었을 뿐만 아니라, 타이의 메남(Menam)강 유역과 중국의 산시(山西)에서도 로마 화폐가 발견된 바 있다.

한편 중국의 유물로는 후한대의 것으로 추정되는 기봉경(蘷鳳鏡) 파편과 기타 2매의 거울 파편(그중 하나는 방격규구사신경方格規矩四神鏡)이 출토되었다. 잔해인 기봉경을 원상 복원하면 직경 14.47cm 정도의 청동경인데, 표면에 '주지(主至)'란 글자가 새겨져 있다. 기봉경과 사신경의 유사품이 일본 기타큐슈(北九州)의 야요이시대(彌生時代) 유적에서도 발굴된 바 있다. 발굴 유물 중에는 화초문양(花草文樣)의 호(壺, 주전자)가 있는데, 그 유사품이 아프카니스탄의 베그람 유적에서 출토된 예가 있고, 남인도의 아마라바티 조각에서도 종종 화초문양을 찾아볼 수 있다. 기타 보석세공품 중에는 인도식이나 로마식의 인물 흉상을 음각한 것이 있는가 하면, 유리질의 원형식석(圓形式石)에는 이란식 인물상이 보이기도 한다. 이상의 유물이 보여주다시피 기원 전후 인도차이나 반도는 중국문화와 인도문화의 접촉지대였으며, 인도를 매개로 동전한 로마문화가 이곳에서 처음으로 한문화와 직접 만나서 교류하게 되었다는 사실을 알 수 있다.

완순선정법 碗唇旋定法
중국 송대에 이용한 일종의 지남침 사용법으로, 지남침을 주발의 가장자리에 놓고 방향을 감별하는 방법이다.

왕대연 汪大淵, 1311~?년
중국 원(元)대의 여행가 왕대연은 장시(江西) 난창(南昌)인으로, 어려서부터 세계 주유의 꿈을 키웠다. 그는 천여 년 전의 사마천(司馬遷)을 귀감으로 삼아 중국 땅을 거의 절반 정도 편력해 여행의 묘미를 터득하면서, 전래의 중국 사서(史書)들이 해외사정에 관해 너무 소략(疏略)하게 다룬 데 대해 늘 개탄하였다. 그리하여 그는 자신이 직접 현지를 탐방하여 사실을 확인하고, 기술(記述)의 지평을 넓혀가기로 결심하였다. 그는 전후 2차에 걸쳐 약 7년간 해외 탐방에 나섰다. 제1차는 1330년 취안저우(泉州)에서 출항해 1334년 하추계(夏秋季)에 귀향하였고, 제2차는 1337년 겨울에 역시 취안저우를 떠났다가 1339년에 역시 하추계(夏秋季)로 돌아왔다. 왕대연은 방문지에서 메모

한 자료에 근거해 1349년에 자신의 여행 탐방기인 『도이지략(島夷志略)』을 찬술하였다. 그는 해외사정에 대한 심층적인 이해를 목적으로 하였기 때문에 대상지에 대한 탐지 및 기술에 역점을 두고, 자신의 여행 과정에 대해서는 노정이라든가 행적 따위를 일일이 밝히지 않았다. 총체적으로 이 여행기는 각지에서 그가 직접 보고 체험한 산천과 강역, 물산과 풍습, 생활상 등 여러 면을 실사구시적으로 기술하고 있다. 특히 당시 원조의 해외무역 중시 정책에 편승해, 각지의 물산과 교역품, 중국의 수출입품에 관해서는 자세히 소개하고 있다.

이 여행기의 특색은 내용의 사실성과 광범위성이다. 왕대연은 이 책에서 '전해들은 것은 결코 적지 않았다'고 천명하고 있다. 그는 자신이 직접 밟아본 땅에서 두 눈으로 목도한 사실만을 그대로 기술하고 있다. 이러한 기술의 사실성은 후일의 역사가 여실히 실증해주고 있다. 다음으로 내용의 광범위성은 이 책의 두드러진 특색이다. 이 여행기는 분권(分卷)하지 않은 채 100개의 조항으로 구성되어 있는데, 마지막 조항 '이문유취(異聞類聚)' 외에는 지명을 조항 명으로 하고 있다. 왕대연은 그가 직접 탐방한 99개 나라와 지역에 관해 기술하고 있으며, 그 속에서 언급된 외국지명만 220개가 넘는다. 이러한 나라와 지역은 곧 왕대연

이 직접 방문한 곳으로서, 그의 여행이 얼마나 폭넓었는가를 알 수 있다. 동남으로는 문노고(文老古, 현 인도네시아의 말루쿠Maluku제도)와 고리지민(古里地悶, 현 인도네시아 동부의 티모르Timor섬), 서남으로는 천축(天竺, 현 인도)과 승가랄(僧伽剌, 현 스리랑카) 연해 각지, 서쪽으로는 페르시아만을 지나 파사리(波斯離, 현 이라크 남부의 바스라Basrah)와 마가사리(麻呵斯離, 이라크 서북부의 모술Mosul), 홍해 동안의 리가탑(哩伽塔, 현 예멘의 아덴Aden)과 천당(天堂, 현 사우디아라비아의 메카Mecca), 더 서쪽으로는 동아프리카의 마나리(麻那里, 현 케냐의 말린디Malindi)와 층요라(層搖羅, 잔지바르Zanzibar), 가장문리(加將門里, 현 탄자니아의 다르에스살람Dar es Salam)에까지 왕대연의 발자국이 찍혀 있다. 그중에는 선인들의 사적에 언급이 없는 라위(羅衛, 현 말레이시아의 조호르Johor)와 라곡(羅斛, 현 타이의 롭부리Lopburi), 침로(針路, 현 말레이 반도 북부 서안의 메르귀Mergui) 등 전인미답(前人未踏)의 지역도 들어 있어 흥미롭다. 왕대연의 『도이지략』은 중세의 해로와 그 연안의 국가들이나 지역들을 연구할 때 내용의 사실성으로 인하여 으뜸가는 사료원으로 평가받고 있다. 그리하여 일찍부터 동서양 학계에서 이 사료원에 대한 진지한 연구가 진행되어왔다. 대표적인 연구서로

는 중국 심증식(沈曾植)의 『도이지략광증(島夷志略廣證)』과 소계경(蘇繼廎)의 『도이지략교역(島夷志略校譯)』, 일본 후지타 도요하치(藤田豊八)의 『도이지략교주(島夷志略校註)』, 미국 로츠닐(W. W. Rochnil)의 번역고증본(飜譯考證本) 등이 있다.

요코하마 橫濱

일본 가나가와현(神奈川縣)에 있는 항구도시. 1859년의 미일(美日)수호통상조약에 의해 개항되어 생사(生糸) 무역의 중심항, 게이힌공업지대(京濱工業地帶)의 공업항, 도쿄의 외항(外港)으로 크게 발전하였다. 미일수호통상조약에는 가나가와(神奈川), 나가사키(長崎), 니가타(新潟), 효고(兵庫)를 개항하도록 되어 있는데, 에도막부(江戶幕府)는 외국인 거류지를 멀리두려는 방책으로 당시 가나가와의 항구인 가나가와미나토(神奈川津) 대신 요코하마무라(横浜村)를 '가나가와의 요코하마'로 칭하고 개항하였다. 원래 가나가와미나토는 가마쿠라막부(鎌倉幕府)가 세워진 13세기 이후에 도쿄만 내해 교통의 거점 중 하나로 발전하기 시작하였다. 그러다가 17세기 초 에도막부가 들어서면서부터는 전국에서 물자와 사람들이 몰려들자 선박수송업자나 이들을 상대하는 다양한 상점들이 생겨나면서 크게 번영하였다. 반면에 요코하마무라는 에도시대 말기까지 100호 정도의 주민이 사는 작은 어촌에 불과하였다. 그러나 요코하마가 개항되자 상업의 중심지가 이곳으로 일시에 옮겨지면서 외국인 거류지와 외국 상관, 세관 등이 들어서 국제항의 면모를 갖추어나갔다.

20세기에 들어와 요코하마는 도쿄만으로 흘러드는 쓰루미(鶴見)강 하구를 매립하여 일본 최대의 공업지구인 게이힌 공업지대를 조성하여 고베항과 함께 일본의 근대화를 이끌었다. 1923년 9월 1일의 관동 대지진으로 요코하마 전역이 큰 피해를 입었지만 복구사업을 통해 1929년에는 거의 옛 모습을 되찾았다. 1935년에 닛산(日産)이 자동차 생산을 시작하는 등, 요코하마는 제철·조선·자동차·전기 등 중공업과 군수산업의 중요한 거점으로 확고한 자리를 잡아갔다. 제2차 세계대전 당시 연합군의 공습을 받았지만 상대적으로 큰 피해를 입지는 않아서 전후 복구는 순조롭게 진행되었다. 그리하여 국제무역항 및 게이힌공업지대의 공업항으로서의 입지를 빠르게 회복하였다. 1989년에는 시 설립 100주년 및 개항 130주년을 기념하는 요코하마 박람회가 개최되었다. 입항선박수는 전국 1위(43,400척, 2005년), 해상출입화물량은 도쿄항에 이어 전국 2위(1억 3328만 톤, 2005년)이다. 면적: 437.38km², 인구: 약 370만 명(2013년)

요하네스버그 Johannesburg

남아프리카공화국의 최대 도시. 19세기 말에 금광이 발견되면서 건설되었다. 도시 내에 금광이 있고, 이와 관련된 광공업 회사, 은행, 증권거래소 등의 본사가 있는 남아프리카공화국에서 가장 중요한 상공업 중심지다. 원래 원주민이 사는 작은 마을이었으나 19세기 중반에 네덜란드인의 후손인 보어(Boer)인이 트란스발공화국(Transvaal Republic)을 세웠다. 이곳에서 금광이 발견되자 남아프리카의 케이프 식민지를 중심으로 활동하던 영국인이 이주를 시작하면서 이른바 '보어전쟁'이 발발하였는데 영국은 대규모 군대를 동원하여 1902년에 트란스발공화국을 자국 식민지로 만들었다. 전쟁 이후 영국인과 보어인은 화해하였지만 원주민과 유색인에 대해서는 극단적인 인종격리 정책인 '아파르트헤이트(Apartheid)'를 강행해 도시는 백인 거주구역과 아프리카계 거주구역인 소웨토(Soweto)로 나뉘었다. 20세기 말에 아파르트헤이트가 폐지되어 소웨토의 아프리카계 사람들이 일자리를 찾아 백인거주구역으로 옮겨왔지만 이들은 대부분 제대로 된 일자리를 거의 얻지 못하여 높은 실업률을 기록하게 되고, 또 높은 실업률은 높은 범죄율로 이어져서 요하네스버그의 치안은 매우 불안한 상황이다. 면적: 334.81km², 인구: 약 96만 명(2011년)

용뇌향 龍腦香, Dryobalanops, 학명 'Dryobalanops aromatica'

상록교목인 용뇌나무(산스크리트어로 karpūra, 갈포라羯布羅)에서 채취한 수지(樹脂)를 건조시킨 무색투명의 향료다. 원산지는 동남아시아의 말레이 반도·브루나이섬·수마트라섬 등지다. 해안선을 따라 배수가 용이한 산비탈에서 잘 자란다. 5~6세기 이후의 아랍과 그리스·스페인 등의 문헌에 귀중한 향료로 나오는 것을 볼 때 이때부터 교역품으로 등장했다고 추정된다. 한국의 명의 허준(許浚)은 저서『동의보감(東醫寶鑑)』(1610)에서 "용뇌향은 안질·두통·중풍 등 병 치료에도 유용된다."고 기록하고 있다. 신라 경덕왕(景德王) 11년(752) 6월, 일본에 간 신라 사신이 지닌 신라 교역품 명세서인『매신라물해(買新羅物解)』(일본 쇼소인正倉院 소장)에는 다른 몇가지 향료와 함께 이 용뇌향이 들어 있다. 이는 동남아시아산 향료를 일본에 되파는

요하네스버그의 흑인거주구역인 소웨토

신라의 국제적 중계무역상의 일단을 보여주는 것이다.

용연향 龍涎香, ambergris

용연향은 향유고래의 장 내에서 생긴 병적 결석상(結石狀) 분비물로서 밀랍 형태의 덩어리다. 사향과 흡사한 향기를 뿜어 옛날부터 진귀한 향료로 쓰여 왔다. 영어의 'ambergris'나 라틴어의 'ambra grisea'는 아랍어 'ambar'(용연향)에서 유래한 것이다. 원래는 이 용연향 덩어리가 바닷물에 떠다니다가 해안에 표착하면 채취하곤 하였다. 오랫동안 바닷물에 떠다닌 용연향은 황금색을 띠며 불순물이 적어 상품가치가 높다. 이렇게 자연 채취한 것은 향기가 별로 나지 않지만, 건조시켜 유당(乳糖) 같은 것을 첨가해 알코올에 담가두면 유향(乳香) 비슷한 향기가 난다. 중세 아랍사람들은 약으로 복용하거나 향유와 함께 분향(焚香)하기도 하고, 또한 몸에 발라 황홀지경에 이르렀다고도 한다. 이렇게 바다에서 떠다니다가 해변에 표착한 것을 주워 쓰는 것이 주된 용연향 채취방법이었으나, 수요가 급증하면서 포경(捕鯨)으로 고래 몸에서 적출하는 방법이 유행하였다. 이렇게 인위적으로 적출한 용연향은 대체로 흑색으로 자연 채취한 것보다 상품가치가 떨어진다. 중세 아랍 지리학자 알 까즈위니는 저서『피조물(被造物)의 기적(奇蹟)과 존재물(存在物)의

기이(奇異)』에서 "신라인들의 집에 물을 뿌리면 용연향의 향기가 풍긴다."고 적고 있다. 그만큼 신라인들의 집은 정갈하다는 뜻이다.

용주 龍舟

중국 수나라의 대형 선박이다. 중국의 수(隋)조는 방대한 수사(水師), 즉 수군(水軍)을 건설하고 용주(龍舟)나 오아(五牙, '누선'항 참고) 같은 대형 선박을 건조하였다. 수양제(隋煬帝)가 강도(江都) 순유(巡遊)를 위해 건조한 용주는 갑판이 4중으로 되어 있고 배의 높이가 45척, 길이가 200척이나 되는 대형 민용선(民用船)이었다. 상층에 정전(正殿)이 있고 중간 두 층에는 무려 120개의 선실이 배치되어 있었다.

우수아이아 Ushuaia

아르헨티나 산타페주 주도(州都). 남위 54도 48분, 서경 68도 19분 '세상의 땅 끝'으로 알려진 우수아이아는 세계 최남단의 항구도시로 아르헨티나의 티에라델푸에고(Tierra del Fuego)섬에 위치하고 있다. 이곳에는 오래전부터 야마나족(Yámana) 원주민들이 거주해 왔는데 1520년 대서양 연안을 따라 남하하던 마젤란이 이 섬을 발견하였을 때 이들 원주민들이 태우는 불길을 보고 섬의 이름을 '불의 땅(티에라델푸에고)'이라고 하였다. 19세기 중반 찰스 다윈이 영국의 탐사선 비글(Beagle)

지구의 최남단 도시 우수아이아의 7월 초 항구 전경

호를 타고 6년간 브라질과 아르헨티나, 칠레를 탐사할 때 이곳을 지나면서 우수아이아는 처음으로 세상에 알려졌다. 이후 영국 선교사들이 찾아와 정착하였고, 19세기 후반부터는 금광이 개발되면서 식민 인구가 급증하였다. 1881년에 티에라델푸에고 섬은 동서로 분할되었는데, 서부는 칠레령으로, 동부는 아르헨티나령이 되면서 우수아이아는 아르헨티나에 속하게 되었다. 1904년에 우수아이아는 푸에고 연방령의 수부(首府)가 되었으며 20세기 전반에는 정치범 유배지가 되었다가 50년대에 폐지되었다. 이후 해군기지로 이용되기도 하고, 목축업과 어업·목재업·석유·금광·천연가스 등 부존자원이 개발되기 시작하였다. 면적: 23km², 인구: 약 7만 명(2010년)

울산 蔚山, Ulsan

울산은 한반도의 동해안에 위치한 천혜의 양항(良港)이다. 태백산 줄기가 동해안을 따라 내려오다가 마지막으로 끊어진 곳에 위치하며, 동쪽을 제외한 3면이 산으로 에워싸여 있다. 서북부 산지가 겨울 계절풍을 막아주는데다가 난류의 영향까지 받아 기후는 온화(연평균기온 13.8도)하고 연강수량도 적정수준(1,274mm)이다. 산간지대에서부터 흘러내리는 태화강(太和江)과 회야강(回夜江), 양산천이 있어 땅이 기름지다. 그리고 수심이 깊은 울산만에는 울산항을 비롯해 온산항과 방어진항이 연이어 있어 예부터 동해안의 관문 역할을 해왔다. 일본이나 중국과는 물론, 멀리 동남아시아나 서역과 해상교역을 진행해온 국제항이다. 특히 신라시대에는 가까이 있는 수도 경주의 외항(外港)으로 신라의 국제적 위상을 드높이는 데 크게 기여하였다.

울산은 무거동 옥현유적의 석기유물이 보여주는 것처럼 후기 구석기시대부터 사람들이 살아왔다. 신석기시대를 대표하는 유적 유물로는 태화강 상류 대곡리 골짜기에 자리한 반구대암각화(盤龜臺岩刻畵)가 있다. 동물과 도구, 사람 등 약 300점의 형상이 새겨져 있는 이 암각화는 세계 최초의 포경(捕鯨)유적으로 세계적인 문화유산이다. 그런가 하면 울산은 한반도에서 청동시대의 마을유적이 가장 많은 고장으로 고인돌과 널무덤, 돌널무덤, 독무덤 등 다양한 형태의 무덤이 발견되고 있다. 삼한시대에는 사로국(斯盧國)을 중심으로 하는 진한(辰韓)에 속해 있었으며, 신라의 성립과정에서는 중요한 국제항과 철에 기반한 경제적 거점으로 자리매김하였다. 통일신라시대에는 인근의 율포(栗浦)와 사포(絲浦), 개운포(開雲浦)와 더불어 주요 국제항 역할을 하였으며, 울산항을 통해 많은 문물이 교류되고 사람들의 왕래가 잦았다.

오랜 역사 속에서 행정조직의 개편에 따라 울산의 지명도 여러번 바뀌었다. 최초의 이름은 삼한시대의 굴아화촌(掘阿火村)이며, 고려 초에는 울주(蔚州)로 부르다가 1413년에 울산으로 개칭하였다. 승격과 강등, 개편 등을 거듭해오다가 1962년에 시로 승격한 데 이어 1997년에는 광역시로 급성장하였다. 울산에는 '처용설화'와 같이 역사가 깃든 이야기들이 전해오고 있다. 울산사람들은 무예를 숭상하고 장사를 좋아하며 품성이 굳센 기질을 가지고 있다. 면적: 1,060.19km², 인구: 약 120만 명(2013년)

울산 개운포 성지(城址)

유항 乳香, Frankincense

유항은 감람과(橄欖科)에 속하는 열대지방의 식물인 유향수(乳香樹)의 유백색의 수지(樹脂)를 말린 것이다. 유향은 보통 방향(芳香)이나 방부제로 쓰이며, 창양(瘡瘍)이나 복통 등에 약재로 사용되기도 한다. 주산지는 아라비아 반도 남부의 하드라마우트(Hadramaut) 연안과 아프리카 소말리아 해안지대다. 유향을 히브리어로 '레보나'(levonah), 아랍어로 '루반'(luban), 그리스어로 '리바노스'(libanos), 라틴어로 '올리바눔'

아라비아 반도 남부산 유향

(olibanum)이라고 하는데, 모두가 유백색(乳白色)이란 뜻이다. 이 말들의 어원은 고대 아카드어의 '라바나툼'(la-ba-na-tum), 즉 신관(神官, la-bi)이 수지(樹脂, na)를 태우다(tum)에서 연유한 것이라고 한다. 남송(南宋) 때 조여괄(趙汝适)이 지은 『제번지(諸蕃志)』의 기록에 따르면 유향은 일명 훈륙향(薰陸香)이라고 하는데, 그밖에 마미향(馬尾香)·천택향(天澤香)·마륵향(摩勒香)·다가라향(多伽羅香) 등 여러 가지 명칭이 있다. 대식(大食, 아랍)의 마라발(麻囉拔, Mirbah, 현 아라비아 반도 남부 하드라마우트 연안)·시갈(施曷, Shihr, 혹은 Esher, 현 하드라마우트 연안)·노발(奴發, 현 아라비아 반도 남부의 조파르Dhofar) 등지의 심산이나 벽지에서 자라는 용(榕)나무 비슷한 나무의 줄기를 도끼로 잘라 수지를 흘러나오게 한 후 응결시켜 만든다고 한다. 유향의 종류로는 최상급으로 연향(煉香, 일명 적유滴乳)이 있고, 그외에 병유(餠乳)·병향(餠香)·대향(袋香)·유탑(乳榻)·흑탑(黑榻)·수습흑탑(水濕黑榻) 등 모두 10여 종이 있다.

유향의 교류

예로부터 향료는 단순한 사치성 소비품이 아니라, 생활상의 필수품이며 제사와 같은 의례행사의 관용품(慣用品)이기도 하였다. 이러한 향료, 특히 식물성 향료는 산지가 자연환경의 제약을 받기 때문에 채집이나 생산이 제한적이었다. 더군다나 특정 향료의 원산지 주민들은 그 향료의 타지역 이식(移植)을 강력하게 제재하면서 장기적으로 독점하고자 하였다. 이같은 수요와 공급 간의 미묘한 역학관계로 향료 교역은 시종일관 고수익성 교역으로 존재했고, 그 교류도 점차 확대되어갔다. 향료 교류는 식물성 향료인 분향료와 향신료가 주종을 이루지만 향신료의 교류가 기본이다. 우선, 분향료의 교류에서는 서방의 유향(乳香)과 몰약(沒藥), 동방의 침향(沈香)과 단향(檀香)의 교류가 대표적이다.

주요한 분향료인 유향은 인도에 전파된 후 불교의 동전과 함께 기원후 2~3세기에 인도에서 중국으로 처음 전해졌다. 그러나 8세기 이후에는 아랍 유향이 해로를 통해 직접 동남아시아와 중국에 수출되었다. 『제번지(諸蕃志)』에 의하면, 유향은 대식(아랍) 상인들이 배로 삼불제(三佛齊, 현 수마트라)까지 운반하면, 거기서 번상(蕃商)들에 의해 교역된다고 하였다. 당대를 이어 송·원대에도 유향은 계속 중국에 유입되었다. 남송(南宋) 정부는 유입된 유향을 독점 관리하면서 민간인들에게 고가로 판매해 이익을 챙기기도 하였다. 『오해관지(吳海關志)』(권2)에는 희령(熙寧) 9년(1076)부터 원풍(元豊) 원년(1078)까지 3년간 명주(明州)·항저우(杭州)·광저우(廣州) 3개소의 시박사(市舶司)가 관여한 유향의 총량을 89만 4,719관(貫) 305문(文)으로 집계하고 있다. 이것은 중세에 성행한 아랍산 유향의 대중국 교역 성황을 여실히 보여주고 있다. 중국뿐만 아니라 한반도에서도 1966년 경주 불국사 석가탑에서 3포(包)의 유향이 발견된 바 있어 아랍산 유향이 신라에까지 전파되었음을 알 수 있다.

육계 肉桂, 시나몬 또는 카시아

녹나무과에 속하는 상록교목인 녹나무(학명 Cinnamomum camphora) 껍질로 만든 향료다. 녹나무 껍질을 벗겨서 껍질 외측의 거칠거칠한 부분은 제거하고 내측의 껍질만 건조시켜 만드는데, 건조되면 껍질이 휘말려서 황갈색의 관상(管狀)이 된다. 보통 1m 길이로 잘라서 여러 대를 한데 묶어 출하한다. 대체로 맛은 감미로운 편이나 약간 매우며 향기가 난다. 이러한 맛은 산지에 따라 조금씩 차이가 있다. 육계의 산지는 인도·스리랑카·중국·일본 등지로서 인도보다 서쪽 지역에서는 나지 않는다. 그중 통상 인도(스리랑카 포함)산을 '시나몬'(cinnamon), 중국산을 '카시아'(cassia)라고 부르며 모두 합쳐 '육계'라고 통칭한다. 육계가 언제 처음으로 사용되었는가는 아직 알려지지 않았다. 기원전 4000년경에 이집트인들은 유해를 미라로 만들었는데, 아니스(anise)나 커민(cumin)을 사용하다가 후에는 시나몬이나 카시아로 대체했다고 한다. 『구약성서』「출애굽기」(30장 22~25절)에 보면, 몰약과 함께 시나몬과 카시아로 성스러운 향유를 만든다고 나온다. 이로부터 고대 이집트나 헤브라이(현 이스라엘)에서는 육계가 중요한 향료로 사용되었음을 알 수 있다.

그러나 고대 이집트나 헤브라이에서 사용된 육계의 실체에 관해서는 두 가지 설이 있다. 첫째는 통설로는 인도나 중국의 육계가 아랍이나 아프리카에 운반된 후 이집트나 시리아를 경유해 헤브라이까지 전해졌다는 것이다. 둘째는 성서나 고전작가들이 말하는 '시나몬'이나 '카시아'는 인도나 중국산 육계가 아니라 동아프리카에서 나는

향신료의 일종인 육계

다른 식물이라는 이설(異說)도 있다. 그 근거는 중국은 물론 남아시아와 아랍·아프리카 간의 교통이 그렇게 오래 전에는 있을 수 없었으며, 또한 서로의 용도가 달라서 중국이나 인도에서는 향신료로 사용되었으나 이집트나 헤브라이에서는 일반 향료로 사용되었다는 점이다. 그러나 통설에 의하면 육계는 고대부터 향신료뿐 아니라 일반 향료로도 멀리 이집트까지 서전되었다고 말할 수 있다.

육두구 肉荳蔲, nutmeg

육두구나무의 과실 종자를 말한다. 육두구나무(Myristica fragrans)는 육두구과에 속하는 상록교목으로 키는 20m 가량이며 가죽질의 잎은 길이가 10cm쯤 되고 표면은 짙은 녹색으로 광택이 있다, 열매는 장과(漿果)로 둥글고 세로 고랑이 있으며, 익으면 두 조각으로 갈라져 씨를 토한다. 원산지는 말레이 반도와 빈탄(Bintan)섬이며, 향신료 중에서 최우수품으로 간주된다. 육두

향신료의 일종인 육두구

구와 매우 비슷하여 대용품으로 쓰이는 것으로 다년생 나무인 카르다몸(학명 Elettaria cardamomum)의 종자(보통 카르다몸으로 칭함)가 있다. 이를 중국에서는 백두구(白荳蔲), 혹은 소두구(小荳蔲)라고 부른다. 카르다몸의 원산지는 인도 남부의 말라바르 고원 지대였으나 후일 말레이 반도와 인도차이나 반도 동남부 일대로 번식·확산되었다. 육두구는 5세기경에 빈탄섬에서 인도로 전해졌으며, 10세기 전후에 아랍인들을 통해 유럽에 알려졌다. 육두구가 알려진 후 13~14세기에 이르러 육두구와 정향(丁香)에 대한 유럽인들의 수요는 폭발적으로 늘어났다. 그것은 이 두 가지 향신료가 강력한 방부제일 뿐만 아니라 염장한 어물(魚物)과 육류 요리에 필수불가결한 최상의 조미료이기 때문이었다.

육분의 六分儀, sextant

육분의는 항해나 측량 등에 사용되는 장비로서, 항해 시에는 수평선 위에 있는 천체의 고도를 측정하는 데 사용된다. 육분의를 이용하여 정오에 태양의 고도를 측정함으로써 위도를 알아낼 수 있다. 육분의(sextant)라는 단어는 육분의의 호(弧, arc)가 원주의 1/6과 같은 60이기 때문에 1/6이라는 의미의 라틴어 'sextans'에서 유래하였다. 육분의가 사용되기 전에는 1498년 포르투갈 함대가 인도양을 건널 때 고용

천체의 고도 측정기 육분의

한 아라비아인 도선사가 처음 사용한 것으로 알려진 항해용 직각기(直角器, cross staff)가 이용되었다. 이 직각기는 가로 막대에 구멍을 뚫고 고도의 눈금이 새겨진 긴 막대기에 넣어 앞뒤로 움직이면서 천체의 고도를 측정하였다.

윤선 輪船

인력(人力)으로 추진하는 배를 말한다. 중국에서 위진남북조시대에 제(齊)나라의 과학자 조충지(祖沖之, 429~500)는 인력으로 항진하는 윤선(輪船)을 만들었는데, 하루에 천리를 항행한다고 일명 '천리선(千里船)'이라고도 하였다. 당(唐)대에는 전래의 이러한 조선술을 이어받아 윤선을 본격적으로 건조하기 시작하였다. 이러한 윤선은 항속을 높일 뿐만 아니라 무풍(無風)일 때도 항시적으로 가동할 수 있다는 장점이 있다.

위도 緯度, altitude

경도와 함께 지구상의 위치를 나타내기 위한 지리 좌표 가운데 하나이다. 위도는 남북 방향의 위치를 나타내며, 도(°), 분('), 초(")로 표시한다. 적도를 기준으로 북극점까지의 위치를 북위라 하고 90도로 나누며, 적도에서 남극점까지 위치를 남위라 하고 역시 90도로 나눈다. 따라서 적도에서는 위도가 0도이고, 북극점에서는 위도가 북위 90도(90도N), 남극점에서는 위도가 남위 90도(90도S)가 된다. 위도선은 적도를 따라 동서방향으로 평행하기 때문에, 적도에서 남북으로 같은 거리만큼 떨어져 있으면 같은 위도 상에 있게 된다. 양쪽 극점으로 가까이 갈수록 고위도라 하며, 적도에 가까워질수록 저위도라 한다. 위도에는 지리위도, 천문위도 등 여러 종류가 있지만, 위치 결정을 할 때는 대부분 지도작성에 사용되는 지리위도가 사용된다. 지리위도는 지표의 어느 한 점에 지표면과 수직이 되게 세워놓은 막대와 적도면이 이루는 각도로 표시한 것이다. 위도 1도 사이의 거리는 약 111km이지만, 지표면이 완벽한 구가 아니기 때문에 지역에 따라 차이를 보인다. 적도 부근에서는 약 110.6km이지만, 극지방에서는 이보다 조금 긴 약 111.9km이다. 사분의, 육분의, 아스트롤라베 등은 두 점 사이의 각도를 정밀하게 측정하는 광학기계로, 배가 항해할 때 태양이나 별의 고도를 측정하여 배가 있는 곳의 위도를 알 수 있다. 북반구에서는 북극성의 고도를 측정하면 위도를 알 수 있다.

의정 義淨, 속명 張文明, 635~713년

법현(法顯)·현장(玄奘)과 함께 중국 3
대 도축구법승의 한 사람인 의정은 범
양(范陽, 현 베이징) 출신(일설은 산둥
성 치조우齊州)으로 어려서 출가해 15
세 때 도축구법을 결심하였다. 36세 때
인 671년에 양저우(揚州)에서 광저우
(廣州)로 가서 해로로 도축길에 올랐
다. 해로로 왕복한 의정의 도축 노정과
그 행적은 다음과 같다.

671년 11월 광저우 출발 → (남행,
근 20일간) 불서국(佛逝國, Vijaya, 즉
실리불서室利佛逝 Sri Vijaya, 현 수마트
라의 팔렘방Palembang 일대), 반년간
체류, 불경과 성명학(聲明學) 공부 →
(북행) 불서국의 속령인 말라유(末羅
瑜, 현 수마트라의 잠비Jambi 지방), 2
개월간 체류 → (북행) 갈다국(羯茶國,
적토赤土, 현 말레이 반도 서안의 케다
Kedah주) → (서북행, 10여 일간, 672
년 12월) 나인국(裸人國, 현 인도의 니
코바르Nicobar와 안다만Andaman 제
도) → (서북행, 약 반달간, 673년 2
월 8일) 동천축의 탐마립저(耽摩立底,
현 탐루크Tamluk), 1년간 체재하면
서 산스크리트어와 성문론(聲聞論) 공
부 → (674년 5월) 중천축행, 도중 발
병으로 5리 걷는 데 백번 쉬어감, 산적
(山賊)이 기승을 부림 → 마게타국(摩
揭陀國)·나란타사(那爛陀寺)·기사굴
산(耆闍崛山, 영취산 靈鷲山)·대각사
(大覺寺, 마하보리사摩訶菩提寺) 등 불

적 참배 → (북행) 폐사리(吠舍釐, 바이
살리Vaisali) → 구시나게라(拘尸那揭
羅, 쿠시나가르Kushinagar, 석가 열반
처) → 겁비라벌솔도국(劫比羅伐窣堵
國, 카필라바스투Kapilavastu 석가 탄
생지) → 실라벌실저(室羅伐悉底, 스
라바스티Sravasti, 석가 장기 설법처)
→ (남행) 파라닐사국(婆羅痆斯國, 바
라나시Varanasi, 초전법륜처初轉法輪
處) → 계족산(鷄足山, 쿠쿠타파다기리
Kukkutapadagiri산) → 나란다사 10년
간 체재, 불경과 인도 의술 연찬 → (귀
로, 685) 탐마립저, 도중 강도 피습 →
갠지스강 하구에서 승선, 동행 → 갈다
국 → 불서국, 범본삼장(梵本三藏) 50
여만 송(頌) 휴대, 가져온 불전 정리 및
역경, 『남해기귀내법전(南海寄歸內法
傳)』(4권)과 『대당서역구법고승전(大
唐西域求法高僧傳)』(2권) 저술 → (689
년 7월 20일) 역경과 저술에 필요한 먹
과 종이를 구하기 위해 광저우에 도착
→ (689년 11월) 정고(貞固)·도홍(道
弘)·대진(大津) 등과 함께 불서(佛逝)
행 → (691년 5월 15일) 대진법사가 의
정이 번역·출간한 잡론(雜論) 10권과
전술한 두 저서를 지니고 광저우에 도
착 → (695년 여름) 의정은 10년간 체
류하던 불서를 떠나 25년 만에 뤄양에
귀착, 범본경률론(梵本經律論) 400부
50만 송(頌)과 금강좌불상 1구, 사리
300과를 가져왔다.

이렇게 대덕고승 의정은 육로로 왕

복한 현장(玄奘)과는 달리 해로로 왕복함으로써 노정이나 그 과정에서의 행적은 비교적 단순하지만, 전체 도축구법 기간은 24년간(671년 11월~695년 여름)으로 현장의 18년간(627년 8월~645년 1월)보다 더 길 뿐만 아니라, 저술도 현장(1권)보다 더 많은 3권을 남겼다. 그리고 역경(譯經)의 분량에서는 현장과 비견되지는 않지만, 질이나 조직 면에서는 현장의 그것을 계승·발전시켰으며, 율장(律藏)의 번역에 치중하여 역경의 한 경지를 개척하였다. 의정은 저술과 역경에서 3대 도축구법승의 한 사람답게 큰 업적을 남겼다.

이마리야키 伊万里燒

1616년경 일본 규슈(九州) 북부 아리타(有田)의 이마리요(伊萬里窯)에서 한국의 도공(陶工) 이삼평(李參平)이 굽기 시작한 자기다. '이마리야키'라는 이름은 이 자기를 수출하는 이마리항에서 유래하였다. 17세기 중국은 명나라에서 청나라로 이어지는 시기라서 자기 수출을 일시 중단하지 않을 수 없었다. 그리하여 자기 무역에서 많은 이득을 취하고 있던 네덜란드 동인도회사는 중국의 것과 같은 염부(染付, 청화백자)를 생산하기 시작한 이마리요에 대량의 제작·주문을 의뢰해왔다. 이것이 이마리야키가 유럽에 널리 알려지게 된 계기였다.('이삼평'항 참고)

이븐 바투타 Ibn Batūtah, 1304~1368년

중세 이슬람 세계의 대여행가인 이븐 바투타의 본명은 아부 압둘라 무함마드 이븐 압둘라 이븐 무함마드 이븐 이브라힘 알 라와티(Abu Abdullah Mohammad Ibn Abdullah Ibn Mohammad Ibn Ibrahim al-Lawati)로, 1304년 2월 14일(이슬람력 703년 7월 17일) 현 모로코 왕국의 서북단에 위치한 국제 무역항 탄자(Tanjah, 탕헤르)에서 베르베르계의 라와타(Lawatah) 부족 가문에서 출생하였다. 30년간(1325~1354)의 여행과정을 제외하고는 그의 삶에 관해 별로 알려진 것이 없다. 본인은 물론, 사촌도 안달루스(al-Andalus, 현 스페인)에서 법관(al-qādī)를 지냈다는 사실로 미루어, 가정은 명문사족(名門士族)에 속한다고 볼 수 있다. 유년 시절에는 전통적인 이슬람 교육을 받아 독실한 무슬림으로 성장하였다. 21세의 젊은 나이에 혈혈단신으로 성지순례와 이슬람 동방세계(al-Mashriq)에 대한 탐험의 길에 나섰다. 여행기간 내내 그는 샤이크(al-Shaikh)의 신분으로 이슬람세계 각지의 종교계 명사들과 접촉하고 예우를 받았다. 인도(델리)와 몰디브 제도에서 법관을 역임하였고, 델리 술탄의 특사로 중국 원나라 순제(順帝)에게 파견되기도 하였다. 귀향 후, 1368년(1369?) 사망할 때까지도 줄곧 법관을 지냈다. 지금 탕헤르시(市)에서는 그가 전에 살던 지역을 '이븐 바투타 거리'로 부르고 있다.

그가 세계 주유의 대장정에 오르게 된 처음 동기는 무슬림의 5대 종교의무의 하나인 성지순례(al-Hajj)를 결행하고, 이를 계기로 동방 이슬람세계에 관한 지식을 탐구하기 위한 것이었다. 그는 제1차 동방여행 기간(1325~1349, 25년간) 중에 원로(遠路)를 마다하지 않고 네 차례나 메카를 찾아 순례함으로써 소기의 첫째 목적을 달성하였다. 이븐 바투타가 동방여행을 하던 14세기는 3대륙을 아우르는 이슬람세계가 여전히 세계의 중심세력의 하나로 이슬람의 다극화(多極化)가 추진되던 시기였다. 1258년에 압바스조 이슬람 통일제국이 멸망한 후, 이슬람세계에는 동방의 일 칸국(Il-Khan, 1258~1388)과 서방의 맘루크조(Mamluk, 1250~1517), 그리고 이베리아 반도의 나스르조(Nasr, 1230~1492)를 위시한 지역적 중심세력이 형성됨으로써 다중심적(多中心的) 다극화 현상이 나타났다. 그 결과 이슬람문화의 토착화와 이에 따르는 이슬람문화의 지역적 특성이 가시화되기 시작하였다. 이슬람세계와 이슬람문화의 이러한 새로운 변화 추세는 이븐 바투타의 탐구적 호기심을 불러일으켰다. 이슬람 문화의 다극화와 지역화 과정에서 포교에 선도적 역할을 한 것이 수피즘(al-Tasawwuf), 즉 신비주의(神秘主義)

교단이었다. 수피즘의 수도장(정사精舍)인 '자위야'(al-Zawiyah)는 포교활동의 거점인 동시에 무슬림 여행자들의 숙소이자 보급기지이기도 하였다. 도처에 있는 이러한 '자위야'의 존재는 이븐 바투타의 여행을 실현 가능하게 한 현실적인 요인의 하나였다. 이와 함께 그가 대탐험을 성공리에 단행할 수 있었던 또 다른 배경은 세계에 관한 아랍-무슬림들의 축적된 지식이었다. 특히 바투타보다 앞서 세계를 여행했던 무슬림들의 여행 관련 기록은 이븐 바투타의 여행에서 참고서와 길잡이 역할을 하였다.

이러한 시대적 배경 속에서 장장 30년간 10만 여km를 답파한 이븐 바투타의 세계적 대여행과 탐험의 전 과정은 크게 세 부분으로 이루어져 있다. 첫 부분은 25년간의 동행(東行, 아시아)이고, 둘째 부분은 2년간의 북행(北行, 유럽)이며, 셋째 부분은 3년간의 남행(南行, 아프리카)이다.

첫 부분인 동행은 고향 탄자(탕헤르)를 출발해 북아프리카·서아시아·중앙아시아·인도·동남아시아를 거쳐 중국 칸발리크(베이징)까지의 왕복여행이다. 그 주요 노정은 다음과 같다. 즉, 1325년 6월 14일 탄자 출발 → 튀니스 → 알렉산드리아 → (1326년 7월) 카이로 → 아이자브(상이집트, 홍해 서안) → 카이로 → (1326년 8월) 다마스쿠스 → 메디나 → (1326년 11월) 메카 → 메

이븐 바투타의 30년간 3대륙 여행 노정도(1325~1354)

디나 → 나자프(이라크) → 바스라 →
(1327년 5월) 이스파한(이란) → 바그
다드 → 타브리즈(트빌리시) → 바그다
드 → 모술(이라크) → 바그다드 → 나
자프 → 메디나 → 메카(1328~1329)
→ 지다(홍해 동안) → 사나(예멘) →
모가디슈(소말리아) → 쿨와(잔지바
르) → 조파르(아라비아 반도 남단) →
오만 → 호르무즈 → 바레인 → (1331)
메카 → 지다 → 카이로 → 예루살렘 →
라타키아 → 알라야(터키) → 에르주
룸(흑해 동남부) → (1333년 9월) 부르
사(터키) → 시노프(흑해 남안) → 케
르치(크림 반도) → 콘스탄티노플 →
(1334년 5월) 불가르(볼가강 중류) →
사라이(킵차크 칸국 수도) → 호라즘
(아랄해 서남부) → 부하라 → 사마르
칸트 → 발흐 → 바스탐(마슈하드) →
카불(아프가니스탄) → 라하리(인더
스강 하구) → 물탄 → 델리(1335년 초
~1342년 7월 22일) → 킨바야(인도 서
해안) → 산다부르(인도 서해안, 1342
년 10월~1343년 1월) → 칼리쿠트(캘
리컷) → (1344년 8월) 지바툴 마할(몰
디브 제도) → 실론(스리랑카) → 팟탄
(인도 동남해안) → 칼리쿠트 → 지바
툴 마할 → 살라마트(인도 동북부, 벵
골 지방) → 바라흐나카트(미얀마 서
해안) → 수마트라 → 카물라(말레이
반도 동해안) → 카일루카리(브루나이
동쪽섬) → (1346?) 자이툰(중국 취안
저우泉州) → 센스칼란(광저우廣州) →

자이툰 → 칸사(항저우杭州) → 칸발리
크(베이징北京) → (귀로) 칸사 → 자이
툰 → 수무트라(수마트라) → (1346년
12월) 칼리쿠트 → (1347년 4월) 조파
르 → 호르무즈 → 시라즈(이란) → 이
스파한 → 바스라 → 바그다드 → 다마
스쿠스 → (1348년 6월) 할랍(일명 알
레포, 시리아) → 가자(팔레스타인) →
(1349년 4월) 카이로 → 아이자브 →
지다 → (1348년 11월) 메카 → 메디나
→ 가자 → 카이로 → 알렉산드리아 →
튀니스 → 사르데냐섬(지중해) → 틸림
산(알제리) → (1349년 11월 8일) 페스
(마리니드조 수도, 모로코) 귀착.

둘째 부분인 북행은 수도 페스를 출
발해 지브롤터 해협을 건너 당시 이베
리아 반도에서의 마지막 이슬람 왕조인
나스르조의 수도 가르나타(그라나다)
까지 갔다가 귀향한 후, 이어 모로코의
남부 도시 마라케시를 에돌아 페스로
돌아오는 여행이다. 그 주요 노정은 다
음과 같다. 페스 출발 → 탄자(탕헤르)
→ 사브타(세우타) → 자발 파트흐('정
복의 산', 지브롤터) → 가르나타 → (귀
로) 자발 파트흐 → 사브타 → 탄자 →
살라(라바트 부근) → 마라케시 → 메
크네스 → 페스 귀착.

셋째 부분인 남행은 페스에서 남하
해 사하라 사막을 횡단, 내륙 아프리
카까지를 왕복하는 것으로 이는 사
상 초유의 여행이었다. 그 주요 노정
은 다음과 같다. 페스 출발 → (1352

년 2월 18일) 시질마사(모로코 남부, 사하라 사막 입구) → 타가자(말리 북부) → 이왈라탄(모리타니아 동남부) → 말리(말리 서남부, 1352년 6월 28일~1353년 2월 27일) → (1353년 9월 11일) 타캇트(니제르) → 부다(알제리) → (1353년 12월 29일) 시질마사 → (1354년 1월) 페스 귀착. 이븐 바투타는 이상의 3대륙 여러 지역을 두루 여행하면서 직접 보고 들은 기사이적(奇事異蹟)을 기록하였는데, 그 책은 일반적으로 『이븐 바투타의 여행기』(Rihlatu Ibn Batūtah)로 알려져 있다.

이븐 쿠르다지바 Ibn Khurdādhibah, 820~912년

중세 아랍 지리학자로 페르시아의 쿠르다지바에서 태어난 이븐 쿠르다지바의 본명은 아불 카심 아비둘라 이븐 압둘라(Abu'l Qāsim Abīdu'l llāh Ibn Abdu'l llāh)다. 이븐 쿠르다지바는 출생지 '쿠르다지바의 아들'이라는 아호(雅號)다. 그는 어려서 고향을 떠나 수도 바그다드에 가서 당대 유명한 음악가인 이스하끄 알 무슬리(Ishāqu al-Museli)의 문하에서 음악공부를 하였다. 그러다가 티그리스 강안의 사마라(Samarra)라는 산간도시에서 우편관(郵便官)으로 4년간(844~848) 근무하였다. 이슬람 제국의 전성기였던 당시에는 바그다드를 중심으로 제국 경내는 물론, 멀리 외국과도 교통이 사통팔달하였으므로 우편관은 정보수집이나 징세 업무에서 큰 역할을 담당하였으며, 도로 사정을 비롯해 내외의 지리나 정세에도 밝았다. 이븐 쿠르다지바는 우편관 생활을 하던 845년에 주로 각 지역의 도로와 교통관계를 집대성한 지리서 『제도로(諸道路) 및 제왕국지(諸王國志)』를 저술하였다. 그는 이 책에서 아랍-이슬람세계의 교통로와 무역로에 관해 상술하였을 뿐만 아니라 멀리 중국이나 한반도(신라)로의 여정까지도 언급하였다. 또 그는 당시 중국의 4대 국제무역항을 남에서 북의 순으로 루낀(Luqin)·칸푸(Khānfu)·칸주(Khānjū)·깐투(Qāntu)라고 지적하면서 이들 항구간의 항행 일정과 각 항구들의 교역품이나 산출품을 일일이 열거하고 있는데, 그 내용이 상당히 정확하다. 이 책에는 신라에 관하여 "중국의 맨 끝 깐수의 맞은편에는 많은 산과 왕국들이 있는데, 그곳이 바로 신라국이다. 이 나라에는 금이 많으며 무슬림들이 일단 들어가면 그곳의 훌륭함 때문에 정착하고야 만다. 이 나라 다음에는 무엇이 있는지 알지 못한다."고 기술하고 있다.

이븐 쿠르다지바의 『제도로 및 제왕국지』 중 신라 관련 기록

이사파(Izapa) 문화

중미의 과테말라와 멕시코의 차파스 주(州)의 고지대와 태평양 연안의 고전기 후기에 번영한 문화로서, 얕은 돌 부조(浮彫)가 대표적인 미술양식이다. 내용 면에서는 신화적인 장면과 역사적인 장면이 혼합된 서술적 도상(圖像)이 특징이다. 격투하는 인물, 날아다니는 인물, 방혈의식(放血儀式)을 행하는 인물, 향을 피우는 인물, 물고기가 헤엄치는 물 위에 떠 있는 배에 앉아 있는 인물, 목이 잘려나간 인물, 가마에 실려가는 인물, 신의 가면을 쓴 인물, 물고기를 낚는 '비의 신'과 비슷한 큰 코를 가진 신 등 각종 인물상이 부조되어 있다. 많은 경우 이러한 도상 위에는 빈 하늘이, 그 아래에는 대지라든가 지하계의 추상적인 문양이 조각되어 있다. 석비(石碑)가 많은 것은 제단(祭壇)과 관련이 있는데, 고전기의 마야 문명처럼 '석비-제단 복합' 구조의 양상을 띤다.

이삼평 李參平, ?~1655년

1598년 정유재란(丁酉再亂) 때 일본으로 끌려간 충남 공주 출신의 조선 도공으로, 일본 도예의 시조로 불린다. 1616년 아리타(有田)에서 자기의 재료인 백토를 발견해 일본 최초의 백자를 굽는 데 성공하였다. 아리타에서 만들어진 자기는 이후 네덜란드 동인도회사를 통해 유럽에 전해져서 이마리야키(伊万里燒)로 불리며 일대 선풍을 일으켰으며 독일 마이센(Meissen)자기의 시조가 되기도 하였다.

이소스 Issos

시리아 서북의 지중해 해안 도시다. 기원전 333년 11월 이곳에서 알렉산드로스의 동정군(東征軍)과 다리우스 3세가 이끄는 아케메네스조 페르시아군 간에 결전이 벌어졌다. 이 결전에서 알렉산드로스의 동정군이 대승을 거두면서 아케메네스조의 운명이 판가름 나기 시작하였다.

이스탄불 Istanbul

마르마라해와 보스포루스 해협의 접점에 자리한 현 터키공화국의 최대 도시인 이스탄불은 지중해와 흑해를 잇는 해상교통과 아시아와 유럽을 잇는 육상교통의 요지다. 이스탄불은 기원전 7세기경 코린토스에서 이주해온 메가라인들에 의해 건설되었는데, 그 족장(族長)의 이름 '비잔스'에서 이곳을 '비잔티온'(Byzantion)이라고 명명하였다. 기원후 196년에 로마황제 세베루스에 의해 이 도시는 로마제국의 판도 내에 편입되었다. 그후 도시는 부단히 확장되었다. 콘스탄티누스(Constantinus) 황제는 이곳을 로마제국의 동방수부(東方首府)로 만들기 위해 로마 귀족들에게 커다란 특권을 부여한다는 약속 아래 그들을 이곳으로 이주시켰다. 324년부터 신도시의 건설에 착공해 330년 5월 11일 완공을 기념하는 성대한 행사를 거행하였다. 신시(新市)의 규모는 구시(舊市)의 4배나 되었으며, 지금의 성벽으로 에워싸였다. 콘스탄티누스는 신시를 콘스탄티누스의 도시라는 뜻의 '콘스탄티노폴리스'(Constantinopolis, 콘스탄티노플Canstantinople)로 명명하였다. 395년 로마제국이 동서로 분열되면서 콘스탄티노플은 동쪽 부분이 비잔틴제국의 수도가 되었다. 서로마제국은 쇠퇴하여 결국 멸망하였고, 비잔틴제국이 번성 일로를 걷게 되자 수도 콘스탄티노플은 동방무역의 중심지로 부상하였다. 이 도시 주변의 성벽은 견고하며 아랍인·페르시아인·불가리아인들이 누차 공격하여왔으나 그때마다 격퇴하였다. 1204년 제4차 십자군은 이 도시를 공략하고 라틴제국을 건립하였다. 이로 인해 콘스탄티노플의 재부는 서유럽인들에게 약탈당하게

되었다. 비잔틴제국 정부는 니케아로 도망쳤다가 1261년 팔라이올로고스(Palaiologos, 비잔틴제국의 마지막 왕조, 1261~1453)조의 미카엘 8세가 콘스탄티노플을 수복하였다. 원래 콘스탄티노플의 문화수준은 서유럽보다 월등하여 11세기에 벌써 대학에서 플라톤 연구가 진행되었다. 플라톤 연구가 가장 이르다고 하는 이탈리아에서도 15세기에 와서야 비로소 시작된 것에 비하면 이 도시의 학구적 풍토는 일찍부터 조성되었다고 판단된다. 이곳은 국제도시로서 베네치아와 제노바 상인들의 거주 구역이, 아르메니아인·불가리아인들의 거주 구역이 따로 있었다. 또한 키예프의 러시아 상인들은 860년 콘스탄티노플 시내에 상업지구 마련을 위한 허가를 얻어내기도 했다.

소아시아의 한 후국(侯國)에서 발전한 오스만제국은 비잔틴제국의 영토를 잠식하면서 콘스탄티노플을 포위하였다. 오스만조 술탄 바예지드 1세

아시아와 유럽을 잇는 보스포루스 다리(길이 1,569m, 폭 33m, 1973년 건설)

는 티무르와의 앙카라 전투(1402)에서 패배하기 이전에 콘스탄티노플에 대한 공격을 단행했지만 실패하였다. 그 후 무라드 2세가 이 도시를 공격하였으나 역시 성공하지 못하다가, 무함마드 2세 때 '우르반'이라고 하는 마자르인이 주조한 거포(巨砲)로 1453년 5월 29일, 공격을 개시한 지 53일 만에 콘스탄티노플을 함락시켰다. 그 과정에서 비잔틴의 마지막 황제 콘스탄티누스 11세는 시가전 중 전사함으로써 비잔틴 제국은 멸망하고야 말았다. 그후 콘스탄티노플은 이스탄불로 개명되고, 오스만제국의 수도로, 술탄의 거성(居城)이 되었다.

아시아·아프리카·유럽의 3대륙을 아우르는 대제국인 오스만제국의 수도로서의 이스탄불은 상업도시였을 뿐만 아니라 문화도시이기도 하다. 전통적인 비잔틴 문화와 이슬람 문화가 조화된 새로운 복합문화가 창출되기도 하였다. 건축 면에서는 그리스 정교의 대본산인 아야 소피아(Aya Sofya) 사원을 이슬람 사원(마스지드Masjid)으로 개조하고 미어자나(mi'zanah, 예배시간을 알리는 첨탑尖塔)를 증설함으로써 이스탄불의 중요한 마스지드의 하나가 되었다. 그밖에 파티흐 자미아, 술탄 아흐마드 자미아, 술라이만 자미아 등 대사원이 신축되었다. 오랫동안 번영을 누려오던 이스탄불은 제1차 세계대전에 참전한 오스만제국이 무너지

자 전승국들에 의해 점령되었다. 1918년 11월 13일 연합군의 함정 60척이 입항해 다음날 상륙을 개시하였다. 1920년 8월 10일 전승국은 이스탄불의 오스만 정부에게 세브르 조약 체결을 강요하고, 이스탄불을 포함한 해협지대를 국제 관리위원회의 관리를 받도록 하였다. 이에 대응해 무스타파 케말 파샤는 세브르 조약을 거부하고 앙카라에 새로운 정권을 수립하여 소아시아에 침입한 영국군을 격파하였다. 이 전승으로 신생 앙카라 정권과 전승국 간에 로잔 조약이 체결되었고, 이스탄불은 다시 터키인들의 수중에 돌아왔다. 1923년 10월 29일 터키공화국이 선포되고 앙카라가 수도로 결정되었다. 이로써 이스탄불은 터키공화국의 한 도시로 오늘에까지 이르고 있다.

이스터섬 Easter Island

남태평양 상의 칠레 섬. 칠레에서 서쪽으로 3,800km 떨어진 남태평양 상의 화산섬으로, 원주민들은 라파누이(Rapa Nui, '커다란 땅')라고 부른다. 1722년 네덜란드의 탐험가 로게벤(C. J. Roggeveen)이 배 3척을 이끌고 이 섬에 도착했는데, 그날이 바로 기독교의 부활절(Easter day)이어서 이렇게 '부활절 섬', 즉 'Easter Island'로 부르고 있다. 스페인어로는 이슬라 데 파스쿠아(Isla de Pascua)라고 한다. 섬 주민의 원류에 관해서는 폴리네시아 도래설

과 남미 도래설 두 가지가 팽팽히 맞서고 있다. 사람들이 이 절해고도를 찾는 이유는 거석(巨石)문화에 속하는 대형 인면석상(人面石像)인 모아이(Moai)를 직접 보기 위해서다. 거석문화 가운데서 모아이는 인간의 신성을 단일 모티브로 한 정교한 환조품(丸彫品)이라는 데서 단연 압권이다. 이스터섬에는 높이가 1.13m에서 21.6m에 이르기까지의 다양한 크기의 모아이상이 약 900구나 섬의 곳곳에 흩어져 있다. 대부분 모아이는 1200~1500년 사이에 제작되었으며, 석상은 최대 6톤 무게의 돌로 쌓은 '아후(Ahu)'라고 하는 대좌(臺座) 위에 세워져 있다. 기능은 위력의 상징이자 그 수호로 추측된다. 모든 상들이 신관이나 권력자의 가옥들과 마주보고 서 있는 점이 이런 추측을 가능하게 한다. 유물의 소중함이 인정되어 유네스코는 1995년 섬의 일부를 '라파누이 국립공원'으로 지정하고 세계문화유산으로 등재하였다. 오랫동안 모아이의 제작에 관해 여러가지 의문이 제기되었는데, 크게는 그 큰 석물이 어디서 만들어졌으며, 변변한 나무 한 그루 없는 섬에서 어떻게 운반되었겠는가 하는 두 가지 수수께끼에 모아졌다. 그러나 최근 연구결과 석상은 섬에 있는 라노 라라쿠(Rano Raraku) 화산의 응회암(凝灰巖)으로 만들어졌으며, 여러 종의 화분을 분석한 결과 17세기까지 섬에는 지름이 6피트, 높이 82피트

의 야자수를 비롯해 큰 나무들이 무성했으며, 그 나무들을 이용해 운반할 수 있었다는 것이 증명되어 난제의 수수께끼는 풀린 셈이다. 로게벤이 처음 이스터섬에 상륙했을 때의 인구는 5천~6천 명 정도였으나 19세기 말 페루의 노예상인들에 의해 숱한 주민들이 노예로 잡혀가는 바람에 10년도 채 못 되어 인구는 110여 명만 남게 되었다고 한다. 유럽에 알려지자 서구 식민주의자들은 앞을 다투어 이 무주공산(無主空山)을 식민화하려고 시도하였다. 이에 이 무렵 페루를 통치하고 있던 스페인 부왕은 이 섬에 군함을 급파해 일방적으로 영유화(領有化)를 선포하고, 이름을 '산카를로스(San Carlos)'로 바꿔버렸다. 그러자 칠레는 1888년 무력으로 이스터섬을 합병하고, 이름을 '이슬라 데 파스쿠아'로 고쳤다. 이 모든 식민과정은 섬 주민들의 불만을 야기

유일하게 안구가 있는 인면석상

해변가의 통가리기 모아이상 15기

하였다. 드디어 1966년 그들은 분연히 떨치고 일어나 칠레의 군정에 대한 저항투쟁을 벌여 섬의 자치를 쟁취하였다. 섬에 있는 인류학박물관(Museo Anthropologico)은 이스터섬의 과거를 잘 보여주고 있다. 면적: 163.6km², 인구: 약 5,700명 (2012년)

이즈미르 Izmir

소아시아의 서부에서 에게해에 면한 터키공화국의 제3대 도시다. 양항(良港)을 낀 이즈미르는 옛날부터 소아시아 연안 항로의 중심에 위치한 중계무역지였으며, 상업도시로서 번성하였고 공업도시로서도 중요시되어왔다. 이즈미르는 기원전 3000~2000년경에는 소아시아 중부의 보가즈쾨이(Bogaz Köy)를 중심으로 한 하투사(Hattuša)국(히타이트국)의 지배하에 있었다. 당시 취락의 위치는 현 이즈미르의 서

북부다. 이곳은 북방의 트로이와 함께 당대 소아시아 서부에서 중심지 역할을 하였다. 기원전 2000~1200년 기간에는 소아시아 전역을 지배한 히타이트국(신 히타이트국)의 판도에 속하였다. 기원전 1100년경 그리스인들이 에페수스에 이주하자 이곳에 있던 아카이아인들이 밀려서 이즈미르로 이주하였다. 그후 이오니아인들의 이주가 시작되자, 그들의 식민지가 되었다. 이즈미르는 이오니아인들의 본거지인 그리스 본토와 밀접한 관계를 유지하며, 기원전 688년에는 이오니아 동맹의 한 구성(構成) 도시로서 번영하기 시작하였다. 호메로스가 이즈미르에 거주한 것도 바로 이 시기였다. 기원전 6세기에 이르러 이즈미르는 사르데스를 수도로 하여 아나톨리아 서부에서 세력을 확보한 리디아 국왕 아르야테스의 공격을 받고 파괴되었다. 그후 비

록 재건은 되었으나, 도시의 규모는 전보다 축소되었다. 아케메네스조 페르시아가 소아시아 서부에 세력을 확대하며 리디아를 제압하자, 이즈미르는 그 치하에 들어갔다. 마케도니아의 페라로부터 서아시아 세계까지 패권을 장악한 알렉산드로스는 군사를 이끌고 타나크가레 해협을 건너 소아시아에 상륙한 후, 에게해 연안을 따라 남하해 아케메네스조 페르시아의 지배하에 있는 이즈미르를 점령하였다. 이즈미르는 알렉산드로스의 지배를 받으며 다시 번영을 누렸다. 알렉산드로스 사후 그의 영토는 사분오열되어, 이즈미르는 안티고노스조의 지배하에 놓이게 되었다.

기원전 2세기에 로마가 마니사 전투(기원전 191)에서 안티고노스조를 격파하자, 이즈미르는 로마에 복속되어 로마로부터 자유도시의 지위를 보증받았다. 이즈미르가 역사상 가장 번성한 때는 바로 이 자유도시로 존재한 기원전 1세기경이다. 기원전 27년 이즈미르는 로마의 직접 지배하에 들어가 자유도시로서의 권리를 상실하게 되었다. 178년과 180년에 대지진으로 이즈미르는 큰 피해를 입었으나, 황제 마르쿠스 아우렐리우스의 명에 따라 부흥하였다. 395년에 로마제국이 동서로 분열되자, 이즈미르는 동로마제국에 편입되었다. 아라비아 반도에서 흥기한 무슬림들은 그 세력을 서아시아로 확대하여 우마이야조는 695년에 이즈미르를 공략하였다. 그러나 이슬람 세력은 얼마 유지하지 못하고, 이즈미르는 다시 동로마제국(비잔틴)의 치하에 들어갔다. 1071년 대셀주크제국은 반(Van)호(湖) 북방의 만지케르트 전투(Battle of Manzikert)에서 동로마제국을 격파하였으며, 이를 계기로 투르크계 여러 종족이 대거 소아시아에 진출하였다. 그들은 코니아(Konya)를 수도로 한 소아시아 셀주크조를 건설하였다. 소아시아 셀주크조는 동로마제국에도 세력을 확장해 11세기 술라이만 치세 때 이즈미르를 점령해 타카 베이가 이곳을 통치하였다. 이로써 이즈미르는 처음으로 투르크인의 지배하에 놓이게 되었다. 서아시아에서의 무슬림들의 강세는 유럽 나라들과 로마 교황에게는 커다란 위협으로 인식되어 드디어 십자군이 편성되었다. 십자군이 팔레스타인 지방을 점령하고 예루살렘 왕국을 건립할 무렵, 이즈미르도 십자군에 의해 다시 동로마제국의 판도에 편입되었다. 13세기에 이르러 제4차 십자군이 콘스탄티노플을 점령하고 라틴제국을 건립하자, 동로마 황제는 니케아(이즈니크)에 도피하였다. 그리하여 이즈미르는 니케아조의 치하에 들어갔다.

13세기 후반에 이르러서는 동로마제국으로부터 이탈해 동지중해 일원으로 세력을 확장한 제노바인들의 지배를 받게 되었다. 그러나 1320년 소아시아 셀주크 계열의 소국 중 하나인 아이둔 오르의 카지 우무르 베이(Ghazi Umur Bey)에 의해 다시 투르크인의 지배하에 놓이게 되었다. 셀주크 소국의 하나로 세력을 확대한 오스만 후국(侯國)은 바예지드 1세 때 아이둔 오르를 병합함으로써 이즈미르는 오스만제국에 편입되었다. 그후 티무르가 소아시아에 진출해 1402년의 앙카라 전투에서 오스만군을 격파하고 셀주크 산하의 소국들을 부흥시켰다. 때를 같이하여 아이둔 오르도 부흥하자, 이즈미르는 그 치하에 들어갔다.

티무르가 중앙아시아로 철수한 후, 오스만제국은 발칸 반도의 재부(財富)를 이용해 소아시아에 대한 지배권을 회복하여, 1415년에는 이즈미르를 다시 영유하게 되었다. 그후 이즈미르는 오스만제국의 상업도시로서 번영을 누렸으며, 거기에는 그리스인·베네치아인·제노바인 등 투르크족 이외의 민족도 다수 거주하였다. 1688년 6월 10일과 1778년 7월 3일에 발생한 두 차례의 대지진으로 인해 큰 피해를 입었으며, 도시의 규모는 축소되었다. 1867년에는 아이둔주(州)의 주도(州都)가 되면서 이즈미르는 다시 번영하기 시작하였다.

인도양 印度洋, Indian Ocean
태평양과 대서양에 이어 세번째로 큰 바다로 북쪽으로는 인도, 서쪽으로는 아프리카, 동쪽으로는 오스트레일리아, 남쪽으로는 남빙양(남극해)과 맞닿아 있다. 인도양이라는 이름은 인도 국가이름에서 유래하였다. 표면적은 약 7,340만km²로 전체 대양의 24%를 차지한다. 평균수심은 약 3,960m이고, 가장 깊은 곳은 자바 섬 남쪽에 있는 자바 해구로 수심 7,450m이다. 오스트레일리아를 통과하는 동경 147도를 경계로 태평양과 나뉘며, 아프리카 남단 희망봉의 동남쪽 160km에 있는 아굴라스(Agulhas)곶을 지나는 동경 20도를 경계로 대서양과 나뉜다. 인도양 중앙부에는 남북방향으로 중앙해령(海嶺)이 발달하였고, 동쪽으로 또 다른 해령이 나란히 발달하여 인도양은 크게 3개의 해저분지로 나뉜다. 인도양의 주요 해류로는 북적도 해류와 적도반류(赤道反流)가 있으며, 오스트레일리아 서해안의 서오스트레일리아 해류, 아프리카 남동해안의 모잠비크 해류와 아굴라스 해류가 있다. 인도양 북부 벵골만과 아라비아해에서는 계절풍의 영향으로 겨울에는 서향류가, 여름에는 동향류가 만들어져 해류의 방향이 반대로 바뀐다. 세계적으로 잘 알려진 인도양 항해에는 다음과 같은 몇 차례의 항행이 있다. 13세기 말 이탈리아의 마르코 폴로는 아시아 항해 도중 인도 서해안을 따라 페르시아만에 이르렀으며, 1405~1433년 명(明)나라의 정화(鄭和)는 7번에 걸쳐 인도양을 항해하였다. 뒤이어 1498년에는 포르투갈의 바스쿠 다 가마가 희망봉을 돌아 인도 서남해안에 도착하였다. 17~18세기에는 네덜란드의 타스만(1642)이나 영국의 쿡(1771~1777) 등이 인도양을 탐험하였다. 20세기 초 수에즈운하가 개통되면서 인도양은 아시아와 유럽을 잇는 중요한 항로가 되었다.

『인도여행기』 Scylax 저, 기원전 6세기
유럽인으로서는 최초로 인도를 여행하고 여행기를 남긴 사람은 그리스 출신의 스킬락스(Scylax, 생몰년 미상)로 알려지고 있다. 그는 기원전 510년경에 아케메네스조의 다리우스왕의 명을 받고 인더스강을 따라 내려와 하구에 이르렀으며 거기서 홍해까지 항해하였다고 한다. 그후 이 항해기(여행기)를 썼다고 하나, 전해지지는 않는다.

인도항로 印度航路
중세 바스쿠 다 가마에 의해 개척된 유럽에서 아프리카 남단을 돌아 인도로 직항하는 해로다. 포르투갈의 항해가

바스쿠 다 가마의 인도 상륙 해안

인 바스쿠 다 가마는 국왕의 명을 받고 1497년 7월에 4척의 범선을 이끌고 이미 개척한 항로를 따라 아프리카 서해안을 남하하였다. 그는 적도의 무풍지대를 피하여 육지에서 멀리 떨어진 원양 항해를 하여, 아프리카의 최남단 희망봉을 우회한 후 아프리카의 동해안으로 북상하였다. 1498년 4월에 케냐의 말린디(Malindi)에 도착하여 아랍 항해가 이븐 마지드(Ibn Mājid)의 안내를 받아 그해 5월 20일, 출항 10개월 만에 드디어 인도 서해안의 캘리컷(Calicut)에 종착하였다. 이로써 그는 유럽에서 아프리카 남단을 돌아 인도로 직항하는 이른바 '인도항로'를 처음으로 개척하였다. 그는 나중에 60배의 이익을 남긴 후추와 육계(肉桂) 등 향료를 싣고 다음해에 리스본으로 귀항하였다. 그가 이 새로운 항로에서 보낸 시간은 2년이 넘었으며(그중 해상에서 약 300일간), 항해 중에 3분의 1 이상의 선원을 잃었다. 그후 다가마는 두 차례(1502~1503, 1524)나 인도를 다시 찾았다. 그에 의한 '인도항로'의 개척은 서세동점(西勢東漸)의 효시가 되었다.

인천 仁川, Incheon
인천은 한국 근대화의 관문이자 선구자적 역할을 한 항만도시다. 인천은 개항과 근대화에서 여러가지 기록을 가지고 있다. 19세기 80년대에 구미 각국

월미도 전망대에서 바라본 인천항구

의 상관(商館)과 지계(地界)가 설치되고, 1883년 개항(開港)을 알리는 인천 해관 출범과 더불어 인천-상하이 간의 첫 국제 정기항로가 개설되었으며, 1885년에 최초의 경성-인천간 전신업무가 시작되었다. 거의 같은 시기 1888년에 첫 서구식 공원인 만국공원(현 자유공원)이 문을 열고, 1896년에 인천기상관측소가 설치되었으며, 1898년에는 경인간 전화선이 가설되었다. 인천은 또한 한국 최초의 포교지(布敎地)로 1885년 아펜젤러가 제물포교회(현 내리교회)에서 첫 종교집회를 열었으며, 1892년 교회 안에 첫 신식교육 기관인 영화여학당(永化女學堂)이 세워졌다. 개항의 물결을 능동적으로 받아들인 인천은 짧은 기간에 공간적으로 팽창하며 급속한 발전을 이루었다. 당시 인천을 방문한 서구의 많은 선교

사들이나 상인, 외교관들은 인천의 눈부신 변모에 경탄을 아끼지 않았다.

153개의 도서를 거느리고 있는 해안도시 인천에는 지금으로부터 5,000~6,000년 전, 선사시대에 이미 사람들이 살고 있었으며, 오랜 역사만큼이나 인천의 이름도 여러차례 바뀌었다. 백제시대에는 미추홀(彌鄒忽), 삼국시대에는 매소홀(買召忽)로 불러오다가 고려시대에 와서 인종의 어머니 순덕왕후의 고향이 인천이므로 인주(仁州)로 고쳐 부르다가 조선 태종 때 '주(州)'자 들어있는 지명을 '산(山)'자나 '천(川)'자로 교체하면서 '물에 가깝다'고 해서 '인천'으로 마지막으로 바뀌었다. 그런데 조선시대 후기에 와서 개항이 본격화되자 중구의 한 포구에 불과했던 제물포(濟物浦)가 일약 급부상하면서 인천의 대명사로 둔갑하여, 당

시 서구인들은 대체로 인천을 제물포라고 불렀다. 제물포의 뜻은 '둑' '강' '항구' '우물' '창고' '나루' 등 여러가지다.

인천은 해안의 간만차(10.2m)가 심하고 수심이 얕아 양항(良港)이 될 조건은 갖추고 있지 않지만, 지정학적 중요성과 인천인들의 노력에 의해 역사적으로 줄곧 해운항만으로서의 역할을 수행해왔다. 비류백제 때에 중국 동진(東晋)과 통교하기 위해 현 옥련동 해안 갯벌에 첫 국제항구인 능허대(凌虛臺, 현 송도해수욕장 자리)를 개척해 100여 년 동안 동진과 사신을 교환하였다. 660년 당나라 소정방(蘇定方)이 백제를 정벌할 때 서해를 횡단해 득물도(得物島), 즉 인천에 상륙하였다. 1896년 러시아 황제의 대관식에 참가할 고종의 특사 민영환(閔泳煥) 일행도 제물포에서 승선하였다. 역사에서 입증된 개척정신과 선구정신을 구현한 인천을 두고 어떤 시인은 '부끄러움 많은 보석장사 아가씨'에 비유하였다. 면적: 1002.07km², 인구: 약 290만 명 (2013년)

『**일본록(日本錄)**』成大中 저

조선 후기의 문신 성대중의 일본 기행문. 성대중은 1763년 계미사행(癸未使行)의 서기관(書記官)으로 일본에 파견되어 이듬해 귀국할 때까지 일본에서 보고 들은 바를 기록하였는데, 필사본 2책이 남아 있다. 1책의 표제명은 '사상기(槎上記)', 2책은 '일본록'이다. 제1책은 '일록(日錄)' 1편, '서(書)' 2편으로 되어 있다. 1763년 8월 3일부터 이듬해 7월 10일까지의 일지를 기록한 것으로, 통신사행의 행로 등을 알 수 있다. 제2책의 '일본록'은 일본의 종교·문학·지형·제도·대마도의 역사 등을 정리한 것이며, 함께 실려 있는 '청천해유록초(靑泉海游錄鈔)'는 조선 숙종 때의 문장가인 신유한(申維翰)이 1719년 기해사행(己亥使行)을 다녀온 후 남긴 『해유록』을 요약한 책으로, 이후 통신사들의 가이드북처럼 사용되었다.

『**일본표해록(日本漂海錄)**』楓溪 賢正 저, 1821년

능주(綾州, 전남 화순) 쌍봉사(雙峰寺)의 화원승(畵員僧)인 풍계 현정이 일본에 표류하여 머물렀던 7개월여의 생활을 기록한 일본표류기. 현정은 1817년 해남 대둔사(대흥사大興寺)의 천불전을 조성하기 위해 경주 장진포(長津浦)에서 천불을 싣고 해남으로 출항하였으나, 풍랑을 만나 표류하다 일본 후쿠오카(福岡) 근처의 오시마(大島)에 도착하였다. 768위의 불상이 실린 배에는 승려 15인을 비롯해 27명의 조선인이 타고 있었는데, 이들은 나가사키(長崎)로 이송되어 4개월 정도를 머물다가 대마도를 거쳐 다음해 7월 해남으로 돌아왔다. 이 책은 오시마에서 나가

사키, 그리고 대마도를 거쳐 다시 조선으로 돌아오는 과정에서 보고 들은 당시 일본인들의 풍습, 조선인들에 대한 생각과 태도 등을 자세히 기록하였다. 주로 개인적인 감상보다 객관적인 사실을 중심으로 기록하고 있다.

임칙서 林則徐, 1785~1850년

해상 실크로드를 통한 영국의 대중국 아편무역을 단속한 명관(名官)이다. 푸젠성(福建省) 출신으로 1837년 후광(湖廣) 총독에 부임한 임칙서는 도광제(道光帝)에게 아편무역을 엄금할 것을 제의했으며, 2년 후에 흠차대신(欽差大臣)으로 임명되어서는 광둥(廣東) 지역의 아편무역을 직접 단속하였다. 그는 영국 상인들이 거래하는 아편 2만 상자를 몰수해 불태우고 상인들을 모두 국외로 추방하였는데, 이것이 영국과의 아편전쟁의 도화선이 되었다. 전

아편전쟁을 이끈 임칙서의 동상(유배지 우루무치에 건립)

세가 불리하여 강화로 기울어지자 조정으로부터 전쟁 도발의 책임자로 몰려 관직을 박탈당하고 신장(新疆) 지역으로 유배되었다.

ㅈ

자바섬 Java Island

인도네시아 중심에 있는 섬으로 해상 실크로드 상의 요지다. 구석기시대부터 사람들이 살고 있었으며 현재의 인도네시아인들은 신석기 후기에 이주해왔다. 기원후부터 힌두교와 불교, 이슬람교의 영향을 받은 왕조들이 잇달아 나타났다. 우선 힌두교 왕국들은 5세기 후반 서부에 타루마(Taruma) 왕국, 7세기 무렵 중부에 칼링가(Kalingga) 왕국이 나타났다. 이어 불교 왕국들로는 8세기 중엽의 사일렌드라(Sailendra) 왕국과 이를 계승한 스리비자야 왕국이 번영하였다. 14세기 후반에는 다시 힌두교의 마자파히트 왕국이 등장해 인도문화와 토착문화가 융합된 인도-자바 문화가 만들어졌다. 16세기에는 이질적인 이슬람 문화에 영향을 받은 이슬람 왕조가 출현했으며, 19세기부터는 네덜란드의 식민지가 되었다. 1614년에 간행된 한국 이수광(李睟光)의 지리서 『지봉유설(芝峯類說)』에서는 당시 자바를 다음과 같이 소개하고 있다. "자바의 옛 이름은 사파(闍婆)다. 그 나라는 부유하고 땅은 넓으며 인구가 조밀하기로는 동양의 여러 번국(蕃國) 가운데 으뜸이다. 남자의 머리털은 헝클어지고 여자는 상투를 튼다. 남자는 반드시 허리에 칼을 차는데, 칼이 매우 정교하고 예리하다. 형벌에는 태형(笞刑)이 없으며 죄의 경중을 불문하고 칼로 베어 죽인다. 용기를 숭상하고 싸움을 좋아하며 얼굴빛은 거무칙칙하고, 원숭이 머리에 맨발이다. 음식을 먹는 데 수저를 사용하지 않으며, 뱀·개미·벌레·지렁이를 씹어

원시 자바인의 두골(자카르타 국립박물관)

먹는다. 개와 함께 먹고 자면서도 더럽게 여기지 않는다. 수장·화장·견장(犬葬)이 있는데 사자(死者)의 소원에 따라 한 가지를 택한다."

자바(Java) 항해자의 지도

포르투갈의 극동정책 최전선에서 활약한 알부케르크(Afonso de Albuquerque)는 1512년 말라카를 정복하고 정향(丁香)과 육두구(肉荳蔲)의 산지인 말루카 제도와 빈탄섬에 진출하였다. 당시 그가 포르투갈의 국왕 마누엘(Manuel) 1세에게 보낸 서한에는 "자바인(Java人) 항해자가 그린 인도양에서 동인도에 이르는 해로가 그려져 있는 해도를 손에 넣었는데 지금까지 본 지도 중에서 가장 훌륭한 것"이라는 내용이 들어 있다. 16세기 초 동양인이 만든 해양지도가 어떤 모습인지는 전해지지 않지만, 이 지도가 알부케르크의 눈에는 대단히 놀랄 만한 것으로 비춰졌음에 틀림없다.

자세 jase, jahaz(페르시아어)

고대 아랍인이나 페르시아인들이 쓰던 목조선이다. 못을 쓰지 않고 끈으로만 봉합한 배로 일종의 봉합선(縫合船) 혹은 선봉선(線縫船)이다. 오도릭의 『동방기행』에 보면, 그는 1321년 여름 오르무스(현 이란 호르무즈)에서 인도 서해안의 타나까지 이러한 배를 타고 갔다고 한다. 마르코 폴로나 이븐 바투타도 여행기에서 아라비아해나 인도양에서 같은 종류의 배에 승선한 사실을 전하고 있다. 자세 배의 구조는 돛대와 돛, 키가 각각 하나씩이며 갑판은 없다. 소형 자세의 경우 선적한 짐을 보호하기 위해 동물 가죽을 덮는다.

자오선 子午線, meridian

둥글게 보이는 하늘을 천구(天球)라 하며, 지구의 자전축을 연장하여 천구와 만나는 점을 지구의 북극과 남극처럼 천구의 극이라 한다. 한편, 지구의 적도면을 연장하여 천구와 만나는 곳을 천구의 적도라 한다. 그리고 지구에 서 있는 관측자의 머리 바로 위를 천정(天頂)이라 하며, 천정의 반대쪽에 있는 점을 천저(天底)라고 한다. 자오선은 천구를 올려다보는 관측자를 중심으로 천구의 양극, 즉 북극과 남극, 그리고 천정과 천저를 지나는 가상적인 선이며, 천체의 방위각이나 관측 지점의 시각을 측정하는 기준이 되는 선이다. 천구의 남북극점과 관측자가 있는 점을 포함하는 면을 자오면이라고 하며, 천체가 자오선을 통과할 때를 남중(南中)이라 한다. 자오선이라는 이름은 방위를 나타내기 위해 북쪽에서 동쪽으로 30도마다 12지(支)를 두고, 12지 중에 북쪽인 자(子)와 남쪽인 오(午)를 연결하는 선이라는 뜻에서 만들어졌다. 천체는 지구의 자전으로 일주운동(日周運動)을 하므로, 천체가 자오선을 통과할 때 천체의 방위각은 진남(眞南) 또는 진북(眞北)이며, 고도가 가장 높다. 현대적인 항해 장비가 없던 시절에는 밤중에 선박이 항해할 때는 천문항법(천문항해술)에 의존하였다. 천문항법은 천체의 고도를 측정하여 배의 위치를 알아내고 방향을 정해 항해하는 방법으로 자오선은 천문항해 시 필수적으로 알아야 할 지식이었다.

자침 磁針

중국 육조(六朝)시대의 지남침이다. 자침을 만드는 방법은 두 가지가 있다. 하나는 철침을 자석과 마찰시켜 만드는 것이고 또 하나는 철침을 가열한 다음 남북 방향으로 놓고 급히 냉각시켜 지구의 자기장 작동을 이용하여 만든다.

자카르타 Jakarta

인도네시아의 수도. 50만 년 전의 자바 원인(Java Man)이 발견된 인류 발상지의 하나인 자바섬에 위치하여, 그 역사는 아주 오래전으로 거슬러올라간다. 말라카 해협과 가까운 지리상의 위치 때문에 일찍부터 인도와 중국 간 해상교역의 중간기착지 역할을 하였다. 1~2세기경 인도의 불교가 중국 등 동아시아까지 전파되면서 동아시아의 불교성지 순례자들이 이곳에 머물다가 인도로 향하고는 하였다. 자카르타라는 명칭은 16세기 이슬람 왕국이 들어서면서 부르기 시작한 '승리의

도시'라는 뜻의 자야카르타(Jaya karta)에서 유래하였다. 그 이전인 순다 왕국 시대에는 특산물인 야자(칼라파)를 실어 나르는 항구라는 뜻의 순다 칼라파(Sunda Kalapa)로 불렸으며, 16세기 말 네덜란드가 동인도회사의 기지로 이용하면서부터는 바타비아(Batavia)로 이름을 바꿨다. 1943년에 일본이 점령하면서 옛 이름인 자야카르타를 줄여서 당시의 철자법을 따른 자카르타(Djakarta)로 개명한 이래 오늘까지 그대로 습용되고 있다. 이름의 변화만큼이나 다양한 왕국이 흥망성쇠를 거듭하면서 이곳 주민의 구성이나 언어가 매우 복잡해졌다. 자바족(45%)과 순다족(13.6%) 등 원주민인 말레이-인도네시아족 이외에도, 유럽·중국·아랍·인도인 등 다양한 외래 민족이 언어와 문화를 달리하면서 저마다 집단 거주지를 형성하여 살아가고 있다. 이슬람교가 80% 이상을 차지하며, 공용어는 인도네시아어(Bahasa Indonesia)이다. 면적: 740.28km^2, 인구: 약 1,000만 명(2011년)

자카르타 국립박물관

인도네시아의 수도 자카르타에 위치. 인도네시아 전역에서 수집한 중국 당·송·원·명·청대의 다양한 청화백자, 오채 등의 유물이 전시되어 있어서 역사적으로 중국과의 문물교류가 활발했음을 보여준다. 15세기 중엽 이후의 안

자카르타 국립박물관 외관

청해진의 장보고동상

남 청화백자와 안남 오채도 다량 전시되어 있는데, 이것은 중국에서 새로이 출범한 명조가 해금령(海禁令)을 내리면서 중국 자기 수출이 위축되자 이를 기회로 안남(베트남)현에서 양질의 중국풍 청화백자 등을 생산하여 인도네시아로 수출하게 된 역사적 배경과 관련이 있다. 이밖에 인도네시아 주변해역에서 침몰된 선박들에서 건져 올린 자기류도 전시되어 있다.

장보고 張保皐, 張寶高, 弓福, 弓巴, ?~846년

신라의 무장이자 무역상으로 젊어서 당나라에 들어가 서주(徐州)에서 무령군(武寧軍) 소장(少將)으로 있다가 신라에서 잡혀간 노예들의 참상에 분개해 귀국하였다. 해적들의 인신매매를 근절하기 위해 왕의 허락을 받아 1만명 군사를 거느리고 해로의 요로인 청해(淸海, 완도莞島)에 진을 쳤고, 청해진(淸海鎭) 대사(大使)로 임명된 후 수병들을 훈련시켜 일격에 해적들을 소탕하였다. 우수한 군사력을 바탕으로 남해 바닷길을 장악, 신라 조정으로부터 진해장군(鎭海將軍)에 임명되었고, 무역활동에도 힘써 일본에 무역 사절을 보내는 한편, 당나라에도 견당매물사(遣唐買物使)를 파견해 신라·당·일간의 삼각무역을 실시하였다. 그러나 왕위계승 문제와 딸의 왕비 책봉 등 중앙정치에 깊이 관여하여 조정과의 마찰이 일어나 결국 자객 염장(閻長)에게 살해되었다.

적도무풍대 doldrum

적도 부근의 매우 약하면서 변화무쌍한 바람이 부는 지역을 말한다. 이 지역에서는 무역풍에 의해 북동쪽과 남동쪽에서 바람이 불어 들어와 바람의 수렴대(收斂帶)가 형성된다. 적도 부근이라 지표면이 흡수하는 태양 복사에

너지의 양이 어느 지역보다 많아 가벼워진 공기의 활발한 상승운동이 일어나며, 습해진 공기는 비를 내리게 하여 호우나 뇌우 또는 스콜 현상이 자주 발생한다. 항해하는 배의 선원들은 적도 무풍대를 두려워하는데, 그 이유는 덥고 습한 지역인 이곳에 바람이 거의 없어 배가 거의 멈추다시피 했기 때문이다. 그래서 적도무풍대를 침울, 우울, 침체, 부진이라는 의미를 가진 doldrum이라는 단어에 빗댄다.

적도제 Neptune's Revel

적도제는 선박들이 과거 적도의 무풍지대를 안전하게 지날 수 있도록 기원하며 제의를 지낸 데서 시작되었다. 북반구와 남반구에서 적도를 향해 부는 바람을 무역풍이라고 하는데, 힘이 비슷한 이 두 기류가 적도 부근에서 만나면 더 이상 앞으로 나아가지 못하고 위로 솟구치는 약한 상승기류 현상이 나타나 무풍지대가 형성된다. 바람과 돛의 힘으로만 배를 운항하던 시대에 무풍지대인 적도는 선원들이 가장 두려워하는 바다였다. 이 지역에 빠져들면 며칠씩 또는 몇주일간 배가 나아가지를 못해 선원들은 망망대해에 갇혔다는 공포를 느꼈고, 심지어 꼼짝없이 그 자리에서 굶어죽는 경우도 허다했다. 적도를 지나야 하는 배들은 무사통과를 위해 바다의 신 넵튠, 즉 포세이돈에게 바람을 비는 제를 올리기 시작

하였다. 바람과 폭풍, 해일의 신으로도 알려져 있는 포세이돈에게 적절한 바람을 간구하고 안전한 항해를 기원하는 제의는 하나의 통과의례였다. 19세기에 등장한 증기선은 기존의 범선과 달리 바람이 없어도 무풍지대를 지나갈 수 있게 되었다. 이때부터 적도 무풍지대는 더이상 두려움이나 공포의 대상이 아니었다. 그럼에도 불구하고 여전히 많은 배들은 적도를 통과하는 날이면 적도제를 올렸다. 이때는 죽음의 문턱에서 살아남은 것을 자체적으로 상징하고 축하하는 다양한 행사가 열린다. 적도제를 영어로 연회나 유흥의 의미를 담고 있는 Neptune's revel로 표기하는 데서도 알 수 있듯이, 오늘날 적도제는 선상의 모든 선원들에게 하루를 쉬면서 축제를 즐기게 하는 형태가 일반적이다.

전함 戰艦

근대에 와서 전함은 대포를 주요 병기로 하는 군함 가운데 가장 강력한 화력인 함포사격을 할 수 있을 뿐만 아니라, 적의 함포사격 및 어뢰공격에 견딜 수 있는 강한 방어력을 동시에 갖춘 군함으로 발전하였다. 제2차 세계대전 전까지는 국가의 정책 및 전략을 좌우하는 병기로, 해군의 '주력함'이기도 하였다. 전함이 등장하기 이전에는 17세기에 등장한 전열함(戰列艦, ship of the line)이 주력함이었다. 전열함은 문

자 그대로 단종진(單縱陣)이라는 전열을 형성하는 전투함이다. 일반적으로 50문 이상의 대포가 탑재되어 있었다. 당시 해전에서는 포격을 받아 침몰하는 일이 드물었으며, 포격 및 돌격대로 돌진함으로써 적의 전투능력을 상실시킨 후 함정을 포획하는 것이 일반적이었다. 1805년 트라팔가 해전 시 영국의 함대사령관 넬슨 제독이 탔던 빅토리호가 대표적인 전열함이었다. 하지만 19세기에 접어들어 함포의 위력이 향상되자 대형함의 현측에 다수의 함포를 배치하는 형식이 방어 면에서는 중대한 결점으로 드러났다. 특히 1853년부터 시작된 크림전쟁에서는 3층 갑판에 여러개의 포를 배치한 목조 전열함이 작열탄에 취약하다는 것이 밝혀졌다. 그러자 전열함보다는 소형이고 건현(乾舷)이 낮은 초계함(哨戒艦)에 장갑방어를 갖춘 장갑함(裝甲艦)이 등장하였다. 나무에서 철강으로의 함의 재질 변화, 대포의 대형화 등의 발전을 거쳐 장갑함은 점점 대형화되다가 마침내 전함으로 안착되었다. 한편, 소형의 전함으로 발전한 것은 순양함(巡洋艦)이다. 최초의 순양함은 1859년에 진수한 프랑스 장갑함 '글로와르'(Gloire)호다. 이 함정은 목조 선체에 두께 10cm의 장갑으로 장착하였고, 현측에 16cm포 30문을 갖춘 군함이었다. 영국은 여기에 맞서 1860년 '워리어'(Warrior)호를 진수시켰다. 이 함정은 선체를 철제로 제작한 최초의 함정으로, 훗날 순양함·대형 장갑순양함·전함 등으로 발전하였다. 그러나 제2차 세계대전부터는 항공모함이 실제로 전투에서 우수한 전력을 보이자 전함은 해군의 주력으로서의 지위를 기동성과 범용성(汎用性)에서 월등한 함재기(艦載機)가 탑재된 항공모함에 양보할 수밖에 없었다. 하지만 제2차 세계대전 후에는 대규모의 해전 자체가 일어나지 않자 장거리발사 무기의 주류가 함포에서 미사일로 옮겨갔을 뿐만 아니라 레이더 및 GPS의 발달에 따라 전함과 비교해 건조비 및 운용비가 싸고 활용범위도 넓은 미사일 탑재 순양함 및 구축함으로 함대를 형성하는 것이 추세가 되었다. 그리하여 '전함'이라는 함종은 운용기회 및 존재의의 자체를 상실하게 되어 각국의 전함은 서서히 퇴역하게 되었다. 2014년 현재 전함이라는 함종을 운용하는 나라는 없다.

서구에서의 이러한 전함 변천사에 비해 중국의 전함은 그보다 더 오랜 역사를 가지고 있다. 중국은 춘추전국시대에 처음으로 주사(舟師), 즉 해군을 창설하고 각종 전함을 만들었다. 남방 연해에 자리한 오(吳)나라에서는 기원전 6세기에 이미 대익(大翼)·소익(小翼)·돌모(突冒)·누선(樓船, 층배)·교선(橋船) 등 전투에 대비한 여러가지 형태의 전함을 만들었다. 그중 '대익'이란 대(大) 전함으로 길이가 10여

장(丈)이고 군사와 선원 90여 명이 승선할 수 있었다. 저장(浙江)부터 베트남 북부 일대에 있었던 월(越)나라는 해상 진출을 위해 민용선(民用船)으로 편주(扁舟)와 경주(輕舟)를, 군용선(軍用船), 즉 전함으로 익선(弋船)과 누선(樓船) 등을 갖추었다. 오·월나라에는 전문적으로 선박을 건조하는 '주실(舟室)', 혹은 '선궁(船宮)'이라 부르는 조선소가 있었는데, 그 내부에는 '목객(木客)'이라는 조선 공장(工匠)들이 다수 있었다. 한대(漢代)에는 노발(艫發)·몽충(艨沖)·선등(先登)·적마(赤馬)·척후(斥候)·함(艦)·익선(弋船) 등 다양한 이름의 전함이 만들어졌는데, 모두 대형이었다. 삼국시대 동남해 연안에 위치한 오(吳)는 약 5천 척의 각종 선박을 보유하고 있었는데, 그중에는 두함(斗艦)·몽충(艨沖) 같은 대형 전함과 가(舸) 같은 소형 전함이 있다.

정선법 釘船法

못을 사용해 선체(船體)를 조립하는 기법으로서 중국에서는 한대(漢代)에 처음으로 이 기법을 사용하였다. 이를 보여주는 것이 1951~1952년 창사(長沙)에서 발견된 서한(西漢)시대의 장하(長河) 203호 한묘(漢墓)에서 출토된 16개 노를 가진 목선(木船) 모형인데, 선체에는 못 구멍이 여러 개 나 있다. 여기에 사용된 못이 철못인지, 참대못인지, 기타 다른 못인지는 분명하지 않으나 못을 사용해 선체를 조립했음을 추측케 한다. 이는 조선 기술상 초유의 창안으로, 고대 중국의 선박 제조술이 아랍이나 서구와 비교해 가장 뚜렷한 차이를 보이는 점이다. 한대부터 도입되기 시작한 정선법은 중국 선박이 견고성을 확보하게 된 결정적 요인이었는데, 서구의 경우 로마제국(4~5세기)에서는 가죽으로 선체를 묶었고, 15세기까지만 해도 아랍을 비롯한 인도양 연안의 각국 선박은 야자수 섬유나 호도(胡桃) 나무껍질로 꼰 밧줄로 선체를 묶었다. 중국의 정선법 도입은 춘추시대부터 주철법(鑄鐵法)이 발달하여 철제품을 다방면에 걸쳐 유용한 결과다(유럽은 1380년에 주철법을 도입했다). 한(漢) 무제(武帝) 때 전국 40개 군에 49개의 철관(鐵官)을 설치해 철 생산을 관장하였으며, 공장(工匠)이 300명 이상 되는 제철소만 전국에 40곳이 넘었다.

정크 junk, 容克

기원후 2세기 한나라 때 만들기 시작한 이래 지금까지도 널리 이용되고 있는 전통적인 중국 범선이다. 크기는 각기 다르고 무게는 300~500톤이며, 승선 인원은 200~300명에 이른다. 추진력은 바람이며, 구조는 고물이 높고 이물이 삐죽 튀어나와 있으며 여러개의 돛대가 세워져 있다. 아마포 같은 두꺼운 천(범포帆布)으로 된 정사각형의 돛이 달려 있는데, 긴 대나무 조각을 이용해 평평하게 펴지게 하였다. 그래서 각각의 돛은 한꺼번에 펼치거나 접을 수 있다. 거대한 타(舵)는 용골(龍骨) 구실을 하며, 선체는 세로와 가로로 설치된 수밀격벽(水密隔壁)으로 나뉘어 있다. 중세 초기부터 인도양을 비롯한 원양항해에 투입되었으며, 15세기 정화(鄭和)의 7차 '하서양(下西洋)'에서 절정을 맞이하였다. 이탈리아 선교사인 오도릭은 인도 서남해안에 위치한 항구 폴룸붐(Polumbum, 현 퀼론 Quilon)에서 700명이나 승선할 수 있는 중국 선박 정크로 갈아탔다고 자신의 여행기('『오도릭의 동방기행』'항 참고)에 기술하고 있다.

정향 丁香, 丁字, clove

향료 교류에서 중요한 일익을 담당한 향신료로는 또 정향이 있다. 정향은 정향나무의 꽃봉오리를 건조시킨 것이다. 정향나무(학명 Syzygium aromaticum)는 목서과(木犀科)에 속하는 낙엽 교목으로 키는 4~7m 정도다. 잎은 마주나고 타원형이며 끝이 뾰족하다. 이 나무는 열대나 아열대 지방에서 자생하는데, 바닷바람(潮風)을 맞아야 잘 자라며, 원산지는 말루쿠 제도다. 꽃봉오리는 핑크색으로 약 2cm쯤 컸을 때 자르면 암갈색으로 변하는데, 그것을 수일간 햇볕에 말린다. 말린 꽃봉오리가 바로 향신료로서의 정향이

다. 정향을 지칭하는 '클로브'(clove)는 '못'을 뜻하는 프랑스어 '클루'(clou)에서 유래한 말이다. '못'이라는 것은 꽃봉오리가 '정(丁)' 자(字) 모양이라는 데서 비롯하였다. 정향은 기원 전후에 인도에 알려졌으며, 기원후 2세기에 동으로는 중국, 서로는 로마까지 전해졌다. 약간 매운 듯하면서 향기를 내는 정향은 원래 화장료나 향료·구충제·전염병 예방제 등에 줄곧 쓰이다가 근대에 와서는 주로 향신료로 사용되고 있다. 특히 햄이나 소스·수프 등 여러가지 서양 요리를 위한 필수적인 조미료로 각광을 받고 있다. 근세 초 유럽인들은 정향을 찾아 유일한 산지인 동남아시아의 오지 말루쿠 제도의 자그마한 도서들로 앞을 다투어 몰려들었다. 보통 좁은 의미에서의 스파이스(spice)는 정향과 육두구를 지칭하며

정향나무(암본)

후추와 육계는 별도의 명칭이 있다. 18세기 말엽 정향나무가 자연조건이 비슷한 동아프리카의 잔지바르에 이식되기 전까지는 말루쿠 제도가 유일무이한 산지였다.

정화 鄭和, 1371~1433년

중국 명나라의 환관(宦官)이자 무장인 정화는 원제국이 멸망하고 3년 뒤인 1371년 윈난성(雲南省) 쿤밍시(昆明市) 진닝현(晉寧縣) 쿤양진(昆陽鎭) 허다이촌(和代村)의 무슬림 마씨(馬氏) 가정에서 2남 4녀 중 차남으로 태어났다. 1382년 그의 나이 11세 때 부우덕(傅友德)과 목영(木英)이 이끄는 명나라 군대가 윈난을 정복하자 생포되어 난징을 거쳐 이듬해에 치안 유지를 위해 대도(大都, 현 베이징)에 주둔해 있던 연왕(燕王, 영락제永樂帝, 성조成祖)에게 환관으로 보내졌다. 당시 포로를 비롯한 피정복민 중에서 미소년(美少年)을 뽑아 환관으로 삼는 것은 일종의 관행이었다. 정화 연구가 주시예(朱偰)는 그가 13세 때 생활고에 시달려 스스로 24세의 연왕 밑에 들어가 환관이 되었다고 주장하기도 하였다. 정화는 '정난(靖難)의 변(變)' 때(1399~1402) 연왕을 위해 무공을 세운 덕분에 환관들을 관리하는 장인태감(掌印太監)인 내관감(內官監)에 발탁되었다(34세). 내관감은 환관들을 관리할 뿐만 아니라 황실 일족의 사생활을 보좌하고 각종

정화의 입상

토목과 건축 공사, 집기 구매 등 궁내의 다양한 업무를 관장하는 실세다. 원래 명나라 황제들은 환관을 천하게 여겨 등용하지 않았다. 명 태조는 궁문에 '내신(內臣, 환관)은 정치에 관여할 수 없고, 관여한 자는 참(斬)한다'는 내용의 철패(鐵牌)를 내걸게 하기까지 하였다. 그럼에도 불구하고 영락제는 1404년에 파격적으로 그에게 정(鄭)씨 성을 하사하고 등용하였다.

당대 관상(觀相)의 대가이며 영락제의 측근인 원충철(袁忠徹)은 저서 『고금식감(古今識鑑)』에서 "내시 정화, 즉 삼보(三寶, 三保)는 윈난 사람으로 신장은 9척이며 허리둘레는 10위(圍, 약 1.5m), 얼굴은 각이 지고 코는 작지만 귀상(貴相)이다. 미목(眉目)이 수려하고 귀는 하얗고 길며 이는 조개를 포개

놓은 듯하고 걸음걸이는 호랑이 같으며 목소리는 낭랑하다. 나중에 정난(靖難)의 공으로 내관(內官, 환관)의 태감 지위를 받았다."고 썼다. 선단(船團) 파견에 앞서 영락제가 정화에게 지휘를 맡기는 일에 관해 묻자 원충철은 "정화는 용모와 자태가 훌륭하고 재질(才質)도 뛰어나 내시 중에서는 그에 비교할 만한 자가 없습니다. 신이 통찰한 바로는 임용하는 것이 지당하옵니다."라고 대답하였다고 한다. 영락제의 명을 받은 정화는 28년간(1405~1433) 7차례에 거쳐 대선단을 이끌고 '하서양(下西洋, 정화의 서양 원정을 이르는 말)' 하여 해상 실크로드의 남해 일원 총 18만 5천km를 누볐다. 1433년 제7차 '하서양'을 마치고 귀국하던 중 62세로 객사하였다. 정확히 정화가 언제 어디서 어떻게 사망하였는지는 아직도 수수께끼다. 다만 인도 캘리컷에서 사망했으며, 그곳에서 죽은 후 중국 난징 중화문 밖 뉴서우산(牛首山) 자락에 묻혔다는 정도의 이야기가 전해질 뿐이다. 일세를 풍미한 환관의 최후는 이렇게 초라하다. 그러나 역사는 혜안(慧眼)이다. 1997년 미국 『라이프』지가 지난 1,000년을 만든 세계 위인 100명을 선정했는데, 그중 동양인으로는 정화가 가장 앞선 순위(14위)를 차지하였을 만큼 현재에는 높은 평가를 받고 있다.

정화(鄭和)의 7차 '하서양(下西洋)'
1405~1433년

서역인(西域人)의 후예이며 중국 윈난(雲南) 회족(回族) 출신의 태감(太監) 정화(鄭和, 1371~1433, 일명 삼보태감三寶太監)는 영락(永樂) 3년(1405)에 영락제의 명을 받고 부사 왕경홍(王景弘)과 함께 방대한 선단(船團)을 이끌고 해로로 처음 출사하였다. 그후 선덕제(宣德帝, 선종宣宗) 선덕(宣德) 8년(1433)까지 28년간 무려 7차례나 '하서양(下西洋)'하여 10만여 리를 종횡무진 항해하면서 30여 개국을 방문하였다. '하서양'이란 해로를 통한 정화의 서양 원정을 말하는데, 여기에서 '서양'은 중국 명(明)대의 개념으로, 보르네오(Borneo)를 기준으로 그 서쪽부터 아프리카 동해안에 이르기까지의 인도양 해역을 지칭한다. 명대 말엽 기독교 선교사들이 동방에 온 이후부터 '서양'은 전래의 개념과는 달리 오늘의 대서양과 유럽 지역을 범칭하게 되었다. 명 영락제의 명에 따라 정화가 '하서양'을 여러차례 단행하게 된 동기와 원인에 관해서는 이론이 구구하다. 이를 종합하면 첫째 정난(靖難)의 변 이후 종적이 묘연한 건문제(建文帝)의 행방을 추적하기 위한 것, 둘째 해외에 국위를 선양하기 위한 것, 셋째 경제적으로 대외무역을 진작시키기 위한 것, 넷째 황족과 귀족들의 부귀영화에 필요한 이방(異邦)의 진귀한 보물을 취득하기 위한 것 등 네 가지다.

정화는 매번 대규모의 선단을 꾸려 출항하였는데, 선단은 보통 보선(寶船)과 전선(戰船)·양선(糧船)·마선(馬船)·좌선(坐船) 등 대형선박 60여 척을 포함해 200여 척의 각종 선박으로 구성되었다. 가장 큰 모선 격인 보선은 길이 44장 4척(현 41장 4척, 약 138m)에 너비가 18장(현 16장 8척, 약 56m)이고, 적재량은 1,500톤이며, 천 명이나 승선할 수 있다. 제1차 '하서양' 때에는 대박(大舶, 대형선박) 62척에 선원·병사·서기·의사·통역 등 승선 인원이 2만 7,800여 명이나 되었으며, 마지막 7차 '하서양' 때에도 대박 61척에 승선 인원이 2만 7,550명이었다. 통상 선단의 항로는 쑤저우(蘇州)의 유가항(劉家港, 현 장쑤江蘇 태창太倉 동류하진東劉河鎭)에서 출발해 푸젠(福建) 오호문(五虎門)에 도착한 후 본격적인 출항을 단행한다. 이후 남해와 말라카 해협을 지나 인도양을 횡단하는데, 인도 남단을 지나 아라비아해에 들어서서는 페르시아만으로 북항(北航)하거나, 홍해나 아프리카 동해안으로 서항(西航)한다. 때로는 스리랑카 남단과 몰디브 제도를 지나 아프리카 동해안으로 직항하기도 한다.(구체적인 항로에 관해서는 '해로'항 중 정화의 '하서양' 항로 부분 참고.) 정화의 7차 '하서양'의 개황은 뒷면의 표와 같다.

정화의 7차 '하서양'은 세계 항해사와 교류사에서 대단히 중요한 일대 장거(壯擧)다. 정화는 아시아와 아프리카의 30여 개 해로 연안국을 차례로 방문하면서 명조의 국위를 선양하였고, 전통적인 조공관계를 회복하는 동시에 상호 왕래를 촉진하였다. 이로 인해 영락(永樂) 연간(1403~1424)에는 아시아와 아프리카 등 여러 나라들에서 중국을 방문하는 사절이 끊이지 않았다. 영락 19년(1421)의 항해 기간에만 호르무즈·아덴·모가디슈·수마트라·샴 등 21개 나라가 사신을 파견해 조공하였다. 영락 21년(1423) 9월에는 한꺼번에 인도 캘리컷 등 16개국 1,200명의 사절이 방문하였다. 보르네오와 술루 같은 나라에서는 국왕이나 왕족들이 직접 중국 방문에 나섰다. 또 정화의 '하서양' 기간이나 그 이후에는 많은 중국 사절이 여러 나라에 파견되었다.

정화의 '하서양'의 교류사적 의의는 중국과 아시아 및 아프리카 여러 나라와 지역들 간에 교류가 추진되었다는 것이다. 정화의 '하서양'을 계기로 남해교역이 크게 흥성하였다. 또한 중국인들이 남양(南洋, 동남아시아) 각지에 이주해 교역의 촉진과 현지 개발에 기여하였다. 이는 세계 항해사에서 선구자적인 역할을 수행한 것으로 평가된다. '하서양'은 그 항정(航程) 거리나 항해기간, 선박의 규모와 수량, 선박의 적재량, 승선 인원, 선단 조직, 항해술 등 모든 면에서 15세기 당시로는 세계

차수	기간	규모	도착지	비고
1	1405. 10.~1407. 9.	대박 62척 승선 2만7,800명	참파Champa, 자바Java, 팔렘방Palembang, 말라카Malacca, 아루Aru, 수마트라Samudra, 실론Ceylon, 퀼론Quilon, 코친Cochin, 캘리컷Calicut	자바에서 평균 170명 피살, 구항(舊港)에서 해적 진조의(陳祖義) 생포
2	1407. 겨울 ~ 1409. 여름	선박 249척	1차 외에 샴Siam, 라모리Lamori, 카일Cail, 코얌페디Koyampaedi, 파타나푸르Pattanapur	
3	1409. 12.~1411. 6.	승선 2만 7,800명	새 경유지: 신주항(新州港), 황동룡(黃童龍), 팔로 콘도르Palo Condore	
4	1413. 12.~1415. 7.		새 도착지: 파항Pahang, 켈란탄Kelantan, 리데Lide, 몰디브Maldives, 호르무즈Hormuz, 압둘 카리Abdal Kari로, 소코트라Socotra로	처음으로 서아시아와 아프리카 동해안에 도착
5	1417. 가을~1419. 7.		새 도착지: 아덴Aden, 목골도속(木骨都束, Mogadishu, 모가디슈), 브라와(不剌蛙, Brava), 말린디(Malindi)	
6	1421. 4.~1422. 8.		새 도착지: 자팔Zafal	아프리카 동해안까지 환국하는 16개국 사절과 동행
7	1431. 12.~1433. 7.	대박 61척 승선 2만 7,550명	새 도착지: 메카Mecca, 죽보(竹步, 김보Giumbo)	
계	1405~1433 28년간, 이중 항해 기간 11년		유가항(劉家港, 현 난징南京)으로부터 동아프리카 케냐Kenya의 몸바사Mombasa까지의 10만여 리 항정, 30개국의 500여 개 지방 역방	

정화의 7차 '하서양' 개황

최대의 원양(遠洋) 항해였으며, 가히 목선(木船)·범선(帆船)항해의 기적이라 할 수 있다. 정화의 '하서양'은 유럽인들의 이른바 '지리 대발견'을 위한 항해보다 훨씬 앞선 것으로, 제1차 '하서양'은 콜럼버스가 아메리카 대륙에 도착한 것보다 87년, 바스쿠 다 가마가 인도항로를 개척한 것보다 93년 앞섰다. 더욱이 용선의 규모나 항해술은 비교가 안 된다. '하서양'에 사용된 『정화항해도(鄭和航海圖)』에는 500여 개의 지명(그중 외국지명은 300여 개)과 방위·정박항구·암초 등 항해에 필요한 표지물들이 구체적이고도 정확하게 표기되어 있어 세계 원양교통사에 귀중한 문헌으로 평가되고 있다. 정화의 '하서양'은 많은 관련기록들이 남아 있어 확실한 규명이 가능하다.

『정화항해도(鄭和航海圖)』 제작자 미상, 15세기 전반

원명은 『자보선창개선종용강관출수직저외국제번도(自寶船廠開船從龍江關出水直抵外國諸蕃圖)』, 즉 배를 만드는 보선창(寶船廠)에서의 진수(進水)에서 출항(出港) 및 외국 여러 나라까지의 항해 기록이라는 뜻이다. 당시 정화가 항행한 해로에 관해서는 중국 명(明)대 모원의(茅元儀)의 『무비지(武備志)』 권240에 소개되어 있는데, 항로에 대한 설명만 120여 쪽에 달한다. 그중에는 서도(序圖) 1쪽과 20쪽짜리 연속지도, 항해견성도(航海牽星圖) 2쪽이 포함되어 있다. 이 항해도는 유명한 정화(鄭和)의 7차 '하서양(下西洋, 1405~1433)'의 항해로를 그린 해도다. 그 항해로는 난징(南京)을 기점으로 양쯔강을 빠져나와 동해와 남해를 경유, 말라카 해협을 거쳐 인도양을 횡단, 페

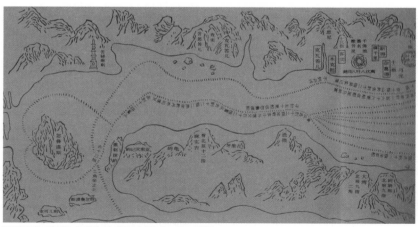

'정화항해도'(15세기 전반) 중 페르시아만 호르무즈 해협도

르시아만 입구의 호르무즈와 아라비아 반도 남단을 지나 아프리카 동해안에 이른다. 이 항해도는 항정(航程), 항향(航向), 정박 및 기항지(寄港地), 각지의 별자리의 고도, 암초와 여울의 분포 등 항해와 관련된 제반 사항을 구체적이고 정확하게 기록하고 있다.

난징에서부터 동아프리카 케냐의 몸바사(Mombasa)까지 이르는 구간에 기입된 지명은 500여 개나 되는데, 그중 외국 지명만 300여 개나 된다. 항해도에 표기한 항해거리의 단위는 '갱(更)'인데, 1갱은 약 60리이며, 1주야의 항해 거리는 평균 10갱(1시간당 25리)으로 계산하였다. 후세 학자들의 연구에 의해 이 항해도에 기입된 항정이나 항향, 주요 지명들의 정확성이 고증되었다. 이 항해도야말로 중세 항해도의 백미로서 중세 해상 실크로드를 연구하는 데 단연 으뜸이 되는 사료로 평가된다.

제거시박사 提擧市舶司

'제거(提擧)'는 '지도'나 '관리'를, '시박(市舶)'은 '무역선'이라는 뜻이다. 제거시박은 중국 당·송·원대에 무역항에서 무역을 관리하고 징세(徵稅) 업무를 관장하는 기관으로 '사(司)'는 그 장(長)이다. 제거시박사는 재력가들로서 상당한 영향력을 행사했는데, 대표적인 예가 취안저우(泉州)의 포수경(蒲壽庚)이다.

제당법(製糖法)의 동전

제당(製糖)의 주원료는 사탕수수(감자甘蔗)인데, 그 원산지에 관해서는 인도의 벵골 지방이라는 설과, 인도의 벵골로부터 인도차이나에 이르는 지대라는 설 등 여러 설이 있다. 제당술이 가장 일찍이 발달한 곳은 사탕수수가 많이 생산되던 인도다. 이러한 사실을 반영하듯 인도-유럽어 계통에서 설탕을 의미하는 단어는 그 어원을 산스크리트어(범어梵語)에 두고 있다. 현재 설탕을 인도-유럽어 계통에 속하는 영어로 'sugar', 프랑스어로 'sucre', 이탈리아어로 'zucchero'(succhero)라고 부른다. 이 말들은 중세 아랍을 통해 설탕이 유럽에 전파되면서부터 설탕을 뜻하는 아랍어 단어 'Sukkar'가 전사(轉寫)된 것이다. 이 아랍어는 원래 인도의 설탕이 페르시아를 거쳐 아랍에 알려지면서부터 생겨난 것으로 그 어원은 산스크리트의 'Sharkara', 프라크리트(Prakrit)어의 'Sakkara'에서 비롯되었다. 고대 인도에서 사탕수수 재배와 제당이 정확히 언제 시작되었는지는 알려진 바 없지만, 기원 전후부터 이미 행해진 것으로 추정된다. 혜함(嵇含)은 저서 『남방초목상(南方草木狀)』에서 감자(甘蔗, 사탕수수)는 고지에서 생산되는데, 가지에서 나오는 단 즙을 며칠 동안 폭서(暴暑)에서 말리면 덩어리(이饴)가 되며, 이것을 입에 넣으면 금방 녹는다는 등 제당 과정을 묘사한 다음, 부남국(扶南國, 현 캄보디아)이 오(吳)국에 바친 공물 중에 이러한 자연제당법에 의해 만들어진 감자 제품이 들어 있다고 기술하였다.

중국의 경우 5세기 말과 6세기 초, 남조의 제·양(齊梁)시대에 남방의 장둥(江東)·여릉(廬陵)·광둥(廣東) 일대에서 사탕수수가 재배되고, 그 즙으로 사탕(砂糖)을 제조하였다. 그러나 북방에서는 아직 제당법을 알지 못하고 있었다. 647년 인도 마가다(Magadha, 마게타摩揭陀)국의 사신이 장안(長安)에 와서 당 태종(太宗)에게 인도의 제당법을 처음으로 소개하자, 태종은 즉시 인도에 사람을 보내 그것을 습득하게 한 후 양저우(揚州) 일대에서 재배되는 사탕수수를 원료로 인도 제당법에 따라 사탕을 제조하도록 하였더니 색과 맛에서 서역(인도) 당을 훨씬 능가했다고 한다. 인도 제당법의 특징은 황백색의 고체 석밀(石蜜)을 만드는 것인데, 그 제조법은 사탕수수즙(甘蔗汁)에 적당한 양의 물과 우유, 그리고 쌀가루를 넣어 끓인 다음 응고시키는 것이다. 석밀이란 원래 산속에 있는 암석의 틈에서 생기는 자연산 꿀(토종꿀)인데, 3세기 후부터는 사탕수수즙을 농축해서 만든 일종의 액체 당을 말한다. 인도의 석밀 제조법이 소개된 후 10년도 채 지나지 않아 사탕수수의 주생산지인 장난(江南)과 쓰촨(四川) 지방에서 석밀 제조가 크게 성행하였다. 그러나 8세기 초에 저술된 『식료본초(食療本草)』(맹세孟洗 저, 세계에서 가장 오래된 영양학 전서)에 따르면, 촉(蜀, 쓰촨四川)이나 오(吳)나라에서 생산된 석밀은 인도의 제조법을 본받았지만, 질에서는 페르시아의 석밀보다는 못하다고 하였다. 인도나 페르시아의 석밀은 사탕수수즙에 우유를 섞어서 제조하기 때문에 일명 유당(乳糖)이라고도 한다. 유당은 중국에서도 많이 유행하였다. 이와같이 석밀 제조를 비롯한 인도와 페르시아의 제당술은 중국의 제당업 발전을 촉진하였다.

『제도로(諸道路) 및 제왕국지(諸王國志)』 *Kitābu'l Masālik wal Mamālik*, Ibn Khurdādhibah 저, 845년

중세 아랍 지리학자인 저자('이븐 쿠르다지바'항 참고)는 이 명저에서 주로 오늘날의 이라크를 중심으로 한 이슬람세계의 행정구획과 도시들, 각 지역과 도시를 잇는 역체로(驛遞路)와 주요 무역항 및 무역로 등을 기술하고 있는데, 특히 멀리 중국까지의 통로와 여정을 밝히고 있어 주목된다. 항해로는 페르시아만의 바스라에서 출발하여 인도양을 횡단, 동남아시아를 경유해 중국의 동남해안까지 이르는 길이고, 육로는 중앙아시아의 호라산과 톈산(天山) 일대, 그리고 몽골 초원을 거쳐 북중국에 이르는 길로 기술되어 있다. 뿐만 아니라, 당시 중국의 4대 국제무역항을 남에서 북의 순으로 루낀(Luqin, 베트남 교주交州)·칸푸(Khānfu, 현 광저우廣州)·칸주(Khānju, 현 취안저우泉州)·깐투(Qāntu, 현 양저우揚州)라고 지적하면서 이들 항구간의 항해 일정과 각 항구의 산출품까지 열거하고 있다. 더 나아가 지구의 동단(東端)에 있는 신라의 위치와 경관, 물산 등 인문지리와 신라까지의 항해 노정도 밝혔다.

이 책에서 저자가 밝힌 이라크의 바스라에서 중국 동남해안에 이르는 항해 노정은 다음과 같다. 즉 말리유(Malyu, 이라크의 바스라) → 호르무즈(Hormuz, 페르시아만 입구) → (8일간) 다이블(파키스탄의 Daibal) → (2일간) 마흐란강(Mahran, 인더스강) → (17일간) 물라이(Mulay, 인도 서남해안의 말라바르Malabar) → (2일간) 불린(Bullin, 인도 남해안) → (1일간) 실란(Silan, 현 스리랑카) → (10~15일간) 랑가발루스(Langabalus, 니코바르 제도) → (6일간) 칼라(Kalah, 현 타이령 말레이 반도 서해안의 케다Kadah) → 발루스(Balus, 수마트라 북서해안) → 살라히트(Salahit, 말라카 해협) → 하랑(Harang) → 마이드(Mayd, 수마트라 북부) → 티유마(Tiyuma, 말레이 반도 동남해안) → (5일간) 키마르(Qimar) → (3일간) 산프(Sanf, 베트남 참파Champa) → 중국으로 이어지는 바닷길이다.

제일란디아성(城) Fort Zeelandia

네덜란드의 상관(商館)이 설치되어 있던 타이완의 성으로, 중국 도자기 무역의 중요한 보관소이기도 하였다. 명(明) 말의 유신 정성공(鄭成功)이 1661년에 이 성을 공략해 네덜란드인들을 축출하고 타이완을 점령한 바 있다.

제해권 制海權

제해권의 사전적 의미는 군사, 통상, 항해 등과 관련해 국가의 이익과 안보를 위해 해상에 실력행사를 할 수 있는 권리를 뜻한다. 전략이론상 제해권 개념을 처음 제기한 사람은 코벳(Corbett)이다. 그는 제해권을 해상교통로의 지배라고 규정하였다. 그러나 미국의 해양전략가 머핸(A. Mahan)은 영국과 같은 나라도 해양을 완전히 지배한 적이 없었다는 사실을 근거로, 제해권은 절대적인 것이 아니라 상대적인 것이라 보았다. 따라서 현대 해양전략에서는 제해권이라는 단어 대신에 상대적 의미가 강한 해양우세(Sea Superiority)라는 용어를 사용하고 있다. 또한 기술혁신이 가져온 잠수함 및 항공기 발달에 따라 제해권을 해상통제(Sea Control), 또는 해상거부(Sea Denial)로 설명하기도 한다.

제해권을 확보하는 데는 몇가지 방법이 있다. 그중 하나는 직접적인 전투를 통해 제해권을 장악하는 것이다. 이 방법은 전투에서 적의 해상전력에 손상을 입혀 특정 해역으로부터 적을 배제하는 것이다. 이런 방법으로 제해권을 확보한 사례는 태평양전쟁 당시의 진주만 공격과 미드웨이 해전이 있고, 나폴레옹 전쟁 때의 트라팔가 해전이나 살라미스 해전 등도 여기에 속한다. 전투 이외의 방법으로는 해상봉쇄를 통해 제해권을 얻기도 한다. 이 방법은 적의 해상전력이 외해로 진출하는 것을 막고, 적이 항만 또는 근해에 머물게 하는 것이다. 포클랜드전이 해상봉쇄의 예인데, 당시 영국 해군의 잠수함은 아르헨티나 해군의 전진을 막았고, 12마일에 이르는 저지선 안에 아르헨티나 해군을 가둬놓았다.

조간대 潮間帶, intertidal zone 또는 littoral zone

해수면이 가장 높은 밀물(만조) 때와 해수면이 가장 낮은 썰물(간조) 때 사이의 바닷가를 말한다. 썰물 때는 조간대가 대기 중에 드러나 강한 자외선을 받고, 수분증발로 건조한 환경이 된다. 여름이면 강한 햇볕으로 온도가 아주 높아지고, 겨울이면 바닷물이 얼기도 한다. 비가 오면 염분이 없는 담수에 노출되기도 하고, 바닷물이 증발하면 염분이 아주 높은 환경이 된다. 한편 강한 파도가 계속 부딪치기도 한다. 이처럼 조석간만의 차이에 따라 조간대는 극한 환경변화가 있는 곳이다. 따라서 조간대에 서식하는 해양생물은 환경변화에 대한 내성이 크다. 육지와 바다가 만나는 공간이기 때문에 인간활동이 가장 활발한 곳으로, 연안개발이나 환경오염으로 생태계가 훼손되기 쉬워 관리가 필요하다. 조간대는 해수면의 높이에 따라 높은 곳으로부터 상부조간대, 중부조간대, 하부조간대로 구분한다. 각각은 바닷물에 잠겨 있는 시간 차이가 있기 때문에, 상부조간대가 가장 공기 중에 노출되는 시간이 길고, 하부조간대가 노출시간이 가장 짧다. 하부조간대보다 낮은 곳은 조하대(潮下帶)라 한다. 이러한 환경 차이에 따라 상부조간대에는 건조에 가장 내성이 강한 총알고둥이나 따개비 등이 서식하며, 중부조간대에는 중간 정도의 내성이 있는 홍합이나 군부 등이, 그리고 하부조간대에는 건조에 내성이 약한 불가사리나 해조류 등이 많이 서식한다. 이처럼 조간대에 서식하는 생물의 분포 높이가 해수면과 평행하게 띠 모양으로 나타난다. 이러한 것을 대상구조(帶狀構造, zonation)라 한다.

조석(潮汐)현상

조석은 바닷물이 일정하게 주기적으로 오르내리는 현상을 말한다. 해안가에서는 바닷물의 높이가 일정한 간격으로 오르내리는 것으로 조석현상을 느낄 수 있다. 조석은 지구와 달, 그리고 지구와 태양 사이의 운동에 의해 발생한다. 조석에 의해 바닷물의 높이가 제일 높을 때를 고조 또는 만조라 하며, 높이가 가장 낮을 때를 저조 또는 간조라고 부른다. 고저와 저조 사이의 해수면 차를 조차(潮差)라고 한다. 보통 하루 2번의 고조와 저조가 반복된다. 또한 보름과 그믐 무렵에 조차가 가장 커지는 시기를 사리 또는 대조라 부르며, 반면에 상현과 하현 무렵에 조차가 가장 작아지는 시기는 조금 또는 소조라고 부른다. 대한민국에서 조차가 가장 큰 곳은 서해 연안의 인천 부근으로 사리 때는 약 9m~10m 이상이 된다. 이러한 조석현상에 의한 바닷물의 흐름을 조류라고 한다. 저조와 고조 사이에 육지 쪽으로 흐르는 흐름을 밀물이라 하며, 반대로 고저에서 저조 사이에서는 육지 쪽의 물이 먼 바다로 흐르는 썰물이 나타난다. 조석현상은 오래 전부터 알려져 있었다. 기원전 325년에 그리스의 탐험가 피테아스(Pytheas)는 대서양에서 하루에 2번 바닷물의 높이가 오르내린다는 사실과 또한 매달 2번의 사리와 조금이 있으며 이것이 달의 모양과 관계가 있음을 기록하였다. 그러나 단순한 기록이 아니라 조석현상을 처음으로 과학현상으로 설명한 사람은 영국의 과학자 뉴턴이었다.

『조선 서해안과 류큐도 탐사기』

Account of a Voyage to the West Coast of Corea and Great Loo-choo-Island, 일명 『조선 서해 탐사기』, 1818년

1816년 9월 리라(Lyra)호 선장으로 조선 서해안을 탐사하기 위해 온 최초의 서구인인 영국의 바실 홀(Basil Hall)은 10일간 조선 서해의 백령도·장항만·고군산열도·신안해협·제주도를 차례로 탐사한 후 일본 류큐(琉球)를 탐사하고 나서 2년 후에 이 책을 썼다. 총 439쪽 가운데 조선에 관한 부분은 앞 57쪽에 실려 있다. 비록 짤막한 분량이지만 몇가지 주목할 만한 내용을 서술하고 있다. 그는 가는 곳마다 외방인인 그들 일행을 스스럼없이 대해주면서 함께 술 마시고 노래하며 춤추는 조선인들의 선량함과 너그러움에 찬사를 보내고 있다. 바실 홀은 이 책에서 문정(問情)하려고 온 비인(庇仁, 현 충청남도 서천舒川) 현감 이승렬(李升烈)에

마량진(馬梁鎭) 첨사 조대복의 바실 홀 문정 장면

대해 "그는 결코 터무니없이 놀라거나 과도한 찬사를 하는 일이 없고, 세계 어느 곳에 갖다놓아도 손색이 없을 만큼 교양과 통찰력을 가지고 있다.", "긴 수염을 하고 굉장한 옷을 입고 매력적인 태도를 하니, 그 노대관(老大官)은 우리들에게 강한 인상을 주었다."고 회고하였다. 그는 귀국길에 대서양 상에 있는 세인트헬레나(Saint Helena)섬에 유배 중인 나폴레옹(부친과 파리 군사학교 동창)을 찾아가 조선을 소개하고 나서 "이 나라 민족은 평화를 사랑해서 이제까지 유서깊은 역사에도 불구하고 남의 나라를 침략해본 적이 없는 선량한 민족"이라고 설명했다고 한다. 그러자 듣고 있던 나폴레옹은 "이 세상에 남의 나라를 쳐들어가보지 않은 민족도 있다더냐? 내가 다시 천하를 통일한 다음에는 반드시 그 조선이라는 나라를 찾아가보리라."는 말을 남겼다고 한다.

조선술 造船術

넓은 의미에서 '조선'에는 어떤 형태의 선박을 만들지를 결정하는 단계부터 새로운 선박기술의 개발까지 포함된다. 하지만 통상 '조선'이라고 하면 갑판(또는 선실)을 갖춘 어느정도 규모 이상의 선박을 '만든다'는 것을 의미한다. 이러한 의미에 따를 때 취미활동용 보트류(레저용 세일링 크루저 및 모터보트)나 어선을 만드는 일

도 조선이 될 수 있다. 목선, FRP선, 알루미늄 등으로 된 경금속제 선박, 강철제 선박은 그 조선방법이 각기 다르다. 목선의 경우, 기본적으로는 나무로 된 구조물을 만드는 작업이다. 작업내용 대부분은 목공, 즉 목수 작업이고, 이런 작업을 하는 사람을 일컬어 조선장이라 한다. 대체로 그 작업은 킬(용골), 조골 등 선박의 골격을 짜고, 거기에 'plank'로 불리는 횡판을 붙이는 작업(planking)을 하여 곡면으로 된 선저를 완성한다. 그런 뒤 상면에 씌울 갑판을 만들고, 이어서 다양한 의장을 한다. 역사가 가장 오래된 방식은 목선의 조선이다. 지금도 이런 형태의 조선은 세계 각국에서 행해지고 있다. FRP선의 조선은 수십 년 전부터 유행하였다. 중형과 소형의 선박제작 때 주로 사용하는 조선법이다. 기본적으로 설계도를 기초로 미리 선박의 형태로 된 암형을 만들고 그 암형 속에 천형태의 유리섬유를 배치한 뒤 거기에 플라스틱을 투입해 서서히 굳히는 작업을 하면 복합재료인 선체를 만들 수 있다. 그런 다음 암형을 해체하면 된다. 마치 자동차처럼 제조업체가 동일 모델로 여러 개 또는 대량으로 생산해서 이를 카탈로그에 게재하거나 전시장에 전시하면 구매자가 이미 만들어진 선박을 골라 구입하거나 발주 생산하게 된다. 한편, 중·대형 강철선의 경우, 21세기 현재 선주로부터 주문을 받아서 조선회

사가 개별적으로 설계한 후 건조하는 것이 가장 일반적이다. 이를 일컬어 수주생산이라 한다. 일단 수주부터 인도까지 걸리는 기간은 최단 1년이고, 통상 2~3년 정도 소요된다. 때문에 선주 측은 해운에 대한 장래의 수요를 예측해야 할 뿐만 아니라 조선회사 측에서도 장래에 필요한 기능 및 장비, 성능을 선주와 함께 연구해 실선 건조에 반영하려는 능력이 요구된다.

조선술 造船術, 중국

중국 역대의 조선술 발달 과정을 전체적으로 살펴보면, 독목주(獨木舟, 선사시대) → 목판선(木板船, 상대) → 범선(帆船, 은대) → 누선(樓船, 춘추전국시대) → 활강법(滑降法, 진대秦代) → 정선(釘船)과 선미타(船尾舵, 한대) → 선거(船渠)와 윤선(輪船, 위진남북조시대) → 오아(五牙, 수대) → 수밀격벽법(水密隔壁法)과 방(舫, 일명 병주幷舟, 두 척의 배를 묶은 배, 당대) → 첨저선(尖底船), 중판(中板) 구조, 정부타(正副舵), 여러 돛대와 돛, 파수판(坡水板), 흘수(吃水) 조절(송대) → 평저선(平底船, 원대) → 보선(寶船, 명대)으로 요약할 수 있다.

조타술 操舵術

조타술은 배의 키를 조정하는 기술이다. 선박에서는 전통적으로 우현을 스타보드(starboard), 좌현을 포트(port)로 부른다. 이것은 바이킹선의 타(steer)가 항상 우현에 있어서 타가 없는 좌현이 항구(port)에 대는 쪽이었기 때문이다. 상선에서는 선장이나 항해사가 조타수에게 조타 방향을 지시할 경우에도 같은 용어를 사용한다. 우측으로 선회할 때에는 스타보드, 좌측으로 선회할 때에는 포트 사이드로 지시한다. 옛날 우회두가 포트, 좌회두가 스타보드였던 시대도 없지 않았다. 당시 타는 타두재 상부의 틸러(tiller)를 좌우로 움직여 타두재 하부에 틸러와 반대 방향으로 장착된 타판을 움직이는 것으로, 틸러를 왼편(포트)으로 움직이면 타판이 오른쪽으로 향하여 선박은 '오른쪽으로 회두(우회두)'한다. 한편, 틸러를 오른편(스타보드)으로 움직이면 타판은 왼편을 향해 선박은 '왼쪽으로 회두(좌회두)'한다. 틸러를 움직이는 방향을 직접 지시하기 때문에 당시에는 이 방법이 혼동되지 않았다. 그런데 조타장치가 오늘날과 같은 타륜으로 바뀌면서 회두방향과 반대 방향을 지시하는 옛날 방식에 혼란이 빚어졌다. 그래서 종래 습관을 버리고 회두방향을 직접 지령하는 방식으로 바꾸는 나라도 생겨났다. 그러자 다른 나라 선원이 승선할 경우 혼란이 초래되었고, 이것이 원인이 되어 충돌사고가 생기기도 하였다. 이런 연유로 1929년 '해상 인명안전을 위한 국제조약(SOLAS)'이 개정되어 조타명령을 직접법(우회두는 스타보드, 좌회두는 포트)으로 통일하는 결의가 채택되어 오늘에 이르고 있다.

조파르 Dhofar, 祖法兒

오만의 남부 고원지대에 있으며 서쪽으로는 예멘, 남쪽으로는 인도양, 북쪽으로는 루브아 칼리(아라비아 반도 남부의 무인 사막지대)와 접해 있다. 이 도시에서 생산되는 진귀한 향료인 유향은 고대부터 지중해와 중동 지역에서 거래되는 대표적인 무역상품이었다. 13세기 후반 배편으로 귀국길에 오른 마르코 폴로는 여행기 『동방견문록』에서, 비록 이곳에 들르지는 않았지만 이 도시의 아름다움과 활발한 무역상, 특히 유향과 인도로 수출되는 말들에 관해 언급하고 있다. 그로부터 반세기 후 동방여행에 나선 아랍의 대여행가 이븐 바투타는 인도로 갈 때와 아프리카로 귀향할 때 두 번이나 이곳을 경유하였다. 그는 여행기에서 이곳과 관련된 흥미있는 사실들을 전한다. 즉 해로로 이곳에서 캘리컷까지의 항정(28일간)과 육로로 아덴(30일)과 하드라마우트(16일), 오만(약 20일)까지의 거리를 일일이 밝히고 있으며, 이곳 화폐는 동전(銅錢)이 아닌 석화(錫貨)라는 것, 현지인들의 인품이 너그러운 점, 상피병(象皮病)과 고환 습진이 만연한 상황 등을 기술하고 있다. 특히 바투타는 이곳 주민들이 여러면에서 자신의 출신지인 마그레브(현 모로코를 비롯한 아프리카 북부) 사람들과 성명·복장·풍습·식사 등이 유사한 점에 주목하였다.

족자카르타 Djogjakarta

족자카르타는 자바 문명의 요람이며, 자바의 전통문화를 가장 잘 보존하고 있는 자바인들의 정신적 고향이다. 여기에는 세계문화유산으로 등재된 유명한 2대 종교사원을 비롯해 귀중한 문화유산이 많이 있으며, 해마다 몇차례씩 거행되는 왕궁축제를 통해 이러한 문화유산들이 잘 보존되고 있다. 이 축제에서는 빠짐없이 자바의 고유의 전통무용과 민속음악 가믈란(gamelan), 인형극, 바틱 공예가 선을 보인다.

현 족자카르타 특별주의 주도인 이 도시의 공식 명칭은 '욕야카르타'(Yogyakarta)이나 흔히 옛 표기법을 따라 '족자카르타'로 불러왔는데, 오늘날은 이 명칭이 거의 일반화되었다. 줄여서 '족자'라고도 한다. 족자는 심오한 철학을 바탕으로 하여 건설된 고도(古都)다. 최고 통치자 술탄과 바다의 수호신, 산의 수호신 간의 일체성과 결속을 나타내기 위해 해변과 왕궁, 투구 기념비, 므라피(Merapi) 화산이 남북으로 일직선상에 놓이도록 설계했다고 한다. 수백 년간 술탄 왕국이 흥한 것은 그 덕분이라고 믿어왔다.

족자카르타의 프람바난 힌두사원

족자는 소통과 수용의 도시다. 일찍이 여기를 통해 불교와 힌두, 이슬람 문화뿐만 아니라, 네덜란드 식민문화까지 들어와 다양한 사회구조를 이루었다. 그 과정에서 문화의 도시, 교육의 도시, 혁명의 도시로 성장하였다. 국립 가자마다(Gadjah Mada) 대학과 인도네시아 이슬람 대학을 비롯해 160여 개의 고등교육기관이 밀집해 있어서 '학생의 도시'로 불리기도 한다. 족자는 16~18세기 마타람(Mataram) 왕국의 수도였으며, 네덜란드 식민통치에 항거하는 독립전쟁 때는 임시수도이기도 하였다. 1949년 이곳의 용감한 주민들은 손에 무기를 들고 식민지배자들을 몰아냈다.

'불의 산' 므라피 화산 남쪽 30km 지점의 기름진 평야에 자리한 족자카르타에 사는 사람들은 대체로 온순하고 예의를 중시하며 자기감정에 대한 통제력이 강한 편이다. 면적은 32.8km²이고, 인구는 약 66만명(2006년)이다.

『중국과 인도 소식』 *Akhbāru'd Sīn wa'l Hind*, Sulaiman al-Tajir 저, 851년

이 책의 아랍어 원전은 소실되었고, 원저자도 미상이나 주인공인 '술라이만 알 타지르'의 저서로 간주되고 있다. 원저가 출간(851)된 후 페르시아만 부근의 시라프 출신의 아부 자이드 하산(Abu Zaid Hasan)이 내용을 보충하고 각주를 첨가해 『술라이만 알 타지르 여행기』(*Rihalatu Sulaimān al-Tājir*)라는 서명으로 916년에 간행하였다.

이 책은 현지 목격자들의 견문이기 때문에 내용이 풍부하고 생동감이 있을 뿐만 아니라, 매우 사실적이다. 페르시아만에서 중국까지의 항정과 함께 인도와 중국 등 연해 나라들과 지역에 관한 다방면의 실태를 기술했으며, 역사·지리·풍속에서부터 정치적 사변에 이르기까지 다양한 내용이 펼쳐진다. 특히, 상인들의 구술에 의한 기록이기 때문에 각지의 물산이나 상품 가격, 화폐, 상업 관련 법령과 규정, 교역 계약 조건, 교역기관 등이 상세히 기술되었다. 그밖에 아랍의 조선술과 중국의 선박, 중국의 차와 도자기, 외래 상인과 종교에 대한 중국인들의 태도, 심지어 875년에 일어난 황소(黃巢)의 난(권2)까지 언급되었다. 이 책은 외국인의 최초 중국 여행기이며, 아랍-이슬람 여행문학의 대표작의 하나로 사료적 가치가 대단히 높은 것으로 평가된다.

술라이만은 이 책에서 페르시아로부터 중국에 이르는 항로를 구체적으로 서술하고 있다. 그에 따르면 우선 화물을 이라크의 바스라(Basrah)나 오만(Omān) 등지에서 페르시아만 중부 동안에 있는 시라프(Sirāf)까지 운반해 배에 싣는다. 물건을 실은 배는 시라프를 출발해 소하르(Sohar)와 무스카트(Muscat, 오만 동북단)를 지나 칼라(Kalah, 현 말레이 반도 서해안의 케다Kedah)에 도착하는데, 이 구간의 항해는 약 1개월이 걸린다. 그곳에서 20일간 북상해 참파(베트남의 Champa)에 이르며, 다시 1개월간 북행하면 창해(漲海, Tchang-Khai)를 지나 광부(廣府, Khanfu, 현 광저우)에 도착한다. 그는 여행기에서 "중국은 가는 곳마다 수목이 우거지고 과실이 풍성하며 금은보화가 비할 데 없이 많은 나라다." 라고 묘사하고 있다. 술라이만이 언급한 경유국이나 경유 지점은 모두 13개소다. 이 책에는 단편적이기는 하지만 신라에 관한 기록도 나온다. 그는 신라의 위치에 관해 "(중국의) 바다 다음에는 신라 도서(島嶼)가 있다."고 지적하였다. 이는 신라가 지구의 동단(東端)에 있음을 시사한다. 이어 술라이만은 "우리 동료들 가운데 그 누구도 거기(신라)에 가보고 그들(신라인)에 대해 이야기한 사람은 없지만 그들에게는 흰 매가 있다."고 전했다.

중국회사 1576년

영국의 윌리엄 본(William Bourne)이 1573년에 저술한 『해상패권을 논함』에서 영국에서 중국으로 통할 수 있는 길을 다섯 갈래로 나누었는데('『해상패권을 논함』'항 참고), 그중 서북항로에 기대를 건 런던 상인들은 1576년에 '중국회사'를 결성해 항로개척을 하게 될 탐험대를 파견하였으나 성공하지 못하였다.

지갑선정법 指甲旋定法

중국 송대에 이용한 일종의 지남침 사용법으로, 지남침을 손톱 위에 올려놓고 방향을 판별하는 방법이다.

『**지구전요(地球典要)**』崔漢綺 저, 1857년
독창적인 기철학(氣哲學)을 바탕으로 우주구조와 지구상의 인문지리에 관해 서술한 세계지리지(地理誌)다. 철학자이며 과학자인 혜강(惠崗) 최한기(崔漢綺, 1803~1877)는 평생을 생원(生員)이라는 하찮은 양반으로 지내면서 오로지 학문에만 잠심몰두(潛心沒頭)해 천여 권의 책(남아 있는 것은 『명남루전집(明南樓全集)』등 120권뿐)을 지었다. 조선에 들어오는 중국서적은 먼저 그의 손을 거쳐야 했을 정도로, 그는 새로운 학문과 책에 열중하였다. 그의 독창적인 우주관과 지리관을 집약한『지구전요』는 총 7책 13권으로 엮어졌다. 나이 55세에 저술한 이 책은 최한기가 입수한『직방외기(職方外紀)』(1623), 『지구도설(地球圖說)』(1767), 『해국도지(海國圖志)』(1844~1852), 『영환지략(瀛環志略)』(1850), 『해유록(海游錄)』(1719) 등 국내외 서적들을 참고해 그가 정한 '기화(氣化)'와 '실용(實用)'의 기준에서 취사선택하고 보완해 편집한 지지(地誌) 종합서다. 권1에서는 천체로서의 지구에 관한 내용, 즉 우주체계, 지구의 운동, 대기, 태양, 달, 오성,

일식과 월식, 조석 현상 등에 관한 우주론을 전개하고 있다. 그는 당시 중국에서 체재하며 활동하고 있는 선교사들의 저서들을 통해 코페르니쿠스(Copernicus)의 태양중심설과 뉴턴의 만유인력법칙을 접하고는 그에 수긍하였다. 그러나 그 원리에 대한 해석은 전혀 다르다. 그는 중국에 온 선교사 브누아(M. Benoist, 장우인蔣友仁)의『지구도설(地球圖說)』(1767)을 통해 코페르니쿠스의 이론을 접한 후 그것을 이해하고 수용하였다. 또한 그는 1860년대에 윌리엄 허셜(W. Herschel)의『천문학개론(天文學槪論)』을 한문으로 번역한『담천(談天)』을 통해 뉴턴(Newton)의 만유인력 법칙을 접하였다. 그리고 이 책을 토대로 지은『성기운화(星氣運化)』에서 천체운동에 관한 독창적인 이론을 제시하였다. 즉 '인간으로부터 우주에 이르기까지 일관되게 관철되는 기의 운동'이라는 기철학적 논리로 우주의 모든 운동을 설명하였다. 그는 뉴턴의 만유인력 법칙이 우주의 운동현상을 적시하고는 있지만, 그 원인은 제대로 밝혀내지 못한다고 지적하면서 중력의 작용은 천체를 둘러싸고 있는 기륜(氣輪)이 서로 영향을 주고받으면서 생기는 것이며, 지구에 아침 저녁이 생기는 것은 지구와 달의 기륜이 서로 접촉하고 작용하는 증거라고 주장하였다. 그는 빛·소리·온도와 같은 물리현상에 관한 서양의 과

학지식을 소개하면서, 그것을 자신의 기철학을 세우는 과학적 기초로 삼았다. 그렇지만 흙·물·불·공기로 우주의 변화를 설명한 아리스토텔레스의 '4원소설(四元素說)'은 부정하면서, 우주에 있는 근원적인 기가 변해 흙·물·불·공기가 된 것이므로 이 4원소를 근본 물질로는 볼 수 없다고 반박하였다. 이렇듯 그는 서양의 과학지식을 만물의 근원인 기의 운동이나 성질을 설명하는 논리로 활용하였다.

권1 후반부터 권11까지는 지구상의 인문지리에 관한 백과전서적 내용이다. 먼저 '해륙분계(海陸分界)'의 항목에서는 지구의 표면을 육지와 바다로 나누어 개략적으로 설명하고 있다. 내용은 주로 『직방외기』와 『영환지략』의 관련 내용을 취사선택해 정리하고 있다. 이어 아시아·유럽·아프리카·남북아메리카의 5대주 6대양에 관한 총론을 펴고, 그 밑에는 매 주(洲)에 속한 각 지방과 국가의 강역·풍토·물산·생활·상공업·정치·재정·왕실·관직제도·예절·형벌·교육·풍속·병제 등

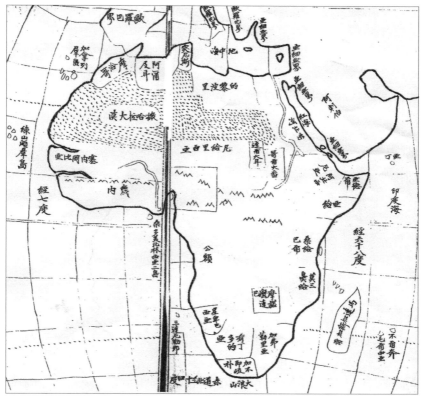

최한기의 『지구전요』 권13에 수록된 '제국도(諸國圖)' 중 아프리카 전도

에 관한 구체적인 지지(地誌)를 상세하게 기술하고 있다. 세계 각 지역과 나라들의 지지에 이어 권11 후반부터 권12까지는 '해론(海論)' '중서이동(中西異同)' '전후기년표(前後紀年表)' '양회교문변(洋回敎門辯)'의 항목으로 관련 내용을 다루고 있다. '해론'에서는 해로(海路)·해산(海産)·해도(海島)·조석(潮汐) 등을, '중서이동'에서는 동서양의 성좌명(星座名)·역법(曆法)·문자(文字) 등을 소개하고 있으며, '전후기년표'는 이해를 돕기 위한 연표(年表)다. '양회교문변'에서는 기독교와 이슬람교에 대한 최한기 나름의 관점이 잘 드러나 있다. 그에 의하면 기독교(양교洋敎)는 역상(曆象, 천체의 현상), 지구(地球), 기용(氣用, 기화현상氣化現狀)이 밝혀지지 않았던 때에 생겨난 것이며, 회교(回敎, 이슬람교)는 기독교를 수정·보완해 후대에 만들어진 종교이므로 이 두 종교를 미신으로 배척하였다. 그러면서 『천주실의(天主實義)』 등 전래된 기독교 서적들을 차례로 비판하고 나섰다. 권13은 권1에서 권12까지의 내용을 이해하는 데 참고하기 위한 천문도(天文圖)인 '역상도(曆象圖)'와 세계지도, 각 대륙과 각국의 지도인 '제국도(諸國圖)'로 이루어진 일종의 세계 지도첩이다.

지남구 指南龜

중국 송(宋)대에 방향 판별에 이용된

지남성(指南性) 계기(計器)다. 철조각이나 나무로 만든 거북의 꼬리에 자석을 집어넣고 복부에 홈을 파서 매끈한 대나무 장대에 올려놓으면 자유롭게 회전하다가 꼬리가 정지하면서 남쪽을 가리킨다.

지남어 指南魚

방향 판별에 이용된 최초의 지남성(指南性) 계기(計器)다. 북송(北宋) 경력(慶曆) 4년(1044)에 저술된 병서 『무경총요(武經總要)』(권15)「향도(嚮導)」조에 지남차(指南車)와 함께 그 용도와 제작 방법(지남차의 제작방법은 미기술)이 소개되었다. 이에 따르면 지남어는 날씨가 흐리거나 야간 행군을 할 때 방향을 판별하기 위해 이용하는데, 얇은 철조각으로 만든다. 철조각은 길이 2촌, 너비 5푼 정도의 앞뒤가 뾰족한 물고기 모양이다. 이 철조각을 탄불에 벌겋게 달군 후 끄집어내어 머리는 남쪽을, 꼬리는 정북쪽을 향해 놓고 꼬리를 물속에 넣어 급냉각시키면 곧바로 지남철이 된다. 이 지남철 성질을 가진 지남어를 바람이 불지 않는 곳에서 물그릇에 넣으면 물 위에 뜨는데, 이때 머

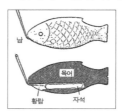

중국 송대의 철제 및 목제 지남어

리는 남쪽을 가리킨다. 그밖에 목제 지남어도 있는데, 이는 나무로 물고기 모양을 만들어 복부에 자석을 집어넣고 아가리에는 황납(黃蠟)을 바른다. 그런 후 목어를 물 위에 띄우면 머리는 남쪽을 가리킨다.

『지남정법(指南正法)』 → '『순풍상송(順風相送)』'항 참고

지문항법 地文航法
해상에서의 선박위치, 방위, 목적지까지의 거리 등의 문제를 해결하는 기술을 항해술이라 한다. 항해술에는 지문항법, 천문항법, 전파항법이 있는데, 지문항법은 육안으로 볼 수 있는 지형물표를 통해 선박의 위치를 확인하는 것을 의미한다. 지문항법의 단점은 지형물을 볼 수 없는 대양이나 먼 바다에서는 적용이 어렵다는 것이다. 먼 바다에서는 태양, 달, 행성 등의 위치와 고도를 관측하여 얻은 선을 이용하여 선박의 위치를 측정하는 천문항법이나 방향탐지기, 로란수신기, 오메가 수신기, 위성항법장치, 레이더 등의 기기를 이용하는 전파항법을 취한다. 지문항법과 천문항해는 시계가 양호한 날씨가 중요하나, 전파항법은 악천후나 야간 등 시계가 불량하더라도 전파탐지는 가능하다는 장점이 있다.

지문항법에는 추측항법과 연안항법이 있다. 추측항법(Dead Reckoning, DR)은 외력(바람, 해조류)을 고려하지 않고 침로와 항정만을 이용하여 이미 정확하게 결정된 선박의 위치를 기준으로 새로운 선위를 추정하여 결정하는 방법을 말한다. 추측항법에서 침로는 나침반에 의해서 결정하고, 항정은 측정의 및 기관회전수로 계산되며, 이것을 이용하여 항해사가 직접 해도에 선위를 기점한다. 추측항정 자화기(Dead Reckoning Tracer, DRT)나 추측항정 분해기(Dead Reckoning Analyzer, DRA)는 선박의 운동을 기계적으로 계산하여 선위를 기점하는 계기이다. 최신 항법의 일종인 관성항법(Inertial navigation)과 도플러 항법(Doppler navigation)도 추측항법의 원리를 개발한 계기를 이용하고 있다. 연안항법(Piloting)은 육상 물표, 항로표지, 측심 등을 이용하여 계속적으로 선박의 위치를 결정하고 선박을 안전하게 항행시키는 방법을 말한다. 연안항법은 한때 시각과 청각의 도달거리 내에서 적용되었으나, 레이더, 무선통신 및 발달된 전자계기에 의해서 인간의 시각과 청각의 도달거리는 수평선 너머로 확대되었고, 물속과 우주공간에까지 확장되고 있다.

지브롤터 Gibraltar
스페인의 이베리아 반도 남단에 위치한 항구. 지브롤터 해협을 사이에 두고 아프리카 대륙과 마주하고 있다. 대

지브롤터산에서 바라본 지브롤터해협

서양과 지중해를 이어주는 유일한 통로인 지브롤터 해협에 면해 있어서 이곳을 차지하기 위한 쟁탈전의 역사는 그리스·로마 시대부터 시작되었다. 711년에 이슬람교도인 타리끄(Tariq)가 무어인을 거느리고 이곳을 점령하고, 그것을 발판으로 스페인을 경략하였다. 이때부터 사람들은 로마시대까지 '헤라클레스의 기둥', '칼페산(山)' 등의 이름으로 알려졌던 이곳을 자발 타리끄(Jabal Tariq, 타리끄의 산, 높이 425m)라고 불렀고, 여기에서 지브롤터라는 지명이 유래하였다. 이후 이슬람 왕국의 요새로 사용되다가 스페인의 이사벨 1세가 1501년에 스페인령으로 병합하였다. 그러나 스페인 왕위계승전쟁의 와중에 영국은 이곳을 불의에 점령하였다. 스페인은 할 수 없이 1713년 위트레흐트(Utreccht) 조약에 의해 지브롤터를 정식으로 영국에 양

도하였다. 그후 스페인은 여러번 이곳을 탈환하려 하였으나 번번이 실패하였다. 결국 1830년에는 영국의 직할 식민지가 되고 말았다. 1869년에 수에즈 운하가 개통되면서 영국은 지브롤터의 소유권을 빼앗기지 않으려 진력하였는데, 이는 수에즈 운하로 영국이 동아프리카와 동아시아의 식민지로 가는 길이 훨씬 단축되었기 때문이었다. 20세기 들어서 스페인은 지브롤터를 봉쇄하는 등 반환요구를 계속해왔지만, 1967년과 2002년에 실시한 주민투표 결과 계속 영국령으로 남게 되었다. 면적: 6.8km², 인구: 약 3만 명(2012년)

지중해 해저유적

지중해는 해저유물의 보고다. 기원전 4세기에 지중해에는 300여 개의 항구가 있었으며, 청동기시대부터 근세에 이르기까지의 지중해 침몰 선박은 10

만 척을 헤아린다. 심해에 침몰한 선박은 파도의 영향을 별로 받지 않기 때문에 보존상태가 비교적 양호하다. 이에 고고학·교류사·선박사 연구에서 귀중한 사료로 활용되고 있다.

진주 眞珠, pearl

일반적으로 조개류에서 채집하는 천연물로 아름다운 색깔과 광택을 가지고 있는 진주는 일찍부터 장식품과 교역품으로 각광을 받아왔다. 현대에 이르러 1920년대를 분수령으로 진주는 천연진주와 양식진주 두 가지로 갈라지게 되었다. 천연진주를 형성하는 패류(貝類)는 약 1만 5천 종이나 된다. 그중 질 좋은 진주를 만드는 패류는 약 1,300종이나 되며 주로 온대나 열대 바다에서 난다. 천연진주의 주 채집지는 페르시아만(93%)이며, 기타 인도 연안과 스리랑카 부근, 북아메리카 연안에서도 나온다. 유물에서 보다시피 인간은 원시시대부터 진주를 보석처럼 귀중히 여기면서 장식용으로 써왔다. 중국 전국시대의 청동기에는 진주가 상감(象嵌)되어 있으며, 기원 초 지중해 연안에서 성행한 이른바 다채장식양식(多彩裝飾樣式, polychrome)의 주 장식재료도 각양각색의 진주다. 유럽에서 16세기는 '진주의 시대'(pearl age)라고 할 정도로 진주가 폭발적인 인기를 모았다. 유럽에서 진주는 심장병이나 장수약으로도 사용되었으며, 중국 둔황 벽화에는 백색의 안료(顔料)로도 사용되었다. 세계적으로 채집지가 제한된 진주가 이렇게 여러 곳에서 진품으로 사용된 것은 교역 덕분이다. 기원 초 70년대에 나온 『에리트라해 안내기』에는 인도양에서 이루어진 교역에서 진주가 중요한 교역품이었다는 내용이 기록되어 있으며, 기원을 전후한 시기 중국 한대의 배가 멀리 인도 남단의 황지국(黃支國)에서 수입해온 품목 가운데에도 진주가 들어 있었다.

질병

인류의 역사만큼 질병의 역사도 장구하다. 항해술의 발달로 인한 지리적 발견은 질병의 전파를 더욱 촉진시키기도 했으며, 질병에 대한 과학적 인식을 높이는 계기가 되었다. 유럽인들이 '신세계'를 발견하고 탐험하는 과정에서 접한 새로운 질병들은 무지로 인해 많은 희생자를 낳기도 했지만, 다른 한편으로 질병에 대한 새로운 지식을 발전시키는 계기가 되기도 하였다. 유럽과는 다른 풍토인 열대지방에서 경험한 열병이나 구루병 등의 질병에 대해 처음으로 기록을 남긴 사람은 영국의 무역상인 조지 웨이슨(George Wateson)이었다. 영국의 동인도회사 소속 의사였던 제임스 린드(James Lind, 1716~1794)는 『열대의 유럽인들에게 발생하는 질병』이라는 책을 발간하기도 하였다. 그리고 매독에 관한 문헌과 물증은 15세기 말부터 증가하기 시작했는데, 이것이 콜럼버스의 '신대륙' 발견과 맞물려 있다는 것이 흥미롭다. 콜럼버스의 신대륙 발견은 유럽에 거대한 부를 가져다주었지만, 그와 더불어 콜럼버스 항해의 선물 가운데 빼놓을 수 없는 것이 스피로헤타, 즉 매독균이었다. 다른 지역의 질병에 대한 지식이 충분히 발달하기 전에는 무고한 희생의 역사가 항상 함께 한다. 그 대표적인 예가 노예무역선 종(Zong)호에서 일어난 사건이다. 선상의 오랜 집단생활은 전염병과 질병이 발생하는 데 좋은 조건이다. 위생과 영양 상태가 열악하여 장티푸스나 괴혈병 등 질병이 끊이지 않았고, 질병에 대해 잘 알지 못하여 전염병이 아닌데도 증상이 보이면 곧바로 바다에 버려졌다. 1781년 흑인 노예 400여 명을 싣고 아프리카에서 서인도제도로 가던 종호에서 질병으로 사망자와 병자가 늘기 시작하였다. 긴 항해로 인한 피로와 영양부족에 질병까지 발생하자 선상의 안전은 위태로워졌다. 선장이었던 루크 콜링우드와 선원들은 병에 걸린 자들을 산 채로 바다에 던져버리는 잔인한 행동을 자행하였다. 당시 영국의 법은 자살이나 질병으로 죽거나 자연사한 경우에는 보험금이 지급되지 않지만 노예가 살해된 경우나 선상 반란을 진압하기 위해 바다에 던져진 경우는 보험사가 책임지게 되어 있었다. 추후 보험금을 타낼 목적으로 노예들을 바다에 수장시킨 사실이 드러나 보험금 지급이 거부되었다. 이 사건은 노예가 화물이 아니라는, 노예무역에 반대하는 목소리를 내게 하는 계기가 되기도 했다.

ㅊ

참파 占婆, 占城, Champa

베트남 남부에 존재했던 고대 왕국. 2세기경 말레이계의 참족(族)이 건설하였다고 알려져 있다. 중국 기록에 의하면, 당나라 때는 이 지역의 왕국을 임읍(林邑)이라고 부르다가, 송나라 때에는 점성(占城)이라고 불렀다고 한다. 그러나 192년에 세워진 임읍(林邑, Línyì)과 7세기경의 점성(占城, Champa)국이 역사적으로 어떤 관련이 있는지는 명확하지 않다. 점성은 산스크리트어 참파나가라(Campanagara)의 음사(音寫)이다. 참파의 종교적 유적지인 미 썬(Mỹ Sơn) 성터에서 발견된 비문에 의하면, 점성 왕가는 마하바라타(Mahabharata) 전쟁에서 패배한 인도의 크루족(Kaurava)의 왕자 아슈바타만(Ashvatthaaman)의 후예라고 한다. 참파는 9~10세기에 가장 번성하여 중국 당나라 가탐(賈耽, 730~805)의 '광주통해이도(廣州通海夷道)'에는 당시 해상교역의 주요 기항지의 하나로 기록되어 있다. 10세기 이후에는 중국에서 독립한 베트남의 남진을 막지 못하고 패전을 거듭해오다가 결국 1832년에 베트남의 민망(明命, Minh Mạng)왕에게 완전히 멸망하고 말았다. 현재 참인(人)은 소수민족으로 남아 있다.

천계령 遷界令

중국 청조는 타이완과 푸젠성(福建城) 등 남해 연안을 근거지로 반청운동을 벌이는 명나라 유신(遺臣) 정성공(鄭成功)의 세력을 제압하기 위해 1661년에 연해 주민들의 해상활동을 금지하고 내륙으로 강제 이주시키는 일종의 해안봉쇄령을 반포하였다. 그뒤 정성공 세력이 진압되자 1683년에 해금(解禁)되었다. 이 기간 동안 네덜란드 동인도회사의 중국 도자기 구입은 완전히 정지되었고, 그 대신 일본 자기를 구입하였다. 이를 계기로 일본은 자기 제조에 큰 진전을 이루었다.

챌린저호 탐험 HMS Challenger expedition

영국의 톰슨 경(Sir Charles W. Thompson 1830~1882)의 주도로 1872년 12월 7일부터 1876년 5월 26일까지 진행된 해양탐사를 그 항해에 사용되었던 선박 이름을 따서 챌린저호 탐험이라 한다. 챌린저호는 나무로 만든 코르벳함으로 길이는 69m, 무게는 2,306톤이었다. 이 배는 증기기관과 돛을 함께 사용하던 군함을 탐험목적에 맞게 개조한 선박이다. 챌린저호는 영국을 떠나 대서양을 탐사하고 아프리카 희망봉을 돌아 인도양과 태평양을 탐사한 후 마젤란 해협을 통과하고 대서양을 가로질러 영국으로 돌아갔다. 챌린저호가 항해한 거리는 약 127,000km에 달하였다. 항해 중 492곳에서 수심을 측량하였고, 133곳의 해저에서 해양생물을 채집하였으며, 362개 정점에서 수온을 측정하는 등 해양조사를 면밀히 진행하였다. 챌린저호 탐험으로 대양의 수온 분포와 해류가 파악되었고, 약 4,700종의 새로운 해양생물을 발견하였다. 또한 심해저에도 동물이 살고 있다는 것이 확인되었으며, 태평양 마리아나 해구 근처에서 당시로는 가장 깊은 수심인 8,180m가 측량되어 챌린저 해연이라 명명되었다. 조사 자료는 23년 동안의 분석 기간을 거쳐 29,500쪽에 달하는 50권 분량의 보고서인『챌린저호 항해의 과학탐험 결과 보고서』(Report on the Scientific Results of the Voyage of HMS Challenger)가 출간되었다. 챌린저호 탐사는 해양연구의 기폭제가 되어, 이후 크고 작은 해양탐사가 뒤를 이었다.

천리선 千里船 → '윤선'항 참고

천문항법 天文航法, celestial navigation 또는 astronavigation

태양, 달, 항성과 행성 등 천체의 고도와 방위를 측정하고, 그때의 시간을 정확하게 재어 배의 위치를 알아내는 항해기술이다. 예전에는 중요한 항해술이었으나, 지금은 인공위성항법을 사용하기 때문에 거의 사용하지 않게 되었다. 선박 항해에는 천문항법 이외에도 지문항법이나 전파항법 등이 사용된다. 전파항법(電波航法, electronic navigation)은 레이더나 위성항법장치(GPS) 등 전자공학 장비를 이용하여 배의 위치를 결정하는 방법이다. 전파항법은 제2차 세계대전 이후 전자공학의 발달로 급속히 발전하여 지금은 시간과 장소에 구애받지 않고 어디서라도 정확한 배의 위치를 구할 수 있다. 지문항법이나 천문항법은 시계(視界)가 양호한 날씨에만 사용할 수 있는 반면, 전파항법은 안개나 구름이 끼어 시계가 불량하더라도 전파가 도달할 수 있는 거리 이내에서는 빠르게 배의 위치를 알 수 있다는 장점이 있다. 이러한 장점 때문에 최근에는 거의 모든 대형 선박은 전파항법을 사용하고 있다.

『천애횡단갈망자(天涯橫斷渴望者)의 산책(散策)』 *Nuzhatu'l Mushtāq fiIkhtirāqi'l Afāq*, Abu Abdu'l llāh Mohammad al-Idrisi (1099~1166년) 저, 1154년

중세의 가장 걸출한 이슬람 지리학자인 이드리시는 스페인 코르도바에서 태어나 성장하였는데, 시칠리아(Sicilia) 왕 로제르 2세(1130~1154 재위)의 궁정학자로 봉직하면서 지리학 연구에 일생을 바쳤다. 그는 16세 때부터 지중해를 중심으로 유럽과 아프리카, 아랍제국, 그리고 멀리 아시아 일대까지 수차례 답사를 다니면서 지리 지식의 현지 고증과 지도 제작에 전념하였다. 세계를 이해하기 위해 각국의 토지·하천·해양·육해로 등을 기술해 달라는 로제르 2세의 요청에 따라 명저 『천애횡단갈망자의 산책』의 저술에 착수하였다. 로제르 2세의 칙령에 의해 조직된 전문위원회가 각지에 파견되어 자료 수집과 확인, 고증 작업을 담당하면서 내용의 사실성과 정확성을 기할 수 있었고, 마침내 그는 1154년에 이 책의 저술을 완성하였다.

당시 전통적인 아랍의 '7기후대설(氣候帶說)'에 입각해 기후대별로 각 나라와 지역의 지리 개황을 기술하였고, 1매의 세계지도와 전래의 '7기후대설'에 따라 매 지역(Iglim)을 다시 서에서 동으로 10등분해 각기 지도 1매씩을 제작함으로써 총 70매의 지역 세분도를 완성해 첨부하였다. 그러나 그의 세계지도는 남을 위로 하고 북을 아래로 하는 방위설정, 대양이 육지를 에워싼 점, 지중해와 인도양의 접점을 홍해가 아닌 수에즈 지협(地峽)으로 한 것 등 전통적 이슬람 지리학의 오류를 답습하였다. 이드리시는 지도뿐만 아니라, 무게 400라틀(ratel, 1ratel=3.944g)의 타원형 지구의(地球儀)도 제작하였다. 이 지구의 표면에는 7개 기후대 내의 국가와 지역명·해양·하천, 그리고 지역간의 거리까지 상세히 음각(陰刻)되어 있다. 이드리시가 제작한 세계지도의 제1구역도 제10세분도에는 지구의 동단 해상에 섬나라 신라(al-Sīlā)가 명기되어 있다. 이와 함께 신라의 위치와 아름다운 자연경관, 황금의 생성 등에 관한 설명을 곁들이고 있다. 이것은 신라가 등장한 최초의 서방 세계지도이다. 지리학 총서

이드리시 세계지도의 제1구역도 제10세분도에 그려진 신라 섬들

인 이 책은 선행한 어떤 지리서도 필적할 수 없는 중세 지리연구의 수작으로서 17세기 초부터 라틴어로 번역되어 유럽 대학들에서 지리학 교재로 채택되었다.

천해 遷海

중국 청(淸)조가 실시한 일종의 해금(海禁)정책이다. 청조 초기에는 전대(명조)의 해금정책을 계승해 해상에 웅거하고 있는 정성공(鄭成功) 등 반청(反淸) 잔여세력을 고립시키고 초멸(剿滅)하기 위해 해안가에서 30리 이내에 거주하는 사람들을 무조건 내지로 이주시켰다. 이것을 '천해'라고 한다.

청해진 淸海鎭

청해진은 "신라인을 노예로 파는 해적들이 더이상 노략질을 하지 못하도록 하게 해달라,"는 장보고의 청에 따라 흥덕왕(興德王) 3년(828년)에 완도(莞島)에 설치된 군사적 요충지인 동시에 한국과 중국, 일본 3국을 잇는 해상무역활동의 중심 거점이었다. '청해(淸海)'는 '바다를 맑게 하다'라는 뜻인데, 이것은 당시 중국 해적들의 서해상에서의 인신매매와 노략질을 소탕해 평안을 되찾는다는 함의다. 청해진의 주요한 관청과 방어시설은 천연요새인 완도의 장도(將島)에 건설하였다. 그러한 장도의 위상을 입증한 약 2,200점의 유물이 그곳에서 발견되었다. 장도

를 포함해 모두 265개의 섬을 거느리고 있는 완도는 한반도가 시작되는 끝 땅으로 신석기시대부터 사람들이 살고 있었다. 여러 곳에서 패총이 출토되었으며, 210여 기의 지석묘도 발견되었다.

청해진은 해상왕 장보고(張保皐)에 의해 건설되었고, 동북아해상무역 거점으로서의 사명을 다하였다. 완도에서 태어난 장보고는 어린 시절을 고향에서 보내면서 신라사회의 모순과 혼란을 체험하였다. 이름 궁복(弓福)이나 궁파(弓巴)에서 엿볼 수 있듯이 그는 어릴 적부터 궁술에 능하였다. 골품제도하에서는 신분상승에 한계가 있음을 느낀 그는 20대 초에 중국 당나라에 건너가 서주(徐州)의 무령군(武寧軍)에 들어가 30세(819년)에 군중소장(軍中小將)의 직위에 오른다. 한편, 산둥반도 적산포에 적산법화원(赤山法華院)을 세워 재당 신라인들 속에서 활동한다. 당시 중국 해적들에게 잡힌 신라노(新羅奴)들의 참상을 목격한 장보고는 민족적 울분을 삼키며 그 소탕을 결심하고 귀향한다. 이런 뜻을 품고 알현한 흥덕왕은 그에게 군사 1만을 거느릴 수 있는 청해진을 설치하도록 허락하고 대사(大使)로 임명한다. 그는 즉지 군소 해상세력들을 규합해 해적들을 소탕하고 해상무역권을 확보한다.

장보고는 "바다를 지배하는 자가 세계를 지배한다."라는 신념으로 청해진

청해진의 본영이 있던 장도

본영을 중심으로 해양을 개척해나갔다. 그는 한국과 중국, 일본을 연결하는 장대한 해상 실크로드의 동단(東段)을 개척하고, 청해진을 기지로 중국과 일본을 연결하는 중계무역을 실시하였으며, 멀리 동남아시아나 이슬람세계의 교역도 개발하였다. 급기야 아시아 최초의 민간 무역상이 되었다. 장보고선단은 당나라에서는 비단직물·의복·차·도자기·금은세공품 등을 구입해 신라와 일본에 보내고, 신라에서는 금은·과하마(果下馬)·인삼·해표가죽 등을, 일본에서는 명주·솜·실·금 등을 당으로 수출하였다. 이렇게 장보고는 명실상부하게 동북아시아의 바다를 주름잡는 해상왕이었다.

첸나이 Chennai

인도 타밀나두주의 주도(州都). 옛 이름은 마드라스(Madras). 마드라스는 1639년 영국의 동인도회사가 이곳에 무역기지를 건설했던 어촌 마드라스파트남(Madraspatnam)을 줄여서 부른 말이다. 그러나 영국이 이곳에 도시를 개발하기 훨씬 전부터 로마제국에 후추와 직물을 보내고 금을 받아오던 해상교역의 중심항구 마일라푸르(Mylapur)항에 관한 기록이 있는데, 지금의 첸나이 지역으로 추정된다. 2세기경 프톨레마이오스(Ptolemios)는 마일라푸르항이 그리스와 로마사람들에게 잘 알려져 있다고 하였으며, 마르코 폴로도 13세기 말엽 이곳을 방문하였다. 1522년 마일라푸르에 처음 도착한 포르투갈은 고대 이곳에서 기독교를 전파하다 순교한 사도 도마(St. Thomas)의 무덤이 있던 곳에 산토메성당(San Thome Church)을 세웠는데, 지금까지도 여전히 성당으로 사용되고 있다. 1639년 영국 동인도회사가 이곳에 세인트조지(Saint George) 요새를 건설한 이래 동인도회사의 본부 역할을 하면서 마드라스로 불렸다. 그러다가 인도가 영국으로부터 독립한 후인 1996년 첸나이로 개명하였다. 현재 첸나이는 인도에서 네번째로 큰 도시이며 남인도 최대의 정치·경제·문화의 중심지이다. 면적:181.06km², 인구: 약 750만 명(2007년)

초레라(Chorrera) 문화

기원전 1200년경 남미 에콰도르 해안에 등장하는 고대문화다. 선각(線刻)과 음각(陰刻)의 장식기법이 사용된 적·백·흑색의 목이 긴 항아리와 사각형 사발 등의 토기가 특징적이다. 토기에는 동식물이나 자연의 모티브뿐만 아니라 환자, 짐꾼, 피리 연주자, 노 젓는 사람 등 여러가지 인간의 모습을 그려넣었다. 담배 가루가 담긴 그릇이 발견된 점으로 미루어 선사시대에 이곳에 흡연 관습이 있었다는 것을 알 수 있다.

촐라(Chola) 왕조

남인도에서 타밀족이 세운 고대 해양국가다. 인도 원주민인 드라비다족의 일족인 타밀족이 기원전 2세기경에 남인도의 타밀 지역 동쪽의 코로만델(Coromandel) 해안의 면화 무역지 우라이우르(Uraiyur)를 수도로 해 촐라 왕국을 세웠다. 이들은 기원전 2세기에 바다를 건너 실론(현 스리랑카)을 근 50년간이나 통치하면서 실론 포로 1만 2,000명을 동원해 카베리강에

남인도 촐라 왕국(9~13세기) 수도였던 탄자부르의 브리하디슈와라 힌두교 사원 외관

160km의 제방을 쌓아 관개농사를 지었다. 촐라 왕국은 고대 아테네와 비견되는 문화유산을 남겼다. 그러나 기원후 4~8세기에는 약소국으로 이름만 겨우 유지하다가 9세기에 이르러 다시 흥기해 탄졸을 수도로 한 강력한 촐라 왕국을 재건하여 13세기 중엽까지 남인도를 지배하였다. 전성기에는 북방 갠지스강 유역까지 진출했으며, 해상으로 말레이 반도까지 원정하였다. 13세기 중엽에 판디아(Pāndya) 왕조에게 복속되었다.

최초의 교역활동

인류 최초의 교역활동은 이집트의 고왕국(古王國) 시대(기원전 2850~2200)로 거슬러올라간다. 고대의 전제주의 국가이고 단원적(單元的, monolithic) 사회였던 이집트의 고왕국 시대의 교역활동은 최고의 절대적 지배자 파라오(Pharaoh, '큰 집'이라는 뜻)의 의지에 따라 엄격한 통제 아래 진행되었다. 그는 이집트의 농산물과 금속공예품을 시나이(Sinai) 반도의 구리와 레바논(Lebanon)의 목재와 교역하기 위해 대상(隊商)과 상선대(商船隊)를 조직해 군사들의 호위 속에 교역차 파견하였다.

『추봉오어(推蓬寤語)』 9권, 李豫亨 저, 1570년

명(明)대 융경(隆慶) 4년(1570)에 이예형(李豫亨)이 저술한 책이다. 이 책에서 저자는 "근래에 오(吳)·월(越)·민(閩)·광(廣)에서 누차 왜의 침입을 당했는데, 왜선(倭船)의 선미(船尾)에는 한침반(旱鍼盤)이 달려 있어 항로를 판별하고 있다. 그래서 그것을 노획하고 모조해 오인(吳人)들이 쓰기 시작하였다. 그런데 수침반(水鍼盤)보다는 세밀하지 못하다."라고 일본을 통한 나침반의 중국 역류(逆流)를 기술하고 있다. 이에 앞서 이예형은 저서 『청도서언(靑島緒言)』에서도 한라반(旱羅盤, 한침반)이 가정(嘉靖) 연간(1522~1566)에 일본에서 중국으로 전해졌다고 주장하였다.

취안저우 泉州

중국 푸젠성(福建省) 동남부 진장(晉江) 하구의 항구로, 해상 실크로드의 '동단(東端)'으로 알려져 왔다. 당대에 이미 '칸주'라는 이름으로 아랍 상인이 다수 거주하였다. 송대에는 무역을 관장하는 시박사(市舶司)가 설치되었고, 원대에는 중국 최대의 국제무역항이 되어 외국인들이 거주하는 지역사회가 크게 발달하였다. 이곳에 들른 마르코 폴로나 이븐 바투타는 취안저우를 자이툰(Zaitun, 刺桐)이라는 이름으로 소개하면서 세계 최대의 무역항이라고 전하고 있다. 14, 15세기경 이 항구는 페르시아와 아라비아 무역 상인

네스토리우스파의 석비

들이 많이 몰려들어 번영을 누리게 되었으며, 지금도 이곳에는 그들의 후예인 '회민(回民)'이 다수 살고 있다. 도시 중심부에는 이슬람교 사원(청진사清眞寺)과 아라비아인 묘지가 남아 있다. 최근에는 근처에서 자기 가마터가 발견되었는데, 필리핀이나 인도네시아에서 발견된 중국도자기의 생산지였음이 밝혀졌다.

취안저우(泉州) 해저유적

1973년 2월 중국 푸젠성(福建省) 취안저우만(泉州灣) 내에서 침몰한 목조선 한 척을 발견하였는데, 2년간의 작업 끝에 원상복구하여 현재 취안저우 해상박물관에 전시하고 있다. 선수(船首) 높이는 10.5m이며 적재량은 370여 톤이다. 갑판의 일부만이 손상을 입고 선체는 거의 온전한 상태를 유지하고 있다. 2, 3중의 겹구조로 된 현측(舷側)이나 배 바닥은 소나무(松)·삼나무(杉)·녹나무(楠)로 건조하였고, 13개의 선창(船艙)을 가지고 있다. 적재품은 주로 침향목(沈香木)과 단향목(檀香木)이며, 송나라 말이나 원나라 초에 침몰된 상선으로 추정되는데, 적재물로 보아 동남아시아에서 온 것으로 짐작된다. 1964년 항저우(杭州) 박물관이 닝보(寧波)에서 14세기 초에 침몰한 유사한 배를 발견하였으며, 홍콩 역사박물관도 주룽(九龍)에서 비슷한 침몰선을 발견한 바 있다.

취안저우 해외교통사박물관 정문

취안저우(泉州) 해외교통사박물관

중국 푸젠성(福建省) 취안저우에 위치. 박물관에는 취안저우의 해저에서 발굴된 길이 약 3미터의 정크선 유물이 전시되어 있다. 이 배는 진흙 속에 묻혀 있었기 때문에 썩지 않고 그대로 남아 있었는데, 한국 신안 앞바다의 침몰선과 크기와 구조가 비슷하며 14세기 전반의 유물로 추정된다. 1997년 취안저우 시내 유하로(柳河路)에 박물관 신관이 건설되었으며, 해상견사지로(海上絲綢之路), 즉 해상 실크로드 연구소가 이곳에 있다.

친차(Chincha) 문화

잉카 문명에 속하는 페루의 지방왕국기(地方王國期)의 문화다. 1200년경 페루 남해안 북부의 친차 계곡 하류지역에서 번영했던 수장제(首長制)사회의 문화다. 이 사회에서는 직업분화가 이미 이루어졌다. 백색이나 크림색 바탕에 흑색 기하학 문양을 섬세하게 그린 토기를 특징으로 한다. 친차인들은 페루의 중부와 남부의 고지대와 교역을 적극적으로 진행했을 뿐만 아니라 해로를 통해서 멀리 에콰도르의 의례용품을 수입해오는 등 장거리 교역도 한 것으로 보인다.

침향나무

침로 針路, ship's course

나침반의 지시에 따라 선박이 다니는 항로를 말한다. 침로를 명시함으로써 항해의 안전은 물론이거니와 항진 방향을 예정하고 항해 소요 시간을 정확히 산출할 수 있다. 나침반이 항해에 널리 도입되면서 침로를 표시한 항해도(航海圖)가 제작되기 시작하였다. 침로가 표시된 항해도가 중국 남송(南宋) 말엽에 출현한 후, 원(元)대에는 다양한 항해도가 제작·이용되었다. 특히 명(明) 초에 정화(鄭和)의 7차 '하서양(下西洋)' 항로를 상세히 기술한 『정화항해도(鄭和航海圖)』는 그때까지의 항해도 제작을 집대성한 수작이다. ('정화항해도'항 참고). 중국 항해도의 영향을 받은 유럽에서는 1300년을 전후해서야 비로소 침로가 표시된 여러가지 항해도가 나타났다.

침향 沈香

서방에서 유향과 몰약을 주요 분향료로 사용한 데 비해 동방에서는 침향(沈香)과 단향(檀香)을 주요 분향료로 사용하였다. 침향(학명 Aquilaria agallocha)은 팥꽃나뭇과에 속하는 상록교목으로, 키는 20m 이상이고 줄기의 지름은 2m나 된다. 잎은 어긋나게 피는데, 가죽같이 질기며 긴 타원형으로 길이는 5~7cm이며 광택이 난다. 주산지는 하이난도(海南島)·베트남·타이·말레이시아·수마트라·미얀마·부탄·아삼 등 말레이 반도를 중심으로 한 지역이다. 원래 침향의 원목(原木)은 향기가 없으나 나무에 상처가 생기면 그곳에 수지가 배어나와 굳어지면서 비로소 그 나무가 침향목(沈香木)으로 된다. 이 나무가 넘어져서 땅속에 묻히면 다른 부분은 다 썩어버리는데, 수지가 응결된 부분만은 썩지 않고 단단해지고 무거워져서 태우면 향기로운 연기를 뿜는다. 이렇게 땅속에 파묻혀 있던 침향목을 물속에 넣으면 무게 때문에 가라앉는데, 이것이 바로 '침향'이다. 침향은 형태에 따라 서각침(犀角沈)·연구침(燕口沈)·부자침(附子沈)·사침(梭沈)·횡격침(橫隔沈) 등으로 구분한다. 침향을 분향료로 가장 일찍이 사용한 나라는 인도로, 산스크리트어로 침향을 '아가루'(agaru)라고 한다. 그런데 침향의 가장 중요한 산지인 말레이시아에서는 침향을 말레이어로 '가하루'(gaharu), 혹은 '카유가루'(Kayu Gharu)라고 한다. 이 말레이어는 '아가루'라고 하는 인도의 산스크리트어에 어원을 두고 있다. 이것은 침향을 이용하는 데서 인도가 말레이시아보다 앞섰음을 시사해준다. 고대 인도의 약법서(藥法書)인 『사슈루다』에는 침향의 연기를 상처의 진통제로 쓴다는 기록이 있다. 분향제로 쓰이는 이러한 침향이 불교의 동전과 더불어 중국에 유입되었다. 기원후 3세기 전반 오(吳)나라 만진(萬震)이 저술한 『남주이물지(南州異物志)』에는 침향의 산지와 형성법 및 종류 등이 정확히 기술되어 있다. 이로 미루어 침향은 3세기 이전에 이미 중국인들이 사용하고 있었음을 알 수 있다. 그들은 주로 하이난도와 말레이 반도·수마트라 등 동남아시아산 침향을 수입해 사용하였다. 침향의 동방 전파는 중국에만 한정되지 않고 한반도까지 이어졌다. 침향이 신라에 유입된 사실은 『삼국사기(三國史記)』 「잡지(雜志)」 '거기(車騎)'조에 나타나는데, 진골(眞骨)은 거재(車載)에 자단과 침향을 쓸 수 없다는 기록을 비롯해 진골에서 육두품(六頭品)과 육두품녀(六頭品女), 오두품과 오두품녀, 사두품과 사두품녀, 백성(百姓)과 백성녀(百姓女)에 이르는 계층은 침향을 안교(鞍橋)에 쓰지 못하도록 한 금령(禁令) 기록이 있다. 뿐만 아니라 '옥사(屋舍)'조에는 진골이나 육두품에게 침향으로 침상을 꾸미지 못하게 한 기사가 보인다. 한편, 신라 경덕왕(景德王) 11년(752년)에 도일(渡日)한 신라 사절의 대일(對日) 매물(賣物) 명세서에는 침향이 포함되어 있다. 이와같이 신라시대에 한국도 출처는 미상이나 이미 침향을 수입해 분향료로 사용하고, 중계교역 형식으로 타국에 재수출까지 했던 것이다.

ㅋ

카냐쿠마리 Kanyakumari(Cape Comorin)

인도 아대륙을 포함한 전 아시아 대륙의 최남단(북위 5도)에 자리하여 벵골만과 인도양, 아라비아해 3대 바다의 거센 물결을 한품에 껴안고 오로지 항해자들의 안녕만을 지켜온 카냐쿠마리는 숱한 비원과 전설을 간직하고 있는 성스러운 고장이다. 세 바다가 뒤섞이고 지는 해가 떠오르는 달을 만나는 이곳에서 사람들은 신비와 성스러움을 느꼈던 것이다.

일찍이 서기 70년경에 쓰인 것으로 알려진 『에리트라해 안내기』(*Periplus Maris Erythraei*)에는 다음과 같은 요지의 기사가 실려 있다. 즉 바다 어디에 곶과 항구가 있는 코마리(지금의 코모린Comorin)라는 곳이 있는데, 남자와 여자들이 남은 생애에 수행과 금욕을 하며 살기 위해 이곳으로 몰려온다. 이곳에는 한때 한 여신이 살고 있었다고

벵골만과 인도양, 아라비아해 3대 바다를 지켜보는 카냐쿠마리의 푸람 입상

한다. 그 여신이 바로 이곳에서 전해내려 오는 카냐(Kanya, 동정녀) 여신 쿠마리다. 여신은 한 손으로 악마를 물리치고 세상에 자유를 선사했다고 전한다. 이를테면 자유의 수호신이다. 이 여신을 기리기 위해 해안가에 돌로 쿠마리 암만 사원이 지어졌다. 신도들은 저녁마다 황혼이 깃들 무렵이면 세 바다가 만나서 내는 신비로운 파도소리를 들으며 그녀를 경배한다. 오늘날까지도 남자들은 윗옷을 벗고 참배를 해야 하며, 참배객들에게는 일일이 빨간 꽃가루를 손에 쥐어준다. 그러면 참배객들은 작은 놋쇠컵 등잔을 들고 작은 여신 앞을 세 번 돈다. 자못 엄숙하다. 사원 내외 촬영은 일절 금지다.

그리고 해안에서 약 400m 떨어진 바다 한가운데의 바위섬 위에는 '로도스(Rhodos) 거상'처럼 비베카난다푸람(Vivekanandapuram)(동상)이 우뚝 서 있고, 그 곁에는 인도 건축양식을 집대성한 비베카난다 기념관이 있다. 이 바위섬에서 북쪽으로 고개를 돌리면 세 바다가 한눈에 들어오며, 숱한 배가 동서 방향으로 그 해면을 미끄러져가고 있는 광경이 마치 한 폭의 그림처럼 보인다. 카냐쿠마리곶은 예나 지금이나 인도양과 아라비아해의 병목 역할을 톡톡히 하고 있다. 뿐더러 곶 끝 뭍에는 어제를 이어가려는 인도인들의 신념을 반영한 듯, 간디 기념관과 '남부의 간디'로 알려진 카마라즈(Kamaraj)의 기념관에도 사람들의 발길이 끊이지 않는다.

카디스 Cadiz

스페인 안달루시아 지방의 카디스주의 주도(州都). 카디스는 기원전 11세기경 해양민족인 페니키아인이 개척한 도시로서, 스페인과 서유럽에서 가장 오래된 항구도시이지만, 쇠락하지 않고 오늘까지도 여전히 제 기능을 하는 도시다. 카디스 박물관에는 카디스에서 발견된 기원전 4세기경의 페니키아인 석관이 전시되어 있는데, 관의 뚜껑이 사람의 형상을 하고 있는 것이 이채롭다. 기원전 3세기경 로마는 카디스를 비롯한 이베리아 반도를 정복하고 전 주민에게 로마시민권을 부여하면서 약 400년간을 안정적으로 통치하였다. 이때 이베리아어 대신에 라틴어가 공용어가 되면서 현재 스페인어의 근간이 되었다. 416년 로마의 쇠퇴를 틈타서 게르만의 한 부족인 서고트(Visigoth)족이 들어와서 기독교 왕국을 세웠다. 그러나 711년 모로코의 이슬람교도 무어인이 지브롤터 해협을 건너 카디스에 도착, 항구에 대한 지배권을 장악하고 이름을 자지라트카디스로 바꾸고 지배를 시작하였다. 그러다가 1262년 카스티야의 알폰소 10세(Alfonso X de Castilla)가 카디스를 탈환하였다. 이후 스페인을 통일한 이사벨 여왕의 후원을 받은 콜럼버스는 카디스에서 두 번의 항해를 시작하였으며, 스페인 식민지에서 금·은·향료 등을 실어오는 스페인의 무적함대도 이곳에 위치하였다. 그러나 1588년에 스페인의 무적함대가 영국의 프랜시스 드레이크가 지휘하는 함대와의 해전에서 패하고, 미국 식민지를 잃어버리면서 카디스의 무역활동은 큰 타격을 입고 위축되었다. 근대에 들어오면서 대형선박의 등장으로 카디스는 안달루시아의 주요 무역항으로 다시 부상하고 있다. 면적: 12.10km², 인구: 약 12만 명(2012년)

카라벨선(船)

14~17세기 지중해나 대서양에서 쓰인 범선이다. 대·소형이 있는데 대형은 무게가 25~60톤에 이르고, 2~3개의 돛대와 대형 삼각돛이 달려 있다. 포르투갈의 항해 왕자 엔히크가 아프리카 탐험에 나섰을 때 카라벨선이 큰 역할을 했으며, 바스쿠 다 가마나 콜럼버스의 선단에도 이용되었다.

카라치(Karachi) 국립박물관

파키스탄 카라치에 위치. 이 박물관에는 카라치 근처의 해안유적에서 발굴된 중국자기와 페르시아 니샤푸르계 도자기 파편 등 유물이 전시되어 카라치가 동서교역의 접점이었음을 보여준다. 약 2,500년 전 인더스강 유역의 모헨조다로에서 출항하여 인도양을 지나 페르시아만을 거쳐 티그리스·유프라테스 강 연안의 메소포타미아까지 이르는 초기 해상 실크로드 상에서 진행된 교역을 보여주는 유물들도 있다.

카라카스 Caracas

베네수엘라(Venezuela)의 수도. 카리브해에서 아비야(Abya)산을 넘어 고도 약 900미터 높이의 동서로 길게 뻗은 카라카스 분지에 위치하는데, 국토의 북부 중앙에 해당한다. 지형 상 해안의 산이 방벽이 되어 외지인들의 공격을 피하여 비교적 안전하게 마을을 형성, 유지할 수 있었다. 그러나 16세기 스페인인의 정복이 시작되면서, 1567년 스페인의 침략자 디에고 데 로사다(Diego de Losada)가 산티아고 데 레온 데 카라카스(Santiago de León de Caracas)라는 이름으로 지금의 카라카스를 건설하였다. 카라카스라는 이름은 당시 주변 계곡에 살던 토착민족의 이름에서 유래했다고 한다. 카카오 재배 등으로 카라카스의 경제적 가치가 커지면서 도시는 확대되었고, 1777년 베네수엘라 도독령(都督領)의 수도가 되었다. 약 300년간의 스페인 식민지를 거친 후, 19세기 초 베네수엘라의 국부로 추앙받는 카라카스 출신의 시몬 볼리바르(Simón Bolívar, 1783~1830)는 콜롬비아·에콰도르·베네수엘라 3국으로 그란콜롬비아공화국을 세워 독립전쟁을 이끌었다. 베네

중앙광장인 아르마스 광장에 면해 있는 소박한 대통
령궁

수엘라는 1830년 분리독립을 선언하
고 카라카스를 수도로 정함으로써 식
민지시대뿐만 아니라 19세기 독립 후
에도 카라카스는 정치·경제·문화의
중심지로 발전해왔다. 19세기 말 파
리를 본보기로 하여 카라카스의 근대
화 및 도시정비를 추진하여, 근대적인
광장과 거리, 극장 등이 들어섰다. 20
세기 초 카라카스 호수지역에서 석유
가 생산되면서 농촌에서 많은 인구가
카라카스를 비롯한 도시에 급속히 유
입되기 시작하였다. 카라카스는 유입
되는 인구를 충분히 수용하지 못하여
주변의 구릉지에 빈곤한 슬럼가가 형
성되어 오늘날까지도 빈곤문제 해결
은 큰 사회적 이슈가 되고 있다. 면적:
433km², 인구: 약 210만 명(2011년)

카라크선(船) carrack, caraque

14~16세기 유럽에서 이용한 대형 범
선으로 일명 나오(nao)라고도 부른다.
스페인과 포르투갈에서 많이 이용한
카라크는 북유럽의 사각 가로돛과 남

유럽의 삼각 세로돛의 장점을 살려 만
든 범선으로 폭과 용골(龍骨) 및 주갑
판의 길이가 각각 1:2:3의 비율로 설
계되어 있으며, 이물과 고물에 누각(樓
閣)이 설치되어 있다. 콜럼버스 선단의
기함(旗艦) 산타마리아호가 바로 카라
크다.

카브랄 Pedro Álvarez Cabral, 1467~1520년

바스쿠 다 가마가 인도항로를 개척하
고 귀국한 후 1500년에 카브랄을 사령
관으로 한 선단이 제2차 인도양 항해
에 나섰다. 희망봉을 향해 항해하던 중
에 서쪽으로 표류하다가 우연히 브라
질을 발견하게 되었고, 이는 남미에서
유일하게 브라질이 포르투갈 식민지
가 된 계기가 되었다. 이후 다시 동진
하여 인도에 도착하였고 이듬해에 귀
국하였다.

카탈루냐 지도첩 Cataluña Atlas, Abraham Cresques 제작, 1385년

1385년 스페인 동북부 카탈루냐의 바
르셀로나에서 제작된 해도(海圖)다. 8
매의 양피지에 그린 12매의 채색 지도
첩으로서 지도의 크기는 폭 69cm, 길
이 3.9m다. 이 지도의 특징은 당시 세
계에 관한 새로운 지식을 담고 있으며,
건물이나 배, 깃발 등을 아름답게 채색
한 장식적인 지도라는 데 있다.

칸티노(Alberto Cantino)의 지도

알베르토 칸티노(Alberto Cantino)가 이탈리아의 페라라 공작(Duke of Ferrara)의 밀명을 받고 1502년 포르투갈의 리스본으로 가서 포르투갈의 해도 제작자에게 몰래 의뢰하여 모사(模寫)한 세계지도이다. 당시 포르투갈은 대항해시대를 열면서 새로운 탐험항로를 개척하는 데 주력하고, 신항로를 통한 극동무역을 독점하기 위해 항로는 물론, 항해지도를 비밀리에 보관하고 있었다. 그런데 당시 포르투갈과 경쟁관계에 있던 이탈리아의 페라라 공작에 의해 그 모사 지도가 이탈리아에 오게 되었다. 그러다가 1755년 리스본의 대지진으로 인해 포르투갈 왕실이 보관하고 있던 지도가 모두 소실되는 바람에 이 칸티노의 지도가 포르투갈의 가장 오래된 세계지도로 알려지고 있다. 그런데 칸티노의 지도는 1598년경 모데나(Modena)의 에스테(Este)가(家) 궁전으로 옮겨져 보관되어 오다가 1859년 시민폭동이 일어나면서 그 행방이 묘연해졌다. 그러다가 우연히 1868년 시내의 한 정육점에서 천막으로 사용되고 있는 것이 발견되어 오늘날까지 보존되고 있다. 이 지도에는 아프리카와 인도 이외에도 콜럼버스와 카브랄이 발견한 신대륙도 포함되어 있다. 인도양까지는 비교적 정확하게 그려져 있는 데 비해 벵골만 동쪽부터는 불분명하게 반도로 표시되어 있다.

캐벗 John Cabot(영어), 조반니 카보트 Giovanni Caboto(이탈리아어)

이탈리아의 항해가. 베네치아 출신으로 영국에 이주한 캐벗은 1496년에 헨리 7세의 후원을 받아 지금의 캐나다 동해안에 이르렀으며, 1497년에는 북아메리카 케이프브레턴섬을 발견하였다.

캘리컷 Calicut

인도 남서부 케랄라(Kerala)주 말라바르(Malabar)해안의 오래된 항구로 지금은 코지코드(Kozhikode)로 불린다. 7세기 아라비아 상인들이 처음으로 정착하였으며 1498년에는 포르투갈의 항해가인 바스쿠 다 가마가 희망봉을 에돌아 이곳에 기항함으로써 '인도항로'가 개척되었다. 13~14세기경 항구가 크게 번성하였는데, 중국의 무역품을 실은 중국의 정크선과 이 물건을 구입하여 다시 서양에 중계하는 이슬람 선박이 넘쳐나는 국제 중개무역항이었다. 이븐 바투타(Ibn Batūtah)는 시나, 자바, 실론, 몰디브, 야만, 파루스 사람들이 이곳에서 장사를 하는데, 장

캘리컷의 정화기념비 터

사가 흥하기로는 세계에서 최고라고 기술하고 있다.

커내버럴곶(Cape Canaveral) 해저 유물

1715년 7월 스페인의 갤리언 선단 10척이 미국 플로리다주의 커내버럴곶 부근의 해협에서 침몰하였다. 1949년에 이 해저에서 은화가 처음 발견된 후, 1961년에는 10개의 금괴(金塊, 잉곳ingot)를 건져올렸다. 또한 1965년 5월 30일에는 금판(金板)과 금화 등 30만 달러어치의 보화를 또 건져냈다. 발굴자인 와그너는 그중 10개의 완(碗, 그릇)과 발(鉢, 바리때)을 4,675달러에 골동품 수집상에게 팔아넘겼다. 이 가운데 다구(茶具)는 중국 청조 강희제(康熙帝) 시대의 제품으로서 중국—마닐라—멕시코로 이어지는 태평양 횡단 해로를 통해 중국제 완이나 다구가 멕시코로 유출된 사실을 보여준다. 이것은 중세에 이르러 실크로드 해로가 구대륙에서 신대륙으로 연장되었음을 실증해준다.

커티삭호(號) Cutty Sark

19세기에 만든 쾌속 범선 클리퍼(Clipper) 가운데 현존하는 유일한 배. 1869년 스코틀랜드의 선주인 조크 윌리스(John Jock Willis)가 미국의 클리퍼들과 차 운송 경쟁을 벌이기 위해 만들었으나, 그해 수에즈운하가 개통되고 범선이 증기선으로 대체되던 시기여서 실제로 차 운송은 조금밖에 하지 못하고 석탄과 양모 운반선 등으로 전용되었다. 1950년까지는 훈련선으로 사용되다가 런던해양박물관의 프랭크 카(Frank Carr) 관장이 주도하는 커티삭 보존위원회가 엘리자베스 2세 즉위 기념으로 매입하여 1954년 그리니치에서 복원하였다.

커피의 전파

커피는 약 1,200년간(6~18세기)이라는 오랜 기간에 걸쳐 원산지 에티오피아에서 세계 방방곡곡으로 퍼져나가 명실공히 세계적 기호음료로 자리를 굳혔다. '커피'라는 말은 원산지 에티오피아어로 '힘'이라는 뜻의 '카파'(caffa)에서 유래하였다고 한다. 지금은 '커피 벨트'(cofffee belt)혹은 '커피 존'(coffee zone)이라고 하는 남위 25도에서 북위 25도 사이의 아열대 지방에 위치한 약 15개국(유럽 제외)에서 생산된다. 커피의 발견에 대해서는 몇가지 설이 있지만, 어느정도 신빙성이 있는 것으로는 에티오피아 양치기 소년 칼디(Kaldi)의 발견설과 아랍의 사제(司祭) 셰이크 오마르(Sheikh Omar)의 1258년 발견설을 들 수 있다. 그러나 서로 다른 발견설이 존재하지만 커피의 원산지가 아프리카의 아열대국인 에티오피아라는 데는 이견이 없다. 커피는 약으로도 쓰이다가 각성제와 흥분제 내지 진정제로 인기를 모으면서 에디오피아의 주요한 교역품으로 각지에 보급되었다. 전파과정을 연대별로 정리하면 대략 다음과 같다.

원산지 에티오피아 → (575) 아랍(예멘) → (9세기) 페르시아 → (1516~1517) 터키 → (16세기) 인도·네덜란드 → (1690년경) 실론(현 스리랑카)·자바 → (1713) 프랑스 → (남아메리카, 1720년경) 서인도제도·쿠바·멕시코 → (1722) 프랑스령 기아나 → (1727) 브라질 순이다. 이후 십자군전쟁과 르네상스를 거치면서 유럽에서도 커피에 대한 관심이 갑작스럽게 높아졌다. 그전에는 커피가 무슬림들의 음료라고 해서 경원시했으나 교황 클레멘스 8세가 커피에 축성(祝聖)하자

브라질 커피수출항 산투스의 '커피 거래소'(현 커피 박물관)

유럽에 커피하우스가 생겨나고 커피수요가 급증하였다. 한편, 오스만제국에서도 1517년 셀림 1세가 콘스탄티노플에서 커피를 소개하고 커피하우스 개설을 장려하자 커피하우스는 문전성시를 이루었다. 터키에서는 남편이 아내에게 하루에 필요한 양의 커피를 마련해주지 않으면 법적으로 아내가 이혼을 청구할 수 있을 정도로 커피는 중요하게 여겨졌다. 차가 지배적인 기호음료가 된 중국에 커피가 선을 보인 것은 근간의 일이다. 한국의 경우, 1896년 아관파천(俄館播遷) 당시 러시아 공사관에서 고종황제가 처음으로 커피를 마셨다고 전해지고 있다.

케이프타운 Cape Town

남아프리카 공화국의 의회가 있는 입법수도. 아프리칸스어(아프리카어와 네덜란드어 혼성어)로 카프스타드 Kaapstad라고 한다. 대서양과 인도양의 경계가 되는 희망봉에서 북쪽으로 약 50km 떨어진 케이프 반도 북단에 있는 항만도시로 남아프리카공화국 최대의 무역항이다. 엔히크 해상왕자의 신항로개척의 일환으로 1488년 포르투갈의 항해가 바르톨로메우 디아스는 케이프타운에 가까운 반도의 남단인 '폭풍우의 곶'(Cape of Storms), 즉 희망봉(Cape of Good Hope)에 도착하였으며, 1497년 바스쿠 다 가마는 희망봉을 에돌아 동쪽으로 진출, 1498

테이블산을 배경으로 한 항구

년 인도 캘리컷에 도착, 드디어 '인도항로'가 개척되었으며, 이를 계기로 대항해시대의 막을 올렸다. 대항해시대가 열리면서 이곳은 동양과 서양의 접점이 되어 인도와 동남아시아, 동아시아로 항해하는 선박의 중요한 기항지가 되었다. 1652년 네덜란드가 동인도회사의 보급기지를 건설하기 위해 이곳에 상관을 설치하고 항만시설을 구축했으나, 1806년 영국으로 소유권이 넘어갔다. 1869년 수에즈 운하가 개통되면서 유럽에서 아시아로 가는 항로의 주요 거점인 케이프타운은 큰 타격을 받았지만, 킴벌리(Kimberley)에서 다이아몬드가 발견되고, 트란스발(Transvaal)에서 금광이 개발되면서 다시 번영을 되찾았다. 1910년 영국의 자치령(남아프리카연방)이 되어 연방의 회가 만들어졌으나, 1961년 남아프리카연방은 영국연방에서 탈퇴하고 남아프리카공화국을 세웠다. 시내에는

17세기 네덜란드가 세운 희망봉성(城)과 성곽, 교회 등이 남아 있으며, 세계적인 자연경관으로 유명한 테이블(Table)산이 있다. 1961년 남아프리카연방이 영연방에서 탈퇴하면서 남아프리카공화국의 입법수도로 재탄생하였다.

코그선(船) Cog(영어), Kogge(독일어)
중세 북유럽에서 진행된 한자(hansa, 중세 유럽 도시의 상인조합) 무역의 주력 선박으로 주로 12~15세기에 활동

1240년에 건조된 영국 코그선(船)

하였다. 목조 범선으로서 항해 성능과 적재 능력(100~200톤)이 우수하다. 지중해에서는 베네치아의 코그선이 동방의 향료나 설탕, 귀석(貴石) 같은 것을 유럽으로 운반했으며, 십자군전쟁 때도 가장 중요한 운송수단이었다. 15세기에 들어와 대형 선박이 등장하면서 코그선은 점차 자취를 감추었다.

코리아 해양 실크로드 탐험대 Korea Maritime Silk Road Expedition

대한민국 경상북도는 2013년 '코리아 육상 실크로드 탐험대'의 성공적인 운영에 이어 2014년에는 해양수산부의 후원 하에 한국해양대학교와 함께 해양 실크로드 글로벌 대장정의 일환으로 '코리아 해양 실크로드 탐험대'를 파견하였다. 총 150명으로 구성된 탐험대는 한국해양대학교 소속 실습선 6,686톤급 '한바다호'로 45일간(2014. 9. 16.~10. 30.) 국제항 포항을 출발해 광저우(중국) → 다낭(베트남) → 자카르타(인도네시아) → 말라카(말레이시아) → 양곤(미얀마) → 콜카타(인도) → 콜롬보(스리랑카) → 뭄바이(인도) → 무스카트(오만) → 반다르압바스(이란) → 이스파한(이란) 등 해상 실크로드 연안 9개국 10개항을 순방하였다. 탐험대는 신한류문화를 전파하고, 21세기의 문화전도사로서 화합과 평화에 기여하며, 대대로 이어온 해양정신을 발휘함으로써 해상 강국 대한민국의 위상을 드높이기 위해 출범하였다. 이러한 목적을 실현하기 위해 탐험대는 한국의 날 행사를 비롯해 한국 및 신라 문화를 홍보하는 문화전도사 역할을 수행하고, 관련 유적 유물을 답사해 세계 속의 한국을 재발견하고 확인하며, 광저우, 뭄바이, 이스파한 등에서 개최한 국제학술세미나를 통해 해상 실크로드 문화에 관한 이해를 심화시키고 전문가들과의 글로벌 네트워크를 구축하는 데 진력하였다. 더불어 혜초를 비롯해 이 탐험의 길을 개척한 선현들의 업적을 기리는 행사를 거행하고 인도 사르나트(녹야원)에 기념비석도 세웠다. 해상 실크로드사에 전례없는 이 역사적 장거를 후세에 전하고 관심자들에게 알리기 위해 탐험활동에 관한 보고서와 기행문, 백서와 화보 등을 발간하고, 영상기록물과 다큐멘터리 '바다의 제국'을 제작하였다. '코리아 해양 실크로드 탐험대'의 업적과 위훈은 인류문명 교류사에 길이 빛날 것이다.

코리아 해양 실크로드 탐험대

코르벳함(艦) Corvette

원래 코르벳이라는 배는 로마시대부터 있었으나, 17세기 후반에 이르러서는 전장이 길고 돛대가 하나이며 노(櫓)를 이용해 항진하는 선박을 일괄 지칭하였다. 18세기에는 노가 없이 두 대의 돛대에 사각돛(四角帆)을 갖춘 배로, 주로 해안경비 업무를 맡았다. 전투에 참가하는 경우에는 큰 함대를 지원하는 역할을 하였다. 제2차 세계대전 중, 영국이나 캐나다, 이탈리아 등에서 기뢰 제거와 대잠수함(對潛水艦) 방위를 위해 개발한 소형함을 '코르벳'이라고 다시 부르기 시작하였으며, 지금은 연안경비를 주 임무로 하는 1000톤급의 작은 전투함을 의미한다.

코친 Cochin

인도 서해안의 코모린곶에서 가까운 항구로서 세계 후추의 4분의 1이 이곳에서 거래될 만큼 후추의 생산지와 집산지로 유명하다. 대항해시대가 열리자 포르투갈과 네덜란드, 영국 상인들이 앞을 다투어 이곳에 몰려와 후추를

인도 최초 성당인 코친의 프란시스 성당

유럽으로 실어갔다. 2천년 이상 지속되어오는 후추 교역에는 유대계 상인들이 한몫을 하였다. 코친 주변에는 성 도마가 기원 초기에 이곳에 와 기독교를 전도했다는 전설이 지금까지도 남아 있다. 코친이 속한 케랄라주(州) 주민의 20%는 기독교도들이다.

코틴(W. Courteen) 상무단(商務團)

1635년에 코틴을 비롯해 영국 동인도회사에 소속되지 않은 영국 상인들은 동인도회사의 동방무역 독점에 맞서 이른바 '코틴 상무단(商務團)'을 조직하였다. 국왕은 동인도회사의 활동이 미치지 않는 동방 각지에서 그들이 무역활동을 하는 것을 허락하였다. 2년 후인 1637년 8월에 이 상무단이 파견한 웬델(John Wendell) 휘하의 함선 2척이 광저우(廣州) 후먼(虎門)에 침입해 중국군과 초유의 무장충돌을 일으켰다. 이 사건 후, 중국정부는 영국함선의 중국영해 진입을 엄금하였다.

콘티키 Kon-Tiki

콘티키는 노르웨이 인류학자인 토르 헤위에르달(Thor Heyerdahl 1914~2002)이 제작했던 돛대와 선실을 갖춘 대형 뗏목의 이름이다. 콘티키(Kon-Tiki)는 본디 폴리네시아어로 '태양의 아들'을 의미하며, 옛 잉카제국이 숭배하던 전설적인 태양신에 그 기원을 두고 있다. 토르 헤위에르달이 콘티키호

를 만든 이유는 매우 감동적이다. 그는 원래 폴리네시아 원주민을 연구하던 학자로서, 남아메리카의 페루와 남태평양 제도의 폴리네시아섬에 있는 석상들의 유사성에 주목하고 폴리네시아인들의 조상이 페루에서 건너왔음을 주장하였다. 그러나 당시에는 폴리네시아인의 조상이 동남아시아에서 왔다는 설이 통설로 받아들여지고 있었고, 고대에는 남아메리카에서 바다를 건너올 수 있는 항해기술이 있었다고 보기 어렵다는 이유를 들어 그의 주장은 묵살되었다. 그는 이에 주저앉지 않고 직접 실험을 통해 이를 입증하고자 하였다. 그것은 바로 선사시대부터 전수되어온 잉카제국 인디언들의 방식과 똑같은 방식으로 뗏목을 만들어 페루에서 폴리네시아까지 항해하는 것이었다. 헤위에르달은 동료 5명과 함께 1947년 4월 28일 페루 카야오항을 출발해 7,964km의 바닷길을 오직 바람과 해류에만 의존해 101일간 항해한 끝에 같은 해 8월 7일 동폴리네시아 제도에 도착하였다. 이듬해 헤위에르달은 자신의 주장을 입증한 역사적인 도전 과정을 『콘티키탐험』(*The Kon-Tiki Expedition: By Raft Across the South Seas*, 1948년)라는 책으로 남겼다. 헤위에르달의 값진 용기와 모험심은 그 대담성과 더불어 인류학적 가치가 드높다. 헤위에르달은 옛 남아메리카인들이 어떻게 남태평양의 섬들에 표착할 수 있는지를 실제로 입증했을 뿐만 아니라 폴리네시아인들의 시조가 잉카제국의 태양신으로부터 유래한 것임도 밝혀낸 것이다. 그의 콘티키 항해는 새로운 질문이 새로운 세상을 만든다는 것을 보여준 하나의 본보기다.

콜럼버스 Christopher Columbus, 1451~1506년

이탈리아의 제노바에서 출생한 콜럼버스는 1476년 포르투갈에 이주해 리스본에서 해도(海圖) 제작에 종사하다가 피렌체의 지리학자 토스카넬리(Paolo dal Pozzo Toscanelli, 1397~1482)의 서방항해설에 매혹되어 대서양횡단 항해를 결심하였다. 1485년 스페인 여왕 이사벨(Isabel, 1451~1504)의 후원을 약속받고 몇년 준비 끝에 1492년 8월 3척의 배에 90명의 선원을 이끌고 스페인의 팔로스(Palos)항을 출발하였다. 약 두 달 동안의 항해 끝에 현 아메리카 대륙의 바하마 제도, 쿠바, 아이티(Haiti)섬에 도착하였다. 그후 1493~1504년 기간에 세 차례 더 중남미를 항해하였다. 이것이 이른바 콜럼버스의 네 차례에 걸친 '신대륙 발견' 대서양횡단 항해다. 그는 이사벨이 사망하자 후원자를 잃고 소외된 채 생활하다가 사망하였다.

콜럼버스의 대서양횡단 항해 콜럼버스는 지구구형설(球形說)을 믿고 대서양으로 서항(西航)하면 인도나 중국에 도

콜럼버스 초상

달할 것이라고 생각해 서항 계획을 포르투갈 국왕에게 건의했으나 거절당하였다. 그러나 스페인에 이주한 후 이 계획은 이사벨 여왕과 페르난도 2세(Fernando II, 1452~1516)의 지지를 받았다. 이에 고무된 콜럼버스는 1492년 8월 3일 스페인의 서남 항구 팔로스를 출발, 같은 해 10월 12일 바하마 제도의 어느 한 섬에 도착해 그 섬을 '산살바도르'(San Salvador, '성스러운 구세주'라는 뜻)라고 명명하였다. 이어 쿠바와 아이티도 들렀다. 그후 그는 세

차례 더 대서양횡단 항해를 단행하였다. 제2차 항해 때(1493~1495)는 도미니카·과달루페·자메이카에 도달하고, 제3차 항해 때(1498~1500)는 트리니다드와 오리노코강 하구에 이르렀다. 3차 항해 중 식민지의 반란으로 '모기제독'(Admiral of Mosquitoes)이라는 야유를 받던 그는 지위를 박탈당하고 소환되어 구금되었다. 석방되어 행한 제4차 항해(1502~1504)에서는 온두라스와 파나마 지협을 '발견'하였다. 이처럼 포르투갈 항해가들이 한창 인도항로를 개척하고 있을 때, 콜럼버스가 대서양을 횡단해 '신대륙'을 발견함으로써 유럽의 대항해시대에 일대 전기를 마련했을 뿐만 아니라 해상 실크로드 해로의 서단(西段)이 지중해에서 대서양으로 확대 연장되었다.

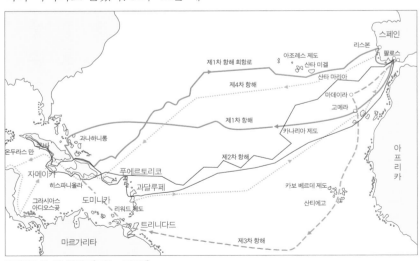

콜럼버스의 4차 항해도(1492~1504년)

콜롬보 Colombo

스리랑카의 행정수도. 인도양의 중요
항구로서 '망과항(芒果港)'이라는 신
할리어 '콜라 암바 토타(Kola-amba-
thota)'에서 유래하였는데, 포르투갈
인들이 콜럼버스를 기리기 위해 '콜롬
보'라는 이름을 붙였다고 한다. 또 일
설은 신할리어의 '바다의 천당'이라는

콜롬보 항구

뜻이 있다고도 한다. 7~8세기 무슬림
들이 향료와 보석 때문에 무역항으로
개척할 때는 '카란바'라고 불렀다. 14
세기에 이곳에 들른 이븐 바투타는 이
곳을 칼란푸(Kalanpu)라고 표기하고
있다. 1330년 중국 원나라 여행가 왕대
연(汪大淵)은 이곳을 방문하면서 '고
랑보(高郎步)'라고 불렀다. '아시아의
문', '동방십자로의 문'이라고 불리는
콜롬보는 천혜의 양항(良港)으로 2000
년 전부터 인도와 그리스, 로마, 페르
시아, 아랍, 중국의 상인들이 드나들었
다. 8세기에 들어 아랍인들이 정착하
기 시작하면서 본격적인 남해무역의
중계항으로, 스리랑카 상업무역의 중
심지가 되었다. 16세기 들어서면서 유
럽 각국이 앞다퉈 동방으로 진출하는
과정에 콜롬보는 번갈아 포르투갈과
네덜란드, 영국의 지배하에 놓이게 되
었다. 영국은 1815년에 스리랑카 중심
부의 캔디 왕국을 공략하고 콜롬보를
식민지 수도로 삼았다. 콜롬보는 1985
년에 수도를 스리자야와르데네푸라코
테(Sri Jayawardenepura, Kotte, 신할리

어로 '요새화된 승리의 도시'라는 뜻)
로 옮길 때까지 스리랑카의 수도였고,
대통령과 총리 관저, 대법원, 중앙은행
등의 주요 기관은 여전히 콜롬보에 남
아 있어 행정수도 역할을 맡고 있다.
콜롬보는 인도양 유수의 국제무역항으
로 세계에서 가장 긴 인공항만의 하나
에 자리하고 있어 4만~5만 톤 선박 40
여 척이 동시에 접안할 수 있다. 도시
의 남북 길이가 15km나 되며 전국 대
외무역품의 90%가 여기에 집산된다.
시내에는 시 동쪽 40km 지점에 불교,
천주교·기독교·이슬람교가 모두 성지
로 숭앙하고 있는 '아담산', 일명 '성
족산(聖足山)'(높이 2,243m)이 자리하
고 있다. 그리고 이곳에는 중국 명나라
항해가 정화(鄭和)가 1409년에 방문
한 것을 기리는 '정화 공양비'도 있다.
또 '비오는 나무(우수 雨樹)'라는 기이
한 나무도 있는데, 이는 밤새 수분을
흡수하였다가 해가 뜨면 잎사귀가 벌
어지면서 빗물 같은 물이 떨어지는 현
상 때문이라 한다. 1009년에 세워진 이
슬람 사원 자미 울 알파(Jami-ul-Alfar

mosque)를 비롯해 불교사원, 힌두교 사원, 성당 등이 공존하고 있다. 면적: 37.31km², 인구: 약 56만 명(2011년)

콜롬보(Colombo) 국립박물관

스리랑카의 수도 콜롬보에 위치. 이 박물관에는 스리랑카 중부의 고대도시 시기리야(Sigiriya)에서 발굴한 도기 파편이 전시되어 있다. 불교벽화가 있던 장소에서 찾아낸 것으로, 중국의 회유 항아리 조각과 페르시아의 니샤푸르, 골란 등지에서 구운 청자 파편 14점도 있다. 이렇게 동·서양 각지에서 제작된 유물이 한자리에서 출토된 것이 그만큼 동·서 문명이 어우러졌음을 뜻한다. 항아리는 교역품이 아니라 당시 페르시아나 아라비아의 상선이었던 다우선에 실은 식수 보관용기였을 것으로 추측된다. 13세기 것으로 밝혀진 이와 유사한 65cm 높이의 항아리가 중국 푸젠성 박물관에도 있다. 한 박물관에는 15세기 초 중국 명나라 정화(鄭和) 함대가 그곳에 도착했음을 입증하는

'정화 공양비'도 전시되어 있다. 중국 청화백자와 오채자기뿐 아니라 네덜란드 동인도회사 마크가 새겨진 17세기 중엽의 이마리 자기도 전시되어 있어, 스리랑카가 오랫동안 동남아시아 해상 실크로드 상의 요충지였음을 실증해준다.

콜카타 Kolkata

인도 서벵골주의 주도. 2001년 이전에는 캘커타(Calcutta)로 불렸다. 17세기까지는 벵골(Bengal)의 영주(Nawab)가 지배하는 세 마을─콜리카타(Kolikata), 수타누티(Sutanuti), 고빈다푸르(Govindapur)─이 있는 후글리(Hooghly)강 하구의 작은 읍이었으나, 향신료 무역에 유리한 입지를 찾던 영국 동인도회사가 이곳에 상관을 세우면서 동인도 제일의 항구로 부상하였다. 덥고 습한 강기슭의 습지라는 점에서 사람들의 거주지로 적당하지 않지만 무역에 유리한 입지조건을 갖고 있었다. 1712년 영국은 이곳에 윌리엄요

1877년에 세워진 **콜롬보 국립박물관**의 외경과 건립자 윌리엄 그레고리의 동상

새(Fort William)를 구축하고, 1912년에 수도를 뉴델리로 옮기기 전까지 영국령 인도의 수도로 삼았다. 콜카타의 건축물은 인도와 서양의 문화요소가 섞여 있는데, 그 대표적인 일례가 서양의 고전양식과 무굴양식이 혼합되어 있는 빅토리아 기념관이다. 인도에서 가장 오래된 박물관인 인도박물관(Indian Museum)에는 귀중한 고고학적 유물과 민속수집품 등이 전시되어 있다. 면적: 185km², 인구: 약 450만 명 (2011년)

쿠알라룸푸르 Kuala Lumpur

말레이시아(Malaysia)의 수도. 1999년 말레이시아는 행정 중심지를 푸트라자야(Putrajaya)로 옮겼지만 국왕의 왕궁과 의회, 그리고 일부 사법부 기능은 여전히 말레이어로 '흙탕물(Lumpur)의 합류'라는 뜻의 쿠알라룸푸르에 남아 있다. 15세기경 지금의 말레이 반도에는 인도의 왕족이 세운 말라카(Malacca) 왕국이 있었지만, 당시 해상무역을 주도하던 무슬림들의 영향으로 국민은 자연스럽게 이슬람교로 개종하였다. 서방에서 동방으로 가는 길목에 위치한 말라카 해협은 그 지정학적 중요성 때문에 유럽의 침략을 면할 수가 없었다. 드디어 1511년 포르투갈을 시작으로 1641년에는 네덜란드가, 1824년에는 영국이 말라카의 지배권을 갖게 되었다. 쿠알라룸푸르는 1850년대 당시 영국의 지배하에 이곳을 다스리던 라자 압둘라(Raja Abdullah)가 대규모 주석광산을 개발하기 위해 중국인 노동자를 고용하면서 건설하기 시작하였다. 이곳에서 캐낸 주석의 거래뿐만 아니라, 노동자들을 상대로 생활용품 장사를 하려는 중국계 상인들이 모여들면서 도시의 면모를 갖추게 되었다. 이러한 배경 때문에 쿠알라룸푸르는 말레이 민족 국가의 수도이면서도 주민의 반 이상이 중국계이다. 쿠알라룸푸르는 1896년 말레이연방주가 만들어지면서 수도가 되었고, 1957년에 영국으로부터 독립한 이후에도 계속 수도로 남아 있다. 1990년대에 들어서면서 아시아 경제성장의 붐을 타고 더욱 성장하여 동남아시아의 교역중

세계에서 가장 높은 쿠알라룸푸르의 국기게양대

심지로 부상하였다. 면적: 243km², 인구: 약 160만 명(2010년)

쿡 James Cook, 1728~1779년
'캡틴 쿡'(Captain Cook)으로 유명한 영국의 해군장교 겸 해양탐험가다. 프랑스와의 7년전쟁에 참전한 후 해군 대위로 1768~1770년의 제1차 탐험에서 뉴질랜드 해안을 측량하고, 오스트레일리아 동해안에 대한 영국의 영유권을 선포하였다. 1772~1775년의 제2차 항해에서는 남극권 탐험에 나서서 남위 71도까지 진출하였고, 태평양 섬들의 지도상 오기(誤記)도 바로잡았다. 1776~1779년의 제3차 항해에서 그는 북대서양과 북태평양을 연결하는 북서항로를 탐색하던 중 하와이 원주민과의 분쟁이 일어나 그 과정에서 피살되었다.

퀼론 Quilon
인도 남서부 케랄라(Kerala)주 남부에 있는 항구도시. 콜람(Kollam)이라고도 하는데, 콜람은 산스크리트어로 후추라는 뜻이다. 퀼론항은 아라비아해에 면해 있어서 약 2,000년 전부터 페니키아·페르시아·그리스·로마·중국의 각국의 배들이 드나들면서 향료와 진주, 다이아몬드, 실크 등을 교역하였다. 3세기경 그리스 선박이 이곳에서 향신료와 진주를 싣고 로마로 향하였다고 하며, 500여 년 전 포르투갈

의 탐험가이며 '인도항로'의 개척자인 바스쿠 다 가마도 이곳에 들렀다고 한다. 14세기 아랍 여행가 이븐 바투타는 그의 여행기에서 "알렉산드리아에는 또한 큰 항구가 있는데 인도의 카울람(Kaulam, 현 퀼론)항과, 칼리쿠트(Qaliqut, 현 캘리컷)항, 터키의 수르다크(Surdaq)에 있는 카파르(Kafar, 현 제노세 Genoese)항, 그리고 중국의 자이툰(Zaitun, 현 취안저우)항을 제외하고, 나는 일찍이 세상에서 이렇게 큰 항구를 본 적이 없다."고 퀼론을 알렉산드리아와 비교하면서 언급한 것을 보면 당시 퀼론의 규모를 상상할 수 있다. 근세에 들어오면서 1502년에 포르투갈이 유럽인으로서는 처음으로 이곳에 무역사무소를 설치한 이래, 네덜란드와 영국 등이 이곳을 둘러싸고 각축을 벌였다. 퀼론 시내에서 조금 떨어진 탄가제리(Thangasseri)에는 당시 지어진 교회와 성채의 흔적들이 남아 있다. 면적: 58.18km², 인구: 약 35만 명(2011년)

크레타(Creta) 문명
지중해의 고대문명으로서 일명 미노아 문명이라고 한다. 지중해 동부 중앙에 있는 크레타섬을 중심으로 오리엔트 문명의 영향을 받아 발생한 문명이며, 기원전 2000년경에는 크노소스 해상왕국이 출현하였다. 기원전 1700~1500년에 전성기를 맞아 궁정

을 비롯한 많은 건축들이 세워졌다. 종교는 자연숭배 단계에 머물렀고, 문자는 상형문자와 선(線)문자 A·B(B만 해독)를 사용하였다. 기원전 1400년경 그리스 본토에서 침입한 아카이아인들에 의해 멸망하였다.

클리퍼 clipper

쾌속 범선. 클리퍼는 속도를 위해서 적재량을 최소화하였기 때문에 용적은 적지만 가격은 비싼 차나 아편, 향료, 우편물 들을 주로 운반하고 승객을 수송하였다. 주로 영국 동인도회사나 네덜란드 동인도회사를 통해 아시아 무역을 국가가 거의 독점적으로 관리하던 유럽과는 달리, 1776년 독립한 미국은 개인들이 직접 무역에 뛰어들어 경쟁적으로 이윤을 추구하면서 속도가 빠른 선박에 대한 요구가 강해졌고, 또한 영국의 항해법을 피한 밀무역의 규모가 커지면서 영국의 감시선보다 더 빠른 선박을 찾게 되었다. 1820년경 볼티모어에서 네덜란드계 미국인이 만든 볼티모어 클리퍼가 클리퍼의 시조였다. 미국의 독립전쟁이 끝나면서 유럽과 미국 간의 대서양 정기항로가 개설되고, 영국과 네덜란드의 독점적 교역이 끝나고 자유로운 무역이 확산되면서 클리퍼에 대한 수요가 급증하였다. 아편 밀무역에 사용된 아편 클리퍼, 중국차를 실어 나른 티 클리퍼, 울 클리퍼 등 다양한 수요에 맞게 빠르게

개량되었으나, 1869년 수에즈 운하가 개통되면서 그 자리를 증기선에 내주게 되었다.

키 舵, Rudder

선박 조정장치인 키는 배의 선미에 부착되어 전진 및 후진 시에 배를 회전시키거나 배의 직진을 유지하는 장치이다. 육지에 길이 있듯이 바다에도 보이지 않지만 항로라는 길이 있다. 선박의 진행방향은 바람이나 해류, 조류 등에 따라 큰 영향을 받기 때문에 항로를 따라가기 위해서는 조타장치를 이용하여 선박을 조정해야 한다. 또한 다른 선박 혹은 장애물을 만날 때도 이를 피하기 위해 선박을 조정해야 한다.

카누, 보트처럼 노를 사용하는 배는 노에 가해지는 힘을 좌현과 우현에 적절하게 조정하여 배를 회전시키거나 정지시킨다. 더 큰 배는 선미에 별도의 키를 부착하여 배의 조정을 더 수월하게 한다. 키는 초기에는 사용할 때만 내리는 형식이었으나, 점차 수면 아래에 고정시키는 형식으로 바뀌었다. 최근에는 선미의 프로펠러 뒤에 키를 부착한다. 키는 흐름의 저항과 파도의 충격에 충분히 강해야 하며, 조정이 수월해야 한다. 키를 정중앙으로 했을 때 저항이 가장 작아야 좋은 키이다.

키레니아(Kyrenia) 해협 유적

1967년 키프로스 북부해안 키레니아

해협의 수심 30m의 해저에서 한 해면 채집부가 우연히 기원전 4세기경의 그리스 침몰선을 발견하였다. 당시 에게해에 대한 조사를 하고 있던 미국 펜실베이니아 대학 박물관 고고학조사단은 1968년부터 본격적인 발굴작업을 진행하였다. 발굴 결과 보전상태가 양호한 길이 12m의 선체를 찾아내고 호(壺, 항아리)·발(鉢, 바리때) 등 도기류와 청동제 솥, 화폐, 보석 등 다량의 유물을 찾아냈다. 선체는 해저에서 실측한 후 1970년 부분 해체해 인양한 뒤 원상복구하였다. 복원선은 현 터키군 요새인 키레니아성(城)에 보존되어 있다. 이 침몰선의 발굴로 고대 그리스 선박의 구조와 항로, 교역 등에 관한 귀중한 자료를 확보하게 되었다.

킨샤사 Kinshasa

콩고민주공화국(Democratic Republic of the Congo)의 수도. 1881년에 벨기에 국왕 레오폴드 2세(Leopold II)의 후원으로 콩고 지역을 탐험한 미국의 스탠리(Henry Morton Stanley)가 이곳에 병참기지를 건설하고 레오폴드빌(Léopoldville)이라고 불렀다. 당시에는 킨샤사는 근처의 원주민 거주지대를 지칭하는 말이었는데, 1966년에 이 도시의 공식 이름이 되었다. 1898년에 마타디(Matadi)항과 철로로 연결되면서 킨샤사는 크게 발전하였다. 외국에서 들여오는 물품은 마타디항에서 철로를 통해 킨샤사로 들여오면 콩고강의 수운을 이용하여 각지로 운송되고, 반대로 콩고민주공화국의 주요 수출품인 구리, 다이아몬드, 코발트 등의 광물과 커피 등이 킨샤사에 집하된 뒤 마타디항을 통해 수출되었다. 콩고민주공화국은 당초 레오폴드 2세의 사유지일 때는 콩고자유국(Congo Free State)으로 불렸으나, 그가 원주민에 대해 가혹한 정책을 시행하고 자원을 수탈함으로써 국제적으로 문제가 불거지자 1908년에 벨기에령 콩고(Belgian Congo) 식민지로 전락하였다가 1960년에 벨기에로부터 독립하여 콩고민주공화국이 되었다. 면적: 9,965km², 인구: 900만 명(2012년)

콩고를 탐험한 미국의 스탠리 기마동상(콩고 국립박물관 경내)

킹스턴 Kingston

자메이카의 수도. 자메이카섬 동남부 연안의 팰리세이도스(Palisadoes) 반도에 길게 둘러싸여 있는 천혜(天惠)의 항구이다. 자메이카섬은 1494년 콜럼버스의 제2차 항해로 유럽에 알려지면서 제일 먼저 들어온 스페인이 16세기 초부터 라틴아메리카에 대한 무역 중계지로 이용하였다. 1655년에 자메이카를 점령한 영국이 팰리세이도스 반도 끝에 포트로열(Port Royal)을 건설하여 영국령 서인도제도의 중심 항구로 키웠다. 그러다가 1692년 대지진으로 파괴되자 킹스턴을 새로운 도시로 건설하였다. 이후 킹스턴은 자메이카에서 가장 큰 도시로 발전하여 드디어 1872년에 새로운 수도가 되었다. 킹스턴은 18세기에 아프리카 노예를 매매하던 노예무역의 중심지의 하나로, 1830년 서인도제도에서 노예제도가 폐지되기까지 약 40만 명의 흑인 노예가 거래되었다고 한다. 영국 식민주의자들은 이들 노예들을 대규모의 사탕수수 플랜테이션에 투입하여 큰 부를 축적하였다. 그러다가 노예제도가 폐지되고 이어 1848년에 자유무역제도가 채택되자 자메이카는 점차 쇠퇴하게 되었다. 한편 자메이카는 1959년에 내정자치권을 획득하여 자치정부를 운영해오다가, 1962년에는 영국연방 내의 독립국이 되었다. 면적: 480km^2, 인구: 약 94만 명(2011년)

E

타이 수중고고학연구소

1974년의 타이 해군과 덴마크 수중고고학자들의 침몰선 공동조사를 계기로, 1976년 파타야(Pattaya) 해변 근처 사타히프(Sattahip)에 설립된 연구소. 타이 연안이나 말레이 반도 연안에서는 침몰선이 자주 발견되고 있으며, 14~16세기의 중국, 타이, 안남(현 베트남)의 청자, 청화백자, 철화백자 등이 주로 인양되고 있다. 특히 네 귀가 달린 마르타반 항아리(Martaban jars)와 접시가 많다. 이곳에서 인양된 유물 가운데는 각 나라에서 동시대에 만들어진 자기들이 함께 섞여 있어서 연대 추정의 좋은 단서를 제공해주고 있다.

탕헤르 Tangier

모로코 북서지방에 있는 탕헤르주의 주도(州都). 지중해와 대서양에 면해 있으며 지브롤터 해협을 사이에 두고 유럽(스페인)과 만나는 지정학적 위치 때문에 탕헤르의 역사는 끊임없는 외세의 침입으로 점철되어 있다. 기원전 12세기경 페니키아인들이 이곳에 살던 토착민 베르베르족을 몰아내고 자리를 잡았으며, 이후 카르타고가 이곳에 식민 항구도시를 건설하였다. 기원전 2세기경에는 카르타고를 제패한 로마가 텅기스(Tingis)라는 상업도시로 발전시켜서 약 600년간을 통치하였다. 로마의 힘이 약해진 틈을 타서 5세기경부터 반달족(Vandals, 스페인에서 온 게르만인)과 비잔틴제국이 차례로 이 지역을 지배하였으나, 7세기경 이슬람 세력이 몰려오자 이슬람교로 개종한 베르베르족을 중심으로 이 지역의 이슬람화가 이루어졌다. 모라비드 왕조(Al Moravids, 1062~1145) 시절 탕헤르와 이베리아 반도를 포함한 이슬람 대제국을 건설하였으나 1492년 이베리아 반도의 마지막 이슬람 거점지인 그라나다가 스페인에 함락되자 이슬람 왕조는 쇠퇴하기 시작하였다. 15세기 들어 인도로 가는 신항로를 개척하

지브롤터 해협에 면해 있는 모로코 탕헤르 항구

기 시작한 포르투갈은 1481년 항로의 길목에 있는 탕헤르를 식민지로 만들었다. 1662년 포르투갈의 공주 캐서린(Catherine)이 영국의 찰스 2세(Charles II)와 결혼하면서 탕헤르를 결혼지참금으로 영국에 넘겼는데, 1684년에 모로코가 정치적 영향력을 발휘하여 되찾았다. 그러나 18세기 말엽부터 탕헤르는 다시 열강의 각축장으로 변하였다. 1830년 프랑스가 알제리를 식민지로 삼자 스페인·영국·독일 등 서구 열강들의 모로코에 대한 관심이 가열되었다. 그러자 1880년에 소집된 마드리드회의에서 탕헤르를 '국제행정부' (International Administration)를 둔 자치령으로 지정하였다. 그러나 분쟁이 계속되자 1923년에 영국·프랑스·스페인·포르투갈·이탈리아·벨기에 대표들로 구성된 연합위원회의 통치를 받는 국제공동관리 도시가 되었고, 1924년 영세중립의 국제도시가 되었다. 이때부터 유럽에서 많은 이주자들이 몰려와서 아랍인과 유럽인, 유대인들의

특정 거주지역이 생겨났다. 1956년 모로코가 독립하면서 모로코에 반환되었고 자유무역항의 지위는 폐기되었다. 그러나 교역량이 줄어들고 경제가 어려워지자 모로코는 1962년에 항구의 일부를 다시 자유무역구로 회복하였다. 세계 4대 여행기의 하나인 『이븐 바투타 여행기』를 남긴 중세 아랍의 대여행가 이븐 바투타는 탕헤르 출신이다. 면적: 199.5km², 인구: 약 85만 명 (2012년)

태평양 太平洋, Pacific Ocean
태평양은 크고 평온한 바다라는 뜻이며, 포르투갈 항해가 마젤란이 이름을 붙였다. 마젤란은 1519년 8월 10일 스페인을 출발하여 대서양을 가로질러 1년 넘게 항해하여 남아메리카 최남단에 도달하였다. 마젤란은 서쪽으로 계속 항해하여 지금의 마젤란 해협을 빠져나왔다. 해협을 빠져나오자 끝이 안 보이는 바다가 다시 눈앞에 펼쳐졌다. 거친 파도와 싸우며 오랫동안 항해한

마젤란에게 새롭게 만난 바다는 호수처럼 조용하고 태평하였다. 이에 감동한 마젤란은 이 바다 이름을 '태평양'이라 지었다 한다. 태평양은 북쪽으로는 북빙양(북극해), 서쪽으로는 아시아와 오스트레일리아, 남쪽으로는 남빙양(남극해), 그리고 동쪽으로는 남·북아메리카 대륙과 맞닿아 있다. 태평양은 5대양 중 가장 큰 바다로 표면적이 1억 5천6백km²로, 두번째로 넓은 대서양보다 2배나 넓다. 태평양에서 가장 깊은 곳은 마리아나 해구로 수심이 11,034m나 되며, 지구상에서 가장 깊은 곳이다. 태평양에는 평균 수심 4,270m에 달하는 넓은 해저평원이 펼쳐져 있고, 태평양의 서쪽, 즉 아시아 대륙의 주변을 따라서 수심 10km가 넘는 아주 깊은 해구가 길게 연결되어 있다. 태평양 동쪽으로는 뉴질랜드에서 미국 캘리포니아에 이르기까지 해저로부터 3,000m 이상 솟아 있는 해저산맥이 발달하였다.

태평양 비단길

16세기 이후 중국을 비롯한 동방과 멕시코와 페루를 비롯한 신세계(미주) 간에 태평양을 횡단해 대범선무역이 진행되었는데, 그 항로를 '태평양 비단길', 혹은 '백은(白銀)의 길'이라고 한다. ('대범선무역'항 참고)

태풍 颱風, Typhoon

태풍은 북태평양에서 발생하는 열대성저기압이다. 이와같은 현상은 아열대해상의 광범위한 해역에서 발생하는데, 발생지역에 따라 명칭은 다르지만 생성원리는 같다. 북태평양에서는 태풍, 북서대양과 멕시코 연안에서는 허리케인(hurricane), 인도양에서는 사이클론(cyclone), 오스트레일리아에서는 윌리윌리(willy-willy), 필리핀에서는 바기오(baguios)라고 부른다. 태풍은 주로 북위 5도~25도에서 발생한다. 태양에너지에 의해 가열된 바닷물이 수증기로 변화하고 이 수증기가 상승하면서 응결할 때 방출하는 열이 태풍의 에너지원이다. 태풍은 비록 강한 바람과 많은 비를 동반함으로써 항해하는 선박에 큰 피해를 끼치지만, 한편으로는 태풍에 의해 저위도의 열과 수증기를 고위도지방으로 운반함으로써 지구 전체의 열균형 조절 역할을 한다. 또한 태풍은 물을 뒤섞으면서 물속에 공기를 공급함으로써 어장 형성에 도움을 주며, 때로는 적조(red tide)를 희석시켜 바다의 건강상태를 회복시킨다. 태풍은 적도에서는 거의 발생하지 않는다. 이 지역에서는 태풍에너지원을 모이게 하는 지구자전에 따른 가상의 힘인 전향력(轉向力)이 거의 없어 소용돌이가 발생하지 않기 때문이다. 태풍은 북반구에서는 반(反)시계방향으로 회전한다. 이러한 이유 때문에 태풍 진행방향의 오른쪽은 진로방향과 태풍에 의한 바람방향이 합쳐서 바람이 매우 강하지만, 왼쪽은 태풍에 의한 바람방향과 진행방향이 서로 반대이기 때문에 상대적으로 약하다.

토르데시야스 조약 Treaty of Tordesillas, 1494년

스페인과 포르투갈 사이의 해외영토에 관한 식민주의적 조약이다. 서세동점의 대항해시대가 열리면서 그 선두주자인 포르투갈과 스페인이 해외영토 문제로 부딪치게 되자 대서양의 관할권을 비롯해 영토분할을 규제하기 위해 두 나라간에 이 조약을 체결하였다. 이에 따라 아프리카의 서쪽 끝에 있는 베르데곶 서쪽 370리그(약 1,800km) 지점에 이른바 '교황자오선(敎皇子午線)'이라는 분계선을 직선으로 긋고 서쪽 신발견지는 스페인의 영토, 동쪽의 신발견지는 포르투갈 영토로 정하였다. 이로써 브라질이 포르투갈의 영토가 되었다. 그 전해인 1493년 교황청의 중재로 양국간의 해외영토 문제가 일단 해결된 듯하였으나 포르투갈의 불만으로 무산되고, 대신 이 조약이 체결되었다.

토반(Toban) 해저 유물

토반은 인도네시아 자바섬 북해안 동편에 있는 오래된 항구다. 1981년 2월 한 어부가 해안에서 300m쯤 떨어진 해저에서 중국 도자기 유품 몇점을 발견한 후, 수중 탐사원 2명을 고용해 해저유물을 수집하였다. 그후 1983년 인도네시아 해군의 협력하에 고고학연구소가 해저탐사를 본격적으로 진행하였다. 그 결과 유물은 해안에서 약 1km 떨어진 폭 500m, 길이 2,000m의 해저에 집중적으로 수장되어 있음이 밝혀졌다. 그러나 유물을 적재한 침몰선의 실체는 밝혀내지 못한 채 유물만 공개되었다. 유물의 침몰 연대는 14세기 초엽으로 추정된다. 1292년 2만 명의 몽골군은 1,000척의 배를 이끌고 인도네시아를 공격하였으나 인도네시아 군과 민의 완강한 저항에 부딪혀 참패를 당하고 퇴각하였으며 극소수만이 잔류하였다. 당시 토반은 내침한 몽골군과의 격전장이었거나 중국과의 주요 교역항이었을 것으로 짐작된다. 15세기 초 정화(鄭和)의 7차 '하서양(下西洋)' 상황을 기록한 『영애승람(瀛涯勝覽)』에는 토반을 '두판(杜板)', 혹은 '도반(賭班)'으로 지칭하면서 중국과의 교류관계를 언급하고 있다. 따라서 토반의 유물이 이 시기에 내항한 중국의 침몰선 유물임은 거의 의심의 여지가 없다. 발굴된 유물은 총 6,500여 점에 달하는데, 구체적인 내용은 다음과 같다. ① 청자(靑磁): 용(龍)·쌍어(雙魚)·화문(花紋)의 대·중·소 명기(皿器) 400점, 발(鉢) 50점, 기타 각종 완(碗) 400점, 삼족소향로(三足小香爐)

150점, 계 1,000점. ② 백자(白磁): 발 600점, 소완(小碗) 300점, 수차(水差)·소품(小品) 등 100점, 계 1,000점. ③ 염부(染付, 남색 유약을 바르고 구워낸 사기그릇): 완 600점, 소완 300점, 수주(水注)·명(皿)·소품 등 100점, 계 1,000점. ④ 마르타반호(壺): 천목유사이부대호(天目釉四耳付大壺) 150점, 천목유사이부소호(小壺) 300점, 동형(同形, 네 귀항아리)에 주둥이가 달린 호 75점, 천목유호(天目釉壺), 소호, 동체(胴體)가 볼록한 호 등 175점, 계 700점. ⑤ 유리홍소품(釉裏紅小品) 몇점. ⑥ 무유잡기(無釉雜器) 800점. 이상은 중국 제품. ⑦ 안남소(安南燒): 염부 및 철회명(鐵繪皿)·발·백자발, 계 1,000점. ⑧ 수코타이소(燒) 1,000점(종류 불명). 이와 같이 토반 해저유물은 14세기 초 중국과 인도네시아 및 인도차이나 반도 간의 해로를 통한 도자기 교역 실상을 극명하게 실증해주고 있다.

토스카넬리의 지도

이탈리아의 천문학자이며 지리학자인 토스카넬리(Paolo dal Pozzo Toscanelli, 1397~1482)가 제작한 해도(海圖). 1474년 토스카넬리는 지구가 둥글다는 믿음을 갖고 향료와 보석이 가득한 아시아로 가려면 서쪽으로 가야 한다는 편지와 그가 만든 지도를 페르난 마르틴스(Fernan Martins) 주교에게 보냈고, 마르틴스는 이것을 포르투갈의 알폰소 5세(Alfonso V)에게 전했다. 콜럼버스는 이 지도와 수집한 자료들을 가지고 항해에 나섰으나, 토스카넬리가 이베리아 반도에서 대서양을 지나 인도까지의 거리를 실제거리보다 짧게 계산하는 바람에 콜럼버스는 자신이 도달한 땅이 인도의 한 부분이라고 믿었다고 한다. 토스카넬리가 제작한 지도의 원본은 없어졌지만 19세기 독일의 지리학자 콘라트 크레치머(Konrad Kretschmer)와 영국의 지도제작자 바솔로뮤(John George Bartholomew), 독일의 지리학자인 헤르만 바그너(Hermann Wagner) 등이 복원한 것이 지금까지 전해진다.

톨리타 문화 La Tolita culture

라틴아메리카의 과테말라 해안에서 번영한 지방발전기(地方發展期, 기원전 300~기원후 700)에 속한 문화로서, 야금술이 발달해 금제나 합금제 탈·반지·방울·바늘 등 장신구가 제작되었다. 산티아고강 하류의 톨리타섬에서 1km²의 면적 내에 흙으로 지은 40개소의 유구(遺構)가 발견되었는데, 공공건물의 터로 짐작된다. 발굴된 인장(印章)의 추상적 문양은 멕시코의 것과 유사한데, 이것은 두 지역간의 교류를 시사한다.

톰슨(Thomson)과 해양학

영국의 박물학자이자 해양학인 톰

슨(Charles Wyville Thomson, 1830~1882)은 에덴부르크 대학에서 의학을 공부하여 1870년 동 대학 교수로 임명되었지만 박물학에 더 큰 흥미를 가졌다. 1868년과 1869~1870년 두 차례에 걸쳐 심해(深海)조사를 한 뒤 1873년에 『심해』(*The Depth of the Sea*)를 저술하였다. 이어 1872~1876년에 챌린저호를 타고 대서양과 태평양의 해양식물·해저·해수(海水)에 대한 탐험 조사를 하고, 이를 토대로 1877년에 『챌린저호 항해기』를 펴냈다. 톰슨의 이러한 일련의 활동에 의해 해양학의 기초가 마련되었다.

튀니스 Tunis

튀니지(Tunisia)의 수도. 지중해에 접해 있어서 바다를 제패하여 제국을 이룩하려는 열강들의 끊임없는 침략의 대상이 되어왔다. 튀니스는 유구한 역사도시로, 기원전 20세기경 베르베르인이 최초로 이곳에 투네스(Tunes)라는 마을을 세웠다. 베르베르라는 말은 라틴어 바르바리(Barbari)에서 유래한 것으로, 로마인들이 라틴어나 그리스어를 사용하지 않는 사람들을 '바르바리'라고 하였다. 그후 그 뜻이 와전되어 '미개', '미개인'으로 차용되어왔다. 기원전 10세기경 페니키아인이 이곳에 정착하면서 자연스럽게 카르타고의 지배를 받아오다가 기원전 146년 제3차 포에니 전쟁에서 카르타고가 로마에 패하면서 함께 파괴되었다. 그러나 로마는 튀니스를 다시 복원하여 지중해의 주요항구로 이용하였다. 7세기에 무슬림들이 이곳을 정복하면서부터 튀니스는 지중해의 해상무역과 육로의 대상무역이 만나는 무역의 요지

지중해에 면해 있는 튀니스만

로 비약적인 발전을 거듭하였다. 이후 약 1,000년간 이슬람시대가 이어지는데, 토착민 베르베르인과 이곳을 거쳐 간 페니키아인, 그리스인, 로마인, 아랍인 등 여러 인종이 창조한 다양한 문화가 함께 어울린 국제적 무역항으로서 경제적 부를 누렸다. 튀니지는 15세기 말 이슬람왕조가 쇠락하면서 오스만 투르크의 지배를 받게 되었고, 1881년에는 프랑스의 보호국이 되었다. 1881년 당시 튀니지에 거주하는 유럽인의 수는 약 2만여 명이었는데, 1911년에는 14만 명으로 급증하였고 그중 약 7만여 명이 튀니스에 살았다. 제2차 세계대전 동안 튀니지는 이탈리아와 독일군에게 점령되기도 하였으며 전후 다시 프랑스의 보호국 지위로 남았다가, 1956년 3월 독립하였다. 면적: 212km², 인구: 약 230만 명(2011년)

티로스(현 수르)의 항구 열주로

티로스 Tyros, Tyre

레바논 남부의 티로스(현 수르)는 일찍이 페니키아 시대부터 지중해 동쪽 해안의 국제무역 항구도시로 번영해 왔다. 시리아까지 온 대상(隊商)들이 이 항구에 와서 해상상인들과 교역을 하였는데, 이곳에는 오늘날까지도 대상들이 이용하던 대형 사라이(대상 숙관宿館) 유적이 남아 있다.

Ⅱ

파나마시티 Panama City

파나마공화국(Republic of Panama)의 수도. 파나마시티는 태평양과 대서양을 잇는 파나마 운하에 인접한 해운과 교통의 요지로, 16세기 초 스페인의 정복자 페드로 아리아스 다빌라(Pedro Arias de Dávila)가 '신대륙'의 태평양 연안에 건설한 최초의 도시다. 콜럼버스는 1502년의 제4차 항해 당시 이곳에 도착하여 아름다운 항구라는 뜻의 '포르토벨로'(Portobelo)라는 이름을 붙였다고 한다. 이곳은 잉카제국으로 가는 스페인 탐험대의 출발지이자 페루 등 안데스 주변 국가들에서 약탈한 금과 은을 스페인으로 운반하

파나마 운하 관리소

는 항구로 사용되었다. 부(富)가 쌓이고 도시가 번창해지자 스페인 거주자가 늘어나면서 주교가 파견되고 왕립재판소도 세워졌다. 그러나 1671년 영국의 해적 헨리 모건(Henry Morgan)의 습격으로 도시가 모두 불에 타서 폐허가 되었다. 그로부터 2년 후인 1673년에 현재의 위치에 해적을 막기 위한 요새를 포함한 계획도시로 새로 건설되었다. 19세기 초 스페인의 힘이 약해진 틈을 타서 라틴아메리카의 독립영웅 시몬 볼리바르(Simón Bolívar)가 반(反)스페인의 연합체인 그란콜롬비아(Gran Colombia 대콜롬비아)를 세우면서 파나마는 그 한 주로 병합되었다. 1848년 미국 캘리포니아의 골드러시(gold rush)가 일어나면서 1849년부터 파나마를 통해 캘리포니아로 향하는 사람들이 파나마시티로 몰려들자 도시는 다시 한번 발전의 호기를 맞이하였다. 특히 1855년에 카리브해의 콜론(Colón)과 파나마시티를 연결하는 철

도가 부설되자 이러한 골드러시는 한층 기세를 더했다. 파나마 운하의 건설은 파나마시티에 엄청난 경제적 부를 안겨주었다. 19세기 말 프랑스가 파나마 운하 건설을 기획하였으나 운하 회사가 파산하는 바람에 공사가 중단되었다가 1914년 미국에 의해서 완공되었다. 파나마는 이 과정에서 1903년 콜롬비아로부터의 독립을 선언하고, 파나마시티를 수도로 삼았다. 같은 해 11월 미국은 파나마와 헤이-뷔노-바리야(Hay-Bunau-Varilla) 조약을 체결하여 파나마 운하 지역의 조차권을 획득하였다. 파나마시티는 파나마 운하가 운영되면서 막대한 경제적 이익을 얻게 되자, 인구가 급증하고 전신, 철도, 의료시설 등이 속속 들어서면서 운하 배후도시로 크게 발전하였다. 1950년대 들어 파나마는 파나마시티를 중심으로 운하의 지배권을 갖기 위한 정치활동을 전개하였다. 1959년에는 독립기념일(11월 3일)을 맞아 파나마시티에서 총파업이 일어났으며, 1963년에는 미국과 파나마 간에 유혈 충돌이 발생하기도 하였다. 결국 1977년에 체결한 파나마운하조약에 의해 미국은 1999년 12월을 기해 85년 동안이나 독점해오던 파나마 운항권을 파나마에 넘기고 철수하고야 말았다. 면적: 275km², 인구: 약 81만 명(2010년)

파나마 운하 Panama Canal

남북아메리카 대륙의 결절점(結節點, 마디)을 이루는 파나마 지협(地峽)을 횡단해 태평양과 대서양을 잇는 갑문식(閘門式) 운하다. 1529년 스페인의 라틴아메리카 침략을 주도한 코르테스(Hernán Cortés)는 스페인 국왕 카를로스 5세에게 이 지협에 운하를 팔 것을 제의하였다. 그러나 구상에 머물렀을 뿐, 당장 굴착에는 착수하지 못하였다. 그러다가 1879년에는 수에즈 운하의 굴착을 완성시킨 프랑스의 레셉스(Lesseps)가 2년 뒤에 양대양(兩大洋)회사를 설립해 7년이면 완공할 수 있다고 장담하였다. 그러나 복잡한 지형 때문에 수평식 굴착계획을 갑문식 굴착계획으로 바꿔야 했는데다 말라리아가 창궐하고 자금난 등이 겹쳐 결국 9년 만에 굴착계획을 포기하고 말았다. 운하에 눈독을 들여오던 미국은 1903년 파나마가 독립하자, 이듬해에 파나마 정부와 운하 개발에 관한 조약을 체결하였다. 조약에 따라 미국은 일시금

길이 82km의 파나마 운하 태평양쪽 수로

1,000만 달러, 연금 25만 달러를 주고 운하지대(운하 양안 8km)에 대한 영구 조계권(永久租界權)을 얻었다. 그리고 프랑스 회사로부터 운하 굴착권과 기계 설비 일체를 4,000만 달러에 매입하고 나서 유럽인 1만 2,000명, 서인도제도인 3만 1,000명을 굴착공사에 투입하였다. 이렇게 해서 1914년에 완공된 갑문식 파나마 운하는 길이가 대서양 동안의 콜론(Colón)에서 태평양안의 발보아(Balboa)까지 전장 82km이고, 폭은 30~90m, 깊이는 13.7m 이상이며, 최고 수면은 26m이었다. 수문이 상하에 각각 3개씩 달린 이 운하에는 해마다 1만 5,000척의 선박이 드나드는데, 통과하는 데 8시간 가량이 걸린다. 미국은 1999년 12월 31일까지 85년간 운하지대에 대한 조계권을 행사하다 파나마에 넘겼다. 파나마 운하 박물관(Museo del Canal)에는 운하 연혁에 관한 유물과 사진자료가 전시되어 있다.

파사박 波斯舶
당대(唐代)에 페르시아인과 아랍인들의 선박을 통칭하는 말이다.

팔렘방 Palembang, 巴林憑
인도네시아 수마테라셀라탄주의 주도(州都). 팔렘방은 수마트라의 동남부에 위치한, 이 섬에서 가장 큰 도시로, 7~11세기 불교왕국 스리비자야(Srivijaya)의 수도였다. 이곳은 말레이 반도와 수마트라섬 사이의 말라카 해협과 자바섬과 수마트라섬 사이의 순다 해협의 두 주요 항해로와 접해 있기 때문에 이곳을 드나드는 모든 선박을 통괄할 수 있는 요충지였다. 스리비자야 왕국은 팔렘방 항구를 인도와 중국을 오가는 교역선의 기항지로 제공하였을 뿐 아니라, 고급 향유나 몰약의 원료로 사용된 수마트라산 송진이나 벤자민 수지 등을 직접 교역하면서 막대한 부를 쌓고, 말레이 반도와 자바 지역에까지 영향력을 미치는 해양대국으로 성장하였다. 당의 승려 의정(義淨)은 인도에 가기 전에 팔렘방에 약 6개월간 머물면서 산스크리트어를 익히고 나서 인도에 갔으며, 학업을 마치고 팔렘방으로 다시 돌아와 수년간을 머물다가 귀국하였다. 의정은 명저 『남해기귀내법전(南海奇歸內法傳)』에 스리비자야가 자신처럼 인도로 공부하러 가는 불승들이 언어를 배우고 또 귀국할 때 인도에서 배운 것을 정리하기에 적당한 곳이라고 기록하였으며, 그의 또 다른 저서 『대당서역구법고승전(大唐西域求法高僧傳)』에는 실제 이곳을 거쳐 간 신라승들에 관한 기록도 남겼다. 11세기경에 접어들면서 인도의 촐라(Chola)왕국의 공격을 받아 국력이 사향일로를 걷다가, 14세기에 이르러 자바의 신흥왕국 마자파히트(Majapahit)에 의해 멸망하였다. 그러나 비슷한 시기에 이 일대에 이슬람

세력이 등장하면서 곳곳에 이슬람 왕조가 세워졌고, 팔렘방 역시 그 영향권에 들어가게 되었다. 근세에 들어오면서 이슬람의 해상권을 제패한 유럽 열강이 이곳으로 진출하였다. 17세기 초 네덜란드가 자카르타에 기지를 둔 네덜란드 동인도회사를 세우면서 네덜란드의 통치하에 들어가게 되었다. 제2차 세계대전이 발발하면서 일본에 점령된 팔렘방은 전후 1948년에 남(南)수마트라자치국의 임시수도가 되었다가 1950년에 인도네시아공화국으로 편입되었다. 면적: 358.55km², 인구: 약 170만 명(2013년)

페니키아 Phoenicia

고대 최초의 해양국가. 기원전 2200년경 지금의 레바논 지역으로 옮긴 것으로 추측된다. 기원전 1200~1000년경 전성기에는 뛰어난 항해술과 조선술로 지중해와 그 주변 지역의 무역을 지배하였다. 또한 이집트 문자를 변형하여 오늘날의 알파벳의 시조인 페니키아어를 발명하였다. 전투를 목적으로 하는 전함과 상업용 상선으로 조선기술을 이원화시켰으며, 상선의 경우에는 화물적재 능력을 최대화하기 위해 노(櫓)가 거의 필요없는, 돛에 의존하는 범선을 주로 사용했다. 페니키아는 기원전 6세기 말경 지브롤터 해협을 장악하여 지중해뿐만 아니라 대서양과 북해와의 무역도 사실상 독점하였

다. 지금의 스페인 카디스(Cadiz)는 이들이 지브롤터 해협에 건설한 항구 가디르(Gadir)인데, 스페인에서 사람들이 지속적으로 거주한 가장 오래된 도시다.

페니키아인들의 교역활동

셈어족 계통의 페니키아인(Phoenician)들은 기원전 12세기부터 9세기 사이에 지중해 동안에서 시리아의 티루스(Tyrus, 지금의 레바논 티레)와 시돈(Sidon), 비블로스(Byblos), 그리고 튀니지의 카르타고(Carthago)에 상업도시를 건설하고 지중해를 무대로 적극적인 교역활동을 전개했으며, 방직과 조선(造船) 등 제조업 분야에서도 뛰어난 기술을 보유하고 있었다.

페레이라 Galeote Pereira, 16세기

포르투갈 출신의 페레이라는 16세기 중엽 동방 교역에 종사한 상인으로 1534년에는 인도에, 1539년에는 말라카에, 그리고 1539~1547년 기간에는 중국 동남해안에 와서 교역활동을 한 바 있다. 1548년에는 섬라(暹羅, 현 타이)로부터 푸젠(福建) 연해에 잠입하여 교역을 시도하였다. 당시 그곳에 파견된 도어사(都御史) 주환(朱紈)이 해금(海禁) 시책을 엄격하게 취하는 바람에 이듬해 3월에 선박과 함께 명군(明軍)에 생포되어 광시(廣西) 구이린(桂林)에 압송되었다. 그는 얼마간 억류되

었다가 상촨섬(上川島, 광저우에서 30마일 거리)에서 활동하던 한 포르투갈 상인의 도움으로 탈출에 성공, 인도로 도주하였다. 이후 페레이라는 인도에서 포르투갈어로『중국보도(中國報導)』라는 견문록을 저술하였다. 이 견문록에는 상역에 관한 기사는 별로 많지 않지만, 저자의 행적과 더불어 당시 포르투갈 상인들이 행한 동방 교역활동이 반영되어 있다.

페르시아 동방교역

서아시아에서 가장 일찍이 중국과 통교한 나라는 전한(前漢)대에 안식(安息, 파르티아)으로 알려진 페르시아다. 안식은 지정학적으로 한과 로마의 중간지대에 자리해 기원을 전후한 시기에 동·서 두 지역간의 중계교역을 거의 독점하였으며, 삼국과 남북조 시대에도 간단없이 중국과 통교하였다. 파사(波斯, 페르시아)라는 명칭은『위서(魏書)』「서역전(西域傳)」에 그 기록이 보이는데, 사산조 페르시아(226~651)는 455년부터 648년에 이르는 193년간 중국에 모두 13차례의 사신을 보냈다. 수대(隋代)에도 사절단을 파견했으며, 수 양제(煬帝)는 답례로 이욱(李昱)을 사신으로 보내기도 하였다. 사산조가 멸망한 후, 페르시아인들은 아랍의 우마이야조와 압바스조 치하에 있으면서도 654년부터 771년까지 117년 동안 여전히 페르시아라는 이름으로 당나라에 사신을 파견하였는데, 그 횟수는 모두 31회나 되었다. 사산조는 우마이야조 아랍제국에 멸망할 때 당나라에 원군(援軍)을 요청하기도 하였으며, 마지막 왕 페로즈(Peroz)와 왕자 노르시에(Norsieh)는 장안(長安)에 피난하여 거기서 객사하였다. 페르시아는 초기 불교의 중국 전파에도 일정한 기여를 하였다. 중국 삼론종(三論宗)의 교조는 안식인(安息人) 길장(吉藏, 549~623)이고, 안식왕의 태자 안세고(安世高, 후한 말 중국 방문)와 승려 안현(安玄)은 중국 역경사(譯經史)에 큰 족적을 남겨놓았다.

페르시아인들의 대(對)중국 교역은 일찍부터 이어져왔다. 특히 사산조시대에 와서는 비단교역을 비롯한 중국과 로마 사이의 중계교역이 활성화되면서 페르시아 대상(隊商)들이 더욱 빈번히 중국을 오갔다. 이러한 상황은 사산조가 멸망하고 우마이야조 아랍제국이나 압바스조 이슬람제국의 치하에 있을 때도 여전히 지속되었다. 그리하여 중국 사서에는 이들 페르시아인들과 아랍인들을 혼동하여 '상호(商胡)'라고 통칭하였다. 상호에 포함되는 페르시아 상인들은 대부분 부를 축적한 거상(巨商)들로 장안의 주보(珠寶)와 향약(香藥) 시장을 독점하였다. 그들은 대체로 육로를 통해 간쑤(甘肅)와 산시(陝西) 등 서북 일원으로 들어와 정착하였으며, 일부는 쓰촨(四川)이나 양쯔강(揚子江) 유역까지도 진출하였다.

해로를 통한 그들의 교역활동도 상당히 활발하였다. 8세기 중엽, 한(漢) 문화권 사람으로서는 최초로 페르시아를 방문한 신라 고승 혜초(慧超)는 현지 견문록 『왕오천축국전(往五天竺國傳)』에 다음과 같은 기록을 남겼다. "페르시아인들은 항시 서해(西海, 지중해)에 진출할 뿐만 아니라, 남해(南海) 상에 있는 사자국(獅子國, 현 스리랑카)에 가서 보물을 취득하며, 나아가 해로로 한지(漢地, 중국)의 광저우(廣州)까지 가서 견직물을 교역해온다." 남해에서의 페르시아인들의 활약상은 동로마제국(비잔틴)이 에티오피아인들에게 부탁해 페르시아인들의 비단무역을 차단하고자 한 데서도 확인된다. 동로마의 유스티니아누스(Justinianus, 483~565) 황제는 에티오피아에 사신을 보내 협약을 체결하도록 요청하였다. 에티오피아인들로 하여금 인도로부터 구입한 비단을 로마에 다시 팔아넘기게 함으로써 비단무역에서 페르시아인들을 따돌리려고 하였던 것이다. 그러나 당시 남해무역을 거의 장악하다시피 한 페르시아의 위세에 눌려 에티오피아인들은 협약을 포기하였다.

사실상 8세기경 아랍인들이 해상교역에 등장하기 전까지 남해와 서아시아에서 해상교역의 주역은 페르시아인들이었다. 사산조 페르시아가 멸망하고 아랍인들이 남해 교역을 주도하기 시작한 9세기 이후에도 페르시아인들의 교역활동은 크게 위축되지 않고 아랍인들의 교역활동과 병행해 지속되었다. 그리하여 종종 페르시아인과 아랍인들의 교역활동이 혼재하고, 따라서 이들의 활동이 동일시되어왔다. 이러한 사실을 반영하듯, 시안(西安)의 한 당묘(唐墓)에서는 사산조 페르시아의 호스로 2세(Khusraw II, 590~627) 이름이 새겨진 은화와 아랍 금화가 출토되었고, 신장(新疆) 일대에서는 7세기경에 비장(秘藏)한 페르시아와 아랍 은화 947매가 함께 발견되기도 하였다.

페르시아만 Persian Gulf

아라비아 반도와 이란 사이의 만(灣). 아랍에서는 아라비아만이라고 한다. 서로 부르는 명칭이 다른 데서 알 수 있듯이 만의 지배권을 차지하기 위한 다툼이 끊이지 않았고, 시대마다 지역의 패권을 차지한 세력이 만의 지배권을 가졌다. 페르시아만에 처음으로 등장한 세력은 수메르(Sumer)이다. 유프라테스강과 티그리스강이 흘러드는 지역에 자리 잡은 도시 우르(Ur)는 기원전 3000년경에 이미 주변 도시를 통합하여 도시국가의 형태를 갖추었으며, 아카드 제국(Akkadian Empire)은 기원전 2350년경에 메소포타미아 지역 전체를 통합하여 서쪽의 지중해에서 남쪽의 페르시아만에 이르는 광대

페르시아만 입구의 반다르 압바스항

한 영역을 지배하는 제국으로 성장하였다. 수메르 유적에서 출토된 인더스 문명의 홍옥수 구슬이나 인더스 명문이 새겨진 인장 등은 일찍이 수메르와 인더스 문명 간에 있었던 문화교류를 증명하고 있다. 두 문화는 육로와 해로로 교류하였을 것으로 추측되는데, 육로는 이란고원을 거쳐 인더스강 유역으로 가는 길이고, 해로는 페르시아만에서 출발하여 인도양의 해안선을 따라 인더스강 유역에 이르는 길이다. 인도의 로탈(Lothal) 유적에서 배를 정박시키기 위한 선창으로 추정되는 장방형 벽돌 울타리 터가 발굴되었는데, 이것은 페르시아만 주변국과의 교역을 시사하고 있다. 6세기경 페르시아 사산 왕조의 전성기를 맞이하였는데, 이때 페르시아만에서 인도양까지 원정군을 보내 아프리카 동해안―페르시아만―인도양―남중국해를 잇는 무역항로를 장악하고 페르시아 상선들이 활발한 무역활동을 벌일 수 있게 하였다. 압바스조 이슬람제국시대(750~1258년)에 무슬림들은 동아프리카와 인도, 인도네시아, 중국까지 무역망을 넓혔다. 이에 자극을 받은 중국인들 역시 남해상의 무역활동을 스리랑카에서 점차 페르시아만까지 확대하였다. 한편, 16세기 초 포르투갈은 인도양에서 세력을 확장하면서 페르시아만의 진주와 항해권을 차지하기 위해 바레인(Bahrain)을 공략하였다. 한 세기가 지난 17세기 초에 영국의 도움을 받은 페르시아의 사파비 왕조(Safavid Persian Empire)의 샤 압바스(Shāh Abbās)는 바레인과 호르무즈섬(Island of Hormuz) 등을 포르투갈에게서 되찾았다. 이후 페르시아만은 포르투갈, 네덜란드, 스페인, 영국 상인들에게 개방되면서 많은 특권을 이들에게 내주었다. 19세기에 들어오면서 이 지역의 몇몇 국가들이 영국의 지배하에 들어갔다가 1971년 영국군의 철군으로 독립하였다.

페리 Matthew Calbraith Perry, 1794~1858년

1852년 동인도 함대사령관에 임명된

페리는 미국 대통령의 친서를 지니고 기함 미시시피호(號)와 4척의 군함('흑선黑船')을 이끌고 1853년 7월 일본 우라가(浦賀)에 도착하였다. 일본 막부(幕府)는 철수를 요구했으나 페리는 거절하고 최고위급과의 면담을 요구하고 위협하면서 대통령의 친서만 교부하고 철수하였다. 이듬해 2월 다시 에도만(江戶灣)에 와서 군함 7척으로 위협을 가하던 끝에 3월 가나가와(神奈川) 조약을 강제 체결하였다. 조약에는 시모다(下田)과 하코다테(箱館)의 개방, 연료의 공급, 조난선원의 보호, 영사(領事) 주재 등을 규정했으나 통상조항은 없다.

평저선 平底船

밑바닥이 평평한 배를 말한다. 중국 원(元)대에 주로 수심이 얕은 연해지대에서 식량을 비롯한 화물을 운반하는 데 적합한 평저선을 건조하였다. 지원(至元) 19년(1282)에 처음으로 평저선 60척을 두었는데, 매 척의 평균 운반량은 약 760석(1석=120근)이었다. 이에 반해 원해 항해에는 첨저선(尖底船, 밑바닥이 뾰족한 배)을 투입하였다. 첨저선은 평저선에 비해 규모가 커서 매 척의 평균 운반량은 2,100여 석이었으며, 개중에는 적재량이 8,000석(576톤)이나 되는 대선도 있었다.

포르투갈의 동방무역

포르투갈은 1498년 '인도항로'를 개척한 후 곧바로 카브랄(P. A. Cabral)이 이끄는 무장 선단을 두 차례(1500, 1502)나 인도 서해안의 캘리컷(Calicut)에 파견해 도매상점을 매입할 수 있는 권리를 취득하고 당시 그곳 무역을 주도하던 무슬림 상인들의 활동을 제압하였다. 이어 인도에 총독을 파견하여 총독제 경략을 시도하면서 고아(Goa)를 공략(1510)함으로써 동방무역의 교두보를 확보하였다. 그 여세를 몰아 동방무역의 해상 요로에 있는 말라카(Malacca)항을 무력으로 점령(1511)해 자바섬 부근에 널려 있는 향료제도(香料群島, Spice Islands)와 극동에 이르는 무역로를 장악하게 되었다. 한편, 인도양과 아라비아해 및 홍해 상에서 해상무역을 제패하기 위해 홍해 입구의 아덴(Aden, 1513)과 홍해 상의 소코트라(Socotra, 1513), 페르시아만의 병목인 호르무즈(Hormuz, 1515)를 각각 공략한 데 이어 인도 서해안의 디우(Diu)·다만(Daman)·뭄바이 등 항구도시들을 차례로 점령하였다. 그 결과 포르투갈은 총독부가 자리한 고아를 중심으로 한 서남해상에서의 무역 기반을 구축하게 되었다. 총독부는 주변 해상의 항해권을 장악하여 항해자들로부터 공물(貢物)이나 세금을 징수하고 해상무역을 엄격히 통제하였다.

포르투갈의 동방무역 화살은 서남

아시아나 동남아시아에 그치지 않고, 극동에 있는 대국 중국에까지 향하였다. 포르투갈은 동방무역 해상 요로에 있는 말라카항(港)을 점령함으로써 중국 진출의 발판을 마련하였다. 1514년부터 포르투갈 상인들은 광둥 연해에 잠입하여 암암리에 무역거래를 하다가 1517년에는 국왕의 사신 피레스(T. Pires)가 동행한 선단이 광둥 툰먼도(屯門島)에 불법 침입, 노략질을 하여 명군에게 강제로 축출되는 '툰먼전투(屯門戰鬪)'가 일어났다. 1522년에도 무장 선단을 광둥 연해에 파견하여 통상조약 체결을 건의했으나, 명에 거절당하였다. 이듬해에 해도부사(海道副使)를 매수하여 호경오(濠鏡澳, 현 마카오)에 상륙, 교역과 상주가 가능하게 되었다. 이로써 호경오는 고아에 이은 포르투갈의 동방무역 제2 거점이자 중국 진출의 전초기지가 되었다. 그후 포르투갈은 그곳에 총독부를 설치하고 사실상의 식민통치를 실시하다가 청(淸) 초에 전면적인 통상개방을 청조에 요구하였으나 거절당하였다. 이와 같이 포르투갈은 16세기 전반에 걸쳐 동방무역을 독점하였다. 그러나 17세기에 접어들면서 영국(1600), 네덜란드(1602) 등 유럽 나라들에서 동남아시아에 대한 고소득 무역을 목적으로 '동인도회사'를 설립하자 포르투갈의 무역 독주에 제동이 걸렸고, 그들 사이에는 치열한 무역 쟁탈전이 벌어졌다.

포세이돈 상(像) → '에우모이아도 해저유적'항 참고

포트로열(Port Royal) 해저도시

자메이카(Jamaica)의 수도 킹스턴(Kingston) 근처에 위치하였던 영국령 서인도제도의 중요한 상업도시로, 한때는 500척의 상선이 입항할 수 있는 규모를 자랑하는 해상무역의 중심지였다. 17세기 말 이곳은 스페인의 식민지를 공략하고, 카리브해(Caribbean Sea)를 왕래하는 상선을 공격하는 해적들의 본거지가 되었다. 영국의 유명한 해적 헨리 모건(Henry Morgan, 1635?~1688)도 이곳을 중심으로 활동하였다. 1692년 6월 대지진이 일어나 포트로열의 3분의 2가 바다 밑으로 가라앉았다. 1956년 미국지리학회의 에드윈 A. 링크(Edwin A. Link) 팀이 포트로열의 해저도시 현장조사에 착수하여 발굴을 시작하였다. 발굴은 난항을 거듭하였으나 동(銅)으로 만든 그릇, 철제도구, 총, 동전, 도기, 토기 등 수백 점이 해저도시의 무너진 벽돌 벽

1692년 지진으로 수물된 해저도시

사이에서 인양되었다. 현재 자메이카 정부는 포트로열을 해저관광지로 개발 중이다.

『표해록(漂海錄)』崔溥(1454~1504년) 저, 1488년

『표해록』은 일본 승려 엔닌(圓仁)의 『입당구법순례행기(入唐求法巡禮行記)』(9세기 중반)와 마르코 폴로의 『동방견문록』(1298)과 함께 세계 3대 중국 기행문의 하나로 꼽힌다. 저자 금남(錦南) 최부(崔溥)는 어려서부터 성리학 공부에 전념하다가 초시를 거쳐 25세 때(1478) 성균관에 들어가 당대의 거유(巨儒) 김종직(金宗直)의 문하가 되어 호남 사림(士林)의 선도자 반열에 오른다. 9년 후(1487)에는 홍문관 부교리(副校理, 종5품)로 승진하자 도망친 노비들을 잡아들이는 추쇄경차관(推刷敬差官)에 임명되어 그해 11월 1일 제주도로 파견된다. 한창 관무를 수행하던 중 이듬해 정월 30일 부친상을 전해 듣고 윤 1월 3일 수행원 42

최부 일행이 지나간 중국 닝보(寧波)의 상서교(尚書橋)

명과 함께 배를 타고 고향인 전라도 나주로 향한다. 그런데 항해 도중 갑작스레 태풍을 만나 14일간 표류하다가 구사일생으로 중국 저장성 린하이현(臨海縣) 우두외양(牛頭外洋)에 표착하였다. 일행은 표류 중 해적떼를 만나 휴대품을 몽땅 털리고, 표착해서는 중국 동남해안에 자주 출몰해 노략질을 일삼던 왜구로 오인되어 숱한 고초를 겪는다. 그러다가 가까스로 조선 관리임이 확인되어 중원을 남북으로 관통하는 대운하를 거쳐 베이징(北京)에 호송된다. 베이징에서는 명나라 황제를 진현하기도 한다. 명조의 보호를 받으면서 귀국길에 올라 랴오둥(遼東)을 거쳐 6월 4일 압록강을 넘어 드디어 귀향한다. '지옥과 천당을 넘나드는' 5개월간의 험난한 여행길이었다.

최부가 임금에게 그간의 행적을 아뢰기 위해 8일간에 걸쳐 일기체로 써낸 글이 바로 3권 2책으로 된 『표해록』이다. 책 제목은 바다에서의 표류를 기록한 것으로 되어 있지만, 내용의 3분의 2는 중국의 강남 지대에서부터 베이징에 이르는 135일간 8,800여 리를 종주하면서 직접 보고 듣고 체험한 것을 생생하게 기록한 것이다.

명저 『표해록』은 기행문학의 백미로 평가받고 있다. 그것은 기행문으로서의 생동하는 사실성과 엄밀성, 다양하고 풍부한 소재와 기법 등을 최상의 높이에서 구현하고 있기 때문이다. 그는 예리한 통찰력으로 조선과 중국 문화의 차이뿐만 아니라 중국 강남과 강북의 섬세한 문화적 차이마저도 짚어내고 있다. 일기체로 엮어 내려간 기사마다에는 꼭 구체적인 시간과 지점, 관여 인물들의 실명이 기재되어 있다. 『표해록』의 행간마다에서 저자 최부의 높은 소양과 도도한 기질을 엿볼 수 있다는 것도 이 책만의 특성이라 말할 수 있다. 최부는 조선의 문사로서 포학지사(飽學之士, 박식한 인사)다움을, 조선의 사림으로서 정도직행지사(正道直行之士, 바른 길을 꿋꿋이 걸어가는 인사)다움을, 조선의 관리로서 충군애국지사(忠君愛國之士, 임금에게 충성을 다하고 나라를 사랑하는 인사)다움을 여실히 보여주었다. 『표해록』은 외국에도 널리 알려졌다. 일본에서 가장 먼저 1769년에 주자학자 기요타 기미카네(淸田君錦)에 의해 『당토행정기(唐土行程記)』라는 이름의 일역본이 나왔고, 미국과 중국에서도 각각 1965년과 2002년에 번역본이 출간되었다.

『표해시말(漂海始末)』

조선 후기 풍랑을 만나 여송(呂宋, 현 필리핀) 등에 표류한 홍어장수 문순득(文淳得, 1777~1847)이 자신의 표류 체험을 구술한 것을 정약전(丁若銓)이 기록한 표류기로, 다산의 제자 이강회(李綱會)의 문집 『유암총서(柳菴叢書)』에 실려 있다. 1802년 풍랑을 만나 표류하게 된 문순득은 유구(琉球, 현 일본 오키나와)·여송 중국 영파부(寧波府) 등 동남아시아를 한 바퀴 돌아 3년 2개월 만에 다시 조선으로 돌아왔다. 95쪽 분량의 『표해시말』에는 표류일정과 관리가 아닌 일반 백성의 눈으로 바라본 이국의 풍속과 생활상, 언어, 의복 등이 구체적으로 묘사되어 있다.

『푸라나(Purana) 이야기』

힌두교의 성전(聖典) 문학에서 대중적인 신화·전설·계보 등을 모은 작품이다. 성인 리시 아가스티아가 빈디아 산맥을 깎아 남방으로 통하는 길을 열면서 동방의 해상교역이 시작되었으며, 뒷날 그가 항해의 수호성자가 되어 숭앙을 받았다는 등의 이야기가 나온다.

푸블리우스 Publius

기원 초 로마 상인 플로카무스(Annius Plocamus)가 홍해 일원에서 경영한 영토의 한 징세감독관(徵稅監督官)이던 푸블리우스는 홍해를 항해하던 중 폭풍을 만나 15일간 표류하다가 실론(현 스리랑카)에 표착하였다. 거기에서 반 년간 체류하다가 실론의 대로마 사절단 라시아스(Rachias)와 함께 기원후 6년 7월 5일에 귀국하였다. 그가 왕래한 길은 홍해와 아라비아해 및 인도양을 연결하는 해로였던 것으로 추정된다.

푸스타트(Fustat) 도자기 유적

푸스타트는 현 이집트 수도 카이로의 남쪽 근교에 있는 고도이며, 중세 해로를 통한 동서간의 도자기 교류를 실증해주는 대표적인 유적지다. 푸스타트는 642년 이슬람의 제2대 정통 칼리파 오마르군이 진주한 후, 정통 칼리파 시대를 이은 우마이야조 아랍제국 시대에 이르기까지 줄곧 이집트의 행정 중심지이자 북아프리카에 대한 전진기지였다. 868년 이집트의 툴룬 왕조(Tulunids, 868년~905)가 압바스조 이슬람제국으로부터 이탈하여 독립하면서 푸스타트를 수도로 삼았다. 905년 툴룬조가 멸망하고 파티마조가 흥기해 카이로에 정착함으로써 푸스타트의 정치적 지위는 상대적으로 격하하였지만, 교역을 비롯한 경제적 지위는 여전히 유지되었다. 그러나 1168년 파티마조는 수도 카이로를 십자군의 진

이집트 푸스타트 유적에서 출토된 각종 외래 도자기

공으로부터 방어한다는 이유를 내세워 그 외곽 근교에 있는 푸스타트시를 불태워 카이로의 건설과 확충 공사에서 나온 폐토(廢土)와 폐물이 푸스타트를 뒤덮었다. 이로 인해 푸스타트는 장기간 피폐한 황무지로 방치되었다.

그러나 1912~1920년에 걸쳐 실시된 발굴 결과 그 폐허에서 많은 유물이 쏟아져 나왔다. 지금까지 출토된 도자기 유물만 60여 만 점에 달한다. 주로 푸스타트의 것이지만, 카이로에서 반입된 폐토나 폐물에 뒤섞인 것도 일부 포함되어 있다. 도자기 유물 중에 양적으로 가장 많은 것은 이집트 제품이고, 다음은 중국 제품(약 1만 2,000점)이며, 그밖에는 주로 지중해 주변의 시리아·소아시아·키프로스·이탈리아·스페인·북아프리카의 것이고, 이라크·이란·타이·베트남·일본 등 여러 곳의 제품도 있다. 모든 도자기 유물 중에서 역대의 중국산 유물이 질에서는 단연 으뜸으로 꼽힌다. 중국 도자기 중에는 당대의 당삼채(唐三彩)·형주백자(邢州白瓷)·월요자(越窯瓷)·황갈유자기(黃褐釉瓷器)·장사요자기(長沙窯瓷器)(그 중 월요자기가 가장 많음), 송(宋)대의 저장 룽취안요(浙江龍泉窯)·민광청자(閩廣靑瓷)·징더전청백자(景德鎭靑白瓷)·더화요(德化窯), 기타 남방 여러 요(窯)의 백자와 북방 정요(定窯)계의 백자, 원대(元代)의 청자·백자·청백자·청화자(靑花瓷)가 있고, 명(明)대의 것

은 원대의 것과 유사하나 오채자(五彩瓷)가 하나 더 보태졌다. 이렇게 보면 중국 역대의 주요한 도자기 제품은 거의 다 망라된 셈이다. 그리하여 푸스타트는 명실상부한 '중국 도자기 외판(外販) 박물관'이라고 말할 수 있다. 출토된 이집트나 서아시아 여러 나라들의 도자기는 거의 중국 도자기의 모조품으로 해로를 통해 중국 도자기가 서역으로 전해졌다는 사실을 여실히 증명해주고 있다. 중국 도자기는 해운으로 홍해의 서안 아잡(Adhab, 현 수단령)까지 운반된 다음, 사막과 산지의 육로를 거쳐 나일강 가의 쿠스나 아스완에 도착한 후 다시 배편으로 푸스타트나 카이로에 운송되었다. 푸스타트 출토 도자기 유물은 7세기부터 17세기까지 기간의 제품으로서, 그중 중국 도자기 유물은 모두가 이러한 경로를 통해 교역된 것이다.

푸저우 福州, Fuzhou
중국 푸젠성(福建省)의 민(閩)강 하류에 위치한 해로상의 요지로서 바다 건너 타이완섬 북부와 마주하고 있다. 7,000년 전 신석기 유적과 유물이 수백 곳에서 발견되는 등 유서 깊은 곳이다. 하대(夏代)에는 양저우(揚州)에 속해 있다가 은·상대에는 일곱 민지(閩地)의 하나가 되었다. 전국시대에는 월국(越國)의 치하에 들어갔으며, 남조의 진조(陳朝) 이후 1,000여 년간 푸젠 지

방의 중심지이었다. 후한 초까지도 남방 교지칠군(交趾七郡)으로부터 들어온 공물은 배로 푸저우까지 운반되었다가 다시 장안으로 전송되었을 만큼 중요한 항구였다. 이에 중국 역대 최초의 5대 국제 무역도시 가운데 하나로 이름을 날렸다. 13세기 말 푸저우에 들른 마르코 폴로는 그의 여행기에서 이곳을 '푸저우 왕국'이라 칭하면서 몇 가지 견문을 남겼다. 푸저우 주민은 불자들이며 원나라 대칸에 복속되어 있는데 교역과 수공업으로 살아가고 있다고 했다. 또한 물자가 풍부하며 사냥감이 많고, 특히 생강의 산지로 유명하다고 전한다. 1320년대에 푸저우에 들른 프란체스코회 수사 오도릭은 저서 『동방기행』에서 푸저우는 둘레가 30마일(48km)이 될 정도로 웅장하고 수려한 해변도시라고 기록하고 있다.

푼타아레나스 Punta Arenas
칠레 남부 마가야네스(Magallanes)주의 주도(州都). 칠레 수도 산티아고에서 남으로 2,400km나 떨어져 있는 칠레의 최남단 도시이다. 스페인은 1584년부터 마젤란 해협의 주도권을 지키고, 또 당시 자주 출몰하던 영국 해적을 막기 위해 해협 인근에 식민지 기지를 건설하기 시작하였는데 그중의 하나가 스페인어로 '곶의 끝부분'이라는 뜻을 지닌 푼타아레나스다. 이 도시는 조금 뒤늦게 1849년 호세 데 로스

푼타아레나스 시 중심에 있는 마젤란 동상

산토스 마르도네스(José de los Santos Mardones) 대령이 건설한 것으로 전해지고 있다. 대항해시대에는 긴 항해를 해온 선박들이 중간에 석탄 같은 연료를 공급받으러 반드시 들르는 항구로 크게 번영하였다. 그러나 1914년 파나마 운하가 개통되면서 그 역할이 크게 줄어들었다. 지금은 남극탐험을 위한 전초기지로 그 역할이 조금씩 되살아나고 있다. 면적: 17,846.3km², 인구: 약 13만 명(2012년)

프랑스의 동방 식민지화 경략

유럽 국가들 중에서 가장 뒤늦게 동방 식민지화 경략에 뛰어든 나라는 프랑스다. 네덜란드와 영국이 각각 동인도회사를 설립한 17세기 초엽에 프랑스의 앙리 4세(Henri Ⅳ)가 동방에 대하여 관심을 갖기 시작하였지만, 실제로 동방경략에 참여한 것은 루이 14세(Louis XIV) 때에 중상주의자(重商主義者) 콜베르(J. B. Colbert) 재무상의 후원으로 1664년 동인도회사가 설립된 때부터이다. 영국의 동인도회사는 순수한 민간 상인들의 조직인 데 반해 프랑스의 동인도회사는 설립 당초부터 국가의 예속기관이었다. 프랑스인들의 첫 목표는 스리랑카에 활동 거점을 마련하는 것이었지만, 네덜란드가 이미 장악하고 있어서 여의치 않자 인도로 눈을 돌렸다. 1674년에 인도의 서해안 항구도시 수라트(Surat)에 첫 상관(商館)을 설치한 데 이어, 마드라스(현 첸나이) 부근의 퐁디셰리(Pondicherry)에 거점을 확보하고, 1742년에 뒤플렉스(J. F. Dupleix)를 초대 지사로 파견해 인도경략을 본격적으로 시도하였다. 그러나 18세기 중엽에 인도에서의 이권을 둘러싸고 영국과 두 차례의 무력충돌을 일으킨 결과, 모두 패배함으로써 결국 인도에서 밀려났다.

프리깃선(船) frigate

지중해를 중심으로 발달한 소형 상선에 대한 통칭이다. 16세기 말부터 17세기까지 스페인과 남미 식민지 간에 오간 소형 선박이 바로 프리깃선이다. 두 대의 돛대에 삼각돛(三角帆)을 갖추고 있다.

프린세스호프(Princesshof) 박물관

네덜란드의 레이우아르던(Leeuwarden)에 위치. 오라네(Orange)공의 저택을 개조해 1917년 박물관으로 개관하였다. 전시품 중 자바섬 부근에서 인양한 16세기 명대의 오수요(吳須窯) 자기가 유명하며, 17~18세기 네덜란드 동인도회사의 주요 교역품 중 하나인 청화백자가 체계적으로 전시되어 있다.

프린스 헨드릭 해양박물관 Prins Hendrik Maritime Museum

네덜란드의 로테르담(Rotterdam)에 위치. 1873년 해군 창고를 개조해서 박물관으로 문을 열었다. 본 건물과 옥외 박물관인 선박 뷔펠(Buffel)호로 구성되어 있는데, 뷔펠호는 19세기 실제로 활약한 네덜란드 군함이다. 박물관에는 네덜란드뿐만 아니라 유럽의 해양사에 관한 자료와 더불어, 17세기 이후의 고문서, 해도, 선박모형, 그리고 뱃머리를 장식하는 조각상 등도 전시되어 있다.

프톨레마이오스(Ptolemaeos)의 세계지도

로마의 천문학자이며 지리학자인 프톨레마이오스의 『지리학입문』(*Geographia*)에 실린 세계지도. 이 지도는 프톨레마이오스가 고안한 원추투영도법(圓錐投影圖法)을 적용하여 만들어졌으며, 경도와 위도가 표시되어 있다. 『지리학입문』의 원본은 소실되었으나, 12세기의 비잔틴 사본이 후세에 전해져 1409년 라틴어로 번역되었다. 대항해시대의 탐험가들에게 애용되었다.

플로르 데 라 마르(Flor de la Mar)호(號) 침몰선

1512년 말레이시아의 말라카 해협에서 침몰한 포르투갈의 무역선이다. 인도 서해안의 고아를 근거지로 극동무역을 확대해오던 포르투갈의 인도 총독은 17척의 선단으로 말라카 왕국을 공격하였다. 그때 약탈한 금은재화를 포르투갈 왕에게 헌상하기 위해 플로르 데 라 마르호에 적재하였는데, 이 배가 말라카 해협에서 태풍을 만나 침몰하였다. 1987년경 위성사진으로 침몰선의 소재를 확인한 이탈리아 출신의 보석상 핀세이가 재보(財寶)를 인양할 계획을 세웠으나 실행하지 못하였다.

피옴비노(Piombino) 해저 유적

1832년 이탈리아 서부 해안의 피옴비노와 엘바섬 사이의 해저에서 트롤선(trawl, 저인망선) 한 척을 건져낸 바 있다. 이 침몰선에서 기원전 5세기 그리스에서 건조된 높이 110cm의 청동제 아폴로상을 발견하였다.

필리핀제도지(諸島誌)

스페인의 식민지사법관 겸 행정관이

었던 안토니오 드 몰가가 기록한 필리핀 보고서. 드 몰가는 1595년 마닐라에 부임한 후 1603년까지 8년간의 식민지 경영에 관해 세세하게 기술하였다. 필리핀제도의 자연, 원주민의 생활상, 풍습, 기독교 전도 실태, 외국과의 무역 상황 등이 기록되어 있다.

ㅎ

하니와센 埴輪船

일본 미야자키현(宮崎縣) 사이토시(西都市)의 사이토바루(西都原) 고분군에서 하니와센(埴輪船)라는 독특한 배가 발굴되었다. 그 구조는 앞뒤 구별이 없고 양측 뱃전에는 여닫이를 연상케 하는 6개의 돌기(突起)가 나 있다. 내측에는 판자를 깔았는데, 판자 표면은 진흙으로 땜질하였다.

하멜 표류기

일명 『난선제주도난파기(蘭船濟州島難破記)』라고도 하는 이 책은 조선을 유럽에 알린 서양인 최초의 저술이다. 네덜란드 동인도회사 소속 선원이었던 하멜(Hendrik Hamel)이 제주도에 표착하게 된 과정과 일본으로 탈출하기까지의 13년간의 조선 생활을 기록한 것으로, 1668년 네덜란드에서 책으로 출간된 후 유럽 각국 언어로 번역되어 널리 소개되었다. 1653년(효종 4년) 자카르타를 출항한 스페르베르호가 타이완 해협을 거쳐 일본 나가사키로 항해하던 중 태풍을 만나 제주 남쪽 해안에서 좌초하였다. 당시 64명의 선원 중 36명이 제주 해안에 표착하였으며, 그 배의 서기직을 맡은 선원 하멜도 여기에 포함되어 있었다. 하멜 일행은 조선에 당도한 최초의 네덜란드인은 아니었다. 26년 전 1627년(인조 5년)에 풍랑을 만나 일본으로 가지 못하고 제주도에 좌초한 후 조선인으로 귀화한 벨테브레이(Jan Janse Weltevree), 조선 이름으로는 박연(朴淵, 朴燕)이 있었다. 박연은 하멜 일행이 서울로 압송되자 3년 동안을 함께 지내면서 조선말과 조선 풍속 등을 가르치기도 하였다. 하멜 일행은 조선 본토로 이송된 후 훈련도감 소속 왕의 호위병으로 임명되어 주어진 상황에 적응하며 살았다. 그러다가 일행 중 일부가 청나라 사절단에게 억류된 자신들의 처지를 호소하려 했다가 즉석에서 체포되어 옥사당하고, 나머지는 서울에서 추방되어 전라도 지역으로 분산 유배되었다. 거기서의 생활은 서울보다 훨씬 더 혹독하였다. 부임하는 관리에 따라 대우도 달랐고, 조선 전역을 휩쓴 기근으로 식량도 턱없이 부족하였다. 생활고와 향수를 견디지 못한 하멜 일행은 푼푼히 돈을 모아 작은 어선을 구입하여 탈출을 계획한다. 1666년 9월 하멜은 가까이 지내던 조선인으로부터 배를 구해 억류된 동료 7명과 함께 마침내 일본 나가사키로 탈출하는 데 성공하였다. 이후 2년을 더 일본에 머무르면서 조선에서의 억류 경험을 근무일지 형태로 작성하였으며, 1668년 자카르타로 돌아갈 때 이를 동인도 회사에 제출하였다.

하멜이 이 보고서를 작성한 주된 이유는 13년간 받지 못한 봉급을 동인도 회사에 청구하기 위한 것이었다. 즉, 서기로서 자신은 13년간 하루도 쉬지 않고 일을 했다는 것을 보여주려는 것이었다. 네덜란드는 이 자료를 근거로 조선과의 무역을 검토하기도 하였다. 그러나 당시 조선으로 가는 지리적 어려움, 조선에 불어닥친 기근 등으로 인해 네덜란드와 조선 간의 무역거래는 이루어지지 않았다. 네덜란드는 조선보다 일본과의 무역거래에 집중하였다. 뿐만 아니라 초기 일본에서 기독교 포교 전략을 내세운 포르투갈 선교사들이 강제추방된 것을 교훈삼아 네덜란드는 순수하게 상업적 전략만을 내세우며 일본에 접근하였다. 이러한 전략이 주효하여 이후 일본에는 '난학(蘭學)' 붐이 일 정도로 네덜란드와의 교류가 활발해졌다.

하와이 Hawaii

샌프란시스코의 서쪽 3,857km 지점에 있는 미국의 50번째 주로. 주도는 호놀룰루(Honolulu). 하와이의 원주민은 약 300~500년경 마르키즈 제도(Marquesas Islands)에서 건너온 폴리네시아인(Polynesian)으로 추정된다. 하와이라는 말도 고대 폴리네시아어 '사와이키(Sawaiki)'에서 유래하는데 그 뜻은 '고향(homeland)'이라고 한다. 1795년에 카메하메하(Kamehameha) 1세가 부족들간의 오래된 싸움을 끝내고 하와이 왕국을 세웠는데, 이 왕국은 1893년에 릴리우오칼라니(Liliʻuokalani) 여왕이 퇴위할 때까지 근 100년간 지속되었다. 하와이는 영국의 탐험가 제임스 쿡(James

하와이 왕궁(현 궁전 전시관) 외관

Cook) 선장이 1778년에 유럽인으로서는 처음으로 발을 디디면서 유럽과 북미에 알려졌다. 쿡 선장은 자신을 후원한 샌드위치 백작의 이름을 따서 이 제도를 '샌드위치 제도'라고 하였다. 하와이 항해에 관한 쿡 선장의 책들이 출판되어 나오자 유럽과 북미의 탐험가와 무역상, 포경업자들이 하와이로 몰려들어왔다. 1820년대에 북태평양 일대에서 포경산업이 크게 번창하면서 하와이는 북미와 아시아 간의 포경무역에서 가장 적합한 중계항으로 알려졌다. 이어 19세기 후반에는 사탕수수와 파인애플 생산이 붐을 이루어 제당업이 번창해지자 아시아를 포함한 외국이민이 증가하였다. 그러나 1890년에 미국의 관세법(關稅法)이 개정되어 제당업이 위기를 맞게 되자 주로 농장주인 미국인들이 미국과의 합병을 요구하기 시작하였다. 드디어 1897년에 미국 대통령 매킨리(William McKinley)는 합병조약을 체결하였고, 하와이는 1900년에 준주(準州)가 되었다. 1941년 일본군의 진주만(Pearl Harbor) 공격 이후 주(州) 승격 운동이 한층 탄력을 받으면서 1959년 미국의 50번째 주가 되었다. 유럽인들이 들어오기 전까지는 '빅아일랜드'로 불리는 하와이섬에 인구가 제일 많았으나, 오아후(O'ahu)섬으로 유럽인들이 몰리기 시작하면서 이 섬의 호놀룰루가 주요한 항구도시로 발전하였다.

마우이(Maui)섬에는 거대한 분화구를 가진 할레아칼라(Haleakala) 화산이 있다. 면적: 28,311km², 인구: 약 140만 명(2013년)

하카다(博多)만(灣) 해저 유적

1931년 일본 하카다만 남안의 해저에서 발견된 난파선에는 해로를 통한 일본과의 교역상을 실증해주는 중국 송(宋)대의 도자기·고전(古錢)·정석(碇石, 닻돌)·해수포도경(海獸葡萄鏡) 등 유물들이 적재되어 있었다. 1962년 후쿠오카(福岡)의 해저에서도 동모(銅鉾, 구리창)를 건져낸 바 있다.

한국해양과학기술원 KIOST(Korea Institute of Ocean Science & Technology)

해양과 해양자원의 체계적 연구와 개발, 관리와 이용 및 해양 분야 우수 전문인력 양성으로 국가해양과학기술 발전과 대한민국 해양과학기술의 국제 경쟁력 확보에 이바지할 목적으로 설립된 국가출연 연구기관이다. 1973년에 KIST(한국과학기술연구원) 부설 해양개발연구소로 발족되어, 1990년에 한국해양연구소로 독립, 2001년에 한국해양연구원으로 명칭 변경, 그리고 한국해양과학기술원법 제정과 함께 2012년에 한국해양과학기술원으로 확장되었다. 극지 환경 및 자원 조사와 남·북극 과학기지를 운영하는 극지연구소(인천), 조선공학 및 해양플랜트 등을 연구하는 선박해양플랜트연구소(대전), 동해 및 독도 관련 연구를 수행하는 동해연구소(경북 울진)와 울릉도·독도 해양연구의 전진기지인 울릉도·독도해양연구기지(경북 울릉), 연구선 운항 및 남해특성연구와 해양시료도서관을 운영하는 남해연구소(경남 거제) 등을 두고 있다. 또한 중국 칭다오에 한·중해양과학공동연구센터, 미국 워싱턴에 KIOST-NOAA 연구실, 영국에 KIOST-PML 연구실, 태평양 마이크로네시아 축주(Chuuk洲)에 태평양해양연구센터 등 해외 연구거점을 두고 있다. 해양연구는 바다를 대상으로 연구하는 학문이므로 연구선은 필수적인 장비이다. 해양연구의 역사는 연구선을 이용한 해양조사의 역사라고 해도 과언이 아니다. 한국해양과학기술원에서는 자체적으로 종합쇄빙연구선인 아라온호(6950톤), 대양종합연구선인 온누리호(1422톤), 연근해종합연구선인 이어도호(357톤), 소형연구선인 장목호(41톤)와 장목2호(35톤)를 운영하고 있으며, 2015년 취항 목표로

쇄빙연구선 아라온호

5,000톤급 대형 해양과학조사선을 신조 중에 있다. 이러한 종합연구선을 통하여 한반도 주변의 기후변화와 해수순환 변동에 직·간접적으로 영향을 미치는 '태평양–인도양 해양순환 연구 프로그램' 등 다양한 조사활동을 수행하고 있다. 이러한 연구선을 기반으로 한 해양연구 외에 해양센서를 탑재한 인공위성을 활용한 해양연구, 장기해양모니터링을 위한 종합해양과학기지(이어도, 백령도, 독도 등)의 구축, 미세조류를 활용한 바이오디젤 생산기술 확보, 선박의 안전운항 및 해상교통 연구를 위한 선박운항 시뮬레이터 구축 등 다양한 연구활동도 수행하고 있다.

한반도의 거석문화

거석문화는 남방 해양문화에 속하는 문화다. 중국 동북지방과 한반도, 일본 규슈(九州) 지방을 포함한 동북아시아 지역에서는 고인돌을 비롯한 특유의 거석기념물이 적지않게 발견되었다. 따라서 이 지역을 '동북아시아 돌멘(dolmen)권'이라는 하나의 거석문화 분포권(分布圈)으로 묶을 수 있을 것이다. 이 분포권에서 한반도는 지리적으로 그 중심부에 위치하고 있을 뿐만 아니라 거석문화 유적도 가장 많아 100여 년 전부터 학계의 주목을 받아 왔다. 함경북도를 비롯한 북부 일부 지역을 제외한 한반도의 전역에 걸쳐 거석문화 유적이 산재해 있다. 특히 청천

강(淸川江) 이남의 서해안 지역과 큰 하천 유역의 분포 밀도가 상당히 높다. 전라남도에만 1만 1,100여 기의 고인돌이 집중되어 있으며, 한반도 전체에는 약 4만, 그중 북한에 14,000~15,000기가 있으며, 전라남도 지방에 2만여 기가 군재해 있다. 한반도에서 발견된 고인돌은 그 구조형식에 따라 여러가지 분류법이 있다. 대체로 2분법과 3분법인데, 그것을 다시 세분하기도 한다.

이러한 고인돌은 한국 선사사회의 무문토기인(無文土器人)들이 구축한 것으로, 그 연대는 기원전 2000~1000년경으로 추산된다. 고인돌의 반출유물(伴出遺物)로는 이러한 시대적 문화 상황을 반영한 각종 선사시대(주로 청동기시대) 유물이 있다. 그중 가장 많은 것이 무문토기이고 그밖에 각종 마제석촉(磨製石鏃)·석검(石劍)·석부(石斧)·공열토기편(孔列土器片)·곡옥(曲玉)·관옥(管玉)·채문토기(彩文土器)·홍도(紅陶)·연석(碾石), 방추차(紡錘車), 그리고 노루와 사슴 같은 짐승뼈·사람뼈 등등 다양한 유물들이 포함되어 있다. 한국 고인돌의 기원에 관해서는 크게 남방기원설과 북방기원설, 그리고 자생설의 세 가지가 있다. 남방기원설은 주로 남방에서 전래한 벼농사 문화와 결부시켜 그 기원을 동남아시아에서 찾는 설이다.

북방기원설은 주로 동아시아에 널리 분포되어 있는 상식석관(箱式石棺)에서 그 원류를 찾는 견해다. 자생설(自生說)은 적석시설을 갖추고 지상에 축조된 석관형 고인돌에 상응하는 지상 석관묘가 중국 동부지방에는 없고 한반도에만 있다는 점이 이 자생설을 뒷받침하는 증거다. 한반도에서의 고인돌은 그것이 전래든 자생이든 귀중한 선사시대의 유물임에는 틀림없다.

한(漢)의 남해교역

한은 해로를 통해 인도를 비롯한 남해 제국과 교역을 진행하였다. 『한서(漢書)』「지리지」에는 기원 전후 일남(日南, 현 베트남)으로부터 인도 동남해안의 황지국(黃支國, 현 칸치푸람 Kanchipuram)까지의 항해로를 구체적으로 소개('해로' 관련 항 참고)하면서 황지국과의 교역상을 다음과 같이 전하고 있다. 즉 중국 선박이 황지에 이르면 황금, 잡회(雜繪, 각종 비단) 등 중국 화물은 다른 '만이고선(蠻夷賈船, 외국선)'에 실려 전송(轉送)된다고 하였다. '만이고선'이란 당시 인도양상에서의 해상활동 상황을 감안하면

강화도 지석묘

십중팔구는 로마 선박일 것이다. 당시 로마는 한과의 교역을 희망하였으나 중간에 파르티아(Parthia, 안식 安息)가 끼여 있어 서로의 통교가 차단되었다. 이에 로마는 이 중간 차단지를 우회하는 해로를 통해 한과의 교역을 시도하였다. 그런데 아직은 멀리 있는 한과 직접 해상 통교하기는 어려운 형편이어서 인도를 매개로 한 중계교역, 즉 전송(轉送)교역을 진행하였던 것이다.

사실 중국의 남해교역은 진대(秦代)부터 그 흔적을 찾아볼 수 있다. 진시황(秦始皇)이 중국 천하를 통일해 판도를 남해까지 확장한 후, 번우(番愚, 현 광저우廣州)를 통해 남해교역을 하였다고 『사기(史記)』「화식열전(貨殖列傳)」은 전하고 있다. 이 책에 따르면, 번우는 해상교역도시로 이곳에서는 주궤(珠玑)·은·동·과(果)·포(布) 등이 교역되고 있었다. 이러한 기사는 진대부터 번우(광저우)를 통한 해상교역이 진행되고 있었음을 시사해준다.

한침반 旱鍼盤
중국 송대로부터 오늘에 이르기까지 자침(磁針, 지남침)을 핀으로 고정한 나침반을 한침반, 혹은 한침(旱鍼)이라고 한다.

항구 港口
사전적 의미로는 "배가 안전하게 드나들고 사람이나 짐을 오르내리기 편리하게 부두 따위의 설비를 하여 수륙 교통의 연락 구실을 하는 곳"으로 정의된다. 그러나 항구는 처음부터 안전하고 평화롭게 발달하지는 않았다. 근대 이전 동남아시아의 경우는 지금의 항구 형태는 찾아볼 수 없었고, 유럽의 경우도 다르지 않았다. 어느곳이든 항구는 교역권을 차지하는 세력관계에 따라 형성되었으며, 권력의 부침에 따라 개방과 폐쇄의 과정을 거치며 발달하였다. 바람과 범선에 의존했던 왕국들은 근대적 의미의 국가와는 달랐다. 그들은 항구를 중심으로 발달하며 교역의 네트워크에 근간을 둔 통상국가이거나 항구도시 국가 형태였다. 고대 로마제국이나 근대 이전의 중국도 비슷하였다. 항구에서는 국경 개념이 애매하였고, 영토주권이라는 개념도 희박하였다. 교역과 통상권을 거머쥔 몇몇 지배세력들이 항구를 독점하곤 하였다. 유럽 전반에 드리운 기독교의 보편적 세계관도 작용한 듯하다. 항구로 찾아드는 사람들의 사고는 경계보다 이익을 중시하였고, 항구가 지닌 사회와 공간적 특성은 각각의 존재보다 관계 중심으로 형성되었다. 구체적인 영역적 개념의 항구가 등장한 것은 19세기 이후였다. 이것은 식민지화를 추진하는 유럽 세력들이 가져온 결과였지만, 일찍이 중세 유럽사회에서 군주들의 명령을 받은 군인들이 전쟁을 위해 출항할 때 생겼던 국경의 개념이 좀더 분명해진 것일 뿐이다. 그 이전까지의 항구는 서로 다른 종족들이 교류하며 새로운 정보를 나누는 곳으로서 아무런 저항 없이 입출입이 가능한 '탈경계 지역'이었다. 그런데 바로 이런 애매함 때문에 항구는 다양한 교역의 네트워크가 생겨났고, 사람들의 생활환경 범주와 인식의 확장이 가능한 공간으로 변해갔다. 지금으로부터 3000년 전 고대 그리스의 아크로티리(Akrotiri) 유적에서 기원전 1500년경에 그려진 프레스코화가 발굴된 적 있는데, 그림의 발견 장소와 그림의 소재가 아주 인상적이다. 그림은 당시 해군 지휘관의 집으로 추정되는 거주지에서 발견되었고, 그림에는 테라스에 모인 사람들의 시선을 집중하게 만든 것이 있었다. 바로 항구였다. 1971년 화산 폭발로 사라진 산토리니섬의 고대 도시 아크로티리 유적이 40m 깊이의 화산재를 털고 세상에 나와 보여준 것은, 당시 해상교역이 활발히 이루어지던 산토리니 항구와 항구를 드나드는 배의 모습들이었다.

항해도 航海圖

항행로를 비롯해 수세(水勢), 정박지(항구), 도항설치물 등 항해에 필요한 내용을 표시한 그림이다. 항해도는 항해술의 결정체로 항해의 필수품인 만큼, 항해술의 수준을 가늠하는 척도라고 할 수 있다. 중국에서는 북송(北宋) 시대부터 이미 항해도를 제작·이용하였다. 고려에 출사한 서긍(徐兢)이 1123년에 찬술한 『선화봉사고려도경(宣和奉使高麗圖經)』 권34에 의하면, 신주(神舟, 송이 고려에 보내는 사신단을 위하여 특별히 제작한 선박)는 해도(海圖)를 따라 도서(島嶼)들을 빠져나간다고 하였는데, 이것은 서긍 일행이 항해도를 구비하고 있었음을 시사한다. 15세기 전반, 명대의 『정화항해도(鄭和航海圖)』(원명 『自寶船廠開船從龍江關出水直抵外國諸蕃圖』, 보선소 진수進水에서 용강관龍江關 출해 및 외국제번外國諸蕃까지의 지도라는 뜻)는 중세 항해도의 백미(白眉)다. 중국 동남해안에서 아프리카 동안에 이르기까지의 전항로에 걸쳐 선박의 항해 방

'정화항해도'에 묘사된 동남아시아 해역

향, 정박 항구, 각지 별자리의 높낮음, 암초, 천탄(淺灘, 여울)의 분포 등 제반 사항을 상세히 기록하고 있다. 지명만 500여 개소(그중 외국 지명 300여 개소)나 된다. 당시 항해도에 표기하는 항해 거리 단위는 '갱(更)'이었는데, 1갱은 약 60리이며 1주야의 항해 거리는 10갱으로 계산하였다.

항해로 航海路

교통수단으로서의 선박은 망망대해에 떠 있지만 반드시 일정한 길, 즉 항해로를 따라 항행하게 마련이다. 항해로는 조선술의 발달이나 각종 항해기술의 도입에 따라 발전적으로 변화한다. 그 변화는 크게 연해로(沿海路, 혹은 우회로迂廻路)에서 심해로(深海路, 혹은 직항로直航路, 횡단로橫斷路)로, 구간로(區間路)에서 전장로(全長路)로 변경하는 데서 나타난다. 동·서양을 막론하고 해상활동의 초기에는 조선술이나 항해술이 발달하지 않아 선박은 예외없이 모두 해안에 가까운 연로를 따라 항해하였다. 중국 전국시대의 해상활동에서 보다시피, 조선술의 발달로 누선(樓船) 같은 큰 배가 발명되자 원거리 항해가 가능해졌다. 서양에서는 1세기 중엽에 로마의 항해사 히팔루스(Hippalus)가 아랍인들에게 인도양 계절풍의 비밀을 알아낸 후, 그 계절풍을 이용해 아테네로부터 홍해를 지나 인도 서해안까지 직항할 수 있었

다. 이것은 연해를 벗어나 인도양 한가운데를 횡단하는 심해로(深海路)다. 중국에서는 여전히 연해로 위주의 항해를 하다가 6세기에 이르러서야 비로소 말라카 해협에서 인도양을 가로질러 실론(현 스리랑카)까지 직항하는 심해로를 취하게 되었다. 연해로는 심해로에 비해 항해가 불안전하고 소요 시간도 몇배나 된다. 연해로에서 심해로로 항해로가 발전적으로 변경되는 것과 거의 동시에 구간로에서 전장로로의 항해로 변경이 일어났다. 기원 초기까지만 해도 서방 선박은 대체로 홍해나 페르시아만으로부터 인도 서해안이나 실론(현 스리랑카)까지는 구간별로 항해하였다. 동방 선박도 마찬가지로 중국 동남해로부터 말라카 해협을 거쳐 인도 동해안이나 실론까지는 구간별로 항해하였다. 항해로 상에는 페르시아만의 여러 항구나 실론·말라카 해협 등 중간기착지 혹은 중계지가 생겨나 연결고리 역할을 하였다. 그러나 6세기경에 이르러서는 중계지를 매개로 하여 구간간의 연계가 유기적으로 이루어지면서 서아시아에서 중국에 이르는 전 구간이 하나의 전장로로 연결되었다. 그 결과 장거리 항해와 원거리무역이 발생해 동서교류를 크게 촉진하였다.

항해법 航海法

일명 항해조례라고 하는 항해법은

17~18세기에 영국이 자국의 무역활동을 자국 선박으로 제한하기 위해 제정한 법이다. 17세기 들어 영국은 네덜란드, 프랑스와 함께 당대를 지배하는 스페인의 굴레에서 벗어나기 위해 카리브해나 북아프리카로의 진출을 꾀했다. 하지만 굴레는 벗어났다 하더라도 세 나라는 스페인이 실행해온 식민지 경영법을 그대로 답습하지 않을 수 없었다. 초창기 아시아에서의 위력은 영국보다 네덜란드가 우위였지만, 카리브해나 북아프리카에서는 상황이 역전되었다. 그러자 영국은 스페인 위력 때문에 어쩔 수 없이 협력해야 했던 네덜란드가 자신들의 실질적인 경쟁 상대가 되자 이를 견제할 수 있는 방안을 서둘러 마련해야 하였다. 그것이 바로 '항해법' 제정이다. 항해법을 제정한 것은 1651년 크롬웰 정권이었고, 그 후 수차례 개정된다. 영국의 본심은 상품의 운반이나 매매 과정에서 막대한 이익을 챙기는 네덜란드 선박보다 자국 선박에 특혜를 주려는 것이었다. 바로 이때부터 유럽 각국은 앞다투어 자국 산업의 보호에 나섰는데, 이는 치열한 경쟁에서 살아남기 위한 것이었다. 당시 최대무역국인 네덜란드를 겨냥해 만든 영국의 항해법은 여러 유럽 국가들 가운데서 자국 선박으로 들여올 수 있는 수입상품과 자국의 특정 식민지 선박을 이용해서 영국과 아일랜드 혹은 영국의 식민지로 수송할 수 있는 아시아·아프리카·아메리카의 상품을 서로 구분하였다. 수많은 수출입 품목 중 수산물만은 전적으로 영국 선박을 통해 실어 날랐는데 바로 이런 전통이 훗날 영국 연안무역상의 관례로 정착한다. 사실 영국은 1381년에 이미 최초의 항해법을 제정한 적이 있다. 그러나 그때는 보유 선박의 부족으로 항해법은 무용지물이 되고 말았고, 다른 국가들로부터 보복이 두려워 스스로 폐기해야만 했던 법이다. 그럼에도 불구하고 항해법이 다시 등장하게 된 것은 순전히 자국의 최대 무역경쟁국인 네덜란드를 겨냥한 것이었다. 이런 항해법에 따라 지정된 품목은 설탕·인디고·담배 등이었으며, 18세기 동안 쌀과 당밀도 추가되었다. 그외 지정하지 않은 품목들은 자국 선박을 통해 자국의 식민지로부터 직접 수입하였다. 그러나 영국의 항해법이 자국 보호무역의 형태로 치닫는 동안 다른 국가들의 외면 현상이 생겨났고, 이는 영국 제조품의 경쟁력을 약화시키는 쪽으로 나아갔다. 뿐만 아니라 영국의 식민지 상인들도 영국만의 보호를 받는 데는 좋아했지만 그보다 다른 국가들과도 안정되게 거래하며 상호거래를 통한 이익 창출을 더 선호하였다. 그러던 중 1764년에 제정된 항해법은 영국의 식민지인 미국에서의 봉기를 야기한 주된 요인이었다. 그 여파는 식민지 미국의 독립에 불씨를 더했고, 영국이 제정한 항해법

은 만회할 수 없게 만들었다. 결국, 높은 관세를 붙여 자국 중심의 선박과 중계무역을 보호하기 위해 제정된 영국의 항해법은 그 폐쇄성으로 말미암아 스스로 고립되고 내부로부터의 붕괴를 겪으며 1849년에 사라지고 말았다.

항해의술 航海醫術

항해할 때 선박에서 선원들이 병에 걸리거나 다치면 육상에서처럼 쉽게 구급차로 병원에 옮겨져 치료받을 수가 없다. 이때 시급히 요구되는 것이 항해의술이다. 그 한 본보기로 일본의 선상구급의료시스템을 들 수 있다. 일본이 1985년 10월부터 인명구조와 선원복지라는 인도적 차원에서 일본수난구제회 사업의 일환으로 시작한 이 세계 유일 시스템은 의사를 직접 선상에 파견하는 것이다. 일본 주변해역의 선박에서 응급환자가 발생하면 해상보안청의 순시선, 항공기 등으로 의사 및 간호사를 바로 그 선박까지 급송해 응급치료를 하면서 가장 가까운 병원으로 이송한다. 이 시스템의 지원대상은 일본선박뿐만 아니라 외국선박도 해당된다. 해운이나 어업인이 마음 놓고 안전하게 조업과 항해를 할 수 있도록 의료지원을 하고 있는 것이다. 1985년 설립된 이래 2014년(10월 3일) 현재까지 출동 건수는 803건, 구조인원은 833명에 달한다. 다만, 이 시스템이 발동하려면 선원을 고용한 선주 및 선박운항자가 직접 또는 대리점을 거쳐 의사 파견을 요청하고 이에 따른 비용부담에 사전 동의해야 한다. 선상구급의료시스템이 발동하는 데 필요한 이 초동조치를 신속히 해결하는 것이, 구급의료의 성패를 결정짓는 매우 중요한 열쇠이다. 항해의술은 가장 시급한 것이 초동조치이며, 직접적인 치료가 곤란할 경우 세계 어느 나라 선박이든 해상에서는 협조체계에 따라 서로 구조할 수 있다.

항해조례 航海條例, Navigation Act, 1651년 → '항해법'항 참고

항해지침서

예부터 뱃사람들은 평소 자신들이 즐겨하던 방식대로 배를 운항했다. 배를 타고 다니며 고기를 잡았고, 한 지형지물을 기준으로 다른 지형지물로 이동했으며, 익숙한 해안을 반복적으로 오가며 화물선을 부정기적으로 운행하는 방식의 항해를 해왔다. 그 과정에서 뱃사람들은 몸으로 습득한 지식과 구전으로 얻은 지식을 입에서 입으로 옮겨, 다른 선원과 어부들의 공동체로 전달하였다. 이렇게 얻고 전파된 지식의 일부가 항로 탐색자인 루터와 포구나 항구에서 일하는 사람(포톨런)에게 전해졌다. 지중해 해안을 소개하는 항해지침서도 이런 과정을 거쳐 제작되었다. 일례로, 1434년 베네치아 항로 안내를 맡았던 로도스의 미카엘 항

해지침서는 포르톨라노(Portolano)에서 비스케어만과 영국 해협, 플랑드르 앞바다를 소개하고 있다. 이 항해지침서의 가장 큰 특성은 당사자가 직접 습득한 지식을 토대로 한 점이다. 기술된 내용들 하나하나는 한 포구에서 다른 포구로 배를 이동시키기에 가장 적절한 항로를 설명하는 데 전적으로 맞춰져 있다. 명확한 언어와 특정한 지형지물, 실제로 배를 운항하는 사람이 해상에서 이용하기 좋은 사항들, 기억을 환기시킬 적절한 연상 기호 같은 것들을 적은 지침들이다. 13세기 이탈리아에서 제작된 포르톨라노 해도(Portolano Chart)는 나침반의 방향이 포함된 최초의 항해지침서라고 할 수 있다. 근대적 항해지침서의 형태는 19세기 미국의 해군대위 매슈 폰테인 모리의 항해도를 들 수 있다. 모리는 많은 선장들이 작성하였던 항해일지를 참고하여 권장항로를 찾아냈고, 이를 『항해도』(*Pilot Charts*)에 발표함으로써 항로탐색을 체계화하였다.

해군사관학교 박물관

대한민국 경상남도 진해시 해군사관학교 내에 위치. 1976년 개교 30주년을 맞아 사관학교 창설 이후 수집해온 충무공 이순신에 관한 문헌자료를 전시하는 해군사관학교 박물관을 열었다. 1980년 거북선을 실물 크기로 복원하여 해군사관학교 부두에 전시하였고,

1981년에는 독립된 박물관 건물을 신축하여 박물관의 면모를 갖추었다. 충무공 이순신의 초상화, 관련 문헌, 임진왜란 당시의 각종 무기, 임진왜란 해전도 등이 전시된 이충무공실을 비롯하여, 대한민국 해군의 역사가 전시되어 있는 해군해양실, 해군사관학교의 역사를 전시하고 있는 해사실 등으로 이루어져 있다.

『해도일지적략(海島逸志摘略)』王大海 저, 1791년

청(淸)대 건륭(乾隆) 연간(1736~1795)에 왕대해(王大海)가 저술한 이 책은 화란(和蘭, 네덜란드)인들이 이용하는 항해용 나침반을 소개하고 있는데, 거기에는 양끝이 뾰족하고 중간이 넓적한 편식 능형(菱形) 자침과 면에 네덜란드 글자로 16방위가 표시된 우산 모양의 한침반 두 가지가 있다고 하였다. 중국은 일본을 통해 이 한침반을 수용하였다.

해로(海路, Sea Road)의 개념

고대에서 근대에 이르기까지 지중해에서 홍해와 아라비아해를 지나 인도양과 태평양 및 대서양에 이르는 광활한 해상에서 동서 교류와 교역이 진행된 환지구적(環地球的) 바닷길을 지칭한다. 해로는 실크로드의 개념이 확대(제3단계)됨에 따라 제2차 세계대전 이후에 그 일부인 이른바 '남해로

(南海路)'가 실크로드 3대 간선의 하나로 인정되면서 부상하였다. 그러나 그 서단(西端)은 로마, 동단(東端)은 중국의 동남해안으로 설정되었다. 포괄하는 해역은 동서로 지중해·홍해·아라비아해·인도양·남중국해(서태평양) 해역을 망라하고 있으며, 로마에서 중국 동남해안까지의 길이는 약 1만 5천km(약 3만 7,500리)로 추산된다. 그러나 늦어도 15세기부터는 이 '남해로'가 동·서로 각각 태평양과 대서양으로 연장되어 신대륙, 즉 아메리카 대륙(미주美洲)에까지 이어졌을 뿐만 아니라, 그 길을 통해 신·구대륙 간에 문물도 교류되었다. 이러한 사실을 고려하면 이 바닷길은 구대륙의 울타리를 벗어나 신·구대륙의 해역을 두루 아우르는 명실상부한 환지구적 통로로 자리매김되어야 한다. 따라서 그 이름도 '남해로'가 아닌 범지구적인 해로의 의미를 담을 수 있는 이름으로 바뀌어야 할 것이다. 해로는 일찍부터 비록 부분적이고 단절적이기는 하나 문명교류의 통로로 계속 기능해왔다. 특히 중세에 이르러 조선술과 항해술의 발달에 힘입은 아랍-무슬림들과 중국인들의 진취적인 해상활동에 의해 해로가 본격적으로 가동되기 시작하였다. 게다가 근세에 와서 해로를 통한 급격한 서세동점(西勢東漸)으로 인해 해로의 역할은 전례없이 증대하였다. 사실상 초원로나 오아시스로가 쇠퇴기를 맞은 근세

에 와서 유독 해로만은 줄곧 그 역할이 커져왔으며 오늘에 이르기까지 계속 번영기를 이어가고 있다. 중세에 이 해로를 통해 동방에서 많이 생산되는 비단·도자기·향료·차 등 문물이 서방으로 대량 수출되었다. 이에 이 바닷길을 일명 '도자기로(陶瓷器路)'나 '향료로(香料路)'라고 부르기도 하였다.

해로의 시원 ~기원전 4세기

항해는 선사시대 원시인들의 활동에서 그 흔적을 찾아볼 수 있으며 고대문명에서 그 여명기가 시작되었다. 동방의 경우, 지금으로부터 7,000~6,000년 전에 중국의 랴오둥(遼東) 반도와 산둥(山東) 반도가 근해의 도서들과 해상 관계가 있었다는 것이 고고학적으로 증명되었다. 약 4,000년 전 상대(商代)에는 영토가 해외로 확장되었으며, 주(周)대의 성왕(成王) 때는 해동(海東)의 일본이나 남방의 베트남(越南)과 해상 왕래가 있었다고 한다. 서방의 경우, 이집트 고왕국시대에 이미 나일강과 홍해 사이에는 운하가 개통되어 기원전 1000년경에는 지중해와 홍해, 아라비아해 사이에 해상교역이 발생하였다. 여명기에 있었던 이러한 항해의 실태에 관해서 명확하게 헤아리기는 어렵지만, 대체로 원시적인 항해수단에 의거해 진행되었으며, 아직 이질 문명간의 통로 역할은 하지 못한 것으로 보인다. 문명교류의 통로로 해로가

언제 개통되었는지에 관해서는 아직 정설이 없다. 지금까지의 연구결과에 의하면 기원전 8세기 말경부터 인도 서남부의 소비라(Sovira)와 수파라카 (Supparaka)·바루카차(Bharukaccha) 등 항구와 바빌론 간에 해상교역이 이루어지고 있었으며, 그 주역은 남인도의 드라비다인(Dravidian)들이었다. 교역로는 인도 서남부로부터 아라비아해를 횡단한 후 페르시아만을 북상해 바빌론까지 이어지는 바닷길로 추정된다.

해로의 시원에 관한 최초의 확실한 기록은 헤로도토스의 저서 『역사』에서 찾아볼 수 있다. 이 기록에 의하면 기원전 510년경 아케메네스조 페르시아의 다리우스 1세(Darius I, 재위 기원전 521~486)에게 인더스강 하구에서 홍해에 이르는 바닷길을 탐험하라는 명을 받은 카리안다(Caryanda)의 부장 스킬락스(Scylax)는 바다로 서진해 29개월 만에 아르시노에(Arsinoe, 현 수에즈 부근)에 도착하여 탐험을 성공적으로 마쳤다. 탐험 결과 다리우스왕은 고대 이집트 제26왕조의 네코왕이 설치한 후 폐기된 나일강과 홍해 간의 운하를 복원하게 되었다. 또한 그후 기원전 325년 9월에 알렉산드로스의 부장 네아르코스가 인더스강 하구로부터 페르시아만의 유프라테스강 하구까지 항해한 사실이 전해지고 있다. 한편 동방에서도 일찍부터 해로를 이용한 흔적과 기록을 찾아볼 수 있다.

인도의 경우, 기원전 3000년경의 모헨조다로(Mohenjo-Daro) 유적을 비롯해 아잔타(Ajanta) 석굴(기원전 2세기~기원후 7세기) 등에는 고대 선박에 관한 유적이나 벽화가 남아 있다. 특히 여러 문헌에는 고대 인도인들의 항해에 관한 생생한 기록이 소개되어 있다. 아리아족의 고전인 『리그베다』 (Rig-veda, 기원전 1500~1000)의 송시(頌詩) 중에는 해상원정과 상인들의 해상활동에 관한 묘사가 있으며, 특히 남전(南傳) 불전(佛典)들도 항해에 관한 여러 기사를 전하고 있다. 『대사(大史)』는 기원전 6세기에 비자야(Vijaya) 왕자가 먼 바다를 건너 실론(현 스리랑카)에 상륙했다는 전설(아잔타 석굴 벽화에도 있음)을 전하고 있으며, 경장(經藏) 『잡부(雜部)』(Samyuitha Nikaga)에는 어떤 사람이 6개월간이나 장기 항해를 했다는 기사가 실려 있다. 또 『본생담(本生譚)』은 20가지에 달하는 항해 기사를 소개하는데, 그중에는 인도 서해안의 항구와 금주(金洲) 등 동남아시아 도서들이 거론되며 「바베라본생」 편에는 인도 상인들이 공작새를 배에 실어 바베라국까지 운반하는 기사가 있다. '바베라'는 고대 메소포타미아의 바빌론을 말한다. 이것은 기원전 4세기경에 인도와 바빌론을 비롯한 서아시아 간에 해로를 통한 왕래가 있었다는 것을 시사한다.

인도와 서아시아 간의 해상교통에 관한 기록은 서방측 문헌에서도 찾아 볼 수 있다. 『구약성서』「열왕기상(列王記上)」에 의하면 솔로몬(Solomon, 기원전 10세기)왕이 홍해 연안의 에지온 게베르에서 선박을 건조하자 히람(Hiram)왕이 해사(海事)에 익숙한 자기의 노복들과 솔로몬의 노복들을 오피르(Ophir)에 파견해 그곳으로부터 황금 420달란트(talent, 약 16톤)를 가져왔는데, 항해에는 3년이나 걸렸다고 한다. '오피르'는 산스크리트어로는 'Sauvira' 혹은 'Suppara'로, 남인도를 지칭한다. 이 기사는 기원전 10세기경에 남인도와 홍해 사이에 해로가 개통되어 있었음을 말해준다.

해로의 여명 기원전 3~기원후 6세기
남인도 원주민인 드라비다인들의 해상활동은 서아시아뿐만 아니라 동남아시아에서도 전개되었다. 남인도의 동부해안에 건국된 촐라(Chola) 왕국은 기원전 2세기경에 말레이 반도와 수마트라 등 동남아시아 지역과 해상교역을 진행하였다. 이 지역에서 출토된 타밀(Tamil)어 비문들이 이를 입증해주고 있다. 기원전 3세기에 전성기를 맞은 인도 동해안의 칼링가 왕국은 미얀마나 말레이 반도와 해상교역을 하면서 이 지역으로 이민까지 와서 싱가포르에는 그 후예인 클링(Kling)족이 지금까지도 남아 있다. 인도와 함께 중국도 일찍부터 이 해로를 이용하였다. 그 시항(始航) 시기는 진(秦)대로 거슬러올라간다. 기원전 221년 중국 천하를 통일한 진시황(秦始皇)은 판도를 남해(南海)까지 확장해 번우(番禺, 현 광저우廣州)를 통해서 남해무역을 진행하였다. 당시 번우는 대외무역 도시로, 그곳에서는 주기(珠玑)·서(犀)·대모(玳瑁)·과(果)·포(布) 등 남방 열대지방 산물이 교역되고 있었다. 이것은 진대에 이미 광저우를 통한 해상무역과 더불어 해로가 이용되고 있었음을 시사해준다.

남방 해로의 노정을 구체적으로 밝힌 최초의 기록은 『한서(漢書)』「지리지(地理志)」로, 일남(日南, 현 베트남 남치성南治省)의 요새인 서문(徐聞, 현 광둥廣東 레이저우 반도雷州半島 남단의 쉬원현徐聞縣)과 합포(合浦, 현 광시廣西 북부만北部灣 변의 허푸현合浦縣)로부터 황지국(黃支國, 현 남인도 동해안의 칸치푸람Kanchipuram)까지의 노선이 구체적으로 기록되어 있다. 황지로부터의 귀로를 보면, 거기서 8개월간 항행해 피종(皮宗, Pulaw pisan, 현 말레이 반도 서남해안)에 이르고, 다시 거기서 2개월간 항행해 일남(日南)과 상림(象林)의 경계에 도착한다. 황지의 남쪽에 기정불국(己程不國, 현 스리랑카)이 있는데, 한의 역사(譯使)가 그곳으로부터 귀환하였다고 한다. 위의 기술을 통해 기원전 시대에 전개된 중국과 인도 간의 교역상과 항해로를 대략이나마 짐작할 수 있다. 당시 일남과 인도 동남해안 간의 항해에는 11여 개월(송대에는 70일)이 걸렸다. 여기에 제시된 기원전의 중·인 해로를 오늘의 지리적 위치로 추정해보면, 광저우(廣州)에서 출항해 베트남과 말레이 반도 동안으로 남하한 다음 수마트라(Sumatra)에서 서전(西轉)해 말라카 해협을 지나 서북행으로 미얀마 남안에 이르고, 또 그곳에서 계속 서남행으로 인도 동해안을 따라 인도 동남단의 칸치푸람에 도착하는 바닷길에 해당한다. 말레이 반도 남단에 있는 코린치(Korintji)에서 '초원(初元) 4년(漢元帝 연간, 기원전 45년)'이라는 글씨가 새겨진 명기(明器)가 출토된 바 있다. 이것은 기원전 1세기에 벌써 중국 상선이 말레이 반도 남단까지 왕래했거나, 이곳을 경유했다는 것을 시사한다. 당시 중국(전한前漢) 상인들은 인도에 도착한 후에 인도인들로부터 서방의 대진(大秦, 로마)으로 통하는 해로가 있다는 것을 전해 듣고, 인도 상인들을 수행해 로마까지 갔다는 기록도 남아 있다. 로마시대의 역사가 플로루스(Florus)는 기원 1세기 말에 찬술한 저서 『로마사 개요』에서 기원전 30년경에 한 세레스(Seres, 중국)인이 인도 사신과 함께 로마 궁전을 방문해 코끼리와 보석·진주 등을 헌상하였다고 기술하고 있다. 이들은 로마로 오는 길에서 4년이라는 긴 시간을 보냈으며, 피부색으로 보아 그들은 분명히 '별천지'에서 온 사람들이라고 저자는 덧붙이고 있다.

기원전에 동·서양에서 전개된 해로를 종합해보면, 바빌론―유프라테스강 하구―페르시아만(혹은 이집트―아라비아해)―인더스강 하구―인도 서남해안의 소비라(혹은 수파라카나 바루카차)―인도 동남해안의 황지국―미얀마 서남해안―말라카 해협―수마트라 서북해안―말레이 반도 동안―일남―광저우의 항해노선으로 엮을 수 있다. 이것은 기원전에 이미 구대륙의 동서를 잇는 해로가 개척되어 자주 이용되었음을 말해준다. 기원후 해로를 통한 동서교류는 더욱 활발해졌다. 동방에서 후한(後漢)은 해로를 통한 동남아시아 및 서아시아와의 교류에 관심을 나타냈다. 특히 서방에서는 전성기에 접어든 로마제국이 해로를 통한 대동방교역에 적극 나서 대동방 원거리교역 항로가 뚫리기 시작하였다. 기원전 1세기 중엽에 로마의 항해사인 히팔루스(Hippalus)가 아랍인들에게서 인도양 계절풍의 비밀을 알아낸 후 아테네에서 홍해를 지나 인도양으로 향하는 직항로를 처음으로 개척하였다. 그가 이용한 계절풍이 인도양 항해의 주요 수단으로 활용되었기 때문에, 후일 유럽에서는 상당한 기간 인도양 계절풍을 그의 이름을 따서

'히팔루스풍'이라고 불렀다. 히팔루스에 이어 기원 초기에는 로마의 상인 플로카무스(Annius Plocamus)가 경영하는 홍해 부근 영토의 징세 감독관인 푸블리우스(Publius)가 홍해를 항해하던 중 폭풍을 만나 15일간 표류하던 끝에 실론(현 스리랑카)에 표착하였다. 그곳에 반년간 체류하다가 실론의 대(對)로마 사절인 라시아스(Rachias)와 함께 기원후 6년 7월 5일에 귀국하였다. 그가 왕래한 길은 홍해와 아라비아해 및 인도양을 가르는 해로였을 것이다. 히팔루스와 푸블리우스의 인도양 항해를 계기로 로마인들은 동방으로의 해로를 발견하게 되었으며, 이에 따라 대(對)동방교역을 적극 추진하였다.

고대 그리스의 지리학자 스트라본(Strabōn, 기원전 63~기원후 20년경)의 『지리지』에 의하면 당시 매해 인도로 향하는 로마 선박은 120여 척이나 되었다. 선박은 로마에서 출항한 후 인도양 계절풍을 이용해 3개월쯤 걸려서 10월에 인도에 도착한다. 그곳에 몇 달 동안 체류하면서 중국 등 동방 각지의 특산물을 구입해서 이듬해 4월에 역시 계절풍을 따라 귀향하였다. 이로 인해 로마의 대동방 원거리 무역에서 획기적인 전기가 마련되었다. 오아시스로를 거쳐 중국에서 인도로 반출된 견직물이 인도 서해안에서 해로로 로마에 직접 수송되기 시작하였다. 기원 70년경에 해상무역에 종사해 실론까지

항해한 바 있는 이집트 거주 그리스 상인의 저술이라고 전해오는 『에리트라해 안내기』에는 당시 홍해와 페르시아만, 인도양을 중심으로 진행되던 해상무역의 항로와 항구, 운송과 화물 등에 관한 상세하고도 정확한 기록이 남아 있다. 이 안내기에는 다프로파네(현 스리랑카)로부터 현 미얀마의 페쿠(Suvarnabhumi, 황금국)와 말레이반도를 지나 데이나(진니秦尼, 중국)까지 이어지는 항로와 이 항로를 통해 진행되는 교역에 관한 기술이 있다. 이 기술에 의하면 인도 항구에서 선적되는 중국 물품 중에는 비단뿐만 아니라, 피혁·후추·계피(桂皮)·향료·금속·염료·의약품 등 다양한 품목도 포함되어 있다. 로마인들은 그들이 동방에 직접 진출해 그 실존을 확인하기 전까지는 계수(桂樹)가 아라비아 반도에서만 성장하는 것으로 알고 있었다. 계피는 로마에서 각종 화장품과 약품·향료품 등을 제조하는 데 꼭 필요한 재료여서 수요가 많았으며, 그 가격도 상당히 높았다. 1로마파운드의 양질의 계피 가격은 1,500고(古)로마은화였다. 이에 중국산 계피는 대로마 교역의 주종품 중 하나로 부상하였다.

3세기에 접어들면서 유라시아 대륙의 정세에는 큰 변화가 일어나 해로의 전개에 일정한 영향을 미쳤다. 중국의 남북조(南北朝)시대에 북조에 의해 서역과의 오아시스로 교역이 막힌 남조

는 동남아시아 나라들과의 해상무역에 관심을 돌렸다. 특히 삼국시대에 강동(江東)에 위치해 그 영토를 교지(交趾: 현 베트남 북부 손코이강 유역)까지 확보한 오(吳)나라는 5천여 척의 선박을 보유하고 있었으며, 조선술이나 항해술에서 당대 최고였다. 특히 손권(孫權) 시대는 해상활동의 전성기로, 교주자사(交州刺史) 여대(呂岱)가 파견한 주응(朱應)과 강태(康泰)는 부남(扶南, 현 캄보디아)과 임읍(林邑, 현 베트남 중부), 당명(堂明)을 비롯한 동남아시아제국에 10여 년간 체류하면서 100여 개국의 정보를 수집하였다. 귀국 후 주응은 『부남이물지(扶南異物志)』를, 강태는 『오시외국전(吳時外國傳)』과 『부남토속전(扶南土俗傳)』을 각각 저술하였다. 그들은 저서에서 아라비아 반도 남부의 가나조주(迦那調州, Bandar Hism Ghorah)로부터 로마까지 이르는 항로를 구체적으로 밝혔다. 그에 따르면 가나조주로부터 페르시아만에 들어가 약 700~800리 북상하면 지호리강(枝扈利江, 티그리스강) 하구에 이르는데, 여기서 도강한 후 서행해 대진(大秦, 로마)에 당도하며, 도착하는 데 소요되는 기간은 1개월 남짓 되었다.

4~5세기에는 해로의 서단(西段)에서 활동 주역을 맡고 있던 로마제국이 동서로 분열되자, 서방에서의 해상활동은 잠시 소강상태에 들어갔다. 이에 반해 동방에서 중국과 인도의 해상활동은 더욱 활기를 띠었다. 동진(東晉)의 남천(南遷)으로 인해 중국의 남해 진출은 더욱 강화되어 양(梁) 한 나라가 2만 척의 '대선(大船)'을 보유할 정도였다. 5세기 말엽에 이르면 중국 상선이 동남아시아는 물론, 인도와 실론을 거쳐 멀리 페르시아와 이라크의 유프라테스강 하구까지 출몰하였다. 중세 아랍사학의 태두인 알 마수디(al-Mas'ūdī, ?~957)는 저서 『황금초원(黃金草原)과 보석광(寶石鑛)』(*Muruju'd Dhahb wa Maadinu'l Jauhar*)에서 6세기경 중국 상선들이 수시로 페르시아만을 지나 유프라테스강 하구까지 와서 히라(Hira, 현 이라크 쿠파 부근)에 정박하곤 했다고 기록하였다. 뿐만 아니라, 오만(Oman)·시라프(Sirāf)·바레인(al-Bahrain)·오볼라(Obollah, al-Ubullah, 유프라테스강 하구 입해처入海處)·바스라(Basrah) 등 여러 항구에도 자주 드나들었으며, 그곳 선박들도 중국으로 자주 항해하였다고 한다. 당시 실론은 해로상의 요로(要路)였다. 중국 동진(東晉)의 도축승(渡竺僧) 법현(法顯, 337?~422?)은 귀국할 때 인도 갠지스강 하구에서 곧바로 동진해 귀로에 오르지 않고 남행해 사자국(獅子國, 실론, 현 스리랑카)으로 갔는데, 이유는 그곳에서 귀국선을 구하기 위해서였다. 그는 희망대로 그곳에서 200여 명이나 승선한 중국 대상선을 타고 귀로에 올랐다. 6세기 그리스의 기독교 수

도사인 코스마스(Cosmas)도 그가 청년시절에 페르시아·인도·실론 등지를 편력(遍歷)하면서 해상교역에 종사하던 일을 회술한 『기독교풍토기(基督敎風土記)』(*The Christian Topography*)에서 인도와 페르시아·에티오피아 등 여러 나라의 많은 선박들이 실론에서 출항해 멀리 중국까지 왕래한다고 기술하였다. 법현의 귀로와 코스마스의 기술은 모두 실론이 인도양 상에서 동서 항해의 길목에 있으면서 중간기착지로서의 중요한 역할을 하고 있었음을 말해준다.

이와같이 시간이 흐름에 따라 해로는 더욱 활발하게 이용되고, 그 노선이 점차 확대되어갔다. 『양서(梁書)』「제이전(諸夷傳)」의 기록에서 보다시피, 이 시대에 와서 해로의 동단(東端)은 후한 때의 일남(日南, 현 베트남 남부)에서 베트남 북부와 중국 양광(兩廣, 광둥廣東과 광시廣西) 일대를 포괄한 이른바 '교지 7군(交阯 또는 交趾 七郡)'으로 북상하였다. 해로의 부단한 확장은 조선술의 발달이나 항해술의 진보와 떼어놓고 생각할 수 없다. 당시 조선술의 발달에서 특이한 점은 선박의 대형화다. 장거리 항해에 임한 중국이나 인도의 선박은 대개가 '대선(大船)'이었으며, 승선 인원은 수백 명에 달하였다. 조선술의 발달과 더불어 항해술의 개선도 뚜렷하였다. 그 대표적인 것이 중국 선박에서 돛이 한층 발전하고

천문도항법(天文導航法)이 도입된 사실이다. 삼국시대 때 오(吳)나라의 단양태수(丹陽太守) 만진(萬震)이 저술한 『남주이물지(南州異物志)』에 의하면 종전에는 순풍에만 제한적으로 이용되던 돛을 선박의 앞뒤에 각각 2개씩 증설해 편풍(偏風)에도 항진할 수 있도록 하였다. 이에 항해의 안전성은 물론, 정확성이나 시간성을 전례없이 확보할 수 있었다. 이와 함께 육지의 지형지물을 기준과 표적으로 삼아 어림짐작으로 항해하던 종전의 원시적 지문도항법(地文導航法)에서 벗어나 해와 달·별 등 천문대상을 기준과 표적으로 삼아 항해하는 천문도항법을 새롭게 도입해 원거리 항해가 가능해졌다. 이상으로 기원전 1세기부터 6세기까지의 해로 항정을 종합하면, 로마―이라크(유프라테스강 하구)―페르시아만(혹은 로마―홍해―아라비아해)―인도 서해안―실론(현 스리랑카)―인도 동해안―미얀마 서해안―말라카 해협―수마트라―부남(扶南, 현 캄보디아)―일남(日南)―교지(交趾)로 정리된다.

해로의 전개 기원후 6~14세기

7세기에 접어들면서 유라시아에는 새로운 정세변화가 일어나 신흥세력들이 역사 무대에 등장하였다. 그중 가장 활동적인 세력은 지정학적으로 이들 세력들의 완충지대에 자리한 신흥

아랍-이슬람 세력과 동방의 당(唐) 세력이었다. 당대에 해로의 노정을 가장 상세하고 정확하게 밝힌 기록은 『신당서(新唐書)』 「지리지(地理志)」에 수록된 가탐(賈耽, 730~805)의 '광주통해이도(廣州通海夷道)'다. 가탐은 이 글에서 당시 광저우에서 페르시아만의 오랄국(烏剌國, 오볼라 Obollah)까지 이어지는 해로의 노정과 구간 간의 항해 일정 등을 자세하게 기술하고 있다. 가탐이 제시한 노정은 크게 4구간으로 나누어볼 수 있다. 제1구간은 광저우에서 수마트라까지로, 광저우―(200리) 툰먼산(屯門山, 광둥 해안과 비파주琵琶州 사이, 현 주룽九龍 반도 서북해안 일대)―(2일) 주저우스(九州石, 현 하이난도海南島 동북부, 치저우열도七州列島)―(2일) 상석(象石, 현 하이난도 완닝萬寧 동남해상의 다저우도大州島)―(3일) 점불로산(占不勞山, Culao cham, 현 베트남 점파도占婆島, Champa)―환왕국(環王國, 임읍林邑, 점파占婆)―(200리+2일) 능산(陵山, 현 베트남 동남해안의 귀인歸仁, 퀴농 Qui Nhon 이북의 Long-song)―(1일) 문독국(門毒國, 현 베트남 귀인歸仁의 Varella곶 Cape Varella 일대)―(1일) 길달국(吉笪國, Kauthara, 현 베트남 아장芽庄, 나트랑Nha Trang 일대)―(반일 半日) 분타랑주(奔陀浪州, Panduranga, 현 베트남 곤륜도崑崙島)―(5일) 신가파(新加波, 현 싱가포르) 해협―(100

일) 불서국(佛逝國, 현 수마트라)의 순이다. 제2구간은 수마트라에서 사자국(獅子國, 현 스리랑카)까지로, 수마트라―(3일) 갈승저국(葛僧祇國, 수마트라의 Brouwers 군도)―(4~5일) 승등주(勝鄧州, 수마트라의 델리Deli와 랑카트Langkat 일대)―(5일) 파로국(婆露國, 수마트라 서북부의 파로Breueh 도)―(6일) 파국가람주(婆國伽藍洲, 니코바르 제도)―(4일) 사자국 순이다. 제3구간은 사자국에서 이라크의 말라국(末羅國, 바스라Basrah)까지로, 사자국―(4일) 몰래국(沒來國, Male, 인도 서남해안의 말라바르Malabar)―바라문(婆羅門, 인도 혹은 인도 서해안의 마합시특랍방馬哈施特拉邦)―(2일) 발율국(拔颱國, 인도 서북해안의 Broach)―(10일) 제율국(提颱國, 인더스강 하구 서안의 Diul, 혹은 현 파키스탄의 Daibul 일대)―(20일) 제라로화국(提羅盧和國, Dierrarah, 혹은 현 페르시아만 입구의 아바단Abadan 부근)―(1일) 오랄국(烏剌國, al-Ubullah, 혹은 유프라테스강 하구)―(2일) 말라국(末羅國, 이라크의 바스라Basrah 혹은 그 서남부의 주바이르Zubair)의 순이다. 제4구간은 인도 서남해안의 몰래국(沒來國)에서 아프리카 동해안의 삼란국(三蘭國, 현 탄자니아의 다룻 살람Daru'd Salām)에 갔다가 페르시아만의 오랄국으로 돌아오는 길로, 몰래국―삼란국―(20일) 설국(設國,

Shihr, 현 남부 예멘의 al-Schehr) — (10일) 살이구화갈국(薩伊瞿和竭國, 현 오만 동남단의 Shāriqah 혹은 마스까트Masqat) — (6~7일) 몰손국(沒巽國, Mezoen, 현 오만의 Schar) — (10일) 발리가마란국(拔離謌磨難國, 현 바레인의 Manāmah) — (1일) 오랄국 순이다.

이 노정의 항해에 소요된 시간을 보면 광저우에서 말라국까지는 약 100일이 걸렸다. 가탐이 언급하지 않은 광저우에서 두문산과 몰래국에서 파라국까지 두 구간의 소요시간을 제외하면 85일이며, 삼란국에서 오랄국까지는 48일이다. 이 노정에 포함된 경유지(국가나 지역)는 무려 33개소나 된다. 가탐이 기술한 이 해로의 항정을 살펴보면 다음과 같은 몇가지 특징을 발견할 수 있다. 첫째는 원양항행(遠洋航行)을 했다는 사실이다. 전대까지의 해로는 예외없이 해안선을 따르는 연해나 근해의 항해였으나, 이때부터는 조선술과 항해술의 발달로 수마트라 서북단으로부터는 미얀마나 인도의 해안을 따르지 않고 심해(원해遠海)에서 니코바르 제도를 거쳐 곧바로 사자국으로 직행하였다. 물론 전반적으로 보아 아직은 접안(接岸) 항해의 양상에서 크게 벗어나지는 못하였지만, 원양항해가 시도되어 항정이 크게 단축되었다. 둘째는 해로의 주역이 신흥 아랍-무슬림들이라는 점이다. '사막의 아들'로부터 일약 '바다의 아들'로 변신

한 아랍-무슬림들은 멀리 극동까지 대거 진출해 동서교역의 주도권을 장악하고 해로를 제패하기 시작하였다. 가탐이 채록한 지명이나 국명 대부분이 아랍어의 역명(譯名)이라는 사실은 이를 잘 보여준다. 셋째로는 홍해를 통한 항해가 제시되지 않았다는 점을 들 수 있다. 종전에는 홍해가 동서교역의 통로로 자주 거론되었다. 그러나 아라비아해와 인도양, 그리고 홍해와 지중해의 전역에 걸쳐 항해권과 상사권(商事權)이 아랍-무슬림들에게 장악되어 지중해 연안의 유럽인이나 이집트인들은 해상교역이나 전송(轉送)만이 허용되었고, 게다가 7~8세기에는 이슬람 제국의 대이집트, 대아프리카 정복전으로 인해 홍해 일대의 안전이 보장되지 못하였다. 그 결과 홍해를 통한 교역이나 항해는 일시적으로 정체되고 말았으며, 유럽과의 교역이나 왕래는 주로 당시 아랍-이슬람세계의 심장부인 이라크나 시리아를 통해 진행되었다. 그 주요 통로는 페르시아만 — 이라크 — 시리아 — 아나톨리아(터키) — 유럽으로 이어지는 길이었다.

가탐의 '광주통해이도'에 제시된 해로의 항정은 중세 아랍-무슬림들의 여행기나 지리서에서도 유사한 기록을 찾아볼 수 있다. 우선 여행가이며 상인인 술라이만 알 타지르(Sulaimān al-Tājir)가 자신의 견문을 수록한 여행기 『중국과 인도 소식』(*Akhbāru'd Sin wa'l*

Hind, 851)에서 언급한 페르시아만으로부터 중국에 이르는 항로와 대체로 일치한다. 이것은 이 항로가 중세에 보편적으로 통용된 동서간의 항해 노선이었음을 말해준다. 술라이만의 기술에 의하면 우선 화물을 이라크의 바스라(al-Basrah)나 오만(Omān) 등지에서 배에 싣고 출발해 페르시아만 중부 동안에 있는 시라프(Sirāf)를 거쳐 소하르(Sohar)와 무스카트(Muscat, 오만 동북단)를 지나 약 1개월 항해하면 인도의 퀼론(Quilon)에 도착한다. 이로부터 사란디브(Sarandib, 현 스리랑카)·안다만(Andaman)섬·니코바르(Nicobar)제도·람브리(Lambri, 수마트라의 서북단)를 지나, 칼라(Kalah, 현 말레이 반도 서해안의 Kedah)에 도착하는데, 이 구간의 항해 시간도 역시 1개월 정도 걸린다. 이곳으로부터 20일간 북상해 참파(베트남의 Champa)에 이르며, 다시 1개월간 북행해 창해(漲海, Tchang-Khai)를 지나 광부(廣府, Khanfou, 현 광저우)에 종착한다. 술라이만이 언급한 경유 국가나 경유 지역은 모두 13개소로 전술한 가탐의 그것과 대체로 일치한다. 그러나 그의 시라프로부터 광저우까지의 항해 소요시간은 약 130일로 가탐의 약 100일보다는 길다. 그 내역을 따져보면 페르시아만으로부터 수마트라까지의 항해 소요시간은 2개월 정도로 서로 비슷하나, 수마트라부터 광저우에 이르는 기간에서는 큰 차이를 보인다. 특히 참파에서 광저우까지의 항해에서 가탐의 경우는 10일 미만이지만, 술라이만은 1개월이나 걸렸다. 이것은 이 구간이 암초가 많고 풍랑이 심한 시사제도(西沙諸島) 부근이어서, 지형에 익숙하지 못한 외방인의 항해에는 상당한 어려움이 있었을 것이다. 따라서 항해 시간도 그만큼 많이 걸릴 수밖에 없었을 것이다.

중세 아랍 지리학자인 이븐 쿠르다지바(Ibn Khurdādhibah)도 저서『제도로 및 제왕국지』(*Kitābu'l Masālik wa'l Mamālik*, 885)에서 이라크의 바스라로부터 중국에 이르는 해로를 비교적 상세히 기술하고 있는데, 그 노정은 가탐이 제시한 것과 대동소이하다. 이러한 해로는 10세기를 전후한 시기에도 노정상에서는 큰 변화가 없었으나 그 용도는 훨씬 높아졌다. 그것은 조선술과 항해술의 큰 발달에 기인한다. 중국에서 은정접합법(隱釘接合法)에 의해 건조되고 완벽한 수밀격벽(水密隔壁)까지 갖춘 견고한 대형선박이 출현하고, 천문도항법의 지속적인 개진과 더불어 지남침(指南針)이 도항의기(導航儀器)로 항해에 도입(12세기 초)되었으며, 항해에서 계절풍(일명 신풍信風, monsoon)을 동력으로 이용하기 시작하였다. 이리하여 이 시기 해로를 통해 동서간에는 전례없이 활발한 교역이 진행되었다. 이 과정에서 동서교역의 중심 통로가 초원로나 오아시스로에서 해로로 점차 옮겨졌을 뿐만 아니라, 교역내용에서도 상당한 변화가 일어났다. 특히 중국 송대에 이르러 질 좋고 우아한 도자기가 해상교역품의 주종을 이루어 서방으로 다량 수출되었다. 그래서 당시의 해로를 일명 '도자기의 길'이라고도 한다. 한편 동남아시아·인도·아랍 등지에서 많이 생산되는 각종 향료도 해로를 따라 중국과 유럽으로 다량 반출되었다. 그리하여 당시의 해로를 또한 일명 '향료의 길'이라고도 한다.

이 시기 해로의 노정을 전대와 비교해보면 심해 횡단로를 택한 것이 특징이다. 그 대표적인 일례가『송사(宋史)』「주련전(注輦傳)」에 소개된 주련국(注輦國, Chola, Culiyan, 인도 동남부) 특사 사리삼문(娑里三文)의 송나라 입국 노정이다. 사리삼문은 주련국 왕 라다라사(羅茶羅乍, Rajarara)의 송진봉사(宋進奉使)로 특명을 받고 부사·판관(判官)·방원관(防援官) 등 52명을 인솔하고 해로로 대중상부(大中祥符) 8년(1015) 9월에 송도(宋都)에 도착하였다. 그의 노정을 보면, 주련(인도 동남부의 코로만델Coromandel 해안)—나물단산(那勿丹山, 인도 동남부의 네가파탐Negapatam)—사리서란산(娑里西蘭山, Soli-Silam, 현 스리랑카)—점빈국(占賓國, 안다만Andaman 제도)(여기까지 77주야)—이마라리산(伊

麻羅里山, 현 미얀마 서단의 Negaris 일대)—고라국(古羅國, 말레이 반도 북부의 Kra 일대)(여기까지 61주야)—가팔산(加八山, 말레이시아 서부의 클랑Klang항 밖의 파생도巴生島 혹은 말레이시아 서부의 랑카위Langkawi섬)—점불로산(占不勞山, 말레이 반도 서남부의 슴빌란Sembilan)—주보룡산(舟寶龍山, Tambrau, 싱가포르 해협 일대)—삼불제국(三佛齊國, Tambi-Palembang, 수마트라)(여기까지 71주야)—만산수구(蠻山水口, 싱가포르 이남의 링가Lingga 제도의 해협 혹은 인도네시아의 방카Bangka 해협 서부)—천축산(天竺山, 말레이 반도 동남해안의 아우르Aur섬 혹은 베트남의 콘도르Condore섬)—보두랑산(寶頭狼山, 베트남 판랑Phan Rang 남부의 파다란Padaran)(여기까지 18주야)—양산(羊山, 베트남 귀인歸仁 동남부의 갬비르Gambir섬)—구성산(九星山, 하이난섬海南島 동부의 칠주열도(七州列島 혹은 광둥廣東 주하이珠海 일대)—광저우의 비파주(琵琶州, 광저우 황포항黃埔港 서부 일대 혹은 홍콩 서북부의 툰먼만屯門灣)(여기까지 20주야)로 이어지는 심해횡단로다. 전체 항해 소요시간은 247일(주야)이나 된다.

이상과 같은 해로의 전개 상황에 근거해 지금까지 학계에서는 해로의 동단(東端)을 중국의 동남해안으로 보는 것이 통설이었다. 즉 당대(唐代)에는 광저우와 양저우(揚州), 송대(宋代)에는 항저우(杭州)와 명주(明州), 취안저우(泉州)가 해로의 동단에 위치한 국제무역항이었고, 또한 그 이후 시기에도 그러한 상황은 대체로 변하지 않았기 때문에 이들 해안도시들을 포함한 중국 동남해안 일대를 해로의 동단으로 간주하였던 것이다. 그러나 중국 이동 지역인 한국이나 일본까지 서역문물이 전파되고 대식(大食, 아랍)을 비롯한 서역 선박의 내항이 있었다는 사실을 감안한다면, 중국 동남해안에서 멈추지 않고 더 동진하여 한국이나 일본까지 연결되는 해로가 분명 있었던 것이다. 따라서 이 시기 해로(유라시아의 해로)의 동단을 한반도의 서해나 남해를 거쳐간 일본의 나라(奈良) 일원으로 추정하는 것이 타당할 것이다. 이상에서 고찰한 10세기 전후 해로의 전체 노정을 정리하면, 일본 나라―한반도 남단―중국 동남해안―베트남 동해안―자바―수마트라―말라카 해협―니코바르 제도―스리랑카―인도 서해안―페르시아만―바그다드―(육로) 콘스탄티노플(아나톨리아)―로마(혹은 페르시아만―남부 예멘―아프리카 동해안)의 순으로 연결되어 있었다.

13세기에는 유라시아를 아우르는 방대한 영토에 몽골제국(1206~1368)이 건립되면서 부진한 상태에 있던 오아시스로와 초원로가 활기를 되찾았다. 뿐만 아니라, 제국의 동남아 진출과 서아시아에 건립된 일 칸국과의 필수적인 연계, 그리고 해상무역에 대한 적극적인 의욕 등으로 인해 해로도 더욱 활발하게 이용되었다. 이러한 상황에서 동서간에는 많은 사절과 상인·종교인·여행가 등을 통한 인적 왕래가 끊이지 않고 지속되었다. 이 시기 해로에 관한 대표적인 기록으로는 마르코 폴로와 오도릭의 여행기를 들 수 있다. 마르코 폴로의 『동방견문록』에는 귀향차 중국 취안저우(泉州)를 떠나서(1291) 이탈리아의 베네치아에 이르기까지(1295)의 항해 노정이 구체적으로 밝혀져 있다. 그 노정을 보면, 중국의 자동(刺桐, 泉州)(1291년 1월경)―(서남행) 해남도(海南島, Keinan)―참파(Champa, 베트남 중부)―형제도(兄弟島, Two Brothers)인 콘두르도(Condur, 베트남 동남해안 콘도르도Condore)와 손두르도(Sondur, 현 베트남 동남해안의 Sudara)―로칵(Locac, 현 타이 남부의 롭부리Lopburi 일대)―(남행) 펜탄(Pentan, 싱가포르 해협 남부 혹은 인도네시아의 빈탄Bintan도)―(남행) 소(小)자바(Jaba Lesser, 현 수마트라도)(여기까지 3개월, 여기에서 5개월 체류)―(1291년 9월 북행) 네쿠베란도(Necuveran, 현 인도의 니코바르 Nicobar 제도)와 안가만섬(Angaman, 현 인도의 안다만Andaman 제도)―(서행) 세일란(Seilan, 현 스리랑카)―

(서행) 마아바르(Maábar, 현 인도 동남
단의 마나르Mannar만 연안 일대) ―
(서남행) 코일룸(Coilum, 현 인도 서
남해안의 퀼론Quilon) ― (북행) 코마
리(Comari, 현 인도 서남부의 코임바
토르Coimbatore) ― (북행) 멜리바르
국(Melibar, 현 인도 서해안의 말라바
르Malabar 해안) ― 타나(Tana, 현 인도
서북해안의 뭄바이Mambai 북부) ―
캄바에트(Cambaet, 현 인도 서북해안
의 캄베이Cambay만 일대) ― 세메나트
(Semenat, 현 인도 서북해안의 솜나트
Somnath) ― 케스마코란(Kesmacoran,
현 파키스탄의 카라치Karachi부터 이
란의 Makran 해안까지의 일대) ― 호르
무즈(Hormuz, 페르시아만 입구의 항
구)까지 이어지는 바닷길이다. 소요시
간은 총 2년 2개월이었다. 마르코 폴로
는 호르무즈에서 내려 육로로 당시 일
칸국의 수도인 타우리스(Taurus, 현 타
브리즈Tabriz)를 거쳐 계속 육로로 콘
스탄티노플에 들른 후 배편으로 고향
베네치아에 귀향하였다. 이 여행기에
는 그가 직접 항해한 것은 아니지만,
인도 서북해안에서 아프리카 동남해
안까지의 해로를 다음과 같이 소개하
고 있다. 그 항정은 케스마코란 ― (남
행) 남·여(Male and Female) 2도(현 인
도양 상의 래카다이브Laccadive 제도,
혹은 몰디브Maldive 제도) ― 소코트
라(Socotra, 현 예멘 속령) ― (남행) 모
그다시오도(Mogdasio, 현 아프리카 동

남단의 마다가스카르Madagascar) ―
(북행) 잔지바르도(Zanzibar, 현 탄
자니아) ― 아바쉬(Abash, 현 에티
오피아Ethiopia, 고명은 아비시니아
Abyssinia) ― (동북행) 아덴(Aden, 현
예멘의 아덴Aden) ― 에쉬에르(Eshier,
현 아덴의 동북부 해안의 Shir) ― 도
파르(Dhofar, 현 아라비아 반도 남해안
의 주파르Zufar) ― 호르무즈(Hormuz)
로 연결되는 바닷길이다.

마르코 폴로보다 약 30년 후에, 그
와는 반대 방향으로 호르무즈에
서 중국 명주(明州)까지 해로를 따
라 여행한 이탈리아의 프란체스
코 수도회의 선교사 오도릭(Odoric
de Pordenone, 1265?~1331)도 여행
기 『동방기행』(*The Eastern Parts of
the World Described*)에서 그가 경유
한 해로를 기술하고 있는데, 그 노정
은 마르코 폴로의 노정과 대체로 일
치한다. 즉, 호르무즈(Hormuz, 1321
년 여름) ― (28일간) 타나(Tana) ―
(남하) 미니바르(Minibar, 말라바르
Malabar 해안의 망갈로르Mangalore
일대) ― 프란드리나(Frendrina, 현 캘
리컷Calicut 북부의 Pandalayini) ―
킨길린(Cyngilin, 현 코친Cochin 혹
은 크랑가노르Cranganore) ― 폴룸붐
(Polumbum, 혹은 콜룸붐Columbum,
현 퀼론Quilon) ― 모바르(인도 동남
단) ― 실란(Sillan, 현 스리랑카) ― 니
코베란(Nicoveran, 현 니코바르Nicobar

제도)—라모리(Lamori, 현 수마트라 북단)—(남행) 수몰트라(Sumoltra, 현 록스마웨Lhokseumawe 일대)—(남행) 레셍고(Resengo, 현 소순다Lesser Sunda나 순다Sunda 해협 일대)—펜탄(Pentan)—잠파(Zampa, 베트남의 참파Champa)—만지(Manzi, 蠻子, 중국 남방)의 센스칼란(Censcalan, 현 광저우)—자이툰(Zaitun, 자동刺桐, 현 취안저우泉州)—푸조(현 푸저우福州)—벨사(Belsa, 백사白沙 저장성浙江省 원저우溫州나 리수이麗水 일대)—칸사이(Cansay, 경재京在, 현 항저우杭州)—(6일간) 칠렌푸(Chilenfu, 금릉부金陵府, 현 난징南京)—얌자이(Iamzai, 양저우揚州)—멘주(Menzu, 명주明州)로 이어지는 바닷길이다. 오도릭이 페르시아만의 호르무즈에서부터 중국의 명주까지 항해하는 데 소요된 시간을 구체적으로 밝힌 바는 없으나, 그가 1321년 여름에 호르무즈를 떠난 후 1322년부터 중국에 머물렀다는 사실을 감안하면, 항해 소요시간은 적어도 6개월 이상이었다고 추산할 수 있다.

해로의 특성

해로는 그 전개나 이용 과정에서 초원로나 오아시스로와는 다른 일련의 특성을 보여주고 있다. 그 특성은 우선 변화성(變化性)이다. 초원로나 오아시스로는 자연환경의 제약성 때문에 노정이 거의 불변하거나, 변하더라도 그 차이가 크지 않았다. 이에 반해 해로는 조선술과 항해술의 발달, 그리고 교역의 증진에 따라 노정이 끊임없이 확대·변화하였으며, 그 이용도 특별한 기복이나 우여곡절이 없이 줄곧 증가 추세를 보여왔다. 다음으로 그 특성은 범지구성(汎地球性)이다. 초원로나 오아시스로는 주로 유라시아 대륙(구대륙)에 국한되어 지리적으로나 교류 측면에서 국부적인 기능밖에 수행할 수 없었다. 이에 비해 해로는 모든 면에서 구세계와 '신세계'를 두루 포괄하는 명실상부한 범지구적 교류 통로로 기능하고 있다. 그 특성은 끝으로 항구성(恒久性)이다. 초원로나 오아시스로는 대체로 고대에서 중세까지만 문명교류의 통로로 이용되었고, 근대문명에 의한 교통수단이나 날로 활성화되는 해로에 밀려 불가피하게 쇠퇴기를 맞게 되었다. 그러나 이와는 달리 해로는 고대와 중세는 물론, 근세와 현세, 나아가 미래까지도 존속하면서 문명교류 통로로서의 본연의 역할을 수행할 것이다.

『해록(海錄)』謝淸高 저, 1820년

저자 사청고(謝淸高, 1765~1821)는 중국 가응주(嘉應州, 현 광둥성 메이저우梅州) 출신의 상인으로 18세 때 번박(蕃舶, 포르투갈이나 영국 선박)을 따라 14년간 해상교역에 종사하던 중 실명(失明)하자 중단하고 마카오에 정주하였다. 그때 그는 동향인(同鄕人) 양병남(楊炳南)에게 해외에서 듣고 본 것을 이야기했는데, 양병남이 그것을 써서 출간한 것이 바로 이 책이다. 이 책은 동남아시아에서 유럽의 포르투갈과 영국에 이르는 항로와 연해 각지의 지리적 위치·풍속·물산·풍토 등을 상술하고 있다. 이 책은 모두 97개 국가와 지역에 관해 기술하고 있는데, 인도양 지역에 관한 기술이 가장 상세하며, 동시대인들의 저작들에는 언급이 없는 아메리카 대륙까지 언급하고 있다. 미리간국(咩哩干國, 미국)과 아미리격(亞咩哩隔, 남미주) 조에는 미국과 남미 각주에 관해 간략하게나마 기술하고, 영국에서 북미까지, 아프리카 남단의 희망봉에서 남미주와 미국까지 중국 선박이 항해하는 항로를 소개하고 있다. 이것은 중국인에 의해 이루어진 것으로는 최초의 기록이다. 물론 저자가 문맹인데다가 후일 맹인까지 되다 보니 외국 지명의 표기라든가 내용에서 일부 모호하거나 비사실적인 것이 있기는 하나 여러 면에서 최초라는 의미를 가진다. 이 책의 초본은 『해외번이록(海外蕃夷錄)』에 수록되었으며, 1937년에 출간된 중국 학자 풍승균(馮承鈞)의 고정주해본(考訂註解本)은 현재 통용되는 간본(刊本)이다.

해류 海流, ocean current

해류는 일정한 방향으로 흘러가는 바닷물의 운동을 말한다. 바다의 물은 해류를 통해 순환한다. 전 해양 상층부의 약 10%에 영향을 미치는 표층해류는 주로 바람과 위도에 따른 태양열의 차이에서 오는 해수의 열팽창 때문에 일어난다. 그런가 하면 상층부 아래의 대부분 해수는 지역에 따라 달라지는 수온과 염분 등으로 인해 발생하는 밀도 차이 때문에 일어난다. 해류는 바람, 태양열, 밀도차 외에 지구자전 효과, 해양바다 자체의 모양 등의 부가적인 힘에도 영향을 받는다. 해류는 온도에 따라 따뜻한 흐름인 난류와 차가운 흐름인 한류로 나누기도 하는데, 일반적으로 저위도 지방에서 비롯된 해류를 난류, 고위도 지방에서 생겨난 해류를 한류라고 부른다. 일찍이 지브롤터를 지나 대서양으로 향하던 항해자들은 그들의 배를 항로에서 벗어나게 하는 지속적인 남향흐름을 발견하였다. 기원전 4세기에 대서양 북동부를 탐험하던 피테아스(Pytheas)라는 그리스 선장은 이 흐름이 너무나도 넓어서 건너갈 수 없는 거대한 강의 한 부분이라고 생각하였다. 후에 그리스 상인들은 '큰 강'이라는 뜻의 okeanos(oceanus)라는 용어로 그것을 묘사하였다. 이 흐름을 현재는 카나리해류(Cannary current)라 부른다. 만일, 그리스 상인들이 이 해류를 따라갔다면 그들의 배는 유럽 동쪽 연안을 따라 흐르다가 아마도 서쪽으로 방향을 틀어서 북미지역으로 갔을 것이다.

해륙풍 海陸風

해륙풍은 해안지방에 부는 바람으로, 낮에는 바다에서 육지로 해풍이 불고, 반대로 밤에는 육지에서 바다로 육풍이 분다. 낮에는 해표면보다 지표면의 온도가 높아 육지에서 가열된 공기가 수직 상승하면서 육지 쪽을 채우려고 바다에서 공기가 이동한다. 밤에는 해표면이 지표면보다 온도가 높아 바다에서 공기가 수직 상승하면서 바다쪽을 채우려고 육지의 공기가 바다로 이동한다. 일반적으로 밤보다 낮에 바다와 육지의 기온차가 크기 때문에 육풍보다 해풍이 강한 편이다. 이러한 해륙풍의 영향은 연안의 안개 발생 및 이동과도 관련된다.

해리 海里, nautical mile

바다에서는 거리의 단위로 미터(m)나 킬로미터(km) 대신에 흔히 해리라는 단위를 사용한다. 1해리는 1.852km에 해당한다. 1해리는 위도 1분의 거리와 같다. 동서방향의 경도는 위도가 높아지면 간격이 좁아지기 때문에 거리를 재는 기준으로 사용하기는 어렵다. 그러나 남북방향의 위도는 지구상의 어느 지역에서나 간격이 일정하다. 그리고 해도의 세로축에는 위도가 표시되어 있기 때문에 이 위도를 이용하면 거리의 기준으로 삼을 수 있다. 이런 편리성 때문에 위도 1분의 거리를 1해리라고 정하였다.

해상교역품

대항해시대에는 육로를 통한 교역보다 바다를 통한 해상무역이 확대되었다. 새로이 개척된 항로와 조선술 및 항해술에 의해 동서간, 대서양간에 활발한 무역교류가 이뤄졌다. 지중해—홍해—인도양—동남아시아—중국—한반도—일본을 잇는 바닷길로는 중국의 도자기, 금은 세공품, 타이의 상아, 인도네시아 제도의 향신료가 유럽으로 전해졌다. 육상길로는 도자기와 같은 무겁고 깨지기 쉬운 상품의 교역은 거의 불가능하였으나 선박을 이용한 교역으로 중국의 도자기가 동남아 각지는 물론, 인도를 거쳐 유럽으로 수출되었다. 중국은 당시 은에 대한 수요가 급격히 늘어나자 도자기나 비단 수출로 벌어들인 막대한 수입으로 유럽의 은을 구입하였다. 중국이 은을 수입하게 된 배경에는 당시 명나라가 시행한 화폐개혁이 실패로 돌아가자 지폐의 가치가 동이나 은과 같은 대체통화와 비교해 폭락하였고, 결국 은이 명나라 정부의 금지정책에도 불구하고 새로운 통화수단이 된 것이 주요하게 작용했다. 은이 보편적 지불수단이 되면서 은의 사용이 급증하게 된 것이다. 그리고 당시 유럽인들의 향신료에 대한 애착은 상상 그 이상이었다. 중세 유럽인들은 고기와 어류를 많이 섭취했는데, 변변한 저장기술이 없던 당시 소금에 절이는 것 외에는 별다른 조리 방법이 없었다. 향신료를 뿌린 음식이 부패하지 않고 맛도 좋다는 것을 알게 된 이후 요리에 향료는 필수적인 첨가물이 되었다. 향신료는 주로 동양에서 생산되었으며, 유럽인들에게 향신료가 생산되는 동양은 금은보화의 나라와 다를 바 없었다. 동남아시아 등지에서 구입된 향료가 유럽 본토에서 엄청난 이익을 남기고 판매되자 해상무역 상인들의 핵심 교역품이 되었다. 이후 해상교역은 '신대륙' 발견으로 새로운 도약을 맞게 되었으며, 다국간의 대규모 무역으로 발전하기 시작했다. 설탕·쌀·담배·인디고와 같은 작물은 유럽으로 수출되고 유럽에서는 아메리카

해상교역품을 시사하는 침몰선 유물(자카르타 국립박물관)

의 플랜테이션 농업에 요구되는 노동력 수요에 대응하여 노예무역을 시작하였다. 18세기 노예시장의 중심은 북아메리카의 영국 식민지와 카리브해의 사탕수수 농장이었다. 유럽에서 만든 완제품, 옷감이나 도구, 건축재료나 식료품 등은 아메리카 농장주들에 의해 수입되었고, 아메리카 식민지 노예들이 생산한 열대 작물들은 대부분 유럽에서 소비되었으며, 설탕 정제업 등 식민지에서 수입된 원료를 가공하는 새로운 산업들의 발달을 이끌었다.

해상시계

선박으로 바다를 횡단하려면 일정한 추진력과 정확한 위치를 알려줄 지도가 요구된다. 그중 위치는 위도와 경도를 통해 알 수 있다. 그런데 태양의 높낮이로 알 수 있는 위도와 달리, 경도를 파악하려면 정확한 시간을 알고 있어야 한다. 지구가 시간당 15도씩 자전하는 까닭에 태양이 남중할 때의 현지시간을 정확히 알면 경도도 명확히 알 수 있는 것이다. 다만, 눈이 오든 비가 오든 땅은 고정되어 있지만 해상은 변덕스럽다. 이 변화무쌍한 바다에도 가급적 영향을 받지 않는 '해상시계'의 필요성이 대두되게 되는데, 바로 여기에 평생을 바친 시계공이 영국의 존 해리슨(John Harrison, 1693~1776)이다. 무명의 시계공인 해리슨이 해상시계 발명에 성공한 것은 직관이 뛰어났

고 융복합적 사고가 출중했기 때문이다. 선박은 외부로 완전히 노출되고 모든 변화상황을 온몸으로 받을 수밖에 없다. 해리슨은 이런 해상상황을 단편적이 아닌 종합적으로 파악하였다. 바다에서는 모든 장비가 습도, 염분에 취약할 수밖에 없다. 시계 역시 마찬가지다. 당시 과학자들은 이런 상황을 극복하기 위해 시계를 진공병에 넣거나 완충장치로 선박의 요동 문제를 해결하였다. 이렇게 하는 것이 일반적이었다. 하지만 해리슨은 이것으로 만족하지 않았다. 그는 먼저 시계를 구성하는 갖가지 재료와 기구, 시계를 움직이는 매커니즘부터 세밀히 분석한 뒤 그 종합적인 관계를 이해하면서 시계를 제작하였다. 좌우로 움직이는 기존의 진자 형태의 괘종시계는 위아래로 움직이는 요동에 취약하다는 것도 알았다. 해리슨은 이를 스프링으로 보완하였다. 또 외부의 온도 변화를 팽창계수가 서로 다른 재질의 재료를 이용함으로써 그 변화를 보완하고 축소시켰다. 서로 다른 것을 한자리에 모아 상생효과를 발휘하게끔 만들었다. 오늘날 광범위하게 얘기되는 융복합적 사고로 아주 근본적인 문제부터 해결하려 했던 것이다. 해리슨의 해상시계는 이런 과정과 노력의 결실이었다. 하지만 당시 영국의 과학계와 왕실의 천문학자들의 방법은 달랐다. 그들은 달과 별의 각도를 측정한 뒤 다시 환산표와 대조하여 위치를 파악하는, 일명 월거법에 의한 경도 측정법을 선호하였다. 그들은 해리슨의 경도문제 해결법을 인정하지 않았다. 하지만 해리슨의 경도 측정법은 누구든 이해할 수 있는데 반해, 그들의 월거법은 숙련된 사람만 운용할 수 있었다. 변화무쌍한 해상환경은 누구든 손쉽게 이용할 수 있는 해리슨의 경도측정법을 원했지만, 당시 지배적인 영국사회의 분위기는 정반대 방향으로 나아갔다. 혁신적인 아이디어보다 권위와 편견이 중시되었던 것이다. 그러나 문제의 해답은 예상치 못한 곳에서 찾아졌다. 제임스 쿡 선장이 영국왕실의 천문학자들이 인정하기를 꺼리던 바로 그 해리슨의 '해상시계'로 세 차례의 대항해에 성공했을 뿐만 아니라 대서양 횡단시 실측한 결과 그 오차가 불과 5초밖에 되지 않았다는 사실이 알려진 것이다. 결국, 해리슨의 '해상시계'가 없었다면, 호주, 뉴질랜드, 태평양의 섬과 하와이를 발견해낸 쿡 선장의 위대한 탐험도 상당한 차질을 빚어졌을 것이다.

『해상패권을 논함』 *A Regiment for the Sea*, William Bourne, 1573년

영국 출신의 윌리엄 본(William Bourne)이 1573년에 지은 책으로, 영국에서 중국까지 통할 수 있는 길을 다섯 갈래로 나누어 설명하고 있다. 그 다섯 갈래 길은 포르투갈이 독점하고 있는 아프리카 남단의 희망봉(喜望峰) 항로, 스페인이 독점하고 있는 남미 남단의 마젤란 해협 항로, 북미(北美)를 통과하는 서북 항로, 러시아를 통과하는 동북 항로, 북극을 통과하는 북극 항로다. 그중 서북 항로에 기대를 걸었던 런던 상인들은 1576년에 '중국회사'를 결성해 항로 개척을 위한 탐험대를 파견하였으나, 성공하지 못하였다.

해수담수화 *海水淡水化, desalination*

음용수, 생활용수나 공업용수로 사용하기에 부적당한 짠 바닷물로부터 여러가지 방법으로 염분을 제거하여 인류의 생활에 유용하게 쓸 수 있는 물을 만드는 일련의 처리 과정을 말한다. 해수담수화 기술에는 증발법, 결정법, 역삼투압법(逆滲透壓法), 전기투석법 등이 있다. 증발법은 가장 오래된 해수담수화 기술로 기본 원리는 바닷물을 가열하여 증발된 수증기를 다시 응축시켜 담수로 만드는 것이다. 무인도에 표류하였을 때 손쉽게 마실 물을 만들 수 있는 방법이기도 하다. 바다에서 증발한 수증기가 구름이 되고 비가 되어 내리는 순환과정도 자연적인 담수화 과정이라고 할 수 있다. 증발법은 전세계적으로 해수담수화 기술로 만들어지는 담수의 약 70%를 차지할 정도로 많이 쓰이는 방법이다. 결정법은 바닷물이 얼 때 물만 얼고 염분은 빠져나가는 원리를 이용한 것이다. 결정법은 증

발법에 비해 에너지가 적게 든다는 장점이 있지만, 아직 기술이 개발 중이고 상업화되지는 않았다. 극지방 바다에 떠 있는 해빙의 맛을 보면 바닷물이 언 것이지만 짜지 않다. 그래서 극지방의 빙산을 가져다 녹여서 담수로 사용하는 방법도 제시되었다. 역삼투압법은 삼투현상을 이용하는 방법이다. 삼투현상은 저농도 용액과 고농도 용액을 반투막(半透膜)으로 분리시켜 놓았을 때 일정한 시간이 지나면 고농도 용액 쪽의 양이 늘어나는 현상을 말하며, 두 용액의 높이 차이를 삼투압이라 한다. 삼투현상은 농도가 높은 용액 쪽으로 농도가 낮은 쪽의 물이 이동하여 두 가지 용액의 농도 차이가 줄어드는 자연적인 현상이다. 반투막은 용매인 물은 잘 통과시키지만 용액에 녹아있는 용질은 통과시키지 않는 성질을 가지고 있어, 농도가 높은 용액 쪽으로 물이 이동하여 농도를 낮춰 두 용액 사이의 농도가 같아지려 한다. 역삼투압법은 이러한 원리를 반대로 이용하여 농도가 높은 바닷물에서 염분을 제거하는 방법이다. 전기투석법은 바닷물에 전극을 넣고 전류를 흘려 바닷물 속에 녹아 있는 물질을 분리해 내는 방법이다. 전기투석법은 바닷물에서 소금을 얻기 위해 오래전부터 사용해온 방법이다. 전기투석법은 해수담수화 장치가 비교적 간단하고 유지 보수가 쉽다는 장점이 있다.

해식지형 海蝕地形

파도나 조류 등 바닷물에 의한 침식작용으로 만들어진 지형을 말한다. 해식작용에 의해 만들어진 지형으로는 해식해안, 해식절벽, 해식대(海蝕臺), 해식붕(海蝕棚), 해식동굴(해식동 海蝕洞), 해식아치, 시스택(sea stack) 등이 있다. 해식애(海蝕崖)라고도 하는 해식절벽은 해식작용으로 만들어진 바닷가 벼랑이나 급경사면을 가리키며, 파도가 거친 외해와 인접한 바닷가에 주로 만들어지고, 파도가 약한 내만 쪽에는 드물다. 해식대는 바닷물의 침식작용으로 바닷가에 만들어진 평탄한 해저면을 말하며, 해식붕은 해안선을 따라 해식작용으로 해안절벽 아래 바다쪽으로 넓게 펼쳐진 평탄한 지형을 말한다. 해식동굴은 파도가 아주 강한 해안절벽의 아랫부분의 약한 곳이 깊이 파여 만들어진다. 시아치(sea arch)라고도 하는 해식아치는 침식작용으로 만들어진 구름다리 모양의 지형으로, 우리나라 바닷가 곳곳에 코끼리바위라고 이름 붙여진 곳이 바로 해식아치이다. 시스택은 해식아치의 윗부분이 풍화작용으로 무너져 내려 우뚝 솟은 바위기둥만이 남은 지형을 말한다. 우리나라 바닷가에 촛대바위라고 이름 붙여진 곳이 곧 시스택이다.

『해약본초(海藥本草)』6권, 李珣 저, 10세기

중국 오대(五代) 때(907~959) 페르시아인의 후예인 이순(李珣)이 저술한 이 책은 63종의 해산물(海産物) 약방을 자세히 수록하고 있다. 이 해물들은 페르시아와 아랍·로마·인도·베트남 등지에서 치료에 사용되는 약재들이다.

해양고고학 海洋考古學

고고학이 유물과 유적 발굴을 통하여 지난 시대 인류의 생활상과 문화를 연구하는 학문이라면, 해양고고학은 고고학의 탐사 영역을 육지에서 수중으로 이동한 것이라 볼 수 있다. 이러한 의미에서 해양고고학은 수중고고학이라고도 불리며, 해수면 변동으로 인해 수몰된 고대의 유적지, 구조물, 건축물 등과 항해나 전투 중에 난파되어 바다 속에 침몰된 선박과 적재물 등을 연구대상으로 한다. 해양고고학의 발달은 제2차 세계대전 이후부터로 본다. 해저탐사 및 인양과 관련된 기술들, 예를 들어 SCUBA(Self-Contained Underwater Breathing Apparatus), 측방감시용 수중탐지기(side-scan sonar) 등이 이 기간 중에 개발되었다. 해양고고학의 발달로 인류의 역사를 한층 더 사실적으로 이해할 수 있는 길이 열리자 문화적·고고학적 정보가 유실되지 않도록 보호하는 것이 중요해졌다. 1994년 발효된 유엔해양법협약은 수중의 유적과 유물을 역사적 및 고고학적 물체로서 규정한 최초의 국제 규약이다. 이후 유네스코는 '수중문화유산의 보호에 관한 협약'을 2001년에 채택하였다. 이 협약에서는 수중문화유산을 최저 100년간은 수중에 위치해온 고고학적·문화적·역사적 성격을 지닌 인간 존재의 모든 흔적으로 규정하고 있다. 그러나 수중에서의 최저 존재 기간은 유네스코의 규정을 따르지 않고 자체 기준을 정하기도 한다. 예를 들어 침몰 선박의 경우 호주는 75년, 남아프리카 공화국은 50년, 미국은 100년으로 정하고 있다. 이 협약은 100년 이하의 해저유물을 보호 대상에 포함시키지 않고 상업적인 해저유물발굴을 금하며 해저유물의 현장 보존을 최우선으로 고려한다는 점 등을 명시한 것이 특징이다.

해양고지도 海洋古地圖

현대의 지도 제작법이 아닌 방식으로 그려진, 19세기 이전까지 제작된 지도를 일반적으로 고지도로 분류한다. 해양고지도는 고대로부터 대항해시대를 거쳐 19세기 전까지 항해를 위한 목적으로 제작된 지도라 할 수 있을 것이다. 마셜 제도의 사람들이 카누로 항해하는 데 사용하던 나뭇조각에 조개껍데기나 산호를 붙여서 해류의 흐름과 섬의 분포를 표시한 '스틱 차트'(stick chart)는 해양지도의 원시적 형태로 볼

수 있다. 근대지도의 바탕이 된 최초의 지도는 150년경의 프톨레마이오스의 지도이다. 바빌로니아 시대의 사람들은 지구를 평평한 원반형으로 인식했지만 지구를 구로 인식한 그는 그리스·로마 시대의 지식을 집대성하여 유럽에서 중국에 이르는 세계의 반구도를 작성하였다. 당시에 알려져 있던 유럽, 남아시아 및 서남아시아, 북아프리카를 중심으로 육지의 크기를 과대하게 그리는 등 오늘날의 관점에서 보면 많은 오류가 있는 그의 지도는 15세기까지 세계의 개념을 이해하는 데 많은 영향을 끼쳤다. 이후 13세기 중세의 십자군 원정은 지중해를 중심으로 하는 해도의 발전을 가져왔다. 해상으로 십자군을 수송하려면 해상항로에 대한 정보가 더 많이 필요했다. 이에 따라 해도가 첨부된 항해안내서가 제작되었는데, 그것이 바로 포르톨라노(portolano)다. 지중해 지역의 해안선의 형태, 항만이나 암초의 위치, 항구 간 거리 등 방대한 정보가 담긴 해도는 항해에 꼭 필요한 것이었다. 이 해도는 해안선의 특징이 뚜렷하고, 지도상에 방사상으로 그려진 32갈래의 방위선이 복잡하게 그물망으로 교차하여 항해자들이 항구를 이동할 때 필요한 항로의 방향을 쉽게 읽을 수 있도록 만든 것이 그 특색이다. 현재까지 남아 있는 가장 오래된 포르톨라노 해도로는 1275년에서 1300년대 사이에 제

작된 것으로 추정되는 피사 해도(Carte Pisane)이다. 서양 해도는 이후 15세기부터 시작된 대항해시대에 획기적인 발전을 하게 된다. 프톨레마이오스의 지리학이 재발견되면서 미지의 세계에 대한 유럽인들의 지리적 상상력이 한껏 부풀었다. 유럽 제국들은 탐험항해를 위해 지도제작에 막대한 재정적 지원을 하였다. 대표적인 인물은 포르투갈의 엔히크 왕자로, 그는 아프리카와 동인도 탐험을 위한 지도제작을 적극 지원하였으며, 그의 노력으로 포르투갈은 동인도로 나아가는 해상로를 개척하게 되었다. 15세기 지리상의 발견과 신해양로의 개척으로 지도는 더욱 발전하게 되며, 특히 1492년 콜럼버스의 아메리카 대륙 상륙이나, 1522년 마젤란의 세계일주 완주 등과 같은 탐험의 결과로 지도에 더 많은 지리적 정보가 담기게 되었다. 1569년 메르카토르(Gerardus Mercator)는 이러한 방대한 지리정보를 수집하여 자체적으로 세계지도를 제작하였다. 지구의를 펼쳐 그 위에 세계지도를 그린 메르카토르의 지도로 지구 표면을 따라 곡선으로 움직이는 항로를 지도상에 직선으로 그릴 수 있게 됨에 따라 항해가 더욱 편리해졌다. 이 세계지도로 근 500여 년간 탐험가들은 더욱 정확하고 빠르게 원양 항해를 할 수 있게 되었다.

해양과학 Ocean Science

해양과학(Ocean Science 또는 Marine Science)은 모든 과학적인 법칙과 방법을 활용해서 바다의 현상을 이해하려는 학문이며, 물리학·화학·생물학·지구과학 등 다학제적 과학 내용을 포함하고 있다. 물리해양학(Physical Oceanography)은 해류·와류·파도·조석 등과 같은 해수의 운동을 주연구 대상으로 한다. 수온과 염분 등과 같은 해수의 물리적인 특성은 해수의 운동과 밀접한 관계가 있으므로 물리해양학자들은 현장에서 기본적으로 이들 항목을 측정한다. 대기와 해양의 상호작용 등도 물리해양학 분야의 연구 주제이며, 수치모델을 이용하여 해양의 물리환경 변화를 예측하는 일도 하고 있다. 최근에는 인공위성 자료를 이용하여 지구적 규모의 해양 물리환경을 연구하기도 한다. 화학해양학(Chemical Oceanography)은 해수의 조성, 바다에서의 화학물질의 순환 등을 연구하는 분야이다. 인간의 활동으로 인한 해양오염 등도 연구 대상이다. 각종 정밀분석 장비를 이용해 해수 중에 들어 있는 미량의 화학물질을 조사하기도 한다. 최근에는 지구온난화와 해수의 산성화 문제, 이산화탄소의 플럭스 등도 주 연구 대상이다. 생물해양학(Biological Oceanography)은 해양에 서식하는 생물 연구를 통하여 해양에서 일어나는 현상 및 과정을 이해하려는 학문이다. 해양생물학(Marine biology)은 바다에 서식하는 미생물, 식물, 동물 간의 관계, 또는 이들과 주변 환경의 관계를 연구하는 분야이다. 이를 위해 생물들의 분포, 생활사, 생리 등을 연구하며, 먹이망 내에서 생물간의 영양역학적인 관계를 조사하기도 한다. 최근에는 해양생명공학기술(MBT)을 이용하여 해양생물로부터 유용물질을 추출·활용하는 연구도 활발하다. 지질해양학(Geological Oceanography)은 해안부터 심해저에 이르기까지 해저면에 쌓여 있는 퇴적물이나 해저 기반암 등을 주 연구대상으로 한다. 해저의 퇴적물 연구를 통해 해양의 지질학적 역사 및 지구 기후변화의 역사를 파악할 수 있다. 지구물리학(Geophysics)은 해저지각의 심층부 구조나 물리적인 특성을 연구대상으로 한다. 지구물리조사시 수중음향장비가 주로 사용되며, 해저유전을 찾는 데도 활용된다.

해양력 海洋力

해양력의 영어식 표기는 Sea Power이다. 국가의 힘을 국력이라 한다면, 바다에서의 국력은 해양력으로 표현될 수 있다. 이와 유사한 용어로는 해상력·해군력·해양권력 등이 사용되기도 했지만, 현재는 해양력이 보편적으로 사용되고 있다. 해양력은 해양을 이용하고 통제할 수 있는 국가의 영향력을 의미한다. 해양에서의 영향력은 해군력·해운력·해양산업력·해양개발력·해양환경보호력 등을 포함하는 다차원적 개념이다. 이러한 개념을 근거로 각국의 해양력은 해군의 군사력·조선·해운항만·수산업·해양과학기술·해양환경·해양관광자원 등을 통해 측정, 평가될 수 있다. 우리나라의 해양력은 2005년 말 기준으로 세계 12위인 것으로 종합 평가되었다. 미래에는 해양강국이 세계를 지배한다는 것이 정설로 받아들여지고 있다. 즉 육지의 자원이 고갈되고 있는 시점에서 바다를 잘 알고 바다를 잘 이용할 수 있는 해양력을 갖춘 나라만이 부흥할 수 있다는 것이다. 해양력은 영해, 배타적 경제수역, 대륙붕 등 해양경계에 영향을 미치는 도서영유권 분쟁이 빈번해지는 현실에서 각국의 이익을 수호하는 데 중요할 뿐만 아니라 바다의 해적들로부터 자국의 무역선을 보호하고 해상교역로를 지키기 위해서도 더욱 중요시되고 있다. 9세기경 바닷길을 오가는 상인들의 안전을 위해 해적을 소탕하여 해상무역을 주도하고 청해진에 군사교역 기지를 건설한 해상왕 장보고의 혜안과 리더십이 21세기에 새로이 요청되고 있다.

해양학 海洋學

육지나 우주공간에 대비되는 해양에 관한 일체의 연구를 망라한다. 해양학은 인문해양과학과 자연해양과학으로 나눌 수 있는데, 좁은 의미에서는 후자를 말한다. 해양학의 전제는 해양 탐험이다. 그 역사는 19세기에 시작되었다. 19세기에 이르자 각국은 해양조사선(海洋調査船)과 임해실험소(臨海實驗所)를 중심으로 연구를 진척시켰다. 조직적이며 과학적인 연구는 1872년에서 1876년 사이에 영국의 챌린저호에 의해 시작되었다. 세계일주에 나선 챌린저호는 증기선으로는 처음으로 남극권을 돌파하였다. 이것이 해양연구의 제1기다. 제2기는 1925년에 시작되었는데, 이 해에 독일의 군함을 개조한 메디올호의 해양관측은 종래의 탐험형적 관측에서 정형화된 관측으로 전환하는 계기가 되었다. 그리하여 해양 현상을 파악하는 데 있어 현상의 공간적 구조와 시간적 경과를 동시에 추구할 수 있게 되었다. 이제 실험형 연구시대를 맞아 가설·관측·해석·이론검증·현상예측의 시대에 들어서면서 해양자연과학은 해양물리학·해양화학·해양생물학·해양지질학·수중고고학 등으로 세분화되었다. 수중고고학은 해양탐험의 정신과 해양학의 과학화와 기술화를 추구하고 있다.

『해유록(海游錄)』 申維翰 저, 1719년
조선 숙종 때의 문장가인 신유한(申維翰, 1681~?)의 기행일기. 『해유록』은 신유한이 1719년(숙종 45) 조선통신사 제술관(製述官)으로 일본에 약 10개월 체류하면서 일본의 관직제도, 세법, 군사제도, 풍습 등을 일기체 형식으로 기록한 책으로, 박지원의『열하일기』와 함께 조선 기행문학의 쌍벽으로 불린다. 『해유록』은 문장이 수려할 뿐 아니라 내용이 풍부하고 기록이 자세하여, 1719년 기해사행(己亥使行) 이후의 통신사들은 『청천해유록초(靑泉海游錄鈔)』라는 요약본으로 만들어서 지니고 다녔다고 한다.

해저지형 海底地形, submarine topography

바다 속 지형을 이르는 말이다. 해저지형은 육상지형에 비해 높낮이의 차이가 적고, 경사가 완만하다. 해저지형으로는 육지와 가까운 쪽에서 먼 바다 쪽으로 가면서 대륙붕·대륙사면·심해저평원, 해구와 해연 등이 있다. 대륙붕은 수심 약 200m 내외의 대륙 연장 부분으로 경사가 완만하여 평균기울기는 약 1:500정도이며 경사각은 1도도 되지 않는다. 즉 바다 쪽으로 1km를 나가면 수심이 약 2m 정도 깊어진다. 대륙붕을 지나면 바다 쪽으로 경사가 대륙붕보다 급하여 경사각은 4도 내외가 된다. 대륙사면은 심해저평원(abyssal plain)까지 이어진다. 심해저평원은 거의 기울기가 없으며 표층이나 퇴적물들이 쌓여 있다. 수심은 보통 2,000~6,000m 정도 된다. 수심이 6,000m보다 깊은 골짜기를 해구(海溝)

라 하며, 그중 특히 더 깊은 곳은 해연(海淵)이라 한다. 지구상에서 가장 깊은 곳은 서태평양의 마리아나 해구로 수심 11,000m가 넘는다. 해저에는 해산이나 해저산맥이 발달해 있다. 해산은 해저산이라고도 하는데, 해저에 원뿔 형태로 우뚝 솟은 봉우리를 말하며, 정상부가 파도에 침식되어 평평해진 해산을 평정해산 또는 기요(guyot)라 한다. 한편, 해저에서도 화산활동이 일어나 열수가 뿜어져 나오는 열수분출공이 있다. 화산활동이 활발해 해산이 수면 밖으로 나오면 하와이처럼 화산섬이 만들어진다. 대양 중앙부에는 해저보다 높이가 2,000~3,000m 높게 솟아오른 지형이 있는데 이를 해령(海嶺) 또는 해저산맥이라 한다.

해적 海賊

흔히 졸리 로저라고 불리는 '두개골과 엇갈린 뼈' 깃발은 오늘날까지 해적의 상징물로 유명하다. 해적은 섬이나 협소한 만, 얕은 바다, 곶, 바위와 암초들 사이에 숨었다가 지나가는 선박을 급습한 후 전리품이나 금은보화를 빼앗아 재빨리 도망치는 바다의 노략꾼들이다. 인류가 최초로 배를 만들어 바다를 항해할 때부터 첨단무기를 갖춘 군함들이 출현한 오늘날까지 계속 이어질 정도로 해적의 역사는 장구하다. 고대에는 주로 지중해 동부와 에게해, 아라비아 반도, 8, 9세기 이후에

는 북유럽의 바다, 16세기 대항해시대에는 카리브해 등 아메리카와 유럽을 오가는 지역, 현대에는 소말리아의 아덴만, 말라카 해협 등 해상무역이 활발한 곳이면 가리지 않고 해적들이 출몰하였다. 고대 크레타의 지배자인 미노스왕은 역사상 최초로 해적 사냥에 성공을 거두었고, 그 여세를 몰아 동지중해의 해적을 막기 위해 강력한 해군을 창설하기도 하였다. 기록에 의하면, 고대 지중해에서 가장 악명을 떨친 해적은 기원전 4세기경에 등장한다. 에게해 제도의 림노스(Limnos 또는 렘노스 Lemnos)를 본거지로 뒀던 에트루리아 해적이 바로 그들이었다. 이들의 습격은 매우 잔인하고 참혹하였고, 그로 인해 아테네 사람들은 식량 공급에 심각한 위기를 맞기도 하였다. 사실 크레타의 지리적 환경은 이곳 사람들로 하여금 전쟁과 해적질을 하도록 부추겼다. 험준한 산과 계곡으로 이루어진 크레타의 궁핍한 환경은 그곳 사람들을 자생적 해적이 되게 하였다. 스칸디나비아 바이킹은 해적의 다른 한 형태였다. 바이킹은 뛰어난 항해술과 조선술을 갖춘 집단으로 유명하다. 793년 홀리(Holy)섬에 대한 공격은 바이킹이 영국 해안에 등장한 최초의 사건이었으며, 그후 계속된 바이킹의 출현으로 영국의 해안 마을들은 바이킹 전함이 나타나기만 해도 공포에 떨 정도였다. 대항해 시대 이후의 17~18세기는 해적

의 황금시대였다. 상선이나 노예무역선을 공격하여 교역품을 약탈하였으며, 다른 나라의 상선을 공격해 약탈한 물품의 일부를 국왕에게 바쳐 암묵적으로 해적활동을 인정받기도 했다. 즉 해적은 국가권력과 공생의 관계에 있었으며, 적대국의 선박을 약탈해도 좋다는 암묵적인 특허를 부여받기도 했다. 실제 영국에서는 해적선이 스페인의 상선을 침탈하는 것을 용인하였다. 이에 분개한 스페인이 전쟁을 걸어오자 해적선의 두목인 드레이크를 장군으로 등용하여 스페인 무적함대를 무찌르도록 하였다. 그러나 대부분의 국가에서는 자국의 무역선들이 해적의 공격으로 피해를 입자 군대를 동원하여 해적 소탕에 나섰으며, 이후 해적의 수가 많이 줄었다. 그러나 여전히 현대에서도 총기로 무장한 해적들로 인해 많은 상선들이 고통을 당하고 있다. 특히 전 세계 물동량의 14% 이상이 이동되는 소말리아 북부 아덴만, 세계에서 가장 교통량이 많은 선박 항로 중 하나

카리브해의 해적 활동(나소 해적박물관)

인 말라카 해협은 해적의 주요 출몰지이다. 한국도 이 지역을 지나가는 자국 상선을 해적으로부터 보호하기 위해 해군 군함을 파견해놓고 있다.

향료(香料, spices, perfumery)의 개념

향료(香料, spicery, Cpicery: 식품용, perfumery: 화장품용)란 한마디로 향내를 내는 물질을 통칭한다. 그러한 물질에는 연기를 피워 향내를 내는 향목(香木)이나 수지(樹脂, 나뭇진)가 있는가 하면, 뿌려서 향내를 발산하는 향수(香水)가 있고, 또 음식에 섞어서 맛을 돋우는 향신료(香辛料, 혹은 조미료 調味料) 등 여러가지가 있다. 다종다양한 향료는 출처나 용도에 따라 몇가지로 구분한다. 우선 출처에 따라 분류하면, 첫째는 식물에서 채취하는 식물성 향료, 둘째는 동물에서 채취하는 동물성 향료, 셋째는 화학적 방법에 의해 제조하는 인조합성 향료가 있다. 이 세 가지 종류 가운데서 가장 많이 쓰이는 것이 식물성 향료인데, 주산지는 동남아시아와 인도·아랍 등 열대아시아 지역이다. 각종 식물성 향료는 식물에서의 채집 부위가 각각 다르다. 부위별 식물성 향료와 그 주산지를 밝히면 다음과 같다. ① 꽃 향료: 장미(불가리아·이란)·재스민(인도·이란·남프랑스)·종퀼(jonquil)·수선(水仙)·히아신스·바이올렛·쥬로스·헬리오트로프·귤꽃(이상 주로 남프랑스)·이

란(필리핀·자바). ② 꽃과 잎 향료: 라벤더(남프랑스·영국)·박하(일본·중국·북미·영국)·로즈메리(남프랑스·에스파냐)·제충국(除蟲菊, 일본). ③ 잎과 줄기 향료: 레몬그라스(인도·동남아)·시트로넬라(인도·동남아·대만)·유칼립투스(오스트레일리아)·시나몬(스리랑카)·흑문자(黑文字, 일본)·제라늄(알제리)·파출리(말레이시아). ④ 나무껍질 향료: 카시아(남중국)·시더(북미)·단향(檀香, 자바·수마트라)·장뇌(樟腦, 중국·일본)·삼(杉)나무와 전나무(회檜, 일본). ⑤ 뿌리와 땅속줄기 향료: 베치파(자바·인도)·오리스(남프랑스·이탈리아)·생강(生薑, 인도). ⑥ 과피(果皮) 향료: 베르가모트(북아메리카)·레몬·오렌지(이탈리아·지중해 연안). ⑦ 종자 향료: 아니스(남중국)·후추(호초胡椒, 인도·자바)·바닐라(남미·동남아)·육두구(肉豆蔲, 동남아). ⑧ 꽃봉오리 향료: 정자(丁字, 일명 정향丁香, 동남아·아프리카·마다가스카르) ⑨ 수지(樹脂) 향료: 유향(乳香)·몰약(沒藥, 아랍·소말리아)·안식향(安息香, 동남아)·용뇌(龍腦, 자바·수마트라)·소합향(蘇合香, 터키)·페루발삼(남미)·라타남(남유럽).

동물성 향료는 종류가 많지 않다. 출처에 따라 생식선 분비물 향료와 병적(病的) 결석(結石)에 의한 향료 두 가지로 나뉘는데, 그 종류와 주산지는 다음과 같다. ① 동물의 생식선(生殖腺) 분비물 향료: 사향(麝香, 중국 윈난·미얀마·히말라야)·시베트(에티오피아)·해리향(海狸香, 북미). ② 동물의 병적 결석 향료: 용연향(龍涎香, 인도양·태평양). 지금 사향과 용연향은 채취가 어려워 인조 향료로 대체하며, 해리향은 거의 자취를 감추었다. 화학적 방법에 의해 제조되는 인조합성 향료도 교역품이기는 하지만, 예로부터 실크로드를 통해 진행된 동서 향료교역에서 취급된 향료는 이런 향료가 아니라 천연향료, 그중에서도 특히 식물성 향료였다. 따라서 향료교류라고 할 때는 주로 식물성 향료의 교류를 뜻한다.

향료는 용도에 따라 분향료(焚香料, incense)·화장료(化粧料, cosmetics)·향신료(香辛料, spices) 세 종류로 나뉜다. 분향료는 불에 태우면 향기로운 연기를 내는 향료를 말한다. 동서고금을 막론하고 분향료는 제사용 분향이나 방향(芳香)에 주로 쓰였는데, 서방에서는 유향과 몰약·소합향·안식향 등 수지(樹脂)향료를, 동양에서는 침향과 단향 등 향목(香木)향료를 사용하였다. 이에 분향료는 고대 오리엔트-그리스-로마로 이어지는 수지향료 계통과 인도-동남아-중국-일본으로 이어지는 향목향료 계통의 2대 계통으로 대별된다. 화장료는 주로 백인이나 흑인들이 특유의 체취를 제거하기 위해 사용하는 향료를 말한다. 화장료는 그리스에서는 방향성(芳香性) 화초를, 서아시아나 인도, 동남아에서는 백단(白檀)이나 감송향(甘松香)·재스민·용뇌(龍腦) 등을 사용하였다. 인도에서는 그밖에 방향성 화초와 향목도 사용하였다. 향신료(조미료)는 음식물의 냄새를 없애고 맛을 돋우기 위해 사용하는 향료를 일컫는다. 향신료는 분향료나 화장료에 비해 생산이나 소비 면에서 월등하게 많다. 따라서 향료교역에서도 절대적인 비중을 차지한다. 특히 비린 물고기를 많이 소비하는 유럽인들에게 향신료는 필수불가결한 것이다. 중세 말에 포르투갈과 스페인들이 모험적인 지구 탐험에 나선 것도 바로 향신료를 구하기 위해서였다. 대표적인 향신료는 열대 아시아에서 생산되는 후추(pepper)·카시아(cassia 계피)·시나몬(cinnamon)·정자(丁字, clove)·육두구(肉荳蔲, nutmeg)·소두구(小荳蔲, cardamon)·생강(生薑, ginger) 등이다. 이러한 식물의 꽃이나 과실·종자·뿌리·줄기·껍질로 향료를 만든다.

향료의 길

향료가 교역품으로 각광을 받으면서 동서교류의 주역의 하나로 부상하게 된 것은 중세 말엽부터다. 14세기 이후 유럽에서는 북해(北海) 어업이 번성하자 수산 식료품 수요가 크게 늘어났으며, 이에 부응해 어류를 주재료로 한 음식에는 향신료가 필수불가결한 요소로 작용하였다. 당초 유럽인들은 전래의 향신료보다 훨씬 우월한 아시아산 향신료를 인도나 이집트·베네치아 상인들을 통해 간접 수입하였다. 그러나 그 중계상인들이 부당하게 중간이윤을 가로챘고, 게다가 과중한 통과세까지 물면서 수입 향신료의 값은 원가의 수십 배에 달하였다. 그리하여 16세기에 들어서면서 유럽인들은 이러한 고가 수입에서 탈피하고자 향신료의 원산지를 찾아나섰다. 그 선두에는 포르투갈인들이 나섰는데, 그들은 몇차례의 모험적인 탐험 항해를 계속하던 끝에 드디어 '인도항로'를 개척하고 향신료의 원산지인 인도에 도착하는 데 성공하였으며, 그곳을 발판으로 삼아 향신료가 많이 생산되는 동남아시아에 진출하였다. 그들이 구해 간 향신료는 인도 말라바르 해안의 후추와 스리랑카의 육계, 말루쿠 제도의 정향·육두구 등이었다. 포르투갈인들이 인도와 동남아시아에서 구해 간 향신료가 유럽에서 큰 인기를 끌고 그 교역이 엄청난 이윤을 내자, 유럽 국가들은 서로가 앞을 다투어 향신료 무역에 뛰어들었다. 포르투갈에 이어 스페인과 네덜란드·영국이 이른바 '동인도회사'를 속속 설립해 동남아시아와의 향신료 무역에 주력하였다. 그 결과 17세기를 전후해 실크로드의 해로를 통한 향료무역이 대단히 흥성하여 향료가 교역품의 대종을 이루게 되었다. 이때의 해로를 일명 '향료의 길'이라고도 한다. 이와같이 유럽인들은 동방의 향료를 구하기 위해 '인도항로'를 개척하였으며, 그것이 마침내 서세동점(西勢東漸)의 효시가 되어 교류를 포함한 동서관계는 새로운 역사시대로 들어서게 되었다.

1498년 5월 포르투갈의 항해가 바스쿠 다 가마가 '인도항로'를 개척해 인도의 캘리컷에 도착한 후 포르투갈인들은 우선 고아에 식민기지를 마련하고 그곳을 거점으로 향신료에 관한 정보를 다방면으로 수집하기 시작하였다. 16세기 초부터 포르투갈인들이 앞장서서 아시아에 진출한 주목적은 후추와 육계, 정향과 육두구 같은 향신료를 교역해 막대한 이윤을 획득하려는 데 있었다. 그리하여 그들은 1511년 말레이 반도의 말라카를 무력으로 점령해 동남아시아 진출의 발판을 마련하고, 곧바로 말루쿠에 원정대를 파견해 일거에 향신료 무역권을 독점하였다. 요컨대 16세기에는 포르투갈에 의해 리스본 — 희망봉(아프리카 남단) — 고아(인도) — 말라카(말레이 반도) — 말루쿠 제도로 이어지는 향료무역로가 생겨났다. 포르투갈에 이어 동방의 향료무역에 나선 나라는 네덜란드다. 1595년에 네덜란드는 4척의 선박을 자바에 보내 처음으로 동방의 향신료를 구입한 것을 계기로 포르투갈의 동방 향료무역에 도전하였다. 그해부터 1601년까지 65척의 상선을 향료무

역차 자바에 보내 막대한 이득을 얻었다. 이에 고무된 네덜란드는 급기야 수마트라 서북부의 아체 왕국과 결탁해 포르투갈인들을 향료무역에서 축출하고 17세기부터 동방의 향료무역을 일시 독점하게 되었다. 포르투갈과 네덜란드를 비롯한 유럽 국가들의 동방 향료무역은 15세기 말 '인도항로'가 개척된 이래 모두가 해로를 통해 진행되었다. 특히 17세기를 전후해 네덜란드에 이어 스페인·영국·프랑스 등 신흥 유럽 국가들이 고수익성 동방 향료무역에 경쟁적으로 뛰어들어, 향료는 해로를 통한 교역품의 주종을 이루었다.

향약 香藥

중국 송(宋)대에 향료가 의약으로도 쓰인다고 하여 수입된 향료를 향약이라고 불렀다. 20여 종을 수입했는데, 그 주산지는 아랍 지역이나 인도, 말레이 반도 등지이고, 그 주 무역상은 아랍인들이었다.

혜초(慧超, 704 혹은 700~787년)와 해상 실크로드

신라 출신의 불승 혜초는 16세 때인 신라 성덕왕(聖德王) 18년(719)에 입당(入唐)해 광저우(廣州)에서 남천축의 밀교승(密敎僧) 금강지(金剛智)와 그의 제자 불공(不空)을 만나 금강지를 사사(師事)하였다. 금강지는 제자 불공과 함께 사자국(獅子國, 현 스리랑카)

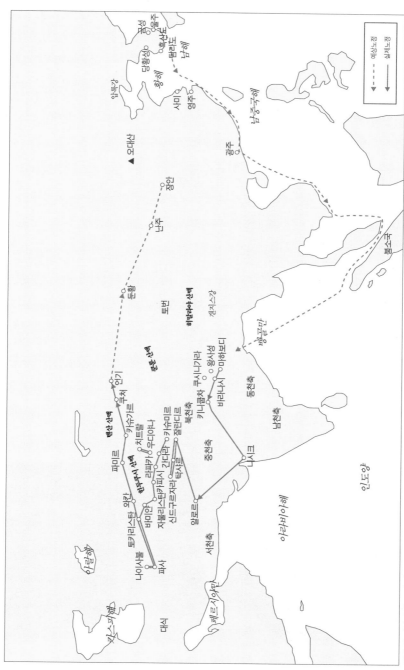

혜초의 서역기행 노정도(723~727)

과 실리불서(室利佛逝, 현 수마트라 팔렘방Palembang 일대)를 거쳐 719년에 중국 광저우에 와서 얼마간 머물다가 뤄양(洛陽)과 장안(長安)에 가서 밀교를 전도하였다. 혜초는 스승인 금강지의 권유에 따라 개원(開元) 11년(723)에 광저우를 떠나 해로로 도축해 4년간 천축과 서역 각지를 순방하고 개원 15년(727) 11월 상순 당시 안서도호부(安西都護府) 소재지인 구자(龜玆)와 옌치(焉耆)를 거쳐 장안에 돌아왔다. 혜초의 도축구법 활동은 1908년 프랑스의 동양학자 펠리오(P. Pelliot, 1878~1945)가 둔황 천불동(敦煌千佛洞)에서 발견한 여행기『왕오천축국전(往五天竺國傳)』에 의해 밝혀졌다. 그러나 이 여행기는 발견 당시 전후가 결락된 잔간사본(殘簡寫本)이기 때문에 중국 광저우에서 동천축에 이르는 항해 노정과 언기에서 장안에 이르는 구간의 행적은 추적할 수가 없다. 게다가 그 잔권(殘卷)은 본래 3권이었던 것

의 절략본(節略本)이어서 혜초의 노정 전모를 상세하게 알아낼 수는 없다. 혜초는 한국의 첫 세계인으로서 해상 실크로드(광저우 → 동인로)에 발자국을 남겼다. 그러나 그 구간에 관한 여행기가 결락되었기 때문에 실상을 알 수 없다. 앞으로의 연구과제다.

호르무즈 Hormuz

일반적으로 '호르무즈'란 '호르무즈섬'과 '호르무즈 해협'의 두 가지 의미를 내포하고 있다. 호르무즈섬은 페르시아만 입구의 호르무즈 해협 북쪽에 있는 작은 섬을 지칭하며, 호르무즈 해협은 인도양 서북부의 페르시아만과 오만만을 이어주는 해협을 말한다. 해협의 너비는 50km이고, 최대 수심은 190m이며, 해협의 북쪽에 호르무즈·케심·라라크 등 섬들이 산재해 있다. '호르무즈'란 말은 본토 대륙부에 있었던 항구도시 하르모지아(Harmozia)에서 유래하였다. 기원전 325년 마케

페르시아만 입구의 호르무즈섬 항구

도니아의 제독 네아르코스(Nearchos)가 알렉산드로스의 동방원정에 동행했다가 돌아오는 길에 이 섬에 들렀다는 기록이 있다. 8세기부터 아랍인들은 인도양으로의 해상 진출을 위해 이곳을 개척하고 지배하였다. 13, 14세기에 마르코 폴로와 오도릭, 이븐 바투타 등 세계적인 여행가들 모두가 이곳을 거쳐 갔다. 14세기부터는 페르시아만 무역의 요지로 번영하기 시작하였다. 15세기 초 명나라의 대규모 해상원정대를 이끌었던 정화(鄭和)도 7차의 '하서양(下西洋)'에서 네 차례나 이곳에 들렀다. 1507년 포르투갈은 이곳에 거류지를 마련한 후 한 세기 이상 독점적으로 이용하면서 이권을 챙겼다. 1622년 영국은 이란의 사파비 왕조와 공모해 포르투갈을 축출하고 이곳을 중동 진출과 인도양 무역의 거점으로 삼았다. 오늘날은 페르시아만 연안에서 생산되는 원유의 대부분이 이곳 항구와 해협을 지나간다.

호박 琥珀, amber

귀석류(貴石類, 경도 7도 이하)의 보석인 호박은 송백과(松柏科)에 속하는 식물 수지(樹脂)의 비광물성 화석으로, 고대 페니키아인이나 로마인들이 애용하였다. 주산지는 발트해(Baltic Sea) 연안 지방으로, 페니키아 시대부터 북방의 발트해에서 중유럽과 콘스탄티노플을 지나 이집트의 알렉산드리아까지 동서남북 사방으로 활발하게 교역되었다. 이 교역로를 저자는 실크로드의 남부 5대 지선(支線)의 하나인 '호박로(琥珀路)'로 명명하였다.

호찌민(Ho Chi Minh)시 역사박물관

베트남 호찌민시에 위치. 베트남 전쟁 전에는 사이공국립박물관이었다. 박물관에는 중국 원대의 룽취안요(龍泉窯)청자와 명·청 시대의 청화백자, 일본의 이마리(伊万里) 청화백자가 많이 전시되어 있으며, 베트남 남부의 옥애오(Oc-Éo)유적 유물도 전시되어 있다. 옥애오 유적은 1944년 발굴되었는데 로마동전, 로마식 청동램프, 중국 전한 시기의 청동거울, 간다라 양식의 인도 불상, 옷 주름이 흘러내리는 남인도의 아마라바티양식 불상, 인도 힌두신상 등, 2~6세기에 걸친 다양한 성격의 유물들이 혼재되어 있어 가장 이른 시기 로마―인도―동남아―중국(한대)으로 이어지는 동서교역상을 알려주는 귀중한 유적으로 평가되고 있다.

「혼일강리역대국도지도(混一疆理歷代國都之圖)」 1402년 제작

세계에 관한 지리정보를 제공한 조선의 독창적인 세계지도다. 1994년 미국 컬럼비아 대학의 한국어과 교수인 레드야드(Ledyard)가 펴낸 『지도학의 역사』(*The History of Cartography*) 시리즈 아시아 부분 표지로 조선 초에 제작된

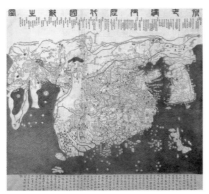

「혼일강리역대국도지도」 전도(1402년 제작)

이 「혼일강리역대국도지도(混一疆理歷代國都之圖)」(152×122cm)를 선정하였다. 이유는 당시의 세계지도로는 가장 뛰어나기 때문이었다. 이 지도와 관련해 권근(權近)이 쓴 발문(跋文)에는 이 지도의 제작 목적과 의미, 그리고 과정 등이 언급되어 있다. 이 지도는 좌정승 김사형(金士衡)과 우정승 이무(李茂)와 학자 이회(李薈)가 공동참여하여 중국과 한국, 일본과 아랍에서 출간된 여러 지도들을 참고해 국가사업으로 만들어낸 동서 문명교류의 산물로, 당시로서는 가장 우수한 세계지도였다.

이 지도의 중요한 특징은 종래 세상을 문명세계인 '중화'와 오랑캐 세계인 '이(夷)'로 나누는 이른바 '화이관(華夷觀)'에서 출발해 중국을 중심에 놓고 그 주변에 몇개 나라를 배치하던 중화주의적 지리관에서 탈피하고, 조선의 주체성을 강조했다는 점이다. 그

리고 중국의 서쪽에 유럽과 아랍 및 아프리카를 그려넣고 있는데, 유럽의 경우는 100여 개의 지명을 표기하고 있다. 특히 아프리카 지도에는 35개의 지명을 명기하고 있는데, 이것은 당시까지의 지도학에서 초유의 일이다. 학계에서는 모두 이 점을 높이 평가하고 있다. 이 지도에는 '심리적 크기'를 보여주듯 한반도가 일본의 4배 정도 크기로 그려져 있다. 그밖에 지중해가 바다 아닌 강으로 표시된다든가, 인도차이나의 여러 나라들이 바다 위의 섬으로 되어 있다든가 하는 오류도 발견된다. 현재 이 지도의 사본이 일본 교토 류코쿠대학(龍谷大學) 소장본(비단에 그림)과 규슈 혼코사(本光寺) 소장본(한지에 그림)에 각각 남아 있다.

홍모번 紅毛番

명(明)대 중국인들의 네덜란드인들에 대한 지칭이다. 네덜란드인들은 '모발이 붉은 외방인'이라 하여 '홍모번(紅毛番)', 혹은 '홍모이(紅毛夷)'라고 불렸다.

홍모선 紅毛船

네덜란드와 영국 선박에 대한 중국인들의 지칭이다. 대항해시대가 개막된 이후 서세동점의 물결을 타고 서구 국가들의 선박이 교역과 식민지개척을 위해 동아시아 일원에 모여들었다. 이러한 서구 선박들은 명명자 나름의 시

각에 따라 각기 다른 명칭이 붙었다. 그중 일본에서는 스페인이나 포르투갈의 선박을 '남만선(南蠻船)'이라고 지칭하였고, 이와 구별해 네덜란드와 영국의 선박은 '홍모선'이라고 명명하였다. 당시 중국의 선박은 '당선(唐船)', 미국의 페리(M. Perry)가 이끌고 온 선박은 '흑선(黑船)'이라고 불렸다.

홍해 紅海

아프리카 대륙과 아라비아 반도 사이에 있는 좁고 긴 해역. 이집트의 수에즈에서 바블만데브(Babu'l Mandeb) 해협을 거쳐 아덴(Aden)만과 인도양으로 이어진다. 서쪽 해안에는 이집트와 수단, 에티오피아가 자리하고 있으며, 동쪽에는 사우디아라비아와 예멘이 면해 있다. 바다 속의 해조 때문에 물빛이 붉은색을 띠는 일이 있어서 '홍해'라고 불린다. 기원전 3000년경 이집트는 동아프리카의 해안 지역과 교역을 하기 위해 이곳에 여러 항구를 건설하였는데, 알 쿠사이르(Al-Qusair)가 그 대표적인 곳이다. 알-쿠사이르는 이집트 홍해 연안에서 가장 오래된 고대 교역도시 중 하나로 주로 상아와 가죽, 향료 등의 무역이 이루어졌다. 홍해를 지중해와 연결시키려는 노력은 고대부터 있어왔다. 이집트의 제12왕조 세누스레트 3세(Senusret III)는 홍해 연안의 투밀라트 계곡(Wadi Tumilat)을 통해 나일강과 홍해를 연결시키는 운하를 건설하려고 했으나 홍해와의 연결에 실패하였다. 그후에도 몇차례에 걸친 운하개설 사업이 시도되어왔다. 로마시대에는 일부 운하가 수로로 이용되었으나 767년 압바스조의 칼리프 알 만수르(al-Mansur)가 델타 지역으로 침입하는 반란군을 막기 위해 운하를 폐쇄하였다고 한다. 1세기 중엽에 로마의 항해사 히팔루스(Hippalus)는 홍해를 벗어나 인도양으로 가는 길을 모색하고 있던 중, 매해 6월부터 9월 기간에 부는 동남계절풍인 몬순(Monsoon, 아랍어로 '계절'을 의미)을 알게 되어 인도 케랄라까지 항해하였다. 히팔루스의 선단에 함께 승선했던 이집트 거주 그리스 상인이 70년경에 인도양에 관한 지침서로 내놓은 책이 『에리트라해 안내기』다. 이 책은 그리스의 아테네에서 출발하여 홍해를 지나 인도양을 횡단하여 인도 서해안에 이르는 항로 및 이 항로를 통해 진행된 해상무역에 관해 상세하게 기록하고 있다. 6세기에 접어들어 사산조 페르시아와 비잔틴제국 간에 전쟁이 발발하자 홍해를 지나가는 배가 급증하였다. 중세에는 북아프리카의 무슬림들이 홍해의 항구를 통해 아라비아 반도의 메카로 성지순례를 근행하곤 하였다. 15세기에 들어서면서 중국의 도자기, 인도의 면직물과 보석, 향신료 등이 해상권을 독점하고 있던 아랍인들에 의해 홍해를 거쳐 아라비아로 수입되었다. 15세기 전반 중국의 정화(鄭和) 원정대도 아프리카 해안으로 항해하던 중 홍해에 들렀다. 1869년에 수에즈운하가 개통되면서 홍해는 유라시아를 이어주는 통로가 되어 그 기능이 전례 없이 증대되었다.

화기 火器

일반적으로 칼, 총, 포, 미사일처럼 전투시 적을 죽이거나 물리치기 위한 제반 도구를 일컫는다. 역사상 많은 전투 가운데 해전에서 사용된 무기 중 비잔틴제국 때 등장한 그리스의 화기가 주목된다. 이 화기가 해전에 사용된 이유는 물에도 꺼지지 않는 성질 때문이다. 그리스는 긴 관을 통해 멀리까지 발사될 수 있는 화기를 고안하였고, 발사된 뒤 바다에 떨어져도 불이 꺼지지 않고 목재 선체에 쉽게 옮아붙도록 만들었다. 그 제조법은 특급 비밀로 지켜졌다. 콘스탄티누스 4세는 674년 이슬람 세력이 침공했을 때 이 비밀 무기를 처음 사용함으로써 비잔틴제국의 위용을 과시했으며, 그후 아랍인과의 전투, 제4차 십자군 공격을 막는 데도 이를 널리 활용했다. 그리스의 화기는 당시 중세의 막강한 비밀 병기로 통했을 뿐 아니라 주변의 적들에게 두려움을 주기에 충분하였다.

화약의 발명

'제2의 불'이라고 하는 화약의 발명은 화약 병기의 발전을 이끌어 세계 탐험사와 해전사에 거대한 변혁을 가져왔다. 인류 최초로 개발된 화약은 흑색화약으로 중국 당나라(618~907년) 시대에 발명되어 주로 신호용, 불꽃놀이용으로 사용되다가 송·원대에 이르러 군사용으로 사용되었으나, 화약이 유럽으로 전해진 것은 13세기 초 중국에서 아랍을 거쳐 들어간 것으로 추정되고 있다. 흑색화약은 노벨이 고체형 화약인 다이너마이트를 개발하기 전까지는 유일한 화약이었다. 중국에서 유럽으로 건너간 화약은 군사용으로 급속하게 발전되기 시작하였다. 14세기에 화약을 이용한 대포가 발명되었고, 19세기 무렵에는 대포가 전투에 본격적으로 사용되었다. 대포의 발명으로 해전의 양상은 크게 변화하였다. 대포가 발명되기 전에는 배와 배가 맞부딪치는 접전에 적합한 날렵한 갤리선이 유용했으나 대포의 개발로 멀리서도 포를 쏠 수 있게 되자 갤리선은 해전에서 자취를 감추게 되었다. 군함에 함포를 탑재하면서 포격전으로 해전의 양상이 달라졌다. 1588년 스페인의 '무적함대'와 싸울 때 영국 해군은 그 효과를 톡톡히 보았다. 이 해전은 적선 격침용 포를 중심으로 벌인 해전이었다. 이를 기점으로 총포나 접전에 의한 해전시대는 막을 내리고 대포를 중심으로 한 새로운 해전시대가 열렸다. 그와 더불어 포와 화약도 점차 개량되고, 잇달아 군함의 배열과 진형에도 장착된 포의 숫자와 시계 확보를 염두에 둔 대형 연구가 활발히 이루어졌다. 화약의 발명은 화포의 개량뿐 아니라 해전의 양상 자체를 완전히 바꾸어놓았다. 한국에서는 고려 말 최무선(崔茂宣)에 의해 최초로 흑색화약과 화기가 개발되었으며, 이는 왜구의 격퇴에도 크게 기여하였다. 임진왜란 당시 조총으로 무장한 왜군에게 원균(元均)이 패한 칠천량(漆川梁)해전과는 달리 화약과 포로 제압한 이순신의 명량(鳴梁)해전은 마치 앞서 말한 스페인 '무적함대'의 접전술을 포로써 제압한 영국의 전략 전술과 많은 유사성을 가진다. 하지만 고려시대 최무선의 공적은 조선 건국 이후 신흥세력들에게는 높이 평가되지 못했으며, 조선 태종 대에 이르러서야 다시 화기의 발달에 가속도가 붙기 시작하였다.

환인 幻人

『사기(史記)』「대원전(大宛傳)」이나 『한서(漢書)』「서역전(西域傳)」에 의하면, 한대에 서역으로부터 들어온 사람들 중에 '환인'이라는 마술사들이 있다. 이들은 왕이나 상류층 앞에서 입에서 불 토하기, 자박자해(自縛自解), 칼 삼키기, 나무 심기, 사람 베기, 말 자르기 등 기묘한 환술(幻術)을 연출하였다.

활강로 기법 滑降路技法

미끄럼대를 이용해 배를 건조하는 기법이다. 중국의 경우 진(秦)대에 처음으로 활강로 기법을 도입해 배를 건조하였다. 1975년 광저우(廣州)에서 출토된 진말(秦末) 한초(漢初)의 조선소 유적에서 미끄럼판을 이용한 두 개의 조선대(造船台)가 발견되었다. 그중 한 활강로는 너비가 2.8m나 되는데, 이 너비는 길이 30m, 너비 6~8m, 적재량 28~30톤의 큰 목선을 건조할 수 있는 크기로 추산된다.

『황금초원과 보석광(寶石鑛)』 *Murūju adh-dhahab wa Ma'ādinu'l jawhar*, al-Mas'ūdī 저

중세 아랍 역사학의 태두이며 지리학자인 알 마수디(?~965)는 압바스조 이슬람제국의 수도 바그다드에서 출생해 청년시절에 지리학과 여행에 각별한 취미를 가지고 청·장년기를 거의 여행으로 보냈다. 그는 바그다드를 떠나 페르시아만을 경유, 인도 각지를 편력한 후 중국 남해안에 도착해 여러가지 풍물을 접하였다. 귀로에는 인도양을 횡단해 동아프리카의 잔지바르와 마다가스카르까지 남하하였다가 다시 북상해 아라비아 반도의 남부에 자리한 오만을 거쳐 수년 후에 바그다드에 돌아왔다. 그러나 그는 얼마 지나지 않아 다시 여정에 올라 카스피해 남안과 소아시아 지방을 두루 돌아보고 샴(현 시리아)과 팔레스타인을 거쳐 이집트에 이르러 그곳에서 여생을 보내다가 965년(이슬람력 345년)에 타계하였다. 이와같이 알 마수디는 일세를 풍미한 역사학의 태두일 뿐만 아니라 위대한 여행가이자 지리학자이기도 하였다.

알 마수디는 평생을 통해 수많은 나라와 지역을 역방하면서 수집한 자료와 지리학자 알 칸디(al-Kandi, ?~873)와 알 사르카시(al-Sarkasi, ?~899) 등 선학들의 저술을 참조해 30권에 달하는 세계 역사전서인 이 책을 펴냈다. 이슬람세계를 중심으로 그 주변의 여러 나라와 지역의 역사와 지리·생활풍속·학문·종교·신화 등 다양한 주제들을 다루고 있는데, 특히 중국으로 가는 노정과 중국 상선들의 아랍(이라크의 바스라항까지) 내항, 그리고 신라의 인문지리와 아랍인들의 신라 왕래도 기술하고 있다. 풍부한 사료를 집대성하고 사실주의적 기술을 바탕으로 서술한 역작으로 중세 세계사를 연구하는 데 귀중한 사료로 평가받고 있다.

『황화사달기(皇華四達記)』 賈耽 저, 8세기 말

저자 가탐(賈耽, 730~805, 자는 돈시敦詩)은 중국 창저우(滄州) 난피(南皮) 출신으로 지방 현위(縣尉)에서 시작해 중앙의 대외 교섭총관인 홍로경(鴻臚卿)과 지방절도사를 거쳐 덕종(德宗) 때 재상(793~806)까지 역임한 인물이다. 유년 시기부터 역사·지리에 특별한 관심을 가졌던 그는 관직에 있으면서도 『토번황하록(吐蕃黃河錄)』(4권), 『정원십도록(貞元十道錄)』『해내화이도(海內華夷圖)』『고금군국현도사이술(古今郡國縣道四夷述)』(40권), 『황화사달기』 등 많은 저서를 펴냈다. 이 저작들은 대부분 소실되어 전하지 않으나, 지리 부분에 관한 내용만은 『신당서(新唐書)』「지리지」에 채록되어 있다. 『황화사달기』에서 가탐은 주로 국내외를 잇는 7대 통로를 밝히고 있다. 그 7대 통로는 ① 잉저우(營州)에서 안둥(安東)까지 가는 길, ② 덩저우(登州)에서 해로로 고려(高麗)와 발해(渤海)에 이르는 길, ③ 샤저우 사이와이(夏州塞外)에서 다퉁(大同)과 윈중(雲中)을 잇는 길, ④ 중서우장청(中受降城)에서 위구르(回鶻)로 들어가는 길, ⑤ 안시(安西)에서 위구르로 이어지는 길, ⑥ 안남(安南)에서 천축(天竺)에 다다르는 길, ⑦ 광저우(廣州)에서 바다로 제이(諸夷)에 통하는 길이다. 이 7대 통로 중에서 남해로와 관련된 통로는 일곱번째의 이른바 '광주통해이도(廣州通海夷道)'다. 가탐은 이 '광주통해이도'에서 당시 광저우에서 페르시아만 서안의 오랄국(烏剌國, Obollah)까지 이어지는 해로의 노정과 구간별 항해 일정 등을 상세히 밝히고 있다. 가탐이 제시한 노정은 크게 4구간으로 나누어 볼 수 있는데, 제1구간은 광저우에서 수마트라까지고, 제2구간은 수마트라에서 사자국(獅子國, 현 스리랑카)까지다. 제3구간은 사자국에서 이라크의 말라국(末羅國, 현 바스라Basrah)까지며, 제4구간은 인도 서남안의 몰래국(沒來國, 말라바르)에서 아프리카 동해안의 삼란국(三蘭國, 현 탄자니아의 Dar ad-Salām)에 갔다가 페르시아만의 오랄국까지 다시 돌아오는 길이다. 이 노정의 항해 소요시간을 보면, 광저우에서 말라국까지는 약 100일간이며, 삼란국에서 오랄국까지는 48일간의 여정이다. 이 노정에 포함된 경유지(국가나 지역)는 33곳에 이른다.

회선 廻船, 가이센

일본에서 중세 말엽부터 사용된 화물 수송선이다. 에도(江戶)시대에 해운을 전업으로 하면서 대형 회선이 나타났으며, 메이지유신 이후에야 근대적인 수송선으로 대체되었다. 가장 유명한 것은 에도시대에 술이나 간장(醬油), 기름 같은 것을 싣고 에도와 오사카(大阪) 사이를 왕래한 히가키(菱垣) 회선과 타루(樽) 회선이다.

후추의 교류

'향료의 길'을 따라 전개된 향료 교류는 주로 동방으로부터의 서방의 향료 수입이며, 그 주종은 향신료다. 그중에서도 대표적인 것은 유럽인들이 가장 선호하는 후추였다. 후추는 후춧과에 속하는 상록교목인 후추나무(학명 Piper nigrum)의 열매다. 후추나무의 원산지는 서남인도 말라바르 해안의 습지 정글지대였으나, 지금은 지구 남북반구의 열대지방에서 널리 재배되고 있다. 후추에는 보통 흑(黑)후추와 백(白)후추 두 가지가 있는데, 채 익지 않은 열매를 따서 건조시킨 것이 흑후추고, 익은 열매를 따 껍데기를 벗겨서 건조시킨 것이 백후추다. 그밖에 보통 후추보다는 모양이 길게 생긴 장(長)후추(필발蓽茇)가 있다. 예로부터 후추는 조미료로 쓰일 뿐만 아니라, 구토·위한(胃寒)·심복통(心腹痛)·적리(赤痢)·소화불량·콜레라·관절염 등을 치료하는 약재로도 사용되어왔다. 후추를 휴대하고 다니면 콜레라나 페스트를 예방한다는 속설(俗說)까지 있었다. 유럽에서 후추는 일찍부터 귀중품으로 여겨졌다. 기원후 1세기 로마의 플리니우스는 저서 『박물지(博物志)』(기원후 6~26)에서 로마인들은 '절대적인 인기'를 끌고 있는 후추를 인도에 가서 구해오는데, 로마에서는 '금은과 동등한 가치'를 지니고 있다고 기술하고 있다. 금은과 맞먹는 가치를 갖고 있기 때문에 후추는 화폐처럼 유통 및 지불 수단으로까지 이용되었다. 로마 황제 도미티아누스(Domitianus, 재위 81~96)는 92년 로마시(市)에 전문적으로 후추를 취급하는 향신료 구역을

향신료의 일종인 후추

설치하고 국고의 일부로 후추를 비축하였다. 그로부터 300여 년 후인 408년에 로마가 서고트족에게 포위되었을 때, 로마 시민의 속금(贖金)으로 금과 함께 3천 파운드의 후추를 서고트족의 초대 왕 알라리크(Alaric, 370~410)에게 지불하기도 하였다.

이러한 후추는 모두 인도에서 수입한 것인데, 수입 경로는 세 갈래가 있었다. 첫째는 인도에서 페르시아를 경유해 시리아에 이르는 육로(대상로隊商路)이고, 둘째 경로는 인도에서 페르시아만을 경유해 시리아에 이르는 육해로(陸海路)이며, 셋째는 인도에서 홍해(紅海)까지 직항해 이집트의 알렉산드리아에 이르는 해로다. 세 경로 가운데 첫째와 둘째는 중간에 항상 로마와 갈등 관계에 있는 페르시아 땅을 경유해야 하므로 순탄할 수가 없었다. 이에 로마는 셋째 경로를 개척하는 데 진력하였다. 일찍이 기원전 1세기에 그리스인 히팔루스(Hippalus)가 아랍인들이 계절풍을 이용해 인도양을 항해한다는 사실을 알아내고 아라비아해

로부터 인도 서해안까지 심해(深海)로 직항하는 해로를 개척하였다. 플리니우스의 『박물지』에 의하면 기원전 4세기 후반 알렉산드로스의 부장 네아르코스가 페르시아만으로부터 홍해까지 왕래한 연해로와는 달리, 기원전 1세기경에는 아라비아 반도 남부에서부터 인더스강 하구와 인도 서해안의 시그루느(뭄바이 부근)항이나, 무지리스(Muziris, 말라바르의 요항要港)항까지 직항하는 횡단로가 개통되고 있었다. 기원 전후의 그리스 지리학자 스트라본(Strabōn)의 기술에 따르면 홍해 연안에서 출항해 인도로 항해하는 대선박이 프톨레마이오스조 말기에는 연간 20여 척에 불과하였으나, 기원 초기에는 120여 척으로 급증하였으며, 이 선박들은 '고가 상품'을 수입하였다고 한다. 플리니우스의 진술로 보아 이 '고가 상품'이 십중팔구는 '후추'였을 가능성이 높다. 1세기 중엽에 쓰인 『에리트라해 안내기』에는 인도양을 중심으로 한 각지의 수입품과 수출품 품목이 구체적으로 열거되어 있다. 그에 의하면, 바루가자항(인도 서해안 북부의 크제라트 부근)의 수출품은 장(長)후추였으며, 무지리스항에서도 후추가 '다량으로' 수출되었고, 대형 선박이 홍해로부터 직접 왕래하면서 '매우 많은 양'의 로마 화폐가 유입되고 있었다. 이러한 로마 화폐는 무엇보다도 금은과 같은 가치를 지닌 후추를 구입하

기 위해 다량으로 지불되었던 것이다. 오늘날 인도양 연안의 각지와 말레이반도·인도차이나 반도, 특히 인도 남부의 말라바르 지방에서 많은 로마 화폐가 출토된다는 사실은 당시 이러한 후추 무역이 대성황을 이루었다는 것을 실증해주고 있다.

이상은 대규모 교역을 통한 후추의 서전(西傳)이다. 후추는 인도를 비롯한 원산지에서 서전하였을 뿐만 아니라, 중국을 비롯한 동방 나라들에도 전해졌다. 중국어로는 후추를 '호초(胡椒)'라고 하는데, 이것은 '호(胡)', 즉 '서역'의 고추라는 뜻이다. 중국에 알려진 최초의 후추는 인도산 후추가 페르시아를 경유해 진(晉)대에 들어온 것이다. 이러한 사실을 반영하듯, 후추의 산지에 관해 『후한서(後漢書)』 권118 「서역전」에 정확하게 '인도'라고 지적하고 있으나, 『송서(宋書)』 『위서(魏書)』 『수서(隋書)』 각서의 「서역전」에는 '페르시아'라고 오인하고 있다. 하지만 『후한서(後漢書)』에서는 이러한 오인을 반복하지 않고 비교적 정확하게, 그 산지와 용도를 기술하고 있다. 이것은 그당시부터 후추가 본격적으로 수입되어 사용되기 시작하였음을 시사해준다. 송대에 이르러서는 후추의 수입원이 다양화되었다. 주거비(周去非)의 『영외대답(嶺外代答)』(1178)에는 후추를 자바 명산물의 하나로 열거하고 있다. 또한 조여괄의 『제번지』에

는 자바산 후추의 구체적인 산지와 품질 등급 등에 관해 상세하게 서술하고 있다. 이것은 당시 후추를 인도뿐 아니라 자바에서도 수입하고 있었음을 말해준다. 원대에 와서도 후추에 대한 관심이 여전히 높으며, 소비량도 상당히 많았음을 사적은 전하고 있다. 14세기 전반에 동남아시아 여러 곳을 역방(1330~1344)한 왕대연(汪大淵)은 여행기 『도이지략(島夷志略)』(1349)에서 인도 캘리컷이 세계 최대의 후추 산지이며, 그 다음이 역시 인도의 퀼론이라고 지적하면서 그 수출 상황을 상세히 기술하고 있다. 그는 또한 자바나 미얀마의 남부도 후추의 산지라고 덧붙이고 있다. 원대 중국인들의 후추 소비에 관해서는 마르코 폴로의 『동방견문록』에 그 일단이 기록되어 있다. 그는 관헌들에게서 들었다고 하면서 항저우시(杭州市)의 하루 후추 소비량은 '놀라울 정도'로 자그마치 43포대(1포대=243파운드, 총 1만 449파운드=약 4,740kg)나 된다고 하였다. 당시 항저우시 인구를 약 160만 호로 잡으면 호당 매일 3g쯤을 소비하는 것이니, 그 정도로 후추가 원대 중국인들의 기호품이었음을 전해준다.

희망봉 喜望峰, Cape of Good Hope
희망봉은 아프리카 대륙의 최남단에 있는 곶(岬, 串, cape)으로, 케이프타운에 가까운 반도의 맨 끝에 자리해 '케

파도 사나운 아프리카의 남단 케이프 타운(희망봉)

이프 포인트'(Cape Point)라고도 한다. 15세기 후반 '대항해시대'의 개막을 알린 포르투갈의 항해왕자 엔히크(Henrique)가 아프리카 서남해안을 남하해 인도로 가는 항로를 모색하다가 사망(1460)하자, 그 뒤를 이어 역시 포르투갈의 항해가인 디아스(B. Dias)가 1488년에 범선 3척을 이끌고 아프리카의 남단에 도착하였다. 심한 폭풍우 속에서 발견했다고 하여 이곳을 '폭풍의 곶'(Cape of Storms)이라고 명명하였다. 그러나 당시 포르투갈의 국왕 후앙 2세는 '미래의 희망'을 시사하는 뜻에서 '희망봉'으로 개명하였다. 9년 후 바스쿠 다 가마가 이 희망봉 길을 에돌아 '인도항로' 개척에 성공하였다.

히라도 平戸
일본 나가사키현(長崎県)의 작은 섬으로, 이전부터 이키(壱岐)·쓰시마(對馬)

섬을 경유해서 한반도와 교역하였으며, 견당사를 보내는 거점 항구로 이용되는 등, 해상교역의 역사가 깊다. 1550년 포르투갈 선박이 입항하면서 일본 최초의 개항지가 되었다. 이후 네덜란드와 영국이 차례로 상관(商館)을 설치하여 일본과 무역을 시작하였다.

히라도의 네덜란드상관 터 비

상관이 생기면서 유럽과의 창구역할을 했으나, 기독교 탄압을 비롯한 쇄국정책이 시작되면서 1641년 네덜란드 상관이 나가사키항으로 이전, 국제항으로서 위상을 잃어버렸다. 당시의 네덜란드 상관 건물은 현재 박물관으로 사용되고 있다.

히팔루스 계절풍 Hippalus Monsoon

인도양에서 매해 6월 말부터 9월까지 기간에 부는 동남계절풍을 말한다. 1세기 중엽에 로마의 항해사 히팔루스(Hippalus)가 아랍인들로부터 인도양의 동남계절풍의 비밀을 알아내어 아테네에서 홍해를 지나 인도양으로 향하는 직항로를 개척함으로써 로마의 동방 원거리무역에서 획기적인 전기가 마련되었다. 인도양에서 주기적으로 부는 동남계절풍에 관해 알린 히팔루스의 이름을 따서 '히팔루스 계절풍'이라고 명명하였다. 이 계절풍을 이용하면서 로마 상인들은 적대관계에 있는 파르티아(Parthia, 안식安息)의 영내를 통과하지 않고 해로로 홍해 입구에서 인도양을 횡단해 인도 서해안의 바리가자(Barygaza)항이나 인더스강 하구까지 직항할 수 있게 되었다.

참고문헌

1) 加藤九祚·前嶋信次 共編『シルクロード事典』, 芙蓉書房 1993.

2) 張澤和俊 編『シルクロードを知る事典』, 東京堂出版, 平成14年(2002).

3) 小松久男·梅村坦·宇山智彦·帶谷知可·堀川徹 編集『中央ユーラシアを知る事典』, 平凡社 2005.

4) 關雄二·靑山和夫 編著『アメリカ大陸古代文明事典』, 岩波書店 2005.

5) 樋口州男·小市和雄·鈴木哲雄·錦 昭江·增田正弘『東アジア交流事典』, 新人物往來社 2000.

6) 張澤和俊『新シルクロード百科』, 雄山閣 1996.

7) 張澤和俊『シルクロード博物誌』, 靑土社 1987.

8) 東大寺敎學部 編『シルクロード往來人物辭典』, 昭和堂 2002.

9) 三杉隆敏·榊原昭二 編著『海のシルクロード事典』, 新潮選書, 昭和63年(1988).

10) 三杉隆敏『海のシルクロードを調べる事典』, 芙蓉書房 2006.

11) 宮崎正勝『世界史を動かしたモノ事典』, 日本實業出版社 2002.

12) 王 鉞 著, 金連緣 譯『シルクロード全史』, 中央公論新社 2002.

13) 周偉洲·丁景泰 主編『絲綢之路大辭典』, 陝西人民出版社 2006.

14) 雪 犁 主編『中國絲綢之路辭典』, 新疆人民出版社 1994.

15) 覃光廣·馮利·陳朴 主編『文化學辭典』, 中央民族學院出版社 1988.

16) 下中邦彦 編『アジア歷史事典』(1~12, 別卷2), 平凡社 1959~62.

17) 황보종우 편저『세계사사전』, 청아출판사 2003.

18) Yule, H. & H. Cordier, *Cathay and the Way Thither*. 4Vols. London 1913~16.

19) Boulnois, L. *La Route de la Soie*. Paris 1963.

20) Ibn Khurdādhibah, *Kitābu'l Masālik wa'l Mamālik*. ed. M. J. De Goeje. Leiden 1889.

21) Yāqūtu'l Hamawī, *Muajamu'l Buldān*. Dāru Bairut 1988.

22)『브리태니커 세계대백과사전』(1~27권), 브리태니커·동아일보사 공동출판 1996.

23) 方 豪『中西交通史』(1~5), 華岡出版有限公司 民國66年(1977).

24) 陳佳榮『中外交通史』, 學津書店 1987.

25) 齋藤忠『圖錄東西文化交流史跡』, 吉川弘文館 1978.

26) 李睟光『芝峯類說』(10책 20권), 을유문화사 1994.

27) 崔漢綺『地球典要』(7책 13권), 국립중앙도서관 소장.

28) 柳洪烈 責任監修『國史大事典』(개정증보판), 교육도서 1988.

29) 정수일『실크로드학』, 창작과비평사 2001.

30) 정수일『고대문명교류사』, 사계절출판사 2001.

31) 정수일 역주『혜초의 왕오천축국전』, 학고재 2004.

32) 김호동 역주『마르코 폴로의 동방견문록』, 사계절출판사 2000.
33) 정수일 역주『오도릭의 동방기행』, 문학동네 2012.
34) 정수일 역주『이븐 바투타 여행기』(1·2), 창작과비평사 2001.
35) 小田英郞·川田順造 等 監修〔新版〕『アフリカを知る事典』, 平凡社 2010.
36) 大貫良夫·落合一泰 等 監修〔新版〕『ラテンアメリカを知る事典』, 平凡社 2013.
37) 挑木至郞·小田英文 等 編集〔新版〕『東南アジアを知る事典』, 平凡社 2008.

인명 찾아보기

지명 찾아보기

사항 찾아보기

| 집필자 소개 |

정수일(鄭守一)

중국 연변에서 태어나 연변고급중학교와 북경대학 동방학부를 졸업했다. 카이로대학 인문학부를 중국의 국
비연구생으로 수학했고 중국 외교부 및 모로코 주재 대사관에서 근무했다. 평양국제관계대학 및 평양외국
어대학 동방학부 교수를 지내고, 튀니지대학 사회경제연구소 연구원 및 말레이대학 이슬람아카데미 교수로
있었다. 단국대 대학원 사학과 박사과정을 수료하고, 동 대학 사학과 교수로 있었다. 국가보안법 위반 혐의
로 5년간 복역하고 2000년 출소했다. 현재 사단법인 한국문명교류연구소 소장으로 재직 중이며, 문명교류
학 연구자로서 학술답사와 강의, 연구에 전념하고 있다.
저서로『신라·서역 교류사』『실크로드학』『이슬람문명』『소걸음으로 천리를 가다』『한국 속의 세계』(상·하)
『문명의 보고 라틴아메리카를 가다』(1·2)『초원 실크로드를 가다』등이 있고, 역주서로『이븐 바투타 여행
기』『혜초의 왕오천축국전』『중국으로 가는 길』, 편저서로『실크로드 사전』등이 있다. 2001년『이븐 바투
타 여행기』로 백상출판문화상(번역 부문)을 수상했고, 2013년『실크로드 사전』으로 한국출판문화상(저술
부문)을 수상했다.

김웅서(金雄西)

서울대 생물교육학과와 해양학과에서 공부하고 동 대학원에서 해양학을 전공한 뒤 미국 뉴욕주립대학교
(Stony Brook)에서 해양생태학으로 박사학위를 받았다. 현재 한국해양과학기술원에 재직 중이다. 2014 해
양 실크로드 글로벌 대장정의 기획위원이자 탐험대장으로 활동했으며, 심해유인잠수정(6,500미터급) 개발
연구 책임자를 맡고 있다. 저서로『바다에 오르다』『해양생물』『포세이돈의 분노』『잠수정, 바다 비밀의 문
을 열다』등이 있고, 역서로『아름다운 바다』『바다는 희망이다』등이 있다.

최영호(崔榮鎬)

해군사관학교 전기공학과, 고려대학교 국문학과에서 공부하고 동 대학원에서 현대문학을 전공한 뒤 박사학
위를 받았다. 현재 해군사관학교 명예교수와 한국해양과학기술원 자문위원으로 있다. 2014 해양 실크로드
글로벌 대장정 기획위원으로 활동했으며, 심해유인잠수정 개발연구에 참여하고 있다. 저서로『해양문학을
찾아서』『상상력의 수수께끼, 섬』등이 있고, 공역서로『20세기 최고의 해저탐험가: 자크 이브쿠스토』『우리
는 어떻게 생각하는가: 개념적 혼성과 상상력의 수수께끼』등이 있다.

김윤배(金允培)

한국해양대학교 해양공학과에서 공부하고, 부산대학교 대학원에서 해양학을 전공한 뒤 서울대학교에서 동
해 해수순환 연구로 박사학위를 받았다. 현재 한국해양과학기술원 울릉도독도해양과학기지에서 울릉도와
독도 주변해역의 바다와 해수순환 및 기후변화를 연구하고 있다. 2014 해양 실크로드 글로벌 대장정의 기획
위원이자 역사기록팀으로 활동했으며, 울릉도·독도 해양수산연구 및 해양영토교육 활성화를 목표로 한 울
릉도독도해양과학기지 연구팀장을 맡고 있다. 저서로『동해, 바다의 미래를 묻다』가 있다.

강윤봉(姜鈗鳳)

한국외국어대학 일본어과를 졸업하고 일본시사통신사 서울지국 외신기자 등으로 일했다. 현재 (사)한국문
명교류연구소 상임이사로 있다. 저서로『혜초의 대여행기 왕오천축국전』이 있고, 역서로『인지심리학』등이
있다.

SILK ROAD

유럽

아시아

리스본
팔로스
탕헤르
로마
아테네
이스탄불
타브리즈 사마르칸트
타슈켄트
둔황
베이징
경주
나라
테헤란
알렉산드리아
바그다드
바스라
발흐
시안
항저우
취안저우
아프리카
메카
자이푸르
시킴
광저우
아덴
캘리컷
말라카해협
오스트레일리아
희망봉
인도양

가라코름